EUROPAS AUFBRUCH IN DIE WELT
1450–1700

RENÉ ALEXANDER MARBOE

Europas Aufbruch in die Welt 1450–1700

ENTDECKER, KONQUISTADOREN, NAVIGATOREN UND FREIBEUTER

MAGNUS VERLAG

Überarbeitete Neuauflage des 2003 im Mandelbaum Verlag, Wien
erschienenen Titels:
René Alexander Marboe, Entdecker, Conquistadoren, Navigatoren
Europas Aufbruch in die Welt 1450 – 1700
Redaktion: Wolfgang F. Stammler

© 2004 Magnus Verlag, Essen
Satz und Layout: Wolfgang F. Stammler, Essen
Umschlagentwurf: Hans Winkens, Wegberg
ISBN 3–88400–503–0

INHALT

TEIL 6: FLIBUSTIER, BUKANIER, KORSAREN UND PIRATEN

SCHLUSS

ANHANG

TEIL 1

Die Anfänge

KOLUMBUS –
LICHTGESTALT ODER DURCHSCHNITT?

> *»Doch mag in derselben gemäßigten Zone*
> *leicht noch ein weiterer bewohnter Erdteil*
> *oder gar mehrere liegen.«*
> Eratosthenes (276–196 v. Chr.)

Die Literatur über den Entdecker Amerikas ist heute nicht mehr nach Büchern, sondern nach Laufmetern in Bibliotheken zu bemessen. Kolumbus gilt im europäischen Kulturkreis und der von ihm ableitbaren Welt als »der« Entdecker schlechthin. So kann für dieses Kapitel das Wesentliche als bekannt vorausgesetzt und die Aufmerksamkeit auf Spuren abseits ausgetretener Pfade gelenkt werden. Dennoch ist es nötig, einige Eckdaten zu erwähnen.

Akribische Forschungsarbeiten konnten einiges Licht in die Jugend eines Mannes bringen, der mehr als die Hälfte seines Lebens benötigte, um überhaupt in der breiten, anonymen Masse seiner Umwelt auch nur annähernd greifbar zu werden. Als Sohn des nicht gerade begüterten Wollwebers Domenico Colombo wurde er 1451 in Genua geboren und verbrachte eine von diesen Vorgaben geprägte Kindheit und erste Jugendjahre. Christoph Kolumbus – und dieser, sein deutscher, Name soll weiter verwendet werden – wuchs in einer Stadt auf, die im Grunde keine gesellschaftlichen Schranken nach dem Prinzip der Geburt kannte. Jeder Bürger konnte durch Risikobereitschaft und wirtschaftlichen Erfolg innerhalb der Hierarchie fast unbegrenzt aufsteigen, aber im gleichen Maß auch zurückfallen. Wenn sich im Laufe der Zeit auch Familien mit adelsähnlicher Attitüde herausgebildet hatten, so war gerade diese soziale Mobilität bestimmend für die Machtstellung Genuas, aber auch des ähnlich strukturierten Konkurrenten Venedig. Dieser Drang zum sozialen Aufstieg wird eines der zentralen, beinahe zur Manie verdichteten Motive des

Kolumbus: Die Überwindung der materiellen Beengtheit seines Elternhauses und der Wunsch, sich Ruhm und Reichtum zu erwerben, was nicht zuletzt seine enormen Forderungen an die Höfe Portugals und Kastiliens/Spaniens erkennen lassen – ein Charakterzug, der alle konzeptionellen Bemühungen überlagerte und beinahe zunichte gemacht hätte. Sein Anrennen gegen alle Widerstände kennzeichnet den Starrsinn, der ihn letztendlich zum Erfolg führte.

Der junge Kolumbus beschritt den Weg, der einem Genuesen aus der finanzschwachen unteren Mittelschicht scheinbar vorgezeichnet war: Er ging zur See. In ungeregeltem Ausbildungsgang erwarb er erste nautische Kenntnisse, widmete sich in seltenen Mußestunden dem Erlernen des Lateinischen und beschäftigte sich mit Astronomie. Die erste gesicherte Reise führte ihn 1474 oder 1475 nach Chios in die östliche Ägäis. Ein Hauch von Orient, der in allen Überlappungszonen von Christentum und Islam spürbar war, dürfte dort auch Kolumbus erfasst haben, denn er begann sich nun mit diesem Orient zu beschäftigen, vorerst aber noch auf der Ebene des neugierigen Lesers. Eine wesentliche Weichenstellung in die Zukunft erfolgte 1476, als ein genuesischer Flottenverband auf dem Weg nach Flandern in der Nähe von Lagos an der Algarve von einem portugiesisch-französischen Geschwader angegriffen wurde. Kolumbus konnte sich schwimmend retten und kam nach Lissabon, wo er von der genuesischen Handelskolonie freundlich aufgenommen und beherbergt wurde.

Das folgende Jahr führte ihn nach London und Bristol und von dort aus an Bord eines englischen Schiffes nach Irland und weiter nach Island. Diese Reise gilt heute in der Forschung trotz vorangegangener Zweifel als weitgehend gesichert, soll hier aber erwähnt, weil die auf ihr gewonnenen Erkenntnisse Kolumbus später von Nutzen waren. Nach seiner Rückkehr beschloss er, in Lissabon zu bleiben, zumal sein jüngerer Bruder Bartolomé hier schon einige Zeit als Kartograph lebte und diese Stadt wie keine andere dazu geschaffen war, einem jungen Seemann Gelegenheit zu bieten, sich Kenntnisse über die Hochseeschifffahrt anzueignen oder diese zu vertiefen. Einen besonderen Glücksfall stellte wenig später seine eheliche Verbindung mit Doña Filipa de Perestrelo e Moniz dar, die er im Jahr 1478 während einer Handelsreise auf die Insel Madeira, auf der er für das genuesische Handelshaus Di Negro Zucker einkaufen sollte, kennen gelernt hatte. Sie entstammte mütterlicherseits altem, aber verarmtem portugiesischen Adel, von der Vaterseite her einer Kaufmannsfamilie italienischer Herkunft. Bis zu seinem frühen Tod fungierte der Schwiegervater von Kolumbus zudem als Statthalter auf der zur Madeiragruppe gehörigen Insel Porto Santo.

Diese Einheirat in die portugiesische Oberschicht hatte mehrere Auswirkungen. Zum einen war es Kolumbus nun möglich, an den sonst ziemlich abgeschotteten Fahrten nach Westafrika teilzunehmen, zum anderen gelangte er über den Nachlass seines Schwiegervaters an umfangreiches Material von Seekarten und Bordjournalen. Auf Porto Santo wurde auch Diego, sein einzig legitimer Sohn und späterer Gouverneur von Hispaniola, geboren. Über die Vermittlung von Doña Filipas Familie erhielt er um 1483 das Kommando über zwei Schiffe, deren Ziel das kurz zuvor gegründete Elmina an der Küste Ghanas war. Dort befand sich, wie noch aufzuzeigen sein wird, für die Portugiesen der Hauptumschlagplatz für Gold und Sklaven, Umstände, die für den zukünftigen Amerikaentdecker prägende Erfahrungen darstellten. Dazu kam eine Vertiefung des Wissens über astronomische Navigation und nautische Gegebenheiten in Äquatorhöhe. In Summe gesehen also eine Fülle von Einzelpunkten, deren Akkumulation erst den »Amerikaentdecker Kolumbus« befähigten, sowohl konzeptionell als auch praktisch handelnd tätig zu werden.

Zu den weitverbreiteten Fehlannahmen im diffusen Geschichtsbild breiter Bevölkerungskreise zählt die Fiktion, Kolumbus hätte in vielen Disputen mit Gelehrten gegen die Ignoranz seiner Zeit anzukämpfen gehabt. Die eingebildete Behauptung, dass er diese Gremien von der Kugelgestalt der Erde zu überzeugen trachtete, gehört noch mehr ins Reich der Legende als die Anekdote vom »Ei des Kolumbus«. Die Kugelgestalt der Erde war innerhalb der Fachwelt bereits seit langem Allgemeinwissen und wurde nicht einmal mehr von höchsten Kirchenkreisen in Frage gestellt.

So bekannte sich schon der gebürtige Engländer Johannes de Sacrobosco (John Halifax of Hollywood, etwa 1220–1256), der an der Universität von Paris Mathematik und Astronomie lehrte, in seinem Hauptwerk »Opusculum Sphericum« zur Kugelgestalt der Erde und lehnte sich dabei stark an die »Almagest« des Ptolemäus an. Er teilte die Erde bereits in fünf Klimazonen (Sphären) und behauptete die Existenz von Antipoden, womit er das antike Weltbild mit kleinen Abweichungen beinahe vollinhaltlich übernahm. Die Einteilung der Welt in einzelne Sphären diente nicht zu deren unmittelbar geographischer Darstellung, sondern entsprach der zeichnerischen Umsetzung eines philosophischen Gedankengebäudes. Ein komplexer Stoff in Textform sollte lediglich durch beigegebene Skizzen anschaulicher gemacht werden. Ähnlich, wenn auch schon deutlicher ausgearbeitet, verhält es sich bei der Kosmographie »Tractatus de imagine mundi« des französischen Kardinals Pierre d'Ailly (1352–1420), die neben dem Reisebericht Marco Polos gleichfalls in der Bibliothek des Kolumbus mit der Löwener Ausgabe von 1483 vertreten war.

Der Kanzler der Pariser Universität und Doktor der Theologie, zu deren Kompetenzbereich auch die Kosmologie zählte, stützte sich mit Aristoteles, Plinius und Ptolemäus gleichfalls auf die Antike, fügte aber auch neues Gedankengut wie etwa Überlegungen und Thesen des englischen Mathematikers, Physikers und Philosophen Roger Bacon (um 1214–1297) mit ein. Die Ku-

gelgestalt der Erde ist bei d'Ailly bereits fixer Bestandteil des Traktats, das auch
zwei Weltschemata beinhaltet. Das eine zeigt die Einteilung der Erde in Klimazonen, das andere entspricht den mittelalterlichen »Mönchskarten«, indem
es auf der Nordhalbkugel bloß Ländernamen ohne geographische Grenzzie-
hungen enthält. Wichtiger ist jedoch die Tatsache, dass der hochrangige Kirchenmann[1] bereits um 1410 die Möglichkeit eines westlichen Seeweges nach
Indien andeutete: »*Laut Aristoteles sind das Ende des bewohnten Landes im Osten
und das Ende des bewohnten Landes im Westen einander nah, und zwischen ihnen liegt ein kleines Meer, das man in wenigen Tagen durchqueren kann.*«

War Kolumbus also doch kein originärer Visionär? Die Frage ist erlaubt;
denn in einem Brief aus dem Jahr 1474 des Florentiner Arztes und Humanisten Paolo del Pozzo Toscanelli (1397–1482), eines der angesehensten Kosmographen seiner Zeit, an Fernão Martins, Beichtvater Afonsos V. von Portugal,
behauptet dieser nicht bloß die Existenz eines Seeweges nach Indien, sondern
beschreibt mit verblüffender Selbstverständlichkeit sogar den Weg dorthin,
sowie Inseln und Gebiete, die auf diesem Weg zu passieren sind. Dem Schreiben lag eine Karte bei – „*Auf ihr ist der ganze Westen der bewohnten Welt von
Irland bis Guinea eingetragen nebst allen Inseln, auf die man unterwegs trifft …
Auf dieser Karte werdet Ihr* (der König) *die Länder finden, zu denen Ihr gelangen werdet, mit den genauen Angaben der Entfernungen, die Ihr sowohl dem Pol
als dem Äquator gegenüber einhalten müsst.*« Kolumbus erhielt 1480 oder 1481
Kenntnis von diesem Schreiben und bemühte sich daraufhin um Briefkon-
takt mit dem schon greisen Florentiner, dessen Antwort gleichfalls erhalten
geblieben ist. Sie war noch detailreicher gestaltet und bestärkte Kolumbus
darüber hinaus in seinen hochgesteckten Erwartungen hinsichtlich der Reichtümer des Orients, vor allem des Landes Cathay/China und der großen Insel
Zipangu/Japan des Marco Polo.

Wenn also die Kugelgestalt der Erde und, davon zwingend ableitbar, auch
ein westlicher Seeweg nach Osten – nach Indien – anerkanntes Wissensgut des
späten 15. Jahrhunderts waren, warum scheiterte Kolumbus dann wiederholt
daran, das Mögliche in die Tat umzusetzen? Ein Großteil der Antwort ist auch
hier in der Vergangenheit zu finden. Und die führt wieder bis in die Antike
zurück. Neben Aristoteles als philosophischem »Übervater« des Abendlandes
galt der in Alexandria lebende, hellenistische Mathematiker, Astronom und
Geograph Ptolemäus (um 85 – ca. 160 n. Chr.) als unverrückbare Größe in
Fragen der Kosmographie. Sein geozentrisches Weltbild besaß bei Gelehrten
bis tief in das 16. Jahrhundert ungebrochene Gültigkeit, um dann langsam
vom heliozentrischen des Nikolaus Kopernikus (1473–1543) abgelöst zu werden. Gleichsam als Nebenproblem des zentralen Themas – hier aber das entscheidende – beschäftigten sich die frühen Geographen auch mit der Dimension dieser Kugel, genannt Erde.

Während der Grieche Strabo (Strabon, ca. 64 v. – 20 n. Chr.) den Erdumfang mit ungefähr 27 000 Kilometern angab, gelangte sein früherer, in Ägypten lebender Landsmann Eratosthenes (276–196 v. Chr.) zu etwas mehr als 39 000 km und damit zur beinahe richtigen[2] Größe. Darüber hinaus näherte sich Eratosthenes in einem weiteren Punkt der Realität an, wenn er schreibt: »*Doch mag in derselben gemäßigten Zone leicht noch ein weiterer bewohnter Erdteil oder gar mehrere liegen.*« Ptolemäus wieder gab den Erdumfang mit umgerechnet 28 350 Kilometern an. Während sich Kardinal d'Ailly eher Strabon anschloss, vertrat Toscanelli die Größenordnung des Ptolemäus. Der entscheidende Punkt war aber nicht der Erdumfang an sich, sondern die noch immer unbekannte Ausdehnung der eurasischen Landmasse und ihre Bedeutung für die entsprechend verbleibende Strecke offenen Meeres. Und eben diese Problemstellung wurde zum zentralen Streitpunkt aller bekannten Auseinandersetzungen des Kolumbus mit der Fachwelt.

Toscanelli vermerkte eine Wegstrecke von ungefähr 3000 Seemeilen zwischen den Kanarischen Inseln und Zipangu/Japan und weiteren 2000 von dort bis China/Cathay. Kolumbus verringerte in seinen Berechnungen die Distanz zwischen den Kanaren und Japan sogar auf 2400 Seemeilen, was den Fernen Osten ungefähr auf die geographische Länge der Karibischen Inseln verlagert hätte, wo er später ja tatsächlich auf Land traf. In Zahlen ausgedrückt: Der Genuese ermittelte einen Meridianabstand am Äquator von 83,36 Kilometern, der in Wahrheit aber 111,32 Kilometer beträgt. Das ist weniger auf Fehlinterpretation seiner Quellen zurückzuführen als auf den Umstand, dass er eine sachlich-wissenschaftliche Detailarbeit seinen emotionalen Erwartungen unterordnete und derart das Ziel, auf falschen Grundlagen aufbauend, als erreichbar herbeiargumentierte. Seine tiefe Religiosität und sein bedingungsloser Glaube lässt sich auch im konkreten Fall belegen. Er stützte seine Berechnungen nicht zuletzt auf das Alte Testament, genauer das apokryphe 4. Buch Esra, wonach die Landmasse sechsmal größer als die Meeresfläche sei.

Rein geographische Erkenntnisse allein, ob richtig oder nicht, hätten für sich genommen Kolumbus aber noch nicht befähigt, die historische Fahrt überhaupt antreten zu können. Dazu bedurfte es fundierten nautischen Wissens, zu dem auch und gerade die astronomische Navigation zählt – seit den portugiesischen Westafrikafahrten ein unabdingbares Muss für jeden Kapitän oder Navigator. Dazu kamen Erfahrungswerte wie Meeresströmungen und Windverhältnisse im jeweiligen Reise- oder Zielgebiet. Zu den wirklich großen Eigenschaften des Kolumbus zählte es nun, diese selbstgewonnenen Erfahrungswerte über einzelne Regionen derart miteinander zu verbinden und zu einem Großsystem zusammenzuführen, dass die daraus gewonnene geographische Konzeption für ihn praktisch umsetzbare Gestalt annahm. Ohne hier im Detail auf die großen Zusammenhänge von Windsystem und Meeresströmungen im Atlantik einzugehen, sei nachfolgend zum besseren Verständnis auf einige grundsätzliche Tatsachen hingewiesen.

Die im Äquatorbereich stark erwärmten Luftmassen über Land steigen einem physikalischen Prinzip folgend auf und fallen nach Abkühlung und Austrocknung geteilt im Raum der Wendekreise wieder zu Boden, wo sie infolge der Erdrotation eine Ablenkung erfahren. Auf der Nordhalbkugel im Uhrzeigersinn, auf der Südhalbkugel entgegengesetzt. Spürbarer Ausdruck dieses Zyklus sind die bekannten, westwärts gerichteten Passatwinde im Atlantik beiderseits des Äquators. Ihr östliches Gegenstück, wenn auch unter leicht abgeänderten Grundvoraussetzungen, findet sich in den Monsunen. Ohne ihr Vorhandensein wäre eine transozeanische Segelschifffahrt kaum denkbar. Sinngemäß gilt das genannte Prinzip auch für die überregionalen Meeresströmungen. Die Verdunstung des Oberflächenwassers im Äquatorraum zieht im unteren Abschnitt kälteres Wasser an. Besonders deutlich wird dieser Zufluss, wenn er aus Polarregionen stammt, wie etwa der Labradorstrom vor der Ostküste Nordamerikas oder der Humboldtstrom an der Westküste Südamerikas. Zu den »warmen« Strömungen zählen beispielsweise der nördliche und südliche Äquatorialstrom, der Guinea- und Brasilstrom sowie vor dem nördlichen Westafrika der Kanarenstrom. Als Sonderfall kann der für das Klima in Westeuropa bedeutende Golfstrom angesehen werden. Die vergleichsweise nicht sehr tiefen Gewässer der Karibik sind von direktem Zustrom polaren Kaltwassers ausgegrenzt. Als Massenausgleich für Verdunstungsverluste wird nun Wasser aus den beiden Äquatorialströmen durch das Gitterwerk der Kleinen Antillen angesaugt. Nach dem Prinzip von Geben und Nehmen gelangt es dann in den Golf von Mexiko, wo es mit einer Art »Turbineneffekt« durch die Straße von Florida gepresst und an den Atlantik zurückgegeben wird: Der europagerichtete Golfstrom ist entstanden. Ergänzend sei angemerkt, dass der intensive Wärmeaustausch an der Schnittstelle Wasser–Luft auch zu jenem Phänomen führt, das unter dem Begriff »Zyklon« allgemein bekannt ist. Auch wenn Zyklone eigentlich auf dem Atlantik entstehen, so werden sie durch die Corioliskraft – eine Folge der Erdrotation – nach Westen abgelenkt, nehmen an Eigenrotation zu und treffen mit voller Wucht auf die Inseln der Karibik und das Festland. Ihnen fielen mehr spanische Schiffe zum Opfer als räuberischen Überfällen und Kriegshandlungen.

Zeitbedingt konnte Kolumbus mit diesen großen Zusammenhängen nicht vertraut gewesen sein; dennoch war ihm auf seinen Westafrikafahrten eine gewisse Gesetzmäßigkeit aufgefallen. Der Kanarenstrom führte beinahe ohne Zutun nach Südwesten, zur gleichnamigen Inselgruppe und weiter zu den Kapverden; und im Luv der Passate trieb ein Schiff unweigerlich nach Westen. Der Weg nach Indien schien also bereits von der Natur vorgegeben. Doch wie konnte man wieder an den Ausgangshafen zurückgelangen, ohne ständig gegen den Wind ankreuzen zu müssen, was zwangsläufig zu nicht mehr beherrschbaren Proviantproblemen führen musste? Der Lösungsansatz liegt weiter nördlich. Wenn auch eine Fahrt zu den Azoren nicht zweifelsfrei nachweisbar ist, so kann man doch davon ausgehen, dass Kolumbus die Windverhältnisse dieser Atlantikregion bekannt waren, zumal Fischer von den Azoren ihr Glück zweifellos auch westlich der Inseln versucht hatten. Begriffe wie »Azorenhoch« oder »Islandtief« sind heute Bestandteil beinahe jeden Wetterberichts; deren Auswirkungen auf die Schifffahrt sind aber kaum jemandem bewusst. An dieser Stelle kommen nun zwei Faktoren hinzu: Die Islandreise des Kolumbus und – noch weiter zurück – die Erfahrung isländischer oder bretonischer Fischer beim Kabeljaufang im westlichen Nordatlantik. Da die vollbeladenen Fischerboote scheinbar problemlos in ihre Ausgangshäfen zurückkehrten, muss es also spätestens nördlich der Azoren einen Verbund aus Wind- und Meeresströmungen geben, die nach Jahreszeit grundsätzlich europawärts ausgerichtet sind. Der südliche Ast des Golfstromes war zwar noch nicht entdeckt, doch im Sinne ptolemäischer Symmetrie der Welt durchaus als Gegenstück zum Äquatorialstrom zu postulieren. Der Kreis von Hin- und Rückpassage war somit geschlossen. Und tatsächlich wird Kolumbus auf der Rückfahrt bei seiner ersten Reise, wie auch den folgenden, einen weit nördlicheren Kurs anlegen als bei der Hinfahrt. Daraus aber einen gültig ausgearbeiteten »Fahrplan« ableiten zu wollen, hieße die Anamnese zu weit zu treiben.

Im Jahr 1484 erhielt Kolumbus Audienz bei König João II. von Portugal, der sich an den Plänen des Italieners auch interessiert zeigte, hatte sein Land dem seemännischen und wirtschaftlichen Engagement gerade der Genuesen in Portugal doch einiges zu verdanken. Der König als Verfechter einer planvollen Überseepolitik reichte das Ansinnen, wie damals üblich, an eine Kommission zur Prüfung und Auswertung weiter. Diese »Junta dos Matematicos«, in der auch die Kirche vertreten war, kam zu einem abschlägigen Urteil, das dem Plan nicht nur mangelnde Wissenschaftlichkeit anlastete, sondern auch das »großsprecherische und selbstgefällige Betragen des Kolumbus« – wie der Hofchronist João de Barros anmerkte – in die Wertung mit einbezog. Dieser Charakterzug wird dem Entdecker später auch in Kastilien noch erhebliche Schwierigkeiten bereiten und ihm wie ein schlechtes Leumundszeugnis nachfolgen.

Die Frage, ob sich Portugal durch die Abweisung des Kolumbus nicht einer historischen Chance begeben hat, ist zwar erlaubt, jedoch nicht sehr sinnvoll, geht sie doch von einer rückwärts gewandten Fiktion aus. Aus Sicht der Zeit nämlich hatten sowohl das wissenschaftliche Gremium als auch die Krone durchaus in sich konsistente, richtige Entscheidungen getroffen. Die oben zitierte kritische Wertung der Person Kolumbus kann dabei als Nebenaspekt, weil ohne wirtschaftliche Bedeutung, weitgehend vernachlässigt werden. Auf-

grund der großen Differenzen um die (wahre) Strecke offenen Meeres konnte die »Junta dos Matematicos«, die im Rückblick gesehen noch dazu auf der
besseren Seite lag, zu keinem anderen Ergebnis kommen; der begrenzte Frachtraum der Schiffe für Proviant war das entscheidende Kriterium. Und selbst
größerer Laderaum hätte das existenzielle Trinkwasserproblem nicht gelöst.
Bereits nach kurzer Zeit wurde das Wasser in seinen Holzfässern brackig und
verwandelte sich zunehmend in eine stinkende, ungenießbare Brühe voll Al-
genschleim und ertrunkenem Ungeziefer. Eine Schritt-für-Schritt-Methode,
wie in Westafrika, war angesichts der Entfernung ohne Versorgungsdepots bei
dem zu beurteilenden Vorhaben ausgeschlossen.

Selbst nach der Ablehnung hatte sich Kolumbus ein gutes Verhältnis zum
König bewahrt, ging aber nach dem frühen Tod seiner Frau mit dem fünfjährigen Sohn Diego im Frühjahr 1485 in die spanische Provinz Niebla am Golf
von Cádiz, in dem das Städtedreieck Huelva, Sevilla und Cádiz in engem
Handelskontakt mit den portugiesischen Westafrikafahrten stand. Bei den
Franziskanern des Klosters von La Rábida, nahe dem Hafenstädtchen Palos,
fand er Obhut für Diego und im gelehrten Mönch Fray Antonio de Marchena auch einen Beistand für die schweren nächsten sieben Jahre. Marchena
brachte Kolumbus mit dem Herzog von Medinaceli in Kontakt, der den Italiener an einflussreiche Hofkreise weiterempfahl. Im Mai 1486 kam es zum
ersten Treffen mit Königin Isabella von Kastilien. Isabella war eine durch und
durch politisch denkende Persönlichkeit mit großem Durchsetzungsvermögen,
andererseits aber von mystizistischer Religiosität geleitet. Das außerordentliche Wohlwollen, das sie Kolumbus über Jahre hinweg entgegenbrachte, lässt
sich wahrscheinlich auf eine gewisse Seelenverwandtschaft mit dem Entdekker zurückführen.

Isabella handelte auf dessen Anliegen nach Bereitstellung von Schiffen für
den Westweg nicht anders als João II. und übergab es einer Kommission unter dem Vorsitz ihres Beichtvaters Hernando de Talavera, dem späteren ersten
Erzbischof von Granada. In dieser Zeit befand sich Kastilien gerade am Beginn der letzten Etappe zur endgültigen Eroberung des letzten maurischen
Fürstentums auf der Halbinsel. Politische, militärische sowie vor allem finanzielle Entscheidungen, die in diesem Zusammenhang zu treffen waren, könnten Beweggründe zur zögerlichen Behandlung des Antrags gewesen sein. Als
Kolumbus 1488 noch immer keine Entscheidung der Kommission vorlag,
wandte er sich erneut an João II. und reiste auf dessen freundlich gehaltene
Zustimmung nach Lissabon. Zur selben Zeit kehrte Bartolomeu Diaz von
seiner Kapumseglung (1488) zurück. Der König sah sich in der Richtigkeit
seiner Überseepolitik bestätigt und wies den Italiener mit höflich diplomatischen Worten neuerlich ab. Gleiches musste Kolumbus, zurück in Spanien,
vom kastilischen Hof zur Kenntnis nehmen. Enttäuscht und zum Gang in ein

weiteres »Exil« bereit, erreichte ihn die überraschende Nachricht, Königin Isabella sei nun doch bereit, ihm die Möglichkeit zur geplanten Westfahrt zu bieten. Dies erfolgte unmittelbar nach dem Fall der Stadt Granada am 2. Januar 1492 und wird oft als Dank der Monarchin für die »Unterstützung Gottes« bei der Eroberung des Fürstentums interpretiert.

Nach den königlichen Willenserklärungen zur Fahrt nach Westen dauerten die Verhandlungen über Details noch drei Monate. Am 17. April 1492 wurde im Militärlager bei Granada der Vertrag unterzeichnet, der die wechselseitigen Rechte und Pflichten genau auflistete. Es spricht für die Beharrlichkeit des Kolumbus, dass all seine Forderungen persönlicher Art in das »Capitulaciones de Santa Fé« genannte Vertragswerk aufgenommen wurden. Auch hier könnte man wieder eine Reihe von Spekulationen über die Frage anstellen, was den spanischen Hof dazu bewogen haben mag, so weitreichende Zugeständnisse zu machen. An sie knüpft sich aber auch die Frage, was Kolumbus mit seiner Fahrt wirklich beabsichtigte. Die Errichtung eines Handelsstützpunktes oder gar eine Siedlungsgründung dürfte nicht geplant gewesen sein, zieht man die Zusammensetzung der Mannschaften und das für ein Überleben notwendige Versorgungsmaterial in Betracht. Auch der Missionierungsgedanke, wenn überhaupt, dann durch Königin Isabella vertreten, besaß offensichtlich keine Priorität, da keine Geistlichen in den Besatzungslisten aufscheinen. Dafür scheinen aber zwei königliche Notare in der Mannschaftsliste auf, die die Einhaltung der Vertragsbedingungen kontrollieren sollten.

Nach dreimonatiger Vorbereitungszeit lichteten am 3. August 1492 die wohl bekanntesten Schiffe der Entdeckungsgeschichte in Palos de la Frontera die Anker. Als Generalkapitän befehligte Kolumbus von der SANTA MARIA aus die zwei Begleitschiffe, die PINTA unter Martin Alonso Pinzón und die NINA unter dessen Bruder Vicente Yáñez Pinzón. Nach einem Zwischenhalt auf den Kanaren begann am 6. September der eigentliche Aufbruch ins Unbekannte. Mit den vielzitierten »Tierra, Tierra«-Rufen des Matrosen Rodrigo de Triana in der Nacht zum 12. Oktober 1492 wurde auch ein neues Zeitalter ausgerufen. Die Welt war, bei aller Pathetik der Wortwahl, innerhalb von Augenblicken doch eine andere geworden. Die kleine Flotte war auf einer kleinen Insel der Bahamas gelandet, die von den Eingeborenen »Guanahaní« genannt wurde und von Kolumbus den Namen »San Salvador« erhielt. Neuere Forschungen und computerunterstützte Auswertungen des Bordbuches scheinen jedoch auf die ungefähr hundert Kilometer südöstlich gelegene Insel »Samana Cay« als eigentlichen Landeort hinzuweisen, was an sich eine Nebensächlichkeit darstellt, aber erneut Anlass gibt, weitverbreiteten Annahmen entgegenzutreten. Hier ist zuerst das oft genannte Bordbuch zu nennen. Das Original des »Diario« hatte Kolumbus nach seiner Rückkehr zur Auswertung an Königin Isa-

bella gesandt und ist seitdem verschollen. Eine gleichfalls verloren gegangene
Kopie gelangte nach dem Tod des Entdeckers nach Hispaniola, wo sie vom
Dominikaner Bartolomé de Las Casas (1474–1566), dem »Apostel der Indios«[3]
exzerpiert und teilweise auch kommentiert wurde. Weitere Dokumente über
die erste Reise sind ein Kolumbusbrief (gedruckt 1493) an Luis de Santangel,
den Verwalter der Privatschatulle Ferdinands II., sowie Aufzeichnungen des
Entdeckersohnes Hernando Colón, dessen Mutter, Beatriz de Harana, Kolum-
bus aller Wahrscheinlichkeit nach nie geheiratet hatte, über das Leben seines
Vaters. Alles, was man heute über die historische Fahrt weiß, stammt also aus
Zweitquellen, von denen Las Casas die zuverlässigste ist.

Ein ebenfalls zurechtzurückender Punkt ist die in vielen Schulbüchern
enthaltene Behauptung, Kolumbus wollte nach dem geographischen Indien
übersetzen. Allein ein Blick auf den Globus – und unter geistiger Ausblendung
Amerikas – belegt die Widersinnigkeit dieser Behauptung; denn von Osten
kommend liegt um den 28. nördlichen Breitengrad nun einmal Ostasien vor
Indien im Süden. Und in Ostasien befanden sich das große Reich Cathay und
die Insel Zipangu des Marco Polo. Folgerichtig führte der Italiener auch ein
diplomatisches Schreiben der Katholischen Könige mit sich, das an den Großkhan gerichtet war. Aus dem lückenhaften Wissen von damals ergab sich durch
Überlagerung mit dem heutigen beinahe zwangsläufig die angesprochene Fehlinterpretation: Wenn jemand nach dem indischen Subkontinent wollte, so,
ebenso geographisch naheliegend, die Portugiesen – als krönender Abschluss
jahrzehntelanger Erkundungsvorstöße.

In den Kapitulationen wurde Kolumbus zum »Admiral des Indischen
Meeres« und Gouverneur »aller Länder und besagter Inseln« im ozeanischen
Meer *(islas y tierras firmes del mar océano)* ernannt; eine elegante Umformu-
lierung eigener Unwissenheit. Kolumbus vermochte es auch später nicht, sich
davon zu lösen. Wie stark sein Streben nach dieser Region mit all ihrem postulierten Reichtum an Perlen, Edelsteinen und Goldschätzen ausgerichtet war,
lässt sich unter anderem auch daraus ableiten, dass er keinerlei Interesse zeigte, die reiche »Fabelinsel« Antilia zu finden, die laut seinem Kartenmaterial
mehr oder minder nahe zu passieren war, ehe man Zipangu und Cathay erreichen konnte. Der Italiener war kein Entdecker im eigentlichen Sinn, dessen Bemühen sich an der Erkundung des Unbekannten orientierte. Er war und
blieb ein Suchender, dessen Ziel Reichtum und Ansehen hieß. Daran vermögen auch seine unbestritten großen Verdienste um die geographische Erkundung des karibischen Raumes wenig zu ändern. Jahre später wird ein Kopist
den Begriff »Las Indias« in die Chronikliteratur einführen, wobei die vermutlich bewusst gewählte Mehrzahlform[4] auffällt. Las Casas gebrauchte sie dann
in seinen Schriften über die Ureinwohner bereits als festes Synonym für das
spanische Kolonialreich in der Karibik.

Eine detaillierte Beschreibung des ersten Aufenthalts in der »Neuen Welt« sowie der drei folgenden würde hier zu weit führen. Auf einzelne Punkte wird in späteren Kapiteln eingegangen. Die materielle Ausbeute der ersten Reise war jedenfalls gering, weit geringer als von Kolumbus versprochen. Dennoch wurde ihm nach der Rückkehr ein überragender Empfang durch die Katholischen Könige gewährt. Als geachteter Mann hätte sich Kolumbus nun in ein sorgloses Privatleben zurückziehen können, doch der »Besessene« wollte seine Prophezeiungen von unermesslichen Reichtümern wahrmachen, ohne jemals den ihm dabei zufallenden Gewinnanteil aus den Augen zu verlieren. In einer umfassenderen Dimension und mit größeren Zukunftsaussichten verfolgten aber auch die Katholischen Könige dasselbe Ziel.

Von Kolumbus noch wenig bemerkt, hatte seine Entdeckung über den rein materiellen Aspekt hinaus unvorhersehbare Auswirkungen auf die politische Ebene. Es ergab sich die paradoxe Situation, dass zwei Reiche das gleiche territoriale Ziel auf buchstäblich konträren Wegen zu erreichen trachteten, und eines, Kastilien, glaubte durch den historisch einmaligen Glückstreffer des Genuesen als erster den Seeweg nach Indien gefunden zu haben. Für den spanischen Hof war es nur eine Frage der Zeit, bis auch die Portugiesen über den jahrelang gesuchten Ostweg im Westen der neu entdeckten Länder vor Anker gingen und sich damit eine unmittelbare Konfrontation abzeichnete, die nicht ohne Auswirkung auf die Heimatländer bleiben konnte. So versuchten Isabella und Ferdinand unmittelbar nach Rückkehr des Kolumbus, sich vom Papst die Besitzungen in »Westindien/Las Indias« bestätigen zu lassen. Dieses Ansinnen war in den Augen der Spanier mehr als angemessen, hatte doch Rom vierzig Jahre vorher den Portugiesen das alleinige Recht zugesprochen, die Küsten Westafrikas für sich in Besitz zu nehmen. Vergessen war auf einmal der spanisch-portugiesische Grenzvertrag von Alcaçovas aus dem Jahr 1479, der alle in den Atlantik reichenden und *»zu entdeckenden«* Gebiete mit Ausnahme der kastilischen Kanaren den Portugiesen zusprach. Papst Alexander VI. Borgia, ein Spanier (Rodrigo de Borja, Pontifikat 1492–1503), kam innerhalb kürzester Zeit dem Wunsch der Katholischen Könige nach und sicherte Kastilien – damit auch Spanien – alle entdeckten und noch zu entdeckenden Gebiete im Westen, jenseits einer gedachten Linie von 100 Leguas im Raum der Azoren zu.

Die entscheidende Passage der Bulle *»Inter cetera divinae«* Alexanders VI. vom 4. Mai 1493 lautet: *»…Damit Ihr freier und mutiger den Auftrag zu so einer bedeutenden Unternehmung annehmt, der Euch freigebig durch die apostolische Gnade ›motu propio‹ übertragen worden ist und nicht auf Eure Bitte noch für Euch durch die Bitte eines anderen, schenken, gewähren und zuteilen wir Euch und Euren Erben und Nachfolgern, den Königen von Kastilien und León, kraft unserer apostolischen Gewalt und der Autorität des Allmächtigen Gottes, die uns*

*über den heiligen Petrus zugekommen ist, sowie als Vikar Jesu Christi, auf immer
alle entdeckten und zu entdeckenden Inseln und Festländer in Richtung nach
Westen und Süden, wobei eine Linie vom arktischen zum antarktischen Pol zu
ziehen ist …, welche von den Azoren und Kapverdischen Inseln hundert Meilen
gen Westen und Süden verläuft, so dass alle entdeckten Inseln und Festländer jenseits der Linie, soweit sie nicht zu Beginn des Jahres 1493 von einem anderen christlichen König in Besitz genommen sind, mit allen Herrschaften, Städten, Festungen und Ortschaften, mit Rechten, Gerichtsbarkeiten und Kompetenzen Euch
gehören, und wir setzen Euch, Eure Erben und Nachkommen als deren Herren
mit voller, freier und allseitiger Gewalt, Autorität und Rechtsprechung ein …«*

Das wiederum wollte Portugal mit den Azoren als vorgeschobenem Au-
ßenposten im Atlantik nicht einfach hinnehmen und erhob diplomatischen
Protest, wobei der unterschiedlichen geographischen Länge von Kapverden
und Azoren – nach dem Wissensstand der Zeit – kaum Bedeutung zukam.
Nach einigen Verhandlungsrunden der königlichen Kanzleien einigte man sich
nach erstaunlich kurzer Zeit auf einen Kompromiss. Im Juni des Jahres 1494
kam es zum »Vertrag von Tordesillas«, in dem die Interessensphären der beiden Reiche politisch akkordiert wurden. Die Demarkationslinie lag nun 370
Leguas westlich der Kapverdischen Inseln. Östlich davon sollte der portugiesische Machtbereich sein, westlich der spanische, und alle noch zu entdeckenden Länder der jeweiligen Krone zufallen. Dass diese Linie sich nun um ein
paar hundert Seemeilen weiter im Westen befand als im päpstlichen Konzept
des Jahres 1493, nährte Vermutungen, dass Portugal zu diesem Zeitpunkt
bereits mehr über »Westindien« oder von einem Land (Brasilien?) jenseits des
Atlantik gewusst haben könnte, als es zuzugeben bereit war. Ein Beweis für
diese Annahme[5] konnte aber bis heute nicht vorgelegt werden.

Interessanter und belegbares Faktum sind jedoch andere Unklarheiten in
Bezug auf die reale Lage der Grenzlinie. So entstanden bald Diskussionen, ob
sich der Ausgangspunkt für die Berechnungen auf die östliche oder westliche
Grenze der Kapverdischen Inseln bezog, oder ob nicht gar das Kap Verde an
der afrikanischen Festlandküste anzunehmen wäre. Schlägt die erstere Annahme durch, ergibt sich eine Diskrepanz von etwa 300 Kilometern, welche sich
im zweiten Fall noch verdoppeln würde. Bietet allein dieser Punkt Anlass für
Auseinandersetzungen, so wird das noch durch den Umstand verschärft, dass
sich die iberische Legua von der englischen oder französischen Seemeile unterschied. Selbst die portugiesische Landmeile *(Legua de sesmaria)* war von der
Legua de maritima (Seemeile, etwa die Hälfte der Landmeile) verschieden und
unterlag zudem einer alten und einer neuen Berechnung. In Summe gesehen
also eine Fülle möglicher Streitpunkte, die jedoch zu keiner ernsthaften Konfrontation der beiden Nachbarn und auch in Übersee konkurrierenden Königreiche führte. Dabei ist natürlich zu berücksichtigen, dass achtzig Jahre lang,

von 1580 bis 1640, auch alle iberischen Besitzungen in Personalunion einer de facto vereinigten Krone, jener Spaniens, unterstanden. Politisch gewichtiger ist jedoch das in der päpstlichen Bulle erwähnte Stichjahr 1493, das im Wortlaut der nachfolgenden Bestimmungen jede Inbesitznahme in Übersee durch andere Länder – zum Beispiel Frankreich, England – nachdrücklich ausschließt, wogegen zuerst Franz I. bei Clemens VII. Protest einlegen wird.

In drei weiteren Fahrten erforschte Kolumbus weite Teile der Karibik und der Nordküste Südamerikas, währenddessen andere Männer zunehmend das kolonisatorische Geschehen bestimmten. Was dem Entdecker Kolumbus geglückt war, blieb dem Kolonisator Kolumbus verwehrt, der im Rahmen seiner dritten Fahrt sogar in Ketten nach Spanien zurückgebracht wurde, um sich für sein diesbezügliches Versagen zu verantworten. Lediglich dem Wohlwollen Isabellas hatte er es zu verdanken, 1502 noch eine vierte Reise antreten zu dürfen. Und auch dies nur unter der Auflage, die Insel Hispaniola nicht anzulaufen, wo unter Nicolás de Ovando eine Besiedlung ihren Anfang nahm, die diesen Namen auch wirklich verdiente. Drei Wochen nach Rückkehr von der vierten Reise starb 1504 seine Gönnerin Isabella und mit ihr auch alle Hoffnung des Kolumbus, eine entsprechende Würdigung seiner Verdienste zu erlangen. Die verbleibenden zwei Jahre seines Lebens verbrachte er mit Petitionen an die Krone zur Wiedereinsetzung der ihm in den »Kapitulationen« zugesagten Rechtstitel und Erhalt der daraus ableitbaren Gewinnanteile. Am 20. November 1506 starb die aus europäischer Sicht bekannteste Entdeckerpersönlichkeit der Geschichte in Valladolid; an seinem Begräbnis nahm kein einziger Vertreter des Staates oder der Kirche von Rang teil. Seinen unerschütterlichen Glauben, im äußersten Asien, in China gelandet zu sein, hatte sich Kolumbus bis zuletzt bewahrt.

War nun Kolumbus wirklich jene »Lichtgestalt«, die Europa erst die Welt öffnete, oder bloß »Durchschnitt«, wie viele Seefahrer und Entdecker vor und nach ihm? Kaum eine andere Entdeckerpersönlichkeit ist später so differenziert betrachtet worden wie Kolumbus, wozu zweifellos auch die Bedeutung der ersten Reise beigetragen hat. In ihrer historischen Dimension versperrt sie beinahe jeden emotionsfreien Zugang zu dem Menschen Kolumbus. Dabei geht es nicht um das Füllen weißer Flecken auf Landkarten und Globen, wie in den folgenden Jahrhunderten, sondern um die Erkenntnis, dass da draußen ein ganzer Kontinent unvermittelt in ein konsolidiertes Weltbild eindrang und es nachhaltig veränderte. Ungleich stärker, weil von tödlicher Wucht begleitet, gilt das aber auch für die Gegenrichtung: Anfangs für göttlich gehaltene Wesen mit schrecklichen Waffen hatten »der Welt« den Krieg erklärt.

Wie sehr der 12. Oktober 1492, wenn auch mit Zeitverzögerung, dieses Weltbild erschütterte, kann man heute nur noch erahnen. Jeder rationale Versuch einer Erklärung ist zum Scheitern verurteilt, da er naturgemäß die Folgen wirtschaftlicher und politischer Konsequenzen in den Vordergrund stellt. Die Landung auf San Salvador verdoppelte innerhalb weniger Stunden den Erdkreis aus christlicher Sicht der damaligen Zeit. Gingen ein Marco Polo, ein Alexander, dessen Leistung als europäischer Entdecker man nicht übersehen sollte, ein Vasco da Gama »nur« vagen Berichten und Andeutungen nach, so stieß Kolumbus in Verfolgung ähnlicher Ziele auf Land, das es eigentlich gar nicht hätte geben dürfen – zumindest in den Augen des Mittelalters. Man sollte in diesem Zusammenhang aber nicht vergessen, dass bereits die Antike mit Eratosthenes die Möglichkeit der Existenz eines oder gar mehrerer Kontinente im Atlantik, westlich der Säulen des Herakles, angedacht hatte. Dagegen ist der Erfolg eines Leif Erikson andererseits nicht überzubewerten. Zum einen ist zu bezweifeln, dass sich die Wikinger um die Jahrtausendwende der Tragweite ihrer Entdeckung bewusst waren, zum anderen fand das Wissen nur diffusen Eingang in das Sagengut einzelner Sippenverbände des hohen Nordens. Die Gelehrtenstuben Europas, und damit auch die politischen Überlegungen seiner Höfe, sollten davon unberührt bleiben.

Um es nochmals zu betonen, die Einmaligkeit von Kolumbus' Leistung, sofern man sie nicht nur als reinen Glücksfall abtun will, besteht im Aufdekken eines »undenkbar« Verborgenen. Selbst eine Expedition in ferne Sonnensysteme oder Galaxien könnte heute nicht mehr jenes Überraschungsmoment bergen, das die erste Reise des Genuesen in sich trug. Ein derartiger Vorstoß, sofern physikalisch überhaupt einmal möglich, würde trotz aller Fremdartigkeit des Vorgefundenen eher den Versuchen eines Vasco da Gama oder der ersten, zuvor unter Laborbedingungen bis ins Detail simulierten Mondlandung entsprechen als der Ankerung der SANTA MARIA vor Guanahaní/San Salvador. Eine Ironie der Geschichte will es, dass Kolumbus bis zu seinem Tod nicht an diese Überraschung glauben wollte, sondern in den Ergebnissen der vier Reisen nur eine Bestätigung seiner Annahmen zu sehen bereit war. Gegen besseres Wissen verdrängte er die Ergebnisse der zeitgleich verlaufenden Folgefahrten eines Vicente Yáñez Pinzón, Amerigo Vespucci oder John Cabot, von denen noch zu sprechen sein wird.

Durfte also nicht sein, was sich nicht in sein Weltbild einfügen ließ? Aber nicht nur der Entdecker hatte Schwierigkeiten mit dem Weltbild. Viel schwerer, ja fundamentaler wurde jenes der Kirche erschüttert, jener Kirche, die erst vor nicht allzu langer Zeit nur notdürftig einen Jahrzehnte anhaltenden Richtungsstreit zwischen zentralistischem Papsttum und föderal orientiertem Konziliarismus, die Summe aller Einzelmeinungen, beigelegt hatte. Und nun gab es plötzlich »da draußen« offenbar Menschen, die in der Schöpfungsgeschichte gar nicht vorgesehen waren. Was dem modernen, meist säkularen Menschen völlig nebensächlich, ja unerheblich erscheinen mag, barg eine Brisanz in sich, deren Dynamik nicht hoch genug eingeschätzt werden darf und Anlass zu heftigen Auseinandersetzungen wurde.

Bisher ging die Kirche davon aus, dass Gott das Universum, die Erde mit Land und Meer, Pflanzen und Tieren in einem einzigen, unfassbaren Willensakt erschaffen habe. Als Krone der Schöpfung formte er zum Schluss den Menschen und stattete ihn mit einer unsterblichen Seele aus. Der Bibel nach sind, von einem Zentrum ausgehend, nun alle Völker der Erde genealogisch erfasst und dadurch als unveränderliche Größe determiniert – auch jene, die sich dem Wort Gottes verweigerten oder von ihm abfielen. Neben den »Kindern Gottes« gab es somit auch Heiden, Ungläubige und Renegaten. Im Neuen Testament wird dieses Basiswissen dann um den Missionsauftrag Christi an seine Apostel »Gehet hinaus und lehret alle Völker« entscheidend erweitert. Auf dieser »Dispersio Apostolorum« aufbauend, leitete die expansive Kirche daraus auch den göttlichen Auftrag ab, alle abtrünnig gewordenen Völker und Menschen in die Glaubensgemeinschaft zurückzuholen und Unwissende andererseits in sie aufzunehmen. In überzogener Auslegung eines Christuswortes wurden Menschen nicht »zur Tafel gebeten«, sondern an sie gezwungen, indem man sie vor die Wahl stellte, sich zu Religion und Kirche zu bekennen oder das Leben als Sklave zu beenden. Diese Konzeption besaß, durch spitzfindig theologisch geführte Beweisketten abgesichert, über Jahrhunderte Gültigkeit, bis Kolumbus Amerika entdeckte.

Wo aber waren diese menschenähnlichen Wesen einzuordnen? Da es weder in der Bibel noch in der apostolischen Überlieferung den geringsten Anhaltspunkt für ein Land und seine Bevölkerung gab, das man mit Amerika auch nur entfernt hätte in Verbindung bringen können, musste erst geklärt werden, ob es sich bei den Vorgefundenen überhaupt um Menschen handeln konnte. Erklärte man sie dazu, so gab man gleichzeitig indirekt auch die Unvollkommenheit göttlicher Offenbarung in den Testamenten zu, womit sich die Kirche auch automatisch ihrer wichtigsten Dogmen, der Abgeschlossenheit und Unverrückbarkeit dieser Offenbarung, beraubt hätte. Die ungeklärte Frage, ob Mensch oder nicht Mensch und ob diese Menschen eine unsterbliche Seele besäßen, erschwerte den Weg zu einer Entscheidung. Erst Papst Paul III. gestand 1537 in der Bulle »Sublimis Deus« der Urbevölkerung Amerikas das »Menschsein« zu. Obwohl Staat und Kirche selbst im ausgehenden Spätmittelalter nur schwer voneinander zu trennen sind, war die spanische Krone, später eifrigster Verfechter des Katholizismus, nicht gewillt, ein Ende des theologischen Disputs abzuwarten. Schon bald wurden die Indianer zu Untertanen dieser Krone erklärt und zur wirtschaftlichen Disposition gestellt. De iure erhielten sie zwar nie den Sklavenstatus wie die Schwarzafrikaner, de facto wurden sie aber wie Sklaven oder Leibeigene behandelt. In Folge werden sich spanische Monarchen wiederholt bemühen, die Rechte der Indianer als

Untertanen der Krone zu stärken, aufgrund der Entfernung aber immer wieder an der Durchsetzung scheitern.

Kolumbus schwankte zwischen einem missionarischen Eifer, diese Menschen in ihrer »paradiesischen Nacktheit« dem Christentum zuzuführen, und der Absicht, sie als nötige Arbeitskräfte in den Siedlungsaufbau zu zwingen. Als man während der zweiten Reise auf die kriegerischen Kariben der Kleinen Antillen und ihren in den Chroniken überzeichneten Kannibalismus stieß, war alsbald eine moralische Begründung gefunden, dem beschriebenen Zwiespalt im Interesse von Wirtschaft und Profit zu entkommen. Später wurden die Menschenopfer der Azteken zum Anlass genommen, die eigene Brutalität als Werk christlicher Barmherzigkeit zu verklären. Die Missionare der zweiten Generation traten später dann nicht mehr als reine Verkünder des Glaubens in Erscheinung, sondern selektierten auf entlarvende Art die christliche Lehre nach Parametern der Nützlichkeit. Demütige Hingabe an den Willen Gottes (der Spanier) und absolute Befolgung seiner Gebote (derer Befehle) überlagerten jenen Kernpunkt, wonach vor Gott alle Menschen gleich wären.

Die persönliche Hingabe an den Willen Gottes ist eines jener starken Motive, die man bei Kolumbus immer wieder feststellen kann, womit er sich allerdings nicht sehr von vielen Menschen seiner Zeit unterschied. Was im Fall von Krankheiten oder unvermuteter Schicksalsschläge durchaus seine Berechtigung haben mag, wird in jenem Augenblick bedenklich, wo sie als Rechtfertigung für eigenes Versagen stehen oder ein klares Urteil verhinderten. Das »Archaische« am Glauben des Kolumbus war dessen feste Überzeugung, auserwähltes Werkzeug Gottes zu sein, im Guten wie im Schlechten. Der biblische Dulder Hiob wurde für ihn nicht selten zu fehlgedeutetem Vorbild und Stütze zugleich, wenn sich das Geschehen aufgrund mangelnder Tatkraft gegen ihn richtete, sei es die Gegnerschaft am Hof, widriges Wetter in der Karibik oder Aufruhr innerhalb der Kolonisten. Das Scheitern der Siedlungsgründungen hatte mit einem höheren Willen aber ebenso wenig zu tun wie sein Versagen auf organisatorischer Ebene. Dieses Unvermögen war andererseits auch der Grund, warum die Krone schon früh, angesichts der Ereignisse in Europa vermutlich früher als vorgesehen und eigentlich auch erforderlich, der Entwicklung in »Las Indias« verstärkte Aufmerksamkeit widmete. Im Gegensatz zur späteren Kolonialgeschichte anderer Nationen waren in Hispanoamerika, das ungefähr zehn Jahre lang im Wesentlichen nur auf Hispaniola beschränkt blieb, die elementaren Strukturen des Mutterlandes bereits fest verankert, ehe noch die ersten wirklich nennenswerten Profite abgezogen werden konnten. Eine enge Verknüpfung mit der Zentralmacht war von Anfang an gegeben.

Oft wird auch das starrsinnige Festhalten, in Ostasien gelandet zu sein, als intellektuelles Defizit des Kolumbus betrachtet. Dabei wird aber die völlige

Belanglosigkeit einer derartigen Gewichtung übersehen. Die Erkenntnis, einen unbekannten Kontinent entdeckt zu haben, hätte am Fortgang der Ereignisse nichts verändert. Andererseits führte sein rastloses Suchen nach dem asiatischen Festland und dem vermuteten Großkhan zu tiefen Einblicken in den karibischen Raum, von denen die Nachfolger des Genuesen nur profitieren konnten. Das führt aber zum weitaus wichtigeren Punkt: den Teilnehmern an den ersten Reisen. Wenn Kolumbus auch nicht jeden Aspiranten selbst auswählen durfte, so hatte er gerade vor der zweiten Fahrt die Möglichkeit, aus einer großen Bewerberzahl die Führungspositionen wenn schon nicht autark zu besetzen, so doch nach seinen Vorstellungen mitzugestalten. Und hier finden sich viele, die das Projekt »Neue Welt« entscheidend vorantrieben: Juan de la Cosa, der erste Kartograph; Alonso de Ojeda, nach seinen Raubzügen auf Hispaniola Erkunder des Golfes von Darién. Dazu kamen ein Diego de Velásquez, Eroberer und erster Gouverneur von Kuba, Vorgesetzter des jungen Hernán Cortés; ein Juan Ponce de León, der Entdecker und gescheiterte Eroberer Floridas; und als Letzter dieser sehr rudimentären Aufzählung ein Antón de Alaminos, der für viele Schiffsexpeditionen zum unentbehrlichen Chefnavigator wurde. Zusammen mit den Nichtgenannten formierten sich so etwas wie Seilschaften, bei denen die eine, oft mit den gleichen Handlungsträgern, auf den Erkenntnissen der vorangegangenen aufbauend immer weiter vordrang. Kolumbus hatte ein Rad in Bewegung gesetzt, das nicht mehr des Anstoßes durch einen verkannten Visionär bedurfte. Auch das sollte man bedenken, will man dem Entdecker auch nur annähernd gerecht werden.

Aus heutiger Sicht befremdet ein weiterer Charakterzug des Entdeckers mehr noch als sein Unvermögen, dauerhafte Kolonien zu gründen, was auch anderen Nationen später nicht beim ersten Versuch gelang: sein mangelndes Interesse oder auch die Unfähigkeit, die bereitwillig angenommene Projektion einer vermeintlich paradiesischen Welt in Frage zu stellen. Vom Kern jedes späteren Reiseberichtes, selbst mancher seiner Zeitgenossen (etwa Vespucci) – der selbstkritischen Wiedergabe persönlicher Eindrücke von Land und Leuten unter Zugrundelegung des neu aufkommenden naturwissenschaftlichen Denkens – ist der geographische Theoretiker Kolumbus ebenso weit entfernt wie die Azoren von San Salvador. So sind in seinen Berichten die Küsten von Hispaniola und Kuba bloß von einer »Lieblichkeit« geprägt, die an die strahlendsten Landschaften des fernen Spanien erinnern; Venezuela gilt ihm gar als das Paradies. In Mesoamerika ging er während der vierten Reise den Hinweisen nach einem weiteren Meer im Süden nicht nach und verschwendete auf seiner Suche nach dem Land Ophir der Bibel seine zum Greifen nahe Chance, auch noch den Pazifik zu entdecken. Wenn in den Berichten irgendwelche Bergketten oder Flüsse erwähnt werden, so dienen sie meist nur als Begründung für alle Strapazen, die er auf sich nehmen musste. Vergebens sucht man nach Hinweisen auf mögliche Zusammenhänge zwischen Topographie, Fauna und Flora und vor allem der in diesem Umfeld lebenden Urbevölkerung.

Selbst die Taino, eine auf den großen Antilleninseln lebende Gruppe der Aruak (Arawaken), samt ihren Traditionen, Gesellschaftsstrukturen und Lebensformen scheinen in ihrer »unbekehrt paradiesischen Naivität« von der Umwelt isoliert vor sich dahinzuleben. Die komplexe Ausformung dieser Gesellschaft nimmt Kolumbus gar nicht wahr. Für ihn sind diese Menschen nicht Teil des Lebensraumes, sondern anfangs etwas Kindhaftes, das in den Schoß der Kirche zu führen sei, um wenig später aber bloß als willkommene Arbeitskräfte angesehen zu werden. Wie anders könnte man sonst die von ihm angeordnete Zwangsrekrutierung verstehen? Oder im Zeitraum der zweiten Reise die Verfrachtung von 500 Indianern als Sklaven nach Spanien, dessen Küsten mehr als 200 nicht erblicken werden. Nirgendwo kann man in seinen Schriften eine ernsthafte Auseinandersetzung mit dem Aufeinandertreffen zweier so unterschiedlicher Kulturen finden. Er beschränkt sich darauf, die ansässige Bevölkerung ausschließlich so zu beschreiben, als seien sie nur Bestandteil einer Fotografie, deren Hintergrund beliebig austauschbar ist.

Anfangs sieht er, wohl seinem idealisierenden Bibelbild folgend, diese Menschen als wohlgestaltet, gutmütig und freigiebig an, um diese Meinung sofort zu revidieren, sobald es zu den ersten ernsthaften Auseinandersetzungen kommt, deren Ursachen aber überwiegend bei den Spaniern selbst zu suchen sind. Völlig unreflektiert waren alle Indianer für ihn gleich, ungeachtet ihrer teilweise erheblichen ethnischen Unterschiede. Man denke hier nur an die Taino und Kariben oder gar an die Küstenstämme Mesoamerikas. Zusammenhänge zwischen natürlicher Umwelt und den unterschiedlichen Bräuchen und Gewohnheiten der einzelnen Stämme herauszufinden, war ihm als Anliegen völlig fremd. Selbst der Missionierungsgedanke findet sich nur als Schlagwort wieder und wird von ihm durch keine in die Zukunft führende Maßnahme am Schauplatz des Geschehens nachgewiesen. So muss man von der Annahme ausgehen, dass die Versklavungsabsicht bereits sehr früh im Vordergrund stand, wenn auch nicht im barbarischen und menschenverachtenden Umfang seiner Nachfolger. Dass für diese »Ware« im Mutterland aber kein vordringlicher Bedarf bestand, scheint ihm gar nicht bewusst gewesen zu sein. Am Hof wartete man vielmehr auf Gold, und das traf nur spärlich ein. Auch der angestrebte Handel konnte lange nicht in Schwung kommen, da die Güterproduktion der Inseln kaum für den europäischen Markt geeignet war. Erst langsam wird er sich über Exotika wie Federn, meist minderwertige Gewürze und Feldfrüchte wie Mais oder Tomaten aufbauen. Die Etablierung des später so wichtigen Handels mit Tabak wird gar Generationen benötigen.

Da Kolumbus aber nicht mit der gleichen rücksichtslosen Brutalität gegen die Urbevölkerung vorging wie spätere Konquistadoren, Gouverneure oder Plantagenbesitzer, ist man fast geneigt, diesen Umstand eher seinen Verdiensten anzurechnen. Diese lagen vor allem auf dem Gebiet der Seefahrt. Wenn er auch nicht der große Navigator vom Rang eines Alaminos oder Magellan war, so sind seine Leistungen gerade in der überaus schwierigen und gefährlichen Küstenschifffahrt besonders hervorzuheben. Er wusste wie kein zweiter im Polygon von Schiff, Meer, Wetter und Küste jene richtigen Verbindungen herzustellen, die es ihm letztendlich ermöglichten, auf jede Situation mit bester Aussicht auf Erfolg zu reagieren. Dass Kolumbus sich dabei mehr von Intuition als exakten Berechnungen leiten ließ, schmälert seine Leistungen keineswegs. Wenn Schiffe durch nicht eingehaltene Befehle verloren gingen oder aufgegeben werden mussten, so kann man das keineswegs einem Versagen des Admirals als Seemann zuordnen.

Sein größtes Verdienst liegt aber, wie bereits mehrfach betont, in einem Bereich, den er selbst nicht wahrhaben wollte. Die Landung auf San Salvador setzte in Europa ungeahnte Energien frei, deren reale Auswirkungen auf die Geschichte noch lange nicht erkannt werden sollten. Zur schnellen Verbreitung des außergewöhnlichen Ereignisses in Europa trug der kaum fünfzig Jahre vorher erfundene Buchdruck mit beweglichen Lettern maßgeblich bei. Wie schnell man bereits damals auf herausragende Vorkommnisse reagieren konnte, lässt sich anhand einiger Textstellen in der satirischen Schrift des Sebastian Brant «Das Narrenschiff»[6] nachvollziehen, wo schon 1494 von »Goldinseln« und »nackten Menschen« berichtet wird. Ebenso unbestritten ist aber auch die Tatsache, dass die teilweise übertrieben euphorischen Darstellungen des Kolumbus über Land und Leute durch redigierte und weiter ausgeschmückte Nachdrucke verschiedenster Kommentatoren das Interesse an der »Neuen Welt« derart steigerten, dass sich innerhalb kürzester Zeit erste Wellen von Abenteurern und Auswanderern nach Westen ergossen.

Folgt man also der Intention des bisher Gesagten, so lässt sich die eingangs gestellte Frage weder in dem einen noch anderen Sinn klar beantworten. Kolumbus war ein Grenzgänger, das Spiegelbild seiner Zeit, und diese befand sich erst im Begriff, den Geist des Mittelalters hinter sich zu lassen. Das erfolgte nicht in einer einzigen, groß angelegten Bewegung. Viele Einzelschritte und Entwicklungen waren dazu erforderlich, was umso notwendiger wurde, als das neue Denken in immer weitere Bereiche menschlicher Existenz vordrang.

ANBRUCH EINER NEUEN ZEIT?

»Das wahrhaftige Wissen ist dasjenige,
welches der Versuch durch die Sinne eindringen lässt,
der Zunge der Streitenden Schweigen auferlegend.«
Leonardo da Vinci (*Traktat von der Malerei*)

Die Landung des Kolumbus auf Guahaní/San Salvador markiert eines jener beliebten Eckdaten der Geschichte, mit denen in vereinfachender Weise der Beginn einer neuen Epoche bezeichnet wird. Dass diese bereits begonnen hatte, wird kaum wahrgenommen. Das gesamte 15. Jahrhundert ist für das »lateinische« Europa eine einzige, wenn auch unbewusste Vorbereitung auf das Kommende; die letzte Kräftesammlung vor dem, nicht nur in geographischer Sicht, großen Schritt in seine eigene Zukunft. Die Veränderungen, denen Europa zwischen der Geburt Heinrichs des Seefahrers und dem Aufbruch des Kolumbus unterworfen war, verleihen der Ausfahrt des Kolumbus die angemessene Perspektive: Auf politischer Ebene hatten sich die westlichen Monarchien Spanien, Frankreich und England als werdende »Nationalstaaten« noch deutlicher vom weitgehend handlungsunfähigen »Heiligen Römischen Reich« abgesetzt, woran auch der dynastische Aufstieg des Hauses Habsburg nichts zu ändern vermochte. In innere Wirren verstrickt, konnte und wollte der »lateinische« Kontinent selbst nach der Einnahme Konstantinopels 1453 nicht geschlossen gegen den Expansionsdrang der Osmanen vorgehen. Religiöse Bruchlinien und politische Verwerfungen gegenüber der Orthodoxie waren stärker als gesamtstrategischer Weitblick. Daran sollten auch Kreuzzugsappelle der Päpste Kalixt III., Pius II. und Alexander VI. gegen die Türken nichts ändern. Die Klage über den Verlust des »zweiten Auges der Christenheit« (Konstantinopels) – so Enea Silvio Piccolomini, der spätere Papst Pius II., auf dem Reichstag zu Frankfurt 1454 – sollte besser durch eine Selbstanklage, es zugelassen zu haben, ersetzt werden. Andererseits wird eben der Fall Konstantinopels das spirituelle Zentrum der Orthodoxie nach Nordosten verlagern, um im aufstrebenden Großfürstentum Moskau sein neues Zentrum zu finden – auch eine Entwicklung, die in direkter Linie zur großen innereuropäischen Ideologiegrenze des 20. Jahrhunderts führen wird.

Von Grenzen mehrfacher Natur war und blieb die Apenninenhalbinsel durchzogen. In Norditalien scheiterte der Papstsohn Cesare Borgia (1475–1507) ebenso damit, ein Königreich zu schaffen, wie es den Franzosen versagt blieb, auf Dauer zur Hegemonialmacht in Italien zu werden. Wechselnde Allianzen und damit verbundene Waffengänge machten Oberitalien für fünfzig Jahre zum Hauptkriegsschauplatz Europas, auf dem die Häuser Valois und Habsburg gegeneinander um das Herzogtum Mailand antraten. Es war aber auch jene Zeit, in der sich Venedig durch politisches Geschick und seine Wirtschaftskraft seine Eigenstaatlichkeit bis Napoleon sichern konnte. Mit Karl V., dem Alleinerben der Katholischen Könige sowie der habsburgischen Besitzungen im »Reich«, wurde die Einkreisung Frankreichs besiegelt und Anlass für Jahrhunderte andauernde Auseinandersetzungen. Der Kirchenstaat wiederum erlangte unter den Renaissancepäpsten eine politische Bedeutung, die weit über die eines Scharniers zwischen dem Norden und Süden der Halbinsel hinausreichte. Andererseits aber bildete Rom jene Grenze von Gewicht, an der die übermächtige kulturelle Potenz der oberitalienischen Kommunen in den agrarischen Süden auszurinnen begann, dessen sizilianische (und multikulturelle) Blüte unter dem Staufer Friedrich II. da schon mehr als zweihundert Jahre zurücklag. Daran vermochte auch der Wiederbelebungsversuch eines Alfons V. von Aragón[7] nichts zu ändern.

Das allgemeine Streben der Eliten nach »Ruhm« hatte sich gerade in Italien zu einem Krieg mit anderen Mitteln entwickelt, dessen Protagonisten, die Künstler, oft mehr umworben waren als Söldnertruppen. Europa, lange Zeit der nehmende Teil und der Nutznießer anderswo entwickelter Kulturtechniken, fand im 15. Jahrhundert zu einer neuen, eigenen Identität, die über die alles dominierende Klammer des Christentums hinausging. Als zuerst einzelne, dann immer mehr Gelehrte die Stellung des Menschen im monochromen, auf den Glauben hin orientierten Weltbild hinterfragten, erhielt dieses zunehmend mehr Gestalt und Farbe. Der »abendländische Mensch« konnte nicht mehr unveränderbarer Teil dieser Welt bleiben, als er die Möglichkeit entdeckte, Natur und Umwelt aktiv zu gestalten. Naturwissenschaften und technologischer Fortschritt begannen sich der Implementierung in einen religiösen Mantel zu entziehen und gerieten langsam zu eigenständigen Bezugsgrößen. Die Ambivalenz von Denkansätzen zeigt sich besonders in der Entwicklung des Buchdrucks mit beweglichen Lettern, der zweifellos wichtigsten Innovation des 15. Jahrhunderts. Einerseits revolutionierte er die Verbreitung von Wissen und Bildung, andererseits nutzte ihn die Kirche etwa zur Massenherstellung der immer stärker nachgefragten Ablassbriefe. Zusammen mit der bereits früher begonnenen Ersetzung des teuren Pergaments durch das billigere Papier und der breiteren Alphabetisierung begann der Erwerb von Wissen und Bildung auch für niederere Gesellschaftsschichten erschwinglich zu werden.

Ähnliches lässt sich auch beim Konsumverhalten feststellen. Steigender Wohlstand in den Städten und fürstliche Selbstdarstellung führten zu dem Wunsch nach immer ausgefalleneren und teureren Gütern. Der vielzitierte Drang nach exotischen Gewürzen und Luxusartikeln wie Seide, Porzellan oder Edelsteinen kann aber nicht als alleiniger Motor kommender Handelsexpansion angesehen werden. Die Drehscheiben an den Schnittstellen des Ost-

Westhandels im Orient funktionierten annähernd reibungslos, lagen doch
Warenaustausch und Einkommenszuwachs ebenso im Interesse der Mamluk-
ken Ägyptens wie der syrisch-arabischen Handelsplätze, ja selbst der Osmanen. Billiger sollten die Güter jedoch werden, befreit von den Zollgebühren
Alexandriens und Kairos, den Aufschlägen diversester Zwischenhändler und
der Abhängigkeit von dem beinahe monopolistischen Venedig auf europäischer
Seite. Unter diesem Blickwinkel ist auch das Engagement der Genuesen im
Portugal Heinrichs des Seefahrers und der Westafrikafahrten unter Afonso V.
zu sehen, während das mittelmeerorientierte Aragón zu den »natürlichen Gegnern« der ligurischen Handelsmacht zählte und in Kastilien das florentinische
Bankhaus der Medici stark präsent war, unter anderem auch durch Investitionen in die zweite Kolumbusreise über dessen Vertreter in Sevilla, Amerigo
Vespucci.

Die Spezialisierung einzelner Regionen auf ausgewählte Produktionszwei-
ge führte nicht nur auf dem Landweg zu verstärktem Warenverkehr. Gerade
der westeuropäische Handelskreis wickelte ihn über das Meer ab. Die unterschiedlichen nautischen Bedingungen von Atlantik und Mittelmeer mussten
daher auch Auswirkungen auf den Schiffsbau haben. So machten die technischen Innovationen die Karavelle zum Entdeckerschiff schlechthin. Es war
kürzer, aber breiter und besaß einen hohen Aufbau bei geringerem Tiefgang.
Die stumpf gestoßenen Plankengänge des Rumpfes in Kraweeltechnik – daher der Name »Karavelle« – machten sie unempfindlicher gegen die raue See
des Atlantiks. Lateinsegel und entsprechende Takelung ermöglichten nun ein
dynamisches Kreuzen gegen den Wind, was sich bei den häufig umspringen-
den Küstenwinden Nordwestafrikas besonders günstig auswirkte, ja erforderlich machte. Nicht zuletzt der gegenüber den mediterranen Galeeren vermin-
derte Mannschaftsbedarf schuf mehr Platz für Waren, was sich auch auf deren
Preis auswirken musste. Einen anderen Ansatz mit gleicher Auswirkung findet man im Norden. Flämische und seeländische Fischer hatten um 1420 begonnen, die gefangenen Heringe bereits auf See zu verarbeiten und nicht dem
Heimathafen zu überlassen. Die Schiffe blieben länger auf See, mussten aber
zur Steigerung der Effektivität auch größer werden, um das Endprodukt wenigstens vorübergehend lagern zu können.

So kann man zusammenfassend sagen, dass der Westen Europas in der
zweiten Jahrhunderthälfte begonnen hatte, sich nachhaltig zu verändern, und
strukturell bereit war, nach Übersee zu expandieren. Um es überspitzt zu for-
mulieren: Er wartete nachgerade auf einen Kolumbus, der den Weg dorthin
weisen würde.

DIE PORTUGIESEN –
DIE ERSTKLASSIGEN ZWEITEN

»Ich brauche keinen Navigator außer Gott.
Wenn ich mein Ziel nicht erreiche,
wird Portugal mich niemals wiedersehen.«
Vasco da Gama (auf dem Weg nach Indien, 1497)

Als König João I. 1415 seinen drittgeborenen Sohn Heinrich in der zur christlichen Kirche geweihten Hauptmoschee des eben eroberten Ceuta in einer
feierlichen Zeremonie zum Ritter schlug, konnte er nicht ahnen, dass ihn dieser
Prinz im historischen Gedächtnis seines Landes und auch Europas überstrah-
len würde. Heinrich wird sich nach dem vorläufigen Ende des »marokkani-
schen Abenteuers« auf die entlegene Halbinsel Sagres am Westrand Algarvi-
ens zurückziehen und sich dort zu einer treibenden Kraft portugiesischen
Expansionswillens entwickeln. Obwohl er an Bord eines Schiffes nie über
Ceuta hinauskam, verlieh ihm schon seine unmittelbare Nachwelt den ehren-
den Beinamen »o navegador«, der Seefahrer.

Die ehemals blühende maurische Handelsstadt Ceuta gegenüber dem Fel-
sen von Gibraltar begann nach ihrem Fall wirtschaftlich auszutrocknen, indem die Muslime den wesentlichen Anteil ihres Warenexports auf den von
ihnen kontrollierten Handelsrouten aus dem tiefen Hinterland umzuleiten
begannen. In diesem Zeithorizont sind auch die Bemühungen Portugals um
die Atlantikinseln zu sehen. Von einem beschlossenen Aufbruch zu den reichen Umschlagplätzen des Nahen Ostens oder gar Indiens, um das Handelsmonopol der italienischen Seerepubliken Genua und Venedig zu umgehen, wie
vielfach überliefert, kann zu diesem Zeitpunkt noch nicht gesprochen werden.
Und dennoch sollte die Eroberung Ceutas Auswirkungen zeitigen. Hatte die
islamische Gelehrsamkeit und islamisches Wissens in Unteritalien und Sizili-
en sowie in Palästina, vor allem aber im Spanien der frühen und mittleren
Reconquista-Zeit ihren Ort, so gelangte nun Detailwissen über die Waren- und
Handelsressourcen des westafrikanischen Raumes auch in portugiesische Hände. Die marokkanische Hürde gleichsam auf See zu umfahren und im Rük-
ken des Gegners zu den eigentlichen Herkunftsorten der Handelsgüter vorzustoßen, nahm immer mehr Gestalt an. Dazu bedurfte es aber anderer Schiffe
und genauer Kenntnis der maritimen Verhältnisse auf dem Weg dorthin. Wenn
auch die parallel zum Griff auf Marokko unternommenen Fahrten zu den
Atlantikinseln wirtschaftlich noch keinen unmittelbaren Erfolg zeitigten, so
machten sie dieses Postulat doch mit Nachdruck deutlich. Die schwerfälligen,
hauptsächlich für den mediterranen Warenverkehr konzipierten Galeeren und

Segelschiffe des Mittelalters waren weder für die Bedingungen des offenen Atlantik noch für den küstennahen Bereich Nordwestafrikas mit seinen schwierigen maritimen Bedingungen geeignet.

Zu den wirklichen Verdiensten des Prinzen Heinrich zählt weniger das merkantile Vorantreiben der Westafrikafahrten als das zukunftsorientierte Erkennen und Lösen der damit verbundenen Probleme. Auf Sagres gründete er eine Institution, die heute, deren wahre Dimension verkennend, gemeinhin und inkorrekt meist als »Seefahrerschule« bezeichnet wird. Der portugiesische Königssohn lässt sich hingegen eher als Trainer-Manager eines Großkonzerns modernen Zuschnitts beschreiben, der noch dazu die Mehrheit des Aktienkapitals hielt, weil ihm von seinem Vater, dem König, das Monopol über den Westafrikahandel übertragen wurde. Dadurch war Heinrich als Lizenzgeber an jeder Fahrt, die von privater Kaufmannsseite unternommen und finanziert war, neben der Ermächtigung auch am Gewinn beteiligt. Der entscheidende Aspekt dieser Konstellation ist jedoch eher immaterieller Natur.

In Abkehr vom bisher Gebräuchlichen war jeder Kapitän gehalten, über die Fahrt tagesgenaue Aufzeichnungen zu führen. Den eher kursorisch gehaltenen Bericht des Schiffskommandeurs nach einer Reise ersetzte das neu entwickelte »Bordbuch« (Diario, Logbuch). In ihm mussten alle Beobachtungen wie Strömungs- und Windverhältnisse, topographische Küstengestaltung und deren vegetative Ausformung sowie Plätze zur Trinkwasseraufnahme und natürlich auch Kontakte mit »Eingeborenen« lückenlos vermerkt werden. Dazu kamen die Anweisungen, dass nur bei Tag und in Küstensichtweite gesegelt werden durfte. Am Bug und in der Mars des Großmastes hatte mindestens ein Matrose nach Untiefen Ausschau zu halten, um ein Auflaufen des Schiffes auf eine Sandbank oder ein Riff und damit einen Schiffsverlust zu vermeiden, der zwangsläufig auch mit Kapitalverlust gleichzusetzen war. Später wurden diese Vorgaben noch durch den Befehl erweitert, dass mindestens zwei Schiffe einem Vorstoß anzugehören hätten. Die trigonometrische Einmessung des Küstenverlaufs sowie relevanter Bezugspunkte wie Flussmündungen, küstennaher Fels- und Bergformationen oder Ansiedlungen waren bald selbstverständlich. Diese Aufzeichnungen waren dem Prinzen zur Verfügung zu stellen, der sie von seinem »Braintrust« auf Sagres auswerten ließ. Details einer Fahrt konnten den Erfolg der nächsten, weiterführenden wenn schon nicht garantieren, so doch sehr wahrscheinlich machen. Am Hof Heinrichs fanden sich Fachleute aller relevanten Wissensgebiete und Sprachen ein: erfahrene Navigatoren und Schiffsbaumeister, Astronomen, Kosmographen und Kartenzeichner sowie Kaufleute und Vertreter großer Banken. Das war der Grundstock, auf dem Heinrich aufbaute – Portugal war damit »Resteuropa« um gut sechzig Jahre voraus.

Bei den frühen Fahrten, die hauptsächlich auf Gold und Sklaven ausgerichtet waren, erlangte ein geographischer Punkt an der westafrikanischen Küste unter den Seeleuten der Zeit eine »traurige Berühmtheit«: das Kap Bojador an der mauretanischen Küste im Gebiet des heutigen Territoriums von West-Sahara. Heute gilt es als Wende-, ja als eigentlicher Startpunkt der portugiesischen Expansion. In einem Zeitraum von 13 Jahren scheiterten 15 Expeditionen an der Umschiffung des Kaps und damit an einem weiteren Vordringen nach Süden. An ihm kollidierten mittelalterlicher Aberglaube – die bedingungslose Hingabe an das unbegreifbar Transzendentale – mit dem Drang, auf geographischem Weg »die Welt« begreifbar zu machen. Am Kap Bojador materialisierte sich ein seltsames Gemisch aus fehlgedeuteter Weltkonzeption der klassischen Antike und dem mystizistischen Glauben an das »schrecklich Böse«, wie er europaweit an gotischen Kathedralen Stein geworden war.

Die Unbezwingbarkeit dieser Landzunge wurde jahrelang als Beweis für die Richtigkeit alter Legenden gedeutet, wonach zwischen den Wendekreisen *»kein menschliches Leben möglich sei, da die Sonne alles verbrenne und das Meer in einem salzigen Brei vor sich hinkoche, in dem ein Weiterkommen absolut unmöglich sei. Des weiteren soll es im Süden auch schreckliche Ungeheuer geben, die ganze Mannschaften in einen nassen Tod rissen, nachdem riesige Magnetberge alles Metall aus den Planken herauslösten und dadurch das Schiff zerfallen musste.«* So darf es auch nicht verwundern, wenn Kap Bojador von den Seeleuten auch als »Kap der Finsternis«, als Tor zur Hölle, bezeichnet wurde. Worin bestand aber der Schrecken dieses Landvorsprungs wirklich, der so viele Vorstöße scheitern ließ? Eigentlich aus einer Ansammlung von Kleinigkeiten, die selbst heute noch der Küstenschifffahrt in diesem Bereich zu schaffen machen: weit in das Meer hinausragende Sandbänke und Riffe, ständig umspringende Winde, abrupt wechselnde Strömungen und auch der rötlich gefärbte Sand, den Ostwinde aus der Sahara in Küstennähe zu einer sichtbehindernden Wand verdichten. Gerade unter solchen Bedingungen stellte sich die strikte Einhaltung der Regel, nur in Blickkontakt mit der Küstenlinie zu segeln, als hinderlich heraus.

Der Durchbruch gelang erst 1434, als der junge Höfling Gil Eanes solche Direktiven missachtete und weit in das Meer ausholte. Bei der Rückkehr in den Küstenraum stellte er fest, dass das gefürchtete Kap hinter ihm lag und die Natur sich in keiner bemerkenswerten Weise verändert hatte. Beiboote sammelten einige Pflanzen des unbewohnten Küstenlandes und die Expedition kehrte darauf mit froher Kunde nach Portugal zurück. Das »Abenteuer Afrika« konnte nun wirklich beginnen. An dieser Stelle ist noch hinzuzufügen, dass der nominelle Kapitän als oberster Kommandant eines Schiffes oder Flottenverbandes nur in den seltensten Fällen mit Seefahrt vertraut war. Er entstammte meist dem niederen oder mittleren Adel oder war Angehöriger des Militärs, was meist gleichbedeutend war. Die eigentlich nautischen Aufgaben erfüllten nachrangige Steuerleute, vor allem aber die geographisch und astronomisch gebildeten Navigatoren. Diese Hierarchien werden sich mit wenigen Ausnahmen noch die nächsten 100 bis 150 Jahre halten.

Einige Jahre später wurde die nächste Schwelle überschritten. Um 1440 tauchte der Schiffstyp der Karavelle erstmals vor der afrikanischen Küste auf und 1441 (andere Quellen vermerken bereits 1436 am Rio do Ouro) traf Portugal erstmals auf Spuren von Goldstaub und Schwarzafrikaner im eigenen Land. In diese Zeit fallen auch die Anfänge einer Entwicklung, die das neuzeitliche Christentum in einen diametralen Gegensatz zu einem fundamentalen Prinzip seiner Religion bringen wird, der Sklaverei. Das Postulat der Gleichwertigkeit aller Menschen wurde in jenem Augenblick radikal übergangen, als der vermeintlich ökonomische Sachzwang religiöse Grundwerte bedenkenlos außer Kraft setzte.

Als Afonso Baldaya 1436 den Rio do Ouro erreichte, konnte er sein Schiff wohl mit einigen Seehundfellen und etwas Elfenbein beladen, war aber äußerst unzufrieden, da er keine »Mauren« gefangen nehmen konnte. Der Chronist Gomes da Zurara (Azurara) berichtet 1460 vom Überfall einer portugiesischen Flotte auf eine Insel vor Mauretanien im Jahr 1444: »…. *und schließlich wollte unser Herrgott, der alles Gute belohnt, dass die unseren den Sieg erringen sollten, und als Lohn konnten sie 165 Männer, Frauen und Kinder gefangen nehmen, nicht gerechnet die, welche getötet wurden. Als der Kampf beendet war, dankten alle Gott für die große Gnade.*« Im selben Jahr fand in der Hafenstadt Lagos nahe Sagres ein Sklavenmarkt statt, bei dem 230 Schwarzafrikaner öffentlich versteigert wurden, nachdem sich Prinz Heinrich das ihm zustehende Fünftel persönlich aus dem Angebot ausgewählt hatte. Zwei Jahre darauf drang der Sklavenhändler Nuño Tristão auf einer Beutefahrt zur Küste des heutigen Guinea-Bissau vor. Er sollte nicht der Einzige bleiben. Bald waren die Gewässer um Kap Verde mit der Aussicht auf Sklaven Hauptanziehungspunkt für portugiesische Händlerkonsortien. Zu dieser Zeit waren bereits ständig etwa 50 Schiffe zwischen Portugal und Westafrika unterwegs; die weiterführende Küstenexploration begann langsam in den Hintergrund zu treten.

Nach fünfjähriger Regierungszeit von Heinrichs Bruder Duarte (1433–1438) folgte dessen minderjähriger Sohn Afonso V. auf den Thron Portugals und wird den Beinamen »der Afrikaner« erhalten. Nach dem Tod Heinrichs des Seefahrers band er den Afrikahandel zwar wieder direkt an die Krone, verlagerte aber dessen operative Durchführung gleichzeitig außerhalb der königlichen Familie. So vergab er das Handelsmonopol gerade im sensiblen, noch exploratorischen Teil der afrikanischen Küste um Kap Verde 1469 auf fünf Jahre an den Lissaboner Kaufmann Fernão Gomes. Als Gegenleistung wurde ein jährliches Vorantreiben der bekannten Küstenabschnitte um 100 *leguas*, das sind etwa 550 Kilometer, vereinbart, was Gomes sogar übererfüllte. Im

Zusammenhang mit dem Sklavenhandel und der Stellung Portugals ist jedoch ein Dokument besonders erwähnenswert: Afonso erwirkte 1452 bei Papst Nikolaus V. eine Bulle, in der unter der Präambel »Missionierung oder Versklavung« Portugal Westafrika zugesprochen erhält, die bereits bekannten Teile, als auch alle noch »zu entdeckenden«. Letzteres wird 1456 von Papst Kalixt III. gegen den Protest Spaniens zu einem De-facto-Monopol über ganz Afrika erweitert – ein bemerkenswerter Umstand, da Kalixt III., ein angesehener Jurist, als Alonso de Borja nahe Valencias im Königreich Aragón geboren worden war. Er war auch Onkel des bekannten Alexanders VI., der 1493 mit seiner »Weltteilungsbulle« die Interessensphären zwischen Portugal und dem nun vereinten Spanien in Übersee abgrenzen wird.

Ist davon auszugehen, dass die Hauptmotive für die portugiesische Expansion, zumindest in ihren Anfängen und auf lange Zeit, nicht an einer Umgehung islamisch dominierter Handelswege für Güter aus dem Mittleren Osten orientiert waren, sondern an Gold, Elfenbein und Sklavenfang, so fällt die Bewertung eines anderen Aspekts vergleichsweise schwer, da er sich einem rationalen Zugriff verschließt. Gemeint ist jener, der im Begriff »Priesterkönig Johannes« manifest wird. Vorweggenommen sei, dass die Vorstellung vom Reich eines übermächtigen christlichen Herrschers irgendwo im Osten, im Rücken der feindlichen Muslime, eine selbstmotivierende Kopfgeburt des christlich-europäischen 12. Jahrhunderts darstellte, die allerdings mit unterschiedlichem Gewicht bis zum 15. Jahrhundert durchschlug. In dieser Wellenbewegung spiegeln sich aber auch die historischen Verwerfungen des Aufeinanderprallens von »Abendland« und »Orient«. Der Feind, den es mit Hilfe des Phantoms Johannes zu besiegen galt, nahm immer neue Gestalt an. Den Anfang machten die Muslime in Palästina und Ägypten. Auf sie folgten die Mongolen mit ihrem Vordringen bis Polen und selbst vor die Tore Venedigs, um schließlich von der aufkommenden Stärke des Osmanischen Reiches abgelöst zu werden.

Das christliche Europa »verordnete« sich, von seinem spirituellen Zentrum Rom zu den östlichen Frontgebieten ausstrahlend, in Gestalt des Erzpriesters Johannes ein selbstgeschaffenes Phantom, um seine Furcht vor der existenzbedrohenden Übermacht asiatischer Verbände zu sublimieren. Von ausschlaggebendem Gewicht hinsichtlich des Phantoms Johannes dürften jedoch die Kopten Äthiopiens gewesen sein. Bereits im 4. Jahrhundert christianisiert, unterbrach das plötzliche Vordringen des Islam bis zum Sudan die unmittelbare Verbindung nach Rom. Als dann im 14. Jahrhundert wieder Nachrichten aus Abessinien eintrafen, erhielt die Fiktion des Priesterkönigs neuen Auftrieb. Für wie real diese noch zu Lebzeiten Heinrichs des Seefahrers gehalten wurde, dokumentiert ein Schreiben der römischen Kurie aus dem Jahr 1439 an den »Presbytero Joanii imperatori Aethiopum«. Die Diskussion unter Historikern, ob die Suche nach diesem »Priesterkönig Johannes« nun wirklich ein Motiv zum Aufbruch gewesen sein könnte, geht nun dahin: Während die einen den Standpunkt vertreten, die Suche mit den frühen Westafrikafahrten in Verbindung zu bringen, sei aus Zeitgründen nicht mehr gegeben, da der Islam keine Gefahr mehr darstellte, behaupten die anderen, dass eben diese Suche nach Verbindungswegen erst nach Heinrichs Tod und der tatsächlichen Hinwendung Portugals zur Umschiffung Afrikas ab ca. 1470 zum Tragen kam. Wie dem auch sei, der entscheidende Punkt ist der religiöse Aspekt: die Vereinigung aller christlichen Kräfte zum Sieg des Christentums über das Heidentum.

Joãos Sohn Heinrich wurden bereits von Zeitzeugen asketische Züge zugeschrieben, die seinem Rang und seiner Stellung als Mitglied der königlichen Familie nicht unbedingt entsprachen. Dass Askese nichts mit Humanität zu tun hat, belegte Heinrich unter anderem durch seine Förderung des Sklavenhandels. Er lebte die spirituelle Seite der Ritterorden, die der Glaubenssicherung und Verbreitung der Religion den Vorzug gibt, wenn nötig auch mit militärischen Mitteln. Auf kirchlicher Ebene vertraten die Franziskaner ein ähnliches Expansionskonzept. So ist es nicht verwunderlich, wenn der bereits erwähnte Chronist Zurara von Heinrich ein durchaus franziskanisches Bild zeichnet. In Amerika werden die Franziskaner später zu erbitterten Gegenspielern der etwa zeitgleich gegründeten und vom religiösen Ansatz her verwandten Dominikaner, die den Ureinwohnern, bei allem Vorrang des christlichen Sendungsbewusstseins, ungleich mehr Verständnis entgegenbrachten. So lässt sich festhalten, dass religiöse Motive, wenn auch an nachrangiger Stelle, durchaus als Teil der portugiesischen Expansion gesehen werden können.

Als Heinrich der Seefahrer 1460 starb, waren die Karavellen Portugals nur unwesentlich über das Kap Verde hinaus vorgestoßen. Wenige Jahre zuvor hatten italienische Seefahrer in portugiesischen Diensten die vorgelagerte, gleichnamige Inselgruppe entdeckt. Meist werden in diesem Zusammenhang Alvise de Cadamosto und Antonio Noli genannt. Cadamosto, ein genuesischer Kaufmann, der im Rahmen einer Handelsfahrt nach Flandern den üblichen Zwischenhalt in Lissabon eingelegt hatte, war von Prinz Heinrich zu einer Westafrikafahrt angeregt worden, aus der dann mindestens zwei wurden. Ein Sturm verschlug ihn zu den Kapverdischen Inseln, von denen er einen Teil kartographierte. Bei einer weiteren Reise passierte er das afrikanische Königreich Gambra (Gambia) und erforschte den gleichnamigen Fluss etwa 500 Kilometer aufwärts, ehe ihn feindlich gesinnte Indigene sowie Fieber unter der Mannschaft zur Umkehr zwangen. Zehn Jahre später kann die Erkundung der Kapverden als abgeschlossen gelten, die schließlich 1495 in Kronbesitz übergingen. Ein Großteil der frühen Siedler bestand aus jüdischen Familien, manchmal sogar nur aus Kindern, die im Zuge der großen Judenvertreibung Spaniens unter den Katholischen Königen, der sich auch Portugal nicht entziehen konnte, ins Land kamen. Mit dem nahen Festland und seinen Quellen für Sklaven im Rücken entstand hier und in dieser Zeit jene Plantagenwirtschaft – überwiegend Zuckerrohr –, die dann für die Produktion portugiesischer Agrargüter in Brasilien bestimmend sein sollte.

Seit dem Kap Bojador hatte Portugals Handel einen derartigen Aufschwung genommen, dass bereits vor seiner Präsenz im Indischen Ozean oft 400 bis 500 Handelsschiffe aller Nationen im Hafen von Lissabon oder dem lang gestreckten Mündungstrichter des Tejo vor Anker lagen. Die Stadt hatte ihren Aufstieg zur größten Fernhandelsmetropole im Europa des 16. Jahrhunderts begonnen. Zu den bisher vermarkteten Gütern war nun auch das begehrte Elfenbein getreten, dessen Importquote aufgrund der geringeren Transportwege und vor allem deutlich reduzierter Zwischenstationen bald jene aus dem von arabischen Händlern dominierten ostafrikanischen Küstenraum überwog.

Die Elefantenstoßzähne aus Westafrika wurden sogar bis in den europäischen Norden exportiert, wo sie das traditionelle Elfenbein aus Walrosszähnen zunehmend verdrängten.

Eine wichtige Weichenstellung erfolgte, als portugiesische Karavellen des erwähnten Lizenzinhabers Fernão Gomes in den Golf von Guinea vordrangen und im Raum Ghanas auf die eigentlichen Bezugsquellen des über die westafrikanischen Transsahara-Routen gehandelten Goldes stießen. Obwohl man schon vom Cabo Blanco aus südwärts das begehrte Edelmetall handeln konnte, ermöglichte seine reichliche Verfügbarkeit an der Küste Ghanas eine neue Geschäftsdimension, deren Auswirkungen auf die europäische Wirtschaft und das eng damit verknüpfte Geldwesen nicht genug betont werden können. Namen wie »Sklavenküste«, »Elfenbeinküste« und »Goldküste« bezeichnen in summarischer Weise den Schwerpunkt des Handels, der an den jeweiligen Küstenstrichen betrieben wurde. Bei deren Erschließung beschränkte sich Portugal im Wesentlichen auf die Errichtung befestigter Stützpunkte; eine Durchdringung des Hinterlandes und dessen Unterwerfung, wie es später die spanische Expansion kennzeichnen wird, war nicht vorgesehen. Ein wichtiger Grund dafür waren zweifellos die geringen Bevölkerungsressourcen des Mutterlandes. Die Reconquista, also die Eroberung von Territorien, lag in Portugal inzwischen gut 200 Jahre zurück. Nun gab die Politik als übergeordnete Zielvorgabe einer Ausweitung der Wirtschaftsmacht den Vorzug vor einer Stärkung militärischer Potenz. So mutierte zum Beispiel der 1482 auf Befehl König Joãos II. angelegte Stützpunkt von São Jorge da Mina/Elmina, die »(Gold)Mine«, an der Küste Ghanas erst dann zu einem militärischen Bollwerk und Hauptsammeldepot für exportbestimmte Sklaven, als englische, französische und vor allem niederländische Übergriffe dies unabdingbar machten.

Die Karavellen segelten schon geraume Zeit nach Osten und glaubten bereits das äußerste Ende Afrikas erreicht zu haben, als der Küstenverlauf plötzlich wieder nach Süden ging. Das veranlasste die Kapitäne, wieder weiter auf das offene Meer auszuholen. So wurden im Jahr 1470 die beiden Inseln São Tomé und Principe, knapp 300 Kilometer vor der Küste Gabuns, entdeckt. Kurz darauf begann deren Besiedlung, auch hier überwiegend mit vertriebenen Juden, afrikanischen Sklaven, aber auch portugiesischen Sträflingen. Hauptwirtschaftszweig wurde das Zuckerrohr. Mitte des 16. Jahrhunderts produzierten hier 10 000 Negersklaven mehr von dem begehrten Produkt als im gesamten übrigen Afrika.

Durch den überraschenden Küstenverlauf nach Süden im Raum Kameruns begann das Abenteuer »Umschiffung Afrikas« gleichsam neu. Nach der Entdeckung der Inselgruppe von São Tomé überquerten portugiesische Schiffe 1471 erstmals den Äquator. Aus dieser Zeit stammen auch einige Begriffe und Namen, die heute allgemein gebräuchlich sind, deren Wurzeln aber kaum jemand kennt. So leitet der Staat Gabun seinen Namen vom portugiesischen Begriff *cabao* für einen speziellen Mantel ab, da sich oft dichte Nebelbänke wie ein Mantel über diesen Küstenabschnitt legen. Die reichen Garnelen- und Krabbengründe (*camarão* = Krabbe) vor einer anderen Küste wurden zum Namenspatron des heutigen Staates Kamerun, auch wenn ursprünglich nur ein Mündungsgebiet südlich des Kamerunberges »Rio das Camarães« genannt wurde. Bezeichnungen wie Goldküste und ähnliche sind selbsterklärend.

Die politischen Ambitionen Afonsos V., die Portugal wohl einige Erfolge in Marokko brachten – 1458 wird Alcácer Ceguer, 1471 Arcila und Tanger erobert –, das Land aber auch in eine Reihe von dynastischen Auseinandersetzungen mit Kastilien verstrickten, führten beinahe zwangsläufig zu einem Erlahmen der Entdeckungsfahrten vor Afrika. Erst unter seinem Sohn João II. (reg. 1481–1495) kommt wieder Schwung in das Unternehmen »Umschiffung Afrikas«. Nun wird die Öffnung des Seeweges nach Indien zum erklärten Staatsziel. In seine Regierungszeit fällt der letzte Abschnitt portugiesischer Explorationsfahrten vor der Atlantikküste Afrikas. Hier ist vor allem ein Name zu nennen: Diego Cao (Diogo Cam, gestorben um 1486). Mit ihm tritt ein Seefahrer ins Blickfeld, der dem Begriff eines Entdeckers erstmals in vollem Umfang gerecht wird. Obwohl er zu den bedeutendsten portugiesischen Kapitänen zählt, ist über sein Leben wenig bekannt. Lediglich seine raumgreifenden Fahrten südlich des Äquators sind einigermaßen gut dokumentiert. Im Jahr 1482 entdeckte er die Mündung des Kongo und errichtete hier den ersten steinernen Wappenpfeiler, anstelle der bisher üblichen aus Holz. Diese Landmarken waren das äußere Zeichen für die offizielle Inbesitznahme eines Küstenstrichs oder Gebietes durch ein europäisches Land und sollten nachfolgenden Seefahrern anderer Nationen gegenüber den Rechtsanspruch des jeweiligen Entdeckerlandes an einem Gebiet dokumentieren. Sie belegen aber auch, mit welcher Selbstverständlichkeit Europa fremde Regionen in Zukunft für sich beanspruchen und deren Bevölkerung a priori als zweitrangig und demzufolge rechtlos betrachten wird. In Umkehrung des in Europa Gebräuchlichen, dass man eine Burg oder eine Stadt erst militärisch zu erobern hatte, um anschließend die eigene Fahne als Siegeszeichen zu hissen, gilt nun ein Gebiet mit dem Setzen eines Wappenpfeilers grundsätzlich als unterworfen; die militärische Eroberung erfolgte im Bedarfsfall erst im Nachhinein. Hinter diesem formalen Akt – dem Entrollen des königlichen Banners und der Proklamation, das Gebiet kraft des Willens Gottes und des Rechts des Königs in Besitz zu nehmen, gefolgt von der entsprechenden Namensgebung – steckt die Absicht, sich juristisch gegen nachfolgende Seefahrer abzusichern. Der erste christliche Entdecker beanspruchte Vorzugsrecht, und mit dem aufgestellten Kreuz oder Stein sollten die neuen Besitzverhältnisse unmissverständlich markiert werden.

Am Kongo traf man auf ein Bantureich, das zur Ankunftszeit der Portugiesen von *manikongo* (König) Nzinga Nkuwu beherrscht wurde. Er regierte
über ein Reich, das heute zu Teilen in der Republik Kongo, Zaire und dem
nördlichen Angola anzusiedeln wäre. Mit ihm wurden Handelsverträge abgeschlossen, und nach seiner Bekehrung zum Christentum entsandte er eine
diplomatische Mission nach Lissabon, die um »technische Entwicklungshil-
fe« nachsuchte. Der Bitte wurde zwar personell, aber nicht inhaltlich nachgekommen. Portugal schickte mehr Missionare und Händler als Techniker in ein
Land, dessen Gesellschaft ursprünglich wohl eine Klasse rechtloser Untertanen
(Fremde, Verbrecher, Ausgestoßene oder Schuldner), aber keine Sklaverei gekannt hatte. Nzingas Nachfolger regierte unter dem Namen Manikongo
Afonso I. (!) von 1505 bis 1543 und akzeptierte die Führung der Portugiesen
in Verwaltungsfragen, musste aber zunehmend deren immer offener beanspruchte Schutzherrschaft dulden. Wurden anfangs nur die erwähnten Rechtlosen gegen portugiesische Güter getauscht, so kauften kongolesische Händler bald in Nachbarländern Sklaven für die Europäer auf; schließlich wurden
auch Kriegszüge zu deren Erwerb organisiert, um den steigenden Bedarf der
Spanier in Westindien abzudecken. Zwischen König und Sklavenhändlern
bestand ein Abhängigkeitsverhältnis zu beidseitigem Nutzen. Der Herrscher
garantierte den Menschenjägern Schutz und Bewegungsfreiheit, lieferte ihnen
seine Kriegsgefangenen oder Verurteilten aus und erhielt im Gegenzug von den
Portugiesen personelle und finanzielle Hilfe für seine Kriegszüge.

Diese stießen auch zu Land weiter nach Süden vor, etwa in den Raum des
heutigen Luanda, der Kernregion der Kimbundu, einem Bantuvolk, das das
Reich von Ndongo gebildet hatte. Angola, dessen Name sich vom einheimischen Titel des Herrschers (*ngola*) herleitet, wurde bald zur ergiebigen und
profitablen Quelle für Negersklaven, sei es für die eigenen Besitzungen oder
die Kolonien der Spanier in der Neuen Welt. Bereits um 1570/80 sollen es
allein aus diesem Gebiet 10 000 Menschen gewesen sein, die nach Amerika
verfrachtet wurden. Bevor es jedoch so weit war, konnten frühe portugiesische Kaufleute, die sich von der Pracht am Hof des Ndongo-Herrschers beeindruckt zeigten, lediglich eine kleine Niederlassung an der Küste im Westen des Kimbundu-Gebietes errichten.

Mit dem Auftauchen der Portugiesen vor der Kongo-Mündung zeigte sich
erstmals ein Phänomen, auf das man im weiteren Verlauf der Entdeckungsgeschichte immer wieder stoßen wird: Die fremden Ankömmlinge wurden
entweder als reinkarnierte Götter angesehen, die einer alten Weissagung zufolge zurückgekehrt waren, oder als materialisierte Geistwesen betrachtet, die
aus dem verborgenen Reich spiritueller Tradition und Gedankenwelt plötzlich das Diesseits betraten. So auch hier. Ähnlich wie im alten Ägypten oder
bei den Maya wurde bei einigen Küstenstämmen des äquatorialen Westafrika

die transzendentale Welt der Toten irgendwo im Westen, in Richtung der untergehenden Sonne angenommen. Nur befand sich dieses Reich für das Kongogebiet draußen im Meer, im Atlantik. Was also lag näher, als in den eigenartig gekleideten Fremden mit ihrer ungewöhnlichen Hautfarbe und den großen Schiffen, die aus dem Westen kamen, nichts anderes zu sehen als die eigenen Ahnen. Welche Auswirkungen dieser Irrtum besaß, stellte sich hier ebenso bald heraus wie in allen ähnlich gelagerten Fällen europäischer Landnahme.

Als die Karavellen Diego Caos 1485 in der Walfischbucht vor der Küste Namibias kreuzten, war noch immer kein Ende der afrikanischen Küste in Sicht, im Gegenteil. Schier endlos zogen die riesigen Sanddünen der Wüste Namib vorbei, ohne eine Spur von Grün zwischen Meer und landeinwärts gerichtetem Horizont. Mehr noch als in den Stürmen sahen die portugiesischen Seeleute zwei andere Gefahren, die über einen Ausgang einer Expedition entscheiden konnten: Tage, oft auch Wochen andauernde Flauten im Lee der Passatwinde verurteilten Schiff und Mannschaft zu hilfloser Untätigkeit, währenddessen der Proviant aufgebraucht wurde.[8] Damit verbunden war auch die Frage des Trinkwassers. Konnte bisher das Festland immer wieder mit der Gewissheit angelaufen werden, den Trinkwasservorrat neu aufzufüllen, bot sich vor der langgestreckten Namib nicht das geringste Anzeichen, dort Wasserquellen zu finden. So stand auch Cao vor der Frage, jenen Punkt der Fahrt zu bestimmen, an dem ein Abbruch des Vorstoßes und eine Umkehr unabdingbar wurde – und dies auf dem Hintergrund einer durchschnittlichen Reisegeschwindigkeit von 12 bis 15 Stundenkilometern, und auch das nur bei Tage und günstiger Wetterlage. Erneut kehrten also Schiffe nach Lissabon zurück, ohne die Südspitze Afrikas erreicht zu haben. Wohl konnten einige weiterführende topographische und nautische Erkenntnisse gewonnen werden, doch diese Details halfen keineswegs über die Enttäuschung hinweg, wieder einmal an der ungeahnten Ausdehnung des Kontinents gescheitert zu sein.

Berücksichtigt man die mit jedem Vorstoß zunehmende Dauer von Hin- und Rückreise, so kann man ermessen, in welch verhältnismäßig kurzer Zeit ein neuerliches Unternehmen vorbereitet wurde, diesmal unter dem Kommando von Bartolomeu Diaz (um 1450–1500), der im Sommer 1487 von Portugal aufbrach. Auch er segelte mit geringfügigen Abweichungen den bekannten Routen die Küsten entlang und hatte die Walfischbucht bereits hinter sich gelassen, als ihn ein tagelang andauernder Sturm weit nach Westen warf. Als er endlich wieder Ostkurs aufnehmen konnte, um die afrikanische Küste wiederzufinden, stieß er ins Leere: weit und breit nur Wasser, von Land keine Spur. Erst langsam erkannte Diaz die Tragweite der vergangenen Tage. War man bereits in den letzten Lebensjahren Heinrichs des Seefahrers dem Trugschluss erlegen, den Südrand Afrikas erreicht zu haben, und nach Osten gesegelt, wobei man aber nur auf Kamerun und neue, endlose Küsten stieß, lag diesmal wirklich der Indische Ozean offen vor den Portugiesen. Diaz fühlte sich nun am Ziel jahrzehntelanger Anstrengungen seines Volkes und befahl Kurs auf Nordost anzulegen. In dieser Richtung musste Indien, der Endpunkt aller Bemühungen liegen. Aber wie so oft schon zuvor und nachher scheiterte auch hier der Kommandierende am mangelnden Durchhaltewillen seiner Mannschaft. Acht Monate Entbehrungen, zunehmend ungenießbare Verpflegung, faulendes Wasser und der immer stärker auftretende Skorbut, der das Zahnfleisch schwinden und Zähne ausfallen ließ, die Haut austrocknete und unnatürlich verfärbte, bewog die Mannschaft, gegen den Befehl des Kapitäns aufzutreten. Ungefähr 500 Kilometer, von der Mossel Bay bis zum Großen Fischfluss, hielt Diaz den von ihm befohlenen Kurs noch bei, entschloss sich aber dann doch zur Umkehr. Es war ein Sieg der Vernunft in letzter Minute, bevor der allgemeine Unmut in offene Meuterei umgeschlagen wäre.

So kehrte er im Bewusstsein nach Lissabon zurück, um den Erfolg betrogen worden zu sein. Bei allem Verständnis für seine Enttäuschung kann man aber von der Annahme ausgehen, dass Diaz mit den ihm zur Verfügung stehenden Mitteln das große Ziel Indien nicht erreicht hätte. Höchstwahrscheinlich wären in Anbetracht einer bereits bedrohlich erkennbaren Materialermüdung[9] Schiff und Mannschaft irgendwo vor der ostafrikanischen Küste verloren gegangen. Erst auf der Rückfahrt entdeckte Diaz das Vorgebirge um den Tafelberg und gab der unwissentlich umschifften Südspitze Afrikas aus verständlichen Gründen den Namen »Cabo Tormentoso«, Kap der Stürme, der später von König João aus psychologisch ebenso naheliegenden Gründen in »Cabo de buena esperanza«, Kap der guten Hoffnung (auf dem Weg nach Indien), abgeändert wurde. Diaz wurde zwar hoch geehrt, fiel darauf aber in relative Bedeutungslosigkeit. Er war nur einer von vielen, die den Erfolg und Ruhm eines anderen vorbereitet hatten. Doch eigenartigerweise unternahm die portugiesische Krone in den nächsten zehn Jahren keine Anstalten, das einmal Begonnene nun auch zügig abzuschließen. João II. widmete seine Aufmerksamkeit der politischen und militärischen Konsolidierung des bisher Erreichten sowie einer gesamtstrategischen Vorbereitung der letzten Etappe.

Dazu ausersehen waren ein gewisser Afonso de Payva und Pedro de Covilhão (Covilham), die als Kaufleute getarnt in den Osten vorstoßen und die erwünschten Meldungen nach Portugal bringen sollten. Payva starb bereits in Ägypten. Covilhão gelangte nach Aden und von dort mit einem Schiff nach Goa (Indien), von wo er nach einigem Aufenthalt in das nördliche Ostafrika weiterreiste und nach verschiedenen Erkundungszügen wieder in Ägypten eintraf. Hier dürfte er allem Anschein nach einen umfangreichen Bericht an seine Regierung abgeschickt haben, der vermutlich infolge des großen Brandes im alten Königspalast am Tejo 1755 nicht erhalten blieb. Seine Existenz wird jedoch durch eine Antwort belegt, die Covilhão erreichte. Sie enthält die Anweisung, nun, nach Erforschung des indischen Raumes, an den abessinischen Kaiserhof zu reisen. Auch das gelang ihm. Allerdings hinderte ihn ein Thronwechsel an der Ausreise. Covilhão starb in Abessinien, ohne seine Heimat wiedergesehen zu haben, die jedoch seine Aufzeichnungen und die beigelegte Karte des indischen Raumes wohl zu nutzen verstand; sie werden später einem Vasco da Gama wertvolle Hilfestellung leisten. Ob die zehn Jahre zwischen Diaz und dem Aufbruch da Gamas wirklich von exploratorischer Inaktivität geprägt waren oder ob portugiesische Seefahrer nicht doch auch westwärts unterwegs waren und Amerika, wie verschiedentlich angenommen, vor ihren iberischen Konkurrenten anliefen, wird vermutlich nie geklärt werden können. Fest steht nur, dass auf Wunsch König Joãos eine Expedition zur Suche nach der sagenhaften Insel Antilia in den Atlantik aufgebrochen war. Wie weit die Schiffe tatsächlich nach Westen gelangt waren, lässt sich heute jedoch nicht mehr rekonstruieren; die Verschiebung der portugiesisch-spanischen Demarkationslinie im Vertrag von Tordesillas gibt jedenfalls Anlass zu Nachdenklichkeit.

Ein neuerlicher Thronwechsel (1495) in Portugal, vor allem aber die beiden zwischenzeitlich erfolgten Reisen und Entdeckungen des Kolumbus, von denen man nicht so recht wusste, welche Auswirkungen sie auf die eigenen Monopole haben könnten, veranlassten König Manuel I., die nationalen Interessen mit allen zu Gebote stehenden Mitteln durchzusetzen. Immerhin war es ja denkbar, dass Kolumbus und damit die Spanier tatsächlich auf Inseln vor der Küste Ostasiens gelandet waren und sich Indien in ihrer Reichweite befand. Zum Generalkapitän der unter Verantwortung des Bartolomeu Diaz zusammengestellten Flotte von vier Schiffen wurde ein junger Höfling und Ritter des Christusordens namens Vasco da Gama (um 1469–1524) ernannt. Sein Charakter unterschied sich in fast allen Belangen von dem des Kolumbus. Obwohl er seinen Auftrag mit ähnlicher Besessenheit verfolgte, war er kein abgehobener Visionär, sondern ein nüchterner Organisator, zäh, aufbrausend und von der anerzogenen Überheblichkeit des Adels beherrscht. Dass er in seinen seemännischen Fähigkeiten dem Genuesen unterlegen war, sollte keinen Einfluss auf das Gelingen der Reise haben; dafür gab es die Schiffsmeister und Steuerleute. Für ihn bestand seine Aufgabe einzig darin, das gesetzte Ziel, mit welchen Mitteln und unter welchen Umständen auch immer, zu erreichen, und dazu fühlte sich Vasco da Gama wie keiner seiner Vorgänger berufen.

Am 8. Juli 1497[10] lief der 29-jährige, dritte Sohn des Komturs von Siles mit vier rahgetakelten Schiffen und 160 Mann Besatzung, darunter einige Sträflinge, von Lissabon aus. Das Flaggschiff, die São Gabriel, stand unter dem seemännischen Befehl des enttäuschten Bartolomeu Diaz, die São Rafa-

EL wurde von da Gamas Bruder Paulo da Gama kommandiert und die kleinere BERRIO führte der Ritter Nicolão Coelho als Kapitän. Schon der erste Schritt da Gamas war unerwartet und gleichzeitig ein Beweis für seinen Willen, den letzten Schritt zu vollziehen. Anstelle der langwierigen und nicht ungefährlichen Küstenfahrt, gab er den Befehl, weit in den Atlantik auszuholen und damit allen Untiefen und Riffen, aber auch den gefürchteten Flauten im Golf von Guinea auszuweichen. Das hatte vor ihm noch keiner gewagt.

Er stürmte auf »zuvor nie befahrenen Meeren« – *por mares nunca de antes navegados* – voran, wie es der portugiesische Nationaldichter Luis de Camões (1524-1579) kurze Zeit später in seinen »Lusiaden« beschreiben wird. Unter Ausnutzung der Westwinde auf der südlichen Halbkugel stieß man kurz vor dem Kap der Guten Hoffnung zielgenau wieder auf die afrikanische Küste. Kurz nach dem Kap wurde die kleine Flotte von einem ähnlichen Sturm überrascht, wie er Bartolomeu Diaz von seinem Kurs abgebracht hatte und der da Gama mit einer nicht ungewohnten Situation konfrontierte. Die Mannschaften drängten angesichts des entfesselten Meeres und der Ungewissheit des von hier an Unbekannten auf Rückkehr. Doch da Gama ließ sich nicht beirren. Er verstand es, sowohl die Kraft seiner Persönlichkeit als auch das bedingungslose Gottvertrauen seiner Zeit so für seine Zwecke zu bündeln, dass er diese kritische Phase der Fahrt überstand. Gaspard Correa, ein Teilnehmer und Chronist der Fahrt, wird fünfzehn Jahre später den Generalkapitän mit den Worten, die als Motto zu Beginn dieses Kapitels stehen, zitieren und anmerken, da Gama habe auch alle Navigationsinstrumente über Bord werfen lassen, um den Mannschaften die Unumkehrbarkeit der Reise vor Augen zu führen.

Die Flotte lief die von Diaz her schon bekannte Mossel Bay an, wo man einen längeren Zwischenaufenthalt nahm, um einige Schäden an den Schiffen auszubessern. Nicht ausreichend getrocknetes Holz führte immer wieder zu Mast- und Ruderbrüchen, die man nun umfassender beheben wollte, als es auf hoher See möglich war. Bei einigen Landgängen kam es zu Gefechten mit einem Stamm der Khoikhoi (abwertend auch: Hottentotten)[11]. Einen Landstrich, der um Weihnachten 1497 auf der Suche nach Trinkwasser angelaufen wurde, nannte Vasco da Gama »Natal«, nach dem lateinischen *dies natalis*, dem Tag der Geburt (Christi). Wären seine Männer nur einige Meilen landeinwärts vorgestoßen, hätten sie wahrscheinlich noch unerfreulichere Bekanntschaft mit anderen kampfstarken Völkern gemacht. Die Schiffe befanden sich hier schon seit längerem in unbekannten Gewässern und suchten, von mächtigen Gegenströmungen und unterschiedlichsten Windverhältnissen in den Buchten behindert, einen geeigneten Weg durch die Straße von Moçambique. Bei Sofala, etwas südlich des heutigen Beira, das schon Covilhão beschrieben aber nicht selbst gekannt hatte, traf man auf friedfertige Eingeborene, weshalb dem Küstengebiet auch der Name »Land der freundlichen

Menschen« gegeben wurde. Je weiter sich die Schiffe vorantasteten, umso dichter wurden die Gerüchte um hellhäutige Menschen im Norden.

Etwas nördlich des Sambesi traf man auf die südlichsten Ausläufer des arabisch-islamischen Handelsnetzes an der Ostküste des Indischen Ozeans; die Portugiesen befanden sich damit in der Interessensphäre des wirtschaftlichen Gegners und religiösen Feindes. Verlief die erste Begegnung noch friedlich, lediglich von gegenseitigem Misstrauen der unterschiedlichen Religion beherrscht, so kam es bald zu Feindseligkeiten und weiter nördlich, vor der arabischen Festung des im heutigen Kenia gelegenen Mombasa, zum ersten Artilleriegefecht. Im Herrscher über das heutige Malindi fanden die Europäer einen Verbündeten, der die Fremden nach dem Kampf gegen das rivalisierende Mombasa überaus freundlich aufnahm. Er versorgte sie mit Proviant und stellte ihnen darüber hinaus auch einen guten Kenner des Indischen Ozeans als Lotsen zur Verfügung.

Von Malindi aus wurde die letzte Etappe in nur 23 Tagen bewältigt. Am 20. Mai 1498 – zehn Tage später wird Kolumbus zu seiner dritten Reise aufbrechen – warfen Vasco da Gamas Schiffe nahe der südindischen Handelsstadt Calicut an der Malabarküste Anker. Nach einer zurückgelegten Strecke von etwa 20 000 Kilometern und einer Fahrtdauer von 318 Tagen hatte sich mit den drei Schiffen die Vision, wenn schon nicht Heinrichs des Seefahrers, so doch Portugals erfüllt: Der Seeweg nach Indien war gefunden – das wahre Indien, nicht irgendwelche Inseln, die China vorgelagert sein sollten und auf denen ausschließlich nackte Menschen lebten. Hier in Calicut pulsierte der Orient, hier stapelten sich all die Waren und Güter, die man unter Umgehung des arabisch-türkischen Raumes nach Europa zu bringen hoffte. Mit der Landung in Indien schien Kolumbus widerlegt und der Konkurrent Spanien vorläufig in die Schranken verwiesen.

Eines musste der Portugiese allerdings zur Kenntnis nehmen: Er war auf Menschen getroffen, die sich von den üblichen Tauschartikeln im Handel der Europäer mit Schwarzafrikanern nicht beeindrucken ließen, im Gegenteil. Der hinduistische Radscha (zamorin) fühlte sich vom Angebot der Europäer beleidigt, und die arabischen Händler Calicuts gossen Spott und Hohn über die Neuankömmlinge. Drei Monate lagen da Gama und seine Schiffe vor Anker. Die Gründung einer Handelsniederlassung, ein wichtiger Punkt des Unternehmens, wurde verweigert; an ein Aufbrechen der islamischen Herrschaft war nicht zu denken. Auf Intervention muslimischer Händler beim Radscha konnten die Karavellen schließlich mit Gewürzen – »gestreckten«[12] und überdies teuren – beladen werden, in geringerer Menge freilich, als die Schiffe hätten aufnehmen können. So machten sich die Portugiesen auf den Heimweg, den sie sich gegen die »Araber« sogar freizukämpfen hatten. Nach entbehrungs- und verlustreicher Rückfahrt kehrte Vasco da Gama im Juli 1499 mit 55 Über-

lebenden nach Lissabon zurück, wo ihn König Manuel mit einem triumpha-
len Empfang am Tejo-Ufer ehrte[13].

Zielstrebig und kompromisslos ließ der König bereits im März 1500 eine
Flotte von 13 Schiffen und 1200 Mann in See stechen, um die Vormachtstellung der »arabischen Kaufleute« in Indien zu brechen. Oberkommandierender dieser zweiten Expedition war der Edelmann und Ordensritter Pedro Álvarez Cabral, der wie sein Vorgänger ebenfalls über keine große seemännische
Erfahrung verfügte. Der Route da Gamas folgend, segelte er ebenfalls weit in
den Atlantik hinaus, wurde jedoch von Passatwinden und widrigen Strömungs-
verhältnissen zusätzlich abgetrieben und landete an einer fremden Küste. Er
nahm das Land unter dem Zeichen des Kreuzes in aller Form für Portugals
König in Besitz und gab ihm in der Vermutung, auf eine Insel getroffen zu
sein, den Namen »Ilha da Vera Cruz«. Cabral war bei Porto Seguro im heutigen Bundesstaat Bahia, etwa 1000 Kilometer südlich des Kap São Roque, auf
Brasilien gestoßen, ohne zu ahnen, dass schon vor ihm Europäer, darunter der
ehemalige Kolumbus-Kapitän Vicente Yáñez Pinzón, nördlichere Küstenabschnitte befahren hatten. Während eines zehntägigen Aufenthaltes bemühte
sich Cabral, mit den Tupi-Indianern in freundschaftlichen Kontakt zu treten,
ehe er die Fahrt zum vorgegebenen Ziel fortsetzte. Zuvor sandte er noch ein
Schiff mit der Nachricht seiner Entdeckung nach Lissabon zurück. Obwohl
einer der gefürchteten Stürme vor Südafrika seine Flotte auseinander trieb und
vier Schiffe verloren gingen (eines der Opfer war Bartolomeu Diaz), erreichte
Cabral innerhalb eines halben Jahres Calicut und überreichte dem Radscha
einen Brief König Manuels, dessen Inhalt entweder nicht verstanden oder als
naive Anmaßung ausgelegt wurde. Unter dem Deckmantel gottgewollten,
christlichen Missionierungsauftrages wurde darin nicht weniger verlangt als
eine freiwillige Unterwerfung; anderenfalls müsste »*Gottes Wille auf andere Art
erfüllt werden*«.

Ob den Radscha diese Drohung wirklich beeindruckt hatte, ist nicht
bekannt; immerhin gewährte er Cabral die Gründung eines Handelsstützpunktes und gestattete ihm, seine Schiffe voll mit Gewürzen zu laden. Der Schein-
friede dauerte aber nicht lange. Kaum hatten die Portugiesen den Hafen verlassen, als die neue Faktorei und deren Besatzung auf Initiative alteingesessener,
nicht-christlicher Händler angegriffen wurden. Nur wenige der 70 Zurückgelassenen konnten lebend entkommen, einige davon erreichten schwimmend
sogar noch Cabrals auslaufende Schiffe. Was nun folgte, entzaubert vollends
die Mär von den vorgeblich friedliebenden, nur auf Handel bedachten Kaufleuten: Cabral machte kehrt, lief wieder in den Hafen von Calicut ein und
gab Order, sämtliche arabischen Schiffe zu entern und deren Besatzungen zu
töten. Will man den zeitgenössischen Berichten Glauben schenken, so forderte
allein dieser Akt 600 Tote auf Seiten des Gegners. Doch damit nicht genug,

Cabral ließ die Kanonen seiner Schiffe auf die Stadt richten und begann mit einer Kanonade, die mit einigen Unterbrechungen über zwei Tage lang anhielt. Der Wille zum Widerstand war somit vorerst gebrochen. Das Zeitalter der Portugiesen im Indischen Ozean hatte begonnen.

Die Entdeckung einer neuen Handelsroute bedeutete jedoch nur den ersten Schritt zur Schaffung eines Wirtschaftsimperiums. Die folgenden mussten dessen Festigung und Absicherung durch militärische Unternehmungen gelten. Darin zeigten sich die Portugiesen weitaus konsequenter und vor allem zielstrebiger als die spanische Krone während der ersten Kolumbusreisen. Bereits 1501 wurde Brasilien erneut angelaufen und der Südatlantik, durchaus in Einklang mit dem Vertrag von Tordesillas, zur portugiesischen Domäne erklärt, in der jedes fremde Schiff aufzubringen war. Doch nicht nur das: Sieben Monate nach Cabrals Rückkehr im Februar 1502 brach Vasco da Gama, zum »Admiral des Indischen Meeres« ernannt, diesmal mit 20 Schiffen, zu seiner zweiten Reise[14] auf, die diesmal mehr einer Strafexpedition als einer Handelsfahrt glich. Auf leicht abgeänderter Route entdeckte er nach einem Zwischenhalt auf den Kapverden die heutigen Inseln Ascension und St. Helena, gründete erste Niederlassungen in Moçambique und erreichte bereits im Oktober Calicut, ging aber nicht an Land. Durch die Ereignisse während Cabrals Aufenthalt und blutiger Abreise vorgewarnt und in rücksichtsloser Verfolgung seiner Aufgabenstellung, ließ er dem Radscha ein Ultimatum überbringen, dessen Bedingungen unannehmbar waren: Alle *moros* sollten samt ihren Familien ausgewiesen und Geiseln gestellt werden. Als der indische Fürst den Forderungen nicht in Gänze nachkam, beging da Gama einen Terrorakt, der die hemmungslose Brutalität späterer spanischer Konquistadoren vorwegnehmen sollte: Die Geiseln wurden auf grässlichste Weise verstümmelt wieder an Land geschickt und die Stadt mit einer neuerlichen Kanonade überzogen. Trotzdem konnte der Generalkapitän seinen Willen nicht durchsetzen und verließ den Küstenabschnitt von Calicut, um in Cochin, etwa 100 Meilen südlich, den ersten Militärstützpunkt Portugals im Indischen Ozean anzulegen. Unter Zurücklassung von fünf Schiffen und mit wertvoller Fracht auf den restlichen trat er die Heimreise im Bewusstsein an, den portugiesischen Besitzanspruch unverrückbar angemeldet zu haben. Erst zwanzig Jahre später sollte Dom Vasco da Gama, inzwischen Graf von Vidigueira, wieder zur See fahren, auch diesmal wieder mit einem militärischen Auftrag, die ausufernde Korruption unter seinen Landsleuten zu bekämpfen.

Um den erklärten Hegemonieanspruch über den Handel im Bereich des Indischen Ozeans nachdrücklich zu erhärten und auszuweiten, schickte König Manuel, während sich da Gama noch auf der Rückreise befand, eine weitere Expedition unter dem Oberbefehl des bereits 50-jährigen Edelmannes und mehrfach erprobten Soldaten Afonso de Albuquerque nach Osten. Im Jahr

1505 folgte dann die fünfte und bis dahin größte Flotte mit 22 Schiffen und 1500 Soldaten unter dem Kommando des Francisco de Almeida, der gleichzeitig zum ersten Vizekönig Indiens ernannt worden war. Almeida und vor allem Albuquerque besiegelten schließlich in getrennten Kampagnen die portugiesische Herrschaft über den Indischen Ozean für die nächsten 100 Jahre. Obwohl zwischen den beiden eine latente Rivalität herrschte, die zum Teil auch auf den portugiesischen Hof zurückzuführen war, brachte die Summe ihrer Einzelunternehmen den gewünschten Erfolg für die Krone. Almeida bombardierte und plünderte 1505 Mombasa, während Albuquerque bei seiner zweiten Fahrt 1506 die afrikanische Küste bis zur Insel Sokotra vor dem heutigen Somalia entlang segelte. Von dort richtete er jedoch seinen Kurs nicht nach Indien, sondern unterwarf, seinem Auftrag entsprechend, die arabische Handelsstadt Maskat am Golf von Oman. Kurz darauf verwüstete er Ormuz (Hormus) am Eingang zum Persischen Golf und damit einen strategisch wichtigen Stützpunkt der Araber für die landgestützten Handelsrouten zum Roten Meer und zu den Küstenstädten Palästinas. Damit war der Zeitpunkt erreicht, an dem diese den portugiesischen Terror nicht mehr tatenlos hinnehmen wollten. Der mamlukische Sultan von Ägypten schloss mit den gleichermaßen herausgeforderten Venezianern ein Bündnis. Eine von der Markusrepublik mitfinanzierte Armada wurde ausgerüstet, die 1507 durch das Rote Meer nach Indien segelte und einen Teil der portugiesischen Flotte unter Almeida nahe Bombay[15] zerschlug. Der Gegenangriff ließ nicht lange auf sich warten: 1509 vernichtete Francisco de Almeida bei Diu, nördlich von Bombay, mit taktischem Geschick und überlegener Schiffsartillerie die gegnerische Armada; Gefangene wurden gnadenlos behandelt und viele von ihnen getötet. An dieser Seeschlacht nahm auch der 25-jährige Fernão de Magalhães teil, der schon früher unter dem Vizekönig gesegelt war und später, in spanischen Diensten, zu einer weiteren großen Entdeckerpersönlichkeit werden sollte. Almeida selbst griff 1508 noch die zum muslimischen Sultanat von Bijapur gehörende Handelsstadt Goa an, die er in Schutt und Asche legte, ohne sie jedoch für Portugal gewinnen zu können. Ein Jahr darauf übergab er dann endlich seine Befehlsgewalt an Albuquerque, den er sogar eine Zeit lang (1508/09) gefangen gehalten hatte. Auf der Rückfahrt nach Portugal wurde Almeida 1510 bei einem Gefecht mit »Hottentotten« an der Südspitze Afrikas getötet.

Afonso de Albuquerque, nun auch de facto Vizekönig von Ostindien, eroberte 1510 Goa endgültig, ließ es zu einer Festung ausbauen und machte es zur Hauptstadt des portugiesischen Imperiums im Indischen Ozean. Mit welcher Härte er auch gegen eigene Landsleute vorzugehen bereit war, lässt sich am Schicksal eines gewissen Fernão Lopes zeigen. Der Kaufmann war um die Jahrhundertwende nach Goa gelangt und konnte sich dort, nicht zuletzt durch seinen Übertritt zum Islam, erfolgreich etablieren. Er dürfte nicht der einzige

Renegat gewesen sein; denn der Vizekönig ließ nach Einnahme Goas allen Glaubensabtrünnigen Nasen und Ohren abschneiden, bevor er sie nach Portugal zurückschickte. Lopes gelang es jedoch, sich während eines Zwischenhalts zur Wasseraufnahme in St. Helena von der Mannschaft abzusetzen. Da die Insel zur Verproviantierung immer wieder angelaufen wurde, erlangte der verstümmelte, aber hilfsbereite »Einsiedler« im Laufe der Zeit eine gewisse Bekanntheit und wurde auf Wunsch König Manuels sogar bei Hofe empfangen. Die einzige Gunst, die sich Fernão Lopes erbat, war, auf »seine« Insel zurückkehren zu dürfen, wo er 1546 nach 34 Jahren Aufenthalt starb.

Während die portugiesischen Schiffe – 1505 war Ceylon erreicht – weiter nach Osten vorstießen und mit der ersten Expedition nach Sumatra im Jahr 1509 und der blutigen Eroberung der Stadt Malakka 1511 (im selben Jahr begann die gleichfalls blutige Eroberung Kubas durch Diego Velásquez) die Grenze nach Fernost passierten, änderte Albuquerque seine Politik gegenüber den Eingeborenen. Als pragmatischer Realist erkannte er sehr bald, dass es ohne Einbeziehung der Inder nicht möglich war, ein effizientes Handelsnetz und eine funktionierende Verwaltung aufzubauen. So untersagte er gegen den Widerstand der Soldaten weitere Plünderungen und eine Missionierung unter Gewalt. Darüber hinaus regte er Ehen[16] mit indischen Frauen an, auf die in den heutigen Bundesstaaten Kerala und Goa noch viele Inder durchaus selbstbewusst ihre Ahnentafel zurückführen.

Trotz aller Ähnlichkeiten hinsichtlich ihres brutalen militärischen Vorgehens unterschieden sich die Portugiesen in ihrer Besiedlungsphilosophie doch erheblich von den Konquistadoren in der Neuen Welt. Ohne das Land flächendeckend zu durchdringen, beschränkten sie sich auf wenige, meist an den Küsten gelegene Hauptstützpunkte und sahen sich als Führungselite einer Zweckgemeinschaft, die bei Bedarf auch vor abschreckenden Disziplinierungsmaßnahmen nicht zurückschreckte. Sie zerstörten jedoch nicht, wie später die Spanier, die vorhandenen Infrastrukturen, sondern passten diese lediglich den eigenen Vorstellungen und Bedürfnissen an. Nur so ist es zu erklären, dass es in den frühen Jahren den knapp 5000 Portugiesen, auf wenige Schlüsselstellen[17] verteilt, gelang, viele wichtige Routen und Abschnitte in dem riesigen Raum des Indischen Ozeans zu kontrollieren.

Allerdings kam den Portugiesen dabei ein historischer Zufall zugute. Jahrelang segelten die größten, jemals gebauten Holzschiffe, chinesische Dschunken, vor den Küsten Indiens und stießen sogar bis Afrika vor. Bis zu 90, ja 100 Metern konnte ihre Länge und 15 ihre Breite betragen. Auch die Schottenbauweise ihres Rumpfes war der europäischen Technologie um gut 300 Jahre voraus. Ihr Auftrag bestand aber zu dieser Zeit nicht in Eroberung, Missionierung oder Ausbeutung, wie es später für die europäischen Nationen kennzeichnend werden sollte, sie hatten allein die Allmacht des chinesischen

Kaiserreiches und vor allem der herrschenden Ming-Dynastie zu dokumentieren, bestätigten aber gleichzeitig die Vermutung von lange schon bestehenden Seehandelswegen, manchmal in Anlehnung an die landgestützte
Seidenstraße auch als »Gewürzstraße« bezeichnet. Ihre zentralen Schaltstellen
befanden sich in Südindien. Nach Osten hin dominierten Dschunken und
Schiffe aus Südostasien, nach Westen hin übernahmen diese Aufgabe arabische
Dhaus. Auf ihnen wurden Waren und Güter transportiert, deren Ursprungs-
orte Tausende von Seemeilen auseinander lagen. So lässt sich chinesisches
Porzellan, das gegen Elfenbein getauscht wurde, an der Küste Ostafrikas bereits nach der Jahrtausendwende nachweisen. Als weiteres Beispiel für vorhandene Kontakte kann die Anwesenheit einer Gesandtschaft aus Malindi am
chinesischen Hof im Jahr 1415 genannt werden, was eine mittelbare Folge von
sieben groß angelegten Expeditionen[18] des chinesischen Admirals Zheng He
Cheng Ho im Indischen Ozean während der Jahre 1405 bis 1433 war. Chinesische Kanzleiaufzeichnungen vermerken in dieser Zeit die Ankunft von 30
diplomatischen Delegationen verschiedenster Staaten am Kaiserhof. Im selben Jahr, 1433, als Gil Eanes gerade zu seinem ersten Versuch aufbrach, das
Kap Bojador zu umschiffen, untersagte der chinesische Kaiser jedoch weitere
Auslandsfahrten, und im Jahr 1500 wurde sogar ein Verbot erlassen, hoch-
seetüchtige Dschunken zu bauen.

Man könnte hier nun Spekulationen über den weiteren Ablauf der
Geschichte anstellen, wenn die Portugiesen anstelle der saturierten »arabischen«
Kaufleute auf die selbstbewussten und zentral gelenkten Chinesen getroffen
wären. So aber ging es unter Albuquerque, beinahe ungestört, nach Java und
Celebes weiter, und 1512 landete der Portugiese Antonio de Abreu nach Sichtung Neuguineas auf Inseln der Molukken. Von hier stammten all jene exo-
tisch fremden Gewürze, für die Indien bloß eine Zwischenhandelsstation war
und die in Europa beinahe mit Gold aufgewogen wurden. Dieses Faktum sollte
Anlass genug sein, hier kurz eine Differenzierung des Begriffes »Gewürze« vorzunehmen.

Die Molukken erhielten ihren europäischen Zweitnamen als »Gewürzinseln« aus den bekannt naheliegenden Gründen. Sie sind Teil des Malaiischen
Archipels und erstrecken sich einerseits vom heutigen Celebes bis Neuguinea
und in Nord-Südrichtung von den Philippinen bis Timor. Bis in das frühe 18.
Jahrhundert waren sie mit ihren Inseln Ternate, Tidore, Ceram, Ambon (Amboina), Banda-Inseln und anderen der einzige Lieferant von Muskatnüssen,
Gewürznelken und eingeschränkt auch von Schwarzem Pfeffer. Die Muskat-
nuss ist der Samen des Muskatnussbaumes (*Myristica fragans*) und von dop-
peltem Interesse. Entfernt man das Fleisch der etwa fünf Zentimeter großen,
gelblichen Frucht, stößt man auf den begehrten Kern, der von einer rötlichen,
netzartigen und fleischigen Schale, dem *Arillus*, umgeben ist. Der geriebene

Kern und auch die getrockneten Muskatblüten werden als bestimmende Geschmacksfaktoren bei verschiedenen Gewürzmischungen und vielen Speisen verwendet. Im Europa der Kolumbuszeit besaß ein Kilogramm Muskatblüten den beachtlichen Gegenwert einer Kuh. Im ausgehenden Mittelalter brachte das Gewürz nach Abzug der Reisekosten und Schiffsbereitstellung einen zehnfachen Gewinn. Größere Mengen Muskat entfalten toxische Wirkungen und können bemerkenswerte Halluzinationen hervorrufen. Darin ist auch der Grund zu suchen, dass im »Transitland« des heutigen Saudi-Arabien Muskat als Droge galt und sein Genuss daher verboten war. Mit Ausweitung des Handels und Festigung der Kolonialreiche gelangten viele Pflanzen von ihren Ursprungsländern auch in entfernte Weltgebiete. So kam der Muskatnussbaum und damit die Handelsware nicht nur nach Südasien, sondern auch zu den Westindischen Inseln und nach Brasilien.

Ein anderes Naturprodukt der Molukken waren die Gewürznelken. Sie sind die noch geschlossenen Blütenknospen eines tropischen Baumes (*Syzygium aromaticum*) aus der Familie der Myrtengewächse, die entweder über Holzfeuer oder an der Sonne getrocknet werden. Wegen ihres aromatischen, leicht scharfen Geschmacks sind sie beliebte Zutat für Fleisch-, aber auch Gemüsegerichte. Später fanden sie auch Eingang bei der Zubereitung von Glühwein und sind daraus nicht mehr wegzudenken. Seit alters her wusste man jedoch durch mehrfache Destillation aus ihnen auch das sogenannte Nelkenöl herzustellen – ein leichtes Anästhetikum, vor allem bei Zahnfleischentzündungen, aber auch Antiseptikum. Gewürznelken und Muskatnüsse waren das Hauptexportgut der Inseln Ternate und Ambon in den indischen Raum und von da weiter nach Europa. Als die Niederländer den Portugiesen im 17. Jahrhundert die Molukken abnahmen, ließen sie auf den Inseln alle Gewürznelkenbäume bis auf die eigenen niederbrennen. So saßen sie auf einem angehäuften Vorrat von über 1500 Tonnen des Gewürzes und diktierten den Preis. Um das Monopol der fest etablierten Niederländer zu brechen, schmuggelten Botaniker Setzlinge des Baumes nach Südostasien, Ostafrika und zu den Karibischen Inseln, wo er heute als beinahe heimisch angesehen werden kann.

Ähnlich dem Gewürznelkenbaum verlangt auch der Pfefferstrauch (*Piper nigrum*) ein feucht-heißes, tropisches Klima, wie es auf äquatornahen Inseln nun einmal gegeben ist. Dennoch stammte der beste Pfeffer aus (Süd)Indien, wo die Pflanze auch ursprünglich heimisch gewesen sein dürfte. Schon zu Zeiten der Römer war Pfeffer das begehrteste Gewürz der Welt und es gab in den Endverbraucherländern Europas sogar Handelsperioden, in denen er nicht nach Gewicht, sondern nach Kornanzahl verrechnet wurde. Erntet man die unreifen, noch grünen Pfefferkörner und trocknet sie, so erhält man den schwarzen Pfeffer; lässt man sie hingegen ausreifen und weicht die dann roten Körner in Wasser ein, so löst sich die äußere Schale und man gewinnt den sogenannten weißen Pfeffer und eine andere Geschmacksrichtung. Mit den Entdeckungsfahrten nach Südamerika schien es geboten, auch vom »echten« Pfeffer zu sprechen, da aus der Neuen Welt ein Gewürz ähnlicher Schärfe auf den europäischen Markt drängte. Bei ihm handelt es sich allerdings um getrocknete und anschließend geriebene Schoten verschiedenster Gewürzpaprika (allgem: *Capsicum annuum*). Sie machten sich als Cayennepfeffer, Chili oder »spanischer« Pfeffer in der Küche einen Namen.

Aus dem heutigen Sri Lanka stammte auch die beste Qualität eines weiteren Gewürzes uralter Verwendung, des Zimt. Er wird aus der Rinde eines Baumes mit dem botanischen Namen *Cinnamonum zeylanicum* gewonnen. Dabei schneidet man die zweijährigen Triebe ab, entfernt alles Kleingeäst sowie die Blätter, schabt die äußerste Hülle ab und löst die eigentliche Rinde vorsichtig vom Holz. Im nun einsetzenden Trocknungsprozess beginnen sich die rechteckig geschnittenen Rindenstücke einzurollen und nehmen ihre charakteristisch gelblichbraune Farbe an. Neben dem Pfeffer zählt auch Zimt zu den ältesten Gewürzen der Welt. So ist es, Tausende von Meilen von seinen botanischen Ursprüngen entfernt, in China bereits zweitausend Jahre vor der Zeitenwende bekannt. Im Ägypten der Pharaonen war Zimt Bestandteil des komplexen Mumifizierungsrituales; hebräische Priester gebrauchten es für Duftstoffe sowie im heiligen Salböl der Könige, und vermögende Römer der Kaiserzeit waren bereit, für ein Kilogramm Zimt einen heutigen Geldwert von ungefähr 1000 bis 1500 Euro aufzubringen.

Neben den Gewürzen zählten natürlich auch Seide, Porzellan und Edelsteine aus Indien oder Ceylon zu den europaweit begehrten Importgütern. Seit alters her waren Handelsstraßen, selbst wenn sie sich auf dem Meer befanden, auch Einfallstore für bewaffnete Streitkräfte, und ihre Beherrschung ein Ziel der Politik. Ein Blick in den Atlas zeigt zwei strategische Knotenpunkte im Verlauf der sogenannten Gewürzstraße. Da ist zum einen die Palkstraße und der Golf von Mannar, der Ceylon/Sri Lanka von Indien trennt und, wesentlich wichtiger, die Straße von Malakka (Malacca) zwischen Nordsumatra und der malayischen Halbinsel. Nicht von ungefähr war an dieser Engstelle der bedeutendste Warenumschlagplatz Südostasiens entstanden. Jedes Schiff, das vom Südchinesischen Meer, der Andamanen-See, in den Golf von Bengalen und damit in den Indischen Ozean wollte, lief die alte Hafenstadt *Melaka* an, die durch ihren Warenumschlag zu den reichsten der Großregion zählte und dem Königreich von Malakka erst seine Geltung verschaffte. Deren blutige Einnahme durch Albuquerque war für Portugal die logische Konsequenz ihrer geographischen Lage und der eigenen Konzeption.

In dem neuen Stützpunkt befanden sich im Durchschnitt kaum mehr als 200, höchstens aber 600 Portugiesen, die sich laufend gegen Angriffe der bodenständigen Bevölkerung zu wehren hatten. In herber Kritik des Mutterlandes und des Vizekönigs in Goa beschrieb Fernão Mendez Pinto, der in Begleitung des neuen Gouverneurs 1539 in der Stadt eintraf, die angespannte Lage: »*Man hat offensichtlich vergessen, wie wichtig die Festung von Malacca für unsere Handelsposten in Indien ist. Ich sehe keinen anderen Weg, als einen Krieg mit den Malayen. Wenn wir sie nicht schlagen, werden wir unsere ganzen Besitzungen weiter südlich verlieren.*« Nach Aufzählung der Stützpunkte und jeweiligen Inseln, hält er lapidar fest: »*Dabei gibt es nirgendwo sonst jenseits des Kaps der Guten Hoffnung für König und Vaterland so viele Reichtümer zu holen wie dort.*«

Pinto reiste dann in Malaysia nach Norden, in das siamesische Königreich von Ayutthaya. Auf einer weiteren Reise gelangte Pinto auch in das Land, aus dem die begehrte Seide ursprünglich stammte, und hielt über die Einwohner Südchinas fest, »*dass sie den Schlüssel für die Reichtümer Chinas in Händen halten. Gehörte das Land uns, dann würde es schon bald als Juwel in der Krone unseres Königs leuchten und selbst Indien in den Schatten stellen.*« Auf der Rückreise nach Malakka geriet sein Schiff in einen Taifun und wurde an die Küste Japans verschlagen. Man schrieb das Jahr 1542 (die spanische Krone erlässt für Westindien die »Neuen Gesetze« zum Schutz der Indianer), als damit die ersten europäischen Händler in dem von Machtkämpfen der Daimyo[19] zerstrittenen Kaiserreich landeten. Dieser Zufall war zugleich auch der Beginn vom Ende der Machtkämpfe, denn bereits damals bewiesen die Japaner ihr Geschick im Kopieren. Es dauerte nicht viel mehr als ein Jahr, und die erste »Feuerwaffenfabrik« Japans hatte ihre Produktion aufgenommen. Wenn auch Pinto schreibt: »*Ganz allgemein kann man sagen, dass die Japaner ein sehr freundliches Volk sind*«, so veränderten europäische, in Japan hergestellte Musketen die altgewohnte Kriegstaktik und führten indirekt zur Errichtung des Tokugawa-Shogunats im Jahr 1603. Nach zwanzig Jahren Asienaufenthalt kehrte Fernão Mendez Pinto nach Portugal zurück und versuchte Anerkennung für seine Leistungen um das Vaterland zu erhalten – ebenso vergebens wie viele Männer vor und auch nach ihm.

Der bereits erwähnte Antonio de Abreu war mit einer Flottille von drei Schiffen in den südostasiatischen Inselraum vorgestoßen. Während Abreu auf der SANTA CATERINA einige kleine Sunda-Inseln anlief und weite Küstenabschnitte Javas kartographierte, erlitt sein Gefährte Francisco Serrão auf der SABAIA Schiffbruch, wurde aber von den Einwohnern der Molukken-Inseln Ternate gerettet. Er beschloss, den Rest seines Lebens im Raum von Ternate zu bleiben. Von hier richtete er dann mehrere Bitten an Ferdinand Magellan, der ihm vor Malakka das Leben gerettet hatte, ihn aufzusuchen. Sein Drängen dürfte für den ersten Weltumsegler ein weiterer Beweggrund gewesen sein, den Westweg auf die Gewürzinseln zu suchen. Abreu und Serrão, der auf einer Dschunke noch kleinere Fahrten unternahm, können damit als Entdecker von Amboina, Ceram, Banda und Alor angesehen werden.

Albuquerque selbst wandte sich nach dem Kampf um Malakka wieder der arabischen Küste zu. Nach der vergeblichen Belagerung Adens im Jahr 1513 nahm er 1515 Ormuz für Jahrzehnte in Besitz und ließ eine starke Garnison zurück. In diese Zeit fallen auch befestigte Stützpunktbildungen auf Ceylon; 1517 – Luther veröffentlicht seine Thesen und Ägypten fällt an das Osmanische Reich – wird die singhalesische Handelsstadt Kalan-totta (Wort für: Hafen, von arabischen Händlern unter dem Namen Kolambu verballhornt) erobert und zu Ehren des Amerikaentdeckers in Colombo umbenannt. Vier Jahre darauf traf Portugal am anderen Ende der Welt auf seinen europäischen Nachbarn, als 1521 die TRINIDAD – ein Schiff der Magellanflotte, bei der ersten Weltumseglung von den (neu entdeckten) Philippinen kommend – die Molukken anlief und aufgebracht wurde. Formaljuristisch[20] befanden sich die Spanier im Recht, folgt man den eindeutigen Bestimmungen des Vertrages von Tordesillas; die realpolitischen Verhältnisse sprachen jedoch gegen die unerwünschten Eindringlinge. Im Jahr 1529 wurde dieses schwelende Problem auf diplomatischer Ebene geregelt, indem Portugal durch eine hohe Abstandszahlung an Spanien die Hoheitsrechte über den Archipel zugesprochen erhielt.

Was den Portugiesen in Ostasien weitgehendst versagt blieb, gelang ihnen in Ostafrika: Hier wurden sie auch zum politischen Machtfaktor. Wie schon erwähnt, lief Vasco da Gama bei seiner ersten Fahrt die Hafenstadt Sofala im heutigen Moçambique an. Von hier aus begannen die Europäer nun in das Landesinnere vorzustoßen und trafen auf das große *Reich von Monomotapa*, das sich über das Sambesi-Tal bis zur Kalahari ausdehnte. Es gelang ihnen, sich eine privilegierte Stellung im Reich des *mwene* Mutapa (König Mutapa) zu sichern, der über die Goldgewinnung an den Ufern des Sambesi wachte. Äußeres Zeichen war die Ernennung des Sprechers der portugiesischen Kaufleute zum Aufseher über alle Handelswege und Marktplätze, was naturgemäß zu einer Konfrontation mit islamischen Händlern führen musste. Als man nun versuchte, den König zum Katholizismus zu bekehren, kam es zu einem Aufstand. Die Portugiesen stellten eine Strafexpedition zusammen, zogen 1571 in das Sambesi-Tal und töteten alle muslimischen Händler, derer sie habhaft werden konnten. Zwanzig Jahre später fühlte sich König Gatsi Rusere von einer Invasion der Simba[21] bedroht und bat die Europäer erfolgreich um Hilfe. Aus Dankbarkeit und als Gegenleistung überließ er ihnen danach die Kontrolle über die Bodenschätze des Landes, vornehmlich Gold und Kupfer.

Militärische Hilfe wurde auch weit im Norden geleistet, in Äthiopien. Ungefähr ab 1527 begannen muslimische Verbände aus Harare, einer arabischen Staatsgründung aus dem 7. Jahrhundert, immer wieder in das altchristliche Kaiserreich einzudringen. Erst ein Zusammenwirken zwischen äthiopischen und portugiesischen Kontingenten bereitete 1542 diesen Übergriffen ein Ende. Um 1557 kamen dann Jesuitenmissionare ins Land und versuchten beharrlich, die Kaiser zum römisch-katholischen Glauben zu bekehren. Wenn dies auch weitgehend erfolglos blieb, so lösten die Bemühungen doch soziale und politische Unruhen aus, die aber eine unabhängige (koptisch-) äthiopische Kultur bis in das 20. Jahrhundert sicherten. Portugal befand sich also auf dem Höhepunkt seiner Macht und wirtschaftlichen Blüte, nicht ahnend, dass bereits wenige Jahrzehnte später der sich über Jahrhunderte hinziehende Niedergang beginnen sollte.

AUCH KLEINE ENTDECKUNGEN SIND WICHTIG

> *»Wir durchfuhren diese Meere, bis wir in*
> *die tropische Zone kamen und überschritten die Äquatorlinie*
> *nach Süden in der Richtung des Wendekreises des Steinbocks.«*
> Amerigo Vespucci (1502)

Überspitzt formuliert, unterschrieb die kastilische Krone mit den Kapitulationen an Kolumbus eine Art Blankoscheck für die Zukunft, dessen Ausstellung auf staatsrechtlicher Ebene ein bedenkliches Präjudiz zur eingeschränkten Kontrolle künftiger Entwicklungen schaffen konnte und im juristischen Sinn bereits schuf. Dazu kam noch das ausbedungene und verbriefte Recht des Kolumbus, für jedes in Übersee zu besetzende Amt der Krone drei Kandidaten seiner Wahl vorzuschlagen, von denen einer zu ernennen war. Dieser Vertragspunkt musste nicht nur den ureigensten Kroninteressen zuwiderlaufen, sondern war auch geeignet, eine starke Front von Widersachern, Intriganten und Neidern herauszubilden, wozu es dann in der Realität auch kam. Im rein materiellen Bereich wurden dem Entdecker zehn Prozent des Ertrages aller Waren und Edelmetalle zugestanden; darüber hinaus noch ein Achtel des Gewinnes jeder zukünftigen Ladung, die aus den noch zu entdeckenden Ländern auf einem Schiff zurückkehrte, an dessen Ausrüstung er sich beteiligt hatte. Wie sehr sich aber die Kronpolitik von einmal gemachten Zusagen zunehmend zurückzog, wird in Ansätzen bereits bei der zweiten Reise des Kolumbus deutlich. Immer stärker griff die Krone in die Entwicklung der expandierenden Besitzungen in der Neuen Welt ein und entledigte sich spätestens unter Kaiser Karl V. jeder Verbindlichkeit aus den einmal eingegangenen Verträgen. Eine Aufrechterhaltung der Kolumbus und seinen Nachkommen einmal gewährten Privilegien hätte spätestens mit Einnahme des Aztekenreiches die Staatsinteressen gefährdet.

Die frühen Jahre der Entdeckungsgeschichte weisen, von territorialen Belangen abgesehen, eine innere Dynamik auf, die nur bei oberflächlicher Betrachtungsweise Anlass zum Staunen gibt. Aus Mit- und Beifahrern des Kolumbus rekrutierten sich die Anführer der nächsten Erkundungswelle, aus deren Umfeld wieder die folgenden hervorgingen. Immer wieder kam es zu Verschränkungen bei den großen Stoßrichtungen, indem sich die »kleinen Entdecker« nach dem Abbruch eigener Unternehmungen zum Teil den Expeditionen der »großen Conquistadoren« anschlossen. Doch gerade diese weithin unbeachteten Einzelaktionen führten zu einer immer breiter werdenden Kenntnis über die gewaltigen Dimensionen des vor wenigen Jahren betretenen Landes. Vielfach in Vergessenheit geraten und kaum wissenschaftlich auswertbare Berichte hinterlassend, stießen Unterführer mit eigenem Kommando in alle nur denkbaren Richtungen vor, die auch nur den geringsten Anschein erweckten, schnellen Reichtum zu ermöglichen. Einige unternahmen aber auch Reisen in noch weitgehend unbekannte Länder, um die geographische Weltsicht zu erweitern und den eigenen Ruf durch oft abenteuerliche Berichte über ihre Erkundungen zu begründen oder stark auszuweiten.

Als markantes Beispiel für den Wandel von Kronpolitik und Entdeckungsaktivitäten kann ein Vorstoß an die Küste Venezuelas genannt werden, der bereits 1499 stattfand. Leiter des Unternehmens – über eigenes Betreiben sowie durch Hilfestellung des Kolumbuskritikers Bischof Juan Rodríguez de Fonseca[22] mit königlicher Lizenz ausgestattet – war derselbe Alonso de Ojeda (1471–1515), der während der zweiten Reise des Kolumbus auf Hispaniola unter den Eingeborenen gewütet hatte. An sich wäre diese Fahrt von untergeordnetem Interesse, hätte sich nicht eine andere Person mit an Bord befunden, Amerigo Vespucci (1454–1512), ein Florentiner, der seit 1490 in Sevilla für das Bankhaus der Medici tätig war und sich schon an der Ausrüstung der zweiten und dritten Kolumbusfahrt beteiligt hatte. Zur Bekräftigung der im vorangegangenen Absatz aufgestellten Behauptung muss auch Juan de la Cosa, ein bekannter Navigator und Kartograph, als Mitglied des Führungsstabes dieser Reise angeführt werden, der bereits an der ersten Fahrt des Kolumbus teilgenommen hatte und auch Miteigner der Santa Maria gewesen war.

Ojeda traf im heutigen Französisch Guyana auf die südamerikanische Küste, segelte an ihr entlang nordwärts, kreuzte das Orinoko-Delta und bewegte sich ab dem Golf von Paria in jenen Gebieten, die Kolumbus bereits wenige Monate zuvor während seiner dritten Reise erreicht hatte. Nachdem er wegen der Berichte über reiche Perlenvorkommen kurz und ergebnislos auf der Margarita Insel an Land gegangen war, segelte Ojeda zu den Niederländischen Antillen, deren Hauptinsel (heute Curaçao) er den Namen »Isla de los Gigantes« gab. Anschließend erkundete man noch den Golf von Maracaibo, wo die indianischen Pfahlbauten Erinnerungen an die Lagunenstadt Venedig weckten. So erhielt dieser Küstenabschnitt den Namen »Klein-Venedig«, der sich später auf ein größeres Gebiet, eben Venezuela, erstrecken wird. Als die Vorräte knapp zu werden begannen und sich die üblichen Streitigkeiten mit den Indianern einstellten, setzte Ojeda Kurs auf Hispaniola. Wenn diese Fahrt auch keine wesentliche Kenntniserweiterung über die Nordküste des südlichen Festlandes und vor allem keine Goldfunde brachte, so lenkt sie doch den Blick auf die nicht ganz uninteressante Person des Amerigo Vespucci.

Der Italiener verdient in mehrfacher Hinsicht Beachtung. Legt man die strengen wissenschaftlichen Maßstäbe heutiger Forschungsunternehmen an, so wäre er kaum mehr als eine Fußnote wert, es sei denn als Beispiel dafür, wie man durch Verschweigen der eigentlich Kommandierenden selbst zum Entdecker wird. Und dennoch ist er in seinem Vornamen noch allgegenwärtig und lebendig. Seine Berichte gaben zwei deutschen Kartographen den Anstoß, die Neue Welt nach ihm zu benennen. Matthias Ringmann und vor allem Martin Waldseemüller, die in völliger Verkennung der wahren Begebenheiten Vespucci die Entdeckung des neuen Kontinents zuschrieben, verleiteten zur dauerhaften Namensgebung des Doppelkontinentes. Im Laufe des 16. Jahrhunderts verbreitete sich der Name »America« auf immer zahlreicheren Weltkarten für die gesamte Landmasse, während er bei Waldseemüller noch dem Raum des heutigen Brasilien zugeordnet war. In der auf Latein abgefassten »Geographiae Introductio« aus dem Jahr 1507 wird die Namensgebung mit den Worten begründet: »*Nun sind aber die Erdteile umfassend erforscht und ein anderer vierter Erdteil ist durch Americus Vesputius ... entdeckt worden. Ich wüsste nicht, warum jemand mit Recht etwas dagegen einwenden könnte, diesen Erdteil nach seinem Entdecker Americus, einem Mann von Einfallsreichtum und klugem Verstand, Amerige, nämlich Land des Americus, oder America zu nennen, denn auch Europa und Asien haben ihren Namen nach Frauen genommen...*« Zwar nahm Waldseemüller den Namen für sich selbst wieder zugunsten des Begriffes »Neue Welt« zurück, den Vespucci in seinem bekannten »Mundus Novus«-Brief – der Brief, eher Reisebericht, wurde zwischen 1503 und 1507 mehrfach aufgelegt und auch ins Deutsche übersetzt – zuerst verwendete, doch verbreitete sich der Name »America« über nordeuropäische und englische Kartographen schließlich soweit, dass er ab Mitte des 16. Jahrhunderts selbst von Spaniern für das Festland gebraucht wurde.

Aber nicht nur die Geographen irrten, auch Vespucci selbst vertrat in seinen Reiseberichten und Briefen die falsche Meinung, an den Küsten Chinas entlanggesegelt zu sein. Wenn Vespucci in der deutschen Ausgabe des vorhin erwähnten Briefes »*von der neuw gefunden Region die wol ain welt genent werden mag*« spricht, so bleibt nicht nur aus heutiger Sicht eine Mehrfachinterpretation offen, je nachdem welchem Wort – Region oder Welt – man mehr Gewicht zumisst. Auch Waldseemüller definiert in seiner überarbeiteten Welt-

karte aus dem Jahr 1516 – die erste Expedition des Ponce de León liegt da
bereits drei Jahre zurück – das Land nördlich Floridas als »*Terra de Cuba – Asia
partis*« und vernachlässigt damit die nach der erfolgreichen Durchquerung
Panamás im Jahr 1513 durch Balboa erforderliche Neuorientierung. Mit seinen Briefen und Berichten nähert man sich aber auch einem Charakterzug des
Italieners Vespucci an, der mit Selbsterhöhung und nicht frei von Eitelkeit
beschrieben werden kann. Nach heutigen Begriffen war er ein perfektes Mar-
ketinggenie in eigener Sache, der es darüber hinaus mit der Wahrheit nicht
allzu genau nahm. Fast immer schreibt er nur von sich, unterschlägt den eigentlich Kommandierenden und von den vielen Reisen, die er behauptet hat,
unternommen zu haben, sind nur zwei eindeutig belegt – eine zweifelhaft und
eine weitere (1497) vermutlich frei erfunden. Die Küstenerkundung mit Ojeda
wurde oben bereits erwähnt, die zweite erfolgte 1501/02 unter portugiesischer
Flagge; doch davon weiter unten.

Nachdem sich Vespucci während der erwähnten Fahrt von dem
unbeherrschten Conquistador getrennt hatte, traf Ojeda im September 1499
um jene Zeit auf Hispaniola ein, da sich Francisco Roldán gegen Kolumbus
erhob. Ohne wirklich Partei zu ergreifen, segelte er zu den Bahamas weiter und
terrorisierte auch dort die friedlichen Aruak. Gegen den erklärten Willen
Königin Isabellas nahm er an die 200 Indianer gefangen und verkaufte den
überlebenden Rest in Spanien als Sklaven. Nur aufgrund der Fürsprache einflussreicher Gönner entging er einem Hochverratsprozess; ja er konnte 1502,
etwa 27-jährig, mit der Statthalterschaft über die noch unerforschten Gebiete am heutigen Golf von Maracaibo sogar ein neuerliches Kommando erhalten. Auch diese Reise diente in erster Linie dem Auffinden von Gold. Der neu
gegründeten Siedlung von Santa Cruz ist nur ein kurzes Leben beschieden,
und Ojeda, der tiefer in den Golf eingedrungen war, trifft mit seinen Männern nur noch auf feindlich gesinnte Indianer. Währenddessen machte sein
Vetter Pedro, gegen ausdrückliche Anordnung der Krone, auf der Insel Santa
Margarita erfolgreiche Geschäfte mit Perlen. Als die Versorgung mit Nahrungs-
mitteln knapp zu werden beginnt, machen sowohl Soldaten als auch Kolonisten Ojeda dafür verantwortlich und nehmen ihn gefangen.

Unter der Anklage Steuern hinterzogen sowie illegalen Perlenhandel
betrieben zu haben, wird er in Ketten nach Hispaniola gebracht. Wenn auch
als erste Konsequenz sein Vermögen beschlagnahmt wird, kommt er auf Fürsprache seines Gönners Fonseca wieder frei und kehrt nach Spanien zurück.
Dort gelingt es ihm zwar, sich in einer Revisionsverhandlung zu rehabilitie-
ren, doch er ist nun völlig verarmt. Irgendwie gelang es ihm aber, wieder eine
Passage in die Karibik zu erhalten. Seine letzte Fahrt führte Ojeda erneut mit
Juan de la Cosa zusammen, der in der Zwischenzeit mit Rodrigo de Bastidas
den Golf von Darién erkundet hatte. Man begann sich für neuerliche Sied-

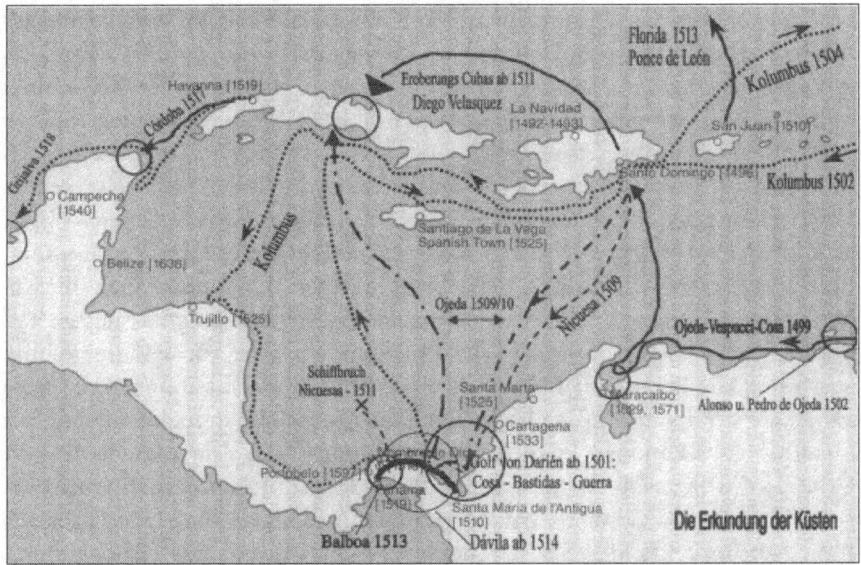

lungsgründungen an den Küsten des karibischen Kolumbien zu begeistern und gewann einige Mitstreiter, darunter Martin de Enciso und Diego de Nicuesa. Nicuesa und Ojeda, der sich für dieses Unternehmen schwer verschuldete, erhielten zwei benachbarte Konzessionen zur Siedlungsgründung zugesprochen, deren Grenze durch den heutigen Rio Atrato am Golf von Urabá, dem südlichen Appendix des großen Golfes von Darién gegeben war. Ohne sich mit Nicuesa abzusprechen, brach Ojeda im November 1509 von Santo Domingo mit drei Schiffen in Richtung des heutigen Cartagena auf, mit an Bord Juan de la Cosa und, damals noch unbedeutend, Francisco Pizarro. Wider Erwarten einigte sich der inzwischen gleichfalls im Raum Cartagenas angelangte Nicuesa mit dem eigenwilligen Eroberer und beide führten gemeinsam eine blutige Strafexpedition gegen die aufständischen Ureinwohner durch, nach der sich ihre Wege wieder trennten.

Ojedas Naturell führte auch weiterhin zur scheinbar unvermeidlichen Eskalation in den Beziehungen zu Indianern aller Stammesgruppierungen. Während fast 70 Spanier, darunter Juan de la Cosa getötet wurden, griff der Kommandant, eine Meuterei fürchtend, bei seinen Männern hart durch und ließ einige von ihnen hinrichten oder verstümmeln. Doch dieser Erfolg war nur ein scheinbarer und vor allem kurzfristiger, zu sehr und zu oft hatte er seine Entscheidungen und Befehle gegen jede Vernunft durchgesetzt. Die zahllosen Übergriffe gegen die Urbevölkerung und das überaus harte, oft willkürliche Durchgreifen gegenüber eigenen Leuten und vermeintlichen Widersachern, ließ auch den letzten Rest an Wohlwollen vergehen. Ojeda entzog sich, nachdem er Francisco Pizarro zu seinem Stellvertreter ernannt hatte, der misslichen Lage durch Flucht, wurde aber vom Gouverneur Jamaicas dennoch gefangen genommen. Nach seinem schon jahrelang andauernden Wechselbad zwischen Einkerkerung, Gnadenerlassen und neuerlicher Verhaftung starb er völlig mittellos und gesellschaftlich ausgestoßen 1515 in Santo Domingo.

Nach der Trennung von Ojeda und wieder zurück in Spanien, versuchte Vespucci eine neue Expedition zu den, wie er glaubte, »ostasiatischen« Inseln und Ländern zu organisieren. Doch die Krone verweigerte ihre Zustimmung und Vespucci wandte sich an den portugiesischen Hof, wo er mehr Erfolg hatte. König Manuel I. schien geneigt zu sein, die Landung Cabrals an der brasilianischen Küste im Jahr 1500 strategisch zu nutzen. Er ließ drei Schiffe ausrüsten, die bereits im Frühjahr 1501 Kurs auf Brasilien nahmen – jene Fahrt, die bereits im Kapitel über »Die Portugiesen« im Zusammenhang mit dieser (Zufalls)Landung kurz Erwähnung fand. Oberkommandierender war Gonçalo Coelho, ein Westafrika-erfahrener Seemann und Befehlshaber; mit an Bord: Amerigo Vespucci. Von den Kapverden kommend, wo man auch aus Indien zurückkehrenden Schiffen der Cabralflotte begegnete, traf Coelho im Raum des heutigen Fortaleza auf die brasilianische Küste, die man nach Süden entlang segelte. Wie weit, ist innerhalb der Fachwelt umstritten. Als zweifelsfrei gesichert gilt jedoch ein Punkt, der heute weltweit als Inbegriff brasilianischer Lebenslust gilt. Am Neujahrstag 1502 erreichte man eine einladende Bucht, in die ein kleiner Fluss mündete, und gab ihr nach dem Kalender den Namen Rio de Janeiro. Von hier ab herrscht Uneinigkeit über das weitere Vordringen. Eine astronomisch standortbestimmende Textpassage in Vespuccis Bericht über diese Fahrt lässt vermuten, dass die Schiffe bis zum La Plata, möglicherweise sogar darüber hinaus, vorgedrungen sein könnten. Da aber die Fachleute von heute über Vespuccis Hang zur Übertreibung Bescheid wissen, wird diese Angabe nur mit Skepsis aufgenommen. Sieht man von rein nautischer oder topographischer Exploration naher Küstengebiete ab, so brachte Coelhos Reise keinen nennenswerten wirtschaftlichen Ertrag, was letztendlich König Manuel bewogen haben dürfte, den Schwerpunkt portugiesischer Interessen im Raum des Indischen Ozeans zu belassen. Brasilien erfüllte nun lange Zeit vorwiegend die Funktion einer Flankendeckung für die Handelsrouten an der Westküste Afrikas und im südlichen Atlantik.

Trotz maßloser Übertreibungen, was die eigene Person, Leistungen und Bedeutung betrifft, zählen Vespuccis Reiseberichte zu den wichtigsten Dokumenten, was die frühe Entdeckungsgeschichte der Neuen Welt anbelangt. Trotz aller Vorbehalte sind seine Beschreibungen über Sitten und Gebräuche der Ureinwohner jenen des Kolumbus überlegen. Erstmals wird trotz Übergewichtung des Kannibalismus anhand der Tupinambá-Indianer eine Sozialstruktur beschrieben, die dem europäischen Denken völlig fremd sein musste. Wie sehr

Vespuccis Beschreibungen der Neuen Welt und ihrer Bewohner auf das Weltbild europäischer Gelehrter und Denker Einfluss genommen haben, kann man schon in der unmittelbaren Zeit nachweisen, da schon Thomas More (1478–1535) bereits 1516 in Teilbereichen seiner Schrift »Utopia« auf Vespuccis Darstellung der annähernd egalitären indianischen Gesellschaftsordnung einging. Das außerordentliche Interesse an den Schriften des Florentiners lässt sich schon allein daran messen, dass von ihnen ein Vielfaches mehr an Drukken erhalten geblieben ist als von jenen, die sich mit den Reisen des Kolumbus auseinander setzten. Der Renaissancemensch Vespucci erkannte die Möglichkeiten des Buchdrucks um vieles besser als der von spätmittelalterlichen Mystizismen behaftete Entdecker eben dieser Neuen Welt, und er wusste auch, sie virtuos zu nutzen. Sechs Jahre nach Kolumbus starb er 1512 in Spanien – und im Gegensatz zu diesem als hochgeachteter »piloto mayor«, oberster Navigator der Krone. In dieser neu geschaffenen Funktion hatte er seit 1508 die Lizenzen von Piloten und Kapitänen zu überprüfen und die offiziellen Karten neu entdeckter Länder sowie der Seerouten zu ihnen erstellen zu lassen. Darüber hinaus oblag ihm und seinen Nachfolgern die Auswertung aller Berichte über Seereisen und zugehörige Landunternehmen, die Kapitäne zwingend verpflichtet waren abzuliefern.

Wenige Monate nach der gemeinsamen Fahrt Ojedas und Vespuccis verließen im November 1499 vier Karavellen den Hafen von Palos unter dem Oberbefehl des Vicente Yáñez Pinzón (um 1460–1524), dem von Kolumbus' erster Reise schon bekannten Kapitän der NIÑA. Die damit verbundene Patenterteilung kann als weiteres Indiz dafür angesehen werden, dass die spanische Krone entschlossen war, den Ausschließlichkeitsanspruch des Genuesen, Gouverneur aller von ihm »*noch zu entdeckenden Länder und Inseln*« zu sein, durch eine breitere Streuung von Patenten zur Neulandfindung wenigstens zu egalisieren, wenn nicht vollständig zu unterlaufen. Pinzón schlug den südlichen Kurs über die Kapverden ein und erreichte Brasilien an einem Küstenabschnitt, der irgendwo zwischen Kap São Roque und dem späteren Fortaleza lag. Die übliche, in aller Form vorgenommene Landnahme stellte zwar eindeutig eine, wenn auch unbewusste Verletzung des Vertrages von Tordesillas dar, sprach doch die Demarkationslinie diesen Teil der Neuen Welt den Portugiesen zu, blieb aber ohne weitere Folgen. Der Küste nach Nordwesten folgend gelangte die Flotte zum riesigen Amazonasdelta, das sogar die Orinoko-Mündung an Mächtigkeit übertrifft. Für kurze Zeit glaubte man sogar, einen Meeresarm gefunden zu haben, der das Festland teilt, doch der zunehmende Süßwassergehalt belehrte eines Besseren. Nach aufwendigem Navigieren erreichte Pinzón schließlich jene Gewässer vor Venezuela, die Kolumbus auf seiner dritten Reise befahren hatte, und kehrte über Hispaniola wieder nach Spanien zurück.

Noch konnten die geographischen Strukturen des fremden Landes in ihrem Zusammenhang nicht erkannt werden, trotzdem führte der wirtschaftliche Anreiz zu einer Aufbruchsstimmung, die weit über die spanischen und portugiesischen Grenzen hinausging. In kaum einer Dekade erweiterte sich aus europäischer Sicht der Horizont über die Welt in einem derart grundsätzlichen Ausmaß, dass dessen Auswirkungen in letzter Konsequenz nicht abzusehen waren. Stellt man die Aufzeichnungen des Kolumbus den Rapporten der militärisch orientierten Conquistadoren gegenüber oder vergleicht beide mit den Schriften eines Francisco Ruiz oder gar Bartolomé de las Casas, kann man die Entwicklung auch in diesem Bereich nachvollziehen. Der Bogen spannt sich dabei von der fast euphorischen Schilderung vermeintlich paradiesischen Lebens über nüchterne Festhaltungen von Feldzügen, kriegerischen Auseinandersetzungen mit Eingeborenen, natürlich auch dem Auffinden irgendwelcher Reichtümer, bis hin zur erstaunlich frühen kritischen Berichterstattung des Dominikaners Las Casas über die greifbar gewordene Problematik des Aufeinandertreffens unterschiedlicher Kulturen. Dass dies ein Thema werden sollte, das nicht nur Spaniens Umgang mit den Indianern, sondern alle seefahrenden Völker Westeuropas betraf, zeigte sich sehr bald, wenn auch vorerst nicht mit bleibenden Auswirkungen.

Wieder war es ein Italiener, der bereits 1497 vorentscheidende Markierungen setzte. Mit einem Patent des englischen Königs Heinrich VII. Tudor ausgestattet, war Giovanni Cabotto (John Cabot) ermächtigt, auf eigene Kosten »Länder der Heiden aufzufinden und zu erforschen«. Heinrich VII. mochte sich auch an einen gewissen Bartolomé Colón erinnert haben, der 1488 bei ihm für den Plan seines Bruders vorstellig geworden war, einen Westweg nach Indien zu finden. Von den beiden Reisen des John Cabot nach Nordamerika ist relativ wenig bekannt, außer dass sie ihn zum heutigen Neufundland führten. Ob er je das Festland erreicht hat, ist unter den Fachleuten umstritten. Obwohl er kaum Nennenswertes von der Neuen Welt nach England mitbrachte, erhielt Cabot große Aufmerksamkeit und wurde vom König geehrt. Auch er war fest davon überzeugt, das Land Cathay des Marco Polo erreicht zu haben, und bereitete ein neues Unternehmen vor. Fünf Schiffe liefen 1498 von Bristol aus, von denen eines in Seenot geriet und über den Umweg der irischen Küste nach England zurückkehrte. Über das Schicksal der anderen und des John Cabot selbst ist nichts Nachweisbares bekannt. Obwohl auch Portugiesen in Cabots zeitlicher Nachfolge in diesen Küstenabschnitt Amerikas vorstießen, leitete später die englische Krone ihr grundsätzliches Besitzrecht aus der ersten Fahrt des Giovanni Cabotto ab, wenn auch Humphrey Gilbert knapp hundert Jahre später den Akt der Landnahme wiederholen sollte. Mit John Cabots Verschwinden erlahmte auch für beinahe sechzig Jahre das Interesse der englischen Krone an der Neuen Welt.

Das Auftreten eines weiteren europäischen Volkes in der Neuen Welt nur wenige Jahre später ist durch unvollständige, aber dennoch eindeutige Dokumente belegt. Paulmier de Gonneville, ein Angehöriger des niederen Adels aus der Normandie, wurde 1503 von seinem beabsichtigten Kurs nach dem Indien Vasco da Gamas abgebracht und es verschlug ihn, ähnlich wie Cabral drei Jahre zuvor, an die Küste Brasiliens. Aus diesem neuerlichen Zufallstreffer entwickelte sich ein reger Handelsverkehr zwischen den Küsten der Normandie und Bretagne einerseits und der Ostküste Brasiliens andererseits. Der gewinnbringende Schwerpunkt des Warenverkehrs Richtung Europa bestand in Färbeholz für die Tuchindustrie und in neuen Gewürzen. Im Fall Brasilien war nicht unbedingt die französische Krone Träger der Unternehmungen, da auch deren Politik eine offene Missachtung des Vertrages von Tordesillas ausschloss, sondern Privatleute. Umso mehr achtete João III. (reg. 1521–1557) auf seine vom Heiligen Stuhl verbrieften Rechte und ordnete im Jahr 1526 eine radikale Vorgangsweise gegen die lästigen Franzosen in den transatlantischen Besitzungen Portugals an, die sich mit wechselnden Erfolgen aber noch ungefähr dreißig Jahre in diesem Gebiet behaupten konnten. Entscheidender aber als die faktische Anwesenheit in so früher Zeit der Kolonisationsgeschichte ist die nachweisbare Tatsache, dass die Franzosen von Anfang an wesentlich größere Achtung vor den indigenen Kulturen zeigten als ihre iberischen Nachbarn. Sieht man von manchen unvermeidbaren Zwischenfällen ab, so waren sie bestrebt, sich mit dem zu begnügen, was ihnen die Einwohner freiwillig oder im ungezwungenen Tausch zur Verfügung stellten. Von brutalen Raubzügen und Plünderungen, wie sie die Spanier betrieben, ist kaum etwas bekannt. Diese beinahe »respektvoll« zu nennende Grundeinstellung findet sich, wenn auch in anderer Form, nicht nur in einigen Abschnitten der »Essais« des Montaigne[23] wieder, sondern führte viel später auch zu den beinahe freundschaftlichen Beziehungen zwischen den Indianern Nordamerikas im Bereich der Großen Seen und den Franzosen. Die halbherzigen Versuche Frankreichs und vor allem Englands waren aber nicht geeignet, Spanien im Kern seiner Bemühungen zu stören. Dessen Schlüssel für den Aufstieg zur europäischen Großmacht lag an den begleitenden Festlandküsten der Karibik, vom Hochland Mexikos über die Landenge von Panamá hinaus bis zu den Reichtümern der Andenvölker. Bis dahin sollte es aber noch zwanzig, dreißig Jahre dauern, ehe die Spanier begannen, langsam in das Hinterland vorzudringen.

Der schon bekannte Juan de la Cosa drang 1501 mit Rodrigo de Bastidas in den noch unbekannten Golf von Darién vor – die südwestliche Ausbuchtung der Karibik im Bereich Kolumbiens und Panamás –, wo es ihm in einem vorteilhaften Tauschhandel gelang, einiges an Gold und Perlen zu erwerben. Dies ist deshalb erwähnenswert, weil die Forschung davon ausgeht, dass die Spanier anlässlich dieser Reise erstmals mit den Goldschmiedearbeiten der

Andenbewohner – vermutlich der Muisca- bzw. Chibcha – in Berührung kamen. Im Golf von Darién überlappte sich Cosas Fahrt mit dem südlichsten Abschnitt der vierten Reise des Kolumbus, rund eineinhalb Jahre später. Folgt man Hinweisen des Bartolomé de Las Casas, so könnte der Genuese auf Hispaniola durchaus Kontakt mit den eben von Darién zurückgekehrten Cosa und Bastidas gehabt haben. Die Kurssetzung des Kolumbus zur mittelamerikanischen Landenge während der vierten Reise lässt diesen Schluss zu, er kann aber nicht belegt werden. Jedenfalls wurde mit ihr der gesamte Küstenverlauf von Trinidad bis Honduras im Wesentlichen bekannt.

Cosa unternahm 1504, noch vor dem Gemeinschaftsunternehmen mit Ojeda, einen weiteren Vorstoß nach Darién, während dessen er auf Vertreter eines sevillanischen Handelshauses[24] traf, das schon vorher in diesem Raum tätig gewesen war. Daraus lassen sich sowohl Tempo als auch der flächenbezogene Charakter des spanischen Interesses an den wirtschaftlichen Möglichkeiten der südlichen Karibikküsten ableiten. Von nun an wird der Schwerpunkt aller nicht rein wirtschaftlich orientierten Seefahrten auf der Suche nach einer schiffbaren Passage nach Ostasien liegen. Vorher war aber noch ein kleiner, wenn auch anstrengender Schritt zu tun – die Durchquerung der Landenge von Panamá durch Vasco Núñez de Balboa. 26-jährig hatte er an der Fahrt von Cosa und Bastidas nach Darién im Jahr 1501 teilgenommen und hielt sich danach einige Zeit auf Hispaniola auf. Angehäufte Schulden veranlassten ihn, sich dem Druck seiner Gläubiger durch Flucht zu entziehen und den Siedlungsbestrebungen an der kolumbianischen Nordküste anzuschließen. Direkte Verantwortungsträger und mit königlicher Vollmacht ausgestattet waren Martín Fernández de Encis(c)o und der bereits bekannte Diego de Nicuesa, ein Jurist und ein reichgewordener Siedler auf Hispaniola.

Balboa gelangte als blinder Passagier mit der Versorgungsexpedition des Enciso für das Ojeda-Unternehmen 1510 nach Urabá, wo man auf die Überlebenden unter dem Kommando Francisco Pizarros traf. Ojeda selbst wurde nicht mehr angetroffen. Mit einigem Geschick gelang es Balboa, die Kolonisten für sich zu gewinnen, die bald darauf Enciso absetzten und einen Stadtrat wählten. Zu einem der beiden (neuen) *alcalden* wurde Balboa ernannt, der nach Encisos Abreise unbestrittenes Oberhaupt der Niederlassung wurde. Das Schicksal Diego de Nicuesas, des Statthalters im angrenzenden Gebiet, entschied sich auf banal-tragische Art und Weise. Er verlegte den Schwerpunkt seiner Aktivitäten Richtung Panamá, was ihm jedoch nicht viel helfen sollte. Nach Schiffbruch, Hungermärschen und einer darauf folgenden Meuterei wurde er von Balboa gefangen genommen und mit 13 Mann in einem schadhaften Schiff ausgesetzt; auf dem Weg nach Hispaniola fanden alle den Tod im Meer. In dieser Zeit, vermutlich 1510, wurde auch Santa Maria de l'Antiqua an der Südspitze des Golfes von Darién, in der Bucht von Urabá gegründet.

Im Dezember 1511 ernannte König Ferdinand den Abenteurer zum vorläufigen Gouverneur und Generalkapitän Dariéns.

Die Beziehungen zu den Cuna-Indianern, militanter als die friedlicheren Aruak der Antillen, gestalteten sich schwierig und waren von äußerster Vorsicht geprägt. Im klaren Bewusstsein, auf deren Nahrungsmittellieferung angewiesen zu sein, verhielt sich Balboa überwiegend zurückhaltend, ohne aber seine Autorität bei den Ureinwohnern in Frage stellen zu lassen. So schreckte er bei gegebenem Anlass nicht davor zurück, Indianer zu foltern oder durch spanische Kampfhunde in Stücke reißen zu lassen. Andererseits presste Balboa den Indianern kein Gold ab wie Ojeda, sondern versuchte es mit den eigenen Leuten selbst zu gewinnen und konnte durch diplomatisches Geschick kleine Streitigkeiten unter ihnen selbst beilegen, was ihm ein gewisses Ansehen bei befreundeten Kaziken einbrachte. Unabhängig davon blieb die Faszination, die das Gold auf die Fremden ausübte, den Indianern nicht verborgen. Für sie war das Verhalten der Spanier einfach unverständlich, das glänzende Metall in das Zentrum ihrer Begierden zu stellen, wo doch das Leben ihrer Meinung nach ganz andere Herausforderungen an den Menschen stellte.

Wie schon Jahre zuvor bei Kolumbus, so wiesen die Indianer auch Balboa auf weiter entfernt liegende Gebiete hin, in denen das gelbe Metall im Überfluss gefunden werden könne. Doch diesmal enthielten die Hinweise ein zusätzliches Informationselement: Von den Kuppen der knapp hinter der Küste aufsteigenden Berge könne man ein anderes Meer sehen, das gleichfalls von »Großen Schiffen« befahren würde. Balboa erkannte, vom Gold abgesehen, in der Entdeckung dieses unbekannten Meeres die große Möglichkeit, einem drohenden Disziplinarverfahren wegen seiner Unbotmäßigkeit Nicuesa und damit der Krone gegenüber zuvorzukommen oder es zumindest deutlich abzuschwächen.

Im August 1513 brach Balboa mit knapp 200 Spaniern und etwa 600 indianischen Lastenträgern von Santa Maria zu seinem Ziel auf. Da Kämpfe mit Indianern wahrscheinlich schienen, wurde auch auf die Mitnahme zahlreicher Bluthunde nicht verzichtet. Dieser Vorstoß war das größte Landunternehmen, das die Spanier unter einem einzigen Kommando bis dahin in der Neuen Welt durchführten. Der an die Grenzen physischer Leistungskraft gehende Marsch, von laufenden Auseinandersetzungen mit feindlich gesinnten Indianern begleitet, führte anfangs durch sumpfige, tropische Regenwälder über die nahen Küstengebirge bis zu jenen Anhöhen, von denen aus der später so benannte Stille Ozean sichtbar wurde. Die euphorischen Berichte des zeitgenössischen, von Karl V. bestellten Hofchronisten Westindiens, Gonzalo Fernández de Oviedo, der sich auf Hispaniola aufhielt, über diesen Augenblick erinnern an die bildliche Glorifizierung von Kolumbus' Landung auf San Salvador.

Nach seiner Rückkehr an den Ausgangspunkt verfasste Balboa einige Briefe an den Hof, um seine Tat in ein rechtes, ihn rechtfertigendes Licht zu stellen. Doch diese Schreiben trafen zu spät in Spanien ein, um das drohende Unheil noch abwenden zu können. König Ferdinand hatte in der Zwischenzeit Pedrarias Dávila (auch: Pedro Arias de Avila, 1440–1531), einen schon älteren, selbstbewusst durchschlagskräftigen Adeligen beauftragt, in diesem Teil der Karibik nach dem Rechten zu sehen. Der damals bereits siebzigjährige Dávila übernahm, von ungefähr 2000 Siedlern und Soldaten begleitet, 1514 in Santa Maria de l'Antiqua die vorgesehene Funktion eines Gouverneurs von Darién. Für Balboa wiederum war es wenig hilfreich, zum Obersten Statthalter (*adelantado*) des »Südlichen Meeres« ernannt worden zu sein, denn in seiner sonstigen Funktion als Generalkapitän der Provinzen Coiba und Panamá, war er Dávila direkt nachgeordnet. Daran konnte auch die in Spanien arrangierte Stellvertreter-Ehe mit der Tochter des neuen Statthalters nichts ändern. Wie so oft vorher und nachher kam es auch diesmal zu Spannungen zwischen einem neu ernannten, standesbewussten Verwaltungsbeamten und dem erfahrenen aber nicht adeligen Entdecker. Als der misstrauische Dávila seine Autorität gefestigt hatte, betrieb er ein Verfahren gegen seinen Schwiegersohn Balboa, das sich auf Hochverrat stützte. Gouverneur Dávila, der in seiner Geldgier und Skrupellosigkeit nicht wenige Conquistadoren übertraf, wird mit seiner despotischen Amtsführung wesentlich zu den internen Spannungen der nächsten 15 Jahre im Raum Mittelamerikas beitragen.

Balboa, die Ausnahmeerscheinung unter den frühen Eroberern, der wohl mit Härte, nicht aber mit der skrupellosen Rücksichtslosigkeit anderer vorgegangen war, wurde schließlich auf Dávilas Anordnung von Hauptmann Francisco Pizarro, seinem früheren Untergebenen und späteren Eroberer Perus, festgenommen und nach einem Scheinprozess unter Vorsitz des Gaspar de Espinosa mit vier angeblichen Mitverschwörern 1517 hingerichtet. Damit begann auch der Niedergang von Santa Maria de l'Antiqua. Die mit Dávila angekommenen Siedler waren ohne jede kolonisatorische Erfahrung und mit den Besonderheiten des Tropenklimas nicht vertraut. Viele starben an Mangel- oder Fieberkrankheiten und die Überlebenden zogen sich spätestens 1519 an die pazifische, klimatisch günstigere Seite der Landenge zurück. Nicht weit von Santa Maria stieg in dieser Zeit eine neue, vorerst noch kleine Siedlung zu ihrer späteren Bedeutung auf, Nombre de Dios. An diesem Hafen sollte dann der Maultierpfad über die Landenge enden, auf dem die Schätze aus dem Andenhochland zur Karibik gelangten und auf spanische Galeonen der Silberflotte verladen wurden.

Im gleichen Jahr, in dem Balboa zum noch unbekannten Pazifik aufbrach, machte sich ein anderer auf den Weg, einem in Europa geborenen Mythos nachzugehen. Es handelt sich dabei um Juan Ponce de León (1460–1521) und die aus dem Mittelalter stammende Legende vom »Jungbrunnen«. Ponces

Charakter war dem des Alonso de Ojeda durchaus vergleichbar, hart gegen sich selbst und seine Männer und rücksichtslos gegenüber den Ureinwohnern. Im Jahr 1508 begann er mit der Eroberung der heutigen Insel Puerto Rico, die damals Boriquen genannt wurde und auf der ackerbauende Indianer siedelten. Er ging mit der gleichen Brutalität gegen die Ureinwohner vor wie Ojeda auf Hispaniola oder an der südamerikanischen Küste. Kein Aruak oder Karibe, der nicht während der Kämpfe getötet wurde, entging der Sklaverei. Von König Ferdinand II. 1510 zum ersten Gouverneur der Insel bestellt, erfuhr er von den Boriqueños einiges von einer geheimnisvollen Quelle, deren Eigenschaften durchaus Parallelen zum mittelalterlichen »Jungbrunnen« (etwa im »Alexanderroman« und zahlreichen Bilddarstellungen) aufwies, die jedem Gebildeten der Zeit bekannt waren: Jeder, der in das Wasser eintaucht, würde seine Jugend wiedergewinnen. Zu der fast als Grundeigenschaft jedes Conquistadors zu geltenden Gier nach unermesslichen Goldschätzen gesellte sich bei ihm nun die feste Wunschvorstellung, die »Quelle ewiger Jugend« zu finden, und die sollte den Indianerberichten zufolge nördlich von Kuba in einem Land zu suchen sein, das sie »Boiuca« oder »Bimini« nannten.

Mit drei Schiffen verließ Ponce de León 1513 Puerto Rico und segelte an der dem Atlantik zugewandten Seite die Bahamas entlang und traf am Ostermorgen im Nordwesten auf eine Küste, die er wegen der überreichen Blumenpracht »Florida« (*Pascua Florida*: Blühende Ostern) nannte. Auch in diesem Fall ist die Stelle der ersten Anlandung nicht eindeutig nachgewiesen, wird aber in der Gegend des heutigen Kennedy-Space-Center angenommen. Der Küste südwärts folgend, erkundigte man sich immer wieder bei den Indianern nach der die Jugend verheißenden Quelle. Sich derart vorantastend, umsegelte Ponce de León die Florida Keys und wandte sich nach Norden zur Westküste Floridas; von dem gesuchten Jungbrunnen konnte selbstverständlich nirgends auch nur die kleinste Spur ausgemacht werden, obwohl man bei jeder Küstensiedlung der Indianer an Land ging und die Ureinwohner nicht immer freundlich befragte.

Ponce nahm nach neuerlichen Auseinandersetzungen mit Indianern an der inneren Küste Floridas Kurs nach Südwesten und gelangte auf Sichtweite zum Nordabschnitt der Halbinsel von Yucatán, von wo er wieder durch die Floridastraße im September nach Puerto Rico zurückkehrte. Die folgenden Jahre verbrachte er weitgehend auf Puerto Rico und beteiligte sich an den rigiden Indianerunterdrückungen, kehrte aber auch nach Spanien zurück, um sich die Ermächtigung zu einem neuen Unternehmen ausstellen zu lassen. Mit einem Freibrief zur Koloniegründung in Florida ausgestattet, brach er 1521 neuerlich auf, wurde wieder in Händel mit Indianern verwickelt und verwundet nach dem 1519 gegründeten Havanna auf Kuba gebracht, wo er kurz darauf an der erlittenen Verletzung starb. Zwischen beiden Reisen hatte sich Antón de Alaminos (1485–nach 1521), dem wir im Zusammenhang mit anderen Unternehmungen noch öfters begegnen werden, selbstständig gemacht und suchte 1518 auf eigene Initiative nach einem kürzeren, vor allem aber schiffbaren Verbindungsweg zum Südmeer des Balboa.

Um dieses Ziel zu erreichen, setzte er sich mit Francisco de Garay (gestorben 1523), gleichfalls ein ehemaliger Mitreisender des Kolumbus und nunmehr Gouverneur von Jamaica, in Verbindung. Garay, ähnlich gold- und geldgierig wie Ojeda oder Dávila, plante zu dieser Zeit einen Vorstoß an die Golfküste, wo er auf zu hebende Reichtümer hoffte. Alaminos schloss sich als Navigator dem Unternehmen an, das unter Leitung des Alonso Álvarez de Pineda stand. Die Flotte bewegte sich von Florida aus, wo im Raum des heutigen Tallahas-Sees nach einer Durchfahrt zum Atlantik gesucht wurde, die Nordküste des Golfes von Mexiko entlang und erreichte schließlich 1519 – zeitgleich mit dem Beginn des Mexikofeldzuges von Cortés – den Rio Pánuco bei Tampico. Bei einem Landnahmeversuch stieß man auf Indianer aus dem Volk der Huaxteken, die sich im Gegensatz zu den benachbart siedelnden Totonaken den Spaniern widersetzten und Pineda in Kämpfe verwickelten, denen der Kommandant auch zum Opfer fiel. In der Forschung ist heute umstritten, ob die Spanier schon anlässlich dieser Fahrt den Mississippi entdeckten. Zweifellos wurde aber ihr geographischer Horizont, was den Golf betraf, erheblich ausgeweitet. Doch der von Garay erhoffte Gewinn blieb aus. So stellte sich der Gouverneur 1523 selbst an die Spitze eines weiteren Unternehmens, das immerhin aus elf Schiffen bestand. Aber auch er konnte keinen Durchbruch erzielen, im Gegenteil. Statt bloß auf Cortés-freundliche Indianer traf er nun auch auf reguläre Truppenteile des Eroberers, was zur Folge hatte, dass viele seiner Leute zum erfolgreicheren Kommandanten überliefen.

Die eigentliche Siedlungsgeschichte begann nicht mit den missglückten Gründungen des Christoph Kolumbus von La Navidad bis Santa María de Belén, sondern erst Jahre später mit Einsetzung des bereits erwähnten Nicolás de Ovando als Gouverneur (1502–1509) von Hispaniola und vorerst aller übrigen Inseln. Seine Aufgabenstellung war von der spanischen Krone klar abgesteckt. Er sollte das organisatorische Chaos, das der Entdecker Amerikas hinterlassen hatte, in geordnete Bahnen lenken und eine Besiedlung in die Wege leiten, die diesen Namen auch verdiente. Mit rund 2500 Mann war er 1502 aufgebrochen und setzte, kaum angekommen, jene Maßnahmen in Gang, die fernab jedes entdeckerischen Sendungsbewusstseins erst eine wirtschaftlich sinnvolle Durchdringung der Insel ermöglichten. Wenn er auch die Gewinnung von etwas Flussgold überwachte oder kleine Goldadern abbauen ließ, so legte er dennoch sein Hauptaugenmerk auf die landwirtschaftliche Gestaltung des Raumes. Mit ihm kamen erstmals die Grundlagen für eine erfolgreiche Siedlungspolitik in die Neue Welt. Er führte in großem Maßstab

Tiere, Pflanzen und Saatgut ein, die anfangs zur Unabhängigkeit von Lebensmittellieferungen der Indianer dienen sollten und später den Grundstock für die Errichtung größerer Plantagen bildeten. Ovando unterband auch die marodierenden Feldzüge goldgieriger Soldaten, wenngleich er selbst bei gegebenen Anlässen vor militärischen Strafaktionen gegen aufsässige Ureinwohner nicht zurückschreckte. War sein Vorgänger Bobadilla überwiegend noch ein disziplinierender Faktor, so begann sich mit Ovando der Schwerpunkt auf die reine Verwaltungsebene eines noch amorphen Gemeinwesens zu verlagern, das an die innerstaatlichen Strukturen des Mutterlandes anzupassen war. Dort hatte die Krone mit der Schaffung einer zentralen Behörde für alle Agenden Westindiens das technische Rüstzeug geschaffen. Die 1503 gegründete und in Sevilla angesiedelte »*Casa de la Contratación de las Indias*« wurde schon unter ihrem ersten Vorsitzenden – Bischof Fonseca – zur Schaltstelle zwischen den politischen und wirtschaftlichen Interessen der Regierung und den aufkommenden Zentrifugalkräften in der Karibik. Zudem war jeder Auswanderungswillige gehalten, die Zustimmung der *Casa* einzuholen.

In diese Zeit fielen auch die Anfänge einer Entwicklung, deren weitreichende Folgen bereits im Grundkonzept der neuen Siedlungspolitik gelegt wurden. Landzuteilungen, die von einer übergeordneten Stelle welcher Art auch immer vorgenommen wurden, sind in der gesamten Kolonisierungsgeschichte nichts Außergewöhnliches. Die speziellen Details dieser Parzellierung, die bereits während der zweiten Reise des Kolumbus begonnen hatte, zeigten in der Neuen Welt aber Auswirkungen, die die gesamte Kolonisierungsgeschichte des spanisch dominierten Teiles mit einer schweren Hypothek belasten sollten. Auf den einzelnen Grundstücken ansässige Ureinwohner und damit deren Arbeitskraft wurden in sogenannten *repartimientos* mit dem Land zugeteilt. Damit ergab sich eine Situation, die dem europäischen Fronwesen nicht unähnlich war, das aber durch die Persönlichkeitsstruktur der neuen Machthaber völlig pervertiert wurde. Aus den Abenteurern und Soldaten der ersten Stunde wurden mit einem Schlag gleichsam Feudalherren, die aber nicht wie der Adel in Europa auf eine generationenlange Erfahrung in Bewirtschaftung und Verwaltung – wenn auch durch befähigte Dritte – zurückblicken konnten. Selbst die nachkommenden Siedler sahen sich mehr als Landeigner denn als Landbesteller, wie es später in Nordamerika bei der Gründung der Neu-England-Staaten der Fall sein sollte, da für Spanier die Arbeit eines Bauern gemeinhin als »*eines wahren Christenmenschen unwürdig*« galt.

Die Indianer stellten Leibeigene unter verschärften Bedingungen dar, deren Potenzial man wenigstens in den Anfangsjahren nach Belieben ausschöpfen konnte, da unbeschränkter Nachschub vorhanden schien. Wurde in Europa die Fronarbeit von einem nach außen eingeschränkten Kreis von Arbeitskräften verrichtet, der sich ausschließlich an der natürlichen Fluktuation orientierte,

so konnten in »Las Indias« einige tausend Siedler um die Jahrhundertwende –
noch – auf einen Pool von über einer Million Arbeitssklaven zurückgreifen.
So wenig die Spanier aber an das tropische Klima im zentralamerikanischen
Raum gewöhnt waren, so wenig waren die Indianer einer durchgehenden,
schweren körperlichen Arbeit angepasst; sie starben zu Tausenden an Erschöpfung und brutalsten Züchtigungen. Dies traf vor allem auf den friedlich veranlagten ethnischen Verband der Taino zu, während die kriegerischen Kariben in regelrechten Feldzügen ausgerottet wurden. In diesem Zusammenhang
darf man aber auch die ungeheure Bedeutung aus Europa eingeschleppter
Krankheiten nicht vernachlässigen, für die dem Immunsystem der Indianer
keine natürlichen Abwehrstoffe zur Verfügung standen[25] und gegen die sie aus
ihrer »Naturapotheke« selbstverständlich keine Arzneien entwickelt hatten.
Selbst kleine Infekte, auf die ein Spanier vielleicht mit leichtem Fieber reagierte, endeten für die Ureinwohner meist tödlich. Beide Faktoren, unbarm-
herzige Fronarbeit und eingeschleppte Krankheiten, führten zu einer ständig
ansteigenden Zahl von Todesfällen unter den Indianern und damit zur Sta-
gnation der erhofften Produktivität und des Gewinns. Die Folgen waren organisierte Sklavenjagden auf den großen und kleinen Inseln, später auch auf
dem Festland, die aber das grundsätzliche Problem nicht lösten, was letztendlich zur Einfuhr von widerstandsfähigeren schwarzen Sklaven aus Afrika führte.

Zwar gelang es Nicolás de Ovando bis zu einem gewissen Grad, Ordnung
in die Besiedlung zu bringen, doch blieb die große Vorwärtsentwicklung aus.
Herkömmliche europäische Produkte wie Getreide, Wein oder Olivenöl brachten nicht das gewünschte wirtschaftliche Ergebnis und der Anbau von Zuk-
kerrohr hatte sich über das Anfangsstadium noch nicht hinausentwickelt.
Ungeachtet dessen übte die Neue Welt eine ungebrochene Anziehungskraft
für eine neue Siedlergeneration aus, die durch eigenes Land zu schnellem
Reichtum kommen wollte. Stellvertretend für diese strukturelle Veränderung
kann der Bericht eines Hofbeamten genommen werden, der die Ausrüstung
der Flotte des Pedrarias Dávila verfolgte, die 1514 in den Golf von Darién
auslief. Er beschreibt die Teilnehmer als gut gekleidet »in Seidenwams und auch
Brokat«, was darauf schließen lässt, dass wenigstens ein Gutteil der Auswanderungswilligen nicht darauf aus war, mit der Hände Arbeit in Las Indias ihren Lebensunterhalt zu erarbeiten.

Bei diesem neuen Typus von Einwanderern handelte es sich einerseits um
skrupellose Männer, die auf den Schlachtfeldern Europas in spanischen Diensten gestanden waren, andererseits aber auch um versponnene Glücksritter.
Von wenigen Ausnahmen abgesehen, waren dies aber Männer aus dem Volk
und ohne echten Rückhalt in der Heimat, die in den neuen Kolonien eine
willkommene Möglichkeit sahen, zu schnellem Reichtum und Ansehen zu
gelangen. Im Grunde genommen unterschieden sie sich, abgesehen von ihrer

herausgeputzten Kleidung, kaum von den einfachen Bauern der Extremadura. Einige waren illegitime Söhne irgendeines unbedeutenden Landadeligen oder in der Erbfolge an aussichtsloser Stelle gereiht, andere hatten tatsächlich ein kleines Erbe angetreten und hofften, es jenseits des Atlantiks vermehren zu können, wieder andere wollten lediglich der Enge ihres Dorfes oder Kontors entkommen und eines unbestimmten, jedenfalls zweifelhaften Ruhms teilhaftig werden.

Trotz aller Unterschiedlichkeit in der Motivation besaßen sie beinahe alle eines gemeinsam, ihren Sammelnamen. Mit einem Wortspiel wurden sie nach einem der niedersten spanischen Adelstitel als *hidalgo* bezeichnet, was wörtlich übersetzt soviel wie »jemandes Sohn«[26] heißt, im Gegensatz zu den einfachen spanischen Bauern oder Handwerkern, die sich auf keine »erwähnenswerte« Abstammung berufen konnten. Und noch etwas verband diesen schillernden Haufen von Glücksrittern – allesamt hatten sie keinerlei Erfahrungen in der Landwirtschaft. Die war aber mittlerweile zur Grundvoraussetzung für das eigene Überleben geworden, nachdem die spärlich vorhandenen Goldquellen bereits fest vergeben und einem strengen Reglement unterworfen waren, was deren Ausbeutung betraf. Dass aus dieser Gruppe immer wieder singuläre Persönlichkeiten Geschichte geschrieben haben, kann nicht über die grundsätzliche Problematik hinwegtäuschen, die sich den Neuankömmlingen bot. Auch ein Cortés oder Pizarro entstammten im weiteren Sinn dem Kreis der Hidalgos – und wurden unsterblich. Niemand erinnert sich aber an die vielen, die mit ihnen gekommen waren und sich, nachdem sie die bescheidenen Geldmittel aufgebraucht hatten und verarmt waren, den großen Eroberern angeschlossen hatten oder sich in subalternen Funktionen anderswo verdingen mussten.

Die unerwartet harte Wirklichkeit hinter dem idealisierten Phantasiebild der Neuen Welt, die in zeitgenössischen Berichten nicht gerade sachlich korrekt dargestellt wurde, zerstörte für die meisten dieser Abenteurer nur allzu bald den Traum vom schnellen Reichtum. Einigen von ihnen gelang es trotzdem, sich in der ganz anders gelagerten Umwelt durchzusetzen; Hidalgos, die sich zu umsichtigen Plantagenbesitzern wandelten oder Beamte aus dem größer werdenden Verwaltungsapparat, die sich mit ihrem geringen aber gesicherten Einkommen erfolgreich anderen Zielsetzungen zuwandten. Aus ihnen entstand im Laufe der Zeit der Grundstock einer Kolonialaristokratie, die ihre Wurzeln überwiegend in den Siedlern der ersten zwanzig, dreißig Jahre hatte. Nicht wenige adelige Großgrundbesitzer des 18. und 19. Jahrhunderts, von Peru bis Texas, konnten ihren dann angehäuften Reichtum auf einen dieser nichtadeligen Urahnen zurückführen, der bloß mit einem seidenen Hemd und geringen Mitteln in die Neue Welt gekommen war.

Diese Gruppe ist hier um die Person des Diego Velásquez de Cuéllar (um

1465 bis ca. 1524) zu erweitern. Er kam im Rahmen der zweiten Reise des
Kolumbus nach Hispaniola und begann, von dessen Sohn Diego als Gouverneur (1509–1516) der Insel angeregt, 1511 mit der Eroberung Kubas, das bis
dahin eher vernachlässigt worden war. Drei Jahre später war sie abgeschlossen und Velásquez erstritt sich darauf den Rang eines Gouverneurs von Kuba.
Ungefähr zeitgleich erhielten Darién und das zugehörige Panamá mit Pedrarias Dávila eine neue Führungsspitze. Aus der geographischen Lage der beiden Distrikte zueinander und dem zwischen ihnen liegenden Raum ergibt sich
annähernd die jeweilige Stoßrichtung der Siedlungserweiterung – Velásquez
nach Yucatán und Dávila Richtung Nicaragua und Honduras. Damit beginnt
eine neue Epoche im Karibischen Raum. Das strategische Interesse, nach wie
vor mehr auf Gold und Einfluss als auf wirtschaftlichen Ausbau orientiert,
verlagert sich unverkennbar von den Inseln zum Festland hin.

Die erste Besiedlungsetappe, die man seit Kolumbus bis etwa zum Mexi-
kozug des Hernán Cortés (1519/21) ansetzen kann, war von verhältnismäßig
wenig Erfolg auf agrarischem Sektor geprägt, stellt man Aufwand und Ergebnis
einander gegenüber. Die an sich sehr fruchtbaren Inseln der Großen Antillen
boten kaum Voraussetzungen für »schnellen« Reichtum. Dieser Hauptbeweggrund für Auswanderungen verhinderte aber die Schaffung konsolidierter
Lebensgrundlagen, so dass sich mit der Erkundung der umgebenden Festlands-
küsten die Interessen neuerlich zu verlagern begannen. Hatte schon während
der ersten Reisen des Kolumbus eine Gruppenbildung von Befürwortern und
Gegnern des Admirals und seiner Intentionen stattgefunden, so bildete sich
bei den Männern der ersten Stunde in den Folgejahren eine Bindung besonderer Art. Trotz aller möglichen Gegensätze sahen sie sich als die wahren
Pioniere und entwickelten ein Gemeinschaftsgefühl, das mit dem Modewort
»Seilschaften« am besten definiert werden kann. Wenn auch der Typus des
Conquistadors in Leuten wie Ojeda und Ponce de León bereits seine erste
Prägung erhielt, so sollte dieser Begriff erst mit der Eroberung Mittel- und Südamerikas durch die später so berühmten Führerpersönlichkeiten seinen eindeutig negativ besetzten Charakter erhalten. Eine Berufung auf die ungebrochene Tradition der Kreuzzugsmentalität während und nach der Reconquista
mag für die Spanier zweifellos formal berechtigt erscheinen. Sie ist aber nicht
die einzige Grundlage für eine moralische Bewertung des Vorgehens gegenüber Völkern und deren Kulturen, die den Europäern zumindest in den
Anfängen nicht unbedingt feindlich gegenüberstanden und in ihrer Technologie zweifellos unterlegen waren.

TEIL 2

Über die Kunst der Seefahrt

VON PLÄNEN UND KARTEN – EINS

> *»Die Glückseligen Inseln sind im Großen Meer
> zur linken Hand, nahe dem westlichen Rand,
> jedoch noch innerhalb des Meeres.«*
> Cresques Abraham (*Mappa Mundi*, 1375)

Um die seemännischen Leistungen der Zeit in ihrem vollen Umfang würdigen zu können, ist es wichtig, sich der vorhandenen Grundlagen zu vergewissern, aufgrund derer die Fahrten in jener Zeit unternommen wurden. Betrachtet man die Entdeckung Amerikas in diesem Zusammenhang richtig, so ist es doch faszinierend und amüsant zugleich, dass strenggenommen erst ein Paradoxon dieses einmalige Ereignis möglich machte; denn gerade die unbewusste Fehlerhaftigkeit des Kartenmaterials und verbaler Kosmographien waren es, die in Kolumbus die Idee reifen ließen, China/Cathay und das »Indische Meer« über den Westweg zu erreichen. Dabei lag der Hauptirrtum weniger in dem unbekannten Kontinent als in der ungeheuren Fehleinschätzung bzw. Falschberechnung des Erdumfanges. Kein Schiff, selbst bis tief in das 20. Jahrhundert hinein, hätte die gewaltige Entfernung zwischen der Westküste Europas und der Ostküste Japans bewältigen können, wäre da nicht der Doppelkontinent dazwischen geschaltet. Demzufolge drängt sich an dieser Stelle die Frage auf, welches Kartenmaterial Kolumbus überhaupt zur Verfügung gestanden haben könnte und wie sich die geographische Weltsicht des christlichen Europa seiner Zeit nach heutigem Forschungsstand darstellen lässt.

An den Wänden eines Tempels in Karthago fand sich eine Inschrift, die, wenngleich nur in griechischer Transkription bekannt, Erstaunliches enthält. Nach ihr soll ein phönizischer Seefahrer namens Hanno im 6. vorchristlichen Jahrhundert eine Galeeren-Flotte von Siedlern durch die Säulen des Herakles (Gibraltar) erst nach Westen und dann entlang der Küste Afrikas nach Süden geführt haben. Laut Bericht soll die Flotte an eine Küste vorgestoßen sein, die heute von manchen Forschern mit der Region Sierra Leones gleichgesetzt wird; ein Gebiet, das zu erreichen die Portugiesen etwa 40 Jahre seit Beginn der explorierenden Afrikafahrten benötigten. Hanno gründete gemäß der Überlieferung – im »Periplus Hannonis« – noch während dieser Reise sechs Kolonien und soll auch zwei Flüsse stromaufwärts gefahren sein, bei denen es sich um den Senegal und Gambia handeln könnte.

Der im Kolumbusabschnitt bereits erwähnte griechische Geograph und Historiker Strabo(n) berichtet mehr als 500 Jahre später über einen Landsmann namens Eudoxos von Kyzikos, der um 100 v. Chr. an der afrikanischen Küste des Roten Meeres auf ein Schiffswrack gestoßen sein soll, dessen Galionsfigur zweifelsfrei auf die spätphönizische Kolonie von Gades, dem heutigen Cádiz, hinwies. Die logische Schlussfolgerung bestand für ihn darin, dass es eine schiffbare Route von dort in das Ptolemäerreich geben müsse. Eudoxos hat den antiken Quellen zufolge dann selbst eine solche Reise unternommen, über deren Ende jedoch keine Einigkeit herrscht. Während die eine Seite überliefert, er sei von der meuternden Mannschaft ausgesetzt worden, beharrt der römische Geschichtsschreiber Cornelius Nepos (um 100–25 v. Chr.) auf der Umschiffung Afrikas. Wie auch immer es gewesen sein mochte, 200 Jahre später behauptet der Grieche Basile in seinem »Periplus Maris Erithraei« (um 90 n. Chr.) wie ganz selbstverständlich, der Atlantische und Indische Ozean wären südlich von Afrika miteinander verbunden. Aufgrund deren eigener Schriften weiß man, dass sowohl Marinos von Tyros (um 80–140 n. Chr.) als auch Ptolemäus den »Periplus« kannten. Bei Letzterem ist es deshalb umso erstaunlicher, dass in seinem Weltbild der Indische Ozean bloß als Binnenmeer wiedergegeben wird, dessen Südflanke die »Terra Australis« bildet; ein Phantom, dem noch Generationen von Seefahrern und Entdeckern nachjagen werden und auf das noch einzugehen sein wird. Verfolgt man das Postulat des noch im Spätmittelalter hochangesehenen Ptolemäus konsequent, drängt sich die Frage auf, wie die Portugiesen glauben konnten, Indien sei auf dem Seeweg durch Umschiffung Afrikas zu erreichen gewesen?

Eine mögliche Antwort findet sich in der dritten der oben erwähnten, unbestätigten Reisen. Ende des 13. Jahrhunderts suchten zwei Brüder, Ugolino und Guido Vivaldi, aus Genua stammende Kaufleute, einen Seeweg zu den seit Jahrhunderten bekannten Handelsplätzen des Arabischen Meeres und Indiens. Wie man aus genuesischen Urkunden gesichert weiß, rüsteten sie 1290/91 zwei Galeeren aus und passierten die Straße von Gibraltar mit Kurs auf die Kanaren. Hier beginnen ungewisses Terrain und Gerüchte. Dass der Sohn eines der Verschollenen in Ostafrika die Suche aufgenommen hätte, dürfte vermutlich mehr einer nachträglichen Erhöhung der unerschrockenen Verwandten gedient als der Realität entsprochen haben. Wesentlich näher, deswegen aber nicht unbedingt glaubwürdiger, liegen andere Anhaltspunkte. So soll eines der beiden Schiffe bis an die Küste Senegals gelangt sein, und Seefahrer aus dem Umfeld des schon bekannten Alvise da Cadamosto wollen sogar im Golf von Guinea auf Nachkommen der offensichtlich gescheiterten Vivaldi-Expedition getroffen sein. Wie weit auch immer die beiden letztbeschriebenen Vorstöße gekommen sein mögen, so machen sie doch deutlich, dass eine Umschiffung Afrikas lange vor den Portugiesen, wenn schon nicht unbedingt erfolgt, so doch angedacht war.

Im Gegensatz zu diesen nur vage überlieferten Reisen, die eher empirischer Natur waren, sind jene zahlreicher und vor allem nachvollziehbar dokumentiert, die sich von Alexandria und dem Roten Meer oder den Heiligen Stätten Palästinas aus weit nach Osten richteten. Sie liefen überwiegend entlang jahrhundertealter Handelsrouten und waren allein von der daraus resultierenden Zeitspanne her so zahlreich, dass jede Auswahl mehr oder minder willkürlich bleiben muss – ihre Aufteilung in Land- und Seerouten ist hingegen naheliegend. Von der Ostküste des Mittelmeeres führte der Landweg, bekannt als Seidenstraße, mit vielen Verästelungen über die reichen Handelsplätze und Oasenstädte Zentralasiens in die alte chinesische Kaiserstadt Xian (Sian, Changan). Mit Verlegung der Residenz nach Khanbalik (Stadt des Khan, heute Peking) durch die Mongolen um 1260 erfuhr auch der Handel eine entsprechend geographische Erweiterung. Der wohl bekannteste Bericht ist jener des Marco Polo (1254–1324), der sich von 1275 bis 1292 am Hof des Kublai Khan (1215–1294) aufhielt und weite Reisen innerhalb des Riesenreiches unternehmen konnte.

Neben ihm verblassen zu Unrecht andere Fernreisen von Europäern, die einen überwiegend diplomatischen und religiösen Hintergrund aufwiesen. Zu ihnen zählt jene des Franziskanerpaters Johannes von Montecorvino (1247–1330), der im Auftrag von Papst Nikolaus IV. über Persien und Indien gleichfalls an den Hof des Mongolenherrschers und seiner Nachfolger gelangte, in deren Reich die christliche Kirche der Nestorianer schon lange Fuß gefasst hatte. Zum ersten Erzbischof der neu geschaffenen (katholischen) Diözese Peking ernannt, blieb Montecorvino 30 Jahre in Asien, ehe er im hohen Alter nach Europa zurückkehrte. Dass die Verbindung Abendland–Ostasien ungebrochen blieb, zeigt Johannes von Marignola (um 1300–1360), der mit geringem Erfolg die von Montecorvino gegründeten Christengemeinden Chinas visitieren sollte und seine Erfahrungen in wenig aussagekräftigen Berichten festhielt. Er kehrte auf dem mittlerweile gebräuchlichen Rückweg zur See von China über Südostasien, Indien und Palästina in seine Heimat zurück.

Die Seerouten durch den Indischen Ozean sind annähernd so alt wie die angrenzenden Kulturen und erfuhren nur insofern eine Veränderung, als im Laufe der Zeit die Einzeletappen länger und die Gesamtstrecke, die einzelne

Reisende zurücklegten, immer größer wurde. So kann man bei Marinos von Tyros den Weg eines gewissen Alexandros nachvollziehen, der um 100 n. Chr. vom Roten Meer über Südindien und die Halbinsel von Malakka (Malaysia) bis nach Vietnam gelangte. Nachdem sich das 4. Kreuzzugsheer aufgelöst hatte, zog der Deutsche Heinrich von Morungen (um 1150–1222), bekannt als einer der bedeutendsten Lyriker des Mittelalters, vom Heiligen Land nach Südindien zu den »Thomas-Christen«[27] weiter. Um 1400 reiste der Venezianer Niccolodi Conti über Bagdad, den Oman und Vorderindien zum Ganges und dann zu den Sunda-Inseln. In den nur unvollständig erhalten gebliebenen Aufzeichnungen des zum Islam konvertierten Kaufmannes finden sich deutliche Hinweise auf den Gewürzreichtum der Region von Ceylon bis zum Malaiischen Archipel.

Die größte Gruppe Reisender neben persischen Kaufleuten bildeten naturgemäß arabische oder arabisch-stämmige Muslime, deren Unternehmen auch den Islam immer weiter nach Osten vordringen ließ. Zu ihnen gehörte Ibn Khaldun (1332–1406), ein aus Tunis stammender und in Andalusien lebender Gelehrter, der vor Bagdad gegen den Mongolenherrscher Timur (Tamerlan) kämpfte und als geachteter Gefangener mit ihm einige Gespräche in Samarkand führen konnte. 30 Jahre älter war der vielleicht bedeutendste Reisende des Mittelalters, Ibn Batutah (1304–1377), der mit 20 Jahren[28] seine Geburtsstadt Tanger verließ und erst 24 Jahre danach wieder in die Heimat zurückkehrte. Als Richter konnte er in der gesamten islamischen Welt Recht sprechen, da dieses von Marokko bis in den entfernten Osten überall Gültigkeit besaß. Wenn er auch gelegentlich Handelsgeschäfte abwickelte, so erwarb er seinen Lebensunterhalt überwiegend durch das Richteramt. Derart lernte Ibn Batutah nicht nur die Vielfalt der islamischen Welt von Nordafrika über den Nahen Osten, Persien, die Kaukasusreiche und Afghanistan (1333) kennen. Beinahe zehn Jahre hielt er sich in Delhi am Hofe des bedeutenden Sultans Mohammed Ibn Tughluq (reg. 1325–1351) auf, der sogar bis nach Südindien vorgestoßen war. Von dort reiste Batutah über die Malediven, Ceylon und Sumatra nach Kanton weiter und gelangte, seinem Bericht zufolge, sogar bis Peking. Seine Erinnerungen begann er im Auftrag des Sultans von Marokko, wohin er über mehrere Zwischenstationen zurückgekehrt war, unter dem Titel »Rihlah« (Reisen) niederzuschreiben. Die Berichte zählen zu den Standardwerken arabischer Reiseliteratur und stehen gleichrangig neben jenen des Marco Polo. Sie bieten darüber hinaus die Möglichkeit, die mittelalterliche Weltsicht – wie etwa in den Beschreibungen des byzantinischen Hofes in Konstantinopel oder der Großen Pest in Bagdad 1348 – auch aus dem Blickwinkel des Islam kennen zu lernen. Als Letzter sei noch Abd al Razzak (1413–1482) erwähnt, der in diplomatischer Mission von Herat aus nach Indien kam und zahlreiche Städte bereiste, die er detailreich beschrieb. Allein aus diesen wenigen Beispielen ist leicht abzuleiten, dass Indien und der Ferne Osten seit der Antike eine feste Größe im Weltbild des Abendlandes darstellten, deren schemenhafte Konturen immer deutlicher wurden. Wesentlichen Anteil daran hatten die unterschiedlichsten Reiseberichte, die aber in den Randbereichen des Sprach- und Religionsraumes auf ihre natürlichen Verbreitungsbarrieren stoßen mussten. Universeller brauchbar waren da schon die beiliegenden Skizzen oder getrennt angefertigten Karten des jeweiligen Gebietes.

Eines der bekanntesten Kartenwerke ist der nur in einem einzigen Exemplar erhalten gebliebene »Katalanische Weltatlas« aus dem Jahr 1375. Er entstand vermutlich auf der Baleareninsel Mallorca, die sich schon lange als Zentrum für Geographen und Kartenzeichner einen herausragenden Namen gemacht hatte. Er wird dem jüdischen Kartographen Cresques Abraham zugeschrieben, der seine Informationen neben antiken Autoren auch aus arabischen Quellen, die bis in die Zeiten der islamischen Expansion zurückreichen, bezog. In seiner bibliophilen Gestaltung vermittelt der Atlas – eine Sammlung aus mehreren Einzel- und Großraumkarten – nicht nur Einblick in das ästhetische Empfinden seines Schöpfers und der Zeit, sondern zeigt in gleichem Maße den Stand der Wissenschaften mit all ihren gesicherten Erkenntnissen, Grenzen des Bekannten, aber ebenso auch zahlreichen Fehlern auf. Wenn auch Cresques Abraham den Atlas programmatisch »Mappa Mundi« nannte, so lässt sich aus dessen Inhalt deutlich ablesen, wie eingeschränkt die damalige Kenntnis um Länder, Meere und deren Küsten aus heutiger Sicht war. Das Wissen der Zeit, das heißt des europäischen Abendlandes, in Kartenform wiederzugeben wurde jedenfalls erfüllt; und mehr kann man von einem Kartographen nicht verlangen, der sich nur auf Berichte stützen konnte, die jeglicher geographisch-messtechnisch überprüfbaren Geometrie entbehrten.

Wenn sich Entfernungs- und Ortsangaben in beliebig austauschbaren Sätzen wie zum Beispiel »*Sechs Tagesreisen zogen wir nach Nordosten, entlang dem Fluss ... und erreichten gegen Mittag des siebenten die große und prächtige Stadt ...*« erschöpften, so ist der räumlichen Interpretation jede Gestaltungsmöglichkeit freigestellt. Bei Vorliegen mehrerer Berichte, vielleicht sogar auch Kartenskizzen, erhöht sich bei sorgfältiger Abwägung in gleichem Maße die Trefferwahrscheinlichkeit, kann aber wegen fehlender objektivierbarer Messmethoden keine Sicherheit bieten. Und noch etwas sollte man nicht übersehen: die Informationsverbreitung und deren Dichte. Beides war aus mehreren Gründen mangelhaft und keinesfalls umfassend. Wo persönliche Kontakte, und sei es über Briefe, zu den jeweiligen Verfassern der Berichte selbst fehlten, konnte man nur auf Veröffentlichungen anderer zurückgreifen. Wenn dieses Verfahren einige Stationen durchläuft, so ist für längere Zeit der Gefahr einer Fehlinformation Tür und Tor geöffnet. Mit Erfindung des Buchdruckes und der damit verbundenen Verbreitungsmöglichkeit von Schriften aller Art erhielt aber auch ein allzu menschliches Moment zunehmend Bedeutung, deren bisher letzte Ausformung gerade im Medienzeitalter nicht besonders erwähnt zu werden braucht: Je sensationeller die Nachricht und je besser deren Aufmachung, desto mehr Abnehmer findet sie – man vergleiche nur das unterschiedliche Echo auf die Berichte eines Kolumbus und Vespucci. Für das Wissenschaftsgebiet der höheren Kartographie, die damals noch einen philosophischen Überbau besaß, kann dies nicht in gleicher Schärfe gesagt werden. Aber Name, Werk und der Ehrgeiz, andere zu übertreffen, traten in eine Wechselbeziehung, die zu immer umfangreicheren Weltkarten führte.

Dass Gebiete abseits der Karawanenwege und altbekannter Seerouten dagegen reiner Spekulation und zunehmend obskuren Gerüchten unterworfen waren, bedarf keiner gesonderten Erklärung. Dazu kam noch die grundsätzlich verschiedene Standortbestimmung zwischen Land- und Wasserwegen. Konnte sich der Landreisende an topographischen Besonderheiten orientieren oder wurde verbal gleichsam von einer Stadt zur nächsten weitergereicht, so konnte sich ein Kapitän fernab der Küsten nur an den Gestirnen orientieren. Das wiederum hatte zur Entwicklung eines zunehmend genaueren Messinstrumentariums geführt, auf das im nächsten Kapitel eingegangen wird. Angaben über Seerouten waren dadurch zweifellos genauer und, im weitesten Sinn, objektiv richtiger als jene über Land, wo der jeweilige Standort erst relativ spät über die Gestirne eingemessen wurde, und hier zumeist auch nur dann, wenn man sich in unbekanntes oder kaum erforschtes Gebiet vorwagte.

Der Katalanische Weltatlas war nicht der erste seiner Art. Auch Cresques Abraham griff auf Vorgänger zurück und erweiterte deren Weltdarstellung durch neuere Kenntnisse, die aber noch weit von einer gültigen Wahrheit entfernt sein mussten, und dies obwohl im äußersten Westen der Atlantikkarte, jenseits der Straße von Gibraltar, eine Vielzahl von Inseln (darunter auch das bereits erwähnte Antilia) aufscheinen, die später für die Seefahrt nach Amerika von Bedeutung sein werden: die Kanaren, Azoren und Madeira.[29] Von größerem Interesse sind hier aber jene anderen Inseln, die auch nach Cresques Abraham in fast allen Kartenwerken[30] eingetragen und dennoch nicht vorhanden waren, an deren reale Existenz aber noch Generationen von Seefahrern glaubten. Erst gegen 1580 sollten sie zwar graphisch aus ihnen verschwinden, aber im festen Glauben vieler Seeleute und Forscher noch lange fortleben. So könnte man, salopp formuliert, diesen Umstand als Beweis dafür anführen, dass einer vom anderen abschrieb bzw. abzeichnete oder aus dem Hörensagen seine eigenen Schlüsse ableitete. Viel später sollte die englische Geschichtsschreibung mit britischem Humor diesen sich zunehmend in Luft auflösenden Inseln den treffenden Namen »Flyaway Islands« geben. Auch aus dieser Gruppe sollen nur die bekanntesten der tief im Bewusstsein, nicht aber in der Natur vorhandenen Landstücke erwähnt werden. Ihre virtuelle Existenz verdanken sie einem Gemisch mehrerer Umstände, die schon teilweise als Problematik der frühen Kartographie beschrieben wurden. So ist eine Mehrfachzuweisung der gleichen realen Insel durch unterschiedliche Berichte und Entfernungsangaben durchaus denkbar, deren Entwirrung aufgrund mangelnden oder nicht sehr aussagekräftigen Quellenmaterials heute nicht mehr möglich ist. Zum anderen schien das nachweisbare Vorhandensein von Erzählungen und Legenden, die in das frühe Mittelalter, ja selbst in die Antike zurückreichen, auch die physische Existenz dieser Inseln zu bedingen.

Etwas greifbarer, wenn auch nur unbedeutend mehr als der Mythos von Atlantis, sind die »Sankt Brendan-Inseln«. Auf alten Karten sind sie vor der Westküste Afrikas eingetragen und leiten ihren Namen vom gesicherten Leben eines irischen Mönches im 6. Jahrhundert ab, der weite Seereisen unternommen haben soll. Die historische Persönlichkeit lässt sich in Abt Brendanus von Cluainfert festmachen, der um 587 starb und tatsächlich mehrere, teils anstrengende Seereisen bestand; der erste Bericht darüber wurde unter dem Titel »Navigatio Brendani« im 9. Jahrhundert veröffentlicht. Auch bei einer weiteren der Flyaway Islands spielte ein Kleriker eine zentrale Rolle. So soll der Erzbischof von Porto beim Einfall des Islam auf der iberischen Halbinsel mit sechs seiner Mitbrüder über das Meer in den Westen zu der uns schon bekannten Insel Antilia geflohen sein, wo jeder seine eigene Stadt gründete. Deshalb wurde sie auch »Insel der sieben Städte« genannt und findet sich, neben den flächigen Weltkarten, wo sie zumeist westlich Madeiras und südlich der Azoren eingetragen ist, sogar auf dem Globus des Martin Behaim wieder. Selbst Kolumbus war von der Existenz dieser Insel überzeugt, von der sich später der Namen für die Karibische Inselwelt herleiten wird. Aber auch Antilia löste sich im Nebel der Legenden und Mythen auf, ebenso wie die Brazil-Insel, die zu Beginn des 14. Jahrhunderts westlich von Irland eingetragen und im Katalanischen Weltatlas weit nach Süden verlegt wird. Auf der Karte des Bartolomeo Pareto erscheint sie in fast geradliniger Verlängerung der Algarve zwischen Azoren und Madeira und befindet sich ungefähr auf halbem Weg zum vorhin genannten Antilia. Obwohl beide Inseln naturgemäß mit den folgenden Entdeckungen in keinerlei Zusammenhang stehen konnten, ist die spätere Herleitung der Begriffe Antillen und Brasilien aus dem alten Mythen- und Legendenfundus erkennbar.

Die bekannteste dieser Flyaway Islands ist aber Vinland, das sich als Sonderfall zwischen Realität und Fiktion in der Geschichtsforschung etabliert hat. Heute gehört es bereits zum Standard allgemeiner Schulbildung, dass nicht Kolumbus den unbekannten Kontinent entdeckt hat, sieht man von den Ureinwohnern selbst ab, sondern ein lockerer Sippenverband aus dem Norden Europas. Um das Jahr 1000 gelangten Wikinger in mehreren Sprüngen nachweislich bis Neufundland, vielleicht sogar auf das Festland. In diesem Zusammenhang sind die Namen Erik der Rote und Leif Eriksson bekannt. Die Detailgeschichte dieses Vorstoßes ist hier kaum von Interesse. Als wesentlich kann jedoch der Fall Vinland angesehen werden. In den Sagas Islands und des Nordens sind drei Territorien aus der Zeit dieser Fahrten erhalten geblieben: Helluland, Markland und eben Vinland, das in den alten Erzählungen mit einem Land gleichgesetzt wird, in dem Weizen, Birken und auch Weinbeeren(!) wüchsen. Da eine ungebrochene Kette von Besiedlungen von der Westküste Norwegens über die Faröer-Inseln, Island und Grönland bis an die Ostküste Nordamerikas nachweisbar ist, widmete die Wissenschaft dem Begriff Vinland ein derartiges Interesse, dass sogar Botaniker beigezogen wurden, um die mögliche Lage jenes Landstriches[31] einzugrenzen, auf den die Sagas Bezug nehmen. Eine endgültige Klärung ist jedoch bis heute nicht gelungen.

Aus vorkolumbischer Zeit kann man grundsätzlich zwei Typen von Karten unterscheiden, deren Übergänge aber zunehmend fließend wurden und den unterschiedlichen Anforderungen von Theorie und Praxis folgten. Auf Schiffen des Mittelmeeres wurden seit dem frühen 13. Jahrhundert Karten mitgeführt, die von einem Strahlennetz überzogen waren, mit dessen Hilfe der Kapitän oder Steuermann, unter Einsatz der seit dem 11. Jahrhundert bekannten Kompassnadel, den nächsten Hafen (lat. *portus*) finden konnte, und die deshalb »Portolankarten« genannt wurden. Ihr Umfang entsprach vorerst dem Streckennetz der Kauffahrtschiffe durch das Mittelmeer. Gemäß der Entwicklung des Handels waren die italienischen Seestädte auch bei der Kartenerstellung führend. Sie stützten sich auf antike Quellen, arabische Erkenntnisse sowie Aufzeichnungen der Normannen auf Sizilien und Süditalien und wurden durch eigene Erfahrungen erweitert. Dass dabei Italien und der Mittelmeerraum östlich der Apenninenhalbinsel den Schwerpunkt bildeten, ist durchaus einsichtig. Später entwickelte sich auch die schon erwähnte kartographische Hochburg auf den Balearen, die in enger Beziehung zum spanischen (Teil)Reich Katalonien/Aragón standen. Diese Karten befassten sich überwiegend mit dem iberischen Raum und der Atlantikküste Westeuropas bis zur Nordsee. Nach ihrem historisch definierten Herkunftsort wurden sie auch »katalanische Karten« genannt. Der »Katalanische Atlas« des Cresques Abraham stammt aus diesem kartographisch fruchtbaren Umfeld, ist aber aufgrund seiner inhaltlichen Ausweitung bereits zum zweiten Typus zu zählen.

Auf den Wurzeln antiker Autoren wie Hipparch und Marinos von Tyros, vor allem aber den Schriften des Kosmographen Claudius Ptolemäus aufbauend, wurde in den Gelehrtenstuben weniger ein Nachschlagewerk für Praktiker entwickelt, als ein kulturell-philosophisches Weltbild dargestellt. Beiden Ausformungen, ob geographisch eingeschränkte Portolankarte oder umfassender Weltatlas, hafteten gemeinsame Fehler an, die bei letzterem selbstverständlich stärker wirksam werden. Damit sind nicht geographische Unzulänglichkeiten wie zum Beispiel die Flyaway Islands gemeint, sondern technisch-mathematische. Obwohl im Inhalt bemüht, besaßen diese Karten eine für heutige Begriffe bescheidene Maßstäblichkeit und selbst Proportionalität[32] zwischen einzelnen Kartenabschnitten, die sich aus dem noch vorhandenen Unvermögen einer annähernd genauen Projektion der Kugelhülle auf die Ebene des Kartenmaterials, meist Tierhäute, ergaben. Diese entscheidende Problemstellung sollte erst hundert Jahre nach Kolumbus durch den Kartographen Gerhard Mercator einigermaßen gelöst werden.

In den Jahrzehnten nach der »Mappa Mundi« und in Zusammenhang mit der Erschließung der Inselgruppen im östlichen Atlantik näherte sich die kartographische Wiedergabe einen weiteren Schritt der Realität an. Dies kann auch für die portugiesischen Vorstöße entlang der westafrikanischen Küste geltend gemacht werden. Hier sei nur an die strikte Anweisung Heinrichs des Seefahrers erinnert, der von den Kapitänen unter anderem auch eine penible Aufzeichnung aller markanten Küstenlinien und deren Einmessung verlangte. So sehr diese lokalen Karten auch stimmig sein mochten, zu größeren Einheiten oder gar Weltkarten zusammengesetzt, erhöhte sich die Ungenauigkeit vergleichsweise logarithmisch. Während die geographische Breite eines Ortes schon früh relativ genau bestimmt werden konnte, so verweigerte sich dessen geographische Länge in den Weltkarten noch lange Zeit einer exakten Zuordnung. Die Übertragung von Messdaten in der Natur auf die Ebene des Kartenblattes erfuhr gegen Ende des 15. Jahrhunderts insofern eine Qualitätssteigerung, als die Weltkarte wieder der Natur angeglichen wurde, indem man sie zur Kugel, dem Globus, rückverformte. Verbunden ist das mit dem Namen Martin Behaim, neben Kardinal d'Ailly und Toscanelli der dritten Persönlichkeit mit Einfluss auf den suchenden Christoph Kolumbus.

Wie weit persönliche Kontakte, sofern sie stattgefunden haben, den Genuesen in seinem Vorhaben stärkten, ist nicht nachweisbar. Der Nürnberger Mathematiker und Astronom Martin Behaim (1459–1507) dürfte seinerseits mit dem berühmten Astronomen und Mathematiker Johannes Müller (1436–1476), der sich nach seiner Geburtsstadt Königsberg selbst »Regiomontanus« nannte, bekannt, wenn nicht gar sein Schüler gewesen sein und von ihm die Grundlagen für seine späteren Kenntnisse erhalten haben. Müllers astronomische Tabellen[33] galten als die besten der Zeit und wurden später von Kolumbus, da Gama und auch Vespucci bei ihren Fahrten zur Standortbestimmung verwendet. Martin Behaim verdiente um 1476 sein Brot als Handelsagent in Antwerpen, von wo er auch Kontakte in die Handelsmetropole Lissabon knüpfte und erstmals 1482 dorthin reiste. Überraschend schnell wurde der junge Deutsche mit seinem umfangreichen Wissen über die Bewegung der Gestirne in die »Astronomische Junta« aufgenommen. In dieser Position erhielt er auch die an sich restriktiv gehandhabte Erlaubnis, an Erkundungsreisen in Afrika teilzunehmen. Während dieser Fahrten begleitete er vermutlich 1484–1486 auch Diego Cao, den verdienstvollsten portugiesischen Seefahrer vor Diaz und Vasco da Gama. Nach seiner Rückkehr wurde Behaim zum portugiesischen Ritter geschlagen und übersiedelte dann für fünf Jahre auf die Azoren, wo ihn Kolumbus kennen gelernt haben könnte. Im Jahr 1490 kehrte er nach Nürnberg zurück und schuf dort den sogenannten »Erdapfel«, die älteste überlieferte Darstellung der Erde in Globusform, und sicherte sich damit einen Ehrenplatz in der Auflistung berühmter Geographen. Dass der im selben Jahr entdeckte neue Kontinent natürlich nicht aufscheinen konnte, tut seiner Leistung keinen Abbruch. Auf Behaims Globus ist dafür aber in Ansätzen ein Südwestweg nach Asien enthalten, der wiederum Magellan inspiriert haben könnte. Ob nun Kolumbus Behaim persönlich kannte oder nicht, ist relativ unerheblich; dass die Arbeiten des Nürnbergers dem Genuesen in Portugal durch Freunde bekannt wurden, darf aber als gesichert gelten. Die annähernd zeitgleich erfolgte Entdeckung Amerikas und die Veröffentlichung des Erdapfels im Jahr 1492 ist im wissenschaftlichen Sinn von nebensächlicher Bedeutung, vermittelt aber dennoch in bildhaft eindrucksvoller Form den Anbruch einer neuen Zeit.

Blickt man auf die bisherigen Ausführungen zurück, so stellt man fest, dass Kolumbus nach dem Wissensstand seiner Zeit wohl viel, nach objektiven Kriterien gemessen aber wenig zur Verfügung stand, um den geplanten Sprung in das Ungewisse wagen zu dürfen. Ohne die Leistung eines Vasco da Gama zu schmälern, darf doch angemerkt werden, dass der Portugiese sich bis zum Kap der Guten Hoffnung auf gesichertem Kurs bewegte und die entscheidende letzte Etappe von der kenianischen Küste weg mit Hilfe eines ortskundigen Lotsen abschließen konnte. Seine persönliche Leistung und Tatkraft wird dadurch nicht gemindert, nur die des Kolumbus hervorgehoben. Die dritte große Entdeckerpersönlichkeit auf See, Ferdinand Magellan, hat sich eigenartigerweise nicht so sehr im Bewusstsein der Allgemeinheit verankern können wie die beiden anderen. Dabei stand seine Leistung, deren abschließenden Erfolg er nicht mehr erlebte, den vorangegangenen um nichts nach. Legt man einen strengen Maßstab an, so fällt Vasco da Gama auch hinter Magellan zurück. Nun könnte mancher einwenden, der erste Weltumsegler habe nur den Kreis geschlossen, der 20 bis 25 Jahre früher richtungsweisend angerissen wurde – Magellan habe also nur den empirischen Beweis für die schon lang postulierte Kugelgestalt der Erde erbracht. Wollte man seine Fahrt ausschließlich auf diesen Punkt reduzieren, so übersieht man die Schwierigkeiten an der bis dahin unbekannten Südspitze Amerikas und vor allem die schier endlosen Dimensionen des noch unerforschten Pazifik. Es bedarf nur eines einzigen Vergleiches, um die Relationen zu verdeutlichen. Der Genuese benötigte etwa einen Monat von den Kanaren bis zur Neuen Welt; der Portugiese in spanischen Diensten drei Monate allein von der Magellanstraße bis Guam, ohne auf Land gestoßen zu sein!

Kolumbus hatte mit seiner ersten Fahrt das Tor zu einer neuen Betrachtungsweise der Erde aufgestoßen, wobei damit gar nicht die Auffindung eines unbekannten Erdteiles gemeint ist. Naturgemäß mussten die in beinahe dreißig Jahren – zwischen der Landung auf San Salvador und dem Aufbruch Magellans 1519 – gewonnenen Erkenntnisse zu einem radikalen Überdenken der Kosmographie führen. Aus den elitär philosophischen Weltdeutern in ihren Gelehrtenstuben mussten einfach Handwerker der Geographie werden. Es verging kaum ein Jahr, in dem nicht eine neue Insel, ein unbekannter Küstenstrich oder eine fremde Kultur entdeckt wurde. Trotzdem blieben die alten Vorstellungen und Theorien noch lange im Denken verhaftet. Man möge sich nur an die Bemühungen, eine direkte Schiffspassage nach Asien quer durch den amerikanischen Doppelkontinent ausfindig zu machen, erinnern. So beschränkte sich die Kartographie weitgehend darauf, die jeweiligen Fortschritte der Seefahrer in Detailausschnitten zu dokumentieren.

In der Praxis des permanenten Vorstoßes ohne eigentliche Konsolidierung des bisher Erreichten liegt auch eines der Probleme für die Kartographen. An der Peripherie musste der Umfang immer mehr erweitert werden, ohne die Lücken in den hinteren Linien zufriedenstellend schließen zu können. So standen die Spanier bereits in Peru, während weder Hispaniola noch Kuba voll durchdrungen und erforscht waren und die Besiedlung des ungeliebten Jamaica noch in ihren Anfängen stand. Dass dieser Umstand seine direkte Auswirkung auf die Qualität des Kartenmaterials fand, ist einleuchtend. In diesem Zusammenhang darf man das bereits angeschnittene Problem der Längengradbestimmung nicht übersehen. Wenn Kapitäne ihre Position nicht exakt bestimmen konnten, so war ein korrekter Transfer der realen Marke auf die Karten ebenso unmöglich.

Trotz des berechtigten Stolzes der Seefahrer und der ihnen folgenden Kartographen auf die neuen Kenntnisse waren diese im Verhältnis zur Wahrheit noch recht bescheiden. So weiß man, dass um 1600 erst etwa 49 Prozent der Erde und 32 Prozent der Landmasse, bezogen auf ihren Flächeninhalt, bekannt waren. 200 Jahre später änderte sich der Prozentsatz auf 83 Prozent der Erde und 60 der Landmasse. Aus heutiger Sicht kann man behaupten, dass der »Beruf« eines Geographen oder Kartenzeichners über die Jahrhunderte der Entdeckungen hinweg als krisenfest gelten konnte. Jede Karte war zum Zeitpunkt ihrer Drucklegung bereits ebenso überholt wie heute der neueste Computer, der eben aus dem Geschäft getragen wird. Auf der Ebene der Entdeckungsgeschichte wird dieses Bild durch die zahlreichen Folgefahrten und Explorationen im Zeitumfeld des Christoph Kolumbus mehr als bestätigt.

VOM NAVIGIEREN

>> *O Gott, wie groß ist dein Meer*
und wie klein ist mein Boot! <<
Alter Seemannsspruch

Um die oben beschriebenen Vorgaben der Kartographen zu erfüllen und die Entwicklung der Kartenwerke hinsichtlich ihrer Detailgenauigkeit und Zuverlässigkeit entscheidend voranzutreiben, bedurfte es entsprechender Instrumente, um die örtlichen Verhältnisse auf See und an Land genau zu bestimmen. Alle Hilfsmittel, die den Kapitänen und Steuerleuten des 14. bis 17. Jahrhunderts zur Verfügung standen, waren denkbar einfach, um nicht zu sagen klobig-schlicht und ungenau. Wenn sie auch laufend verbessert wurden, so erfolgte der entscheidende Durchbruch doch erst im 18. Jahrhundert und findet gerade für die Seefahrt seinen Höhepunkt im ausgehenden 20. Jahrhundert durch die Satellitennavigation.

Jede zielgerichtete Bewegung benötigt, vereinfacht dargestellt, mindestens zwei[34] bekannte und innerhalb eines Bezugssystems eindeutig zu definierende Fixpunkte (Größen), um die eigene Position bestimmen zu können, die maßgeblichen Einfluss auf die Richtung der nächsten Vorwärtsbewegung hat. Für das Festland sind derartige Marken durch die Beifügung einer Legende mit entsprechender Symbolik relativ leicht zwischen dem Kartenzeichner und Benutzer vereinbar. Die Bandbreite reicht von markanten Berggipfeln, Kirchtürmen und auffälligen Flussbiegungen über Weggabelungen und Gedenksteinen bis zu beschrifteten Wegweisern, um von A nach B zu gelangen. Auf offener See, mehr noch als in Wüstengebieten, die doch verschiedene Anhaltspunkte bieten können, sind der Lauf der Sonne und die Stellung der Gestirne und Planeten die einzigen Parameter, um wenigstens eine Größe der eigenen Position bestimmen zu können. So zählten profunde Kenntnisse der Astronomie zu den Grundvoraussetzungen für einen guten Navigator. Da die (Fix)Sterne zwar nicht die Stellung zueinander[35], wohl aber gegenüber dem Horizont in einer gleichbleibenden Bewegung verändern, war es erforderlich, ihre jeweilige Position in diesem Zeitraum festzuhalten. Das erfolgte über Berechnungen, die arabische Astronomen schon um das 8. Jahrhundert anstellten und bis zum 12. Jahrhundert in immer umfangreicheren, sogenannten Deklinationstabellen aufgezeichnet haben. Um jedoch die »Astronomische Navigation« dem Prinzip nach zu verstehen, muss man sich zuerst mit den Grundzügen der »Terrestrischen Navigation« vertraut machen.

Jede Peilung nutzt die bereits in der Antike erarbeiteten Kenntnisse über die inneren Beziehungen von Größen, die ein Dreieck (Trigon) bestimmen. Die Trigonometrie ist also ein Zweig der Mathematik, der sich vor allem mit der Beschaffenheit eines rechtwinkeligen Dreiecks und, davon abgeleitet, der des allgemeinen beschäftigt. Ihre Anfänge lassen sich zum bedeutenden Astronomen Hipparchos von Nicäa zurückverfolgen, der im 2. Jahrhundert v. Chr. erste Tabellen zur Berechnung von Dreiecken anfertigte. Seine Arbeiten wurden später von Ptolemäus in seiner »Almagest«[36] ausgeweitet und dann von arabischen Astronomen unter Einbeziehung der Methoden ihrer Kollegen aus Indien zu einem vorläufigen Abschluss gebracht. Für den europäischen Raum und die aufkommende Hochseeschifffahrt wurden dann neben anderen vor allem die »Ephemeriden« des Astronomen und Mathematikers Regiomontanus von Bedeutung, dessen Arbeiten sich wieder auf jene der Araber stützten. Vereinfacht ausgedrückt, ermöglichen die astronomischen Tabellen samt den zugehörigen Messungen und Rechenschritten eine weitgehend zuverlässige Standortbestimmung auf der kugelförmigen – daher »sphärische Trigonometrie« – Erdoberfläche. Da kein System ohne vereinbarte Bezugspunkte auskommt, ist es jedoch erforderlich, dem »frei im Raum« befindlichen Dreieck eine eindeutig definierte Richtung zu geben, um dem eigenen Standort eine systembezogene Aussagekraft zu verleihen. Das wurde erreicht, indem man über die Erdkugel ein gedankliches Raster von Kreisen legte. In Nord-Südrichtung war dies relativ einfach, da mit dem Äquator als größtem Breitenkreis ein klarer Bezugspunkt vorgegeben ist. Anders verhielt es sich in Ost-Westrichtung. Hier wurden bis zur Standardisierung durch den Nullmeridian von Greenwich 1885 mehrere, national unterschiedliche Ausgangspunkte für die Berechnungen verwendet.

Lange Zeit war der berühmte Nordstern (Polarstern[37]) das einzige Hilfsmittel, um die Ausrichtung des Kurses abschätzen zu können. Mit Übernahme des auf physikalischen Grundlagen (Erdmagnetismus) arbeitenden Kompasses in die Seefahrt war es nun möglich, auch bei bedecktem Himmel relativ richtungsgenau segeln zu können. Wenn nun die Navigatoren Heinrichs des Seefahrers entlang der Küste Westafrikas vordrangen, so machten sie sich die arabischen Deklinationstabellen und einen schon verbesserten Kompass zunutze. Das einfachste Verfahren wird »Kreuzpeilung« genannt. Dabei werden zwei Objekte an Land, seien es ein vorspringendes Kap, ein markanter Berg oder eine Flussmündung, in Bezug auf Kompass-Nord angepeilt. Aus der Differenzrechnung kann man dann den eigenen Standort innerhalb des Kleinsystems ermitteln. Je häufiger die Fahrten und zahlreicher die Messungen wurden, desto genauere Kenndaten zur Kursbestimmung ergab deren Übertragung in ein Kartenwerk. Das wieder ermöglicht die sogenannte »Doppelpeilung«. Bei ihr wird nur ein Objekt angepeilt, das aber zweimal. Die beiden auf rechtweisend Nord umgerechneten Winkel ergeben mit der zurückgelegten Strecke ein Parallelogramm, das, in die Seekarte übertragen, den eigenen Kurs sowie den momentanen Standort wiedergibt.

Im Grunde unterscheidet sich die astronomische Navigation nicht von der terrestrischen, lediglich die Bezugsparameter ändern sich. An Stelle von Landmarken treten auf hoher See der Horizont (die Kimm) und ausgewählte Gestirne. Da bieten sich neben Sonne und Mond auch die Planeten Venus, Mars, Jupiter und Saturn sowie einige Fixsterne als »stabile« Messpunkte an. Im Mittelalter war der »Jakobsstab« – auch Gradstock oder Kreuzstab genannt – das wichtigste Instrument zur Winkelmessung (Höhenstand) eines Gestirnes und bestand aus einem Längsstab mit Gradeinteilung. Beweglich und senkrecht zu ihm befand sich ein Querstab. Das zu messende Gestirn wurde über den Längsstab angepeilt und der Querstab so lange verschoben, bis dessen Ende das Objekt abdeckte. Seine Position auf der Skala zu diesem Zeitpunkt gab den Höhenwinkel an. Genauere Werte lieferte das vermutlich von Hipparch entwickelte »Astrolabium«. In ihm werden die Grundzüge des Sextanten schon deutlich sichtbarer. Die Gradzahlen sind hier auf einem Kreis bzw. Kreissegment aufgetragen, in dessen Mittelpunkt ein drehbarer Schenkel angebracht war. Man peilte nun den Horizont über die Nulllinie des Kreises an und richtete den Schenkel auf das Gestirn, dessen Höhe (Azimut) nun unmittelbar abgelesen werden konnte. Denkt man nun an das Schaukeln des Schiffes, selbst bei schwacher Dünung, oder tagelang wolkenverhangenen Himmel, so werden die Problemstellungen für den Navigator unmittelbar einsichtig. Wie genau man mit diesem Instrumentarium aber wenigstens in der Dimension der geographischen Breite segeln konnte, zeigt die erste Fahrt des Kolumbus. Von den Kanaren weg lag sein im Logbuch festgehaltener Kurs annähernd deckungsgenau am 28. nördlichen Breitengrad, bis er den schon erwähnten Schwenk nach Südwest in die Inselgruppe der Bahamas vornahm.

Soweit die verkürzte Theorie. Die Praxis erfordert noch einige Korrekturberechnungen sowie die möglichst genaue Kenntnis der genauen Ortszeit. Korrekturen deshalb, weil die Tabellen nur für einen Ort unmittelbar gültig sein können und zwei Zyklen beinhalten. Der kleinere sind die Stunden des Tages, der große jener der Tage innerhalb eines einzigen Jahres. Den Grund dafür erkennt jeder selbst, wenn er nur an den unterschiedlichen Sonnenstand zur gleichen Tageszeit während des Jahres denkt. Hervorgerufen wird das durch die Verschwenkung von etwa 23°27' der Erdachse zu ihrer Umlaufbahn um die Sonne. Perfektionisten mögen nun zu Recht einwerfen, dass diese Bahn zudem ellipsen- und nicht kreisförmig ist und die Erde zusätzlich auf ihrer Bahn »torkelt«, was simple Ableitungen nicht gerade fördert, hier andererseits aber zu vernachlässigen ist. Lässt sich die geographische Breite (Entfernung vom Äquator) mit dem vorgestellten Instrumentarium und einer annähernden Kenntnis der Ortszeit hinlänglich genau ermitteln, so stößt man ohne exakte Zeitmessung sehr bald an die Grenzen zur Bestimmung der geographischen Länge. Erinnern wir uns an die differierenden Angaben über den Erd-

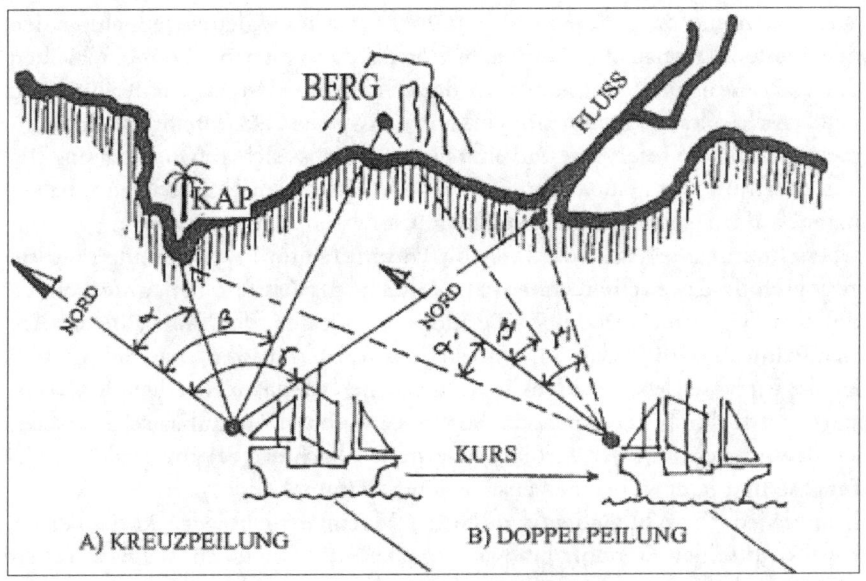

umfang und schon nähern wir uns einem der beiden Kerne des Problems. Bei einer gleich bleibenden Anzahl von Meridianen, bei allen Berechnungsansätzen von 360, gelangt man unwillkürlich zu unterschiedlichen Abständen zwischen den einzelnen, verändert man den Erdumfang.

So errechnete Kolumbus, auf den Äquator bezogen, eine Strecke von 83,36 Kilometer, während der wirkliche Abstand 110,56 Kilometer[38] beträgt. Bezieht man die mangelnde Genauigkeit, das noch vorhandene Unvermögen einer vertretbaren Projektion, die Deviation (Missweisung der Kompassnadel durch Fremdeinflüsse) und den, nach Herkunftsland des Kartenautors unterschiedlichen Maßstab zum gewohnten des Kartennutzers mit ein, so sind Fehlinterpretationen, was die Entfernung betrifft, gleichsam vorprogrammiert. Eine Missweisung von nur fünf Prozent auf einer Strecke von 100 Leguas (etwa 550 km) bedeutet bereits eine Aberration von beinahe 30 km. Punktgenaues Anlaufen eines entfernten Zieles war für lange Zeit also eher eine Frage des Zufalls, wenn auch Genauigkeit und Erfahrung eines Navigators die Fehlerquote erheblich mindern konnten. Das Instrumentarium, das ihm dabei zur Verfügung stand, war selbst für die Technik des 18. Jahrhunderts sehr bescheiden.

Mit dem Äquator wurde vorhin eine gedankliche Grenzlinie definiert, die in dieser eindeutigen Form in der Natur aber nicht vorhanden ist. Man stelle sich zwei Kugelschalen mit gemeinsamem Mittelpunkt vor. Die innere markiert die scheinbar ruhende Erdoberfläche, die äußere das sich scheinbar um den gemeinsamen Mittelpunkt drehende Himmelsgewölbe. Nun bewegte sich ein Beobachter (Schiff) auf der inneren in Nord-Südrichtung (noch nicht Ost-

West), während die äußere zusätzlich über ihn hinweggleitet. Je mehr er sich der größten Kugelausdehnung, dem Äquator, annähert, umso mehr bleiben die Markierungen an der äußeren Kugelschale, die Gestirne, hinter ihm und neue tauchen auf. Irgendwann wird auch das letzte bekannte Sternbild nicht mehr sichtbar gewesen sein und ein neuer »Kosmos« sich aufgetan haben. Das bedeutet nun mehr oder weniger, dass alle bisherigen Deklinationstabellen mangels Bezugspunkten nicht mehr gültig waren. Mit Annäherung an und Überschreitung des Äquators durch die Portugiesen im 15. Jahrhundert musste zwangsläufig das zweite rechnerische Zeitalter der Astronomie anbrechen, da das erste, von der Antike über die Inder und Araber, doch mit einigem Abstand zum Äquator stattfand. Unbekannte Sterne mussten eingemessen und katalogisiert werden, neue Deklinationstabellen waren zu erstellen; der Nordstern wurde durch das »Kreuz des Südens« als groben Richtungsweiser ersetzt.

Bewegt sich nun der vorhin genannte Beobachter aber in Ost-Westrichtung, so nimmt er wohl eine Verschiebung (Drehung) der äußeren Schale wahr, kann sie jedoch nicht eindeutig zuordnen. Vereinfacht ausgedrückt sieht er sie, jeweils auf seinen Standort bezogen, annähernd im gleichen Ausmaß vorbeiziehen, als befände er sich während der Beobachtung stationär und ließe »nur die Zeit« vergehen. Um das zu verdeutlichen, greifen wir nur ein Gestirn, die Sonne, heraus. Wie jeder weiß, verläuft die (scheinbare) Bahn der Sonne über ein Jahr betrachtet immer gleich. An jedem beliebigen Punkt eines Breitenkreises erreicht sie im Tag-Jahrvergleich zu (ortsbezogen) Mittag ihren Höchststand mit immer gleichem Winkel zum Horizont. Anders ausgedrückt: Sobald die Sonne über dem Betrachter ihren höchsten Stand erreicht, ist Mittag, das heißt zwölf[39] Uhr. Ehe es zu einfach wird, muss noch angemerkt werden, dass die 24 Stunden eines Tages über das Jahr gesehen nach Echtzeitmaßstäben nicht gleich lang sind. Das Torkeln der Erde und deren elliptische Umlaufbahn bedingten periodische Abweichungen bis zu sechzehn Minuten in den Jahreszeitextremen. Dieses Faktum war den frühen Entdeckern natürlich nicht bekannt, würde andererseits aber an der grundsätzlichen Problemstellung auch nichts geändert haben.

Gehen wir nun davon aus, dass der Reisende den Ort seines Aufbruchs genau um zwölf Uhr Mittag verlässt und sich in der (gleichbleibenden) Geschwindigkeit der Erdrotation (ein Umlauf in 24 Stunden) entlang eines Breitenkreises nach Westen bewegt, so wird er, wie weit er sich auch wegbewegt, immer zu Mittag ankommen, da er »mit der Sonne reist«. Fährt er zum Beispiel den Äquator entlang, so kann er in Kenntnis des Erdumfanges nach drei Stunden richtig behaupten, er hätte sich 5000 km (= 40 000 km durch 24 h mal 3 h) von seinem Ausgangspunkt entfernt. Der Reisende ermittelt dabei die zurückgelegte Entfernung über die Zeit, in der die Geschwindigkeit der Bewegung versteckt ist. Reist er langsamer, so fällt er hinter den Sonnenlauf zurück;

die Tageszeit verändert sich im Ausmaß seiner Bewegung. Je langsamer sie ausfällt, umso länger wird der Zeitraum bis zur neuerlichen Zenitstellung der Sonne, bis er bei Stillstand wieder 24 Stunden beträgt. Auch das Gegenteil ist heute möglich. Fliegt ein Passagier mit der Concorde um 15.00 Uhr Ortszeit von Paris ab, so landet er bei gleichbleibender Geschwindigkeit – ohne Berücksichtigung des langsameren Steig- und Sinkfluges – um 12.00 Uhr Ortszeit in New York. Nachdem der heute normierte Zeitunterschied zwischen beiden Städten 6 Stunden beträgt und die Concorde stark abgerundet drei Stunden für den Flug benötigt(e), hat der Passagier die gleiche Zeit gewonnen. Er muss seine Uhr nicht vor-, sondern zurückstellen! Da aber Entfernung über ein Längenmaß definiert wird, können Zeit und Geschwindigkeit nur Hilfsparameter sein, wenn der Abstand unbekannt oder zu ermitteln ist.

Waren Jakobsstab und Astrolabium an sich schon relativ ungenaue Messinstrumente, so standen ihnen die Geräte zur Zeitmessung in dieser Beziehung um nichts nach. Und die sind nun einmal, wie schon angemerkt, eine Grundbedingung zur Positionsbestimmung nach den Grundregeln der astronomischen Navigation und damit Voraussetzung zur Berechnung der vom Ausgangsort zurückgelegten Entfernung; oder anders ausgedrückt, zur Ermittlung des Längengrades. Das einzige Messinstrument, das Zeit und Sonnenbahn in direkte Beziehung zueinander setzt, die Sonnenuhr, ist aus leicht einsichtigen Gründen gerade wegen ihres Grundprinzips nicht in der Lage, die verstreichende Zeit bei Ortsveränderungen anzugeben. Andere Möglichkeiten zur Zeitmessung, unabhängig von der Sonneneinstrahlung oder dem Standort, waren Wasser- oder Feueruhren. Obwohl ihre Ursprünge weiter zurückliegen dürften, ist die weithin bekannte Sanduhr erst im 14. Jahrhundert nachweisbar. Um die gleiche Zeit wurden auch die ersten mechanischen Uhren konzipiert; große und schwere Konstruktionen, die aber aus eben diesem Grund für die Seefahrt ebenso untauglich waren wie die Sonnenuhr aus anderen. Tragbare mechanische, von einer Feder angetriebene Uhren lassen sich in Italien um 1450 nachweisen und um 1500 erfand der Nürnberger Peter Henlein die später nach seiner Heimatstadt benannten »Nürnberger Eierlein«. Für Heinrich den Seefahrer, Kolumbus und andere blieb also zur Zeitbestimmung nur die Sanduhr, deren Genauigkeit, besser gesagt summierte Missweisung, nach mehreren Durchläufen leicht vorstellbar ist.

Auf hoher See ist ein Navigator auf die Genauigkeit vorangegangener Messungen angewiesen, die, mehrfach täglich durchgeführt, bis zum Ausgangshafen zurückreichten. Der angelegte Kompasskurs war laufend mit dem tatsächlich gefahrenen abzugleichen, was gerade bei rauer See und gegen den Wind kreuzend, erheblichen Aufwand bedeutete, wenn es überhaupt möglich war. Die einzelnen Messparameter fanden, vereinfacht ausgedrückt, ihren grafischen Niederschlag in einem auf eben umgerechneten sphärischen Dreieck, dessen Hypotenuse die seit den letzten Messungen zurückgelegte Strecke samt Richtung darstellte. Je genauer Geschwindigkeit und Zeit in ein Zeit-Weg-Diagramm einfließen, umso exakter kann das Ergebnis werden. Dabei darf nicht übersehen werden, dass der Faktor Zeit doppelt aufscheint: einmal in der zurückgelegten Strecke je Zeiteinheit (Messphase) und zum anderen in der Dauer der mit gleichbleibendem Tempo gefahrenen Strecke. Dass eine Sanduhr, ja selbst die verbesserten mechanischen Uhren des 16. Jahrhunderts, dazu kaum geeignet waren, ist einleuchtend, zumal die Uhren theoretisch mit der jeweiligen Ortszeit abzugleichen wären, um über den Sonnen- oder Gestirnstand die jeweilige Position auf See in Bezug auf die geographische Länge astronomisch bestimmen zu können.

Obwohl die Messmethoden laufend verfeinert wurden, gelang der Durchbruch erst um 1760 mit der ausgereiften Entwicklung eines zuverlässigen Marinechronometers durch den Briten John Harrison (1693–1776). Obwohl das Datum bereits außerhalb des abgesteckten Zeitrahmens liegt, soll die faktische Problemlösung kurz umrissen dargestellt werden, zumal sie mit ihren Anfängen unmittelbar an diesen anschließt und an ihrem Ende die zweifelsfreie Beantwortung der Längengradfrage steht.

Im Oktober 1707 segelte ein englischer Verband nach einem Seegefecht vor der französischen Küste zurück in die Heimat. Tagelang wolkenbedeckter Himmel und heftige Winde behinderten die Navigation. Die Flottenführung unter Admiral Sir Cloudesley Shovell wähnte sich in sicherem Abstand zu den gefürchteten Scilly-Inseln vor der Westspitze Cornwalls, als sie einer der schweren Herbststürme im Kanal eines besseren belehrte. In der Nacht des 22. Oktober liefen vier große Linienschiffe, darunter das Flaggschiff auf die Klippen auf und Tausende Mann Besatzung und Soldaten fanden mit dem Oberkommandierenden den Tod; ein Schock, nicht nur für die Admiralität, wie es ein Marinesprecher formulierte: »*Aus der Verwirrung aller wird klar ersichtlich, dass darauf hinzuarbeiten ist, es trotz der Vorsehung durch den Allmächtigen und trotz der Weite des Ozeans nicht zu noch mehr Unglücksfällen durch die Navigation kommen zu lassen.*«

Im Jahr 1714 setzte das englische Parlament einen Preis von 20 000 Pfund, nach heutigem Geldwert einen mehrfachen Millionenbetrag, für eine Methode aus, den jeweiligen Längengrad exakt und zweifelsfrei bestimmen zu können.[40] Vergeben sollte ihn eine hochrangig besetzte Kommission, der neben dem schon betagten Sir Isaac Newton auch andere herausragende Wissenschaftler sowie hochrangige Vertreter der Admiralität und des Parlaments angehörten. Zur Überprüfung waren Testfahrten in die Karibik vorgesehen. Es folgte eine Flut von Vorschlägen, die sich an Skurrilität gegenseitig überboten. Um 1720 begann sich auch ein schlichter Kunsttischler und Uhrmacher aus der englischen Provinz mit dem Problem zu beschäftigen. Fernab aller universitären, astronomischen oder seemännischen Bildung erkannte John Harrison schon zu Beginn seiner Arbeiten den einfachsten Ansatz zur Lösung: »*Ich vermute, die Differenz der Längengrade zwischen einem Schiff auf See und seinem Ausgangshafen sei ebenso exakt bestimmbar wie der Breitengrad, sofern das Schiff eine Maschine oder Uhr an Bord hätte, welche die genaue Uhrzeit des Heimathafens anzeigt.*« Und gerade hier setzte Harrison an: »*Mir war klar, dass mein geplanter Chronometer tatsächlich so genau gehen musste, wie es bislang noch nicht gegeben hatte; mit einer Abweichung von nur zwei, drei Sekunden pro Monat.*« Da hier nicht der Raum sein kann, auf nähere Details seiner jahrzehntelangen Arbeit einzugehen, sei nur angemerkt, dass er in seine vier Grundmodelle soviel innovative Energie einbrachte, dass sie heute zu mehreren einträglichen Einzelpatenten ausgereicht hätten. Die wesentlichen Schwierigkeiten auf diesem Weg lagen an scheinbar unüberwindbaren Hürden wie Feuchtigkeit, Luftdruck, Schwerkraft, Temperaturschwankungen und Eigenbewegung des Schiffes. All diese Störfaktoren, vermehrt durch die negativen, zeitverzerrenden Einflüsse der Reibung[41] zwischen den einzelnen, beweglichen Teilen waren auszuschalten, was Harrison in mühsamer Kleinarbeit und mehreren Konstruktionsverbesserungen auch gelang.

Im Jahr 1764, der Längengradpreis ist noch nicht vergeben und Harrison mittlerweile 71 Jahre alt, wird vom Staat die alles entscheidende Prüfung an seinem Modell H4 vorgenommen, eine Fahrt von Portsmouth nach Bridgetown auf Barbados – seit 1652 englische Kronkolonie – in den Kleinen Antillen. Im Umfeld der Längengradbestimmung hatte sich in den langen Jahren von Harrisons Entwicklungsarbeit eine weitere astronomische Methode zu jener von Galilei begonnenen über die Jupitermonde etabliert. Ihr eifrigster Verfechter in England war Nevil Maskelyne (1732–1811), ein Astronom und Mathematiker im klerikalen Rang eines Dekans, gleichzeitig aber auch erklärter Gegner der Harrisonmethode. In einem komplexen und komplizierten Rechenverfahren leitete er mit seinem System aus dem Winkel zwischen bekannter Mondstellung in seiner definierten Bahn und einem ebenso tabellarisch erfassten Fixstern die geographische Position des Beobachters und damit den Längengrad ab. Was auf akademischer Ebene in sich konsistent und richtig ist, muss jedoch an den realen Bedingungen auf See scheitern, da die hiezu erforderliche Genauigkeit einen absolut ruhigen Messort verlangt, der auf einem schwankenden Schiff nun einmal nicht gegeben ist. Dabei ist der stundenlange Rechenaufwand nach der Winkelmessung und die Weiterbewegung des Schiffes noch gar nicht berücksichtigt.

Als das Kommissionsschiff nach 46 Tagen auf See mit der weggesperrten Uhr Harrisons – die man lediglich zum Aufziehen aus ihrem Behälter entfernte – in Bridgetown vor Anker ging, befand sich ausgerechnet Maskelyne auf der Insel, um den Längengrad zu Vergleichszwecken astronomisch zu bestim-

men. Der Uhrenbehälter wurde geöffnet und die Zeigerstellung – als Basis die
aktuelle Ortszeit von Portsmouth – protokolliert. Mit Rückrechnung über den
lokalen Sonnenstand von Barbados ergab sie eine Abweichung von lediglich
dreißig Sekunden, und das nach sieben Wochen! Harrisons Konzept hatte sich
als tragfähig erwiesen. Das unsichere Navigieren mangels exakter Zeitbestimmung zur geographischen Umsetzung der Ephemeridenwerte gehörte fortan,
beinahe 300 Jahre nach Kolumbus, endgültig der Vergangenheit an.

Wer nun glaubt, mit dem Marinechronometer wäre das wesentliche Problem der Seefahrt gelöst, hat nur teilweise recht, gerade im Zeitalter der Segelschiffe. Nach wie vor offen und für Leib und Leben sogar noch bedrohlicher blieben die Unbilden des Wetters. In einer Zeit, in der selbst ein kleines
Privatsegelboot in der Ägäis oder Karibik sowohl über das satellitengestützte
GPS-System und Funkanlagen zum Empfang spezieller Wetterberichte und
Daten verfügen kann, ist die Problemstellung für einen Kapitän früherer See-
fahrtsepochen kaum mehr vorstellbar. Ein heutiger Skipper kann sich stündlich über eine Vielzahl landgestützter Wetterstationen über das lokale Wetter
und mit einem Höchstmaß an Genauigkeit über dessen voraussichtliche Entwicklung informieren: Wettersatelliten liefern Angaben über beliebige Großräume; jede Station meldet mindest stündlich die aktuellen Werte für Tem-
peratur, Luftdruck, Windgeschwindigkeit und Richtung sowie Veränderungen
der Luftfeuchtigkeit. Überträgt man die zeitgleichen Daten mehrerer Stationen auf eine nautische Karte, so kann man nach mehrmaliger Wiederholung
des Vorgangs und einiger Übung seine persönliche Wetterkarte erstellen. Ein
aufmerksamer Kapitän des 20. Jahrhunderts kann deshalb nie unvorbereitet
in eine, möglicherweise ausgedehnte, Schlechtwetterfront geraten. Anders die
Navigatoren früherer Zeiten.

Sie mussten sich aus einer Fülle von Einzelbausteinen ein Bild kommender Wetterentwicklungen formen. Der Wind ist dabei zweifelsfrei das Nahe-
liegendste, seine Richtung, Stärke, Gleichförmigkeit oder Intensitätsschwan-
kungen geben dem Erfahrenen schon weiterführende Informationen. Mit dem
Wind indirekt verbunden sind Wellengang und Wolkenzug sowie dessen Höhe
und Farbe. Große Wellen mit träge ziehenden, hellfarbig bis weißen Wolken-
formationen sind Ausdruck einer anderen Wetterlage als böiger Wind bei tief-
hängendem, dunkelgrauem Himmel. Kann der heutige Skipper aus seinen
Wetteraufzeichnungen erkennen, ob er sich auf eine Okklusion[42] zubewegt,
so musste der Kapitän aus den vorhin genannten Detailpunkten mühsam ex-
trapolieren, wie sich das Wetter in den nächsten zwei bis fünf Stunden entwickeln könnte. Ständige Beobachtung war erforderlich, um nicht mit vollem Tuch in eine Sturmfront zu geraten, was zu schwerer Beschädigung an der
Takelage bis hin zum Mastbruch geführt hätte.

Als weitere Parameter bieten sich ein plötzlicher Temperaturabfall oder eine

Änderung des Luftdrucks innerhalb kurzer Zeit nach unten an. Trifft beides zusammen, so ist das meist ein untrügliches Zeichen für einen radikalen Wetterumschwung. So einen rechtzeitig erkennen zu können, war einer der Vorzüge des Christoph Kolumbus. In diesem Zusammenhang sei nur auf seine vierte Reise hingewiesen, als er die zum Auslaufen bereite Flotte des Nicolas de Ovando ohne Erfolg vor einem tropischen Sturm zu warnen suchte, seine Schiffe aber rechtzeitig in eine schützende Bucht bringen konnte. Dazu waren aber jahrelange Erfahrung und viele Fahrten erforderlich. Etwas blieb jedoch trotz allen Feingefühls völlig unmöglich, die Vorschau auf mehrere Tage. Ein von den Azoren kommendes Schiff lief mitunter ahnungslos in einen der berüchtigten Zyklone vor den Kleinen Antillen. Wenn es Glück hatte, so streifte es nur dessen Randgebiet und selbst das bedeutete Schwerstarbeit für die Mannschaft. Mit der Zeit stellte man eine jahreszeitliche Regelmäßigkeit in den verschiedenen Regionen fest und mied sie, so weit es ging. Die spanischen Konvois und Silberflotten liefen nicht von ungefähr im Frühjahr und Herbst aus; sie vermieden bloß die jährlichen Hurrikans des Spätsommers. Und ebenso sah man, so weit es ging, von Fahrten im Nordatlantik zu Zeiten der gefürchteten Herbststürme ab. Die möglich gewordene Längengradbestimmung hatte die Seefahrt wohl genauer, aber keineswegs sicherer gemacht.

Bleiben neben dem Kompass, Jakobstab oder Astrolabium aus der frühen Entdeckerzeit noch zwei Geräte zu erwähnen, die zwar primitiv anmuten, jedoch zum unentbehrlichen Rüstzeug jeder Seefahrt zählten; das »Log« und das »Lot«. Letzteres diente zur Bestimmung der Wassertiefe unter Kiel. Gerade in den seichten Küstengewässern der Karibik konnte auf das Lot nicht verzichtet werden, da ständig die Gefahr bestand, auf eine Sandbank oder ein Riff aufzulaufen. Es war ein einfaches, einseitig beschwertes Tau, das in bestimmten und gleichen Abständen mit Markierungen, meist in Form von Knoten oder kurzen Schnüren (Faden)[43] versehen war. Ins Wasser gelassen, gab die Anzahl der versenkten Knoten dessen Tiefe an. Lief man auf eine Sandbank auf, so war das Schiff noch relativ glimpflich davongekommen. Es bedeutete jedoch, je nachdem ob Flut oder Ebbe geherrscht hatte, für die Besatzung Schwerstarbeit, das Schiff wieder flott zu bekommen. Weitaus schwieriger verhielt es sich unter Umständen, wenn es, womöglich noch mit voller Fahrt, ein Riff rammte. Es saß dann nicht nur fest, sondern trug dann meist Schäden an der unteren Beplankung davon, die überwiegend zu seiner Aufgabe führen mussten, da das in den Rumpf eindringende Wasser von den einfachen Handpumpen nicht mehr bewältigt werden konnte. Es darf also nicht wundern, dass dem Lot uneingeschränkte Aufmerksamkeit gewidmet wurde, sobald man sich einer Küste näherte oder kräuselnde Wellen eine Untiefe anzeigten. Die Arbeit mit dem Lot war umständlich und beeinträchtigte das Vorankommen erheblich, trotzdem konnte nicht darauf verzichtet werden.

Das Log hingegen diente der Feststellung der eigenen Geschwindigkeit und ähnelte weitgehend dem Lot. Anstelle des Gewichtes war nur das sogenannte »Logscheit« an einem Ende angebracht. Warf man das meist dreieckige Holz in die See, so markierte es im Verhältnis zu dem sich bewegenden Schiff sozusagen einen Nullpunkt im Wasser. Die Anzahl der durchlaufenden Knoten innerhalb einer bestimmten Zeitspanne, die in der Frühzeit wie erwähnt mit einer Sanduhr gemessen wurde, ließ durch Rückrechnung einen Schluss auf die gefahrene Geschwindigkeit zu, die ja als Kontrollfaktor für die Positionsbestimmung von Interesse war. Die Unsicherheit dieser Meßmethode ist offensichtlich. Sie beginnt bei der eingeschränkten Genauigkeit der Zeitmessung, wird aber durch die Tatsache verschärft, dass das Logscheit im Wasser nur selten einen ruhenden Fixpunkt einnehmen kann. Strömungen, sowohl in Geschwindigkeit als auch Richtung, verfälschen das Ergebnis bis zum Extremfall der Unbrauchbarkeit, da es sich immer nur auf den Geschwindigkeitsunterschied zum Trägermedium[44] beziehen kann und daher einen korrekten Rückschluss auf die tatsächlich zurückgelegte Entfernung nicht zulässt. Da die Seefahrer, wenigstens in den Anfängen, unter keinem wesentlichen Zeitdruck standen, war die Ungenauigkeit dieser Meßmethode von untergeordneter Bedeutung, sieht man von den nicht unerheblichen Implikationen als Begleitparameter auf die Positionsbestimmung in Bezug auf den Längengrad ab.

VOM SEGELN

Beim Segeln unterscheidet man grundsätzlich zwei Formen der Bewegung: ein Schiff fährt entweder im Vortriebs- oder Auftriebsbereich. Trifft der Wind von hinten auf die ungefähr quer zur Längsachse gestellten Rahsegel, so liegt (segelt) das Schiff »vor dem Wind«, fällt er seitlich von hinten ein, so fährt man »raumschots«. Bei genau seitlichem Wind werden die Segel etwa 40 bis 45 Grad zur Längsachse gestellt und man spricht von einem »halben Wind«. Diese Windverhältnisse und Segelstellung markieren den Übergang vom Vor- in den Auftriebsbereich. An den beiden Seiten des gebauschten Segels beginnen nun zunehmend unterschiedliche Druckverhältnisse zu herrschen. Wie beim Flügel eines Flugzeuges gleitet der Luftstrom (Wind) an der gewölbten Außenseite wegen der im gleichen Zeitraum weiter zurückzulegenden Strecke schneller ab, während er sich an der Unterseite in der Rundung staut. Dadurch entsteht außen (in Lee) ein relativer Unterdruck während innenseitig (in Luv) Überdruck herrscht. Die Kombination aus beiden Druckverhältnissen zieht/treibt das

Schiff nach vorne; anders ausgedrückt, es segelt »am«, »hoch« oder gar »hart am Wind.«

Die Summierung der einzelnen Komponenten wird durch das in der Physik oft verwendete Kräftedreieck am besten veranschaulicht: der genau seitlich auftreffende Wind (»Wahrer Wind«) und der Fahrtwind resultieren im »Scheinbaren Wind«, der im rechten Winkel zum Segel angreift, wobei der gefahrene Kurs durch die Ruderstellung bestimmt wird. Dieses Prinzip ermöglicht es auch, ein Ziel anzusteuern, das genau in Windrichtung liegt. Allerdings ist das nicht mehr auf direktem Weg möglich, denn ab der oben angegebenen Winkelverschwenkung um etwa 45 Grad tritt der gegenteilige Effekt ein. Die Segel fallen ein, sie »killen«, und das Schiff wird zurückgetrieben. Dem kann man dadurch begegnen, dass ein Zickzackkurs oder »Kreuzkurs« gefahren wird. Dabei werden jeweils für eine gewisse Zeit die Druckverhältnisse eines seitlich auftreffenden Windes hergestellt, der einmal steuerbordseits, nach der nächsten Wende backbordseits einfällt. Der kritische Moment einer »Wende« liegt in jenem Zeitpunkt, in dem das Ruder auf Gegenkurs gebracht wird. Nun killen die Segel und das Schiff verliert an Fahrt. Lediglich die Massenträgheit hält für einen gewissen Zeitraum eine Restgeschwindigkeit aufrecht. Das Schiff dreht über den Bug und langsam beginnen sich die Segel wieder zu füllen, um dann wieder Fahrt aufzunehmen. Dieser Vorgang ist nicht bloß eine Frage der Ruderstellung, sondern auch eine der Segel, was zum Begriff des »Segelmanövers« führt. Die Segel müssen umgeschlagen werden, das heißt, ihre Stellung zur Schiffslängsachse ist den neuen Windverhältnissen anzupassen, um die spiegelgleichen Bedingungen vor der Wende wieder herzustellen. Jede Wende bedeutete demnach für die Mannschaft genaue, aufeinander abgestimmte Schwerarbeit innerhalb kurzer Zeit. Bei einem Dreimaster vom Rang der SAN FELIPE mussten zwischen acht und zwölf großflächige, zentnerschwere Tücher annähernd zeitgleich in die neue Position gebracht werden, die obersten mindest 25 Meter über Deck und oft bei rauem Wind.

Windstärke und deren Angriffsfläche auf die Summe der Segel bringen eine weitere Kraft ins Spiel. Mit steigendem Abstand der Segelflächen von der Wasserlinie erhöht sich nach dem Hebelgesetz bei seitlichem Wind auch der Druck, dem der Unterwasserteil des Schiffes entgegenzuwirken hat, um das Schiff vor dem Kentern zu bewahren. Im modernen Segelsport hält das sogenannte »Schwert«, eine flossenartige Aufdopplung des tragenden Kiels, dem Winddruck entgegen. Da selbst Hochseeschiffe gezwungen sind, seichtere Küstengewässer anzulaufen, kann der Kraftausgleich nur über einen sehr tief liegenden Schwerpunkt der Gesamtkonstruktion hergestellt und/oder über Rücknahme der Windangriffsflächen erreicht werden.

Ab einer bestimmten Windstärke beginnt man von einer »Sturmfahrt« zu sprechen. Aufgabe des Kapitäns musste es sein, die Segelfläche stets den Windverhältnissen anzupassen. Dies trifft besonders auf die Sturmfahrt zu, will er das Schiff nicht der Gefahr des Querschlagens, eines Mastbruches oder gar Kenterns aussetzen. Erste Maßnahme war es, das Großsegel und Besansegel zu reffen, das heißt deren Fläche durch teilweises Hochziehen zu verkleinern. Dann wurde das große Vorsegel durch die Normalfock oder gar Sturmfock ersetzt. Nahm der Wind weiter an Stärke zu, ließ man das Schiff »beiliegen«, das heißt, dass das gereffte Großsegel »dicht geholt«, also mittschiffs gebracht und die Sturmfock auf die Luvseite gelenkt wurde. Dabei zeigte das Ruder, die Ruderpinne, in Windrichtung. Eine weitere Option bestand darin, alle Segel einzuholen und das Schiff frei vor dem Wind treiben zu lassen, wobei am Heck angebrachte, schwere und lange Taue die Geschwindigkeit verringern sollten. Einen ähnlichen Effekt erreicht man durch den vom Bug niedergelassenen »Treibanker«. Als letzte Möglichkeit konnte man das Schiff ohne Segel bei festgezurrtem Ruder völlig frei treiben lassen. Das waren dann genau die Situationen, in denen ein Schiff, durch ungünstige Meeresströmungen zusätzlich verschärft, weit vom Kurs abgetrieben wurde.

Es bedarf keiner besonderen Erwähnung, dass sowohl über das Navigieren als auch das Segeln an sich nur das Grundprinzip beschrieben werden konnte. Wurden zuletzt die Kombinationen aus Rah- und Lateinsegel und ihre jeweiligen Stellungen entsprechend den erwähnten Windeinwirkungen bewusst weggelassen, so gilt das im gleichen Maß für die Ableitungen aus den Quadrantenangaben und ihre rechnerische Überlagerung mit den astronomischen Tabellenwerten zur Positionsbestimmung. Allein die einfachsten Kombinationen aus den Unwägbarkeiten der Standortbestimmung und den Einflüssen unberechenbarer Winde oder Strömungen sollte deutlich gemacht haben, mit welchen Problemen die frühe Hochseeschifffahrt zu kämpfen hatte. So verwundert es nicht, dass herausragende Navigatoren oder Piloten vom Range eines Antón de Alaminos oder Juan de la Cosa unter Seeleuten lange Zeit oft mehr Ansehen besaßen als der meist militärisch-landorientierte Kapitän, der Leiter des Gesamtunternehmens, wie die Extrembeispiele Vasco da Gama, Alonso de Ojeda oder Panfilio de Narváez zeigen.

Nicht nur den Beruf eines Kartenzeichners machten die Entdeckungsfahrten zu einem »boomenden«. Volkswirtschaftlich weitaus bedeutender gestaltete sich das Handwerk des Schiffsbauers und damit der verstärkte Bedarf an Arbeitskräften. Die Expansion nach und in Übersee, die immer weitere Räume abzudecken begann, erforderte einen ungebrochenen Nachschub an Schiffen. Der staatsseitige Flottenausbau wurde zum nationalen Anliegen aller seefahrenden Völker Europas, rüttelte aber auch bedenklich an den Staatskassen. Dabei ist noch nicht einmal an den Ersatz verloren gegangener Schiffe, sei es durch Seenot oder Kaperung, gedacht. Welche Anforderungen neben dem

Aufbringen finanzieller Mittel auch an die natürlichen Ressourcen der jeweiligen Heimatländer gestellt wurden, lässt sich ermessen, wenn man bedenkt,
dass für den Bau eines einzigen Linienschiffes der Ränge I und II im 17. und
18. Jahrhundert etwa 1500 alte Eichen oder Hölzer vergleichbarer Eigenschaften benötigt wurden. Wenn auch mit dem personellen und wirtschaftlichen
Erstarken der Kolonien der Schiffsbau teilweise ausgelagert oder Bauholz von
diesen oder den Ostsee-Anrainern importiert wurde, so verblieb die Hauptlast für lange Zeit doch bei den heimischen Wäldern. Deren Rodung lässt sich
also nicht bloß auf das Bevölkerungswachstum und die damit verbundenen
Erweiterungen[45] von Anbau- und Weideflächen, sondern auch und gerade auf
den Schiffsbau zurückführen.

Während aus der Zeit unserer SAN FELIPE viele mitunter sehr aufschluss-
reiche Bau- und detailreiche Konstruktionspläne erhalten geblieben sind, beschränkt sich die Kenntnis vom bekanntesten Schiffstyp aus den Anfängen der
Entdeckungsreisen, der Karavelle, im Wesentlichen nur auf schriftliche Überlieferung, die aber auch nur das Prinzip und nicht die technischen Details
wiedergibt.[46] Darüber hinaus kennen wir nur einige bildliche Darstellungen
wie die in einem Altarbild in der Kirche von Cubellas (nun in einem Muse-
um in Barcelona) und eine einzige plastische Wiedergabe einer Nao in Form
eines Votivschiffes (die bekannte Nao von Mataró aus der Eremitage de San
Simon, jetzt in Rotterdam), das um das Jahr 1450 datiert wird. Beiden opti-
schen Wiedergaben ist jedoch mangelnde Proportionalität und maßstäbliche
Überhöhung verschiedener Details eigen; sie geben nur das Prinzip, nicht aber
das reale Aussehen wieder, dennoch sind sie ein wertvolles Hilfsmittel zur
Rekonstruktion der bekanntesten Flotte der Seefahrtgeschichte. Die erhalten
gebliebenen Schiffsbauhandbücher für den spanischen Raum stammen aus
einer Zeit, die ungefähr hunderte Jahre nach Kolumbus anzusiedeln ist, und
geben nur allgemeine Regeln für das zu verwendende Material wieder. Dazu
zählt der »Itinerario de Navegación« des Escalante de Mendoza, das 1575 veröffentlicht wurde. Das erste Werk, in dem auch technische Standards wiedergegeben werden, ist die »Instruccion Nautica para Navegar« aus dem Jahr 1587
und später die »Arte para Fabricar, Fortificar y Aparejar Naos«. In dieser Schrift
werden (erst) 1611 die früheren Konzepte einer Entwicklung dargelegt, die
zum Bau der berühmten Galeonen führten – alles in allem dürftige Anhaltspunkte für den Nachbau der Kolumbusflotte. Auf der wissenschaftlichen Ebene
sind drei bedeutende Rekonstruktionsversuche zu nennen: 1892 von Fernández Duro (SANTA MARIA als Nao), 1927 von Julio Guillén (als Karavelle) und
1964 von José Maria Martinez (als Nao). Zur Fünfhundertjahrfeier der denkwürdigen Fahrt wurden 1991–1992 alle drei Schiffe nach dem letzten Wissensstand nachgebaut und überquerten im Oktober 1992 auf dem Original-
Kurs des Kolumbus den Atlantik.

TEIL 3

Die Eroberung der Neuen Welt

MAGELLAN – DIE ERSTE WELTUMSEGLUNG

> *»Eines Tages sahen wir plötzlich einen*
> *nackten Mann von riesenhaftem Wuchs.«*
> Antonio Pigafetta (1526)

Betrachtet man die frühe Entdeckungsgeschichte in der anbrechenden Neu-zeit auch nur flüchtig, so ist leicht auszumachen, dass sie von den beiden ibe-rischen Ländern Portugal und Spanien dominiert ist; von »Nationen« zu spre-chen, wäre noch verfrüht. Blickt man jedoch tiefer, so zeigt sich ein etwas anderes Bild, denn überwiegend »Ausländer«, und da wiederum hauptsäch-lich Italiener, ermöglichten erst den entscheidenden Durchbruch. Dass eine bestimmte Volkszugehörigkeit oder geographische Herkunft selbst für die ri-valisierenden Seemächte Spanien und Portugal kein nennenswertes Problem darstellte, wird neben Kolumbus, Vespucci, Cabot und anderen auch durch die Vorgeschichte zur dritten herausragenden Leistung der frühen Entdek-kungsgeschichte belegt. Es handelt sich dabei um die Person des gebürtigen Portugiesen *Fernão Magalhães* (um 1480–1521), der unter spanischer Flagge als erster Mensch die Welt umsegelte. In spanischen Chroniken wird Magal-hães als Fernando de Magellanes geführt; nachfolgend soll er mit seinem im Deutschen üblichen Namen Magellan angeführt werden.

Er stammte aus portugiesischem Kleinadel und wurde als Page in den Hofstaat Joãos II. aufgenommen; mit 25 Jahren begleitete er 1505 Francisco de Almeida auf dessen Fahrt nach Indien. Auch an der schon erwähnten See-schlacht von Diu nahm Magellan teil und wurde dabei am Bein schwer ver-wundet. Einige Zeit später gelangte er, diesmal unter Befehl des Afonso de Albuquerque, bis nach Malakka und den Molukken. Bevor er, 1512 zum Hauptmann befördert, wieder nach Portugal zurückkehrte und in Marokko stationiert wurde, hielt er sich noch einige Jahre im fernen Orient auf. Späte-

stens hier dürfte er ähnliche Überlegungen wie Jahre zuvor Kolumbus ange-
stellt haben, jedoch mit einem wesentlichen Unterschied: Magellan kannte die
wahre Entfernung zwischen Lissabon und der indonesischen Inselwelt aus eigener Erfahrung. In der anderen Richtung konnte er auf die Entdeckungen
eines Balboa in Panamá oder eines Juan de Solis an der brasilianischen Küste
zurückgreifen. Von diesem Wissen bis zur Vorstellung, dass der Seeweg über
den Westen zu den Gewürzinseln des Ostens vielleicht doch kürzer wäre, bedurfte es keines visionären Anstoßes mehr. So trug er König Manuel I. seinen
Plan vor, wurde aber, im Gegensatz zu Kolumbus einige Jahre zuvor, schroff
abgewiesen. Das dürfte nicht zuletzt auf eine denkbar schlechte »Personalbe-
schreibung« zurückzuführen gewesen sein, die Albuquerque dem stets zu Widerspruch neigenden Mitglied des Kriegsrates von Conchin an den König
mitgegeben hatte. Der setzte nur eine kleine Pension aus und entließ den noch
jungen Veteran aus seinen Diensten. Wie sein großer Vorgänger beschloss auch
Magellan, nach Spanien zu gehen und dort auf sein Glück zu bauen. Obwohl
es nicht bewiesen werden kann, ist durchaus denkbar, dass er vom »Erdapfel«
des Martin Behaim oder gar einer neueren Weltdarstellung Kenntnis hatte,
die deutlich eine Meerenge zwischen Südamerika und dem von Kosmographen
behaupteten »Südkontinent« auswies.

Auch hier muss betont werden, wie unreflektiert sich die Praktiker von den
einsamen Denkprodukten der Gelehrten beeinflussen ließen. Andererseits regt
es die Phantasie an, immer wieder festzustellen, dass eben diese Praktiker den
Nachweis über theoretische Annahmen erbringen, die Jahre zuvor in Gelehrtenstuben formuliert wurden.

Am spanischen Hof führte Magellan ein schlagendes Argument an, das sein
Vorhaben aus dem Bereich des Visionären in die reale Welt verlegte. Die
Grundidee, die er zusammen mit dem gleichfalls portugiesischen Astronomen
Rui Faleiro entwickelte, ist denkbar einfach und faszinierend: In Verfolgung
und Einhaltung des Vertrages von Tordesillas lagen die Gewürzinseln der Molukken in der Spanien zustehenden Hemisphäre; man brauchte nur die Demarkationslinie über die Pole hinaus, auf der anderen Seite der Erdkugel fortzusetzen. Ein geringerer Erdumfang als der tatsächliche, wie er damals noch
angenommen wurde, konnte diese Tatsache – in Unkenntnis der gewaltigen
Pazifikfläche – nur unterstützen. Anfängliche Widerstände der *Casa de la
Contratación* und anderer Personen, die dem Hof nahe standen, konnten nicht
zuletzt durch einflussreiche Geldgeber, die sich von einer Fahrt des Portugiesen einen ansehnlichen Gewinn erwarteten, überwunden werden. Hier sollte
man sich aber auch vor Augen halten, dass der große Durchbruch – die Entdeckung und Eroberung des Aztekenreiches und, damit verbunden, der ansehnliche Gewinn von Gold und vergleichbaren Werten – noch nicht erfolgt
war. Die spanische Krone hatte bis dahin sehr viel in das Abenteuer Westin-

dien investiert, dem aber nur ein verhältnismäßig bescheidener Rückfluss gegenüberstand, wogegen der kleine Nachbar Portugal im Indischen Ozean beträchtliche Gewinne einfuhr; ein spanischer Vorstoß zu den Gewürzinseln erhielt den Rang eines strategischen Gebots. Nicht zuletzt deshalb unterzeichnete der erst 18-jährige Karl V. (damals noch Carlos I. von Kastilien und León) eine Kapitulation, die die Entsendung von fünf Schiffen mit 250 Mann unter dem Oberkommando des Magellan vorsah. Ihm und seinem Partner aus der Lissabonner Zeit, Faleiro, wurde je ein Zwanzigstel der Einkünfte sowie der vererbbare Gouverneurstitel zuerkannt.

Über ein Jahr sollten die Vorbereitungen für die geplante Fahrt dauern, was letztendlich auf Desinteresse bis hinhaltenden Widerstand der mittleren Verwaltungsebene zurückzuführen war. Natürlich blieben die Ausrüstungsarbeiten im benachbarten Portugal nicht unbemerkt, das seine eigenen Aktivitäten im Osten direkt bedroht sah. Tordesillas-Vertrag hin oder her, ausgerechnet ein Portugiese schickte sich an, für Spanien das einträgliche Monopol des Seeweg-gestützten Gewürzhandels zu unterlaufen. Der gleiche Hof, der Magellan erst kurze Zeit zuvor in beinahe beleidigender Art abgewiesen hatte, begann nun beim spanischen König gegen das Vorhaben zu intervenieren. Gleichzeitig versuchte man Magellan selbst durch Bestechung von seiner Reise abzubringen – vergebens. Die Passivität der spanischen Behörden und die beinahe offen zu Tage tretende Feindschaft hochrangiger Persönlichkeiten dürfte mehrere Gründe gehabt haben. Die *Casa de la Contratación* in Sevilla schien trotz aller scheinbaren Rechtmäßigkeit des theoretischen Besitzanspruchs kein gesteigertes Interesse gehabt zu haben, die Option wahrzunehmen und damit möglicherweise einen (Handels-)Krieg mit Portugal auszulösen. Der Widerstand ging so weit, dass der spanische König direkt intervenierte und die Casa zu mehr Aktivität aufforderte. Diese zögerliche Behandlung stellt an sich keinen Widerspruch zur eingangs getroffenen Feststellung über die offenen Grenzen dar. Der Widerstand kam vorwiegend aus der mittleren Ebene, die einem grenzüberschreitenden Dienstbarkeitsaustausch eher skeptisch gegenüberstand. Darüber hinaus sollte man das ausgeprägte Klientel- und Schützlingswesen innerhalb eines Entscheidungsgremiums mit all dem verbundenen Lobbyismus nicht unterschätzen.

In diesem Zusammenhang trifft man wieder auf einen Mann, der schon Kolumbus nicht sonderlich gewogen war: auf Bischof Juan de Fonseca, in der Zwischenzeit noch mächtiger und einflussreicher geworden. Da Magellan durch die Kapitulation indirekt unter ausdrücklichem Schutz des Königs stand, suchte Fonseca die unmittelbare Umgebung des Portugiesen mit Personen seines Vertrauens zu infiltrieren. Hier ist vor allem Juan de Cartagena, ein Neffe des Bischofs, zu nennen, der anstelle Faleiros in leitender Funktion an der Fahrt teilnehmen sollte. Neben persönlicher Animosität dürfte noch die Unzulänglichkeit des Kolumbus, was kolonisatorische Belange betraf, in Erinnerung geblieben sein. Eine Bündelung all dieser Gründe hat Fonseca möglicherweise bewogen, Magellan von Anfang an zu kontrollieren, wenn schon die Fahrt an sich nicht zu verhindern war. So verwundert es nicht, dass sich die Rekrutierung der Mannschaften noch schwieriger gestaltete als bei der ersten Reise des Kolumbus. Magellan sah sich gezwungen, verstärkt Nichtspanier anzuheuern, darunter etwa 30 Portugiesen, was naturgemäß einem Gemeinschaftsgefühl nicht besonders dienlich sein konnte. Man braucht all diese Widerwärtigkeiten nicht überzubewerten, um aus ihnen schließen zu können, dass die erste Weltumseglung von Anfang an unter keinem glücklichen Stern stand. Und daran sollte sich auch nicht viel ändern. Von ihrem Verlauf haben wir neben anderen vor allem durch die detailreichen, ja akribischen Aufzeichnungen eines jungen Italieners namens Antonio Pigafetta recht genau Kenntnis erhalten. Sein französisch abgefasster Reisebericht erschien bereits 1526 unter dem Originaltitel »*Le Voyage et Navigation faict par le Espagnolz es Isles de Mollucquez*« – Französisch war um 1500 die Literatursprache Italiens.

Im September 1519 lichteten fünf, sich nicht gerade im Bestzustand befindliche Schiffe mit insgesamt 270 Mann Besatzung in Sanlúcar de Barameda den Anker zu einer Reise, die annähernd drei Jahre dauern sollte und von der nur ein Schiff nach vollständiger Weltumseglung nach Spanien zurückkehrte. Mit 120 Tonnen war die SAN ANTONIO das größte und wurde vom oben genannten Juan de Cartageña befehligt. Magellan befand sich als Generalkapitän auf der etwas kleineren TRINIDAD, dem Flaggschiff; zur Flotte zählten noch die CONCEPCIÓN, die VICTORIA und die SANTIAGO. Schon die erste Etappe, die Überfahrt nach Brasilien, böte genügend Stoff für einen spannungsgeladenen Abenteuerthriller mit den Ingredienzien Subversion, Agententätigkeit und dem Bemühen ihrer Abwehr.

In der ersten Phase verfolgte Magellan die bereits etablierte Standardroute über die Kanaren (in die Neue Welt), um anschließend in sicherem Abstand zur Küste Westafrikas nach Süden zu segeln, und überquerte schließlich den Atlantik an seiner engsten Stelle. Mit dieser Vorsichtsmaßnahme wollte er portugiesischen Schiffen aus dem Weg gehen, die seine Flotte abfangen mochten. Wie man heute weiß, hatte Manuel I. tatsächlich einen diesbezüglichen Befehl gegeben, dem zu Magellans Glück, der bereits mit genügend inneren Problemen konfrontiert war, kein Erfolg beschieden wurde. Bereits auf Teneriffa hatte dieser Kenntnis erhalten, dass sich Juan de Cartageña zusammen mit den Kapitänen der CONCEPCIÓN und VICTORIA gegen den Oberkommandierenden verschworen hatten und sich seiner entledigen wollten. Magellan sah sich in einem Netz von Intrigen gefangen, das er fürs Erste aber durchschlagen konnte, indem er Cartageña seines Kommandos enthob und mit Haft belegte. Bei allem Respekt, der Kommandierenden im Allgemeinen entgegengebracht wurde, bedeutete Magellans Befehl dennoch einen Kraftakt sondergleichen, handelte es sich doch nicht um einen beliebigen Kapitän, sondern um den Neffen und Schützling des mächtigen Fonseca. Dass mit der Absetzung Cartageñas nicht unbedingt Ruhe und Harmonie einkehrten, liegt in der Natur des breit gefächerten Widerstandes, dem sich der Generalkapitän gegenübersah. Dessen Maßnahme stellte andererseits die Autorität bis zu einem gewissen Grad wieder außer Frage und sicherte vorerst die Disziplin.

Im Dezember hielt sich die Flotte etwa zwei Wochen in der Bucht von Rio de Janeiro auf, die zwar seit 1501/02 durch Coelho und Vespucci bekannt, aber noch nicht besiedelt war. Für spanische Begriffe verliefen die Interaktionen zwischen Seefahrern und Eingeborenen beinahe harmonisch und reibungslos. Immer dem Küstenverlauf folgend drang die Flotte zum Rio de la Plata vor und befand sich damit auf der ungefähren Route des Juan Diaz de Solis aus dem Jahr 1515, einem Landsmann Magellans. Der stieß nun in einem leichten und mit wenig Tiefgang ausgestatteten Schiff in das »Süßmeer« Solis vor, das vom Zusammenschluss der Flüsse Paraná, Paraguay und Uruguay gebildet wird. Umfangreichere Untersuchungen, als sie Solis vornehmen konnte, bestätigten später dessen Annahme, dass nur eine große Bucht und kein Zugang zum Pazifik entdeckt war. Von hier aus segelte die Flotte Magellans tatsächlich ins Unbekannte weiter; zumindest deutet die Quellenlage auf keinen früheren Vorstoß[47] hin. Mitte Februar 1520 traf Magellan in der Bucht von Bahia Blanca (39° südl. Br.) ein, das Cabo Blanco wurde umschifft und man erreichte gegen Ende März die Bucht von San Julián, wo für die nächsten Monate Halt eingelegt wurde, um auf das Frühjahr der südlichen Halbkugel und damit auf bessere Wetterverhältnisse zu warten. Aus den Notizen des Pigafetta ist man auch über Details dieser Etappe informiert. Neben Seehunden und den noch eigenartigeren Pinguinen trafen die Spanier auf Eingeborene, deren großer Wuchs die Europäer außerordentlich beeindruckte. Ob die Berichte über das Aussehen der Ureinwohner der Realität entsprachen, kann heute nicht mehr nachvollzogen werden, da die Tehuelche, wie sie sich nannten, schon lange ausgestorben sind und etwaige Skelettfunde zu wenig Aussagekraft besitzen. Von den Spaniern Magellans erhielten sie den Namen »Patagonier«, nach »großer Fuß«; und von diesem Begriff leitet sich die noch heute gebräuchliche Bezeichnung für diesen südlichen Großraum des Doppelkontinents her. In der Bucht von San Julián sollte sich aber auch ein ernster Zwischenfall ereignen, der den Erfolg des gesamten Unternehmens vorübergehend in Frage stellte, dessen souveräne Meisterung durch Magellan aber den späteren Erfolg erst möglich machte.

Nach einiger Zeit trügerischer Ruhe war wieder Unmut innerhalb der Besatzung und vor allem im Kreis der Führungsoffiziere ausgebrochen. Boten für die einen die notwendig gewordenen Kürzungen der Verpflegungsrationen Anlass, so regte sich bei anderen wieder der Unwille, unter dem Befehl eines Ausländers zu stehen, der sie noch dazu über seine Pläne und Vorhaben im Unklaren ließ. Konnte Magellan lange Zeit diese schwelende Unruhe durch geschickte Überredungskunst noch einigermaßen beherrschen, so brach sie nun voll durch. In der Karwoche 1520 – Ende Juni werden Cortés und die Spanier in der »noche triste« aus Tenochtitlán vertrieben – sandte Gaspar de Quesada, Kapitän der CONCEPCIÓN, ein Beiboot zum Flaggschiff und ließ dem Oberkommandierenden mitteilen, dass er sowie die Kapitäne der SAN ANTONIO und VICTORIA jeden Gehorsam aufkündigten und eine sofortige Rückkehr nach Spanien verlangten. Als offizielle Begründung wurde die Nichtbefolgung königlicher Anweisungen durch den Generalkapitän angegeben. Magellan befand sich damit in jener Lage, die Bartolomeu Diaz am Kap der Guten Hoffnung gerade noch verhindern konnte, indem dieser rechtzeitig, wenngleich gegen seine innere Überzeugung, den Befehl zur Umkehr gab. Hätte Magellan auch nur geahnt, was die weitere Reise für ihn und die Besatzungen bringen sollte, wäre er dem Ansinnen seiner Kapitäne vermutlich nachgekommen. So handelte er aber mit einer Geistesgegenwart und Härte sondergleichen, der man ein hohes Maß an Bewunderung entgegenbringen muss.

Luis de Mendoza, Kapitän der VICTORIA, wurde durch einen Abgesandten Magellans während einer Verhandlungsrunde ermordet und das Schiff ohne große Probleme übernommen. Die Besatzung der CONCEPCIÓN wurde durch eine Breitseite zur Vernunft gebracht, worauf die SAN ANTONIO, auf der sich Juan de Cartagena wieder zum Kapitän aufgeschwungen hatte, kampflos die Flaggen strich. Der erste Schritt zur Niederschlagung der Meuterei war gelungen. Aber erst der zweite, und davon war Magellan fest überzeugt, sollte jeden Keim zu einem neuerlichen Aufstand frühzeitig unterbinden. Er handelte nun nicht mehr im Affekt, sondern mit besonderer und dadurch noch beeindruckenderer kühler Sachlichkeit. Ein formelles Kriegsgericht wurde einberufen und die Verhandlung sorgfältig protokolliert. Sogar Parteigänger der Aufrührer gehörten dem Gericht an, um einen möglichen Vorwurf einseitiger Verhandlungsführung schon im Ansatz zu entkräften. Das Ergebnis des Prozesses zeigte sich in mehreren Todesurteilen, wie es der damaligen Rechtsordnung für begangene und angeklagte Vergehen ähnlicher Art durchaus üblich war. Der bereits tote Mendoza wurde zum Vollzug des Urteils noch gevierteilt und der aufrührerische Gaspard de Quesada durch einen eigenen Bediensteten enthauptet, der damit selbst der Todesstrafe entging. Die anderen Angeklagten begnadigte Magellan zu lebenslanger Zwangsarbeit, um nicht durch eine Vielzahl von Hinrichtungen einen allzu großen Kreis möglicher Märtyrer zu schaffen. Auch das vermutliche Haupt der Verschwörung, Juan de Cartagena, wurde mit Rücksicht auf seinen Schutzherrn verschont. Als er jedoch erneut zu intrigieren begann, ließ ihn Magellan mitsamt dem Kaplan

De la Reina an einem einsamen Küstenstreifen aussetzen – eine damals übliche Form der Bestrafung, die zwar einem Todesurteil gleichkam, dem oder den Betroffenen aber noch eine kleine Chance zum Überleben bot. Ab diesem Zeitpunkt war die Autorität des Generalkapitäns unangefochten und wurde nicht mehr in Frage gestellt.

Nachdem die SANTIAGO auf ein Riff gelaufen war und aufgegeben werden musste, segelten die vier verbliebenen Schiffe die Küste entlang weiter nach Süden. Allzu bald erzwangen die Wetterverhältnisse einen neuerlichen, diesmal zwei Monate andauernden Halt. Zu dieser Zeit litten bereits viele Männer an Skorbut. Wenn auch ausreichend Seelöwen und Fische gefangen, zum Teil auch gepökelt werden konnten, änderte dies nichts am bedrohlichen Vitaminmangel. Die Unsicherheit des Kommenden bewog schließlich die Kapitäne und Steuerleute, an Magellan erneut den Wunsch nach einer Umkehr heranzutragen. Diesmal wollten sie jedoch nicht nach Spanien zurückkehren, sondern das Ziel der Reise, die Molukken, über den bekannten Weg um das Kap der Guten Hoffnung zu erreichen versuchen. Magellan lehnte neuerlich ab, machte aber eine Einschränkung, die an Kolumbus erinnert. Setzte der Genuese eine nach Tagen zu messende Frist, so machte der Portugiese den Zeitpunkt zur Umkehr von einer geographischen Marke abhängig: Sollte die erhoffte Passage in das Südmeer nicht bis zum Erreichen des 55. südlichen Breitengrades gefunden sein, wäre er, Magellan, gewillt, auf den Wunsch der Bittsteller einzugehen.

Am 17. Oktober wurde die Fahrt fortgesetzt und am 21. Oktober, dem Tag der heiligen Ursula, erreichte man das Cabo Virgines (52°30' südl. Br.), und damit den östlichen Eingang zur heutigen Magellanstraße. Unsicher, ob der lang ersehnte Zugang zum Pazifik nun tatsächlich gefunden sei, schickte Magellan zwei Schiffe zur Erkundung voraus. Nach zwei, für die Wartenden sicher endlosen Tagen kehrten sie zurück und brachten die Meldung, dass aller Wahrscheinlichkeit nach der Weg in das »Südmeer« gefunden wäre. Was nun folgte, war eine Meisterleistung aus nautischem Geschick und zielgerichteter Geduld. Jede einzelne Bucht, jeder Fjord musste durchsucht werden, wollte man den entscheidenden Durchlass nicht verfehlen. Mehrmals trennte der Kommandant seine Flotte und ließ sogar Beiboote vorausfahren, um ja sicher zu gehen. Langsam tasteten sich die Schiffe durch den Meereskanal, vorbei an einer gespenstisch schroffen Landschaft, stets im Kampf mit tückischen Strömungen und ständig wechselnden Winden. Den Spaniern musste die karge und abweisende Natur trotz des anbrechenden Frühlings auf der Südhalbkugel beklemmend erschienen sein; und nirgends ein sichtbares Anzeichen von Zivilisation, wie Behausungen oder Menschen. Lediglich ein paar Feuer wurden hier und da im Landesinneren wahrgenommen. So erhielt dieser Landstrich den Namen »Tierra del Fuego« – Feuerland.

Einen Monat benötigte Magellan für die 330 Seemeilen lange, nach ihm benannte Meeresstraße. Endlich kehrte ein vorausgeschicktes Beiboot des Flaggschiffes mit der Meldung zurück, dass das offene Meer erreicht wäre. Trotz aller Erleichterung, die Magellan bei Sichtung der später Cabo Pilar genannten Landspitze empfand, legte sich ein weiterer Schatten über die ambitionierte Fahrt. Esteban Gómez, Navigator der SAN ANTONIO, fühlte sich schon einige Zeit lang nicht seiner Leistung entsprechend vom Oberkommandierenden behandelt. Er nutzte die Entfernung, die sich durch die Trennung der Schiffe auf der Suche nach der Passage ergeben hatte, setzte den Nachfolger des Juan de Cartageña gefangen und kehrte um. Bei San Julián suchte er noch vergebens nach den Ausgesetzten und führte schließlich Schiff und Mannschaft nach Spanien zurück. Dort bezichtigte er Magellan, sehr zum Gefallen des Kreises um Bischof Fonseca, der Missachtung königlicher Weisungen und schlechter Mannschaftsführung.

Der Generalkapitän im äußersten Süden Amerikas fand sich durch den Verlust der SAN ANTONIO in einer mehrfach prekären Lage. Mit jeder weiteren Suchaktion nach einem Schiff, das zur Erkundung ausgesandt und nicht wiedergekehrt war, ging nicht nur wertvolle Zeit verloren, die an den ohnehin knappen Vorräten noch weiter zehrte. Als sich schließlich die Gewissheit verdichtete, dass es nicht Schiffbruch erlitten, sondern sich eigenmächtig entfernt hatte, wurde Magellan die gesamte Tragweite des Vorfalles bewusst. Da auf der SAN ANTONIO als größtem Schiff auch die meisten Vorräte gebunkert waren, sah er sich gezwungen, zu weiteren Lebensmittelrationierungen zu greifen. Darüber hinaus gab er sich keinen Illusionen hin, dass Gómez nichts unversucht lassen würde, die Integrität des Oberkommandierenden in ein fragwürdiges Licht zu stellen. Magellan sah offensichtlich in der Präsentation einer außergewöhnlichen Leistung die einzige Möglichkeit, einer peinlichen Befragung zu entgehen, oder wenigstens unübersehbare Gegenargumente anbieten zu können.

Die gesuchte Passage war also entdeckt, aber noch nicht die eigentliche Südspitze des Kontinents. Die sollte erst bei späteren Reisen erreicht werden. Ende November 1520 stieß Magellan mit den drei verbliebenen Schiffen vom Cabo Pilar in das Südmeer hinaus. Was nun folgte, kann lediglich an spärlichen Landmarken in den Weiten des Pazifik festgemacht werden. Entlang der zerfurchten Südküste Chiles ließ man sich vom Humboldtstrom nach Norden treiben, drehte langsam nach Nordwest und schließlich West. Will man Pigafettas Bericht folgen, und es besteht wenig Anlass, es nicht zu tun, so wurden die drei folgenden Monate für die Mannschaften zum Vorhof der Hölle. Der Vitaminmangel wurde immer stärker und die Vorräte immer knapper. Letzteres führte schließlich dazu, dass selbst das schützende Leder mancher Takellageteile nach langem Aufweichen in Meerwasser und Kochen als

Mahlzeit diente; und selbst die unvermeidlichen Schiffsratten wurden gefangen, verarbeitet und hinuntergewürgt. Ahnungslos segelte die Flotte etwas nördlich an der Inselgruppe von Tahiti vorbei, einem beliebten Verproviantierungsplatz späterer Pazifikunternehmen. Erst achtzig Jahre nach Magellan sollten die ersten Europäer dort landen. Man kreuzte dann durch den langgestreckten Archipel der Marshall-Inseln und erreichte schließlich nach drei Monaten Fahrt, ohne Landsichtung seit den Küsten Chiles, die heutigen Marianen.

Am 6. März 1521 gingen die Spanier dort auf der Insel Guam an Land und konnten hier zum erstenmal wieder auf ausreichend pflanzliche Nahrung zurückgreifen. Wegen der fremdes Eigentum nicht gerade schätzenden Bewohner gab ihr Magellan zuerst den Namen »Isla de Ladrones«, die »Diebsinsel«, ein Name, der sich noch sehr lange in den Seekarten halten sollte. Unbemerkt hatte er mit seinen Schiffen ein Reich durchquert, das im politischen Sinn eigentlich nie bestand, dem Pazifik aber ein gemeinsames kulturelles Gepräge gab. Zwischen den Küsten der Philippinen, Australiens, Neuseelands und denen Südamerikas existiert eine Unzahl von Archipelen, Inselgruppen und Inseln, die über viele Generationen und unterschiedliche Etappen von einem ethnischen Verband besiedelt wurden, der unter den Sammelbegriffen Polynesier und Melanesier bekannt ist.

Der Halt auf den Ladronen gestaltete sich wegen der zudringlichen Eingeborenen recht kurz. Von Guam aus segelten Magellans Schiffe dann auf Südwestkurs weiter und erreichten noch im März eine Inselgruppe, die für etwa zwanzig Jahre den Namen »Lazarusinseln«[48] erhielt und darauf nach dem spanischen Kronprinzen »Philippinen« genannt wird. Auf der Insel Cebu kam es zu Auseinandersetzungen mit Einheimischen, die Magellan am 27. April letztendlich auf der benachbarten Insel Mactan das Leben kosteten. Der Ausfall des Oberkommandierenden verschärfte die ohnehin schon stark geschwächte Gesamtlage des Unternehmens noch mehr. Von den 270 Mann hatten durch Hunger, Krankheit und Kämpfe mit Eingeborenen nur etwas mehr als 100 – die Besatzung der SAN ANTONIO ist hier nicht berücksichtigt – die bisherige Fahrt überlebt. So einigten sich nach Magellans Tod die Führungsoffiziere wegen der geringen Mannschaftsstärke darauf, die bereits schwer mitgenommene CONCEPCIÓN aufzugeben und die Molukken mit nur zwei Schiffen anzusteuern. Nach erneut entbehrungsreicher Fahrt, und einer Führung, die den Namen kaum verdiente, sowie einem kurzen Zwischenhalt auf Nordborneo ging man auf Tidore, einer der Inseln des Gewürzarchipels, vor Anker.

Eine neuerliche Lagebesprechung führte zur Trennung der beiden verbliebenen Schiffe. Die TRINIDAD sollte eine reiche Ladung Gewürze an Bord nehmen und nach Panamá zurückkehren, während die VICTORIA weiter auf der Westroute Spanien zu erreichen versuchen sollte. Für die Besatzung der TRINIDAD endete die vorgeplante Zukunft relativ bald. Von widrigen Winden und

Strömungen behindert, wurde die Fahrt nach Südamerika abgebrochen und man kehrte zu den Molukken zurück, wo das Schiff samt Besatzung von den Portugiesen, auf ihr Erstbesitzrecht pochend, beschlagnahmt wurde. Unter dem Kommando von Juan Sebastian Delcano (del Cano, um 1486–1526), dem Nachfolger des hingerichteten Mendoza, umging die VICTORIA alle portugiesischen Stützpunkte auf der Inselwelt Südostasiens, durchquerte den Indischen Ozean meist im Süden und erreichte nach Umrundung des Kaps der Guten Hoffnung schließlich die Kanarischen Inseln. Am 6. September 1522 traf sie mit nur 18 (von ursprünglich 270) Mann im Ausgangshafen von Sanlúcar de Barameda ein. Aber die mitgebrachte Ladung der VICTORIA allein brachte nach Abzug aller Ausrüstungskosten den Geldgebern immer noch reichlich Gewinn.

Es wird sich nie feststellen lassen, welche Bilanz des Unternehmens in Spanien gezogen worden wäre, hätte Magellan die Fahrt überlebt. Erinnert man sich an die Widerstände, die dem Unternehmen von Anfang an entgegengebracht wurden und die auf See bis zur Meuterei reichten, so verwundert es nicht, dass selbst bei erfolgreicher Beendigung die Leistung des Generalkapitäns nicht einmal in Ansätzen gebührend bewertet worden wäre[49]. Im Gegenteil, Delcano war bemüht, seine Verdienste um die Fahrt über jene des toten Portugiesen zu stellen und bekräftigte in wesentlichen Punkten die Aussagen des Deserteurs Gómez. So entwickelte sich aus anfänglichem Misstrauen durch persönliche Feindschaft und bewusstes Verächtlichmachen des Magellan ein negatives Bild des Seefahrers, das ihm noch lange anhaften sollte.

Die zunehmend objektivierende Geschichtsschreibung rückte dieses Bild zurecht, nicht zuletzt durch entsprechende Würdigung von Verdiensten, die außerhalb des damaligen Interesses lagen. In erster Linie beeindruckt seine Persönlichkeit, deren Kraft und Entschlossenheit das Unternehmen erst ermöglichte und trotz der Anfeindungen, denen selbst Kolumbus nicht ausgesetzt war, letztendlich zu seinem erfolgreichen Abschluss führte. Wenn auch die Auffindung der lang postulierten Passage bei weitem nicht jene politische und wirtschaftliche Sprengkraft besaß wie die Entdeckung Amerikas, so konnte man sich nun, auch den Buchstaben folgend, ein abgerundetes Bild der Erde machen. Die Durchquerung des Pazifik wiederum revidierte die antiken Vorstellungen von der Land-Meer-Verteilung ebenso, wie sich die postulierte Existenz einer festen Verbindung zwischen allen Kontinenten als unhaltbar erwies. Die Philippinen wieder wären über kurz oder lang von der näher liegenden Südseite her für Europa entdeckt worden, boten aber den Spaniern durch Magellan das Erstbesitzrecht, das aus kolonisatorischer Sicht erst 1565 von Südamerika aus wirklich wahrgenommen wurde.

In wirtschaftlicher Hinsicht konnte Magellans Fahrt, trotz des Gewinnes, den die Ladung der VICTORIA einbrachte, die in sie gesteckten großen Erwartungen nicht erfüllen. Im Jahr 1525 ordnete Karl V. die Ausrüstung einer weiteren Flotte an, die auf der nun bekannten neuen Route zu den Molukken aufbrechen sollte. Zum Generalkapitän dieses Unternehmens wurde Garcia Jofre de Loyasa ernannt, Delcano zum obersten Navigator der Flotte und damit zum zweiten Mann nach Loyasa. Diesmal stachen sieben Schiffe und 450 Mann in See. Das Ergebnis war niederschmetternd: In der Magellanstraße gingen drei Schiffe verloren und ein weiterer Anlauf zur Bewältigung dauerte sieben Wochen, obwohl Delcano die widrigen Verhältnisse der Passage ja kennen musste. Vor der chilenischen Küste trennte dann ein Sturm die reduzierte Flotte. Ein Schiff ging unter, ein anderes, die PATACA, machte sich auf den Weg zur mittelamerikanischen Küste, worauf noch einzugehen sein wird. Lediglich zwei erreichten mehr schlecht als recht die Gewürzinseln, wo die Besatzung in bewaffnete Auseinandersetzungen mit den Portugiesen geriet. Vorher konnte noch ein gewisser Gonzalo de Vigo an Bord genommen werden, der einzige Überlebende von drei Meuterern, die von der TRINIDAD der Magellanflotte nach ihrer ungewollten Rückkehr auf die Molukken desertiert waren. So kehrte kein einziges der ursprünglichen Schiffe wieder nach Europa zurück. Loyasa und Delcano waren bereits bei der Pazifikquerung gestorben.

Das Interesse Karls V. an den Möglichkeiten, die Magellans Entdeckung bot, dürfte so groß gewesen sein, dass er noch vor Abschluss dieses Unternehmens 1526 bereits eine dritte Flotte entsandte. In Person des Kommandierenden begegnet man einem bekannten Namen: Sebastian Cabot (um 1476–1557), Sohn des Neufundlandfahrers John Cabot. Wie sehr selbst dreißig Jahre nach Kolumbus dessen Vision noch in den Köpfen von Entscheidungsträgern lebendig war, lässt sich aus jenen Passagen der Kapitulation entnehmen, die als eigentlichen Auftrag des Unternehmens das Erreichen der Küsten Japans und Chinas vorsah; des weiteren sollten die Kenntnisse um die Magellanroute erweitert und vertieft werden. Auch diese Reise entwickelte sich unvorhergesehen und in eine ungeplante Richtung. Nach der Atlantikquerung traf die Flotte bei Recife (Pernambuco) zu weit nördlich auf die brasilianische Küste und damit auf die Portugiesen, von denen Cabot und die Spanier jedoch überraschend zuvorkommend behandelt und mit neuem Proviant versorgt wurden; weiter südlich begegnete man dann einer Art Bruderschaft, die sich aus Spaniern und Portugiesen, allesamt Schiffbrüchige, Ausgesetzte oder Deserteure, zusammensetzte und mit den Eingeborenen in ungewohnt friedlicher Koexistenz lebte. Aus diesem Kreis drang das Gerücht zu Cabot durch, im Hinterland wären Unmengen von Silber zu finden. Der Generalkapitän sah darin eine Möglichkeit, einigen Reichtum anzuhäufen und gab den Gedanken an die Molukkenfahrt auf.

Zwei Jahre lang, bis Herbst 1529, mühte sich Cabot am Rio de la Plata (Silberfluss), Paraná und Paraguay vergebens ab, diese angeblichen Vorkommen zu entdecken. Auch der Durchbruch zum Pazifik auf dem Landweg scheiterte bereits in seinen Ansätzen. In der Zwischenzeit gelangten einige ausgesetzte Besatzungsmitglieder auf abenteuerlichen Wegen in die Heimat zurück und erhoben, wie könnte es anders sein, schwere Anschuldigungen gegen den Oberkommandierenden. Als Cabot 1530 mit magerer Ausbeute wieder in Spanien eintraf, wurde er zunächst verhaftet. Im folgenden Prozess gelang es ihm, sich geschickt zu verteidigen, und er konnte sich auf Intervention Karls V. bald wieder als freier, sogar angesehener Mann bewegen. Das hinderte ihn jedoch nicht, Spanien zu verlassen und wieder nach England zu gehen, wo er sich einen herausragenden Namen als Navigator, Kartograph und Fachmann für Kolonisation zu schaffen wusste. Diesem Ruf verdankte Cabot auch 1533 seine Ernennung zum ersten Direktor der kurz zuvor gegründeten »Merchant Adventurers«, die sich später in »Muscovy Company« umbenannten, da ihr Hauptanliegen im Russlandhandel und in der Auffindung einer Nordostpassage nach China und Ostasien lag.

Bereits zur Zeit von Cabots La Plata-Fahrt hatte am spanischen Hof ein Umdenken eingesetzt, was die Gewürzinseln betraf. Wahrscheinlich dürfte der Zusammenhang von Entfernung und mangelndem wirtschaftlichen Erfolg Karl V. bewogen haben, den Rechtstitel auf die Molukken aufzugeben. Im Jahr 1529 wurden diese im Vertrag von Zaragoza gegen Bezahlung einer hohen Ablösesumme der portugiesischen Krone zugesprochen. Als auch weitere Expeditionen im äußersten Süden Amerikas scheiterten, erlahmte das europäische Interesse an der Seepassage in den Pazifik für die nächsten Jahrzehnte. Erst der Engländer Francis Drake bewältigte die Magellanstraße in nautisch bestechender Manier und wurde aus den dann gegebenen Umständen ungewollt zum zweiten Weltumsegler, dem ersten im durchgehenden Rang eines Oberkommandierenden.

An diesem Punkt ist noch eine weitere Verknüpfung zu anderen Abschnitten der frühen Atlantikfahrten aufzuzeigen. Wie vorhin erwähnt, schwang sich der Pilot Esteban Gómez zum Kommandanten der SAN ANTONIO auf und kehrte von der Magellanstraße eigenmächtig nach Spanien zurück. Nach den bekannten Beschuldigungen gegenüber Magellan, die eher der Rechtfertigung eigenen Handels dienten, kehrte er dessen Idee um und schlug vor, den Seeweg nach Ostasien im Norden zu suchen. Das war für Karl V. aber nicht das einzige Argument, Gómez ein eigenes Kommando zu geben. Der *Casa de la Contratación* und dem Hof blieben das Interesse des französischen Königs Franz I. an Amerika nicht verborgen, der einem ähnlichen Plan des Italieners Giovanni da Verrazano seine Zustimmung erteilt hatte. Gómez sollte Spaniens grundsätzlichen Anspruch auf die Neue Welt durch ein »Abfangen« Verrazanos dokumentieren. Gómez lief jedoch zu spät aus und konnte die gestellte Anforderung nicht mehr erfüllen. Er segelte 1524 annähernd auf der gleichen

Route wie der Italiener in französischen Diensten die Ostküste Amerikas von Neufundland bis zum Cape Cod entlang, konnte jedoch zu keinen wesentlichen Erkenntnissen hinsichtlich einer Passage nach Cathay beitragen. Von dieser Fahrt sind kaum Berichte erhalten geblieben. Geographischen Niederschlag fand sie in einigen Karten des Diogo Ribeiro, dem Nachfolger Sebastian Cabots als oberstem Kartographen der »Casa« in Sevilla, der die heutigen Neuenglandstaaten als »Tierra de Estevão Gomez« anführt. Anfang 1535 ging Gómez nach Südamerika, wo er sich an einer Expedition in den Gran Chaco beteiligte und 1538 am Rio Paraguayo von Indianern getötet wurde.

CORTÉS – VON MEXIKO BIS HONDURAS

»Dadurch waren die Feinde völlig umzingelt und von allen Seiten bedrängt. Wohin sie auch gingen, führte ihr Weg über Tote.«
Hernán Cortés, 1522 an Karl V.

Mit der auch materiell erfolgreich beendeten ersten Weltumseglung kann man die erste Etappe der europäischen Expansion in Übersee als abgeschlossen betrachten, wenigstens aus spanisch-portugiesischer Sicht. Für diese Reiche neigte sich die Exploration fremder Länder mit Hochseeschiffen dem Ende entgegen. Was nun folgte war entweder Wissensvertiefung, die Erkundung auf dem Landweg oder der tiefe Vorstoß ins Landesinnere auf kleinen Flussbooten. Die Möglichkeiten dazu waren breit gefächert: Man bediente sich freundlich gesonnener Eingeborener oder raubte einfach deren Kanus. In manchen Fällen gelangten auch mitgeführte oder notdürftig vor Ort selbstgebaute Brigantinen oder Pinassen zum Einsatz. Der Schiffszimmermann oder eine Person mit vergleichbarem Können war ein unabdingbarer Bestandteil jedes Unternehmens, bei dem man auf Boote angewiesen sein konnte.

Portugal hatte mit dem Erreichen der Molukken seine handelsterritoriale Expansion weitgehendst abgeschlossen. Offen waren nur mehr der Vorstoß nach China/Macao und Japan. Spanien folgte – wie zur Zeit der Reconquista – auch hier dem kleinen Nachbarn mit Abstand hinterher, wenn auch die Dimensionen nicht vergleichbar sind. Um 1520 waren die Inseln der Großen Antillen allesamt bekannt, teilweise erkundet und mit dem Schwerpunkt Hispaniola dünn besiedelt, während die Bahamas und vor allem die Vielzahl der Kleinen Antillen bei den Spaniern nur geringes kolonisatorisches Interesse erregten. Im Süden der Karibik, an der Festlandsküste, wurden die ersten, wenn auch noch nicht dauerhaften Stützpunkte errichtet und Siedlungen gegründet. Der östliche Küstenverlauf Südamerikas, vom Orinoko-Delta bis über die Mündung des Rio de la Plata hinaus war ziemlich erkundet, was durch die neuen Weltkarten auch einer breiten Öffentlichkeit bekannt wurde. Im Norden hatte man Florida betreten, im Südwesten die Landenge von Panamá durchquert und den Stillen Ozean erreicht. Bleibt nur mehr der Westen und der Golf von Mexiko, wo nun an den Abschnitt über die »kleinen Entdeckungen« angeschlossen werden soll.

Wie schon bekannt, hatte Ponce de León auf der Rückreise seiner ersten Floridafahrt im Jahr 1513 die Festlandsküste Mexikos in Gestalt des Kap Catoche an der Nordspitze Yucatáns gesichtet. Obwohl keine Zeugnisse früherer, zielgerichteter Bekanntschaft mit der Kontinentalmasse in diesem Bereich vorhanden sind, scheinen die Umrisse der Halbinsel in vager Form bereits in Karten auf, die etwa zehn Jahre vorher gezeichnet wurden. Allerdings wird auf ihnen Yucatán noch als Insel, durch einen schmalen Meeresarm vom Festland getrennt, ausgewiesen. Man darf also davon ausgehen, dass Vorstöße, vermutlich über das nahe Kuba in den Westen schon früh unternommen wurden und die Kartenangaben nicht ausschließlich als Umsetzung verschiedentlicher Berichte der ansässigen Inselbevölkerung zu betrachten sind. Die nachweislich früheste Erkundung dieses Raumes durch Europäer, der auch ein organisatorischer Plan zugrunde lag, erfolgte 1517 unter dem Kommando des Francisco Hernández de Córdoba. Ob die Initiative dazu von ehemaligen Gefolgsleuten des Pedrarias Dávila, Gouverneur von Darién/Panamá und Richter über Balboa, ausging, die sich von der fieberverseuchten Landenge nach Kuba zurückgezogen hatten und dort den bereits erwähnten Gouverneur Diego Velásquez de Cuéllar für das Vorhaben gewinnen konnten, ist nicht eindeutig belegt, aber durchaus denkbar.

Córdoba verließ mit drei Schiffen und über 100 Mann im Februar 1517 Kuba, durchquerte bei stürmischer See den Yucatánkanal und traf bei Kap Catoche auf die Festlandsküste. In mancher Historikeranalyse wird hinter dem Unternehmen mehr eine organisierte Sklavenfangaktion denn eine zielorientierte Entdeckungsfahrt vermutet; deren weiterer Verlauf würde diese Annahme durchaus rechtfertigen. In Yucatán trafen die Spanier erstmals auf eine hochentwickelte Zivilisation, wenn auch deren Blütezeit schon Jahrhunderte zurücklag. Von den Maya-Indianern anfangs recht freundlich begrüßt, zerstörten die ungestümen Europäer, wie gewohnt, innerhalb kürzester Zeit jedes Vertrauen und Entgegenkommen der Einheimischen. Es kam zu den offensichtlich unvermeidbaren Kämpfen, bei denen sich die Maya als weitaus besser organisiert, bewaffnet und als stärkere Gegner erwiesen als die Aruak oder selbst die Kariben auf den Inseln. Die Folgen sollten sich allzu rasch und äußerst schmerzhaft einstellen. Bei einem Gefecht unweit des heutigen Campeche wurden an die 50 Spanier getötet und Córdoba schwer verletzt. Mit Mühe gelang im März unter Alaminos tatkräftiger Hilfe der Rückzug nach Kuba, wo der Kommandierende dann auch seinen Wunden erlag.

Dessen ungeachtet hielt man an dem einmal gefassten Entschluss fest, und Velásquez entsandte 1518 eine neue, diesmal stärker bewaffnete Flotte und mehr Mann. Das Unternehmen kommandierte Juan de Grijalva (um 1485–1526), ein für damalige Begriffe eher besonnener Mann, der die Befehlsgewalt einem familiären Naheverhältnis zu Velásquez verdankte. Etwas südlich vom bereits bekannten Kap Catoche wurde die vorgelagerte Insel Cozumel mit einer großen Kultstätte der Maya angelaufen, was die latenten Spannungen nicht gerade abbaute. Grijalva umrundete die Halbinsel und gelangte bis zu dem nach ihm benannten Fluss in der mexikanischen Provinz, wo Yucatán in das kompakte Festland übergeht. Im Gegensatz zu seinem Vorgänger war Grijalva bemüht, zwischen Spaniern und Ureinwohnern ein Klima gegenseitiger Achtung herzustellen, was auch die Abwicklung kleinerer Handelsgeschäfte erleichterte. In der Bucht von Campeche staunte man über die hohe zivilisatorische Entwicklung der Indianer und war von dem vielen, meist in Schmuckform vorhandenen Gold begeistert. Trotz einiger Scharmützel dürfte die Lage insgesamt so zufriedenstellend gewesen sein, dass manche Teilnehmer die Gründung einer Kolonie vorschlugen. Grijalva lehnte aber mangels ausdrücklicher Vollmacht ab und kehrte mit finanziellem Erfolg am 15. November nach Kuba zurück, wo er von Velásquez eher distanziert und mit versteckten Vorwürfen empfangen wurde. Vermutlich waren die Pläne des Gouverneurs doch auf Siedlungsgründungen zur Verbreiterung der eigenen Machtbasis und Einflusssphäre ausgerichtet gewesen. Jahre später kann man in Nicaragua wieder auf Grijalva treffen, wo er 1526 von Indianern getötet wurde.

Mehr noch als das mitgebrachte Gold dürften die Berichte über ein großes Reich nordwestlich von Yucatán, in dem Gold im Überfluss vorhanden sei, Gouverneur Velásquez bewogen haben, eine weitere Expedition zusammenzustellen. Damit schlägt man eines der beiden Hauptkapitel der spanischen Conquista auf: die Eroberung und Zerstörung des Aztekenreiches durch Hernán Cortés. Die Art und Weise, wie dies erfolgte, ja angesichts der Kräfteverhältnisse überhaupt möglich war, ist Gegenstand zahlreicher unterschiedlicher Darstellungen. So werden im Folgenden die Ereignisse nur in ihren Grundzügen skizziert und auch das nur, weil darin das »Wesen« der spanischen Eroberungen am deutlichsten hervortritt und sichtbar gemacht wird.

Im Alter von 19 Jahren gelangte der aus dem Kleinadel der Hildalgos stammende Hernán Cortés (1485–1547) 1504 nach Hispaniola. Drei Jahre zuvor hatte er sein Rechtsstudium in Salamanca abgebrochen und war dem verlockenden Ruf der »Neuen Welt« gefolgt. Er war gebildeter als die meisten der anderen Conquistadoren – viele waren Analphabeten, wie auch Pizarro – und mit hoher Intelligenz und Sinn für größere Zusammenhänge ausgestattet. Dazu kam sein für die rauen Eroberer außergewöhnlich einnehmendes Wesen, gepaart mit feinen Umgangsformen. In seiner Person spiegelt sich das Bild eines Conquistadors am klarsten. In den lang andauernden Kriegszügen gegen die Mauren hatte sich die Form eines bedingungslosen Kämpfers herausgebildet, wie er mit dieser Ausprägung nur im Jahrhunderte dauernden Kampf der spanischen Königreiche gegen den Islam entstehen konnte: hart gegen sich selbst, gegenüber den Männern und vor allem gegen den Gegner; eine Tradition, die sich im Gedankengut des »christlichen Kriegers« bis in die Kreuzfahrerzeit zurückverfolgen lässt. Unbestreitbar bleibt aber auch, gerade in Amerika, dass persönliche Bereicherung vor dem religiösen Anspruch einer Missionierung stand.

Nach seiner Ankunft auf Hispaniola erwarb Cortés etwas Land mit den darauf lebenden Indianern und übte in der neu gegründeten Siedlung Azúa das Amt eines Ratsschreibers aus, in dem er während sieben Jahren genügend Einblicke in die gesellschaftlichen und wirtschaftlichen Strukturen von »Las Indias« gewann. Darauf folgte er 1511 Diego Velásquez bei der Eroberung Kubas. Als dessen Sekretär und Vertrauter konnte sich Cortés, nun auch Alkalde des vor kurzem gegründeten Santiago de Cuba, über sein bisheriges Wissen hinaus, noch mit den Interna der intrigenbeladenen spanischen Kolonialpolitik vertraut machen. Nachdem sich Velásquez, mit Bischof Fonsecas Unterstützung inzwischen Gouverneur von Kuba, von Grijalvas Fahrt und deren Ergebnissen in seinem Grundplan, auf das Festland zu expandieren, bestätigt sah, beschloss er die Entsendung eines größeren Expeditionskorps. So wurden elf Schiffe und über 600 Mann zusammengezogen. Cortés gelang es, die Leitung des Unternehmens übertragen zu bekommen. Während Velásquez noch auf das königliche Placet zur Koloniegründung westlich Kubas wartete, bemächtigte er sich in der Vakuumsphase – ob mit oder ohne königlicher Erlaubnis – in einem klaren Akt von Insubordination, der sogar über den des Balboa noch hinausging, des Alleinkommandos. Ehe der Gouverneur noch eingreifen konnte, verließ er mit den zusammengezogenen Kräften am 19. Februar 1519 überstürzt Kuba. Die seemännische Führung lag in Händen des schon bekannten Antón de Alaminos.

Wieder traf die Flotte zuerst auf die Insel Cozumel, von wo aus man Grijalvas Route und Spuren folgte und nach Spaniern suchte, die bei den vorangegangenen Expeditionen zurückgeblieben, oder gegen ihren Willen an diese Küste verschlagen worden waren; so fand man Jerónimo de Aguilar.[50] Er sollte Cortés später als Dolmetscher und Kenner der Indianermentalität aus Sicht der Yucatán-Maya wertvolle Hilfe leisten. Bedeutender wurde jedoch eine junge Indianerin, Malitzin, die dem Eroberer neben anderen Frauen einer Landessitte folgend im Raum des Rio Grijalva vom örtlichen Kaziken als Gastgeschenk angeboten wurde. Die junge Frau beherrschte Nahuatl, die Sprache der Azteken und Lingua franca des Großraumes ebenso wie das meistverbreitete »Maya«[51], und erlangte mit ihrem natürlichen Wissen über die indianische Mentalität eine größere Bedeutung als Aguilar. Aus der Küstenindianerin Malitzin wurde nach ihrer Taufe nicht nur Doña Marina, sondern auch Cortés' Geliebte[52], Beraterin in Indianerfragen und Mutter seines Sohnes Martín. Der Verlauf des nun erst eigentlich beginnenden Unternehmens zählt zu den bestdokumentierten der frühen Entdeckungsgeschichte. Zum einen sind es die fünf ausführlichen Briefe[53] von Cortés an Karl V., in denen er über den Reichtum des Landes und sein Tun nicht einfach nur berichtete, sondern auch Rechenschaft ablegte und seine oft willkürlich erscheinenden Handlungen begründete. Dass er dabei seine Verdienste um die Krone besonders herausstellte, verwundert nicht.

Neben diesen Briefen besticht ein umfangreicher und farbiger Bericht eines seiner Gefolgsleute. Mit der »Historia verdadera de la Conquista de la nueva España« zählt Bernal Diaz de Castillo (um 1492–1580), der auch aus dem Umfeld des Pedrarias Dávila am Golf von Darién kam und bereits an den Yucatánfahrten des Hernández de Córdoba und Juan de Grijalva teilgenommen hatte, nicht nur zu den loyalsten Unterführern des Cortés, sondern auch zu den ersten wirklichen »Reiseberichterstattern« aus der Frühzeit der Expansion. Wenn der Schwerpunkt seiner viele Jahre nach den Ereignissen aus persönlicher Sicht verfassten Chronik auch auf dem militärischen Aspekt liegt, so gibt es doch immer wieder Ausführungen, die Rückschlüsse auf die noch ungestörten Verhältnisse im Herrschaftsumfeld der Azteken erlauben. Die dritte wesentliche Quelle stammt aus der Hand des Francisco López de Gómara mit seiner Schrift »Conquista de Méjico« aus dem Jahr 1552. Gómara, Hauskaplan des alten Cortés, war wohl nicht selbst Teilnehmer des Mexikozuges gewesen, bezog aber seine Informationen größtenteils direkt vom Oberkommandierenden. Seine Darstellung des Feldzuges war neben den Schriften des Bartolomé de Las Casas für den alten Bernal Diaz Auslöser, seine schon früher begonnene Chronik zu vollenden[54], da für ihn Gómara zu sehr aus der Sicht des Cortés, also des selbsternannten Befehlshabers, berichtete. Diaz: »*Ich habe vor allem deshalb die Feder ergriffen, weil gewisse Geschichtsschreiber von unser aller Verdienst und Waffenerfolgen nichts vermelden, sondern alle Ehre allein dem Marqués del Valle* (Cortés) *zusprechen.*« Abschließend, doch ohne Anspruch auf Vollständigkeit, sei noch auf das Zeugnis des Franziskanermönchs Bernardino de Sahagún hingewiesen, der früher gesammelte Aussagen von Teilnehmern veröffentlichte. Dass sich die einzelnen Berichte sowohl in ihren Schwerpunkten als auch inhaltlich voneinander unterscheiden, liegt nicht nur an den jeweiligen Blickwinkeln, sondern auch am jeweils persönlichen Interesse an der Wiedergabe des Feldzuges.

Nach Scharmützeln im Raum Tabascos segelte die Flotte die Küste entlang nach Norden, vorbei an bereits durch Grijalva bekannten Inseln wie das spätere San Juan de Ulúa und weiter, wo man schließlich beim heutigen Rio de Banderas vor Anker ging. Hier ordnete Cortés, ohne königliche Vollmacht, die Gründung einer Stadt an, die den Namen »Villa Rica de la Veracruz« erhielt. Unter Missachtung der Amtsgewalt von Gouverneur Velásquez bildete er eine »unabhängige Regierung« und erkannte nur die spanische Krone als obersten Träger der Autorität direkt über sich an. Cortés hatte mit dieser Grundsteinlegung, nach seiner Usurpation der Flotte, erneut das geltende Reglement missachtet, doch wieder gelang es ihm, sein Vorgehen dienlich für die Krone erscheinen zu lassen. Mit großem psychologischem Geschick stellte er die Velásquez-treuen Männer ruhig, umgab sich mit ihm loyal verbundenen Unterführern und beeinflusste über sie die Grundeinstellung des Heeres dem Feldzug gegenüber ganz in seinem Sinn. Um die Gefahr von Desertion auszuschalten, ließ er unter einem Vorwand die Schiffe auf Grund setzen und verdeutlichte damit, dass von nun an kein Rückweg mehr möglich wäre. Cortés an Karl V. über die Zerstörung der Schiffe: »... *und habe sie auf den Strand setzen lassen. Indem ich sie vernichtete, vereitelte ich allen die Hoffnung, aus dem Land zu entkommen.*« Anders sieht Bernal Diaz den Vorgang: »*Die Schiffe wurden mit unserem vollen Wissen zerstört, und nicht, wie der Chronist Gómara behauptet, im Geheimen*«; eine Feststellung, die insofern Sinn ergibt, als Cortés das finanzielle Risiko etwaiger Regressforderungen für die Ausrüstungskosten auf eine größere Zahl von Personen verteilen konnte.

Vier Monate hielt man sich an der Küste auf und erfuhr Näheres von einem mächtigen Reich im Norden, dessen vorgeschobene, tributpflichtige Provinzen bis an das Meer reichten und das von einem großen »Kaiser«[55] mit Namen Montezuma beherrscht wurde. Cortés sondierte bei einem Kaziken der Totonaken die Lage und erfuhr durch ihn einiges über die Organisation und militärische Stärke des Reiches. Der Informationsfluss erfolgte aber auch in umgekehrter Richtung und fand seinen Weg in die Hauptstadt Tenochtitlán. Sehr bald erkannte Cortés den großen Schwachpunkt der Aztekenherrschaft, der später auch für die Inka zutreffen sollte: Einer vergleichsweise dünnen Herrenschicht, gebildet aus dem militärisch dominanten Volk, stand eine Vielzahl unterdrückter und daher potenziell aufsässiger Stämme oder Völker gegenüber.

Fast 400 Mann beteiligten sich von Veracruz aus am ersten Marsch nach Tenochtitlán, begleitet von etwa 15 Pferden[56] und den unvermeidlichen Kampfhunden. Eine Abteilung Armbrustschützen verstärkte die Kampfkraft der gut bewaffneten Truppe, deren Mannschaften Schwert, Spieß und Dolch mit sich führten. Entgegen weit verbreiteter Vorstellung war die Zahl der mitgeführten Feuerwaffen relativ gering: lediglich 13 Hakenbüchsen und eine fast gleiche Menge an Feldschlangen und ähnlichen Geschützen. Trotzdem verbreiteten die demonstrativ vorgeführten »feuerspeienden Rohre« Angst und Schrekken. Den psychologisch größten Effekt erzielten jedoch die Berittenen auf den in Amerika völlig unbekannten Pferden. Diese scheinbare und vorerst unerklärliche Verschmelzung von Tier und Mensch musste den Indianern noch mehr Furcht eingeflößt haben als den Römern Hannibals Elefanten, deren Existenz wenigstens bekannt war. Die erste Stadt, in die das Expeditionskorps noch in Küstennähe einzog, war Cempoala, die zentrale Siedlung der Totonaken. Ihr Stammesgebiet war erst vor kurzem unter die Hegemonie der Azteken (eigentlich Mexica) gefallen; dementsprechend vorsichtig, aber durchaus freundlich wurden die Spanier empfangen. Obwohl es mit den noch unbekannten großen Städten im Hochland nicht zu vergleichen war, konnte Cempoala die Europäer beeindrucken, lag doch die Einwohnerzahl über jener von Sevilla oder anderer vergleichbar großer Städte in Spanien. Und auch Gebäude sowie Tempelanlagen brauchten einen Vergleich mit ihren europäischen Pendants keineswegs zu scheuen. In Gesprächen mit dem Kaziken erfuhr Cortés weitere Details über den Herrscher Montezuma und die Hauptstadt Tenochtitlán. Nach eindrucksvoller Demonstration der Artillerie durch die Spanier stellte der Häuptling mehrere hundert seiner Leute als Lastenträger für den Vorstoß ins Hochland zur Verfügung. Am 16. August 1519 – im selben Jahr wird Karl V. zum Kaiser des Heiligen Römischen Reiches gewählt – brachen die derart verstärkten Spanier von Cempoala auf.

Der äußerst anstrengende Marsch führte abseits aller Siedlungen überwiegend durch unwegsames Gelände, um möglichen Konfrontationen mit Truppen der Zentralregierung zu entgehen. Alle Klimazonen mit ihren spezifischen Eigenheiten wurden dabei durchschritten: von den tropisch feuchten Niederungen der Küste über die Regenabhänge der Sierra Madre Oriental bis zu den gemäßigten Höhen der *tierra templada*, zwischen 800 und 2000 Meter gelegen. Und weiter quälte sich die Truppe zwischen den Vulkankegeln des Cofre de Perote und dem Pico de Orizaba hindurch über die *tierra fria*, bereits in Nähe des ewigen Schnees. Anfang September erreichte man eine fruchtbare Ebene und die Stadt Zocotlán (Cocatlán), wo die Spanier auch von den blutigen Ritualen der Azteken erfuhren, denen jährlich zahllose Menschen auf den Altären dämonischer Götter zum Opfer fielen[57]. In einer leicht zu durchschauenden moralischen Überhöhung der wahren Grundmotive für den Feldzug wird von Cortés, und später von den Spaniern generell, genau diese »religiöse« Verirrung als Rechtfertigung für das rücksichtslose und gewalttätige Vorgehen prominent angeführt werden.

Von Zocotlán schwenkte man nach Südwesten und erreichte Mitte September Tlaxcala, die Hauptstadt eines selbstbewussten und wehrhaften Indianerverbandes, der sich den Azteken unter Montezuma bisher erfolgreich widersetzen konnte. Bevor es den Spanier aber gelang, in die Stadt einzuziehen, kam es zu mehreren Gefechten, während der die Spanier den ihnen vorauseilenden Ruf, unsterblich zu sein, einbüßten. Dennoch gelang es Cortés mit diplomatischem Geschick, einen Frieden auszuhandeln, der ihm den wichtigsten Verbündeten im Kampf gegen das Kernland sicherte. Zudem verstand er es, Montezumas Gesandte in freundlich hinhaltender Art über seine weiteren Absichten im Unklaren zu lassen, ohne dass dies bemerkt worden wäre. Nachdem er auch den sich regenden Widerstand mancher Soldaten gegen eine Fortführung des Unternehmens abwenden konnte, marschierte das Heer, dem sich ein paar tausend Tlaxcalteken angeschlossen hatten, durch aztekenhöriges Land südwärts nach Cholula. In der damals etwa hunderttausend Einwohner zählenden Stadt befand sich eine große, dem Quetzalcoatl geweihte Tempelanlage, die außerdem ein wichtiges Handelszentrum war. Deren Bewohner waren den Mexica unter Montezuma treu ergeben und zeichneten sich durch ein gespanntes Verhältnis zu den Tlaxcalteken aus. Die nun folgenden Ereignisse sind wohl bestens dokumentiert, über die wahren Hintergründe herrscht aber nach wie vor Unklarheit, die wahrscheinlich nie objektiv erhellt werden dürfte.

Während die indianischen Bundesgenossen vor der Stadt lagerten, nahmen die Spanier, in Gruppen aufgeteilt, in Cholula direkt Quartier. Wie Bernal Diaz in wenigen, leidenschaftslosen Worten berichtet, sollen die Stadtoberen einen Überfall auf die Spanier geplant haben; dies »*habe Doña Marina von ihrer Gastgeberfamilie erfahren*« und Cortés davon unterrichtet, der seinerseits beschloss, dem Anschlag zuvorzukommen. Andere Quellen wieder geben als Motiv eine gewollt eindrucksvolle Demonstration spanischer Stärke an, um bereits im Vorfeld der Hauptstadt die Sinnlosigkeit jeden Widerstands zu dokumentieren. Cortés ließ die wichtigsten Persönlichkeiten der Stadt zu sich rufen und den Platz ihrer Zusammenkunft abriegeln. Vor den Mauern richtete man die Kanonen auf die Zugänge der Stadt, und die Tlaxcalteken stürmten auf ein verabredetes Zeichen in die Straßen, wo sie begannen, die Bewohner niederzumachen. Stundenlang dauerte das Massaker, dem schließlich mindestens 3000 Cholulteken zum Opfer fielen. Darüber hinaus zogen die Spanier plündernd und brandschatzend durch einige Viertel, ohne irgend jemanden oder irgendetwas zu schonen. In seinem Bericht vom Oktober 1520 an Kaiser Karl V. wird Cortés später nüchtern festhalten: »*Binnen zwei Stunden sind sodann 3000 Bürger zu Tode gekommen ... Ich ließ einige Türme und Häuser in Brand stecken, während der Kampf von Gasse zu Gasse weiterging ... Auf diese Weise habe ich in fünf Stunden alles Volk aus der Stadt vertrieben*«. Cholula war der Auftakt und, neben Cajamarca in Peru, zugleich der Höhepunkt einer Blutspur reinsten Terrors, die die zweite Conquistadorengeneration durch Amerika zog und den einschlägigen Ruf ihrer Anführer unverrückbar festschrieb.

Wie widersprüchlich und in der Argumentation unterschiedlich dieses Ereignis unter den Zeitgenossen, vor allem den Chronisten bewertet wurde, lässt sich aus deren Kommentaren ableiten. Der bekannt indianerfreundliche Las Casas verurteilte das Vorgehen seiner Landsleute auf das Heftigste, während Gómara, ebenfalls Kleriker, Cortés unter Hinweis auf die Verschlagenheit der Stadtbewohner und deren Anführer zu rechtfertigen versucht. Der Franziskaner Bernardino de Sahagún machte wieder die Tlaxcalteken als eigentliche Urheber des Blutbades verantwortlich, da sie sich mit spanischer Hilfe dem Volk von Cholula überlegen sahen und die Gunst der Stunde zum eigenen Vorteil nutzen wollten. Bernal Diaz befand sich eher auf Gómaras Argumentationsebene und sah im Grunde nichts Verwerfliches im eigenen Tun, das seiner Meinung nach bloß auf Selbstverteidigung ausgerichtet war. In einem kurzen Abschnitt seiner »Historia verdadera« kritisiert er die Betrachtungsweise des Dominikaners Las Casas und warnt sogar dessen Ordensbrüder vor der, wie er meint, verfälschten Darstellung: »*Wollen wir* (den Ereignissen) *etwas vorgreifen und sagen, dies waren die großen Grausamkeiten, über die der Bischof von Chiapas, Fray Bartolomé de Las Casas, schrieb und nicht müde wird, davon zu berichten. Er beharrt darauf, wir hätten die Leute von Cholula ohne jeden Grund bestraft, nur um uns zu unterhalten, weil uns die Lust danach überkam. Er schreibt so überzeugend, dass er jedermann zu beeindrucken vermag, der nicht selbst Zeuge des Geschehens war; … (dass) … diese Grausamkeiten sich so zugetragen hätten wie er berichtet, wo doch das Gegenteil zutreffend ist. Die Dominikaner mögen sich vor diesem Buch hüten, da es den Tatsachen widerspricht.*«

Was auch immer der Anlass zu dieser Blutnacht gewesen sein mag, ihr Ergebnis hatte eine niederschmetternde und demoralisierende Wirkung auf die Gegner. Am 1. November verließen die Spanier Cholula, nachdem Cortés einige der indianischen Hilfstruppen entlassen hatte. Zwischen den Doppelvulkanen Popocatépetl[58] und Ixtaccihuatl zog der Heerbann weiter gegen Tenochtitlán. Je mehr man sich der Hauptstadt näherte, desto zahlreicher wurden die Gesandtschaften, die Montezuma den Fremden entgegenschickte. Mit eindringlichen Beschwörungen und reichen Geschenken sollten diese bewogen werden, den Vormarsch abzubrechen und an die Küste zurückzukehren. Höflich, ja fast freundlich bei den Verhandlungen, in der Sache selbst aber bestimmt und unbeugsam, ließ Cortés den Marsch fortsetzen. Man überwand die letzten Höhenzüge und Pässe, bis sich die grüne, fruchtbare Hochebene der Seenplatte mit der Hauptstadt vor den Spaniern öffnete.

Der erste Anblick Tenochtitláns brachte die Soldaten zum Staunen und nötigte ihnen höchste Bewunderung ab, was sich auch in den Berichten niederschlug. Cortés schrieb später an Karl V.: »*Die große und reiche Hauptstadt Tenochtitlán liegt im großen Salzsee. Sie ist so groß wie Sevilla oder Córdoba. Vom Land zu den Haupttoren der Stadt führen vier Steindämme, deren jeder zwei spa-*

nische Lanzenlängen breit ist«, und Bernal Diaz: »*Es bot sich uns ein derart herrlicher Anblick, dass wir sprachlos waren und nicht wussten, ob das wahr sein könnte, was wir vor unseren Augen sahen.*« Am 8. November traf Cortés vor der Stadt ein und wurde von Montezuma samt großem Gefolge empfangen und, heute völlig unverständlich[59], in die Stadt geleitet; für den einen Anführer ein tödlicher Fehler, für den anderen ein unvorhersehbarer Glücksfall.

Der Friede war trügerisch und die Freundlichkeit nur oberflächliche Floskel. Es musste kommen, was nicht zu vermeiden war. Spanischen Übergriffen auf Tempelanlagen und Götterbilder folgte Unruhe unter der Bevölkerung, und Cortés sah sich veranlasst, durch die Geiselnahme Montezumas ein Faustpfand für die eigene Sicherheit in Händen zu halten. Als er versuchte, die Ruhe wieder herzustellen und die Ordnung aufrechtzuerhalten, erhielt er Nachricht von einer Bedrohung ganz anderer Art. Auf Befehl von Gouverneur Velásquez war eine Flotte unter dem Kommando des Pánfilio de Narváez an der Küste bei Veracruz gelandet, um den unbotmäßigen Conquistador zu reglementieren und den Anspruch der Statthalterschaft von Kuba auch für das Festland sicherzustellen. Cortés zögerte nicht lange, beauftragte seinen Stellvertreter im Kommando, Pedro de Alvarado (1486–1541), der wie Bernal Diaz gleichfalls an Grijalvas Yucatán-Expedition teilgenommen hatte, mit der Sicherung Tenochtitláns, ließ eine kleine Garnison zurück und brach in Eilmärschen zur Küste auf. In der Nähe von Cempoala konnte er die zahlenmäßig überlegenen, aber undisziplinierten Truppen des Narváez während eines Nachtangriffs schlagen. Narváez gelang die Flucht, die Mehrzahl seiner Männer schloss sich aber dem überzeugend argumentierenden Sieger an, dessen Streitmacht dadurch nun aus mehr als 1000 Fußsoldaten und etwa 100 Berittenen bestand. Für Cortés ein weiterer Glücksfall, denn von Tenochtitlán drangen bedrohliche Nachrichten an die Küste.

Der ungestüme Alvarado zeigte sich den speziellen Anforderungen seines Kommandos nicht gewachsen und verschlechterte die Beziehungen zwischen Bevölkerung und Garnison durch unbesonnene und provozierende Aktivitäten, die das Gesamtunternehmen beinahe zum Scheitern brachten. Offenbar dem psychischen Druck eines hohen religiösen Festes der Indianer mit seinen Blutopfern nicht gewachsen, ordnete er einen Überfall an, dem 600 Azteken, darunter zahlreiche hohe Würdenträger zum Opfer fielen. Anders als in Cholula kann hier nicht die kleinste Verschwörungstheorie zur Rechtfertigung geltend gemacht werden. Nur das rasche Eingreifen des Cortés mit den nun verstärkten Truppen verhinderte vorerst wenigstens das Schlimmste für die bedrängte Garnison. Erstaunlicherweise wurde die Vereinigung der beiden Heeresteile durch die Azteken nicht behindert. Andererseits schloss sich sofort ein Belagerungsring um die sich im Palastviertel verschanzenden Spanier. Ihre Lage verschärfte sich allzu bald durch Trinkwassermangel und beginnenden Verpflegungsnotstand. Cortés entglitt die Kontrolle endgültig, als der noch immer auf Beschwichtigung bedachte Montezuma sein Volk zur Zurückhaltung auffordern wollte. Doch in den Augen der Stadtbevölkerung hatten die Spanier durch das Massaker den Bogen überspannt und der Gefangene dem Treiben zu willfährig nachgegeben. Noch während Montezuma sprach, brach sich der aufgestaute Unmut der Massen Bahn, zuerst gegen den eigenen Herrscher. Er wurde durch Steinwürfe und Pfeile tödlich verletzt, was die Europäer ihres wertvollsten Druckmittels beraubte. In einem Akt höchster Verzweiflung beschloss Cortés, einen Ausbruch aus der Falle der Lagunenstadt zu wagen, um auf festem Land die volle Kampfkraft seines Heeres entfalten zu können. Dieser Ausbruchsversuch in der dunklen, regnerischen Nacht vom 30. Juni 1520 ging als »noche triste« in die spanische Geschichtsschreibung ein. Besonders eindrucksvoll schildert der Augenzeuge und selbst um sein Leben kämpfende Bernal Diaz diesen Verzweiflungsschritt. Obwohl er seine Erinnerung erst Jahrzehnte nach den Ereignissen niederschrieb, kann man noch das Grauen dieser Nacht aus jedem Satz herauslesen, den der alte Mann zu Papier brachte, aber auch den Heldenmut seiner Landsleute während der Kämpfe:

»*... während dieses einen Angriffs verwundeten sie 46 unserer Männer, von denen zwölf ihren Wunden erlagen. So viele Krieger bedrängten uns, dass es Diego de Ordás* (und seinen Männern) *unmöglich war, sich in unsere Quartiere zurückzuziehen, da sie ihre Attacken sowohl von vorn als auch hinten, selbst von den Dächern aus vortrugen. Unsere Kanonen, die Musketen, Armbrüste und Spieße waren kaum von Hilfe; unsere wackeren Ausfälle mit dem Schwert und all unser tapferer Kampf war vergebens. Obwohl wir viele von ihnen mit Wunden überhäuften und auch töteten, drängten sie weiter gegen die Spitzen unserer Schwerter und Lanzen vor, schlossen die Lücken in ihren Reihen immer dichter und ließen nicht ab, uns tapfer und entschlossen wie zuvor anzugreifen. Es gelang uns nicht, sie zurückzuwerfen ...*«

Gegen eine erdrückende Übermacht kämpfte sich jeder Spanier, meist auf sich allein gestellt, den Weg über Brücken und Dämme frei oder versuchte es wenigstens. Mehr als zwei Drittel der Soldaten fanden den Tod und nicht wenigen wurde dabei die eigene Habgier zum Verhängnis. Die Taschen vollgestopft mit schwerem Raubgut, opferten sie ihre Beweglichkeit und Schnelligkeit einem vermeintlichen, aber nicht dauerhaften Reichtum. Viele stürzten, bereits verwundet, in die Lagune, aus der, von zahllosen Angreifern bedrängt, aber auch wegen des eigenen Gewichts, ein Entkommen kaum mehr möglich war. Andere wieder, die vor dem Getümmel zurück in den Palast zu fliehen suchten, wurden gefangen und starben bald darauf einen grauenhaften Opfertod auf den Tempelaltären. Der Morgen sah die Azteken, wenn auch unter schweren Verlusten, als überlegene Sieger. Sie hofften, dass die Fremden nun entscheidend geschlagen wären und sich zurückziehen würden. Doch Cortés dachte nicht daran. Er sammelte mit großem persönlichen Einsatz den Rest seiner erschöpften Truppe im Gebiet der Tlaxcalteken, ohne die Verwundeten ihrem absehbaren Schicksal als Blutopfer zu überlassen, und formierte sie neu.

Viele seiner Leute drängten auf einen Rückzug wenigstens bis Veracruz, wenn nicht gar bis Kuba. Doch Cortés war sich im Klaren darüber, dass er damit die einmalige Chance vergeben würde, sich eine eigene Machtbasis zu schaffen. Dem Eroberer gelang es auch hier, die Männer durch seine charismatische Ausstrahlung erneut für sich und seine Pläne zu gewinnen. In einer Reihe kleinerer, wohl überlegter Feldzüge gegen feindliche Stämme entlang seiner Versorgungslinien zur Küste sowie vor allem im strategisch bedeutenden Vorfeld Tenochtitláns blieb er siegreich und stärkte damit auch die Moral seiner Männer. Darüber hinaus bewies er durch den Befehl, in Tlaxcala eine Flotte für den Texcoco-See von Tenochtitlán zu bauen, seinen strategischen Weitblick.

Mittlerweile war die Nachricht von den Reichtümern der Azteken nicht nur nach Kuba, sondern auch nach Hispaniola und Jamaica gedrungen. Viele Abenteurer folgten den Verlockungen, und so konnte Cortés seine Streitmacht in kurzer Zeit auf den alten Stand bringen; von Tausenden Kriegern der Tlaxcalteken verstärkt, nahm das Heer nun beachtliche Dimensionen an. Die gebauten und wieder in ihre Bestandteile zerlegten Brigantinen wurden auf dem Landweg zum Texcoco-See gebracht und dort erneut zusammengebaut. Ende Mai 1521, fast ein Jahr nach der *noche triste*, begann die Belagerung der Hauptstadt; drei Monate sollte sie dauern und zum Untergang des Aztekenreiches führen, der auch durch nachfolgende Einzelgefechte nicht mehr aufzuhalten war. Tenochtitlán fiel am 13. August 1521 – die Belagerung soll ungefähr 200 000 Bewohner, sei es im Kampf oder durch Aushungerung[60], das Leben gekostet haben.

Cortés hatte sein Ziel erreicht – mit ausschließlich auf den Endzweck orientierter Härte gegen seine Männer und sich selbst, mit Verbindlichkeiten, wenn es geboten erschien, mit rücksichtslosem Nachdruck, wenn es notwendig war. Nach seinem Triumph begegnet man einem anderen Cortés, einem Mann, der unter den Conquistadoren noch am meisten die Gesinnung der vergangenen Reconquista in die Neue Welt einbringen konnte. Weitsichtiger als seine »Kollegen im Amt«, sah er die Eroberung nur als Vorstufe zu einer Besiedlung. Fernab, jede persönliche Bereicherung abzulehnen – »*Ich bin gekommen, um Gold anzuhäufen, und nicht den Boden zu beackern wie ein Bauer*« –, verstand er, ganz in Tradition der Maurenkämpfer, sein Wirken darin, dass erst durch die Vernichtung des Alten Neues entstehen könne. Der Vertreibung der Juden und Moriscos in Spanien entsprach in Mexiko die Verbannung der Indianer in die Bedeutungslosigkeit, nicht ohne sie körperlich auszubeuten. Die grausamen Blutrituale der Azteken mussten selbst für einen abgebrühten Kämpfer wie Cortés so abstoßend gewesen sein wie das Unverständnis groß, dass die Indianer den christlichen Universalitätsanspruch nicht nachvollziehen konnten. So wäre es verfehlt zu glauben, dass der Eroberer den Missionsgedanken ausschließlich zur Rechtfertigung der unter seinem Befehl begangenen Grausamkeiten heranzog. Zum einen musste er vor dem König seine Unbotmäßigkeit durch nachweisliche Erfolge begründen und als nützlich für die spanische Krone darstellen. Zum anderen war er bestrebt, die nun erreichte Machtposition für sich auch weiterhin zu erhalten. Eine Konsolidierung konnte aber nur Platz greifen, wenn man das Land und seine Möglichkeiten kannte.

Bereits auf seinem Zug nach Tenochtitlán hatte Cortés von Angebot und Reichhaltigkeit der Märkte auf die Ergiebigkeit der Felder geschlossen und deren wirtschaftliche Möglichkeiten bewertet. So folgten den noch rauchenden Brandspuren des Heerbannes sehr bald Kolonisten, während die Spitze sich mehrfach teilte und weiter in das Unbekannte vorstieß. Pedro de Alvarado, Verursacher der *noche triste* und stellvertretender Kommandant, dem sich später auch Bernal Diaz de Castillo angeschlossen hatte, brach nach Süden auf. Südwestlich am Popocatépetl vorbei stieß er in die Sierra Madre del Sur vor und schlug einen Indianeraufstand, der sich nach dem Untergang der aztekischen Zentralmacht formiert hatte, mit gewohnter Brutalität nieder. Im Raum des heutigen Tututepec entging er nicht nur dem Hinterhalt eines örtlichen Kaziken, sondern auch einer Meuterei der eigenen Leute. Ein zweiter Zug führte ihn 1523 mit 300 Mann, 150 Reitern und indianischen Hilfstruppen, die einige Tausend umfassten, von Tenochtitlán zuerst nach Oaxaca, dem Stammland der Zapoteken. Von hier erreichte er etwa bei Tonolá den Pazifischen Ozean, um anschließend wieder in die Sierras von Guatemala aufzusteigen. Dem Vorbild des Cortés folgend, allerdings mit größtmöglichem Zerstörungswillen, schlug er nach dem Zug durch Quetzaltenango mehrere Schlachten gegen die Hochland-Maya der Quiché, des dominierenden Volks der Region. Deren Hauptstadt Utatlán wurde dem Erdboden gleichgemacht, die gefangenen Anführer bei lebendigem Leib verbrannt.

Sein Vorstoß in den Süden ging weiter, nach dem heutigen Guatemala-Stadt, dem Zentrum der Cakchiqueles-Indianer, die für ihn eine ähnliche Rolle spielten wie die Tlaxcalteken für Cortés. Sie unterstützten ihn bei seinem Eroberungsfeldzug, bis ihn der einbrechende Winter im Raum des heutigen San Miguel zur Umkehr nach Mexiko nötigte. Er wäre kein Spanier, nicht Alvarado gewesen, hätte er nicht durch erzwungene Goldzahlungen und übermäßig geforderte Tributleistungen die Verbündeten gegen sich aufgebracht. Die Folge war ein Aufstand, der erst 1530 von seinen Gefolgsleuten niedergeschlagen werden konnte. Alvarado selbst hatte sich 1526 nach Spanien begeben, in eine einflussreiche Familie eingeheiratet und kehrte 1530 mit dem

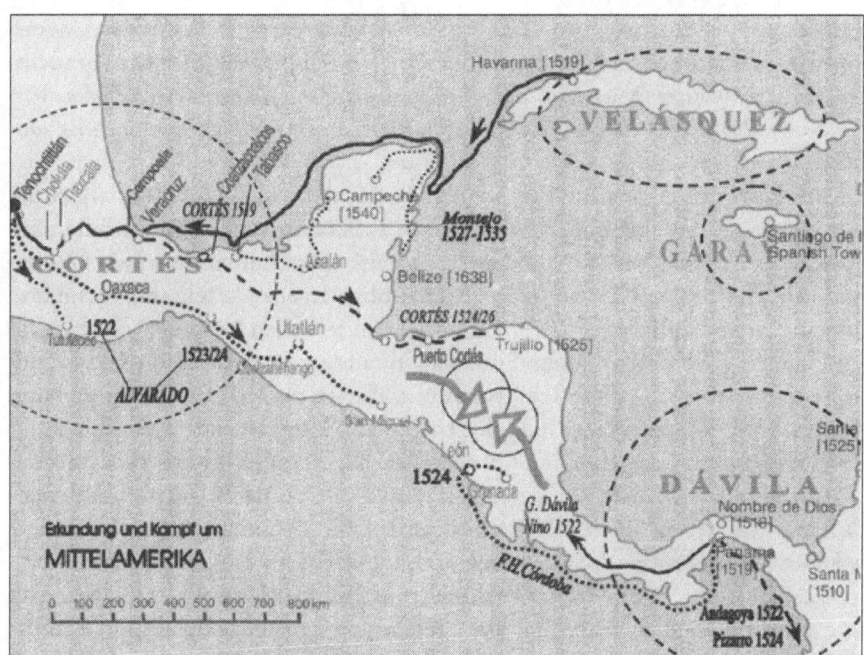

Erkundung und Kampf um
MITTELAMERIKA

Titel eines Gouverneurs nach Guatemala zurück. 1534 wird man ihn im Raum des heutigen Ecuador wieder antreffen, wohin ihn die Nachrichten über die Erfolge des Francisco Pizarro in Peru lockten.

Ein anderer Unterführer des Hernán Cortés, der vorhin erwähnte Diego de Ordás, der den Popocatépetl besteigen sollte, erkundete den Golf von Campeche und die mexikanische Landenge zum Pazifik. Später wird er noch im Orinoko-Gebiet Venezuelas anzutreffen sein. Ein dritter, Francisco de Montejo, unternahm einige Vorstöße auf der Halbinsel Yucatán, deren Küsten unter seinem Beisein schon durch Grijalva relativ gut bekannt waren. Während eines Spanienaufenthaltes nach dem Mexikofeldzug hatte Montejo vom Hof Karls V. Vollmachten für eigene Unternehmungen auf der Halbinsel erwirken können. Mit einer in Spanien zusammengestellten Flotte erreichte er 1527 über Hispaniola die Insel Cozumel. Von dort aus unternahm er zwei getrennte Vorstöße entlang der Küste, und soll sogar in das alte Mayazentrum von Chichén Iztá vorgedrungen sein. Montejos Sohn, gleichfalls Francisco mit Vornamen, gelang zwischen 1535 und 1545 die Unterwerfung weiter Teile des Maya-Siedlungsraumes auf Yucatán, wenn sich auch einzelne Widerstandsnester[61] bis weit ins 17. Jahrhundert halten konnten. Die Niederwerfung erfolgte mit einer Brutalität, die Las Casas schreiben ließ: »*Die einzige und wahre Ursache, warum die Christen eine solch ungeheure Menge schuldloser Menschen zu-*

grunde richten, war bloß diese, dass sie ihre Reichtümer und ihr Gold zu bekommen suchten.« Aber auch weiter: »*Da das Land Yucatán kein Gold vorweisen konnte, beschloss er* (Montejo) *die Menschen mit Leib und Seele in Gold zu verwandeln. Er machte demnach diejenigen, die er nicht umbrachte, samt und sonders zu Sklaven.«*

Im Zusammenhang mit der Eroberung Mexikos ist auch die Entwicklung auf der mittelamerikanischen Landenge als Brücke zwischen den Einflusssphären von Interesse. Vorerst stand sie nicht aus wirtschaftspolitischen Überlegungen im Blickpunkt, sondern als Schauplatz eigener Machtansprüche und deren Durchsetzung. Hier trafen nun die rivalisierenden Conquistadorengruppen aus dem Norden und dem Süden aufeinander. Verstärkt und teilweise unübersichtlich wurden diese Territorialstreitigkeiten noch durch Rivalitäten und wechselnde Allianzen innerhalb der einzelnen Gruppierungen selbst.

Von Panamá aus gelangten Gil Gonzáles Dávila und Andrés Niño auf der Pazifikseite nach Costa Rica und Nicaragua, wo sie 1522 auch einige Siedlungen gründeten. In der Befürchtung, dass sein Namensvetter zu mächtig werden könnte, entsandte Gouverneur Pedrarias Dávila den Francisco Hernández de Córdoba, nicht zu verwechseln mit dem gescheiterten Seefahrer von Yucatán, zur Reglementierung, was diesem vorerst aber nicht gelingen sollte. Im Grenzbereich zum heutigen El Salvador kam es kurze Zeit später mit Soldaten Alvarados zu Auseinandersetzungen, die aber keine weiteren Folgen nach sich zogen. Zur selben Zeit schickte Cortés seinen Hauptmann Christóbal de Olid[62] nach Honduras, um diesen Raum zu erkunden. Olid wiederum wurde von Vertrauensleuten des Diego Velásquez aus Kuba gegen seinen unmittelbaren Befehlshaber aufgebracht und beschloss, Honduras für sich selbst zu erobern. Dadurch ergab sich die eigenartige Situation, dass gleich fünf Personen auf dieses Gebiet Anspruch erhoben: Pedrarias Dávila, Gonzáles Dávila, noch immer Hernández de Córdoba, Olid und natürlich Cortés selbst. Ein perfektes Intrigen- und Gewaltkarussel begann sich zu drehen, das sich etwa zwanzig Jahre später in Südamerika mit anderen Akteuren wiederholen sollte.

Cortés beauftragte, von den Ereignissen informiert, Francisco de la Casas[63], Olid das Handwerk zu legen. Diesem gelang es aber, Casas in seine Gewalt zu bekommen und anschließend Gil Dávila zu schlagen. Doch Olids Triumph war nur von kurzer Dauer. La Casas und Dávila verbündeten sich, schlugen Olid und ließen ihn ermorden. Cortés fürchtete darauf um seine Interessen in Mittelamerika, beschloss eine Strafexpedition auszurüsten und verließ im Oktober 1524 sein Kernland im Tal von Mexiko. Im Heereszug befand sich nicht nur Bernal Diaz, sondern, was wichtiger war, auch der nominelle Aztekenherrscher Cuauhtémoc samt Gefolge, den Cortés aus verständlichen Gründen nicht in der Hauptstadt des besiegten Reiches zurücklassen durfte. Von Coatzacoalcos, wo Ordás eine Garnison eingerichtete hatte, schwenkte man wieder ins Landesinnere. Auf dem entbehrungsreichen Marsch wurde der Nachweis erbracht, dass Yucatán im Gegensatz zu bisherigen Annahmen keine Insel, sondern ein großräumiger Fortsatz des Festlandes war. Den Rio Usumacinta überquerend zog man südlich des Lago Petén Itzá vorbei und erreichte beim Rio Dulce den Golf von Honduras. Dort erfuhr Cortés vom gewaltsamen Tod des Christóbal de Olid. Aber auch er beging eine ähnliche Tat. Nachdem ein angeblicher Verschwörungsplan des Aztekenherrschers aufgedeckt worden war, ließ der Conquistador Cuauhtémoc hinrichten und wird dies in seinem Report an den Kaiser mit begründeter Handlungsnot rechtfertigen.

Ähnlich wie später beim Inka Atahualpa fand sein Vorgehen keineswegs die ungeteilte Zustimmung seiner Landsleute. Zu den Kritikern zählte auch Bernal Diaz, der den Tod des Aztekenfürsten als nicht gerechtfertigt bedauerte. Die Exekution war jedoch keinesfalls geeignet, vom eigentlichen Zweck des Unternehmens abzukehren. Cortés ließ durch einige Unterführer den Rio Dulce und dessen Umgebung nach einer geeigneten Passage zum Pazifik erkunden, wies die Ansprüche des Hernández de Córdoba auf dieses Gebiet zurück und gründete einige Städte, darunter das heutige Trujillo. Als Cortés, nach dem heute auch eine honduranische Provinz benannt ist, von Machtkämpfen zwischen hochrangigen Beamten in Mexiko erfuhr, setzte er im April 1526 in Trujillo Segel und kehrte, Hernando de Saavedra als seinen Statthalter in Honduras einsetzend, über Kuba und Veracruz in das frühere Tenochtitlán, nun Ciudad de Mexico, zurück, wo es ihm gelang, die Ordnung weitgehend wiederherzustellen. Die verhältnismäßige Kleinräumigkeit der heutigen mittelamerikanischen Staaten findet ihre strukturellen Wurzeln auch in den Streitigkeiten der ersten Eroberer und den auf sie folgenden Kolonistenclans. So kann der gegen Gil Dávila ausgesandte Hernández de Córdoba im späteren Nicaragua 1523 die Stadt Granada und ein Jahr später León in Nähe des größten Sees Mittelamerikas gründen, wird aber 1526 von Pedrarias Dávila, dem schon hochbetagten und skrupellosen Gouverneur Panamás, nach einem umstrittenen Gerichtsverfahren hingerichtet. Die Ähnlichkeit zum Schicksal eines Balboa ist mehr als auffallend, wenn der auslösende Mann dieselbe Person ist und sich für die nächsten fünf Jahre nun auch zum Herrn über die »neue Provinz« Nicaragua aufschwingen kann.

Costa Rica, die »Reiche Küste« der vierten Kolumbusreise, diente lange Zeit nur als Durchzugsgebiet von Panamá zu den Siedlungsgebieten um den Rio San Juan del Norte und zum Nicaragua-See. Trotz des vielversprechenden Namens ließen sich hier erst um 1560 unter Juan de Cavallón erste spanische Siedler nieder, denen Gefolgsleute des Juan Vásquez de Coronado folgten und 1563 Cartago auf der Meseta Central gründeten. Ab 1570 unterstand Costa Rica dem Gouverneur von Guatemala, das 45 Jahre zuvor von Pedro de Alvarado erobert worden war. Das heutige Guatemala ist nur das Kerngebiet der historischen Region, die auch weite Teile von Honduras, Belize sowie ganz El Salvador umfasste und bis zur mexikanischen Provinz Chiapas reichte. Nach Unterwerfung der Hochlandmaya wurde 1527 neben der Provinzhauptstadt Ciudad Vieja unweit des heutigen Guatemala-City auch Antigua gegründet, das Vieja als Sitz des Militärgouverneurs von »Mittelamerika« nachfolgte. Während des kurzen Bergbaubooms in der Umgebung, der große Mengen Gold zu Tage förderte, blühte Antigua derart auf, dass es in Konkurrenz mit Mexiko und Lima, den Sitzen der Vizekönige, treten konnte. Für einige Zeit war es sogar Sitz der »Audiencia[64] de las Confines«, zu der ganz Mittelamerika von Tabasco bis Panamá gehörte. Das erfolgte aber erst nach der Rückkehr des Pedro de Alvarodo aus Ecuador und seinem Sieg über die lokalen Rivalen in Mittelamerika 1539, womit sich der Kreis zu Hernán Cortés wieder schließt.

In seiner Umsicht unterschied sich der Bezwinger des Aztekenreiches auch durch die Einbeziehung des Meeres in seine Kolonisierungsüberlegungen von den anderen Eroberern. Bereits kurz nach dem Fall Tenochtitláns hatte er Anweisung erteilt, an der Pazifikküste eine Werft zu errichten und eine Flotte zu bauen. Cortés 1522 an den Kaiser über die Erkundung des Pazifiks: »*Und weil dies in hohem Maß wichtig ist, habe ich Vorkehrungen getroffen, um in einem mir bekannten Ort am Südmeer zwei Karavellen und zwei Brigantinen zu erbauen, die Karavellen für Entdeckungen auf dem Meer, die Brigantinen für Küstenfahrten.*« Vorerst nicht viel, aber der Grundstein war gelegt. Mit dem gleichen Anspruch hatte Pedrarias Dávila seinen Sitz von Darién und der Karibik in das klimatisch günstigere Gebiet der Pazifikküste verlegt, wo er 1519 die Stadt Panamá an der Stelle eines indianischen Fischerdorfes gegründet hatte. Von hier aus wollte er das Südmeer erkunden lassen, was jedoch unter seiner Amtszeit und vom Gebiet Panamás aus nicht erfolgte. Die Gründungen des Cortés hingegen sollten in verhältnismäßig kurzer Zeit ihrer Bestimmung gerecht werden und erstmals, sieht man von den Versuchen Magellans und seiner unmittelbaren Nachfolger an der Südspitze Amerikas ab, spanische Schiffe in den Pazifik entlassen, die noch dazu in der Neuen Welt selbst gebaut worden waren. Auf diese spanischen Pazifikfahrten im 16. und Anfang des 17. Jahrhunderts wird später noch eingegangen.

Wie konzeptionell und zukunftsorientiert Cortés zu denken vermochte, soll hier ein kurzer Einschub dokumentieren. Nach Niederwerfung der Aztekenherrschaft und im Rahmen seiner Kolonisierungsmaßnahmen entwarf der Eroberer den Gedanken, die Karibik mit dem Pazifischen Ozean durch eine Kanaltrasse im Raum des Isthmus von Tehuantépec zu verbinden, jener Stelle Mexikos mit der größten Einschnürung zwischen den beiden Meeren. Kaiser Karl V. beauftragte bereits 1523 eine Vermessung der Landenge, und 1529 waren die ersten Planungsunterlagen für einen Kanal erstellt, die jedoch dem

Kaiser nicht vorgelegt wurden[65]. Im zeitlichen Umfeld erwog man noch andere Projekte: einmal in Nicaragua, dann wieder in Darién. Ein ortsansässiger Beamter schlug 1534 sogar eine Trasse vor, die etwa mit der heutigen Kanallinie deckungsgleich war.

Unter den Conquistadoren war Cortés gewiss die herausragendste Persönlichkeit. Was er mehr war: Soldat, Staatsmann oder Kolonisator, bleibt offen. Doch wie schon bei Kolumbus manifestiert sich auch im Fall von Cortés – und hier noch verstärkt – das verständliche Bemühen der Krone, aus den Entdeckungen und Eroberungen das meiste Kapital für sich selbst als Gewinn zu erzielen und die Abenteurer nur so lange gewähren zu lassen, bis das Unvermeidliche an Gewalt getan war, um sie anschließend nahtlos durch »gelernte Beamte« und adelige Vizekönige zu ersetzen. Was die Sicht des Hofes über Hernán Cortés anlangt, so zog im Hintergrund der schon mehrfach erwähnte Bischof Juan de Fonseca die Fäden, indem Cortés hochrangige Verwaltungsbeamte zur Seite gestellt wurden, was einer Entmachtung gleichkam. So erhielt er erst 1523 den Titel eines Generalkapitäns und wurde zum Gouverneur der unterworfenen Gebiete bestellt, die von ihm den Namen »Neu-Spanien« erhielten. Aber bereits der Alleingang des Christóbal de Olid und die damit verbundene kolonisatorische Unruhe veranlasste die Krone, Cortés die verliehene Macht weitestgehend wieder zu entziehen. Gesandte wiesen ihn 1528 an, die Statthalterschaft aufzugeben und nach Spanien zurückzukehren. Im Rahmen der groß und pompös angelegten Reise an den spanischen Hof in Toledo versuchte der Eroberer seinen Ruf wiederherzustellen und den alten Rang zurückzuerhalten – vergebens. Über seine realpolitische Entmachtung konnte auch der nun verliehene Titel eines »Marqués del Valle de Oaxaca« nicht hinwegtäuschen. Im selben Jahr 1528 wurde einem gewissen Francisco Pizarro Audienz bei Hof gewährt. Trotz aller Vorbehalte, die man Hernán Cortés entgegenbrachte, waren seine Erfolge derart beachtlich, dass die Krone in der Hoffnung, daran auch im Süden anschließen zu können, Pizarro 1529 eine Kapitulation zur Eroberung der Länder im Raum des Äquators auf der Pazifikseite Amerikas zugestand.

1530 kehrte Cortés auf der nun zweitrangigen Machtebene eines Generalkapitäns nach Mexiko zurück und bemühte sich, die vorhin erwähnte Küstenerkundung mittels Schiffen voranzutreiben. Auf Land hatten andere das spanisch kontrollierte Gebiet weiter in den Norden vorgetrieben. Im Jahr der Rückkehr des Cortés gründete Christóbal de Oñate nordwestlich von Mexiko-Stadt das heutige Guadalajara und 1535 Nuño de Guzman die Stadt Compostela nahe der Pazifikküste. Der nächste Schritt, von der politischen Bühne abzutreten, erfolgte für Cortés 1534 durch die Ernennung von Antonio de Mendoza zum ersten Vizekönig[66] von Neu-Spanien. Ein Jahr darauf segelte der Aztekenbezwinger nach Norden und entdeckte die Halbinsel Baja California – der Golf von Kalifornien wurde ihm zu Ehren noch lange »Mar del Cortés« genannt. Als sein Landsmann Francisco Vásquez de Coronado 1539 das Recht erhielt, nach den »Sieben Städten von Cibola« zu suchen, worauf noch einzugehen sein wird, reiste Cortés 1540 empört nach Spanien zurück, um sich bei Hof zu beschweren. Kolumbus nicht unähnlich, mit einem von Verbitterung geleiteten Hader, versuchte er bei der Krone seine Ansprüche auf Rang und Titel durchzusetzen, doch ebenso vergebens wie einst der Entdekker der Neuen Welt. 1541 beteiligte er sich noch am erfolglosen Feldzug Karls V. gegen Algier, ehe er sich für den Rest seines Lebens nach Castilleja de la Cuesta, einem kleinen Dorf in Andalusien, zurückzog. Am 2. Dezember 1547 starb der herausragendste aller Conquistadoren, schon länger kränkelnd, im Alter von 62 Jahren auf seinem Gut in der Nähe von Sevilla. Den riesigen Landbesitz in Mexiko mit mehr als 20 000 indianischen Arbeitskräften hatte er nicht seinen legitimen Kindern, sondern Don Martín Cortés vererbt, der Frucht seiner Beziehung zu Marina-Malitzin, der Indianerin.

PIZARRO – VON ECUADOR ZUR ATACAMA

> *»Wo immer wir auftauchten, als Entdecker und Eroberer,*
> *zeigt sich das Bild, als ob ein großes Feuer gewütet hätte.«*
> Pedro de Cieza de León (1518–1554)

Im gleichen Maß, wie einzelne Abenteurer und eine Handvoll Männer an der Peripherie die Grenzen immer weiter nach außen schoben, wurden die Großen Antillen streng genommen zum Hinterland, auch wenn sie Europa am nächsten liegen. Die Streitigkeiten unter den frühen Conquistadoren auf dem amerikanischen Festland reflektieren letztendlich nur die Rivalitäten unter den mittlerweile zahlreich gewordenen Gouverneuren und Statthaltern auf den Inseln. Sowohl Diego de Velásquez auf Kuba als auch Pedrarias Dávila in Panamá und am Golf von Darién entwickelten Vorwärtsstrategien, die den eigenen Machtbereich erweitern und damit nicht nur ihre politische Position stärken sollten. Die Erfolge des Hernán Cortés in Mexiko markieren nun jenen Schwellenpunkt, an dem die spanischen Siedlungsbemühungen endgültig Richtung Festland kippen sollten. Der Pazifik über Hunderte Meilen Küstenlinie war zwar erreicht worden, gleichzeitig tat sich aber auch eine mentale Schranke auf, da die schier endlose Wasserwüste an ihrem anderen Ende kein ausreichend motivierendes Ziel zu ihrer Bewältigung bot. Die gescheiterten

Molukkenfahrten in der Nachfolge Magellans hatten zweifellos großen Anteil am Aufbau dieser geistigen Blockade. So ist es naheliegend, dass die weitere Erkundung des Landes vorrangige Bedeutung erhielt. Die Eroberung des Cortés, vor allem deren finanzielle Ausbeute, war wie geschaffen, die Gier nach Gold und Reichtum neu zu entfachen. Vorboten und Kundschafter für Landexpeditionen waren wie bisher Schiffe und ihre Kommandanten. Die Initiativen, die von der Pazifikküste Mexikos ausgingen, werden in einem späteren Abschnitt behandelt. Im Süden der mittelamerikanischen Landenge bahnte sich jedoch, anfangs noch unbemerkt, eine Entwicklung an, die in ihren Grundzügen den Yucatánfahrten eines Córdoba oder Grijalva vergleichbar ist und mit einem ähnlichen Paukenschlag enden wird wie die Unterwerfung und Zerstörung des Aztekenreiches.

Bei einer Fahrt entlang der kolumbianischen Pazifikküste stieß Pascual de Andagoya – er stammt aus dem Umfeld des Pedrarias Dávila – im Jahr 1522 bei der Mündung des Rio San Juan im heutigen Kolumbien auf Indianer, die über andauernde Angriffe eines anderen Volkes aus dem Süden berichteten, dessen Herkunftsland mit dem Namen »Birú« angegeben wurde. Dieses Birú war jedoch nicht identisch mit dem Inkareich, auch wenn sich der Name des heutigen Peru von diesem Birú herleitet. Für Andagoya bedeutete Birú lediglich eine unwesentliche Randbemerkung, ohne entscheidende Neuigkeiten – das heißt, er kehrte ohne nennenswerte Goldfunde nach Panamá zurück. Allerdings brachte er auch die Nachricht mit, dass jenseits von Birú ein großes Volk mit einem mächtigen Fürsten über reichlich Gold verfügen solle. Zwei Jahre vergingen – Cortés machte sich gerade auf, seinem Anspruch auf Honduras Nachdruck zu verleihen –, bis ein neuerlicher Vorstoß in den Süden unternommen wurde, der ebenfalls kaum erwähnenswert wäre, hätten ihn nicht zwei Männer initiiert, die die Geschichte des Andenraumes verändern sollten: Francisco Pizarro (1476–1541) und Diego de Almagro (1475?–1538). Beide waren Hidalgos und kamen aus der spanischen Extremadura, stammten aus eher bescheidenen Verhältnissen, konnten weder schreiben noch lesen, besaßen aber in unterschiedlicher Ausprägung Eigenschaften, die sie zu ihren späteren Taten befähigten.

Pizarro, unehelicher Sohn eines spanischen Offiziers mit etwas Grundbesitz und einer Mutter, die ihm vier Brüder von drei verschiedenen Vätern zur Seite stellte, gelangte 1502 als entwurzelter Abenteurer in die Neue Welt und verdingte sich bei verschiedenen Unternehmen der frühen Entdecker. So nahm er, zur Erinnerung, 1509 an der Fahrt des Alonso de Ojeda in den Golf von Darién teil, schloss sich später Balboa an und hatte auf Anweisung des neu ernannten Gouverneurs Pedrarias Dávila maßgeblichen Anteil an der Verhaftung des Pazifikentdeckers. Mit einem guten Instinkt für Macht fand sich der Glücksritter stets auf der Seite des Stärkeren. Von den üblichen Landverteilungen für verdiente Unterführer konnte er insofern profitieren, als ihm eine ausgewogene Bewirtschaftung genügend Mittel zur Teilfinanzierung eigener Vorhaben einbrachte. Was seinen Charakter als Mensch anlangt, so könnte man ihn insofern mit Cortés vergleichen, als er alle dessen dunkle Eigenschaften in überreichem Maß in sich vereinigte, ohne jedoch von dessen eindeutig positiven Seiten auch nur angehaucht gewesen zu sein. Wie ein dunkler Schatten wird sich sein späteres Verhalten über die Leistungen des Cortés legen und diesen Mann in übertragenem Sinn in die Tiefen seiner eigenen, skrupellosen Verschlagenheit hinunterziehen, indem der Begriff »spanischer Furor« meist mit den Namen Pizarro und Cortés gleichgesetzt wird. Almagro wiederum, der 1514 in die Neue Welt gekommen war, besaß ebenfalls einige dieser Vorzüge und war dem rücksichtslosen Machtmenschen Pizarro, bei aller gebotenen Vorsicht, in manchen Charakterzügen überlegen, was ihm letztendlich auch zum Verhängnis werden sollte.

Pizarro, jetzt schon Mitglied des Rates von Panamá, hatte die Meldungen des Andagoya aufgegriffen und träumte fortan davon, ähnlich erfolgreich zu werden wie Cortés wenige Jahre zuvor. Obwohl nun relativ begütert, reichten seine Mittel bei weitem nicht aus, das Vorhaben allein umzusetzen. So suchte er nach Partnern. An dem Gemeinschaftsunternehmen waren dann neben Diego de Almagro noch zwei weitere Männer beteiligt, deren Motivation unterschiedlicher nicht sein konnte. Den einen, Gaspar de Espinosa, kannte Pizarro noch aus der Balboazeit – war doch Espinosa jener Richter, der das formale Todesurteil über den Pazifikentdecker aussprach. Später war dieser nach Nicaragua und Costa Rica gegangen, wo er genügend Gold als Grundkapital für weitere Expeditionen anhäufen konnte. Mit Espinosa bekannt war ein begüterter Geistlicher namens Hernando de Luque, der sich gleichfalls an Pizarros Vorhaben beteiligte. Ihm ging es weniger um Gewinnmaximierung als darum, zum geistlichen Oberhirten der neu entdeckten Länder ernannt zu werden, was natürlich auch, wie in Europa, mit Pfründen verbunden war.

Im November 1524 verließ die erste Expedition Panamá und scheiterte bereits in den Ansätzen. Pizarro strandete auf halbem Weg zum Rio San Juan an einem Ort, der dann ereignisrelevant Puerto de Hambre, Hungerhafen, genannt wurde. 1526 brach Pizarro erneut mit zwei Schiffen und nun 160 Mann in den Süden auf. Die Dauer der von mehreren Unterbrechungen gezeichneten Fahrt stand auch diesmal in keinerlei Relation zu den erwarteten, aber ausbleibenden Erfolgen. Während dieses Vortastens hatte Bartolomé Ruiz, Kapitän des zweiten Schiffes, den Äquator überquert und war auf ein reich beladenes Balsafloß handeltreibender Küstenindianer getroffen, was die Richtigkeit des angepeilten Zieles nur bestätigen konnte. Als er 1528 nach Panamá zurückkehrte, sah sich Pizarro nach dem Wechsel Gouverneur Dávilas nach Nicaragua mit den veränderten Gegebenheiten einer neuen Verwaltung konfrontiert und begab sich noch im selben Jahr zur Absicherung seines Vorhabens nach Spanien, um eine eigene Kapitulation zu erwirken – zur selben Zeit, als sich Hernán Cortés am Königshof aufhielt, um Rechenschaft über sein Vorgehen in Mexiko abzulegen. Die ausgehandelte Kapitulation war wie üblich umfangreich und regelte alle Bereiche des geplanten Unternehmens. In der Präambel wurde Pizarro ermächtigt, »... *die erwähnte Eroberung und Besiedlung fortzusetzen, auf eigene Kosten und Verantwortung, ohne dass Wir je verpflichtet wären, Eure Aufwendungen zu ersetzen über das hinaus, was Euch in diesen Kapitulationen zugestanden wird* ...« Die wesentlichsten, personenbezogenen Punkte lauteten sinngemäß:

– Hauptmann Francisco Pizarro erhält die königliche Vollmacht, die Entdeckung und Eroberung des Landes Birú auf eine Strecke von 200 Meilen fortzusetzen, und wird zum Generalkapitän und Gouverneur dieser Gebiete ernannt.
– Hauptmann Diego de Almagro wird das Kommando über die zu errichtende Festung Tumbes übertragen.
– Hernando de Luque solle zum Bischof von Tumbes erhoben werden. Ein entsprechendes Gesuch wird von der Krone dem Papst beschieden.
– Der Seemann Bartolomé Ruiz wird zum *piloto mayor* des Südmeeres ernannt und sein Sohn solle das Amt eines Notars von Tumbes bekleiden.
– Jene 13 Männer, die Hauptmann Pizarro folgten, werden in den Stand eines Hidalgo erhoben – jene, die es schon sind, in den eines »Caballero de Espuelas«, d.h. eines Ritters mit dem Recht, Sporen tragen zu dürfen.

Auch der übliche Anteil der Krone war peinlich genau festgehalten: Von aller Kriegsbeute stehe ihr ein Fünftel zu – von den zu erwirtschaftenden Erträgen, wie zum Beispiel aus Minen, wären vorerst ein Zehntel, später mit jährlicher Steigerung bis zu einem Fünftel an die Krone abzuliefern. Die »Kapitulationen von Toledo« wurden von Königin Isabella als Regentin für den reichsabwesenden Karl V. am 26. Juli 1529 unter der Bedingung ausgestellt, dass der Erkundungsvorstoß binnen eines Jahres seinen Anfang nähme.

Im Frühjahr 1530 segelte Pizarro wieder nach Panamá zurück, wo Diego de Almagro in der Zwischenzeit das gemeinsame Projekt vorangetrieben hatte. Liest man die Kapitulation noch einmal durch, so erkennt man bereits die Ansatzpunkte für das spätere Zerwürfnis. Der bei den Verhandlungen abwesende Almagro fühlte sich nicht zu Unrecht in der Frage seines Rangs sowie der Besoldung übervorteilt und wird dann auch aus der mit 200 Meilen bezifferten Entfernung Ansprüche für sich selbst ableiten. Wie früher Kolumbus seine Brüder und dann seinen Sohn Diego mitnahm, wurde Pizarro nun von seinen vier Halbbrüdern begleitet, von denen sich der durch und durch

misstrauische Abenteurer noch am ehesten ein gewisses Maß an Loyalität erhoffte. Am 27. Dezember 1530 verließ eine Streitmacht, die kaum diese Bezeichnung verdiente, die mittelamerikanische Landenge. Dennoch sollte sie,
mit etwas Verstärkung und unter wechselndem Einzeltruppkommando, Tausende Kilometer in unwirtlichen Landstrichen, von tropischen Regenwäldern
über hochliegende Pässe der Anden bis zu den trockensten Wüstenregionen
der Erde zurücklegen.

Noch vor der Bucht von Guayaquil beschloss Pizarro, die Schiffe zur Proviantbeschaffung zurückzuschicken und mit 200 Mann und 40 Pferden die
Reise auf dem Landweg fortzusetzen, auf dem es wiederholt zu Kämpfen mit
feindlich gesinnten Indianern kam. Darüber hinaus zehrte das unvermeidliche Tropenfieber an Gesundheit und Moral der Truppe. Ein Abbruch des
Gesamtunternehmens lag also durchaus im Bereich des Möglichen, selbst wenn
man die physische Ausdauer und Durchhaltekraft der Männer bedenkt. Trotzdem bedeutete das Eintreffen von Nachschub in Naturalien und Mannschaften eine willkommene Konsolidierung der sich in Auflösung befindlichen
Ordnung: An die hundert Mann samt einigen Pferden waren unter Führung
von Sebastián de Benalcázar (um 1492–1551) und Hernando de Soto (1486–
1542) auf dem Seeweg gefolgt und schlossen sich Pizarros Unternehmen an.

An diesen beiden Männern kann wieder die enge Verknüpfung von Vertretern der zweiten Conquistadorenwelle untereinander aufgezeigt werden.
Hernando de Soto war als junger Mann mit Pedrarias Dávila in die Neue Welt
gekommen und bald zum erfolgreichen Geschäftsmann und Großgrundbesitzer (encomendero) geworden. Während der internen Conquistadorenkämp-
fe um Mittelamerika ernannte ihn Francisco Hernández de Córdoba zum
Bataillonskommandeur. Dennoch stellte er sich bei dessen Revolte gegen Pedrarias Dávila auf die Seite des Gouverneurs und verstärkte seine militärischen
und wirtschaftlichen Aktivitäten in Nicaragua, wo er auch Benalcázar kennen
lernte, mit dem er 1526 einen Eroberungsvorstoß zum Nicaragua-See unternahm. Zum Alkalden von León gewählt, betrieb er dann auch hier eine Encomienda und mehrte sein Vermögen durch den Betrieb von Goldminen. Mit
Hernán Ponce baute er nun Schiffe, um sich am Unternehmen des Pizarro
nach Peru zu beteiligen. Dieses Vorhaben blockierte jedoch der schon 90-jäh-
rige Dávila. Erst nach dessen Tod im Jahr 1531 konnte Soto seinen Plan umsetzen und mit Benalcázar nach Süden segeln, wo ihn Pizarro zum stellver-
tretenden Gouverneur und zum Befehlshaber der Reiterei ernannte.

Tumbes, im Grenzraum zu Peru, sollte die gleiche Funktion für Pizarro wie
Veracruz in Mexiko einnehmen: Stützpunkt und Ausgangsbasis für weiterführende Vorstöße. Aber Tumbes wurde verlassen und zerstört vorgefunden. So
zog man an der Küste etwas weiter nach Süden und gründete mit San Miguel
in der Nähe des heutigen Piura die erste spanische Siedlung auf peruanischem

Boden. Im Kontakt mit den an dieser Küste lebenden Indianern begann die Vorstellung eines großen Reiches oben in den Bergen immer konkretere Gestalt anzunehmen und schließlich zur Gewissheit zu werden. Umso erstaunlicher scheint es, dass sich Pizarro von den Berichten über die Stärke des noch unbekannten Gegners keineswegs beeindruckt zeigte. Nach mehrmonatiger Vorbereitungszeit brachen 110 Mann und 60 Reiter im September 1532 von Piura auf, ein Reich zu unterwerfen, das um ein Vielfaches größer war als jenes der Azteken und dessen topographische Bedingungen noch härtere Anforderungen an die Spanier stellten. Obwohl über die folgenden Ereignisse in Peru nicht jene zeitparallele Berichtsdichte wie im Falle des Mexikofeldzuges vorliegt, so ist ihr Ablauf dennoch hinlänglich dokumentiert. Ohne auf den jeweiligen Umfang und dessen Informationsgehalt einzugehen, wären hier Hernando und Pedro Pizarro, Francisco de Xerez, der Sekretär Francisco Pizarros, sowie Augustín de Zárate zu nennen. Die umfangreichste, teilweise in kleine Details gehende Beschreibung stammt von Pedro Cieza de León, der wie Zárate zwar nicht selbst Augenzeuge war, aber rund zehn Jahre später noch auf die Aussagen und Erzählungen verschiedenster Teilnehmer zurückgreifen konnte.

War seinerzeit für Cortés der fast schon traumatisch zu nennende Umgang des Aztekenherrschers Montezuma mit der Rückkehrprophezeiung des Quetzalcoatl sowie der Beistand der Tlaxcalteken äußerst hilfreich, so landeten die Spanier gerade in einer Zeit innerer Wirren an den Küsten des Inkareiches. Zuvor sei jedoch an die Fahrten eines Juan Diaz de Solis an der brasilianischen Ostküste erinnert; 1515 suchte er dann am La Plata unter anderem nach Silber und wurde von kriegerischen Indianern getötet. In seiner Begleitung befand sich ein Portugiese namens Aleixo Garcia, der später auf Eigeninitiative Expeditionen ins Landesinnere vornahm. Um 1520 stieß er auf der Suche nach Silber mit einigen unerschrockenen Männern über den Paraná und Paraguay in den Gran Chaco vor. Mit einer durch 2000 Chiriguano – einer Teilgruppe der Guanari-Indianer – wesentlich verstärkten Streitmacht stieg er auf der Ostseite der Anden in das Hochland auf und traf nördlich von Potosí auf Grenztruppen der Inka. Militärische Auseinandersetzungen zwischen Chiriguano und Inka waren nichts Neues in diesem Raum und wurden von Letzteren auch in diesem Fall mit der üblichen Routine behandelt. Unwissentlich war Garcia in eines der Hauptzentren des Silberbergbaues im Inkareich und später auch der Spanier gelangt. Von mehreren kleinen Gefechten begleitet, konnte er einiges an Silber und Kupferwaren erbeuten, ehe er sich wieder auf den Rückweg machte. Vor der Ausrüstung eines neuerlichen Unternehmens ereilte ihn das Schicksal so vieler Conquistadoren: Er wurde von den eigenen Leuten ermordet. Die zeitlichen Angaben darüber schwanken zwischen 1524 und 1525.

Garcias Unternehmen blieb ohne weitere Auswirkungen auf etwaige Nachfolgeexpeditionen aus dem Raum des Gran Chaco und La Plata. Ob die Nachricht vom Erscheinen der Fremden mit ihrer überlegenen Bewaffnung je an den Hof des Inka durchgedrungen ist, kann nicht belegt werden. Sicher ist jedoch, dass etwa zeitgleich mit dem Vorstoß des Aleixo Garcia auf Inkagebiet im Süden des Reiches eine verheerende Epidemie ausbrach, die sich bis in den Norden fortpflanzte und der mit hoher Wahrscheinlichkeit Hunderttausende Indios zum Opfer fielen. Allein in Ecuador, dem politisch-militärischen De-facto-Schwerpunkt des Inkareiches dieser Zeit, schätzt man aus heutiger Sicht die Zahl der Toten auf 200 000. Zum prominentesten Opfer der Seuche – man nimmt heute an, dass es die Pocken waren – wurde Huayna Capac (regierte 1493–1525/26?), der als elfter Inka gerade einen Feldzug bei Quito geführt und die Cayambi besiegt hatte. Sein plötzlicher Tod löste einen Bürgerkrieg aus, dessen überraschende Nutznießer nur die Spanier unter Pizarro sein konnten.

Mit Huascar (reg. 1526–1532) und Atahualpa (um 1500–1533) standen einander zwei Halbbrüder unterschiedlichen Charakters gegenüber. Während der legitime Thronerbe Huascar eher die spirituelle Bedeutung des Inka abdeckte, verkörperte Atahualpa, Sohn einer Nebenfrau, die kriegerischen Aspekte seiner unmittelbaren Vorgänger. Die besseren Möglichkeiten, seinen Willen auch erfolgreich umzusetzen, lagen von Anfang an bei Atahualpa. Er verfügte durch den erfolgreichen Feldzug gegen die Cayambi über die kampferprobteren Truppen und vor allem über die erfahrensten Generäle. Atahualpas schlagkräftige Armee stieß – in einige Verbände aufgeteilt – von Quito aus nach Süden vor und blieb in mehreren Gefechten siegreich. Nach der Entscheidungsschlacht konnte Huascar bei Cotabamba von den Generälen Quizquiz und Chalcochima gefangen genommen werden und fand bald darauf auf Betreiben Atahualpa ein unrühmliches Ende durch die eigenen Landsleute.

Pizarro erfuhr während seiner Erkundungszüge im Raum Piuras und auf dem Marsch landeinwärts von den inneren Vorgängen im Reich und beschloss, sie zu seinem Vorteil auszunützen – ähnlich wie Cortés die Feindschaft mancher Indianervölker gegen den unterdrückenden Aztekenbund. Auch hier ist es müßig, darüber zu spekulieren, wie der Anführer von nicht einmal 200 Mann entschieden hätte, wäre ihm bekannt gewesen, dass er im Begriff war, einen Feldzug gegen geschätzte elf bis zwölf Millionen zu führen, von denen freilich viele erst kurz zuvor unter die Herrschaft der Inka gefallen waren. Vermutlich hätte sich selbst ein Mann wie Pizarro mit den Bereicherungsmöglichkeiten an der Küste zufrieden gegeben. So aber stieg er den Westhang der Anden hinauf und drang in Höhen vor, die noch kein Europäer physisch erlebt hatte. Pizarro schickte ein paar Mann unter Führung Hernando de Sotos zur Erkundung voraus und erreichte Mitte November 1532 die »Puna« genannte Hochebene zwischen den beiden parallel verlaufenden Andenketten: der Cordillera Oriental und Occidental.

Atahualpa, der schon von der Ankunft von Fremden bei Tumbes und Piura erfahren hatte, befand sich zu dieser Zeit mit einem großen Heer, den bei Riobamba gegen die Südtruppen siegreichen Armeespitzen von Quito aus folgend, auf dem Weg nach Süden gegen Huascar. Lange Zeit verlief die Marschrichtung von Spaniern und Inka fast parallel, bis man schließlich bei Cajamarca, einer wichtigen Inkastadt mit Festung und rituellen Herrscherbädern, aufeinander traf. Für seine aus 30–40 000 Mann bestehende Nordarmee hatte Atahualpa etwas außerhalb von Cajamarca ein großes Feldlager aufschlagen lassen, während Pizarro und seine Männer in die beinahe verlassene Stadt einzogen. Wieder wurde Hernando de Soto mit 20 Mann und einem Dolmetscher vorausgeschickt, diesmal in das Lager des Gegners, und trug dort dem Inka in gewohnt spanischer Anmaßung vor, dass Gouverneur Pizarro ihn am nächsten Tag zu sehen wünsche. Aus nicht ganz nachvollziehbaren Gründen[67] erklärte sich Atahualpa einverstanden, und De Soto kehrte zu seinen Landsleuten zurück. In der Nacht zum 16. November dürfte den Spaniern angesichts der zahllosen Feuer im gegnerischen Lager zum erstenmal wirklich bewusst geworden sein, auf welches Unterfangen sie sich eingelassen hatten; viele von ihnen schlossen mit ihrem Leben ab. Pizarro, nun erstmals mit den realen Kräfteverhältnissen konfrontiert, sah als einzig möglichen Ausweg nur die Gefangennahme Atahualpas als Geisel und ließ Vorbereitung für ihre Verwirklichung treffen.

Als Atahualpa mit großem Gefolge in die Stadt einzog, ließ Pizarro auf ein verabredetes Zeichen mit Kanonen in die Menschenmenge auf dem Platz feuern. Die Berittenen stürmten aus ihren Verstecken hervor – das Gemetzel begann. Pedro Pizarro wird viele Jahre nach dem Ereignis schreiben: »*Die Spanier fielen über sie her und töteten sie, wo sie nur konnten, und so groß war die Furcht, die die Indianer ergriff, dass sie ... die Mauer ... auf einer Länge von 2000 Schritt einrissen. Die Reiter setzten ihnen nach, bis sie die Bäder erreichten, wo sie ein großes Gemetzel anrichteten, und sie hätten noch mehr getötet, wenn nicht die Dunkelheit dazwischen gekommen wäre ...*«

In Cajamarca tat sich eine weitere Parallele zum Aztekenzug auf: zu Cholula. Doch diesmal können die Spanier nicht einmal den Hauch einer Rechtfertigung für ihr Tun für sich in Anspruch nehmen. Auch das Argument der Notwehr kann nicht greifen, da Atahualpa kein einziges Zeichen von Aggression gezeigt, vielmehr die Spanier bei ihrem Aufstieg und Zug nach Cajamarca völlig unbehelligt gelassen hatte, obwohl es aufgrund seiner gewaltigen Überlegenheit und dem für die Europäer kaum wegsamen Gelände ein Leichtes gewesen wäre, die Fremden zu vernichten. Die Beweggründe für sein offensichtlich naives und die Realität verkennendes Handeln sind noch heute nicht überzeugend geklärt. Am wahrscheinlichsten dürfte aber die Annahme sein, dass er die Fremden mit ihrer überlegenen Bewaffnung und den Furcht

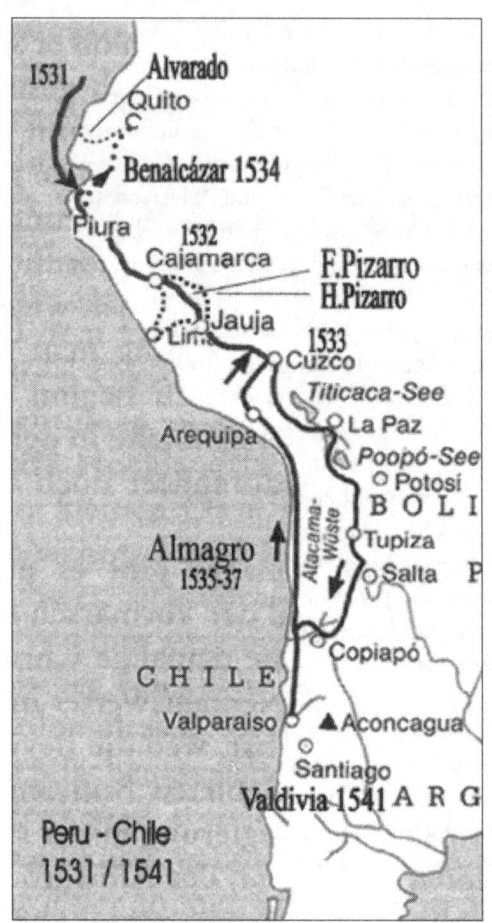

einflößenden Tieren im Kampf gegen Huascar zu gewinnen trachtete und sie mit seinem glanzvollen Auftritt zu beeindrucken suchte. Zweifellos unterlag Atahualpa aber auch einer psychologisch durchaus nachvollziehbaren Fehleinschätzung, wenn er die landesweit tabuisierte Autorität des Gottkönigs nahtlos auch auf die Fremden übertrug. Andererseits unterschätzte der Inka die Bedrohung, die von dieser Handvoll Männer ausging. Überdies musste es für den obersten Repräsentanten einer Zivilisation, die trotz aller kultureller Leistungen das Eisen nicht kannte, außerhalb des rationalen Verständnisses gelegen sein, welche Gefahr von der überlegenen Bewaffnung der Spanier ausging, von der wilden Entschlossenheit ihrer Träger, davon rücksichtslos Gebrauch zu machen, ganz zu schweigen. Was auch immer zutreffend war, es war ein tödlicher Fehler. Ganz anders Pizarro. Für den rücksichtslosen Machtmenschen bedeuteten Verschlagenheit, Verrat und Wortbruch durchaus legitime Mittel, die eigenen Ziele durchzusetzen. Zwar ging auch Atahualpa nicht ohne Vorsichtsmaßnahmen in die vorbereitete Falle – er hatte eine große Heeresabteilung in den Rücken der Spanier kommandiert, die außerhalb der Stadt unter dem Kommando seines Generals Rumeñahui als Entsatz Stellung beziehen sollte –, doch dazu kam es nicht mehr.

Vor Entsetzen fast gelähmt, versuchten die Indianer in panischer Furcht der Falle Cajamarca zu entkommen – vergebens. Wer sich zwischen den um sich schlagenden Soldaten und scheuenden Pferden durchwinden konnte, wurde noch in den Straßen der Stadt niedergemacht. Pizarro gelang es im letzten Augenblick, den Inka aus dem unmittelbaren Amoklauf seiner Männer herauszulösen und in »Sicherheit« zu bringen, während sich die Spanier immer mehr in einen Blutrausch steigerten. Die Reiterei verließ die Stadt und trug

das Grauen in das gegnerische Lager. Erst die einbrechende Nacht setzte dem
Gemetzel ein Ende. Tausende tote Indianer sollen dem vorhin erwähnten
Bericht zufolge die Straßen von Cajamarca und die Talebene davor bedeckt
haben. Auf spanischer Seite wurden die Verluste mit einem toten schwarzen
Diener und einem verletzten Pferd angegeben! Die auf Cajamarca folgenden
Ereignisse können hier nur kursorisch behandelt werden. In erster Linie ist
hier die berühmte Episode um den Raum voll Gold zu erwähnen, den Atahualpa als Gegenleistung für sein Leben und seine Freiheit zu füllen versprach.
Es ist von nebensächlicher Bedeutung, ob das Ansinnen auf eine Erpressung
der Spanier zurückzuführen ist oder ob der Inka, ihre Goldgier früh erken-
nend, die Zusage von sich aus anbot. Jedenfalls wurde ein Notariatsakt angelegt, der die wechselseitigen Verpflichtungen festlegte. Während Boten des
Herrschers in alle Teile des Reiches ausschwärmten, Atahualpas Willen zu verkün-
den, sandte Pizarro gleichfalls einige Trupps zur Erkundung des Landes aus.

Anfang 1533 verließ Hernando Pizarro, begleitet von einigen Männern,
Cajamarca mit dem Auftrag, Pachacamac, eine große Stadt mit reichen Tempelanlagen nahe dem späteren Lima, nach Goldschätzen zu durchsuchen. Nach
den üblichen Verwüstungen und geringer Ausbeute traf er Ende Mai wieder
in Cajamarca ein. Etwa zeitgleich brachen von dort drei Fußsoldaten, die sich
freiwillig meldeten und von Boten Atahualpas begleitet wurden, auf den rund
1200 Kilometer langen Weg nach Cuzco auf. Sie führten Pizarros Order mit
sich, die Hauptstadt nach Gold zu durchsuchen und so viel wie möglich in
ihren Besitz zu bringen. Unter den Schutz des Inka gestellt, besaßen sie jene
Handlungsfreiheit, die es ihnen erlaubte, auf barbarischste Weise den kulturellen Prunk des Reichsmittelpunktes für alle Zeit zu zerstören. Diese drei rau-
en Männer waren die ersten und gleichzeitig auch letzten Europäer, die das
spirituelle Zentrum des Inkareiches in all seiner unzerstörten Pracht sahen.
Ohne ernsthafte Behinderung rissen sie die Goldverkleidungen von Tempel-
wänden und Mauern der Palastanlagen, plünderten die Schatzkammern mit
all ihren Kostbarkeiten sakraler oder profaner Bedeutung; ja sie schreckten
nicht einmal davor zurück, im Coricancha (Haupttempel, zugleich das »Goldene Haus«) die Gräber der alten Inkaherrscher zu schänden, nur um an die
goldenen Totenmasken zu gelangen. Von diesem Vandalenakt in Cuzco gibt
es keinen authentischen Augenzeugenbericht. Er lässt sich nur aus späteren
Aufzeichnungen rekonstruieren, die wiederum nur auf Erzählungen aus zweiter
Hand zurückgreifen können. In einer Chronik des Francisco de Xeres wird
die Beute mit 200 Lasten Gold, 25 Lasten Silber und 60 Lasten minderwer-
tiger Gegenstände aus Edelmetallen angegeben – eine wahrhaft gewaltige
Menge.

In Cajamarca begann sich währenddessen der Raum mit dem versprochenen Gold zu füllen. Außerdem stieß im April 1533 Diego de Almagro von

Panamá aus mit 150 Mann und 50 Pferden zu den Truppen Pizarros, was die militärische Lage der Spanier eindeutig stärkte. Almagro fühlte sich nicht an den Notariatsakt mit Atahualpa gebunden und drang auf die Hinrichtung des Inkaherrschers: Es ginge von dem Gottkönig auch als Gefangener eine Bedrohung aus, »*deren Auswirkungen nicht gerade abzusehen wären*«. Darüber hinaus fühlte sich Almagro, immerhin Mitinitiator des »Gesamtunternehmens Peru«, von seinem Partner Pizarro hintergangen. Sein Misstrauen hatte sich bereits mit der Kapitulation eingestellt, in der Pizarro alle Rechte als Gouverneur zugesprochen wurden, während er, Almagro, nur zum Festungskommandanten von Tumbes ernannt worden war. Am bisher erbeuteten Gold sollte er einen wesentlich geringeren Anteil erhalten, als ihm seiner Meinung nach zustand. Nun wollte er eine neuerliche Benachteiligung nicht mehr hinnehmen, indem er in Cajamarca untätig zuwartete, während im Land draußen offensichtlich der Reichtum auf ihn wartete.

Wieder mussten Verratstheorien zur Rechtfertigung herangezogen werden. Es kam zu einem Scheinprozess, der diese Bezeichnung auch voll verdient, da nicht einmal die Grundbegriffe eines juristisch einwandfreien Verfahrens eingehalten wurden. So war neben unrechtmäßiger Aneignung des Thrones und Verschwörung auch die religiös-dynastisch verankerte Geschwisterehe und Vielweiberei des Inka einer der Anklagepunkte. Innerlich widerstrebend, sah sich Pizarro gezwungen, das Todesurteil auszusprechen; lediglich die Ausführung änderte er von Scheiterhaufen auf Erdrosselung, sofern sich Atahualpa zum Christentum bekehrte, was dieser aus naheliegenden Gründen auch tat. Denn für die Andenvölker und gerade die Inka war das materielle Vorhandensein des herrscherlichen Leibes Voraussetzung für die Wiederkehr und die Auferstehung in einer anderen Welt. Nach Pedro Pizarro versicherte Atahualpa seiner engsten Umgebung »... *dass, wenn man seinen Körper nicht verbrenne, auch wenn man ihn töte, er zu ihnen zurückkehren werde, denn die Sonne, sein Vater, würde ihn wieder auferwecken.*«

All dies erfolgte nun in verdächtiger Eile und in Abwesenheit von Hernando de Soto und Hernando Pizarro, einem nicht minder erklärten Gegner sinnlos übertriebener Härte. Für spanische Verhältnisse waren beide dem Inka wohlgesonnen, und offensichtlich wollte Francisco Pizarro durch ein Schnellverfahren etwaigen Widersprüchen und Fraktionsbildungen innerhalb seiner Truppe zuvorkommen. Nach der Hinrichtung Atahualpas gelang es dem Conquistador, durch geschickte Wahl der Thronerben, nach außen hin die ungebrochene Tradition der Nachfolge aufrechtzuerhalten, während er selbst im Hintergrund die Fäden zog. Dadurch wurden die Spanier nicht nur durch abgefallene Nichtinkavölker verstärkt, sondern erreichten auch eine Spaltung innerhalb der Führungsschicht des Hochlandstammes. So empfing die nach wie vor Huascartreue, aber von Atahualpa-Parteigängern besetzte Hauptstadt

Pizarro mit auffallendem Wohlwollen. Es fehlte nicht viel und er wäre als Befreier gefeiert worden. Trotzdem kam es immer wieder zu Gefechten, in deren Folge sich die Vertreter der alten Ordnung und Kultur immer weiter zurückziehen mussten. Das Verlöschen der Inkatradition vollzog sich noch über einen Zeitraum von dreißig Jahren. Dass mit der Einnahme von Cuzco die Erkundung des Inkareiches noch nicht abgeschlossen sein konnte, ja noch nicht einmal richtig begonnen hatte, ist angesichts der Weite des Raumes nur allzu verständlich. Da es sich bei den nun folgenden Vorstößen überwiegend um Landunternehmen handelte, seien nachfolgend nur die wesentlichen Verknüpfungspunkte, ob personeller oder territorialer Natur, genannt.

Wie bereits erwähnt, hatte sich Atahualpa vor Ausbruch des Bürgerkrieges in den Nordprovinzen aufgehalten. Was lag für die Spanier also näher, als auch im Norden nach Gold und Reichtum zu suchen? Diese Provinzen umfassten neben einigen Teilen Nordperus vor allem das Staatsgebiet des heutigen Ecuador mit seiner Hauptstadt Quito. In diesem Teil des Altiplano kam es bald zur ersten Auseinandersetzung innerhalb der Eroberergruppen selbst, die jedoch nur ein Vorspiel zu beinahe bürgerkriegsähnlichen Wirren im Süden sein sollten, die sich dann über Jahre hinzogen. Quito, das erst 1487 von den Inkas erobert worden war, ist nicht nur die älteste Hauptstadt Südamerikas der Nachkolumbuszeit, es war vorher schon Zentrum der Quitú-Indianer. Der Eigenname, den die lokalen Ureinwohner sowohl sich als auch dem von ihnen bevölkerten Land gegeben hatten, bedeutet so viel wie »Mitte der Welt«. Lange vor der großen Äquatorvermessungsexpedition der Franzosen unter La Condamine hatten die astronomisch interessierten und begabten Quitú den Sonnenlauf derart genau ermittelt, dass die von ihnen abgeleitete Äquatorlinie[68] durch modernste Satellitenmessungen bestätigt wurde und damit die relative Ungenauigkeit der französischen Exploration nachwies.

Bevor er mit der Hauptmacht nach Cuzco aufbrach, hatte Pizarro Sebastián de Benalcázar beauftragt, mit der ersten königlichen Goldladung nach Piura zurückzukehren, die Siedlung auszubauen und die Versorgungslinien mit Panamá sicherzustellen. Zu seiner Überraschung traf Benalcázar in Piura auf spanische Neuankömmlinge, die von Gerüchten über Pizarros Erfolge angelockt worden waren. Bedrohlicher empfand er jedoch die Nachricht, dass Pedro de Alvarado, der Verursacher der *noche triste* und spätere Gouverneur von Guatemala, weiter nördlich mit einem Heer von etwa 500 Mann an Land gegangen sei und beabsichtige, nach Quito zu marschieren. Dieser Umstand bewog Benalcázar, seine Instruktionen für obsolet zu erklären und selbst aktiv zu werden.

Mit 200 Mann und 60 Pferden versuchte er nun Alvarado zuvorzukommen, um dadurch den grundsätzlichen Herrschaftsanspruch Pizarros auf die gesamte Region sicherzustellen. Da auch von dieser Expedition kein direkter

Bericht erhalten ist, ist man auf spätere Chroniken angewiesen. Nach Überwindung der Cordillera Occidental traf man auf der Hochebene bei der heutigen Stadt Cuenca ein Indianervolk, das erst unter Atahualpas Großvater Topa Inca Yupanqui dem Inkareich eingegliedert worden war. Da selbst noch der letzte Inka einen Aufstand blutig niedergeschlagen hatte, wurden die Spanier freundlich begrüßt und ihnen einige tausend Mann als Hilfstruppen zur Verfügung gestellt. An der Inkastraße weiter nördlich kam es bei Riobamba zu einer großen Feldschlacht zwischen Spaniern, den sie unterstützenden Indianern und einem Inkaheer unter Befehl Rumiñahuis, der bei Cajamarca tatenlos dem Massaker zugesehen hatte. Selbst 50 000 Mann, wie berichtet wird, vermochten nicht, sich der spanischen Reiterei wirkungsvoll entgegenzustellen, die sich auf der Hochebene, vom Gelände unbehindert, voll entfalten konnte. Dennoch war es vielen indianischen Einheiten möglich, sich geordnet aus dem Kampf zu lösen und zu einer Art Guerillataktik überzugehen. Benalcázars Truppe stieß an den Vulkanen Cimborazo und Cotopaxi[69] vorbei weiter nach Norden vor. Trotz mehrerer Überfälle durch Inkaeinheiten fiel Quito schließlich im Juni 1534 in die Hände der Spanier, die ihres Erfolges nicht recht froh werden konnten. Rumiñahui hatte die Bevölkerung weitestgehend evakuiert und alle Schätze in Sicherheit bringen lassen.[70]

Die Nachricht von Alvarados Landung bei Manta, etwa 300 Kilometer nördlich von Tumbes, war mittlerweile bis zu Almagro durchgedrungen, der sich mit seinen Leuten gerade nördlich von Cuzco aufhielt. Für ihn stand außer Frage, dem neu aufgetretenen Rivalen um die Reichtümer entgegenzutreten. In Piura angekommen, stellte er Benalcázars nicht vereinbarte Abwesenheit fest und befürchtete in dessen Eigenmächtigkeit den Beginn einer Abspaltung. Almagros Aufbruch nach Quito war somit eine logische Konsequenz der vorgefundenen Gegebenheiten. Im Wesentlichen schlug er den gleichen Weg ein wie Benalcázar, kam aber entschieden schneller voran, da er auf keinen Widerstand der Inka mehr traf. In Quito nahm er Benalcázars Rechtfertigung an und bildete mit ihm eine gemeinsame Front gegen den heranrückenden Alvarado. Obwohl sein Landeplatz wesentlich näher zu Quito lag als Piura, versäumte es Alvarado, daraus einen entscheidenden Vorsprung herauszuarbeiten. Nachdem der Veteran des Aztekenzuges bereits an der Küste über Gebühr Zeit für Nebensächlichkeiten vergeudet hatte, wählte er zudem noch die anstrengendste und denkbar schlechteste Route in das Hochland. In der Puna, kaum auf die Inkastraße gestoßen, mussten Alvarado und seine Männer anhand der vorgefundenen Hufspuren feststellen, dass sie den Wettlauf um Quito verloren hatten. Nun schien eine kriegerische Auseinandersetzung ähnlich wie in Honduras unausweichlich, doch Almagro gelang es in mühseligen Verhandlungen und gegen eine Abstandszahlung von 100 000 Goldpesos, Alvarado zur Umkehr zu bewegen und Benalcázar mit der Statthalterschaft in Quito abzufinden. Damit war im Norden auch die letzte Möglichkeit für die Inka vertan, aus einem Bruderkrieg der Spanier für sich selbst Vorteil zu schlagen. Auf dem Rückweg gelang es Almagros Truppen darüber hinaus noch, ein Inkaheer unter General Quizquiz, dem unglücklichen Verteidiger Cuzcos, zu schlagen. So waren neben dem Zentralraum auch die Nordprovinzen faktisch besiegt und in spanischem Besitz.

Im Süden hingegen begann die Herausbildung einzelner Interessengruppen innerhalb der Spanier konkretere Form anzunehmen. Einige fühlten sich bei der Beuteverteilung nicht entsprechend berücksichtigt, andere wieder sahen sich übergangen, als Pizarro die Machtverteilung innerhalb der Truppe immer deutlicher auf seine eigene Sippe konzentrierte. So meldeten manche Unterführer in vertrauter Conquistadorenmanier Ansprüche auf eigene Domänen an. Mit seinem Instinkt für Machtgewinn und dessen Erhaltung gelang es Pizarro, die meisten Rivalen auszuschalten, sei es durch Abschlagszahlungen wie bei Alvarado, oder indem er sie bewegen konnte, nach Spanien zurückzukehren. Unter diesen befand sich auch Hernando de Soto, der sich später vom König selbst Vollmacht für eigene Unternehmen holte. Der gefährlichste und wegen seiner zahlreichen Parteigänger stärkste Gegner, Diego de Almagro, wollte von seinen Ansprüchen aber nicht zurücktreten. In unterschiedlicher Auslegung der Kapitulationen erhob auch er Ansprüche auf Cuzco, das aufgrund der Entfernung von Tumbes seiner Meinung nach nicht mehr in den erklärten Zuständigkeitsbereich Pizarros fiel. Um vorerst einer direkten Konfrontation aus dem Weg zu gehen, entschloss sich Almagro jedoch 1535, nach Süden vorzustoßen, um weitere Reichtümer für sich zu suchen.

600 Mann, je zur Hälfte Fußvolk und Reiter, brachen mit vielen Negersklaven und etwa 12 000 Mann indianischer Hilfstruppen in die Südprovinzen – heute Bolivien und Chile – auf. Almagro teilte seine Streitmacht in mehrere Gruppen mit unterschiedlichen Aufgaben; außerdem sollten einige Schiffe die Küste erkunden und für die Einrichtung von Nachschublinien sorgen. In logistischer Hinsicht übertraf dieses Unternehmen Pizarros Zug von Piura nach Cuzco bei weitem. Darüber hinaus lässt sich auch an nüchternen Zahlen ermessen, welche Anziehungskraft die Nachrichten über das »neue Goldland« auf die Abenteurer in Mittelamerika, auf den Inseln, ja selbst in Spanien ausgeübt haben müssen, ihr Glück in Peru zu versuchen. Pizarro war 1531 mit etwa 200 Mann von Panamá aufgebrochen. Nur vier Jahre später zählte allein die Streitmacht eines Almagro 600 Mann. Berücksichtigt man die Ausfälle bei der Gesamttruppe – sei es durch Tod oder Verwundung bei Kämpfen, Krankheiten und Rückzug aus dem Andenraum –, so kann man davon ausgehen, dass sich die Kopfzahl der Spanier innerhalb dieser vier Jahre im Verhältnis zur Ausgangsstärke mehr als verzehnfacht hatte.

Den Inkastraßen folgend zogen die Soldaten Almagros südostwärts, vorbei am 3800 Meter hoch gelegenen Titicaca-See und der damals schon erloschenen Hochkultur von Tiahuanaco über das heutige La Paz zum Poopó-See. Weiter ging es in Südrichtung, zur linken Hand die Silberminen von Potosí, von deren Existenz man aber (noch) keine Ahnung hatte. Obwohl die Hoffnung, auf ähnliche Kulturzentren und damit auf Schätze wie in Cuzco zu treffen, immer mehr dahinschwand und Enttäuschung sich breit machte, zog der Heerbann, eine Spur der Verwüstung hinter sich lassend, über die unwirtliche Hochebene weiter. Im nördlichen Grenzgebiet zum heutigen Argentinien legte Almagro eine längere Pause ein, um anschließend in die Regenwaldtäler am Ostabhang der Anden hinunterzusteigen. Von feindlich gesinnten Indianern bedrängt, erfolgte ein radikaler Schwenk nach Westen: Die Truppe war gezwungen, die beiden Andenketten im Bereich ihrer größten Ost-West-erstreckung zu überqueren. Bei dieser Transversale mussten die erschöpften Soldaten auch in Höhen steigen, deren Klima, Kälte und Natur zahllose Männer zum Opfer fielen. So wird zum Beispiel in einer Chronik vermerkt, dass nachfolgende Verstärkungstrupps sich teilweise von den gefrorenen und dadurch konservierten Pferdekadavern der Hauptmacht ernährten.

Südlich der Atacama-Wüste stieg man zum Pazifik ab und erreichte endlich wieder Indianersiedlungen, in denen sich die erschöpfte und stark dezimierte Truppe wieder mit Nahrung versorgen konnte. Auch hier erfuhr Almagro nichts vom vorhandenen Silberreichtum der Region, ganz zu schweigen von den anderen Bodenschätzen, die dort auch heute noch abgebaut werden. Der Küste entlang ging es weiter südwärts, und noch immer hofften sie auf Erfolg. Im Raum des heutigen Valparaiso erreichten sie dann endlich den Punkt ihres Südmarsches, von dem aus sie umkehrten – zu erschöpft waren die Männer, und auch die Kontakte mit Indianern beschränkten sich weitgehend auf den Waffengebrauch. Außerdem erreichte Almagro die Nachricht, er sei zum Statthalter der Region südlich des Pizarro-Gebietes – Neu Toledo genannt – bestellt worden. So machte er also kehrt und quälte sich durch die trockene und lebensfeindliche Atacama nach Norden. Von Indianern auf die nur spärlichen Wasserstellen hingewiesen, teilte Almagro sein Korps und ließ die einzelnen Gruppen gestaffelt vorrücken, um die Ausbeutung des nur von der nächtlichen Luftfeuchtigkeit an den Bergflanken gespeisten Trinkwassers durch gleichzeitigen Andrang so gering wie möglich zu halten. So gelang es ihm, seine Männer aus den lebensfeindlichen Gebieten wieder herauszuführen. Anfang 1537 sammelte er im Raum von Arequipa – gleichfalls eine alte Inkastadt – die einzelnen Teile seines Heeres und kehrte nach Cuzco zurück, das er dem eigenen Territorium zurechnete. Dort hatte sich die strategische Lage der Spanier inzwischen dramatisch verschärft. Manco Inca, einem anderen Bruder Atahualpas und seit dessen Tod Marionettenherrscher von Pizarros Gnaden, war es gelungen, einen allgemeinen Aufstand zu entfachen und

Cuzco einzuschließen, das nur von wenigen Spaniern unter Hernando Pizarro gehalten wurde.

Almagros Erscheinen bedeutete also Rettung im letzten Augenblick. Mit seinen Truppen sprengte er im April 1537 den Belagerungsring und ritt in Cuzco ein. Durch diesen Erfolg und die Abwesenheit Francisco Pizarros beflügelt, sah er nun den Augenblick gekommen, seinen alten Ansprüchen Geltung zu verschaffen. Dadurch wurde die Spaltung der Spanier in Pizarristen und Almagristen endgültig vollzogen, die während der nächsten zehn Jahre zu mehreren bewaffneten Auseinandersetzungen führte und von Mord und Verrat begleitet werden sollte. Anfang 1538 gelang es Hernando Pizarro, die Truppen Almagros deutlich zu besiegen und den Rivalen um die Macht gefangen zu nehmen. In einem Kriegsgerichtsverfahren wurde der ehemalige Partner aus der Frühzeit verurteilt und mit 63 Jahren zuerst im Gefängnis mit der Garotte erdrosselt und anschließend öffentlich enthauptet. Dass dieser Gewaltakt einer Befriedung der verfeindeten Lager keinesfalls zuträglich war, überrascht kaum. Der Pendelausschlag in die andere Richtung ließ zwar etwas auf sich warten, doch er kam unausweichlich. Parteigänger des Diego de Almagro ermordeten 1541 Francisco Pizarro in der Gouverneursresidenz zu Lima und riefen Diego Almagro, den gleichnamigen Sohn des Ermordeten, zum neuen Gouverneur aus. Vicente de Valverde, Anhänger Pizarros und indirekt Auslöser des Massakers von Cajamarca, nunmehr Bischof von Lima, suchte dem Chaos durch Flucht nach Panamá zu entkommen. Sein Schiff wurde jedoch bei Puna von Indianern überfallen und Teile seines Körpers von kannibalistischen Eingeborenen rituell verspeist.

Doch immer weiter drehte sich das Karussel der Gewalt. Kaiser Karl V. schickte Christobal Vaca de Castro nach Peru, um die Ruhe wiederherzustellen, was durch die Ausschaltung des Almagro-Sohnes auch für einige Zeit gelang. Gegen Vacas Nachfolger, Blasco Núñez de Vela – seit 1543 erster Vizekönig von Peru – lehnte sich wieder Gonzalo Pizarro, der jüngste Halbbruder des Francisco, auf. Der Kampf zweier Conquistadorengruppen war nun einem Aufbegehren gegen die Krone gewichen, die 1542 die sogenannten »Neuen Gesetze« erlassen hatte, worauf noch im Abschnitt »Politisches aus Übersee« ausführlicher eingegangen wird. Als verdienter Militär – und deshalb standesgemäß von der Unabdingbarkeit hierarchischer Befehlsstrukturen und deren widerspruchslosen Befolgung überzeugt – zeigte sich Núñez de Vela als umso unsensiblerer Politiker. Seine rigorose Umsetzung der neuen Gesetzeslage schuf ihm unter den nun besitzenden Conquistadoren und mächtig gewordenen Encomenderos zahlreiche Feinde. Der Vizekönig floh nach Quito, wo er von Benalcázar, mittlerweile Statthalter in Popayán, nur zum Teil Unterstützung fand und 1546 von Gonzalo Pizarro geschlagen wurde.

Die offene Auflehnung des Gonzalo Pizarro gegen den königlichen

Willen in Person des Vizekönigs konnte aber nicht von langer Dauer sein. Auch ihn ereilte das Schicksal vieler Söldnerführer, die nicht bereit waren, zur rechten Zeit ihre Maßlosigkeit abzulegen und den Übergang von militärischer zu kolonisatorischer Verwaltung mitzutragen. Im Jahr 1548 wurde er vom Abgesandten Karls V., Pedro de la Gasca, einem Priester an der Spitze von 2000 Soldaten – der größten bis dahin in Peru zusammengezogenen spanischen Streitmacht –, besiegt und einen Tag nach dem Gefecht geköpft; Carbajal, der Heerführer Gonzalos und Verfechter eines »unabhängigen Königreichs Peru«, wurde geviertelt. Die Zeit der manischen Pizarros, der Wirren und Unüberschaubarkeiten in Peru war damit nach zehn Jahren fast anarchischer Zustände beendet, auch wenn das Leid und die Ausbeutung der Indianer erst jetzt richtig beginnen sollte. Die Autorität des spanischen Königs blieb von nun an für mehr als 200 Jahre unangefochten.

Zum Abschluss sei noch kurz auf die Entwicklungen im tiefen Süden des Collasuyu der Inka hingewiesen. Almagros Zug nach Chilli (Chile), in das Land, wo nach den Aymará-Indianern die Welt aufhört, war hinsichtlich der spanischen Suche nach Gold und ähnlichen Erträgen nicht ergiebig gewesen. Das hielt jedoch einen Mann aus dem Kreis um Francisco Pizarro nicht ab, einen neuerlichen Vorstoß zu unternehmen. Pedro de Valdivia (um 1500–1554), erst mit einer der Zuzugswellen um 1534 in die Neue Welt gekommen, versicherte sich der Zustimmung des Gouverneurs und brach Anfang des Jahres 1540 mit ungefähr 170 Spaniern und etwa 1000 Indianern von Cuzco in den Süden auf. Die aufreibenden Unbilden des Hochlandes meidend, wählte er seinen Weg durch die trostlos kargen, aber klimatisch doch erträglicheren Küstengebiete. Südlich von Valparaiso, dem ungefähren Umkehrpunkt der Almagro-Expedition, gründete er im Siedlungsraum der Picunche-Indianer auf einer fruchtbaren Ebene des Rio Mapocho Santiago, die heutige Hauptstadt Chiles. Valdivia befand sich damit im diffusen Grenzbereich der Inkaherrschaft zu den militanten Araukanern, die bisher jedem Ansturm aus dem Norden widerstanden hatten. Auch jetzt stellten sie sich erfolgreich den Spaniern entgegen. Obwohl der spanische Dichter Alonso de Ercilla y Zúñiga in seinem um 1570[71] erschienenen Epos »La Araucana«, das Valdivias Kampf gegen die Indianer heroisierend wiedergibt, bereits von Unterwerfung spricht, so erfolgte diese nicht vor dem Jahr 1792, wobei sich einzelne Widerstandsnester noch bis in das tiefe 19. Jahrhundert halten konnten und ein grausamer Schlussstrich erst mit der Diktatur Pinochets gezogen werden konnte.

Valdivia, der sich nun im Besitz einer eigenen Domäne sah, war bestrebt, diese ebenso gegen die offene Auflehnung einiger Männer aus seiner Truppe als auch gegen Angriffe der Araukaner für sich zu behaupten. Dabei geriet er in starke Bedrängnis, als die Araukaner Santiago, wie bereits einige Jahre zuvor Cuzco, einschlossen. Erst durch ein tollkühnes Unternehmen gelang es, den Belagerungsring zu sprengen, wenn auch nur für kurze Zeit. Monatelang, bis zum September 1543, musste die Besatzung unter widrigsten Umständen ausharren, ehe ein Versorgungsschiff aus Peru Valparaiso erreichte und Entsatz brachte.

Wollte man Valdivia charakterisieren, so könnte man ihn als den bäuerlichen Kolonisator unter den Conquistadoren bezeichnen. Ähnlich wie Cortés erkannte er anders als der Soldat und Goldsucher Almagro die Möglichkeiten der Topographie und die Fruchtbarkeit des Landes. Zudem gelang es ihm, den berüchtigten Goldrausch seiner Landsleute in halbwegs geordnete Bahnen zu lenken und damit eine drohende Selbstzerfleischung nach dem Vorbild Perus zu vermeiden. In den folgenden Jahren gründete Valdivia einige Siedlungen – wie La Serena am Pazifik – und ließ die Küstenerkundung vorantreiben. Auf die von ihm initiierten Unternehmen eines Francisco de Ulloa oder Juan Fernández Ladrillero wird in einem späteren Abschnitt, der auf die spanischen Seeunternehmen an der Pazifikküste Amerikas eingeht, eingegangen. Nach zielstrebiger Aufbauarbeit und in politisch korrekter Abstimmung mit seiner vorgesetzten Behörde, dem Vizekönig von Peru – so war er 1547/48 an der Niederwerfung des aufständischen Gonzalo Pizarro beteiligt –, geriet Valdivia 1554 in einen vorbereiteten Hinterhalt der Araukaner und wurde unter ungeklärten Umständen getötet.

QUETZALCOATL, VIRACOCHA UND DAS KREUZ

>*»Jeder von uns wird ein Rohr pflanzen, mitten im Haus*
>*werden wir es pflanzen. Wenn es vertrocknet,*
>*so ist das unseres Todes Zeichen.«*
>Aus dem *Popol Vuh* der Quiché-Maya

Indem Kolumbus wenige Tage vor der Landung auf Guanahaní vom bisher verfolgten, geradlinigen Kurs entlang des 28. Breitenkreises abwich und nach West-Südwest schwenkte, schuf er unbewusst die günstigsten Voraussetzungen für das Kommende. Er stieß damit in eine weitgehend friedliche Lükke zwischen zwei militanten Indianerpopulationen vor. Eine Fortführung des geraden Kurses hätte ihn an die Küste Floridas und damit zu Völkern geführt, deren Angriffslust spätere Conquistadoren deutlich zu spüren bekamen. Weiter südlich dagegen wäre eine Konfrontation mit den »wilden« Kariben unausweichlich geworden. Ob ein Landungspunkt in einer der genannten

Regionen zum Scheitern des Gesamtunternehmens geführt hätte, bleibt Spekulationen vorbehalten. So aber traf man auf die »friedlichen« Taino, eine Großgruppe innerhalb der Sprachfamilie der Aruak (Arawaken), die vom Orinoko-Delta her in die Karibik, überwiegend auf die großen Inseln vorgestoßen waren. Die Taino lebten auf der Entwicklungsstufe einer niederen Pflanzerkultur mit Ansätzen zu einem weiterführenden Entwicklungssprung. Baumwolle lieferte ihnen den Rohstoff für Gewebe, dennoch traten sie den Spaniern nackt gegenüber, was in Verbindung mit dem ebenmäßigen Körperbau deren »paradiesische Unschuld« in Kolumbus evozierte: *»Es sind Menschen von Liebe und ohne Habgier. Ich glaube, dass es in der Welt kein besseres Volk noch besseres Land gibt. Sie lieben ihre Nächsten wie sich selbst.«* Dass sich diese Meinung allzu bald änderte, wurde bereits im Kolumbuskapitel aufgezeigt.

Die Grundproblematik der spanischen Eroberungen lag in einem Denkmodell mit zwei Hauptwurzeln. Die eine reicht in die historische Zeit der Reconquista zurück, wobei das brachliegende Aggressionspotenzial nach dem Fall Granadas erst mit mehrjähriger Verspätung in Amerika volle Wirkung zeigte. Die andere, nicht minder bedeutende Wurzel liegt im Selbstverständnis der »ecclesia militans« begründet. Bereits 1455 hatte Nikolaus V. die Portugiesen in einer Bulle ermächtigt, die »Länder der Ungläubigen« zu erobern und deren Bewohner zu versklaven, sofern sie sich nicht dem christlichen Glauben anschlossen. Ursprünglich bezog sich dieser päpstliche Auftrag auf die Regionen Westafrikas, wurde aber von Alexander VI. auch auf *»alle aufgefundenen ... oder zu entdeckenden Inseln und Festländer, mitsamt allen Herrschaften, Städten, Lagern, Plätzen und Dörfern«* des Westindischen Meeres ausgeweitet. So bestand schon zu Beginn der Expansion die Überzeugung, diese Inseln und Länder wären als »herrenlose Sache« zu betrachten und fielen demjenigen zu, der sie als erster entdeckte und auch in Besitz nähme. Die Bulle »Inter cetera« als auch der auf ihr basierende Vertrag von Tordesillas stellten nur ein zwischenstaatliches Regulativ dieses Grundkonsenses dar. Da man auch in der Karibik, ähnlich den Guanchen der Kanaren oder den Schwarzen des tropischen Afrika, scheinbar auf Sozietäten ohne »vernünftige« Rechts- und Staatsordnung traf, wurde die A-priori-Festlegung vor Ort gerechtfertigt und dadurch das europäische Überlegenheitsbewusstsein noch verstärkt.

Die Nacktheit der Menschen, denen man anfangs begegnete, verdeckte die Tatsache, dass es sich um eine Gesellschaftsstruktur mit hohem Entwicklungspotenzial handelte. Die Aruak waren matrilinear organisiert, wonach die Häuptlingswürde nach dem Tod des amtierenden *kaziken* auf den ältesten Sohn der ältesten Schwester überging. Ein Häuptling herrschte über drei Gesellschaftsklassen, an deren unterster Ebene sich auch Sklaven – Gefangene fremder Stämme – befanden. Von Spannungen innerhalb des Systems ist nichts überliefert; das daraus zu folgernde Fehlen einer wehrkräftigen Ordnungsmacht kam dadurch indirekt den Spaniern zugute. Die mit der zweiten Reise des Kolumbus losbrechenden Aufstände sind als Notwehrreaktion auf die zunehmenden Repressionen der Spanier auf ihrer Suche nach Gold zu betrachten und deshalb nicht als grundsätzliche Kriegsbereitschaft zu werten; diese bestand eindeutig auf Seiten der Europäer.

Das Stereotyp vom »edlen« bzw. »bösen Wilden« prägte bereits Kolumbus während seiner zweiten Reise. Hier wird gleich zu Beginn von den »Cannabili« berichtet, einem vorgeblich ungezügelt wilden Volk auf den Kleinen Antillen von Grenada bis Guadeloupe. Gleichfalls aus der Großsprachgruppe der Aruak stammend und ebenso matrilinear organisiert, hatte es erst im frühen 15. Jahrhundert von der südamerikanischen Küste her den Inselbogen erobert und sich dort mit den ansässigen Bewohnern vermischt. Von den Taino »Caribas« genannt, bezeichneten sie sich der Überlieferung nach selbst als »Kalinas« und waren Namenspatron der heutigen Karibik. Wie kaum in einem anderen Bereich begründete Kolumbus mit den »Kannibalen« der Kleinen Antillen einen Mythos, der sich über die gesamte Entdeckungsgeschichte hinziehen wird. Im 16. Jahrhundert gehörten die »Menschenfresser« zum Standardrepertoire jedes Reiseberichtes mit pseudowissenschaftlichem Anstrich. Die im Mittelalter verwurzelte Furcht vor dem unbegreiflich Bösen an sich vermengte sich nun mit dem wohligen Schauer, von solchen Abscheulichkeiten auch lesen zu können. Weiße Flecken auf Landkarten wurden durch den Hinweis »Anthrophagi sunt« (hier leben die Menschenfresser) einerseits als »bekannt« entschärft und dienten andererseits zur Befriedigung der allgemeinen Erwartungshaltung nach dem Exotisch-Absonderlichen. Obwohl keine schlüssigen Beweise für den Verzehr von Menschenfleisch als Teil regulärer Nahrungsaufnahme vorlagen, entwickelte sich seit der zweiten Reise die Vorstellung, der Äquatorialgürtel sei von diesen Kannibalen besiedelt. Ebenso wie sich seit den portugiesischen Goldfunden im Golf von Guinea die Überzeugung gefestigt hatte, im Äquatorbereich häufe sich das begehrte Gold.

Unbestritten bleibt der Widerstandswille der Kariben wie auch ihrer Verwandten an der Küste Südamerikas gegen die aufdringlich nach Gold suchenden Spanier, wodurch sie automatisch aus dem Klischee des »edlen Wilden« fielen und gleichsam zum Freiwild erklärt wurden. Eine Anordnung Ferdinands II. von Aragón besagte, dass jeder Karibe ohne weiteres Verfahren entweder getötet werden könne oder in die Sklaverei zu verbringen sei. Das war von Anfang an das Ziel der spanischen Expansion, auch wenn später verschiedene Erlasse und Gesetze dies auf dem Papier zu verhindern suchten. Eigene Grausamkeiten wurden als kriegsbedingte Notwendigkeit bei der Unterwerfung von »Untermenschen« ohne jede sittliche Moral dargestellt, exkulpiert und im Auftrag einer höheren Weltordnung als nachgerade notwendig erachtet. Wo vorauseilende Willfährigkeit fehlte, rückten selbst Kleriker aufsässige

Ureinwohner unvermittelt in den Bereich angeborener Verderbtheit und Sittenlosigkeit, wie etwa der Dominikaner Tómas Ortiz: »*Die Indios auf dem Festland essen Menschenfleisch. Sie sind mehr als irgendein anderes Volk unzüchtig. Gerechtigkeit gibt es bei ihnen nicht. Sie sind unbeständig, glauben nicht an die Vorsehung, sind undankbar und umstürzlerisch. Sie sind gewalttätig und verschlimmern dadurch noch die ihnen angeborenen Fehler. ... Ich kann versichern, dass Gott kein Volk je erschaffen hat, das mehr mit scheußlichen Lastern behaftet ist als dieses, ohne irgendeine Begabung von Güte und Gesittung.*« Es wird Jahre dauern und eines Bartolomé de Las Casas bedürfen, um wenigstens den offensichtlichen Primitivismus dieser moralisierenden Beweisführung für jegliche Unterdrückung als solche bloßzustellen.

Bartolomé de Las Casas (1474–1566) war 1502 mit Gouverneur Nicolas de Ovando in die Karibik gekommen, wo er sich an den Eroberungen beteiligte und dafür Ländereien und Indianer für eine sogenannte »Encomienda« (nach span: *encomendar* = anvertrauen) erhielt. Dabei handelte es sich um eine spezielle Form von Landbesitz, die sich in den Maurenkämpfen der Reconquista herausgebildet hatte. Erobertes und damit freigewordenes Land wurde nach Maßgabe ihrer Verdienste an die beteiligten Kämpfer verteilt, die zugleich auch zu Herren über die auf dem Land ansässigen, muslimischen Bauern aufstiegen. Dass dieser Übertragungsmodus in Amerika bald zu einem reinen Sklavenhaltersystem entartete, braucht nach dem vorhin Gesagten nicht besonders betont zu werden. Die einzige Gegenleistung der neuen Grundherren für die »Repartimiento« genannte Zuteilung von einheimischen Arbeitskräften war der Auftrag, sie im christlichen Glauben zu unterrichten, der jedoch kaum Beachtung fand. Dabei ist der spanischen Krone kein unmittelbarer Vorwurf zu machen, dieser Entwicklung Vorschub geleistet zu haben. Ihr Anliegen musste es sein, den aufkommenden Kolonien ein wirtschaftliches Fundament zu geben, indem die als »herrenlos« betrachteten Ureinwohner in deren Ökonomie eingebettet wurden.

Im Erlass Isabellas I. von 1503, der das Encomienda-System in Amerika regelte, liegt bereits mit der Verquickung von Missionierungsidee und wirtschaftlichem Auftrag die Ursache für das Kommende, indem die Königin Nicolás de Ovando anhält, »*... dass Ihr von dem Tag an, wo Ihr diese Meine Verfügung erhaltet, künftig die Indianer nötigt und antreibt, mit den Christen der gesamten Insel Umgang zu pflegen, in ihren Häusern zu arbeiten, Gold und andere Metalle zu schürfen und Landarbeit für die auf der Insel ansässigen Christen zu leisten, und dass Ihr jedem für den Arbeitstag Taglohn und Unterhalt geben lasst, wie sie Euch nach der Beschaffenheit des Bodens, des Arbeiters und der Tätigkeit angemessen erscheinen, ... und dass sie sich an den Festtagen, und wenn es sonst erforderlich scheint, zusammenfinden, um an den dafür bestimmten Orten über die Dinge des Glaubens zu hören und darin unterrichtet zu werden*«.

Die große Schwäche dieses Erlasses zeigt sich in einer anderen Passage, wo die Verhältnismäßigkeit zur Disposition gestellt wird: *»Die genannten Verpflichtungen sollen sie als freie Personen leisten, die sie ja sind, nicht als Sklaven. Ihr habt dafür zu sorgen, dass diese Indianer gut behandelt werden, und zwar diejenigen unter ihnen, die Christen sind, besser als die andern; Ihr dürft nicht dulden oder Anlass geben, dass irgendjemand ihnen Leid oder Schaden zufügt oder sie ungebührlich behandelt ...«* Die strenggläubige Isabella richtet natürlich ihr Augenmerk auf Christianisierung und Missionierung, betont aber den Faktor Arbeit und Dienstbarkeit in einem Ausmaß, der im Mutterland einer besonderen Gratifikation für einen feudalen Territorialherren gleichzusetzen wäre. Die scheinbare Ausgewogenheit von Arbeit einerseits und Lohn andererseits verliert aber in jenem Augenblick an Bedeutung, wenn Tausende Seemeilen zwischen Zentralmacht und Exekutivorgan liegen.

Die Kolonisten fühlten sich als eigentliche Herren des »eroberten« Landes und nahmen aus dem Maßnahmenbündel nur jene Passagen, die auf das Recht des Arbeitseinsatzes Bezug nahmen. Da die lokale Agrarwirtschaft der neuen Herren um die Jahrhundertwende noch der reinen Selbstversorgung und kaum dem Export[72] diente, wurde die Mehrzahl der Indianer im Bergbau (Gold, Silber und Kupfer) eingesetzt. Besonders machte sich das nach der blutigen Eroberung Kubas durch Diego de Velásquez bemerkbar, an der neben Hernán Cortés auch Las Casas beteiligt war und dafür neuerlich eine Encomienda erhielt. Um 1512 zum Priester geweiht, kam es 1514 zu einem Sinneswandel, indem er begann, sich für die Menschenwürde der Indianer, nicht nur der ihm unterstellten, einzusetzen. Schonungslos prangerte er die Auswüchse des Encomienda-Systems an: *»Jemandem, der (auf Kuba) in ein gewisses königliches Amt eingesetzt wurde, waren als Anteil 300 Indianer zugefallen, von welchen nach drei Monaten wegen übermäßiger Arbeit in den Gruben 270 umgekommen sind ... In der Zeit von drei oder vier Monaten, und ich bin dabei gewesen, starben über sieben Tausende Kinder Hungers, ihrer Eltern beraubt, die in den Gruben arbeiteten.«*

Las Casas legte seine Encomienda nieder und kehrte nach Spanien zurück, wo er den Kardinalregenten Francisco Ximénez de Cisneros (1436–1517) für die Anliegen der Ureinwohner gewinnen konnte und 1516 den Titel eines »Verteidigers der Indios« erhielt. Sechs Jahre später scheiterte ein ambitionierter Missionierungsversuch an der Perlenküste von Cumana mit der Errichtung landwirtschaftlicher Genossenschaften von Indianern und Spaniern an unrechtmäßigen Handlungen spanischer Beamter und Kaufleute, die auch gewalttätige Formen annahmen. Die Encomenderos waren mittlerweile zur beherrschenden Klasse geworden, und die ideologische Rechtfertigung der Indianerunterdrückung hatte sich nun auch in Teilbereichen der Kirche breitgemacht. Als Beispiel mag der oben zitierte Dominikaner Tómas de Ortiz gelten, der an dem gescheiterten Experiment teilgenommen hatte und in Spanien darauf eine Schmähschrift verfasste, in der die Indianer unumwunden zu Untermenschen erklärt wurden. Diese Position konnte jedoch nicht jene der Kirche im Allgemeinen sein, da eine Akzeptanz der Definition »Nichtmenschen« die angestrebte Evangelisierung aus theologischer Sicht unmöglich gemacht hätte.

Die Frage, ob den Indianern eine »Seele eigen« sei und ob sie daher überhaupt zur Christianisierung befähigt seien, zog sich über Jahre hin, bis Paul III. in der Bulle »Sublimis Deus« der Diskussion ein Ende setzte. Im begleitenden Breve »Pastorale Officium« an den Erzbischof von Toledo wurde er noch deutlicher: »*da Wir die Absicht haben, dass diese Inder, auch wenn sie sich außerhalb des Schoßes der Kirche befinden, dennoch nicht ihrer Freiheit oder der Herrschaft über ihren Besitz beraubt oder zu berauben seien, da sie Menschen und deshalb fähig zum Glauben und zum Heil sind, dass sie nicht durch Sklaverei vernichtet, sondern durch Predigten und Beispiele zum Leben eingeladen werden sollen.*« Ganz im Sinn des von seinem Großvater Ferdinand konzipierten Patronatsrechts über die Kirche Spaniens in Amerika, legte Karl V. zwar geharnischten Protest ein, erreichte auch eine teilweise Rücknahme der schärfsten Artikel, nahm das Breve aber zum Anlass, ein Jahr darauf das »kaiserliche Plazet« einzuführen. Danach durften päpstliche Erlasse künftig nur nach Prüfung ihres Inhalts durch die zuständigen Organe des Staates veröffentlicht werden, andernfalls sie mit dem »dringlichen Ersuchen« um Korrektur nach Rom rückübermittelt wurden. Das angesprochene Patronat war bereits 1505 von Ferdinand II. erwirkt worden, womit der spanische Staat de facto in allen praktischen Fragen die Oberaufsicht über die Kirche erhielt. Das reichte von der Auswahl der Priester, die nach Amerika geschickt wurden, über die Einteilung der Kirchenprovinzen bis zur Ernennung von bzw. Zustimmung zu Bischöfen, die, wie schon zuvor in Kastilien, dem König ihren Treueid zu leisten hatten. In diesem hatten sie sich unter anderem zu verpflichten, die königliche Gerichtsbarkeit nicht zu behindern und für die Erhebung des an die Krone gebundenen Kirchenzehnten zu sorgen. Damit erhielten sie faktisch den Charakter von Staatsbeamten, was nicht ohne Auswirkungen auf die Kirche Lateinamerikas der Zukunft bleiben konnte.

Vom ersten Kontakt mit Indianern bis etwa 1515/16 war man von den Inseln bis zum südamerikanischen Festland stets auf Ureinwohner gestoßen, deren technischer und religiöser Entwicklungsstand die Überzeugung, es mit unterentwickelten Zivilisationen zu tun zu haben, nur bestärken konnte. Ihre relativ einfache, überwiegend an Naturgottheiten orientierte Theosophie war nicht geeignet, das erste Bild der Europäer, in einer »gottlosen« Region der Welt gelandet zu sein, zu entkräften. Das sollte sich ändern, als die Spanier unter Hernández de Córdoba und Juan de Grijalva erstmals am mesoameri-

kanischen Festland Fuß fassten. Beide waren an den Küsten Yucatáns auf
Indianer gestoßen, deren zivilisatorische Blütezeit zwar schon Jahrhunderte zurücklag, die sich aber dennoch auf einer höheren Entwicklungsstufe befanden
als die Antillenbewohner. Gemeinsam war diesen Völkern jedoch das Fehlen
jeglicher zur Domestikation geeigneten Großsäuger, besonders des Pferdes.
Gemeint ist hier die mangelnde Möglichkeit zur Beförderung großer Lasten
sowie eine Vereinfachung des Ackerbaus durch Zugtiere, weniger die Kriegsführung. Damit erübrigte sich in gewisser Weise auch der »Zwang« zur Erfindung des Rades mit all den daraus ableitbaren Weiterungen.

Zu einem anderen Ergebnis kommt man, wenn der Gebrauch von Metallen und besonders die Entwicklung einer Schrift als bestimmender Maßstab
kultureller Leistungsfähigkeit herangezogen werden. Metallische Werkzeuge
oder gar Waffen waren unbekannt, die Eisenverhüttung nicht einmal angedacht. Die Keramik befand sich auf unterschiedlichen Fertigkeitsstufen mit
beeindruckenden Höchstleistungen im nördlichen Abschnitt Mesoamerikas
und den Küstenregionen Perus, und das ohne Kenntnis der Töpferscheibe. Die
beiden Großräume verfügten auch über eine Textilverarbeitung, die den Spaniern volle Bewunderung abverlangte, was Feinheit der Verarbeitung und Far-
benreichtum der Stoffe betraf. Ihr seidig anmutender Glanz verleitete die
Europäer wenigstens am Anfang zur Annahme, nun doch irgendwie in Randzonen des Reiches von Cathay vorgedrungen zu sein. Über den Großen Markt
von Tenochtitlán schrieb Hernán Cortés an Karl V. unter anderem: »*Baum-
wollgarn in Gebinden ist in allen Farben zu haben, ganz wie die Seide auf dem
Markt in Granada, nur ist mehr von allem da …*« Während im Norden die
Verwendung von Baumwolle vorherrschte, nutzte man im Süden die Wolle
domestizierter Lamas und Alpakas, wobei die feinste, jene der kleinwüchsi-
gen Unterart des Vicuña, dem Inka selbst und den höchsten Würdenträgern
des Reiches vorbehalten blieb. Was jedoch die Schriftlichkeit dieser Kultur
anlangt, so zeigt sich hier eine unverständliche und kaum erklärbare Lücke,
zumal ihr Vorhandensein als Grundvoraussetzung für das Funktionieren so
komplexer Staatswesen wie jenes der Azteken oder Inka zwingend notwendig
erscheint. Erstere waren jedoch nie über Ansätze einer rudimentären Hiero-
glyphenschrift hinausgelangt und letztere nicht einmal dorthin. Als einziges
nonverbales Kommunikationsmittel, sieht man von religiöser Symbolik ab,
mögen vielleicht die sogenannten »quipus« oder »Knotenschnüre« gelten, die
jedoch eher einem Kontoauszug als einer sprachlichen Aufzeichnung gleichzusetzen wären, worauf beim Themenkreis »Inka« noch einzugehen sein wird.
Anders dagegen die Maya, deren Schrift lange als reine Symbolschrift interpretiert und erst in jüngerer Zeit als vollwertige, wenn auch komplizierte
Sprachschrift erkannt wurde.

Die lange Kette von Missverständnissen und überheblichen Fehldeutungen der Spanier begann weniger auf den Karibikinseln als mit dem Betreten des Festlandes im Raum Yucatáns. Auf diese frühen Kontakte lassen sich begriffsbildende Irrtümer zurückführen, die man in vielen Bereichen der europäischen Expansion beobachten kann. Zumeist finden sie in Verständigungsschwierigkeiten und Sprachbarrieren ihren Ursprung. So sollen einige Indianer auf die Frage, welchem Volk sie angehörten, geantwortet haben: »*Wir kommen aus Maian*«, und damit ihr Heimatdorf, dessen genaue Lage nicht mehr rekonstruiert werden konnte, gemeint haben. Aus dem Dorf Maian wurde das Volk der »Maya«. Nicht viel anders verhält es sich mit dem Namen der Halbinsel Yucatán selbst. Auf die Frage nach dem Namen des Landes erwiderte eine andere Gruppe von Eingeborenen: »Ci-u-than«, was soviel wie »Wir verstehen nicht« bedeutet. Daraus wurde in phonetischer Adaptation durch den Chronisten eben Yucatán. Lebten Taino und Kariben in dörflichen Gemeinschaften, so hatten sich auf dem Festland Stadtkulturen mit dichter Bevölkerung, Steinhäusern, großen Tempelanlagen und gepflasterten Straßen herausgebildet.

Was heute unter dem Namen »Maya« zusammengefasst wird, ist lediglich der Überbegriff für eine Gruppe von verwandten Stämmen und Völkern, die ungefähr 2000 v. Chr. in den Raum von Guatemala, El Salvador und auch West-Honduras eingesickert waren. Damit decken allein die Maya bis zu ihrer Unterwerfung durch die Spanier den größten Zeitrahmen aller Hochkulturen Amerikas ab. So ist es auch naheliegend, dass sie sich über 3500 Jahre hinweg immer anders präsentieren und auch die Schwerpunkte ihrer Zentren einem Wandel unterworfen waren. Teilten früher Archäologen und Historiker den langen Zeitraum in einzelne Epochen nach der temporären Bedeutung des jeweiligen Siedlungsgebietes ein, so neigt man heute eher zur Aufteilung in einen nördlichen und südlichen Kulturkreis, die, was den kulturellen und politischen Entwicklungsstand betrifft, wechselseitig dominierten.

Gemeinsam war ihnen, über Zeit und Raum hinweg, die zentrale Stellung des Ackerbaues und dessen religiöse Bedeutung. So bestimmte die Fruchtbarkeitsperiode des Mais das Leben der Menschen, die in seinem Werden und Vergehen das götterbestimmte Schicksal ihrer selbst erblickten. Das gesamte Pantheon der Maya stand in mehr oder minder direktem Zusammenhang mit dem Mais, wie es im »Popol Vuh«, dem »Heiligen Buch des Rates« der Quiché-Maya und einem der großen Bekenntnisbücher der Menschheit, überliefert ist. Als erster übertrug es Fray Francisco Ximénez zu Beginn des 18. Jahrhunderts ins Spanische. Er muss offensichtlich hohes Ansehen bei den Indianern genossen haben, da sie ihm sonst das Heilige Buch nicht vorgelegt hätten. Hoch anzurechnen ist ihm der nicht ganz selbstverständliche Umstand, dass er das Glaubensbuch nicht bloß übersetzte, sondern auch getreulich kopierte; so stellte er dem links angeordneten Quichétext den spanischen auf der rechten Seite gegenüber. Mit dem Einfall Pedro de Alvarados in diese Region begann eine Transformation bodenständiger Ortsbegriffe in das Aztekische oder Spanische. So wurde aus Quiché[73] in wörtlicher Übersetzung »Cuauhtlemallan«, woraus sich der heutige Name Guatemala entwickelte.

Es mag zu den vielen Grotesken der Geschichte zählen, dass ausgerechnet ein erklärter Feind der Mayakultur und vor allem deren Religion zu einer wesentlichen Quelle unserer Kenntnisse über Schrift und Kalender dieses herausragenden Volkes wurde. Diego de Landa, 1549 ins Land gekommener Franziskaner und zweiter Bischof von Yucatán, ließ 1561 im berüchtigten Autodafé von Maní zwar alle Codizes vernichten, deren er habhaft werden konnte[74], dennoch legte seine 1566 verfasste Abhandlung »Relaciónes de las cosas de Yucatán« den Grundstein zur Entzifferung der hieroglyphenartigen Schrift, da in ihr unter anderem alle Monats- und Tageszeichen sowie deren Auslegung enthalten sind. Was die menschliche Seite des Dramas von Maní betrifft, so kann es aus heutiger Sichtweise nicht um die Bestrafung von Ketzern oder aufsässigen Häretikern gegangen sein. Dazu bot das Glaubensgebäude der Indigenen nach außen hin keine wirklichen Verknüpfungspunkte mit den monotheistischen Religionen der Alten Welt und deshalb auch keinen Anlass zu theologisch begründbaren Strafmaßnahmen bzw. »Läuterungen«, wie es die Kirche sah. Auf den Scheiterhaufen von Maní brannten in Wahrheit keine Irrgläubigen, sondern die politischen und kulturellen Führer sowie das Schriftgut eines indigenen Volkes, das sich dem spanischen Diktat nicht widerspruchslos unterwerfen wollte. Allerdings wäre Landa zugute zu halten, dass gewisse Aspekte der Maya-Religion indirekt mit einem Kernbereich des Christentums, nämlich Tod und Auferstehung, kollidierten, womit sich der Kreis um den Mythos Maiswunder wieder schließt.

Diese uralten Mythen sind im Popol Vuh wiedergegeben. Besonders deutlich kommen sie in jener Episode zum Ausdruck, in der die Göttlichen Zwillinge Huanahpú und Ixpalanqué mit Hilfe von zwei Zauberern die Herren von Xibalbá (Unterwelt) überlisteten. Nach der besten Todesart für Hunahpú und seinen Bruder befragt, meinten die kundigen Magier: »*Ihre Gebeine sollen auf Steinen zerrieben werden wie Mais zu Mehl ... und das soll ins reißende Wasser gestreut werden. Und das Wasser soll das davontragen ... Das führten die von Xibalbá dann alles aus. DieLeiber wurden zermahlen und in fließendes Wasser gestreut. Aber sie trieben nicht davon, sondern sanken auf den Boden des Wassers und verwandelten sich in schöne Jünglinge. In dieser Gestalt erschienen sie aufs Neue.*« Besondere Bedeutung erlangte die Essenz dieser Textstelle in den karstartigen Zonen Yucatáns. In der kargen, regenarmen und kaum von fließendem Gewässer durchzogenen Landschaft findet sich das lebensnotwendige und für den Maisanbau überaus wichtige Wasser hauptsächlich in dolinenartigen Bodeneinbrüchen, die bis zum Grundwasser reichen, dessen Oberfläche meist viele Meter unter der Erde liegt. So ein brunnenartiges Reservoir wird »Cenote« genannt und erlangte über den profanen Nutzen hinaus folgerichtig auch spirituelle Bedeutung. Ein Cenote, auch »Heiliger Teich«, war demnach auch unverzichtbarer Bestandteil jeder zentralen Tempelanlage. In und an ihm wurde der Regengott Chac verehrt, der im Raum Yucatáns mindest gleichrangig mit dem Maisgott der Kernzone steht. Es entsprach einer inneren Logik, den mächtigen Gott gerade an den Kultstätten der Cenote wohlgesonnen zu stimmen. Von verschiedenen Opfergaben abgesehen, fanden sich im schlammigen Grund der Heiligen Teiche auch Menschenknochen: » ...*sie sanken zu Boden und verwandelten sich* ...« Der Opfertod bedeutete also Leben für den jungen Mais und damit für die Gemeinschaft.

Dass die spanischen Priester und Missionare dieses religiöse Basisfaktum, dem der »Erlösungsgedanke« völlig fehlte, mit allen Mitteln bekämpften, ja bekämpfen mussten, ist offensichtlich, stellte es doch eines der höchsten Glaubensdogmen des Christentums in Frage, wonach Christus der Einzige sei, der den Tod besiegen könne. Und auch die unverstandenen Blutopfer rüttelten an den Fundamenten der abendländischen Religion. Die reinste Form des Blutopfers fand sich im Zentralraum der Maya, wo der Priesterkönig (*halach uinic* = der wahre, der wirkliche Mann) und seine erste Gemahlin ihr eigenes Blut in einem schmerzhaften, für das Volk aber umso eindrücklicheren Ritual den Göttern darbrachten. Die Frau, indem sie mit einer Spitze ihre Zunge durchstieß, der Gottherrscher seinen Penis. Mit dem hervorquellenden Blut wurde symbolisch der Schöpfungsakt nachvollzogen. Das alles geschah jedoch lange vor Ankunft der Spanier. Mit realen Menschenopfern wurden die Spanier erstmals unter Hernán Cortés in Mexiko konfrontiert. Dabei ist heute mehr als fraglich, ob es die Menschenopfer in der von spanischen Chronisten beschriebenen, übergroßen Zahl je gegeben hat.

Als der Conquistador, der gekommen war, »*um Gold anzuhäufen, und nicht den Boden zu beackern wie ein Bauer*«, erst beim Rio Grijalva und darauf bei Veracruz an Land ging, betrat er unbewusst historischen Boden. In diesem Raum lag die Kernzone der ältesten bekannten Hochkultur Mesoamerikas: jene der Olmeken (Nahuatl: Gummileute), deren Blütezeit um 1200 bis 400 v. Chr. anzusetzen ist. Sie scheinen aus dem »Nichts« gekommen zu sein und schufen die Basis beinah aller signifikanten Kulturspezifika des Großraumes: von den Pyramidenbauten und rasterartigen Grundrissen der Städte (Villahermosa und La Venta[75]) über Kernaspekte des Pantheons (Urform des Quetzalcoatl, Menschenopfer, Ballspiel) bis zu den Grundzügen des »mexikanischen Kalenders«. Auf sie, teilweise in zeitlicher Überlappung mit den Maya, folgten andere Hochkulturen, die die olmekischen Errungenschaften ausbauten und durch eigene Leistungen anreicherten. Da ist vor allem das Gemeinwesen von Teotihuacán (etwa 40 km nördlich von Mexiko-Stadt) zu nennen, das um 100

v. Chr. seinen kulturellen Anfang nahm und zwischen 200 und 700 n. Chr. seine Blüte erlebte. Mehrere Deutungsversuche sind bemüht, ein historisch greifbares Volk namhaft zu machen. Doch allein was dieses unbekannte Gemeinwesen geschaffen hat, ist derart beeindruckend, dass ein ganzer Kulturabschnitt Mexikos nach dieser Stadt benannt wurde. Der Name Teotihuacán stammt aus dem Aztekischen und bedeutet soviel wie »*Ort, wo man zum Gott wird*«, und gestorbene Könige genossen göttliche Verehrung: »*Und sie nannten den Ort Teotihuacán, weil es der Begräbnisplatz der Könige war. Die Alten sagen: Wer gestorben ist, ist zum Gott geworden*«, schrieb der Chronist Bernardino de Sahagún (1499–1590)[76] über die Stadt, die bis zu 20 Quadratkilometer bedeckte und in ihrer Blütezeit etwa 125 000 Einwohner zählte.

Zum anderen finden sich in der Tempelstadt schon genauere Hinweise auf ein Gottwesen, das in der Mythologie des Raumes bis zum Eintreffen der Spanier immer dominanter wird: *Quetzalcoatl*, die Gefiederte Schlange. Sie bildet auch indirekt eine Brücke zum letzten hier skizzierten »Kulturkreis« vor dem Eintreffen der Azteken im Hochland von Mexiko. Der wird von einer Ethnie getragen, die die Gegner des Cortés »Tolteken« (*toltecatl*) nannten, was soviel wie »Meisterhafte (Er)Bauer« oder »Meister des Handwerks« bedeutet. Sahagún bezeichnete sie als »Meister der Kunst« und schreibt weiter: »*Was immer sie mit ihren Händen fertigten, war zart und schön, beachtenswert und kunstvoll … und all das, was in alten Zeiten von ihnen gemacht wurde, zeugt von wundervoller Erfindungsgabe und von großem Geschmack.*« Da Sahagún erst ungefähr 400 Jahre nach dem Ende des Toltekenreiches nach Mexiko kam, gab er mit diesen Worten die Wertung der späten Azteken wieder, die unter dem Begriff Tolteken ältere und höhere Kulturen zusammenfassten, während »Chichimeken« ein Sammelbegriff für unzivilisierte Jägervölker war, ähnlich den Barbaren der Griechen. Bei den Tolteken dürfte es sich nicht um ein Volk im herkömmlich engen Sinn gehandelt haben, sondern um eine Gemeinschaft ethnisch verwandter Gruppen mit dem sozialen Zentrum Tollan, gleichfalls nahe Mexiko-Stadt. Gegen den letzten zentralen Toltekenherrscher, Huemac, soll die eigene Bevölkerung revoltiert haben und von einzelnen Stämmen der Chichimeken unterstützt worden sein. Faktum ist, dass Tollan kurz nach 1150 zerstört wurde und die Dominanz der Meister-Bauer nach 400 Jahren zu Ende ging. Ihre Angehörigen im Süden gingen in den Maya auf, während im Norden eine Art Interregnum anbrach, eine Zeit vieler Reiche, deren Mehrzahl keine lange Lebensdauer beschieden war.

Genau genommen gehörten auch die Mexica, wie sich die Azteken – hergeleitet von ihrer mythologischen Urheimat »Azatlán« im Norden Mexikos – selbst nannten, zu den Chichimeken, den »Unzivilisierten«, obwohl ihre Stammesmythologie die Fiktion vom »Auserwählten Volk« tradierte. Einer Prophezeiung zufolge sollte sich das seit etwa 1070 nach Süden wandernde Volk erst an einem Ort niederlassen, an dem ein Adler, auf einem Kaktus sitzend, eine Schlange frisst. Gegen 1300 dürften die Azteken als Nachzügler der »mexikanischen Völkerwanderung« in das Herz der Mesa Central vorgestoßen sein und dort auch die Erfüllung der Prophezeiung erlebt haben, denn um 1325 wurde auf zwei kleinen, dicht beieinander liegenden, sumpfigen und unbewohnten Inseln des salzhaltigen Texcoco-Sees jene Stadt gegründet, die später den spanischen Eroberern ungläubiges Staunen abverlangen sollte. Nüchtern betrachtet, hatten sich die Vorfahren des Montezuma lediglich in einer freien Nische niedergelassen, auf deren Besitz kein stärkeres Volk der Umbruchszeit besonderen Wert legte. Von nun an konnten die Mexica ihre in den Jahren der Wanderung gewonnenen Fähigkeiten voll zur Geltung bringen. Ernährten sie sich in der Wüste sogar von Schlangen, wenn die Natur nichts anderes bereitstellte, so vergrößerten sie nun künstlich die Insel zur Erweiterung von Anbauflächen. Ausgangsbasis waren große Flöße aus Schilf und Geäst, auf die eine Schicht fruchtbaren Schlammes aufgebracht wurde. Darüber eine Zwischenlage aus Schilf und wieder Schlamm. Etwa vier bis fünf Meter waren diese Pflanzpontons hoch, die miteinander verbunden und am Seegrund verankert wurden. Zwischen größeren Flächen ließ man Kanäle für den Transport frei und pflanzte an den Ufern Weiden zur Festigung der Böschung.

Tenochtitlán wuchs und wuchs und dominierte bald die umliegenden Städte, wie Texcoco oder Tlatelolco[77]. Als Cortés im November 1519 mit seinen Truppen einmarschierte, soll die Stadt ungefähr 300 000 Einwohner gezählt haben, mehr als das Vierfache Londons des zeitgleichen Heinrich VIII. Allein der »Große Markt« – eigentlich ein Zusammenschluss mehrerer Branchenmärkte – zog nach Berichten Tag für Tag zigtausende Verkäufer und Kaufinteressenten aus der Umgebung an. Von Dingen des täglichen Lebens spannte sich der Bogen von verschiedensten Vogelarten wie Feldhühnern, wilden Enten, Wachteln, Tauben, Papageien, Falken und Adlern über Säugetiere wie Kaninchen, Hasen, kleinen Hirschen bis hin zu besonderen Leckereien: gemästeten Hunden. Dazu kamen Luxusgüter wie Korallen, Edelsteine, Beinwaren, Leder, kunstvolle Keramik und die überaus begehrten Federn tropischer Vögel. »*An einem anderen Platz verkauft man alle Arten von Kräutern zu Heilmitteln und Salben. Es gibt Arzneigewölbe und Barbierstuben …*«, so Hernán Cortés an Karl V. Aber auch mit Gold- und Silberwaren durfte Handel getrieben werden, was bei den Inka völlig undenkbar war, da im Andenreich Perus ausschließlich der Herrscher über jegliche Art von Metallen verfügen durfte. Besonders erwähnt der Conquistador das Vorhandensein einer Art Marktpolizei mit permanent tagendem Gericht, das sofort über alle Streitigkeiten zu befinden hatte, die Gewichts- und Längenmaße der Verkäufer prüfte und falsche zerstören ließ. Bernal Diaz wieder berichtet in seiner »Verdadera Historia« von »*Indianische(n) Sklaven, Männer und Frauen*[78], *die man auf dem*

Markt zum Verkauf brachte, wie die Portugiesen die Neger aus Guinea, in langer Reihe mit einem Halsband aneinander gebunden«. Insgesamt gesehen trafen die Spanier auf ein Gemeinwesen, das einen Vergleich mit der Heimat nicht zu scheuen brauchte, was durch die hierarchisch gegliederte Gesellschaft noch zusätzlich unterstrichen wurde.

Politisch betrachtet handelte es sich beim Aztekenreich um einen zentralistisch durchorganisierten Militärstaat unter Vorherrschaft der drei vorhin genannten Städte am und im Texcoco-See, wobei unter diesen wieder Tenochtitlán die führende Stellung gewonnen hatte. Die an europäische Verhältnisse erinnernde Ordnung im Inneren verleitete die spanischen Apologeten des Cortészuges zur Fehleinschätzung von Montezuma als »Kaiser« der Azteken. Wenngleich der »huey tlatoani« (auch *tlatonami*, Oberster Sprecher) als gottähnlicher Herrscher an der Hierarchiespitze eines Rätesystems stand und in jüngerer Reichsgeschichte auch einer dominanten Familie entstammte, so blieb er in vielen politischen Fragen an die Beschlüsse eines »Obersten Rates« gebunden, der in den darunter liegenden Ebenen bis zu den Sprechern der »calpulli« (Stadtviertel von Tenochtitlán) seine Fortsetzung fand. Von demokratieähnlicher Entscheidungsfindung in Staatsfragen, wie sie etwa beim Irokesenbund Nordamerikas in Erscheinung trat, blieb das aztekische Modell jedoch weit entfernt. Der Oberste Rat diente weit mehr einer Neutralisierung von Interessenkonflikten des Hochadels, da alle politischen Angelegenheiten von Rang im Palast geregelt werden mussten, wobei der niedere Adel vom Hof überhaupt ausgeschlossen war.

Die während der aztekischen Expansion unterworfenen Völker behielten zwar in der Regel den Status unabhängiger »Staaten«, wurden jedoch zu permanenten Tributzahlungen vielfältigster Form an die Zentralmacht Tenochtitlán und ihrer Herrscher verpflichtet. Oft wurden Bevölkerungsteile eines unterworfenen Gegners in die Nähe Tenochtitláns umgesiedelt oder ein naher Verwandter des alten Machthabers, nun aber hörigen Vasallenfürsten, in die Hauptstadt verpflichtet. Eine Besonderheit des Militärstaates bestand darin, dass er trotz Unterhalt eines großen Berufsheeres im Regelfall keine festen Garnisonen in den unterworfenen Gebieten stationierte. Dadurch verhinderte man eine Ausdünnung der Gesamtschlagkraft durch Diversifikation. Die Aussicht, im Konfliktfall von einer erdrückenden Übermacht neuerlich niedergeworfen zu werden, erstickte jeden Widerstandswillen bereits im Keim. So konnte die Armee bei einem Feldzug sicher sein, sowohl bei Aufmarsch als auch Rückzug von den tributpflichtigen Vasallen entlang der Stoßrichtung versorgt zu werden. Das aztekische Konzept unterschied sich darin wesentlich von jenem der noch unabhängigen Tlaxcalteken, die bei Kriegszügen direkt vom Land lebten und sich im Fall der Niederlage durch die eigenen Verwüstungen zurückziehen mussten. Bei Ankunftszeit der Spanier befand sich Tlaxcala, allseitig von »Aztekengebiet« eingeschlossen und von wesentlichen Ressourcen abgeschnitten, kurz vor der Unterwerfung, was maßgeblich zum verhältnismäßig raschen Bündnis mit den Europäern führte, deren militärische Schlagkraft man zuvor kurz »ausgetestet« hatte.

Zahlenmäßig hoffnungslos unterlegen und mehrfach vor der Vernichtung stehend, verhalfen charakteristische Spezifika mesoamerikanischer Kriegsführung den Spaniern zum Erfolg. Da fast alle Männer zum Kriegsdienst verpflichtet waren, fanden Feldzüge stets außerhalb der Pflanzzeit im Winter und nach der Regenzeit statt. Dazu kam die starke Ritualisierung der Kampfhandlungen, was Cortés durch »unkonventionell« rasche Manöver unterlief. Die überaus prächtig gewandeten Elitekämpfer der Adler- und Ozelotkriegerorden wurden nach Scharfschützenmanier bald zum bevorzugten Ziel spanischer Arkebusiere, wodurch sich der Rest seiner motivierendsten Leitbilder beraubt sah. Unter diesem Aspekt wäre auch Alvarados Vorgehen zu relativieren, das in einem Massaker endete und letztendlich zur vielzitierten *noche triste* führte. Schlagartig wurde Tenochtitlán dabei nicht nur mehrerer Thronanwärter, sondern auch militärischer Führungsspitzen beraubt.

Die meisttradierten Topoi der Conquista sind in den Begriffen Kannibalismus und Menschenopfer gebündelt. Beide konnten in der modernen Forschung nicht in jenem Maß verifiziert werden, wie es spanische Chronisten als »verpflichtenden Zwang« zur Christianisierung glauben machen wollten. Das Hauptproblem liegt dabei sowohl im zeitlichen Abstand als auch in der Motivation dieser Apologeten des Mexiko-Zuges. Auch die klassischen Augenzeugenberichte eines Cortés oder Bernal Diaz de Castillo sind nicht geeignet, einer kritischen Quellenauslegung standzuhalten. Während letztere eigene Leistungen durch überhöhte Dämonisierung des Gegners ins Außergewöhnliche zu heben trachteten, muss man die späteren Berichte im Zusammenhang mit der danach aufkommenden Grundsatzdiskussion um die Rechtmäßigkeit spanischen Vorgehens gegen die Indianer sehen. Damit soll nicht die Existenz von Menschenopfern bei den Azteken an sich, sondern nur deren exorbitante Zahl, wie sie in den Chroniken überliefert ist, in Frage gestellt werden.

Grundsätzlich sind zwei Hauptformen des Blutopfers zu unterscheiden, deren Wurzeln in den aztekischen Wanderungsjahren zu suchen sind, wo man allerdings noch Hunde oder Wachteln den Göttern darbrachte. Beim sogenannten »Herzopfer« wurde dem Unglücklichen mit einem Obsidianmesser das Herz bei lebendigem Leib herausgeschnitten und bluttriefend in die Höhe gehalten, um dann in eine Schale abgelegt zu werden. Adressaten dieses Zeremoniells waren meist die in der Sonne personifizierte Gottheit Tonatiuh oder der Kriegsgott Huitzilopochtli. Entschieden näher mit der Vegetation verbunden war der Sakralakt des Pfeilopfers. Bei ihm wurde ein Gefangener auf einem erhöhten Gestell festgebunden und mit Pfeilen beschossen. Pfeilopfer, deren spirituellen Inhalt die Azteken mit »die Erde ritzen« (pflügen, zur Aussaat vorbereiten) gleichsetzten, fanden meist in ihrem zweiten Kalendermonat statt und wurden den Pflanzen- und Vegetationsgottheiten[79] für eine glückliche Aussaat dargebracht. Als die Azteken an die Pazifikküste vorgestoßen waren, übernahmen sie den mythologischen Kern eines Agrargottes der Zapoteken, den sie im eigenen Pantheon *Xipé Totec*, den »Geschundenen Gott« nannten. Er ist Herr der Aussaat, zweifelsfrei eine Frühlingsgottheit, in deren Kult sich mit erschreckender Deutlichkeit archaische Symbolik und deren ausgelebte Umsetzung zum Ganzen einer für europäisch-christliche Werte abstoßend überhöhten Theatralik vereinen. Wie sich die Natur im Frühjahr mit wachsender Vegetation ein anderes Kleid, gleichsam eine neue Haut überstülpt, streifte sich ein Priester des Xipé, wie es in Codizes und Plastiken dokumentiert ist, die abgezogene Haut eines menschlichen Sakralopfers über und tanzte für besseres Wachstum der frischen Saat zu Ehren dieses Gottwesens – zweifellos eine Handlung kultischer Barbarei, aber das unmenschlich brutale und viel öfter dargebrachte Herzopfer[80] musste auf die Spanier wie ein Akt tierischster Brutalität wirken.

Im Zusammenhang mit der gleichfalls vielzitierten Endzeitstimmung des Aztekenreiches, vor allem Montezumas, zur Ankunftszeit der Spanier muss auch auf den Kalender der Mexica hingewiesen werden. Seine Eigenart bestand in der Verzahnung zweier Berechnungssysteme. Da gab es einmal das Sonnenjahr (Nahuatl: *xiuhitl*), das in 18 Monate zu je 20 Tagen[81] eingeteilt wurde. Zur Auffüllung des Sonnenzyklus wurden fünf Tage hinzugefügt, die keinem Monat angehörten und als Unglückstage galten. Parallel dazu existierte ein System, das die Tage in Dreizehnergruppen zusammenfasste und sie mit dem Wochenzyklus von vier mal fünf Tagen überlagerte. Nach Ablauf von 260 Tagen, dem *tonalpohualli*, stimmte also die Zahl des 13-Tage-Zyklus mit dem Monatsablauf wieder überein und die Rechnung begann sozusagen wieder bei Null. Lässt man nun beide Systeme unabhängig nebeneinander ablaufen, so erhält man einen Großzyklus von 52 Jahren, die jeweils durch eine Zahl und den Tagesnamen definiert werden konnten. Der ähnlich konzipierte, aber ältere Mayakalender war durch Einbeziehung des Venuszyklus als zusätzlichem Berechnungsparameter noch komplexer und übertrifft sogar den »Gregorianischen Kalender« an Genauigkeit. Die Erstellung jedes Kalenders war mehr oder minder mit Astronomie verbunden, die gerade bei frühen Kulturen kaum von Astrologie zu trennen ist.

Wurden schon die fünf Unglückstage eines normalen Aztekenjahres mit Argwohn erwartet, so verstärkte sich das Empfinden naturgemäß beim Abschluss des Großzyklus. In diesen Tagen werde, so der Glaube der Azteken, einmal die fünfte Welt in einer riesigen Katastrophe untergehen. Als Cortés bei Veracruz an Land ging, schrieb man das Jahr »Eins-Rohr« (*Ce-Acatl*) – in einem Jahr gleichen Namens war auch der mythische Quetzalcoatl geboren worden und im Jahr »Eins-Rohr« war er nach Osten in das »Land der Morgenröte« verschwunden. Die Prophezeiung seiner versprochenen Rückkehr war noch zu lebendig, um sie nicht zu berücksichtigen. Würde man die dem Kalender des Großzyklus entsprechenden Jahre auf unsere Zeitrechnung umlegen, hätte es sich um die Jahre 1467, 1519 und so weiter gehandelt. So nahm das Unglück der Azteken, wie man es wiederholt und weitverbreitet liest, seinen Lauf, das durch den lähmenden Fatalismus des Montezuma nur noch verstärkt wurde. Die Schwäche dieser Interpretation liegt jedoch darin, dass der aztekische Hof aufgrund des kontrollierten Gebietes zweifellos bereits 1518, also vor dem unheilschwangeren Jahr 1519, von der Landung Grijalvas Kenntnis erhalten hatte. Dazu kommt das Fehlen jeden Hinweises auf Quetzalcoatl während der persönlichen Gespräche zwischen Montezuma und Cortés, der sonst recht ausführlich zu berichten pflegte. Ist die Prophezeiung also bloß eine Ex-post-Rechtfertigung aztekischer Quellen spanischer Chronisten für den eigenen Untergang und Verlust einstiger Größe?

Von einer vergleichbaren, tiefenpsychologisch begründeten Deutung und Interpretation seines Zusammenbruchs blieb das Inkareich verschont. Wie schon früher erwähnt, zählten innenpolitische Auseinandersetzungen zu den Hauptursachen, und auch die Mitwirkung unterworfener Völker auf Seiten der Spanier braucht hier nicht wiederholt zu werden. Ähnlich den Azteken traten die Inka relativ spät in die Geschichte ihres Großraumes ein, den sie dann auch kaum länger dominierten. Als meisterhafte Verkünder ihrer offiziellen Ideologie leiteten sie ihre Dynastie bis zum Anfang des 13. Jahrhunderts zurück. Der Begriff »Inka« stammt aus dem Quechua und bedeutet soviel wie Prinz oder Fürst. Ursprünglich war er dem »Sapay Inca«, dem Anführer und »Einzigen Herrscher« der Gruppe, vorbehalten, mutierte aber im Laufe der Zeit zur Definition des gesamten Kernvolkes. Der meistverbreiteten Überlieferung zufolge soll »Manco Cápac«, der erste Inka, ein Sohn des Sonnengottes Inti gewesen und zusammen mit seiner Schwester »Mama Occlo« auf die Erde gesandt worden sein, um die Welt zu verbessern[82] und von der Macht der Sonne zu berichten. Da »manco« den alten Begriff der Aymará für »Herrscher« wiedergibt, ist anzunehmen, dass dieses Volk früher die politische Dominanz über den Raum des Altiplano innehatte. Was für die Azteken die Prophezeiung vom Adler, der Schlange und dem Kaktus war, bedeutete für die Inka ein goldener Stab. Ihn hatte das Geschwisterpaar vom göttlichen Vater bekommen, jenen Ort zu bestimmen, an dem es sich niederlassen sollte. Erst wenn dieser Stab bei einem einfachen Stoß ganz in der Erde verschwinden würde (tiefer Ackerboden!), wäre der Platz der Sesshaftwerdung erreicht. Er fand sich nach langer Wanderung in Cuzco und bei den dort sesshaften Quechua.

Realiter blieben die Inka bis ungefähr 1430 eine vergleichsweise unbedeutende Gruppe im peruanischen Hochland, die im Raum Cuzcos siedelte und in ständigem Überlebenskampf mit benachbarten Völkern oder Stämmen lag. Der große Umschwung kam, als es Pachacuti (Pachacútec) Inca Yupanqui, dem ersten realhistorisch greifbaren Inka, 1438 gelang, das eingefallene Volk der Chanca vernichtend zu schlagen. Dieses Ereignis schien eine Initialzündung mit Schneeballeffekt gewesen zu sein. Von nun an folgte Schlag auf Schlag: 1470 stand das einstige Bergvolk mit der Unterwerfung des Chimú-Reiches im Raum Trujillos an der Küste des Pazifik und stieß danach weiter in das heutige Ecuador vor. Die raschen Erfolge beruhten auf einer besonderen Militärdoktrin und den politischen Begleitmaßnahmen jeden Feldzugs. Bis auf die Gardeeinheit des Herrschers und einige Garnisonen in Unruhegebieten gab es keine stehende Truppe. Im Kriegsfall verfügten die Inka mittels Zwangsrekrutierung von Bauern jedoch über ein schlagkräftiges und bewegliches Heer. Bevor man zur militärischen Eroberung einer weiteren Provinz schritt, ging man mit diplomatischen Mitteln vor. Abgesandte beschrieben nicht nur die einschüchternde Größe der eigenen Armee, sie brachten auch Geschenke und zeigten die Vorteile einer Unterwerfung auf, indem sie Rohstoffe und Fertigprodukte anboten. Bei Zustimmung beließ man den Herrscher als neuen Statthalter unter eigener Aufsicht. Erst wenn ein Herrscher ablehnte, wurde das bereitstehende Heer erfolgreich eingesetzt. In beiden Fällen setzte dann durch Verbreitung des Sonnenkultes und Einführung der Staatssprache Quechua ein Assimilationsvorgang ein, der den Integrationsprozess in das Gesamtreich beschleunigte.

Unscharf formuliert lässt sich das Inkareich als Theokratie mit »sozialistischen« Zügen beschreiben. An der Spitze stand gottähnlich der Sapay Inca als unumschränkter Herr über alle Lebewesen, des gesamten Bodens und aller Naturschätze. Die erste der folgenden Hierarchieebenen umfasste den Hochadel und die engsten Angehörigen des Inkahauses, in deren Händen auch der gesamte Verwaltungsapparat des Reiches lag. Eine Stufe darunter findet man die nichtköniglichen Sippen Cuzcos, und die letzte Ebene des Adelsstandes bildeten die zur Kollaboration bereiten Fürsten der unterworfenen Völker. Demgegenüber stand die breite Masse des im Vergleich zu den oberen Schichten weitgehend rechtlosen, von der Verwaltung jedoch gut organisierten Volkes. Seine ökonomische Grundeinheit stellt die dörfliche Gemeinschaft des »ayllu« dar, dem Land zur gemeinsamen Bewirtschaftung bei gegenseitiger Arbeitsverpflichtung übertragen war. Es handelte sich dabei um einen Sippenverband, der sich über einen, meist mythischen Vorfahren definierte und den ursprünglichen Landinhaber darstellte. Organisatorisch war das Volk in Altersklassen mit genau festgehaltenen Rechten und Pflichten des Einzelnen eingeteilt. Die Altersklasse der 25- bis 50-Jährigen stellte die Säule der Gesamtwirtschaft dar. Als »Vollmann« hatte man unter Voraussetzung einer

Verheiratung Anrecht auf Grund und Boden innerhalb des *ayllu* und erlangte auch Stimmrecht im Rat dieser Lokalgruppe.

Durch eine Besonderheit der Eroberungspolitik erfuhren die *ayllu* insofern eine Veränderung, als der Hof in Cuzco nach einem erfolgreichen Feldzug nicht selten einen partiellen Austausch von Bevölkerungsteilen anordnete. 6000 bis 7000 Familien einer neu eroberten Provinz wurden umgehend nach dem Erfolg in andere, vornehmlich ruhige und befriedete Reichsteile umgesiedelt und im Gegenzug durch andere aus diesen Gebieten ersetzt. Nicht selten befanden sich auch Kleinadelige unter den Betroffenen. Der aus dem Quechua stammende Begriff »mitima« (manchmal auch *mitmaccuna*) bedeutet so viel wie »Fremder« oder »Neuling« und wurde sowohl für den Bevölkerungsaustausch an sich, als auch für die Betroffenen selbst verwendet. Was zur inneren Machterhaltung des Inka und zur kulturellen Vereinheitlichung dienen sollte und auch lange diesen Anspruch erfüllte, verkehrte sich bei Ankunft der Spanier ins Gegenteil. Die innere Verbundenheit mit dem, im weitesten Sinn, Nachbarn fehlte, denn alle waren letztendlich »mitima« zueinander.

Begrifflich mit der *mitima* eng verwandt ist die »mita«, die allgemeine Tributspflicht an den Inka als obersten Herrn und Eigner der Welt. Alles urbare Land war in die drei Kategorien Staat, Götter und Volk aufgeteilt. Den größten Anteil besaßen dabei die Staatsfelder, deren Ertrag neben der Versorgung des Adels und der Beamten auch jener der Armee und anderen nichtproduktiven Gruppen wie Waisen, Kranken und Gebrechlichen diente. Die Bewirtschaftungsabfolge durch das Volk war durch die Reihenfolge: erst Kirchenfelder, dann Staatsfelder und abschließend die eigenen Felder, gekennzeichnet. Überschüsse der Staatsfelder wurden in Vorratshäusern (*tambos*) gelagert, deren Inhalt nicht nur der Armeeversorgung während eines Feldzuges diente, sondern auch Nahrungsengpässe bei Missernten oder Überschwemmungen problemlos überbrücken konnte. Wie das Land waren auch Bergwerke, Cocapflanzungen und weite Teile der Lamaherden Staatseigentum. Als übergeordnetes Bindeglied des zum Vielvölkerstaat aufgestiegenen Inkareiches fungierte die Staatsreligion des Sonnenkultes mit ihrer Inkarnation im großen Gott »Inti«, dem Stammvater des Herrscherhauses, der zur Expansionszeit den alten Schöpfergott »Viracocha« an Bedeutung bereits überstrahlt hatte. So wie die Inka als Eroberer oft die kulturellen Errungenschaften eines unterworfenen Volkes übernahmen und sie in eigene Leistung transformierten, machten sie das auch auf religiösem Gebiet.

Die Bedeutung solcher Übernahmen lässt sich am bereits im Pizarroabschnitt erwähnten Orakel von Pachacamac aus der Vorinkazeit ableiten. Der Chronist Garcilaso de la Vega (1539–1616, Hauptwerk »Comentarios reales que tratan del origen de los Incas«), selbst Halbinka und Angehöriger des Herrscherhauses, überliefert, dass *»die Inka, die Könige von Peru, dank der Einsicht,*

die Gott ihnen verlieh ... (erkannten), *dass es einen Schöpfer aller Dinge gab,*
den sie Pachacamac nannten, was Schöpfer und Erhalter des Universums heißt.
Diese Vorstellung hatten zuerst die Inka, und sie verbreitete sich über alle Län-
der ...« Der Reichtum des Orakels von Pachacamac kam bald jenem des Coricancha – erst »Goldenes Haus« des Manco Cápac, dann Haupttempel des
Inti – in Cuzco gleich. Auf diesen hatte es Francisco Pizarro abgesehen, als er
seinen Bruder Hernando an die Küste schickte. Neben Inti hatten auch sogenannte »*huacas*«, heilige Orte, eine wichtige Bedeutung. Dabei konnte es sich
um signifikante Stellen der Natur wie Berggipfel, Quellen[83] oder Seen ebenso
handeln wie um Tempel oder Gräber mit historischer Bedeutung. An ihnen
versuchte man Geistwesen durch Opfergaben gnädig zu stimmen. Die Spann-
weite reichte von kleinen Gaben wie Speise- oder Trankopfer über die Dar-
bringung von Lamas bis zu Menschenopfern. Letztere durften allerdings nur
vom Inka selbst und auch dann nur in Krisen- oder Notzeiten dargebracht
werden. Deshalb konnte das Menschenopfer bei der Eroberung Perus auch
nicht jenen moralisierenden Stellenwert einnehmen, den es im Aztekenreich
als Hauptrechtfertigung erlangt hatte.

Zu den meistgerühmten Leistungen der Inka zählen jene des Straßenbaus.
Die Verkehrswege dienten nicht zuletzt schnellen Truppenbewegungen des
Heeres, das die Straßen überwiegend auch selbst angelegt hatte. In Expansions-
zeiten trieb man ihren Bau bis an die Grenzen der zu unterwerfenden Provinz voran und errichtete Garnisonen und Vorratslager, ehe der eigentliche
Angriff, gestützt auf ein perfekt organisiertes Nachschubsystem, überhaupt
begann. Besonders beeindruckend schienen die Hängebrücken gewesen zu
sein, die in kühnen Konstruktionen tiefe Schluchten[84] überspannten. Von den
technischen Meisterleistungen ist fast nichts mehr erhalten geblieben, da die
Inka sie auf ihrem Rückzug vor den Spaniern überwiegend selbst zerstörten,
um deren Nachrücken zumindest zu verzögern. Beinahe noch unglaublicher
ist der Zeitraum, in dem Nachrichten und Befehle weitergeleitet werden konnten. In einem Abstand von etwas mehr als einem Kilometer waren entlang der
Königsstraßen kleine Hütten errichtet, die rund um die Uhr besetzt waren. Die
Botschaften wurden mangels Schrift in einem mündlichen Staffettensystem[85]
von Posten zu Posten weitergegeben. Die Übermittlung war derart effizient,
dass eine Order oder Botschaft innerhalb von vier bis fünf Tagen von Cuzco
nach Quito gelangen konnte, was immerhin einer Entfernung von rund 2000
Kilometern entspricht, und das zumeist in einer Höhe jenseits der Drei-
tausendmetermarke. Die Meldeläufer hießen *casqui* und wurden allmonatlich
ausgetauscht. Auch ihr Dienst war Teil der *mita*, des Beitrages des Einzelnen
an die Gemeinschaft.

Neben dem Fehlen eines hochentwickelten, dem mesoamerikanischen vergleichbaren Kalenders verwundert vor allem das Fehlen selbst einer Vorform

zur Schrift. Das einzige nonverbale Kommunikationsmittel neben religiöser Symbolik waren die bereits erwähnten *quipus*. So werden die Schnurbündel bezeichnet, die über ein System speziell angeordneter Knoten[86] zur Aufzeichnung und Aufbewahrung statistischer Werte dienten. Verantwortlich für ihre Erstellung und Auswertung waren die *quipucamayoc*, wenn man so will, die »Schriftgelehrten«. Für ein durchstrukturiertes Reich wie das der Inka, ist die genaue Kenntnis verwaltungsrelevanter Daten, von Garnisonsstärke, Steuereinhebung über Bevölkerungswerte bis hin zur Landzuteilung unabdingbare Voraussetzung. Und die Quipus, am ehesten mit einem Kontoblatt oder Bankauszug vergleichbar, waren dafür das hochentwickelte Transportmittel. Zur Weitergabe oder Archivierung verbaler Meldungen wurden sie selten und bloß als mnemotechnische Unterstützung herangezogen. Wenn auch das Rechensystem der Inka bekannt ist, so hilft das bei der Auswertung der Quipus nicht wirklich weiter, da die anlassbezogene Zuordnung des einzelnen Bündels nicht mehr nachvollziehbar ist. Nach Unterwerfung des Inkareiches entwickelten sich die Knotenschnüre auch zum Trägermedium für geheime Nachrichten, die aufständische Inkagruppen untereinander austauschten. Das wiederum führte dazu, dass um 1580 alle auffindbaren Quipus auf Betreiben des Militärs von der Kirche als »Teufelswerk« verbrannt wurden, da man sie nun grundsätzlich als Träger von verschlüsselten Botschaften für konspirative, antispanische Aktivitäten der Inka ansah.

Das Inkareich war für die Spanier das Goldreich schlechthin – und Gold war von Anfang an die eigentliche Triebfeder hinter jedem Schritt, den sie in Amerika bis tief in das 16. Jahrhundert unternahmen. Das historische Unrecht lag im unterschiedlichen Zugang der beiden Großkulturkreise zu diesem Edelmetall begründet. Auch die indigenen Völker Amerikas schätzten Gold wegen seines Glanzes und seiner Dauerhaftigkeit außerordentlich. Neben seiner Verarbeitung zu sakralen Objekten und Schmuckstücken unterschiedlichster Art diente es ihnen auch als Repräsentationsmittel der Herrschermacht, wie es die Azteken mit den Schätzen unterworfener Völker handhabten. Die Muisca Kolumbiens maßen ihm spirituelle Momente bei und bei den Inka waren sein Besitz und seine Verarbeitung monopolisiert. Eines aber war Gold in der Regel nie: ein Zahlungsmittel, das heißt tradierte Konvention, über seinen Besitz andere Güter zu erwerben. Die »Goldgier« der spanischen Conquistadoren und ihrer Vorläufer beruhte aber genau auf diesem europäischen Prinzip. In dieser Hinsicht war Kolumbus mehr erster Eroberer als Entdecker der Neuen Welt. Jedes Stückchen Gold an einem Taino war für ihn Beweis, unmittelbar vor der Quelle des Edelmetalls und damit Reichtums zu stehen. Bereits 1495 war das meiste verarbeitete Gold Hispaniolas und der Inseln im Besitz der Spanier. Um ohne persönliche Anstrengung zu weiterem zu gelangen, wurde ein Abgabensystem installiert, bei dem jeder Taino über 14 Jahre alle drei Monate eine Falkenglocke voll Gold abzuliefern hatte. In Gebieten, wo es kein Edelmetall in Form von Flussgold gab, wurde diese Tributleistung durch 25 Pfund Baumwolle ersetzt. Auch die erbarmungslose Brutalität setzte bereits in diesem frühen Stadium ein. Wie Las Casas berichtet, wurde jeder, bis zum Abhacken der Hände, drakonisch bestraft, der den verlangten Tribut nicht erbringen konnte oder wollte. Jeder Versuch, der Frühphase eine gewisse Toleranz den Ureinwohnern gegenüber einzuräumen, muss deshalb ins Leere gehen.

Das eigentliche Drama im Sinn ausgleichender Gerechtigkeit spielt sich im Hintergrund, im Verborgenen, meist ohne schriftkundigen Augenzeugen ab. Für den Einzelnen innerhalb der goldsuchenden Soldateska haben sich die Grausamkeiten wohl nicht gelohnt. War die Sterblichkeitsrate der Abenteurer und Goldritter ohnehin sehr hoch, so steigerte sie sich, je weiter man nach Süden vorstieß. Bei der Eroberung Kolumbiens und der Erkundungsvorstöße westlich des Maracaibo-Sees hatte sie durch Einwirkungen der Natur und feindliche Indianer die Marke von etwa 80 Prozent erreicht. War dem Unternehmen einer der eher seltenen Erfolge beschieden, so sahen sich die Überlebenden mit einem weiteren Problem konfrontiert. Hatten sie sich während des Zuges noch über Plünderung indianischer Bestände halbwegs ernähren können, so mussten sie in den Häfen Lebensmittel und andere Waren zu Monopolpreisen kaufen. Als Zahlungsmöglichkeit standen zwei Varianten offen: entweder man bezahlte mit Sklaven – und die besaßen die wenigsten – oder eben Gold. Derart geriet für die Mehrzahl der Traum vom mühelos erworbenen Reichtum zur Spirale sozialen Abstiegs und weiterer Abhängigkeiten. Der Wert des Goldes nach europäischem Maßstab war in Las Indias aufgehoben und erreichte erst dann wieder Bedeutung, wenn es seinem Besitzer gelang, wieder unbeschadet in die Heimat zurückzukehren. Zehn bis gar zwölf Kilogramm Gold ermöglichten dann ein luxuriöses Fortkommen bis zum Lebensende.

Neben der Krone findet man die eigentlichen Nutznießer der spanischen Expansion in den Groß-Encomenderos, den Grubenbesitzern, den Herren der Zuckerrohrplantagen und den Pächtern der Perlengründe vor Venezuela. Dabei wurden besonders die Bergwerke zum Motor agrarischer Entwicklung der betreffenden Region. Wo immer sich die Nachricht eines reichhaltigen Gold- oder Silberfundes verbreitete, zog sie gleich die Viehzüchter mit ihren Herden und Kleinvieh an. Nicht nur kräftige Fleischnahrung war gefragt, sondern auch Rinderhäute mit ihren vielfältigen Einsatzformen in einem Minenbetrieb, von den Tieren als Zugvieh ganz abgesehen. Parallel mit dem Zuzug von Menschen aller Berufsgruppen erfolgte zwangsläufig auch der Anstieg von Agrarflächen, die ihrerseits wieder nach Arbeitskräften verlangten. Da die Minengebiete meist in trockenen Regionen oder großer Höhe lagen, hatte das noch stärkere Auswirkungen auf das Preisgefüge als in den teureren Verwaltungs- oder Hafenzentren. Dadurch wurden erhebliche Teile des gewonnenen Edelmetalls bereits am Gestehungsort in die privaten Schatullen weniger umgeleitet. Hatte der spanische Staat in den ersten Kapitulationen und Siedlungsregulativen noch versucht, die Privatwirtschaft auszuschalten, so ließ sich dieses Prohibitionskonzept durch die gleichzeitig ausbedungene Privatfinanzierung der Eroberungszüge nicht lange aufrechterhalten. Er zog sich, verkörpert in der *Casa de la Contratación*, neben seinem hohen Goldanteil auf die Monopolisierung bestimmter Rohstoffe wie Tropenholz, Erze und später auch Tabak zurück und vergab gegen entsprechende Abgaben zudem Lizenzen für bestimmte Wirtschaftssparten, etwa den Sklavenhandel.

Das Themenfeld der Sklaverei im frühspanischen Amerika bis etwa 1560 ist von zwei Schwerpunkten gekennzeichnet. Die sozusagen »offizielle« Sklaverei betraf die zwangsimportierten Schwarzafrikaner und war allgemein anerkannt, selbst von der Kirche. Genau das ist das Hauptproblem bei der Beurteilung des Bartolomé de Las Casas als unermüdlichem Prediger der Toleranz. Um »seine« Indianer zu schonen, empfahl der Kirchenmann gerade den Einsatz von Afrikanern für die schweren, an die Grenzen körperlicher Kraft gehenden Arbeiten. Seine Argumentation bot den Gegnern einer »Indianerschonung« daher auch genügend Angriffsflächen zur Rechtfertigung eigener Standpunkte. Diese Gruppe bestand ihrerseits aus zwei Fraktionen, die in Verfolgung eines verwandten Zieles dennoch unterschiedlichen Zugang zur Indianerfrage fanden. Indem man das Prinzip der Evangelisierung jenem des Kriegs unterordnete, kam es, überspitzt formuliert, zu einer »Theologie der Sklaverei« als moralisches Placebo. Das Argument von der »natürlichen Unterlegenheit« der Indianer, wie es unter anderem der bereits genannte Tomás Ortiz vertrat, wurde aus systemimmanenten Kriterien des Glaubens von der Amtskirche in Rom verworfen. Konsistenter waren die Verfechter einer »Bestrafung der Sünde«, die hauptsächlich vom Cortés-Biographen López de Gómara und dem offiziellen Hofchronisten Karls V. für Las Indias, Fernández de Oviedo, vertreten wurde. Ihrer Logik nach kamen die Conquistadoren als Vollstrecker von Gottes Rache für Götzendienerei (Azteken, Maya) und »abartige« Sexualität (Aruak, Geschwisterehe Atahualpas) der Indianer nach Amerika.

Das nach heutiger Sicht verträglichste Argument wäre jenes von der »ungerechten Herrschaft« gewesen. Demnach lebten die Festlandindianer vor Ankunft der Spanier unter tyrannischen Systemen und Zuständen, wie es Pedro Cieza de León und Francisco de Toledo als Vizekönig von Peru formulierten. Die Brüchigkeit der von ihnen vertretenen Linie liegt jedoch im Zynismus, dass eine behauptete Tyrannei durch die reale der Spanier ersetzt wurde. Neben der bisher beschriebenen, die Interessen der Encomenderos vertretenden

»kolonialistischen Fraktion« stand jene des Staates. Ihr natürliches Anliegen musste es sein, die Macht der lokalen Kolonialherren zu brechen, ohne auf die Indianer allzu sehr Rücksicht zu nehmen. Darin ist auch ein Hauptgrund für die strikte Ablehnung des weiter oben erwähnten Breve »Pastorale Officium« Pauls III. durch Karl V. zu sehen. Wenn es 1542 dennoch zu den *Leyes nuevas* kam, so ist das nicht ausschließlich auf die Bemühungen von Las Casas zurückzuführen. Die Krone erkannte sehr wohl, dass eine weitere Abschöpfung indianischer Arbeitskraft durch die Encomenderos den eigenen Interessen zuwiderlief, indem wirtschaftliche Akkumulation über die bereits spürbaren Zentrifugalkräfte auch zu einem realpolitischen Sonderweg der Kolonien führen musste. Aber auch die »Neuen Gesetze« konnten nur die Spitzen der Ausbeutung mildern, deren praktische Fortführung jedoch nicht verhindern. Spanien hatte sich seine hegemoniale Stellung im Europa des 16. Jahrhunderts unter dem Deckmantel der Evangelisierung aus dem Blut der Urbevölkerung Amerikas auf moralisch äußerst fragwürdige Weise mit Methoden des Kriegsrechts erstritten – vae victis.

TEIL 4

Goldfieber

ELDORADO UND AMAZONAS

»Wir konnten von unseren indianischen Führern weder durch Güte
noch durch Zwang irgendetwas in Erfahrung bringen.
Da ließ ich zwei von ihnen zerhacken ...«
Nicolaus Federmann (1531)

Die südamerikanische Nordküste war um 1510 zu einem Gutteil bekannt und
bot sich zur Siedlungsgründung förmlich an. Diese wurde jedoch nicht entschieden genug vorangetrieben und beschränkte sich auf vorübergehende Niederlassungen im Umfeld Ojedas oder Balboas. Cumaná, die erste dauerhafte
Siedlung, wurde 1521 gegründet. Es folgten Santa Marta im Jahr 1525 und
1527 Coro – entschieden zu wenige und zu zaghaft, um eine gesicherte Kolonisierung mit wirtschaftlichem Erfolg zu gewährleisten. Um dieses Vorhaben weiter voranzutreiben, übertrug Karl V. im Jahr 1528 dem Bank- und
Handelshaus der Welser die Statthalterschaft über ein großes Küstengebiet mit
offenem Hinterland, das ungefähr dem des heutigen Venezuela entsprach. Das
deutsche Handelshaus hatte sich im Gegensatz zu den Fuggern schon früh für
den Fernhandel zu interessieren begonnen. So war es bereits 1505 bei der In-
dienfahrt des Francisco de Almeida mit drei Schiffen vertreten und hatte darauf Beziehungen zum spanischen Hof aufgenommen. Sie sollten sich durch
die finanzielle Unterstützung Karls V. bei dessen Kaiserwahl 1519 intensivie-
ren, was im konzessionierten Kupferabbau auf Hispaniola ersten Ausdruck
fand. 1525 erhielten sie ein Privileg, das den Warenverkehr mit den überseeischen Gebieten Spaniens erlaubte und ihren Blick auf die südamerikanische
Küstenregion lenkte.

Nach der Gründung Coros durch Juan de Ampies kam es innerhalb kurzer Zeit zu zwei Verträgen, die die Welser, vertreten durch Ambrosius Dalfinger (manchmal auch: Alfinger oder Ehinger) und Hieronymus Sailer, de fac-

to zu Kolonialherren machten. Der erste vom 12. Februar 1528 gestattete die Einfuhr von mehreren tausend Sklaven nach Westindien, und der zweite vom 27. März 1528 gab den Privilegieninhabern das Hoheitsrecht über die neu zu erobernde Provinz. Als Gegenzug hatten sie zwei Siedlungen und drei befestigte Plätze zu errichten, sowie für die Niederlassungen je 300 Siedler und 50 Bergleute aus Europa anzuwerben. Dass der erst aufzubauende Verwaltungsapparat aus dem Gewinn der Provinz zu finanzieren war, bedarf nach den bekannten Kapitulationsmustern keiner besonderen Erwähnung. Die Welser rüsteten noch im selben Jahr eine gemeinsame Flotte aus, die mit Siedlern und Soldaten unter Leitung des Spaniers Garcia de Lerma im Oktober von Sevilla nach Santo Domingo segelte, wo sie sich teilte. Garcia steuerte nach Santa Marta und Ambrosius Dalfinger (vor 1500–1533) landete im Februar 1529 vor Coro, dessen weiteren Aufbau und Verwaltung er nun vorantrieb.

Von Coro aus begann er das unmittelbare Hinterland zu erforschen und errichtete noch 1529 einen Stützpunkt gleichen Namens am Maracaibo-See, den er als möglichen Zugang zum Südmeer betrachtete. Hauptbeweggrund war jedoch der rege Handel, den die Indios der Umgebung trieben und den er gewinnbringend zu kontrollieren gedachte. Die heute zweitgrößte Stadt[87] Venezuelas wurde dann 1571 von den Spaniern unter dem Namen Nueva Zamora gleichsam neu angelegt. Feindlich gesinnte Indianer bei weiteren Vorstößen und die Enttäuschung über mangelnde Goldfunde ließen Dalfinger schließlich nach Hispaniola zurückkehren. Im Jahr 1531 – Pizarro hielt sich noch in Tumbes auf – unternahm er mit frisch angeworbenen Söldnern einen neuerlichen Versuch. Diesmal stieß er von Coro nach Westen vor, erreichte den Rio Magdalena und verfolgte ihn eine weite Strecke stromaufwärts. Nach hoffnungsvollem Anfang – man traf auf zugänglich gestimmte Indianer und konnte einiges an Goldschmuck eintauschen – folgte die Ernüchterung. Dalfinger sah sich aufgrund widriger Verhältnisse gezwungen, den Rückweg anzutreten und wählte dabei die denkbar schlechteste Route. Über die Hochebenen der nordöstlichen Andenausläufer versuchte er wieder auf den Maracaibo-See zu treffen. Auf dem Rückzug begann sich das Verhältnis der Europäer zu den Ureinwohnern zu verschlechtern, was sich in zahlreichen Überfällen verlustreich bemerkbar machte. Dazu starben noch viele der eingeborenen Träger und konnten auch durch versuchte Neurekrutierungen nicht ersetzt werden. Dalfinger selbst wurde während einer der zahlreichen Streitigkeiten von der Wirkung eines Giftpfeiles getötet. Für den verbliebenen Rest des Expeditionskorps bedeutete der Weitermarsch einen Gang durch den Vorhof der Hölle. Durst und vor allem Hunger brachte einige der Spanier dazu, genau das zu tun, was sie neben der Missionierung zum Hauptbeweggrund ihrer Handlungsweise im karibischen Raum immer als Rechtfertigung anführten: Manche von ihnen wurden hier, im ersten zweifelsfrei belegten Fall, zu

Kannibalen an Indianern. Die Vergeltung der Betroffenen ließ nicht lange auf sich warten, was naturgemäß zu einer weiteren Dezimierung der Truppe führte. Gegen Mitte 1533, zwei Jahre nach Beginn des Unternehmens, erreichte ein kläglicher Rest nach vielen Mühen endlich wieder den Ausgangspunkt Coro.

Zwischen den beiden Unternehmen Dalfingers versuchte auch dessen Stellvertreter Nikolaus Federmann (1505–1542?) in Venezuela sein Glück. Diese Erkundungsversuche sind durch ihn selbst genau dokumentiert und könnten in ihrer ungeschönten Deutlichkeit als exemplarisches Beispiel für die rücksichtslose Härte der Conquistadoren herangezogen werden, würden die in Gold messbaren Erfolge eines Cortés oder Pizarro in den Augen der Zeitgenossen nicht alles überstrahlt haben. Auch Federmann zog von Coro aus mit etwa 130 Bewaffneten nach Süden. In seinem Vorgehen unterschied er sich kaum von den üblichen Verhaltensmustern spanischer Eroberer: freundlich zu den Indianern, solange sie benötigt wurden, von unbeschreiblicher Brutalität, sofern diese auch nur den geringsten Anschein von Widerstand zeigten oder hoffnungslos unterlegen waren. Fast noch erschreckender als die Gräueltaten selbst, sind aber die Rechtfertigungen für Gewaltexzesse, die nur selten nicht den Tatbestand kaltblütigen Mordes erfüllten. Zwar regten sich in Spanien und unter den Chronisten auf den Inseln schon während der »Pionierzeit« erste Stimmen, die das Vorgehen der zügellosen Soldateska entschieden ablehnten, teilweise sogar ausdrücklich verurteilten. Noch stellte aber der pekuniäre Erfolg an Gold, Silber und Perlen die oberste Maxime dar. So wurden nur extreme Übergriffe, oft lange nach den Ereignissen und unter dem Vorwand der Kompetenzüberschreitung – der Krone und eigenen Leuten gegenüber – zur Anklagereife gebracht. Die Verfahren endeten nur in den seltensten Fällen mit einer Verurteilung wegen übermäßiger Gewaltanwendung. Meist begnügten sich die Instanzen mit der Aberkennung verliehener Rechte und Titel, sowie der Streichung einmal zuerkannter Finanzgratifikationen.

Sein erster Feldzug führte Federmann von Coro aus in einer Art Schleifenbewegung in den Süden und dauerte von September 1530 bis März 1531. An sich wäre dieses Unternehmen, das sich einem Durchbruch zum Südmeer verschrieben hatte, kaum erwähnenswert, würden Federmanns Berichte nicht nur einen tiefen Einblick in seine Persönlichkeitsstruktur ermöglichen, sondern auch deutlich machen, dass die sogenannten »kleinen« Conquistadoren die »großen« oft an Grausamkeit und menschlicher Rohheit übertrafen. Nach Überwindung der küstennahen Hügelkette traf man im anschließenden Flachland auf den Stamm der Caquetios, ein großes und eher kriegerisches Volk, das einige Nachbarstämme dominierte. Dem gemischt spanisch-deutschen Haufen gegenüber verhielten sich die Caquetios jedoch zurückhaltend bis freundlich; zu sehr waren sie von den unbekannten Pferden und den glänzenden Brustharnischen der Soldaten beeindruckt. Außerdem wurden die Frem-

den, wie so oft zuvor, für unsterblich erachtet, was von den Spaniern nach
Möglichkeit auch direkt gefördert wurde. So führte man zum Beispiel Erkrank-
te in verhangenen Sänften mit und erklärte sie zu hochgestellten Persönlichkeiten, um nur ja keine Zweifel an der eigenen Unverletzbarkeit aufkommen
zu lassen. Im Einzugsgebiet des Rio Apure ließ Federmann den Kaziken eines
anderen Stammes als Geisel nehmen und befragte ihn darüber hinaus nach
einem Weg zum Südmeer. Wie bereits von ähnlich gelagerten Fällen bekannt,
wollte der Häuptling die Eindringlinge so rasch wie möglich wieder loswer-
den und machte irgendwelche Angaben, von denen er annehmen konnte, dass
sie von den Fremden erwartet würden. Und Federmann ließ sich täuschen,
als er eines Tages von der Kuppe eines Berges im Dunst des feuchten Regenwaldes den Pazifik zu erkennen glaubte.

Federmanns Truppe war durch Kämpfe und Krankheit bereits stark ge-
schmolzen. So beschloss er, sich mit dem scheinbaren Erfolg seiner »Entdek-
kung« zu begnügen und umzukehren. Als die Versorgung immer schwieriger
wurde, die Indianer sich vor den anrückenden Fremden in Sicherheit brachten und ihre Vorräte verbrannten, fiel die letzte Hemmschwelle. Die ungezügelte Soldateska plünderte, mordete und vergewaltigte in ungehemmtem Blutrausch wie hundert Jahre später ihre Nachfolger in den schlimmsten Zeiten
des Dreißigjährigen Krieges. Federmann kam offensichtlich nicht einmal in
Ansätzen die Abscheulichkeit des gemeinsamen Tuns in den Sinn, wenn er zum
Beispiel offen bekennt, dass nach außen hin freundschaftliche Friedensverhandlungen geführt wurden, während die Mehrheit seiner Männer gleichzeitig einen bereits besprochenen Hinterhalt vorbereiteten. Wieder auf dem
Gebiet der Caquetios, die den dezimierten Mordhaufen erneut freundschaftlich verpflegten, kehrte für einen kurzen Moment etwas Ruhe ein, die sich beim
Weiterziehen der Spanier aber sofort im Kampf gegen Natur und Indianer wieder in den alten Furor verwandelte. Jeder Tag, jede Auseinandersetzung bedeutete neue Opfer, weitere Verluste. Mehrmals dem völligen Zusammenbruch
nahe, rettete sich ein spärlicher Rest Überlebender im März 1531 nach Coro –
im Januar war Francisco Pizarro von Panamá aus zu seinem historischen Vorstoß in das Inkareich aufgebrochen.

Einige Jahre später, in denen sich Federmann zum Großteil in Deutschland aufhielt, brach er zu zwei weiteren Unternehmen in Venezuela auf, deren Hauptziel diesmal auf Gold ausgerichtet war. Damit verlassen wir vorläufig das unmittelbare Welsergebiet Venezuela und verfolgen das Phantom Gold
und die Linie Nikolaus Federmann weiter. Die erste seiner späteren Reisen
nach dem mythisch goldreichen Land »Meta« führte ihn in das schon von
Dalfinger erkundete Gebiet und brachte nichts Neues. Die zweite ging 1537 –
Hernando Pizarro ist von den Truppen Manco Incas in Cuzco eingeschlossen –
in eine Region, die bereits der ehemalige Unterführer des Cortés, Diego de

Ordás, bereist hatte. Vom Oberlauf des Metaflusses aus die Anden ersteigend, gelangte Federmann ein Jahr nach seinem Aufbruch auf eine Hochebene, in der das heutige Bogotá liegt, und traf dort auf zwei andere Conquistadoren: Gonzalo Jímenez de Quesada (1500–1579) und Sebastián de Benalcázar, den Eroberer Quitos und Gouverneur dieser Nordprovinz des besiegten Inkareiches. Obwohl zu dieser Zeit der Mythos vom »El Dorado« noch nicht in der späteren Intensität ausgebildet war, hofften die drei Anführer im heutigen Kolumbien auf Goldschätze zu treffen, die denen Cuzcos ebenbürtig wären.

An der kolumbianischen Karibikküste war 1525 von Rodrigo de Bastidas, der sich bekanntlich zusammen mit Juan de la Cosa Verdienste um die Erkundung des Golfes von Darién erworben hatte, die Siedlung Santa Marta gegründet worden. Acht Jahre später folgte Cartagena; beide vorerst noch kleine Flecken und eher unbedeutend. Im Laufe der Zeit wurde vor allem Cartagena durch einen ungebrochenen Zustrom von Siedlern immer weiter ausgebaut und löste schließlich Santo Domingo als Sitz des Verwaltungsrates ab. Von Santa Marta aus bereitete der 1535 zum Gouverneur dieser Region ernannte Pedro Fernández de Lugo ein Unternehmen vor, das erneut einen Zugang zum Südmeer ausfindig machen sollte. Zum Kommandanten dieser groß angelegten Erkundung wurde der noch junge Jurist Quesada bestimmt. Seine Begleiter rekrutierten sich aus unerfahrenen Neuankömmlingen, die von Pizarros Erfolgen überwiegend aus Spanien angelockt worden waren.

In zwei Abteilungen – einer Landtruppe und die zweite auf Schiffen – brach man 1536 von Santa Marta auf. Die Boote folgten von der Mündung her den zahlreichen Windungen des Rio Magdalena stromaufwärts und sollten sich mit dem Landheer, das auf einem fast geradlinigen Südkurs vorstieß, im Landesinneren treffen und den Nachschub sicherstellen. Die Fahrt auf dem besonders stark mäandrierenden Unterlauf gestaltete sich äußerst schwierig; einige Schiffe gingen verloren und der Rest traf erst mit großer Verzögerung am Treffpunkt ein. Immer den Flussufern folgend ging es weiter durch den feucht tropischen Regenwald mit all seinen Unwirtlichkeiten. Starke Ausfälle in der Truppe durch Krankheiten, Unfälle und Angriffe feindlich gesinnter Indios mit ihren Giftpfeilen waren gleichsam vorgegeben. Nach schier endloser Mühsal trafen die Männer beim heutigen Barrancabermeja auf eine offensichtlich fluchtartig verlassene Indianersiedlung, in deren Umland verschiedene Anpflanzungen eine Neuversorgung der Truppe ermöglichten. So entschloss sich Quesada, einen längeren Halt anzuordnen, der auch körperlicher Erholung dienen sollte und schickte von hier aus mehrere Erkundungstrupps in Kanus flussaufwärts. Aber die eingeholten Nachrichten erwiesen sich als niederschmetternd: Der Fluss würde immer enger und die Strömung derart stark, dass man nicht länger dagegen ankäme. Kurz bevor Quesada alle Hoffnung aufgeben und umkehren wollte, erhielt er von einer Bootsbesatzung, die vermutlich den Rio Opón auf-

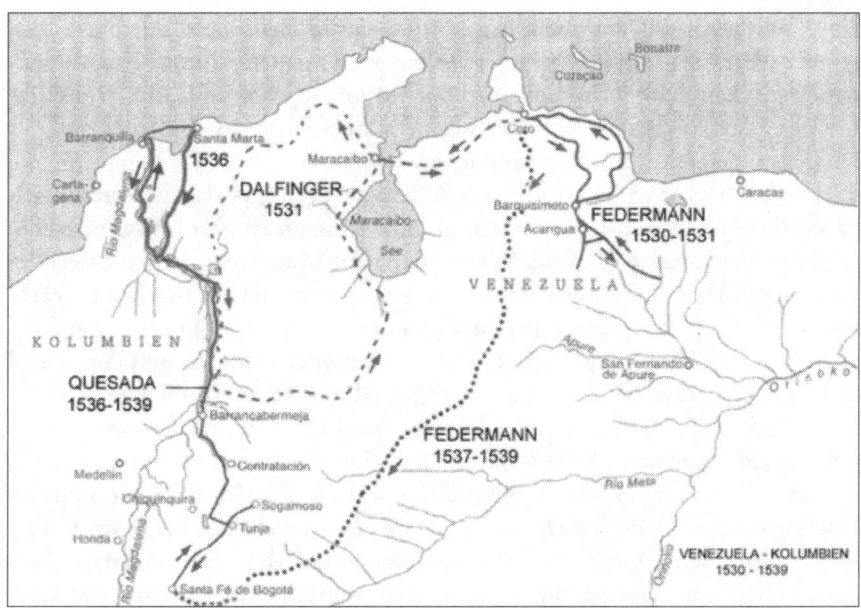

wärts gefolgt war, Meldung, dass sie auf Indianer getroffen sei, die Salzhandel betrieben. Salz! – nicht nur ein unentbehrliches Nahrungsmittel –, hier in dieser Umwelt bedeutete es auch, dass irgendwo im Hinterland ein Volk leben musste, das, wenn schon nicht einen direkten Zugang zum Ozean, so doch eine tragfähige Verbindung zu ihm besaß oder Salzbergwerke betrieb, was wieder eine höhere Kulturstufe bedeutete. Quesada entschloss sich, den Hinweisen zu folgen, die Anden der Cordillera Oriental hochzusteigen und nach diesem Volk zu suchen. Diese Reiseetappe war nicht minder anstrengend und entbehrungsreich als die vorangegangene. Endlich im Hochland, etwas nördlich des heutigen Bogotá angekommen, war die Truppe etwa auf ein Viertel ihrer Ausgangsstärke zusammengeschmolzen. An die 600 Mann hatten aus unterschiedlichsten Gründen seit dem Aufbruch von Santa Marta ihr Leben verloren. Als man hier auf ein stark verbreitetes Indianervolk traf, das den Bewohnern der Regenwälder kulturell deutlich überlegen war, schien das weitere Schicksal der Expedition besiegelt zu sein.

Die Angehörigen dieses losen, teilweise untereinander in Gegnerschaft lebenden Stammesverbandes nannten sich selbst »Muisca«, was in ihrer Sprache soviel wie »Menschen« bedeutete, und zählten zur größeren Gruppe der Chipcha-Völker, deren Zweige sich bis Darién, teilweise sogar bis Panamá und im Süden bis Nordecuador erstreckten. Folgt man der Chronik eines Gonzalo de Oviedo oder Juan de Castellanos, trafen Quesada und seine Männer auf Siedlungen und Hütten, die ebenso verbreitet waren wie Fliegen (span: *mos-*

ca). Wenn auch unwahrscheinlich, könnte die phonetische Ähnlichkeit einiges zum Begriff »Muisca« beigetragen haben, vergleichbar dem Zusammenhang zwischen den Stechmücken an der Küste von Nicaragua und Honduras mit dem dort ansässigen Volk der sogenannten »Mizquito«-Indianer und der parallelen Bezeichnung »Moskitoküste«.

Doch zur großen Verwunderung Quesadas gelang es den Männern, sich gegen die Indianer mit erstaunlich geringen Eigenverlusten durchzusetzen. Nicht zuletzt musste dieser Erfolg wieder einmal auf die Überlegenheit der Reiterei zurückgeführt werden, die sich auf dem nur leicht hügeligen Gelände voll entfalten konnte. Von entscheidender Bedeutung sollte aber die Sozialstruktur der Muisca sein. Sie bildeten einen eher lockeren Sippenverband und verfügten über kein durchstrukturiertes Militärwesen wie die Azteken oder Inka. Zudem splitterten einzelne Fürsten ihre Kräfte in einem unterschwelligen Kampf gegeneinander auf, was sich die Spanier schnell zunutze machten.

Das Hochland forderte wegen seines Klimas, der Topographie und des fruchtbaren Ackerlandes förmlich zu einer Kolonisierung heraus. Bevor es aber so weit kommen konnte, mussten erst die nötigen Voraussetzungen geschaffen werden; und die bestanden wie immer, wenn Spanier Neuland betraten, im erbarmungslosen Kampf gegen die dort ansässigen Ureinwohner, um an die Reichtümer des Gebietes zu gelangen. Zuerst wurde der alles dominierende »Zipa«[88] Tisquesusa ausgeschaltet und anschließend der »Zaque« von Tunja in seiner Hauptstadt Muikitá. Dann wandte man sich dem Priesterfürstentum von Sogamoso zu, wo der mit Goldplatten ausgekleidete Haupttempel der Muisca durch Unachtsamkeit in Flammen aufging. Wenn auch nicht in ähnlichem Umfang vorgefunden wie im Inkareich, war die Beute an Gold und Schmuck auf der Hochebene des späteren Bogotá doch beeindruckend. Ermöglicht wurde dies durch die ausgeformte Theosophie der Muisca, in der dem Gold eine ausgesprochen spirituelle Bedeutung zufiel. Unschätzbare Kunst- und Kulturwerte gingen in den Schmelztiegeln[89] der Spanier für immer verloren. Wieviel an Gewicht oder vergleichsweisem Geldwert dabei geraubt wurde, lässt sich nicht abschätzen, doch es muss beachtlich gewesen sein, wenn an Traufen von Kultbauten oder sogar Wohnstätten hochgestellter Persönlichkeiten Goldplättchen als Windspiel befestigt waren. Hier in diesem Raum und in dieser Zeit muss die Legende vom »El Dorado« ihren Ausgang genommen haben.

Über ein Jahr, bis Mitte 1538 – Hernando Pizarro hatte soeben die Truppen Almagros vor Cuzco besiegt und den früheren Partner seines Bruders hinrichten lassen –, zog Quesadas stark dezimierter Haufen raubend und plündernd durchs Land. Dabei wurden aber auch Erkenntnisse gewonnen, die für die später einsetzende Besiedlung von Wichtigkeit sein sollten. Obwohl von einem Zugang zum Südmeer nicht mehr die Rede sein konnte, stammten die am Rio Magdalena vorgefundenen Salzkuchen von hier. Die Indianer betrieben keinen Salzbergbau im eigentlichen Sinn, sondern schwemmten es an geeigneten Stellen regelrecht aus den Bergen heraus, indem sie an hochgelegenen Stellen Wasser in Felsspalten und Höhlen gossen und auf diese Weise das darin gelöste Salz an den tiefer gelegenen Austrittsstellen über den Verdunstungsweg des Wassers gewinnen konnten. Auch wurden keine Goldminen im herkömmlichen Sinn gefunden, die als Herkunftsquellen für die vorgefundene Menge des Edelmetalles angesehen werden konnten. Nach einigen Mühen entdeckte man aber auch für dieses Phänomen eine Erklärung: Das Gold stammte aus den Gewässern des Rio Magdalena und dessen Zubringern. Von den Indianern des Regenwaldes und des Cauca-Tales herausgewaschen, gelangte es im Tauschweg gegen das lebensnotwendige Salz auf die Hochebene, um dort zu den vorgefundenen Kultobjekten und Schmuckstücken verarbeitet zu werden. Damit rückte der Mythos vom »Goldenen Mann« vom Hochland ab und mutierte zum »Goldland«, irgendwo in den Niederungen der vielen Tieflandströme. Anstelle der gesuchten Goldminen konnten die Spanier aber einige Stellen ausfindig machen, wo zahlreiche Edelsteine, vor allem Smaragde, geborgen wurden.

Als Quesada, einem festgelegten Schlüssel folgend und ohne größere Differenzen, die Aufteilung der Beute vornahm und dies dokumentieren ließ, konnte er nicht ahnen, dass von Süden her ein anderer Heerführer in den kolumbianischen Andenraum vorstieß: Sebastian de Benalcázar. Wie schon bekannt, hatte dieser 1534 Quito eingenommen, sich mit Almagro und auch Alvarado arrangieren können und war zum Statthalter ernannt worden. Von Quito aus organisierte er mehrere Erkundungszüge in die nördlichen Anden, gründete 1536 Popayán und 1537 Cali. Aus diesem Gebiet stieß der ehemalige Hauptmann Pizarros über die Hochebene zum Cauca-Tal und dem Oberlauf des Rio Magdalena vor. Nördlich des heutigen Neiva traf er auf einen Erkundungstrupp, den wiederum Quesada von Bogotá aus nach Süden entsandt hatte. Benalcázar erfuhr von den Kämpfen mit den Muisca der Chibchagruppe sowie, etwas zurückhaltender weitergegeben, von dem errungenen Beutegut. Da er sich zwar selbst auf der Suche nach Gold befand, aber wegen militärischer Parität in keinen unkontrollierbaren Konflikt geraten wollte, entschloss er sich, dem Trupp in das beim späteren Bogotá gelegene Hauptquartier Quesadas zu folgen. In der Zwischenzeit befand sich aber auch ein Dritter auf dem Weg zur Hochebene. So erinnert deren Inbesitznahme an den Wettlauf um die Einnahme Quitos wenige Jahre zuvor.

Als Nikolaus Federmann, mühsam die Cordillera Oriental ersteigend, vor Bogotá eintraf, unterblieb eine kriegerische Auseinandersetzung; immerhin hatte sich der Deutsche weit aus dem Welsergebiet entfernt. Die aus verschiedenen Richtungen gekommenen und drei Statthalterschaften – Santa Marta,

Venezuela und Peru – unterstehenden Trupps vereinigten sich und schlugen ein gemeinsames Lager auf. Trotzdem wollte keiner der Anführer von seinen virtuell erhobenen Besitzansprüchen abrücken. Dem besonnenen Pragmatiker Quesada gelang es schließlich, ein Übereinkommen zu erzielen, wonach alle drei Parteien die Letztentscheidung einem königlichen Schiedsgericht (*Consejo real y Supremo de las Indias*) anheimstellen wollten. Ein Großteil der Soldaten wurde als Kolonisten angesiedelt bzw. zurückgelassen, während der Rest und die Kommandeure gemeinsam den Rio Magdalena stromabwärts fuhren. Im Juni 1539, etwa drei Monate nach dem Zusammenschluss, traf man in Cartagena ein, wo sich Quesada, Benalcázar und Federmann nach Spanien einschifften.

Das angestrebte Verfahren vor einer Ratskammer verlief keineswegs im Sinne der Antragsteller. Federmann wurde sowohl von den Spaniern als auch den Welsern eindeutiger Kompetenzüberschreitung bezichtigt, zumal er das Gebiet der »Deutschen« verlassen hatte und in eine fremde Statthalterschaft vorgedrungen war. Wenige Jahre nach der Verhandlung starb er 1542 einsam und verbittert einen frühen Tod. Quesada wiederum wurde im Zusammenhang mit der Beuteaufteilung wegen Steuerhinterziehung sowie der Ermordung eines Indianerfürsten angeklagt und verurteilt. Nach einigen Jahren im Exil konnte er 1547 seine Rehabilitierung erreichen und kehrte später nach Kolumbien zurück, wo er sich in der inzwischen gegründeten Stadt Santa Fé de Bogotá niederließ. Fast 70-jährig und ohne einflussreiche Position, organisierte er 1569 neuerlich eine ebenso kostspielige wie fruchtlose Expedition, die El Dorado in den Niederungen der Orinokoquellen ausfindig machen sollte. Das einzig erwähnenswerte Ergebnis war ausschließlich negativer Natur – an die 1500 Spanier und eine nicht genau zu beziffernde Anzahl Indianer fielen dem gescheiterten Unterfangen zum Opfer. Im hohen Alter starb Quesada zehn Jahre später. Einzig Benalcázar wurde insofern honoriert, als er das Monopol über einen, allerdings nicht sehr einträglichen Gewürzhandel sowie die Statthalterschaft über die Region von Popayán in Kolumbien erhielt. Hier wird er später den ersten Vizekönig von Peru nur mangelhaft gegen den aufständischen Gonzalo Pizarro unterstützen.

Mit den zuletzt beschriebenen Expeditionen war nun auch die »terra incognita« zwischen Cajamarca/Quito, den Anden folgend, bis zum Orinoko-Gebiet wenigstens in groben Umrissen erhellt, und eine kartographische Landlücke geschlossen. Für uns noch nicht ganz, denn wir hatten Venezuela vorhin wegen des Goldvorstoßes zu den Muisca verlassen. In der Zwischenzeit trat im Welsergebiet nach Dalfingers Tod der aus Speyer stammende Georg Hohermuth das Amt des Statthalters an. Nachdem er zuvor in Spanien Mannschaften zur Verstärkung der deutschen Garnisonen in Venezuela rekrutiert hatte, traf er 1535 in Coro ein. Bereits wenige Monate danach machte er sich mit 400 Mann und 80 Reitern auf den Spuren Federmanns ins Landesinnere auf. Wesentliche Kenntnis des Kommenden verdankt die Forschung Berichten des mitziehenden Philipp von Hutten, eines Verwandten des berühmten Humanisten Ulrich von Hutten.

Man überwand die Oberläufe einiger nördlicher Orinokozubringer und versuchte, über die Cordillera de Mérida zum mutmaßlichen Goldland vorzudringen. Von der Natur abgewiesen, schwenkte die Truppe nach Süden und stieß in ein Gebiet des Amazonas vor, das einige Jahre später Francisco de Orellana durchfahren wird. Es kam, wie es kommen musste: Krankheiten, Hunger und Gefechte mit Indianern dezimierten die Gruppe derart – selbst ein Großteil der Bewaffnung war verloren gegangen –, dass als einziger Ausweg nur noch der Rückzug blieb. Von Indianern notdürftigst versorgt, erreichten die Soldaten den Rio Apure, wo man von durchziehenden Weißen erfuhr; vermutlich handelte es sich um Federmann und seine Männer auf dem Zug nach Bogotá. Im Februar 1538, nach drei Jahren und etwa 3000 Kilometern Marsch, erreichten schließlich nur 160 von 400 Mann wieder den Ausgangspunkt Coro. Hohermuth plante ein neuerliches Unternehmen, an dessen Ausführung ihn aber sein überraschender Tod im Jahr 1540 hinderte. Der schon bekannte Rodrigo de Bastidas, interimistisch zum Gouverneur bestellt, genehmigte darauf Philipp von Hutten, dem neuen Militärkommandanten, einen eigenen Vorstoß. Im August 1541 – Ende Juni war Francisco Pizarro in Lima ermordet worden – brach Hutten mit etwa 150 Mann auf. Annähernd fünf Jahre dauerte der Zug und zeitigte in Summe gesehen keine Erfolge. Das Drehbuch für Expeditionen dieser Art blieb unverändert: Hunger – Erschöpfung – feindliche Indianer – qualvoller Rückzug. Kurz vor Coro geriet der Deutsche, gerade von einer schweren Verletzung halbwegs genesen, in den Hinterhalt eines spanischen Rivalen und wurde von diesem ermordet. Diese Tat erregte in Europa derartige Empörung, dass sich sogar Kaiser Karl V. zum Intervenieren gezwungen sah. Der Mörder des Deutschen, Juan de Carvajal, wurde gefangen gesetzt und aufgrund eines von der Krone angestrengten Verfahrens hingerichtet. Mit Huttens Tod im Jahr 1546 endete – ohne inneren Zusammenhang – nicht nur die deutsche Exploration im nördlichen Südamerika, sondern auch die Statthalterschaft der Welser über Venezuela, ohne bleibende Spuren zu hinterlassen.

In diesen 18 Jahren hatten die örtlichen Befehlshaber des deutschen Handelshauses das übertragene Gebiet kaum anders organisiert und verwaltet als ihre Amtskollegen spanischer Herkunft. Dennoch mehrten sich dort Stimmen, dass die Indianer von »den Deutschen« über Gebühr und willkürlich drangsaliert würden. Wenn ein Mann wie Bartolomé de Las Casas schwere Vorwürfe erhebt, mag das noch verständlich sein; dass aber auch zivile Instanzen, denen die Vorgehensweise ihrer Landsleute allzu bekannt sein musste, die Indianerunterdrückung zum Hauptargument erhoben, lässt an der Lauterkeit ihrer vorgeblichen Humanität zweifeln. Vielmehr dürften ganz profane Gründe für die hauptsächlich von spanischer Seite ausgehende Rivalität zutreffen. Da wäre der wirtschaftliche Profit, den die »Fremden« lukrieren konnten, anzuführen. Zudem bildeten diese einen Fremdkörper im rein spanischen Besitzgut in der Neuen Welt. Die von Karl V. getragene Doppelkrone, Deutscher Kaiser und König von Spanien, stellte sich als nicht genügend tragfähig heraus, um eine gegensätzliche Interessenlage zu überbrücken. Dazu kam noch ein Glaubensproblem, das gegen die Welser sprach: Das von fanatischem Katholizismus durchdrungene Spanien musste in den »Lutheranern« einen natürlichen Feind gesehen haben, der sich einen großen Landstrich zur Ausbeutung einverleibt hatte. Die Vertragsauflösung kann demzufolge als logische Konsequenz eines folgerichtig ablaufenden Entwicklungsprozesses betrachtet werden, zumal die rein territorialen Hoheitsrechte nach wie vor bei der spanischen Krone lagen.

Im gedanklichen Zusammenhang mit Hohermuth und Hutten sollte aber noch ein Unternehmen erwähnt werden, das zwar unter spanischer Oberleitung, aber mit deutscher Beteiligung im Raum des Rio de la Plata etwa zeitgleich durchgeführt wurde. Im Jahr 1535 stellte Pedro de Mendoza, aus einer der angesehensten Familien Spaniens stammend, eine Flotte zusammen, wie sie Spanien außer bei der zweiten Reise des Kolumbus und dem Unternehmen Dávilas nach Panamá bis dahin noch nicht aufgeboten hatte. Eigenes Vermögen sowie Kapital interessierter Investoren, darunter auch die Bankhäuser der Fugger und Welser, die selbst Schiffe ausstatteten, ermöglichte zusammen mit dem Wohlwollen Kaiser Karls eine Fahrt ohne Geldaufwand der Krone. Nach einigen Mühen erreicht man Ende 1535 die La-Plata-Mündung, wo Mendoza einen Stützpunkt anlegen ließ, aus dem später dann Buenos Aires hervorgehen wird. Von der Fahrt und den weiteren Ereignissen ist man von Ulrich Schmidel (auch Schmiedel oder Schmidl, um 1510 bis nach 1564), einem aus Straubing stammenden Landsknecht, unterrichtet, der mit etwa 80 Landsleuten auf Schiffen der deutschen Mendoza-Partner am Unternehmen teilnahm. Seine »*Warhafftige und liebliche Beschreibung etlicher fürnemen Indianischen Landschaften und Insulen*«, die 1567 erschien und 20 Jahre seines Aufenthaltes umfasst, wird von Historikern unterschiedlich bewertet. Für die einen ist er eine karge, unreflektierte Wiedergabe des Alltags eines Subalternen, der jedoch die Chronologie des Ablaufes sowie ethnische Details und Punkte indianischer Geschichte wiedergibt. Andere wiederum führen auf seine Darstellung die falsche Rezeption des (wahren) Indianerbildes seiner Zeit zurück, das sich an Vorurteilen und Klischeebildern orientiert.

Auch nach dieser Anlandung kam es bereits nach kurzer Zeit zu Auseinandersetzungen mit den Ureinwohnern, da sich die Europäer auf eine Verproviantierung durch die Indianer verließen und diese sich nicht bereit zeigten, dem nachzukommen. Anders als die Azteken oder Inka hatte die Gruppe der Tupi oder Guaraní[90] kaum Scheu vor Pferden und konnte durch die »Bolas«, eine Art von Wurfschnüren als Jagd und Kriegswaffe, selbst der spanischen Kavallerie gefährlich werden. Nach kräfteraubenden Kämpfen und gesundheitlich äußerst geschwächt, trat Mendoza im Frühjahr 1537 ohne neue geographische Erkenntnisse die Rückreise nach Spanien an und starb bei der Überfahrt. Zu seinem Nachfolger wurde Juan de Ayolas (1485–1538) bestimmt, der auf acht Galeeren und mit 400 Mann die weitere Erkundung des Rio Paraná begann. Dabei drang er im Gebiet der Guaraní bis 300 Kilometer nördlich von Asunción vor, das noch im selben Jahr von seinem Unterführer Juan de Salazar de Espinoza gegründet wurde. Asunción, benannt nach dem Himmelfahrtstag, an dem ein wichtiger Sieg gegen die Indios glückte, entwickelte sich zum Ausgangspunkt späterer Erkundungsreisen in die Großregion des Gran Chaco. In seinem Nordwesten, den Rio Paraguay aufwärts, fand Juan de Ayolas 1538 in einem Gefecht mit Indianern den Tod.

Kehren wir wieder zur Ostabdachung der Anden, in den Grenzraum von Peru, Ecuador und Kolumbien zurück. In dieser Region hatte sich um 1535/ 40, vorerst noch diffus und in den Anfängen historisch nicht eindeutig greifbar, der Mythos von »El Dorado« gebildet. Da diese Chimäre als Triebfeder für zahlreiche Vorstöße, von den Anden ausgehend, in das Amazonasbecken und Orinoko-Gebiet diente, soll die Legende doch etwas näher beleuchtet werden. Im Abschnitt über Quesadas Zug nach Bogotá wurde möglicherweise eine der stärksten Wurzeln freigelegt. Der Begriff »El Dorado« definierte ursprünglich den »Vergoldeten« oder »Goldenen Mann« und stützte sich auf alte Erzählungen der Muisca. Ein kleiner, ungefähr 50 Kilometer vom heutigen Bogotá entfernt liegender und nur schwer zugänglicher Kratersee namens Laguna de Guatavita sollte deren Mythologie nach den Ursprung allen menschlich-irdischen Seins verkörpern. Dieser See wurde regelmäßig zum Ort eines Rituales, das die Spanier nur vom Hören-Sagen kannten und die Chronisten[91] überlieferten. Demzufolge soll der König nach einem Tempelopfer seinen Körper mit verdünntem Harz eingerieben haben, auf das feiner Goldstaub gestreut wurde. Anschließend sei er mit einigen Priestern auf einem Floß in den See hinausgefahren, wo er in einer feierlichen Zeremonie mitgeführte Kultobjekte aus Gold sowie Edelsteine im Wasser versenkte. Als Höhepunkt und rituelle Wiederholung der Weltschöpfung sprang er dann selbst in den See, wobei sich beim Auftauchen der Goldstaub löste und den Göttern ihr Blut – in vielen Quellen wird auch vom »Schweiß der Götter« gesprochen – gleichsam wieder zurückgegeben wurde. Für die ausschließlich materiell orientierten Spanier war der Themenkomplex um den Goldmann und die damit verbundenen spirituellen Inhalte außerhalb jeder Vorstellungskraft. So konnten sie auch nicht begreifen, dass der Guatavita-See in der Muisca-Mythologie auch gleichzeitig das Eingangstor zur Unterwelt darstellte. In diesem Zusammenhang sei an die Cenotes, die »Heiligen Seen« der Maya, erinnert, auf deren Grund man Knochen und auch ganze Skelette ritueller Opfer fand.

In Umkehrung der europäischen Normen sahen die meisten Indianervölker der Anden das physisch-irdische Leben als reine Illusion an, die erst in der Transzendenz zur Wirklichkeit übergeht. Nur wer versucht, sich dieser Vorstellungswelt unvoreingenommen anzunähern, vermag einen vom christlich-abendländischen Denken ungetrübten Zugang zu den oft blutigen Ritualen der Goldvölker zu finden. So banden etwa die Muisca junge Knaben auf Pfahlspitzen und beschossen sie mit Pfeilen; das heruntertropfende Blut wurde in Schalen aufgefangen und der Sonne geopfert, die es in Gestalt des »ausgeschwitzten« Goldes den Menschen wiedergab – der Kreis war durch das Opfer geschlossen. Zur Erinnerung: Beim physisch durchaus identischen Pfeilopfer der Azteken sollte das versprengte Blut ein üppiges Wachstum der neuen Saat stimulieren.

Der materiellen Bereicherungsgier spanischer Eroberer und der ihnen folgenden Abenteurer lag aber nichts ferner, als ähnliche Überlegungen anzustellen. Selbst im 20. Jahrhundert wurden noch Versuche unternommen, dem Geheimnis des kleinen Kratersees auf den Grund zu kommen. Das reichte von umfangreichen Tauchunternehmungen bis zum totalen Abpumpen des Seewassers. Alles vergebens – die kolumbianische Regierung verhängte schließlich ein striktes Explorationsverbot über den Guatavita-See. Wie nahe aber Mythos, Fiktion und Realität beieinander liegen können, wurde 1969 durch einen in Wissenschaftskreisen Aufsehen erregenden Fund bewiesen. Kleine, das Alltagsleben der Muisca oder anderer Chibcha-Indianer darstellende, sehr flächige Figuren aus Gold waren seit langem bekannt und sind integraler Bestandteil in der Antikensammlung der Casa d'Oro in Bogotá. Die wahre Sensation fand sich aber in Form eines kompakten Diaramas, mehr als 400 Jahre nach Quesada, in einer unscheinbaren Höhle nahe der Hauptstadt – die Darstellung eines offensichtlich rituellen Vorganges, in dem eine hochgestellte Person, von mehreren Konzelebranten umgeben, auf einem Floß die Zeremonie der vorhin erwähnten Kulthandlung des Seeopfers vollzieht: Der Goldmann war aus den Höhen der geistigen in die Niederungen der für uns realen Welt zurückgekehrt.

Will man das an sich Unfassbare auf eine rational-sterile Ebene übertragen, so mussten die Goldfunde der Expedition Quesadas im Hochland von Kolumbien und im ergiebigeren Cauca-Tal in Verbindung mit den erfolgreichen Raubzügen in Mexiko und Peru einfach die Legende vom »Eldorado« hervorbringen, von einem weiteren Land, in dem ebenfalls Unmengen des begehrten Metalls zu finden wären. Einer der ersten Männer von Rang, der diesem Mythos nachgehen wollte, war der uns schon bekannte Gonzalo Pizarro (1502–1548), Statthalter von Quito und in diesem Amt Nachfolger des Sebastian de Benalcázar. Er hoffte es östlich von Quito im Raum der nördlichen Zubringerflüsse des Amazonas zu finden: »*Große alteingesessene Häuptlinge ebenso wie Spanier hatten mir in Quito und Umgebung bestätigt, dass die Zimtprovinz und die Laguna del Dorado ein dicht besiedeltes und reiches Land sei*«, wird er später an Karl V. schreiben. Mit 200, meist berittenen Spaniern und etwa 4000 Hochlandindianern brach er Anfang 1541 von Quito in östlicher Richtung auf. Sogar eine große Zahl von Schweinen und eine Herde Lamas als Lastenträger gehörten dem Tross an. Die Natur der Regenwälder, Krankheiten, Giftpfeile der Indianer und vor allem lebensbedrohliche Proviantprobleme zwangen ihn aber nach zehnmonatigen Entbehrungen zur ergebnislosen Rückkehr,[92] deren unmittelbarer Auslöser jedoch umstritten ist.

Als sich die Expedition – nordöstlich beginnt Philipp von Hutten gerade seinen eigenen Vorstoß – mit erschöpfter Mannschaft und wenig Proviant in den für die europäische Physis lebensfeindlichen Bedingungen des Regenwaldes festgefahren hatte, beauftragte Pizarro seinen Hauptmann Francisco de Orellana[93] (um 1490–1546), mit einem notdürftig gezimmerten Boot eine weiterzielende Erkundungsfahrt auf dem Rio Napo zu unternehmen, die vor allem der Neuproviantierung gewidmet war. Doch bereits hier beginnen die Wertungen des Unternehmens auseinander zu driften. Pizarro bezichtigte später seinen Hauptmann, wahrscheinlich zu Recht, der Desertion und des Verrates am Leben seiner Gefährten. Orellana dagegen wird sich später rechtfertigen, dass die starke Strömung eine Umkehr auf dem Strom unmöglich gemacht und ein Landmarsch den sicheren Tod bedeutet hätte. Wie auch immer: Orellana gelangte mit ungefähr 50 Mann über den Rio Napo in den Amazonas. Begegnungen mit Indianern verliefen wechselhaft und die Strömungswirbel bei Einmündungen von Zubringerflüssen in den Hauptstrom stellten eine zusätzliche Gefahrenquelle dar. Um wenigstens dieser zu entgehen, beschloss er, das einfache Boot aufzugeben und an seiner Stelle eine widerstandsfähigere »Brigantine« bauen zu lassen, was auch unter Mithilfe einiger Indianer innerhalb eines Monats gelang. Damit war auch die grundsätzliche Entscheidung gefallen, den mächtigen Strom abwärts bis zu seiner unbekannten Mündung zu befahren.

Aber noch konnten die Männer nicht ahnen, wie lang dieser Weg noch sein würde. An die 6000 Kilometer trieben die Spanier auf dem wasserreichsten Strom der Erde, dessen Breite kaum unter zwei Kilometer, oft aber im Jahresdurchschnitt das Dreifache dessen beträgt, nach Osten. Gewaltige Mäander verlängern die Flussstrecke um Kilometer, während an den Engstellen der Schlaufen nur wenige hundert Meter zwischen den einzelnen Abschnitten liegen. Die Fahrt ist durch den Bericht eines Teilnehmers ziemlich genau dokumentiert. Diese Chronik des Paters Gaspar de Carvajal, nicht zu verwechseln mit dem Huttenmörder, zählt zu den frühesten Beschreibungen einer für Europäer unvorstellbaren Landschaft, den endlosen Wäldern voller Gefahren und dem Gewirr zahlreicher Flüsse, die alle in den einen, mächtigen Hauptstrom münden.

Carvajals Bericht verdankt der Amazonas letztendlich auch seinen heutigen Namen: Im Juni 1542 passierte man die Einmündung eines breiten Flusses, dessen schwarzes[94] Wasser sich meilenweit mit dem gelbbraunen des Hauptstromes nicht vermischt – des Rio Negro. Weiter ostwärts zeigten sich die Ufer nun dichter besiedelt und man traf auf eher feindselige Indianer, die Carvajal wegen der rockartigen Bastkleidung in einer verqueren Auslegung antiker Mythologie – immerhin befinden wir uns hier in der späten Renaissance – dem kriegerischen Frauenvolk der Amazonen zuordnete. Tatsächlich dürften sich auch einige Frauen an den Kämpfen beteiligt haben, die sich bis auf einen tieferen, mit Kampf verbundenen Landvorstoß der Spanier zur Nahrungsbeschaffung im Wesentlichen auf wahre Geschosssalven mit Pfeilen vom Ufer her beschränkt haben dürften. Eine andere, glaubhaftere Auslegung des Wortursprungs geht vom indianischen Wort »Amassona« aus, was soviel wie »Zerstörer der Boote« bedeutet. Obwohl bereits Zeitgenossen den Zusammenhang zwischen Realität und Mythos in Frage stellten, hielten sich die von Carvajal angestellten Überlegungen noch fast 200 Jahre. Der Jesuitenpater und Ethnologe Joseph-François Lafitau glaubte noch 1724, in den Amazonen ein Bindeglied zu den vorderasiatischen Völkern ausgemacht zu haben. Selbst zwanzig Jahre später wird der französische Geodät und Forschungsreisende Charles Marie de La Condamine an dieser Fiktion festhalten, wenn er sich über die Migration der »Amazonen« vom Rio Cayama über den Marañon zum Rio Negro äußert, ein Faktum, das wieder fünfzig Jahre später Alexander von Humboldt unter Bezugnahme auf La Condamine zur Bemerkung veranlasste: »*Der Hang zum Wunderbaren und das Verlangen, die Beschreibung der Neuen Welt hie und da mit einem Zuge aus dem klassischen Altertum aufzuputzen, haben ohne Zweifel dazu beigetragen, dass diese Berichte so wichtig genommen wurden*« und in den Schriften eines Vespucci, Oviedo oder Peter Martyr »*begegnet man überall der Neigung der Schriftsteller des 16. Jahrhunderts, bei neu entdeckten Völkern alles wiederzufinden, was uns die Griechen vom ersten Zeitalter der Welt … erzählten.*«

Real hingegen waren die Erfahrungen, die die Spanier mit den Giftpfeilen der Indianer machen mussten. Hier traf Europa zum erstenmal auf das Nervengift Curare, das innerhalb weniger Minuten zu einem relativ sanften Tod[95] durch Atemlähmung führt. Orellanas Fahrt stromabwärts ging im üblichen Wechselbad feindlicher und umgänglicher Indianer weiter. Mit einigen Problemen, aber dennoch ausreichend, konnte die Verpflegung sichergestellt werden, und der Trupp gelangte ohne große Verluste an die Amazonas-Mündung. Die Gezeitenwechsel des Atlantik machen sich schon einige hundert Kilometer landeinwärts bemerkbar und nehmen mit den immer größer werdenden Flutwellen im Delta oft bedrohliche Formen an. Etwa vierzig Jahre nach Amerigo Vespucci und Vicente Pinzón gelangte Orellana im August 1542 an die Schnittstelle zwischen Strom und Ozean. Er folgte der Nordostküste Brasiliens und Guyanas und befand sich damit in bereits bekannten Gewässern. Vorbei an der Orinoko-Mündung und Trinidad erreichte er den Golf von Paria, von wo er sich nach Spanien einschiffte. Mit einigen Schwierigkeiten wurde die Beschuldigung einer Desertion niedergeschlagen und der Hauptmann zum Vorsteher einer neu geschaffenen Provinz ernannt, deren Ostgrenzen sich am Vertrag von Tordesillas orientierten. Verschiedene nachfolgende Expeditionen suchten die Kenntnisse um das Amazonasbecken zu erweitern; eine wirkliche Erschließung des Hinterlandes konnten sie aber nicht erwirken.

Das wahrscheinlich beklemmendste Unternehmen erfolgte in den Jahren 1559 bis 1561 und ist in mehrfacher Hinsicht von Interesse. Mit dem Auftrag des Vizekönigs von Peru, die *»fruchtbaren und goldreichen Regionen des Dorado«* für Spanien zu erobern, brachen ungefähr 350 Spanier und einige Tausend umfassende indianische Hilfstruppen – so zumindest die bei Zahlenangaben vorsichtig zu behandelnden Berichte – unter Führung des Pedro de Ursúa (1525–1561) von Peru in die Regenwälder des Ostens auf. Bei der Truppe handelte es sich um einen bunt zusammengewürfelten Haufen mehr oder weniger gescheiterter Existenzen, die in der Goldsuche eine letzte Möglichkeit sahen, die absehbare Zukunft erträglicher zu gestalten. In diesem Zug trat das Degenerative spanischer Vorstöße zutage, wo es nur mehr um das Schließen von Besitzlücken ging und der obsessive Wunsch nach plötzlichen Goldfunden die Wahrscheinlichkeit des Möglichen bei weitem übertraf. Der Verstand und Kräfte raubende Marsch durch den unwegsamen Regenwald – nirgendwo ein Anzeichen von Zivilisation, höchstens ein unsichtbarer Feind mit seinen tödlichen Pfeilen – ließ das Abenteuer zum täglichen Alptraum werden. Dazu gesellte sich eine schwächliche Führung, was schließlich am Oberlauf des Amazonas in eine offene Rebellion mündete. Ursúa wurde umgebracht und am Neujahrstag 1561 ein gewisser Fernando de Guzmán zum neuen Führer ausgerufen. Hinter den Ereignissen stand ein Mann, dessen diabolische Präsenz in allen Belangen das Unternehmen zwangsläufig in die kommende Tragödie führen musste: Lope de Aguirre (um 1509–1561).

Kaum hatte er Guzmán zum Herrscher eines fiktiven Königreichs von Peru ausgerufen, ließ er ihn ermorden. Aguirres Verachtung der spanischen Gesellschaftsordnung schlug in blanken Hass gegen alle jene um, die für ihn diese Ordnung repräsentierten. Dem Kurzzeit-König Guzmán folgten in der Wildnis weitere Personen von Rang in den Tod, sodass seine Maßnahmen bald mehr

Opfer forderten als Überfälle durch Indios. Könnte man den Widerstand eines Gonzalo Pizarro gegen die ersten Kronabgesandten für Peru noch als Aufstand eines selbsternannten Feudalherren gegen die Zentralgewalt, personifiziert durch die *Leyes nuevas*, auslegen, so glitt Aguirres Tun völlig ins Irrationale und Psychopathische ab. In einem Brief an Philipp II. wird er nicht nur dessen legitimen Herrschaftsanspruch vehement zurückweisen, sondern dem Monarchen auch Belehrungen erteilen, wohin spanischer Despotismus und die Verirrungen der Reformation in Europa führen und was er, Aguirre, unter wahrer Gerechtigkeit verstehe.

Der zunehmend größenwahnsinnig gewordene Mann erreichte mit seinen überlebenden Getreuen nach einer von Irrsinn geprägten Fahrt den Amazonas abwärts im Juli des Jahres 1561 die Mündung des Stromes. Er selbst hatte sich zum General ausgerufen und bezeichnete die Expedition fortan als den Zug der »Marañones« – ein Wortspiel in doppelter Hinsicht: Marañón war – nach dem spanischen Wort *maraña* für Wirrsal und Gestrüpp – der ursprüngliche[96] Name für den Amazonas wegen seiner Mäander, Nebenläufe und des dichten Uferbewuchses, bedeutet aber auch Komplott und intrigantes Ränkespiel.

Von der Mündung[97] segelte man nordwärts zur Insel Margarita. Dort und im nahen Cumaná wurden der Gouverneur sowie dessen engere Mitarbeiter umgebracht und Aguirre begann auf dem Festland Pläne zu einem allgemeinen Aufstand gegen die Krone zu schmieden. Vom Hafen Borburata zog die Soldateska zu dem 1555 gegründeten Nueva Valencia weiter, wo Aguirre den oben erwähnten Brief schrieb, in dem er Philipp II. aufs Gröblichste der Unfähigkeit zieh und dessen unzureichende Bekämpfung der ketzerischen Protestanten anprangerte. Einige Passagen des langen Schreibens mögen Aguirres Anschuldigungen sowie dessen Charakter deutlicher machen als viele Worte: »*Sie ist zum Erbarmen, König, jene Behandlung, die Ihr uns zuteil werden lasst ... Wir in diesem Land wissen nun, wie grausam Ihr seid, wie Ihr* (unser) *Vertrauen missbraucht und Euer Wort gebrochen habt. Und deshalb schenken wir in diesem Land Euren Versprechungen weniger Glauben als den Büchern von Martin Luther ... Sogar in der Hölle wärt Ihr schlimmer als Luzifer, weil ihr* (hier: alle Könige) *nach menschlichem Blut dürstet. Aber weder staune ich darüber, noch schere ich mich viel um Euch ... Ihr wisst wie wir, dass Ihr Deutschland mit Waffen erobert habt, Deutschland* (aber) *Spanien durch Laster ... gezeichnet* (im Wortlaut umgestellt) *Lope de Aguirre, Sohn Eures treuen baskischen Gefolgsmannes, wegen Eurer Undankbarkeit bis zum Tod Rebell gegen Euch*«. Im letzten Absatz vor der Grußadresse nennt Aguirre noch die Namen von 19 Mitverschworenen in Taten und Gesinnung.

Doch das Maß war nun selbst für seine engste Umgebung voll; im Oktober 1561 wurde er in Barquisimeto getötet und sein abgetrennter Kopf noch auf Jahre als Mahnung für Verräter ausgestellt. Welchen nachhaltigen Eindruck Aguirres nur wenige Monate andauerndes Wirken hinterlassen hat, kann man daran ermessen, dass mehr als 200 Jahre nach den Ereignissen Lope de Aguirre noch immer präsent war. Nach Alexander von Humboldt glaubten die Indianer seiner Zeit noch immer daran, dass »*die Seele des Tyrannen in den Savannen (umgeht) ... in Gestalt einer Flamme, die entweicht, wenn ein Mensch auf sie zugeht*«.

Obwohl der bei weitem überwiegende Teil des Amazonasgebietes, dem Tordesillas-Vertrag folgend, der spanischen Krone zufiel, ließen es sich die Portugiesen nicht nehmen, aus dem ihnen zugesprochenen Küstengebiet in das Landesinnere vorzustoßen. Aufgrund der äußerst geringen Siedlungsdichte zeitigten diese eindeutigen Grenzverletzungen anfangs keine weiteren Folgen[98]. Der westatlantische Besitz Portugals erlangte zur Absicherung eigener Handelsinteressen nach 1530 in geopolitischer Hinsicht wieder Bedeutung. Um dem bis dahin hauptsächlich auf den Schreibtischen der Staatskanzleien existenten Siedlungs- und Wirtschaftsraum auch reales Leben zu geben, wählte König João III. einen anderen Weg als die spanische Krone. Anstelle der auf Zeit übertragenen Gouverneursgewalt versuchte er ab 1534 durch Landschenkungen, die mit modifizierten, in den Grundzügen aber altbekannten Bedingungen des Lehenswesens verknüpft waren, eine dichtere Besiedlung zu fördern. Statt klar umrissener Provinzen entstanden die »Kapitanate«, deren Westgrenzen offen und unbestimmt waren. Die Nord- und Südgrenzen bildeten zwei parallel verlaufende Linien, die je nach Küstenverlauf annähernd senkrecht zu diesem standen; die Küste selbst bildete die natürliche Ostgrenze. Von diesen Gemarkungen aus, so sah es der Plan vor, sollte das offene Hinterland erforscht und besiedelt werden. Die an sich günstigen Voraussetzungen wurden jedoch nicht im erhofften Ausmaß angenommen und die kolonisatorischen Erfolge hielten sich in Grenzen, was teilweise sogar zu einem Verbot führte, in das Hinterland vorzudringen, um die Bevölkerung an der Küste nicht weiter auszudünnen.

Pioniere der vorerst noch oberflächlichen Durchdringung des Sertão, wie das buschartige und hügelige Hinterland genannt wurde, waren zwei Gruppen, wie sie unterschiedlicher nicht sein können. Ausschließlich profan, in der Wahl ihrer Mittel bedenkenlos, handelte die eine Gruppe und war gerade deswegen erfolgreicher, soweit es die topographische Kenntnis des Sertão betraf. Sie bestand aus Männern, meist Abenteurern, Goldsuchern oder Sklavenjägern, die sich in unabhängigen Trupps zusammenschlossen, in das Hinterland aufbrachen und dort ein ungebundenes, freies Leben führten, wie wir es in ähnlicher Form später bei den »Bukaniern« antreffen werden. Wenn auch meist junge Portugiesen den Kern dieser »bandeirantes« genannten Gruppen bildeten, so bestanden diese überwiegend aus Indianern oder Mestizen. Oft Monate von den Küstensiedlungen abwesend, durchstreiften sie den Sertão nach Gold und anderen Bodenschätzen. Sehr oft waren diese Züge auch mit Sklavenfang verbunden, dessen Beute dann an die Plantagenbesitzer verkauft wurde. Ihre Anfänge reichen in das späte 16. Jahrhundert zurück, gelangen jedoch erst gegen Mitte des 17. Jahrhunderts zu ihrem Höhepunkt. In dieser Zeit kam es auch nicht selten zu bewaffneten Übergriffen auf die Indianersiedlungen der Jesuiten, wo die Bandeirantes ihre Ziele leicht, und vor allem an einem Platz zusammengefasst, erreichen konnten – von der Verpflegung über Handelswaren aller Art bis hin zu Indianern, die in ein Sklavendasein gepresst wurden.

Die zweite der hier skizzierten Gruppen wurde von Geistlichen des noch jungen Jesuitenordens gebildet, der zunehmend die Missionierung in unerforschten Gebieten, von den Großen Seen Nordamerikas, über die Amazonas- und La-Plata-Region Südamerikas bis zu den Ländern des Fernen Ostens übernahm. Die Missionstätigkeit der Jesuiten unterschied sich in vielen Punkten von der anderer Orden, da eine ihrer Säulen ein größtmöglicher Respekt vor den traditionellen Kulturen war, ohne die fundamentalen Glaubensgrundsätze des Christentums aus den Augen zu verlieren, was oft mit inquisitorischen Methoden verwechselt wird. Weit über theologische Fragen hinaus geschult und gebildet, vermittelten sie in eigens errichteten Siedlungen den Indianern ein hohes Maß an Wissen über die effiziente Bewirtschaftung des Landes. Im Falle Brasiliens befanden sich die erwähnten Stützpunkte in einiger Entfernung zu den portugiesischen Siedlungen, um so den nach Meinung der Kleriker schädlichen Einfluss der Europäer auf die Ureinwohner fernzuhalten und diese vor Sklavenjägern zu schützen. Am erfolgreichsten war die Societas Jesu im Raum des heutigen Paraguay. Nach anfänglicher Wandermission bauten sie ab 1590 die bekannten »Reducciones« auf, in denen sie die Guaraní in Ackerbau, Handwerk und eingeschränkt auch im Handel unterrichteten. Im Laufe von 200 Jahren brachten sie es auf insgesamt 32 großflächige Dorfgemeinschaften mit einer Gesamtbevölkerung von über 160 000 missionierten Indianern. Diese Größen führten schließlich zur irrigen Annahme, die Jesuiten würden in Paraguay einen eigenen Staat leiten.

Einer dieser Jesuitenmissionare war der österreichische Jesuitenpater Samuel Fritz (1654–1725), der im Auftrag seines Ordens in die peruanischen Anden und zum Amazonas gelangte. Seine Reisen von 1689 bis 1704 brachten nicht nur neue und einfühlsame Kenntnis über die Indianer am Rio Marañon und Amazonas, sondern belegten auch die zunehmende Rivalität der beiden iberischen Mächte um das Amazonasbecken.

Samuel Fritz gelangte über Cartagena und Quito in das Marañongebiet, wo er eine erfolgreiche Missionstätigkeit entfaltete. Doch das anstrengende und entbehrungsreiche Leben in den europäerfeindlichen Regenwäldern war seiner Gesundheit sehr abträglich. So beschloss er stromabwärts nach Belém zu fahren, um sich von den andauernden Krankheiten zu erholen. Kaum angekommen, wurde er von den portugiesischen Behörden verhaftet und der Spionage bezichtigt. Eineinhalb Jahre sollte es dauern, bis er auf Veranlassung des portugiesischen Königs wieder auf freien Fuß gesetzt wurde. Dieser Vorfall ist abseits der persönlichen Ebene auch im politischen Umfeld von Interesse; zeigt er doch das erbitterte Ringen, wenn auch vorläufig nur im diplomatischen Bereich, um territoriale Besitzerweiterung, selbst wenn dieses Gebiet einer Kolonisierung keineswegs entgegenkam und sich heute noch widersetzt. Es mutet wie eine Politikposse an, wenn die Portugiesen jedes Mal die eindeutigen Bestimmungen des Vertrages von Tordesillas für sich selbst ignorierten, wenn es ihren Interessen dienlich war, aber sehr empfindlich reagierten, sobald ein fremder Missionar eben diese zu unterlaufen schien. Natürlich kannte Samuel Fritz den Inhalt des 200 Jahre alten Vertrages und war gebildet und kundig genug, um die Grenzverletzungen der Portugiesen feststellen zu können, was er auch 1692 dem Vizekönig von Peru zur Kenntnis brachte. Wenn man darüber hinaus noch bedenkt, dass eine Fahrt von Belém (Pará/Brasilien) nach Lissabon bei günstigen Wetterverhältnissen etwa vier bis fünf Wochen in Anspruch nahm, so muss die Verfahrensdauer von eineinhalb Jahren doch etwas befremden, selbst wenn man eine zurückhaltende Bearbeitung des Aktes berücksichtigt. Wie tief der Riss zwischen den beiden Völkern die schnelle Beilegung eines Bagatellfalls behinderte, lässt sich auch daran ermessen, dass selbst der damals schon mächtige und grenzüberschreitende Jesuitenorden keine unmittelbare Einstellung des Verfahrens bewirken konnte – oder aus politischen Überlegungen nicht wollte.

Nach seiner Freilassung kehrte Samuel Fritz in mehreren Etappen wieder in die Anden zurück und wurde 1704 zum Superior der Mission am Marañon ernannt. Seine weit ausholende Reise- und Missionstätigkeit schlug sich in bemerkenswerten Notizen und einer umfangreichen, äußerst genauen Karte des Amazonasgebietes nieder. Einige Bemerkungen über Indianer am Rio Negro lassen den Schluss zu, dass diese indirekt mit französischen Niederlassungen in Guyana und Cayenne in Verbindung standen. Sein weiteres Leben bestand nicht zuletzt in einem Kampf gegen das Eindringen portugiesischer Bandeirantes in die Missionssiedlungen der Jesuiten. Im Jahr 1712 wurde er, vermutlich aufgrund einer Intrige, seines Amtes enthoben, zog sich als einfacher Missionar zum Marañon zurück und starb dort unbedankt im Jahr 1725.

DAS NETZ WIRD DICHTER

> *» Wir waren derart ausgemergelt, dass man ohne*
> *Schwierigkeiten die Knochen zählen konnte*
> *und wir wie Ebenbilder des Todes aussahen. «*
> Cabeza de Vaca (*Naufragios*, 1528–1536)

Die in den vorangegangenen Kapiteln wiedergegebenen Ereignisse, die sich
in dem Begriff »Conquista« zusammenfassen lassen, zählen zu den herausragendsten Abschnitten der spanischen Entdeckungsgeschichte. Trotz aller Frag-
würdigkeit der eingesetzten Mittel und Methoden, die in wenigen Jahren zur
völligen Vernichtung hoch stehender Zivilisationen führten, sind sie dennoch
Zeugnis für die ungeheure Kraft, die hinter dem Expansionsstreben der Spanier sichtbar wird. Von Gold und Reichtum zu hören und nach ihm zu suchen
ist das eine, es aber gegen eine erdrückende Übermacht von Gegnern zu erringen, das andere. Das vordergründige und stark vereinfachende Argument von
der militärischen Überlegenheit der Spanier ist zwar durchaus richtig, doch nicht
entscheidend. Feuerwaffen und Reiterei sind nur ein Teilaspekt und können
die verhältnismäßig schnellen Erfolge auch nicht restlos erklären. Auch die
Endzeitstimmung in der aztekischen Führungsspitze über die Rückkehr des
Quetzalcoatl und der Bruderkrieg in Peru sind gewichtige Ansatzpunkte, aber
eher auf psychologischer Ebene anzusiedeln. Die Hauptschwäche beider Reiche lag in der inneren Struktur. Einer relativ geringen Anzahl von Menschen,
die den dominant gewordenen Hauptstamm verkörperten, war es in verhältnismäßig kurzer Zeit gelungen, eine Vielzahl anderer Stämme oder Völker
unter ihre Herrschaft zu zwingen. Zu einer Verschmelzung blieb keine Zeit, sie
war nicht beabsichtigt und bei den Inka im Kern gar nicht erwünscht. Die
Herrschaft der beiden, ihren Raum gestaltenden Völker stützte sich auf ein
durchstrukturiertes Militärwesen, dem die Unterworfenen nichts entgegenzusetzen hatten. Jeder neue Sieg verfestigte und erweiterte diese Gegebenheiten. Nun trat plötzlich eine unbekannte Macht auf, die sich mit Waffen
jenseits aller Vorstellungskraft und unter Umgehung altüberkommener Kampf-
traditionen anschickte, der einheimischen Militärmaschinerie erfolgreich entgegenzutreten.

Für die unterdrückten Vasallenvölker war es darüber hinaus, am Anfang
wenigstens, völlig unwesentlich, wem die gewohnten Tributleistungen, etwa
die *mita,* zufielen. Unübersehbar bleibt jedoch, dass durch die unvermutet aus
einer anderen Welt kommenden Fremden mit einem Schlag die Möglichkeit
bestand, das unerwünschte Inka-Joch abzuschütteln. Dass die Spanier andererseits die vorgefundene Situation nach dem Prinzip »divide et impera« zu

ihrem Vorteil nutzten, ist verständlich und war angesichts der kaum erwähnenswerten Kopfzahl eine Frage des Überlebens. Völlig unüblich gelang es ihnen sofort, in das Machtzentrum, das heißt zum Herrscher direkt, vorzudringen. Statt in zahlreichen und aufreibenden Einzelgefechten das System von der Basis her auszuhöhlen, was im Fall Tlaxcala beinah zum Untergang geführt hätte, konnten sie unvermittelt zur Spitze vordringen und machten dadurch den Unterbau weitgehend handlungsunfähig. Diese Behauptung ist wohl etwas vereinfachend, trifft aber im Ansatz den Kern. Durch die Geiselnahmen Montezumas und Atahualpas war die Entscheidung im Ringen um den Erfolg bereits vorweggenommen. Daran konnten auch die nachfolgenden Kämpfe nichts ändern. Doch sei auch hier vor einer Überschätzung der spanischen Kampfkraft gewarnt.

Die Conquistadoren waren dort militärisch erfolgreich, wo sie auf eine inhomogene Bevölkerung trafen, die ausschließlich durch die Klammer einer heeresgestützten »Krone« in einem Reich zusammengefasst war. Was in Europa Jahrhunderte dauerte und darüber hinaus in einem anderen Prozess ablief, konnte in den knapp hundert Jahren, die den Azteken und Inka für die Schaffung eines Großreichs zur Verfügung standen, nicht gelingen. Wie sehr die Spanier trotz ihrer Bewaffnung im Grunde genommen verletzbar waren, zeigt das Ergebnis der *noche triste*. Auf sich allein gestellt, hätte vermutlich nur eine Handvoll Männer den Rückzug zur Küste lebend überstanden. So aber konnte Cortés die Versprengten im Gebiet der Tlaxcalteken sammeln und neu formieren. Ohne deren Hilfe wäre aber auch die spätere Einschließung und Eroberung Tenochtitláns nicht möglich gewesen. In Peru wiederum wurden die Spanier teilweise sogar von den »reinblütigen« Inka der Huascar-Partei wenn schon nicht als Befreier bejubelt, so doch freundlich aufgenommen. Wie dünn die Oberschicht in Peru war und wie verletzbar der innere Zusammenhalt, lässt sich am System der schon bekannten *mitima* erkennen, den Umsiedelungsaktionen, die jedem erfolgreichen Feldzug der Spanier folgten.

Die Grenzen spanischer Schlagkraft im Andenraum wiederum machten sich gerade dort bemerkbar, wo auch die Grenzen der Inkaherrschaft zu suchen sind. Das lag weniger an einem erlahmenden Expansionsdrang der Europäer – vielleicht gab es ja noch weitere Goldreiche – als am Widerstandswillen jener Indianervölker, die sich schon der Inkaexpansion erfolgreich widersetzen konnten. Dieser Grenzverlauf entsprach annähernd den Sprachgrenzen zwischen dem Quechua, der »lingua franca« des Inkareiches, und dem Aymará. Er verlief entlang des Siedlungsgebiets der Araukanier, das ursprünglich am Oberlauf des Orinoko lag, von wo sich dieses Volk in zwei Stoßrichtungen ausbreitete. Im Norden setzte es auf die Karibischen Inseln über und erstarrte dort in verhältnismäßig selbstgenügsamer Friedfertigkeit, was Kolumbus und den Anfängen spanischer Kolonisation zugute kam. Ein anderer Zweig suchte den Weg nach Süden und drang über die Amazonaszubringer weit zu den Anden vor. In seinem Gebiet lagen nach einem vergeblichen Unterwerfungsversuch durch Topac Inca, Großvater des Atahualpa, auch die Grenzen des Hochlandvolkes. Die Indianer im Süden und am Ostabhang der Anden zum Gran Chaco stellten sich nicht nur den Inka, sondern auch den Spaniern vehement entgegen – es sei nur an die Kämpfe des Pedro de Valdivia erinnert. Aber auch andere Stämme und Völker mochten sich mit der spanischen Herrschaft nicht abfinden und fochten einen Jahrhunderte dauernden Guerillakrieg gegen die Eroberer: in Argentinien die Pampas-Indianer, in Uruguay die Charuas, und auch die Fueghinos. Es ist bemerkenswert, dass sich auf dem Festland gerade jene Völker, wenn auch unter schwierigen Bedingungen, ethnisch-physisch unbeschadet[99] in die Gegenwart retten konnten, die dem ersten Ansturm Europas nur wenig oder gar keinen Widerstand entgegensetzten, während sich die andere Gruppe mit der Zeit völlig aufrieb oder ausgerottet wurde.

In Mesoamerika ebbte nach der Eroberung des Aztekenreiches die erste Expansionswelle verhältnismäßig rasch ab, nachdem sich Gerüchte und Meldungen über neue Goldfunde als falsch herausgestellt hatten. Bevor es jedoch so weit kam, erfolgten mehrere Vorstöße, teils auf See, überwiegend jedoch auf dem Landweg, die an Entbehrungsreichtum und Strapazen jenen in Südamerika um nichts nachstanden, für die Männer aber keinen krönenden Abschluss in Form von Goldfunden fanden. Die frühesten Erkundungen an den Südküsten der heutigen Vereinigten Staaten sind verbunden mit den Namen Ponce de León, Alaminos und Pineda, die schon einige Abschnitte zuvor erwähnt wurden. Auch einer der Nachfolgenden ist bereits bekannt: Panfilio de Narváez, der 1520 von Gouverneur Diego de Velásquez mit einem starken Verband ausgesandt wurde, Hernán Cortés in Mexiko zu reglementieren, aber kläglich daran scheiterte. Auch im Nordabschnitt des Golfes von Mexiko sollte ihm nicht mehr Glück beschieden sein, was auf sein dünkelhaft sorgloses und nicht vorausplanendes Wesen zurückzuführen sein dürfte.

Unter Velásquez hatte er sich schon bei der Eroberung von Kuba verdient gemacht und leitete davon seine Berufung zu Höherem ab. Selbst die blamable Niederlage gegen den weit unterlegenen Cortés konnte ihn nicht vom Verlangen abbringen, eigene Spuren in der Geschichtsschreibung zu hinterlassen. Mit ungefähr 400 Mann und 80 Pferden landete er 1528 in Florida und traf unmittelbar nach seiner Ankunft eine weitere Fehlentscheidung, diesmal aber mit tödlichen Folgen für die meisten Teilnehmer. Ohne sich mit den Gegebenheiten von Natur und Eigenheiten der lokalen Bevölkerung vertraut gemacht zu haben, ordnete er die Teilung des Expeditionskorps an. Ein Viertel der Truppe sollte mit den Schiffen nach Westen segeln und nach einem geeigneten Stützpunktort Ausschau halten, während der Rest auf dem Landweg nach Gold suchen sollte; vorläufiger Abschluss des Unternehmens sollte die Wiedervereinigung beider Truppenteile sein. Was Quesada später am Rio Magdalena, wenn auch mit einigen Mühen gelang, scheiterte hier bereits in den Ansätzen. Narváez kämpfte sich mit dem Landheer mühselig durch das Dickicht des niederen Feuchtwaldes, die Sümpfe und gegen wiederholte Angriffe der Seminolen[100] in den nordwestlichen Teil Floridas durch, ohne auf das erhoffte Gold zu stoßen. Die Flotte wiederum segelte zu weit nach Westen und suchte das ganze folgende Jahr die Küste des Golfs nach den ausgeschifften Truppen ab. Ohne Erfolg zogen sie sich schließlich nach Mexiko zurück. Von aller Versorgung abgeschnitten, sah sich Narváez gezwungen, mit primitiven Werkzeugen und ohne Fachleute Schiffe zu bauen, da ein weiteres Vordringen auf dem Landweg zu weiteren Verlusten geführt hätte. Die kleinen Segelboote konnten aber nicht besser sein als die Materialien und Werkzeuge, mit denen sie hergestellt wurden. Sie erwiesen sich allesamt als seeuntauglich und viele gingen mitsamt der Besatzung bereits in Küstensichtweite unter. Auch Narváez selbst befand sich unter den Opfern.

Nur der königliche Schatzmeister des Unternehmens, gleichzeitig auch einer der Unterführer, Alvar Núñez Cabeza de Vaca (um 1490–1557), überlebte mit einigen anderen Männern die verzweifelten Anstrengungen, sich auf Booten zu retten, jedoch ganz anders als erhofft. In dieser Gruppe befand sich auch ein Negersklave namens Estebanico, dem wir bei einem späteren Unternehmen wieder begegnen werden. Gegen Ende des Jahres erreichte man beim heutigen Galveston/Texas wieder die rettende Küste. Von Indianern notdürftig versorgt, konnte der Winter unter großen Entbehrungen überlebt werden. Doch das war erst der Beginn eines Jahre dauernden Strebens, immer nach Westen ziehend, auf Landsleute im fernen Mexiko zu treffen. Cabeza de Vaca sah im Erreichen des vor kurzem eroberten Territoriums die einzige Möglichkeit, dem einsamen Tod unter Indianern zu entkommen, da die Floridastraße im Osten ohne geeignete Schiffe ein unüberwindliches Hindernis darstellte. Im Frühjahr gelang es ihm mit drei Männern, darunter Estebanico, aus der Abhängigkeit der Küstenindianer zu entfliehen. Mit einem für Spanier unüblichen Geschick und Einfühlungsvermögen gelang es ihm, ein ausgeprägtes Vertrauensverhältnis zu den Ureinwohnern aufzubauen. Das ging schließlich so weit, dass ihm der Ruf eines charismatisch Heilkundigen und Vermittlers bei Interessenkonflikten zwischen einzelnen Stämmen vorauseilte und die kleine Gruppe gleichsam von einem Stamm zum nächsten weitergereicht wurde, und führte teilweise sogar dazu, dass ihm viele Eingeborene wie einer Art Heiland auf seinem Weg folgten.

Cabeza de Vacas Rückweg in die Zivilisation lässt sich in den Grundzügen einigermaßen rekonstruieren, woran sein Reisebericht und Erzählungen der Indianer gegenüber später durchziehenden Spaniern nicht unmaßgeblichen Anteil haben. Er und seine Leute zogen erst die texanische Küste entlang, stießen zum Rio Grande und zum Rio Pecos vor und dürften den Raum von El Paso erreicht haben. Von dort aus ging es wieder nach Südwesten zum Rio Yaquí, wo man auf erste Anzeichen spanischer Präsenz traf. Acht Jahre, bis 1536, hatte dieser lange Marsch gedauert, acht Jahre, in denen Cabeza de Vaca und seine Getreuen weder auf Gold noch andere Schätze stießen, aber ungefähr 4500 Kilometer hinter sich gebracht hatten.

Dennoch blieb der spanische Traum von noch unentdecktem Reichtum bestehen. Diesmal kristallisierte sich der Wunsch in der Legende von den »Sieben Städten von Cibola«, in denen es Gold im Überfluss geben sollte. Obwohl de Vaca, durch seine Erfahrungen der letzten Jahre gereift, alles vermied, den Spekulationen eine breitere Basis zu geben, blieb der Mythos bestehen und wurde zum Anlass weiterer Expeditionen. Auch sein Bericht »Náufragios« (Schiffbrüchige, Erstdruck 1542), ein einzigartiges Dokument über die noch »ungestörten« Indianerkulturen, gibt nicht den geringsten Anlass, an die Existenz eines Goldreiches zu glauben. Er beschreibt neben den großen Bisonherden der südlichen Prärien vielmehr die kargen Lebensgrundlagen in den bereisten Landstrichen, wo die Ureinwohner überwiegend noch in der Steinzeit lebten und das nackte Überleben zur obersten Maxime zählte; zur Bildung einer höheren Zivilisation und Anhäufung von Reichtümern blieb kein Raum. Wie weit die Sieben Städte von Cibola mit dem Schöpfungsmythos einiger Indianerstämme verbunden sind, die ihre Herkunft von den legendären »Sieben Höhlen« herleiten, kann nicht nachgewiesen werden, ist aber denkbar. Doch auch eine Ex-post-Mythologisierung durch die Spanier selbst ist nicht auszuschließen; man braucht sich nur an die Insel Antilia und die sieben Bischöfe zu erinnern, die vor den Mauren flohen. Jedenfalls hat die Zahl »Sieben« nicht nur im abendländischen Denken einen magischen Stellenwert.

Zum spanischen »Urtrieb« nach Gold gesellte sich nun aber auch das Interesse am Schicksal der seit Jahren überfälligen Narváez-Expedition. Daran sollten auch die Aussagen des Cabeza de Vaca nichts ändern. Das nächste Unternehmen stand unter Befehl des schon aus Peru bekannten Hernando de Soto. Nach dem Zerwürfnis mit Pizarro war er nach Spanien zurückgekehrt und beim König um ein eigenes Kommando eingekommen. Aufgrund seiner adeligen Herkunft, dem mittlerweile erworbenen Reichtum und seiner guten Beziehungen zum Indienrat gewährte ihm Karl V. 1537 eine Lizenz für »La Florida« mit offenen Grenzen und ernannte ihn darüber hinaus zum Gouverneur von Kuba und aller nördlich davon noch zu entdeckenden Gebiete. Dass diese in den Spuren des unglücklichen Narváez zu suchen sein würden, stand von Anfang an fest. De Soto rüstete eine der größten und bestgeplanten Expeditionen der Zeit aus: mehr als 600 Mann und über 200 Reiter; eine Vielzahl von Indianersklaven als Träger, die bei Ausfällen später immer wieder durch Gefangene ergänzt wurden; selbst eine Schweineherde folgte als lebende Proviantreserve dem Zug. Für die Überfahrt sorgten 10 Schiffe, darunter 7 Galeonen, von denen zwei über 800 (!) und zwei über 500 Tonnen Raummaß aufwiesen. Sogar der nach Spanien zurückgekehrte Cabeza de Vaca[101] sollte für das Unternehmen gewonnen werden, dieser schreckte aber vor einem neuerlichen Debakel zurück und lehnte ab. Am 18. Mai 1539 verließ de Soto mit seiner Flotte Havanna und landete eine Woche darauf in einer Bucht, die er »Bahia de Espiritu Santo« nannte, vermutlich die heutige Tampa Bay, wo auch ein Basislager errichtet wurde. Mitte Juli brach das Expeditionskorps Richtung Norden auf – einen Monat zuvor waren Quesada, Benalcázar und Federmann vom Muisca-Feldzug nach Santa Marta zurückgekehrt.

De Vacas verständliche Zurückhaltung stellte sich nur allzu bald als berechtigt heraus. Bereits kurz nach dem Abmarsch sahen sich die Spanier mit den gleichen Problemen konfrontiert, die schon Narváez zu schaffen gemacht hatten. Die unwegsame Natur und die mit ihr aufs Beste verbündeten Ureinwohner forderten erste Opfer und machten schon im Anfangsstadium klar, dass ein verhältnismäßig problemloser Vorstoß wie in den Anfängen des Perufeldzuges nicht möglich sein würde. Hier, in den Sümpfen und dem dichten Bodenwuchs konnte die Reiterei nicht mit der gleichen Effizienz eingesetzt werden wie in den Hochebenen der baumlosen Puna. Im Gegenteil, sie stellten sich eher als hemmender und vormarschbehindernder Faktor heraus. Dazu kam, dass de Sotos rigoroses Vorgehen gegen die Indianer das Vordringen nicht gerade erleichterte. Außerdem verhinderte es, von den Ureinwohnern Näheres über die Sieben Städte von Cibola in Erfahrung zu bringen – und das, obwohl man auf Juan Ortiz, ein ehemaliges Mitglied der Narváez-Expedition stieß, der nun bar jeder Kleidung unter den Indianern lebte und als Dolmetsch nützlich wurde. Trotz einiger Berichte ist man heute nicht über den genauen Weg informiert, kann ihn aber mit einiger Sicherheit rekonstruieren.

Nachdem de Soto die Schiffe zur Proviantbeschaffung nach Kuba zurückgesandt hatte, verbrachte man den Winter im Siedlungsraum der Apalachee-Indianer an der Küste und stieß im Frühjahr 1540, Gerüchten von Reichtümern folgend, nach Nordosten vor und gelangte bis zum Oberlauf des Savannah River. Dort traf man wohl auf einen größeren Indianerstamm aus der Creek-Gruppe, konnte darüber hinaus aber nichts Nennenswertes finden. Zu erwähnen bliebe nur, dass auch hier der bereits bekannte Mechanismus wirksam wurde, den schon Kolumbus bei Kontakten mit den Indianern kennen gelernt hatte. Um die Neugier der zudringlichen Fremden zu stillen und die ungebetenen Gäste möglichst rasch wieder loszuwerden, gaben die Eingeborenen jene meist erfundenen Informationen, die von den Spaniern am liebsten gehört wurden: Das ersehnte Gold gäbe es zwar nicht hier, aber woanders, viele Tagesreisen entfernt, doch dort im Überfluss. Diesmal sollte das

Goldland im Westen liegen. Die um den Verlust von bisher etwa hundert Toten verringerte Truppe wandte sich nach ergebnisloser Suche schließlich Richtung Südwest und erreichte, dem Alabama River folgend, wieder den Golf von Mexiko im Raum des heutigen Mobile Harbour. Dabei war es erneut zu schweren Auseinandersetzungen mit Indianern der Atahachi gekommen, die in der »Schlacht von Mabila« – einem der blutigsten Kämpfe auf nordamerikanischem Boden während der kolonisatorischen Frühzeit – gipfelten. Große Teile des Gepäcks gingen dabei verloren. De Soto entschloss sich nun, wieder in das Landesinnere aufzubrechen, unverdrossen die Sieben Städte vor Augen. Die sich bei Mobile bietende und auch vereinbarte Möglichkeit, mit der Versorgungsflotte in Verbindung zu treten, ließ Soto ungenutzt.

Nach einem äußerst kalten Winter in Chicasa, wo im März gleichfalls ein größeres Gefecht geschlagen werden musste, erreichte man im Mai 1541 – im Juni wird Francisco Pizarro von Almagro-Anhängern in Lima ermordet – südlich von Memphis den Mississippi. Da verschiedene Aussagen der ansässigen Indianer von einem dicht besiedelten Gebiet im Westen sprachen, sah sich de Soto seinem Ziel näher und ließ die Truppe in selbstgefertigten Einbäumen den Strom übersetzen. Als sich in den Sommermonaten, bereits am Oberlauf des Arkansas River, noch immer kein Schimmer von Cibola zeigte, resignierte de Soto und trat den Rückweg zum Mississippi an. Der folgende Winter, den man bei Autiamque am Arkansas River verbrachte, sollte wieder kalt und entbehrungsreich werden; die Nahrungsmittel wurden knapp. Im Frühjahr mussten schon 250 Tote seit Beginn des Unternehmens vermerkt werden. Um die benachbarten Stämme einzuschüchtern, wurden beim »Massaker von Nilco« Hunderte unbewaffneter Indianer, ähnlich wie in Cajamarca, rücksichtslos abgeschlachtet. Unter den geschwächten Spaniern machten sich nun auch verstärkt Krankheiten breit und die Resignation wuchs beständig. Selbst de Soto hatte alle Hoffnung auf einen Erfolg aufgegeben; von schwerem Fieber erschöpft starb er am 21. Mai 1542 und wurde in einer gespenstisch anmutenden Szene von seinen Landsleuten im Mississippi begraben, um den Mythos der unsterblichen Weißen aufrechtzuerhalten.

Sein Nachfolger in der Führung, Luis de Moscoso, sah sich nun vor denselben Problemen wie Cabeza de Vaca, besaß aber den kleinen Vorteil, auf die Erfahrungen seines Vorgängers zurückgreifen zu können. So zog er den Landweg nach Mexiko einer unsicheren Fahrt den Strom abwärts vor. Mehr als 600 Kilometer ging es nun fast genau nach Westen, über den Red River bis zum Rio Brazos, wo erneut ein Wendepunkt erreicht wurde. Von Nahrungsmittelmangel geplagt und von der Sinnhaftigkeit des Vorstoßes nicht mehr überzeugt, kehrte man erneut an den Mississippi zurück. Im Unterschied zu Narváez befanden sich unter Moscosos Männern aber auch einige Schiffszimmerleute. Da man zudem über entsprechendes Werkzeug verfügte, konnten tauglichere Boote als jene des Vorgängers gebaut werden. Orellanas Amazonasfahrt nicht unähnlich, ließ man sich, oft von Indianern bedrängt, flussabwärts treiben und erreichte schließlich das große Mündungsdelta. Die eigentliche Bewährungsprobe für die Barken stand aber noch aus. Ohne jede Kenntnis des Küstenverlaufes, seiner Untiefen und Strömungen, mühten sich die Spanier fünf Wochen lang ab, ehe sie beim heutigen Tampico auf den ersten Stützpunkt ihrer Landsleute trafen. Vier Jahre, vom Mai 1539 bis September 1543, hatte das Unternehmen gedauert; von 800 Spaniern hatten nur etwas mehr als 300 überlebt, und alle Pferde waren entweder verendet oder aufgegessen worden. Das Ergebnis war gleichsam Null, wenigstens für die Spanier. Zu dieser Zeit war man noch weit davon entfernt, in einem Eroberungsvorstoß, der hauptsächlich dem Auffinden von Goldschätzen diente, auch eine Möglichkeit zur Landeserkundung zu sehen. Es ging nicht um die Erforschung des Raumes an sich und dessen Voraussetzung für eine erfolgreiche Besiedlung. Der Raum war für die Spanier mit wenigen Ausnahmen nur eine von der Natur geschaffene Größe, die überwunden werden musste, um an das Gold zu gelangen – mehr nicht.

Im Folgenden sollen noch kurz die weiteren spanischen Unternehmungen dieser Zeit im Südwesten der Vereinigten Staaten und Mexikos erwähnt werden. Antonio de Mendoza, erster Vizekönig (1530–1550) von Neu-Spanien, begann sich unabhängig von Hernando de Soto mit dem Cibola-Themenkreis zu befassen und entsandte 1539 einen Trupp auf das Festland, dem auch der Negersklave Estebanico aus Cabeza de Vacas Begleitung angehörte. Er sollte das Land vorausmarschierend erkunden und die Indianer für die nachfolgende Hauptgruppe freundlich stimmen. Offensichtlich überschätzte er sowohl seinen Auftrag als auch seine Person, da er, die Eigenschaften eines Cabeza de Vaca karikierend, der einheimischen Bevölkerung zunehmend als überheblicher und dünkelhafter Potentat entgegentrat. Im Gebiet des heutigen Arizona und New Mexiko traf er auf Pueblosiedlungen – vermutlich der Zuñi –, die mit Cibola in Verbindung gebracht werden konnten. In dieser Gegend geriet ihm dann sein persönliches Gehabe zum Verhängnis: Er wurde von einem aufgebrachten Häuptling kurzerhand umgebracht. Pater Marcos de Niza, Befehlshaber des Gesamtunternehmens mit Missionierungscharakter, folgte nach und konnte sich von der Existenz dieser Siedlungen selbst überzeugen. Wieder zurückgekehrt, boten seine übertrieben ausgeschmückten und den Tatsachen eindeutig widersprechenden Berichte Anlass zu weiteren Vorstößen.

Der bedeutendste Vorstoß, ebenfalls von Mendoza initiiert, wurde von der Pazifikküste Mexikos aus von Francisco Vásquez de Coronado (1510–1554) unternommen, dem Fray Marcos de Niza als Ortskundiger beigestellt wurde. Spätestens mit Schaffung und Institutionalisierung des Vizekönigtums in der Neuen Welt lässt sich feststellen, dass Impulse und Ausrüstung für neue

Expeditionen nicht mehr vom Heimatland, sondern von der Kolonial-administration ausgingen. Die *Casa de la Contratación* wandelte sich nach Installierung des *Consejo Real de Las Indias* im Jahr 1524 zunehmend vom bestimmenden Faktor aller Überseeangelegenheiten zu einem Verwaltungs-korrektiv, das später, vereinfacht ausgedrückt, zu einer Mischung aus Handels- und Finanzministerium für die neuen Teilreiche werden sollte. Die Stellung des Königs blieb noch lange Zeit über alle Niederungen des Alltagsgeschäftes erhaben, aber die ersten und noch kleinen Anzeichen von Zentrifugalkräften machten sich bereits bemerkbar.

Coronado brach von Compostela am Pazifik mit 250 Reitern, Hunderten Indianern und einem ansehnlichen Tross auf, um der Legende von Cibola auf die Spur zu kommen. Während eine Vorausabteilung auf die Pueblosiedlun-gen des Fray Marco stieß, sollte eine begleitende Flotte unter Hernando de Alarcón im Golf von Kalifornien nach einem Seeweg zu den Sieben Städten suchen und der Versorgung der Truppen dienen. Als die Landgruppe bei den bescheidenen Dörfern der Nuñez aus der Zuñi-Gruppe anlangte, machte sich Enttäuschung, aber auch Wut über die schöngefärbten Schilderungen des Fran-ziskanermönchs breit. Marco de Niza zog rechtzeitig die Konsequenzen und kehrte um. Coronado marschierte in Ostrichtung weiter und ließ beim spä-teren Albuquerque[102] das Winterlager errichten. Von hier schickte er dann ei-nige Erkundungstrupps aus, deren einer unter López de Cárdeñas bis zum Grand Canyon des Colorado River vorstieß. Hernando de Alvarado wieder-um gelangte mit den ihm unterstellten Leuten in das bekannte Pueblodorf Acoma, etwa 80 Kilometer von Albuquerque, das heute als älteste auf Dauer bewohnte Siedlung auf dem Boden der Vereinigten Staaten gilt. Mit seinen terrassenförmig übereinander angeordneten Häusern liegt es auf einem Tafelberg (span. *mesa*, Tisch) mit fast senkrecht abfallenden Flanken und diente zur Zeit seiner »Entdeckung« ungefähr 6000 Menschen als Wohnstatt. Acoma wird hier nur stellvertretend für eine Vielzahl von Ansiedlungen ähnlichen Charakters genannt, die einem ganzen zivilisatorischen Raum seinen Namen gaben, dem der Pueblo-Indianer[103] im Bogen von New Mexico über Arizona bis in das südliche Colorado mit den Pueblos von Mesa Verde oder Chaco Canyon. Aber noch etwas soll an Acoma, das etwa um dieselbe Zeit gegründet wurde, als das mächtige Tikal der Yucatán-Maya unterging, gezeigt werden – die ungebrochene Brutalität der spanischen Eroberer, selbst in der Spätphase ihrer Expansion. Im Jahr 1599 nahm Vicente de Zavildar die Bergsiedlung ein, ließ allen Männern über 25 einen Fuß abhacken und versklavte den überwiegenden Teil der Bevölkerung.

Vom weiteren Verlauf des Coronado-Unternehmens, das vom Augenzeugen Pedro de Castañeda einige Jahre nach den Ereignissen in der »Relación de la Jornada de Cibola« aufgezeichnet wurde, ist wenig Außergewöhnliches zu berichten. Man erlag wieder einmal der Versuchung, indianischen Angaben Glauben zu schenken, dass das gesuchte Land wohl existiere, nur ein wenig weiter von hier, diesmal im Osten, in einem Reich mit Namen Quivira. Bei Santa Fé stieß das Expeditionskorps dann aber über den Rio Pecos nach Süden, schwenkte am Oberlauf des Brazos wieder nach Nordosten und beschloss im Raum des heutigen Wichita, den Rückweg anzutreten. Der Mythos von Cibola entzog sich auf Dauer jeder irdischen Bestätigung. Trotzdem besitzt der Vorstoß einen gewissen Reiz, allerdings auf Seiten der Indianer. Im Gebiet des Rio Brazos und des Pecos muss die Verwirrung unter der ansässigen Bevölkerung groß gewesen sein, kannte man doch die Fremden (de Vaca) als ausgehungerte und zerlumpte Menschen, die sich mühsam nach Westen durchschlugen. Nun drangen aber viele – stattlich gekleidet, bestens bewaffnet und auf unbekannten Tieren – gerade aus diesem Westen in ihr Land vor, während gleichzeitig andere (de Soto) aus dem Osten kämen, wie man hörte.

Mit einigen Mühen und begleitet von den offensichtlich unvermeidbaren Scharmützeln erreichte Coronado mit ungefähr 100 Überlebenden[104] wieder die Stadt Mexiko, das ehemalige Tenochtitlán und nunmehrige Hauptstadt des Vizekönigreichs, wo er vom enttäuschten Mendoza korrekt, aber nicht übertrieben freundlich empfangen wurde. Der Traum von einem »Goldland« im Norden hatte sich neuerlich als Chimäre erwiesen. Coronados Expedition bedeutete auch für Jahrzehnte das Ende spanischer Unternehmungen im Süden der Vereinigten Staaten. Lediglich ein Teil Floridas sollte zwanzig Jahre später zum Schauplatz einer Auseinandersetzung mit infiltrierenden Franzosen geraten, wovon noch zu berichten sein wird. In diese Zeit spanischer Vorstöße zum Rio Grande und in den Südwesten der USA fällt aber auch der Beginn einer Entwicklung, die den vordringenden Weißen im 19. Jahrhundert zur militärtaktischen Herausforderung geraten wird. Entflohene oder versprengte Pferde der Conquistadoren sammelten sich anfangs in Kleingruppen und verwilderten. Sie bildeten den Grundstock jener kopfstarken »Wildpferdherden«, welche sich weiter nach Nordosten in den großen Prärien des Mittelwestens und darüber hinaus ausbreiteten, von den Indianern teilweise rückdomestiziert wurden und mit deren Hilfe die Ureinwohner eine den Skythen, Hunnen oder Mongolen vergleichbar kampfstarke Kavallerie aufbauten.

Kommandant der parallel zu Coronado ausgesandten Flotte war der schon erwähnte Hernando de Alarcón. Seine Aufgabe bestand darin, im Golf von Kalifornien einen schiffbaren Zugang zu den Sieben Städten ausfindig zu machen und mit den Landtruppen in Verbindung zu treten. Er gelangte wohl zur Colorado-Mündung und soll auch flussaufwärts gefahren sein. Das geplante Zusammentreffen mit Coronados Streitmacht kam aber nicht zustande. Alarcóns Erfolg bestand ausschließlich in der Erkenntnis, dass Südkalifornien keine Insel sei. War diese Fahrt von einem klar umrissenen, rein militärischen Auftrag begleitet, so orientierten sich andere, ob früher oder später, noch an der alten Vision, die Reichtümer Asiens näher zu bringen. Wenn auch in den späten 30er-Jahren des 16. Jahrhunderts nur mehr der Wunsch Vater des Gedankens geworden war, so bestand dennoch eine kleine Hoffnung, entlang der nordamerikanischen Küste zum äußersten Nordosten Asiens zu gelangen und damit die seit Magellan bekannten Weiten des Südmeeres zu meiden.

Wie aus den frühen Kolumbusfahrten eine Reihe eigenständiger Entdeckungsfahrten oder Reisen verschiedener Teilnehmer hervorgingen, so kann das auch für die, im Magellankapitel erwähnte, verunglückte Expedition des Garcia Jofre Loyasa nachgewiesen werden, wenn auch diesmal keine klangvollen Namen damit verbunden sind. Wie schon bekannt, geriet die unter seinem Befehl stehende Flotte 1526 im Raum der Magellanstraße in große Schwierigkeiten, die zum Verlust mehrerer Schiffe führte. Das kleinste, die PATACA[105], erreichte Mexiko auf der Pazifikseite im Hafen von Tehuantépec, und ihr Kapitän Santiago de Guevara erstattete Cortés über die Ereignisse im Süden des Doppelkontinents sowie der ersten Fahrt entlang der südamerikanischen Westküste Bericht. Ein anderer, damals noch junger Teilnehmer, Andrés de Urdaneta (um 1500–1572), gelangte nach abenteuerlicher Reise 1536 wieder nach Spanien und kehrte später nach Mexiko zurück. Mit ihm sind weitere Namen verknüpft, die ihrerseits wieder mit den frühen Fahrten im Pazifik verbunden sind. Urdaneta selbst, dem wir auch einen Bericht über die Loyasa-Expedition verdanken, tritt dann im Umfeld der Seefahrt erst wieder 1565, vierzig Jahre nach dem Debakel in der Magellanstraße, im Zusammenhang mit einem Kolonisierungsversuch auf den Philippinen ins Blickfeld.

Im Oktober 1527, nachdem die PATACA in Mexiko eingetroffen war, sandte Cortés Álvaro de Saavedra Cerón und zwei weitere Schiffe, die in Mexiko gebaut worden waren, mit dem Auftrag, die Molukken zu erreichen, in den Pazifik. Neben einer lukrativen Ladung von Gewürzen stand auch die Überlegung im Vordergrund, vielleicht auf die verschollene TRINIDAD des Magellan oder Reste der Loyasa-Flotte zu treffen. Aber auch dieser Fahrt sollte kein Erfolg beschieden sein. Als man im Februar 1528 die östlichsten Inseln des Archipels erreicht hatte, waren zwei Schiffe und die gesamten Mannschaften bis auf 30 Mann verloren gegangen; andererseits konnten acht überlebende Teilnehmer von Loyasas Fahrt an Bord genommen werden. Erschöpft und entmutigt befahl Saavedra die Rückfahrt. Auch sie sollte erfolglos bleiben. Von Gegenwinden behindert, verschlug es die Gruppe an die Küste einer großen Insel, das heutige Neuguinea, wo sie ungefähr einen Monat blieb. Ob man von der erst kurz zurückliegenden Fahrt des Jorge de Menes(z)es Kenntnis hatte, darf angesichts der üblichen Geheimniskrämerei um Entdeckungen bezweifelt werden. Auch ein neuerlicher Versuch zur Pazifiküberquerung in Ostrichtung scheiterte; der Kommandant starb auf hoher See. Strömung und andauernder Ostwind verhinderten einen Durchbruch nach Mexiko. So kehrte das Schiff unter Führung des Navigators im Dezember 1529 in die Inselwelt der Molukken zurück.

Diese wurden im selben Jahr von Spanien, das dem Vertrag von Tordesillas zufolge die nominellen Hoheitsrechte besaß, gegen eine Abstandszahlung von 300 000 Golddukaten in portugiesische Hand übergeben. Die faktische Herrschaft übte der kleinere Nachbar Spaniens ja bereits seit 1511 aus, nachdem Albuquerque über Indien bis nach Malakka vorgestoßen war. So verstand es sich von selbst, dass die Portugiesen hier nicht Halt machten, sondern mit ihren Schiffen den Raum der Inselwelt weiter sondierten. Diese Fahrten wurden schon früher erwähnt. Zwei Namen sollen aber hier in größerem Sinnzusammenhang wiederholt werden. Antonio de Abreu, Entdecker der Molukken im Dienste Albuquerques, gelangte zu verschiedenen kleinen Sunda-Inseln und vermaß Küstenteile von Java. Darüber hinaus soll er auch Neuguinea gesichtet haben. Die nachweislich erste Landung eines Europäers auf der großen Insel ist aber erst 1526 mit Jorge de Meneses belegt, der vor der Nordwestküste Anker warf. Nach dem malaiischen Wort *papuwah* (Kräuselhaar) nannte er die Inselwelt dieses Raumes »Ilhas dos Papuas«. Er gelangte also noch vor dem Spanier Ortiz de Reyes nach Neuguinea, der, auf einer Rückfahrt von den Philippinen nach Mexiko, lange als eigentlicher Entdecker der Insel galt.

Im Jahre 1533 – Cortés bekleidete in Mexiko nur noch den Rang eines Generalkapitäns – verließ Diego de Becerra den Hafen von Tehuantépec und segelte die Pazifikküste nordwärts bis Südkalifornien, das er für eine Insel hielt; erst Alarcón sollte den Irrtum erkennen. Nach einer Meuterei wurde von seinem engeren Führungsstab nur Ortuño Ximenez, Pilot der CONCEPCIÓN, am Leben gelassen, da seine Kenntnisse noch gebraucht wurden. Er segelte weiter und dürfte das heutige Bahia de La Paz erreicht haben. Schon einmal durch glückliche Fügungen vor dem sicher scheinenden Tod gerettet, ereilte ihn aber nun in diesem Raum sein Schicksal, als er bei einem Landgang mit vielen seiner Gefährten von Indianern getötet wurde. Keineswegs besser erging es Hernando de Grijalva, zweiter Mann unter Becerra und Kapitän der SAN LAZARO, der oft mit dem Yucatánfahrer Juan de Grijalva verwechselt wird. Durch einen glücklichen Umstand wurde er von Becerra getrennt und konnte dadurch der Meuterei entgehen. Nach der Entdeckung kleinerer Inseln vor den Nordküsten Mexikos und Kaliforniens gab ihm Cortés 1537 das Kommando über ein Schiff, das auf Äquatorhöhe den Pazifik überqueren sollte. Über diese Fahrt ist das Quellenmaterial nicht eindeutig genug, um die genaue Route angeben zu können. Eine Vielzahl der von ihm entdeckten Inseln können heute nicht zweifelsfrei zugeordnet werden. Vermutlich dürften sie im weiteren Bereich der Gilbert-Gruppe und im Großraum Neuguineas gelegen sein. Dort teilte er Becerras Schicksal, als er während einer Meuterei getötet wurde.

Um diese Zeit, genauer im Jahr 1535, kam es zu einer Landsichtung, der jedoch keine politische, ja kaum geographische Bedeutung zugemessen werden kann, die aber 300 Jahre später den Impuls zu einem gewaltigen Umdenken in den Naturwissenschaften geben wird. Durch Unbilden des Wetters und Meeres vom Kurs abgebracht, verschlug es ein Schiff mit Fray Tomás Barlango, dem dritten Bischof von Panamá an Bord, zu einer kargen Inselgruppe, etwa 1000 Kilometer vor der Küste Ecuadors. Die Spanier fanden nichts als schroff aus dem Wasser aufragende, kaum bewachsene Vulkanklippen, jedoch eine Unmenge riesiger Schildkröten sowie Meeres- und Landechsen. Es sind die geologisch äußerst jungen Galapagos-Inseln vulkanischen Ursprungs, deren abgeschlossenes Ökosystem den britischen Naturforscher Charles Darwin (1809–1882) zu seinem revolutionären Werk »Über die Entstehung der Arten«, dem Grundpfeiler der modernen Evolutionstheorie, anregen wird.

Auch nach Hernán Cortés blieb die Exploration der Pazifikküste nördlich Matzalán ungebrochen aufrecht. Francisco de Ulloa segelte 1535 in den Golf von Kalifornien und erreichte dessen Nordende beim Colorado River. Anschließend erkundete er auch die kalifornische Westküste bis in die Nähe von San Diego. Die nächste Episode in diesem Raum wurde 1540 von dem schon erwähnten Hernando de Alarcón geschrieben. Zwei Jahre später folgte Juan Rodriguez Cabrillo, der an die Erkenntnisse Alarcóns und Ulloas anschloss und sie beträchtlich ausweiten konnte. Cabrillo, ein gebürtiger Portugiese und ehemaliger Teilnehmer an der gescheiterten Expedition des Narváez, segelte mit der SAN SALVADOR über den Raum von San Diego hinaus, erreichte bei Los Angeles die Inseln Santa Catalina und San Clemente und stieß bis zum 38. Breitengrad vor. Anderen Quellen zufolge soll es sogar der 40. gewesen sein. Doch das ist unerheblich, da nach Cabrillos Unfalltod das Unternehmen von seinem Piloten Bartolomeo Ferello fortgesetzt wurde. Dieser soll trotz heftiger Stürme im Februar 1543 sogar bis zum 43. Grad nördlicher Breite, irgendwo an der Küste Oregons, gelangt sein; eine Größenordnung, die erst 1579 von Francis Drake überboten wird. In diesem Zusammenhang soll noch ein nettes Detail eingefügt werden: Allen drei Seefahrern ist das Golden Gate entgangen, der Zugang zur traumhaften Bucht und dem sicheren Hafen von San Francisco.

Wie Cortés die Küstenerkundung von Mexiko aus nach Norden vorantrieb, so bemühte sich der einstige Pizarrogefolgsmann Pedro de Valdivia von den neugegründeten Küstenstädten Chiles aus um das Gleiche für den Süden. Von der nach ihm benannten Stadt sandte er 1553 den vorhin erwähnten Francisco de Ulloa und Francisco Cortés Ojea mit zwei Schiffen zur Exploration aus. Der Vorstoß ging entlang der westpatagonischen Küste, blieb aber dann im Eingangsbereich zur Magellanstraße stecken. Vier Jahre später, Valdivia war bereits dem tödlichen Attentat zum Opfer gefallen, stand Juan Fernández Ladrillero an der Spitze einer Flottille, die der Route Ulloas folgte. Ladrillero, der sich bereits um die Erkundung des Titicaca-Sees Verdienste erworben hatte, gelangte Anfang 1558 trotz widrigster Bedingungen über den 52. Breitengrad hinaus und durchschiffte im August – am 21. September stirbt Karl V. – die Magellanstraße erstmals in Ostrichtung bis zum Cabo Virgines, wo er wieder umkehrte. Folgt man einschlägigen Chroniken, so besaß er am Ende der Fahrt nur mehr vier dienstfähige Matrosen, die anderen waren entweder an Skorbut erkrankt oder bereits zugrunde gegangen.

Bevor wir uns den spanischen Vorstößen in die Weiten des pazifischen Raumes zuwenden, muss noch ein Seefahrer genannt werden, der unbewusst und auch unerkannt an einem der berühmtesten Abenteuerromane der Weltliteratur indirekt beteiligt ist. Es handelt sich um Juan Fernández, der einige Fahrten an der südamerikanischen Pazifikküste unternahm. Um 1574 entdeckte er, etwa auf der geographischen Breite von Valparaiso, eine Inselgruppe im Pazifik, die später seinen Namen führen wird. Auf verschlungenen Wegen gelangte 1681 ein Moskito-Indianer aus Mittelamerika auf eine Insel der Juan-Fernández-Gruppe, und 1704 ließ sich hier der schottische Seemann Alexander Selkirk auf eigenen Wunsch aussetzen. Fünf Jahre später wird ihn ein englisches Schiff an Bord nehmen. Selkirk gerät mit seinen Erzählungen für Daniel Defoe (um 1660–1731) zum Vorbild des Robinson Crusoe und dessen Gefährten Freitag, deren »Geschichte« Defoe bereits 1719 veröffentlichte. Verschiedentlich wurde Juan Fernández auch nachgesagt, Tahiti entdeckt zu haben oder gar nach Neuseeland gelangt zu sein, aber das ist reine, derzeit nicht belegbare Spekulation.

Im November 1564 segelte eine aus vier Schiffen bestehende Flotte unter dem Kommando von Miguel López de Legazpi (um 1500–1572) von La Navidad an der mexikanischen Westküste in Richtung Philippinen. Sein Auftrag lautete, die von Magellan entdeckte Inselgruppe zu kolonisieren und Möglichkeiten für regelmäßige Handelsbeziehungen auszuloten. Ihm wurden zwei erfahrene Piloten zur Seite gestellt. Einer davon war der schon bekannte Andrés de Urdaneta, in jungen Jahren Teilnehmer an der Expedition des unglücklichen Loyasa und ehemaliger Page des Delcano. Urdaneta war nach seiner Rückkehr nach Mexiko in den Augustinerorden eingetreten und bereits weit über 60 Jahre alt, als ihn die Berufung zur Teilnahme an Legazpis Unternehmen ereilte. In der pazifischen Inselwelt teilte sich die Flotte. Legazpi und mit ihm Urdaneta nahmen Kurs auf die Ladronen, die Diebsinseln Magellans, heute die Marianen. Über den westlichen Teil der Marshallinseln, die schon Saavedra aufgesucht hatte, erreichte man im April 1565 die Philippinen. Auf Cebu konnte mit örtlichen Häuptlingen ein Vertrag ausgehandelt werden, dessen Folge der erste spanische Stützpunkt von Dauer auf den Inseln war. Von den Eingeborenen auf die Hauptinsel Luzon aufmerksam gemacht, konnte Legazpi auch die Basis für den spanisch-chinesischen Handelsverkehr der Zukunft legen, da Luzon schon einige Jahrhunderte lang von chinesischen und malaiischen Kaufleuten angelaufen wurde. Manila, die heutige Hauptstadt der Philippinen, wurde schließlich im Jahre 1571 von einem Mitarbeiter Legazpis gegründet. In weiterer Folge sollte sich der Handel derart entwickeln, dass auch mit den Philippinen eine regelmäßige Verbindung, die »Manila Galeonen«, eingerichtet wurde. Sie überquerten einmal jährlich den Pazifik, ähnlich wie die Silberflotten und die ihnen angeschlossenen Handelsschiffe den Atlantik.

Die SAN LUCAS stand unter Kommando des Alonso de Arellano, doch im Raum der Marshallinseln brach eine von seinem Navigator geschürte Meuterei aus. Wie weit Arellano selbst daran beteiligt war, ist unklar. Feststeht jedenfalls, dass sich das Schiff von der übrigen Flotte absetzte und eigenen Kurs lief. Ob er die vielen von ihm beschriebenen Inseln auch alle selbst entdeckt hat, lässt sich aus den ungenauen Angaben während der frühen Pazifikfahrten nicht zweifelsfrei rekonstruieren; es sei nur an die Schwierigkeiten der Längengradbestimmung erinnert. Allerdings gelang ihm als erstem Spanier die Rückfahrt nach Amerika, indem er eine nördlichere Route wählte und so den widrigen Winden und Strömungen des bisherigen Kurses entging. Im Juli 1565 landete er wieder in Mexiko, wo ihn in Acapulco ein Prozess wegen Desertion erwartete. Urdaneta hielt sich indessen noch bis Juni in Cebu auf und war maßgeblich an der Inbesitznahme Luzons beteiligt. Von einem Sturm an die Südspitze Japans verschlagen, erreichte er schließlich im Oktober wieder La Navidad in Mexiko, das aber wegen Malariaverseuchung leer stand, so dass auch er in Acapulco vor Anker ging.

Dass sich Verwandtschaftsbeziehungen zu Gouverneuren und ähnlich einflussreichen Persönlichkeiten vorteilhaft auf die Erteilung von Patenten für eigene Reisen auswirkten, bestätigt sich auch in Álvaro de Mendaña (1541–1595); ebenso wie die Tatsache, dass diese Verwandtschaften nicht vor späteren Anfeindungen schützten, sei es vom auftragerteilenden Gönner selbst oder von intriganten Neidern. Mendaña brach mit den Schiffen LOS REYES und TODOS SANTOS im November 1567 von Callao/Lima auf. Sein Hauptziel lag in der Entdeckung des schon lange gesuchten, aber noch immer nicht aufgefundenen Südkontinents. Es mutet seltsam an, wenn eben dieser unbekannte Erdteil Inhalt jeder umfangreichen Weltkarte war und für ungefähr 200 Jahre nicht bewusste Realität werden konnte. Die »Terra Australis« fand sich bei den Kartographen der Schule von Dieppe sogar an richtiger Stelle wieder und blieb trotzdem ein Phantom. Daran konnten auch die Fahrten der Niederländer in diesen Gewässern lange Zeit nichts ändern.

Wie bei vielen Flottenbefehlshabern lagen auch Mendañas Stärken nicht unbedingt in seinen nautischen Kenntnissen; dafür waren eben die Kapitäne und Piloten zuständig. Diese aber bewegten sich gerade im Pazifik mit verständlicher Unsicherheit. So blieb auch Mendañas Schiffen der Kernraum Polynesiens verborgen. Nach der Entdeckung einer kleinen Insel in der Ellice-Gruppe gelang dann im Februar 1568 der erste große Wurf. Man kreuzte in der Salomonen-Gruppe und damit in einem Teil des noch weitgehend unbekannten Melanesien. Um die Schiffe in dem Gewirr der zahlreichen Kanäle mit ihren unbekannten Strömungen und Untiefen nicht zu gefährden, setzte man die Einzelteile einer mitgeführten Brigantine zusammen und schickte sie zur Erkundung voraus. Solcherart entdeckte man von Guadalcanal aus alle großen und auch manche kleineren Inseln der Salomonen. Diese Fahrt blieb für etwa 200 Jahre das letzte Auftreten Europas in diesem Pazifikgebiet. Ende September trafen die Schiffe wieder am Ausgangshafen in Peru ein.

Mendaña hoffte auf die Erteilung einer weiteren Ermächtigung, musste aber statt dessen die Folgen intriganten Widerstandes kennen lernen; zweimal wurde er sogar verhaftet. Fast dreißig Jahre waren seit seiner ersten Reise vergangen, als er im Juni 1595 endlich zu seiner zweiten Fahrt Richtung südostasiatische Inselwelt aufbrechen konnte. Die nun aus vier Schiffen bestehende Flotte setzte Kurs auf bereits bekanntes Gebiet. Auch bei dieser Reise konnte man einige unbekannte Inseln entdecken, die erst später wieder in das Blickfeld der Europäer treten werden, so zum Beispiel die Marquesas, die erst 1774 von James Cook wieder angelaufen wurden. Das Misstrauen mancher Inselbewohner hatte sich in diesen 200 Jahren kaum verändert. Zur Koloniegründung befanden sich diesmal auch einige Frauen an Bord von Mendañas Schiffen, darunter auch dessen eigene. Nach Zerwürfnissen mit den Inselbewohnern von Santa Cruz in den westlichen Salomonen und dem krankheitsbedingten Tod ihres Mannes führte Ysabel de Barreto die Expedition weiter und lief dabei Teile der Karolinengruppe an. Ihr zur Seite stand Pedro Fernández de

Quiros (1555–1614), der Chefpilot des Unternehmens, den sie auch später heiratete. Im Februar 1596 erreichte man die Philippinen und trat nach Abschluss von Handelsgeschäften die Rückreise nach Mexiko an.

Einige Jahre nach dieser Fahrt erhielt der gebürtige Portugiese Quiros ein eigenes Kommando und stieß im Dezember 1606 mit zwei Schiffen von Callao aus erneut in die Südsee vor. Kapitän des zweiten Schiffes war Luis Vaez de Torres, nicht zu verwechseln mit Luis de Torres, einem Teilnehmer der ersten Kolumbusreise und »Entdecker« tabakrauchender Indianer. Auf südlicherem Kurs als vor Jahren mit Mendaña konnte er wieder neue Inseln in der Tuamotu-Gruppe entdecken. Eine große und bewohnte Insel, die er »Conversion de San Pablo« nannte, wurde lange Zeit mit Tahiti gleichgesetzt. Neuere Untersuchungen identifizieren diese Insel aber mit Anaa in Französisch Polynesien, als dessen Entdecker bis dahin James Cook gegolten hat. Es folgten noch weitere Neu- und Wiederentdeckungen, von denen die meisten aber nicht eindeutig zuordenbar sind. Im Mai 1606 wurden die Neuen Hebriden angelaufen. Von einer der größten Inseln, Espiritu Santo, nahm Quiros an, dass es sich um einen Teil des lange gesuchten Südkontinents handle – ein neuerlicher Irrtum. Während er nach Acapulco zurückkehrte, setzte Torres die Fahrt mit seinem Schiff SAN PEDRICO fort, segelte als erster Europäer die Südküste Neuguineas entlang und erforschte sie ebenso wie die nach ihm benannte Meeresstraße zwischen der Insel und der Nordküste Australiens, ohne sich der Bedeutung bewusst zu sein. Im Jahr 1607 landete er auf Luzon. Sein Bericht über diese Fahrt wurde erst 1762 öffentlich, als die Engländer vorübergehend (1762–64) Manila besetzt hielten und das Schriftstück dort vorfanden.

Eine starke Erweiterung der Kenntnisse über den pazifischen Raum, besonders im Großraum Australiens und Neuseelands erfolgte erst viele Jahre später durch andere Seefahrer, vor allem der Niederländer oder unter englisch-britischer Flagge. Zum Abschluss dieses Kapitels soll aber noch ein Mann gewürdigt werden, der, obwohl kein Seemann, aus europäischer Sicht unverrückbar mit dem Raum der Entdeckungen im Osten verbunden ist.

Der aus verarmtem Adel Nordspaniens stammende Francisco de Jassu y Javier, im deutschsprachigen Raum besser bekannt als Franz Xaver (1506–1552), schloss sich nach einem Studium in Paris als Mitgründer des Jesuitenordens Ignatius von Loyola an und wurde 1541 im Rang eines päpstlichen Legaten nach Goa geschickt. Viele tausend Inder soll er während seines Aufenthaltes, währenddessen er auch die Südspitze des Subkontinents erreichte, getauft haben. Im Jahre 1545 reiste er weiter auf die Malaiische Halbinsel und zu den Molukken. Zwei Jahre später erfuhr er Näheres vom Inselreich der Japaner und beschloss, dorthin aufzubrechen. Mit zwei Geistlichen und drei in Goa lebenden Japanern als Dolmetschern landete er im August 1549 auf der Insel Kyushu. Dort hatten die Portugiesen in Nachfolge des Fernão Mendez

Pinto bei einem unbedeutenden Fischerort einen geschützten Naturhafen mit ausreichendem Tiefgang gefunden. Aus dem früheren Dorf Fukaeno-Ura wurde später die Stadt Nagasaki, die mit dem zweiten Atombombenabwurf traurige Berühmtheit erlangte.

Auf Kyushu widmete sich der Missionar einige Zeit dem Sprachstudium und einer tiefer gehenden Landeskenntnis. Auch einige Japaner ließen sich von ihm taufen; ein Audienzansuchen beim japanischen Kaiser zur Darlegung der christlichen Lehre blieb aber erfolglos. Nachdem Franz Xaver in Kyoto nicht vorgelassen wurde, gelang es ihm nach erheblichen Schwierigkeiten mit den lokalen Behörden doch, auf der Insel Hondo eine christliche Mission aufzubauen. Noch im gleichen Jahr kehrte er nach Indien zurück und fand dort, wie sein Ordensbruder Samuel Fritz später in Peru, die Ernennung zum Provinzial vor. Die folgenden Jahre waren administrativen und seelsorgerischen Arbeiten gewidmet. In dieser Zeit lernte Franz Xaver auch die – damals noch möglichen – Einflüsse Chinas auf Japan kennen, und so reifte in ihm der Gedanke, dieses große Reich zu missionieren.

Im April 1552 schiffte er sich in Goa ein und wollte in China einreisen, gelangte aber nur bis zu einer vorgelagerten Insel der Stadt Guangzhou (Kanton), dem großen Umschlagplatz für Seide und Porzellan, auf der die Portugiesen 1516 einen ersten Stützpunkt errichtet hatten. Auf dieser Insel durften sich ausländische Seefahrer und Händler unbeschadet aufhalten, während ein Betreten des Festlandes mit schwersten Strafen geahndet wurde. Verschiedentlich war es in chinesischen Hafenstädten schon zu regelrechten Massakern an Ausländern gekommen. Die Ming-Dynastie und damit China befanden sich zu dieser Zeit in voller Blüte und betrachteten Fremde meist als nachrangige Bittsteller. Enttäuscht und wegen der Misserfolge seiner Bemühungen entmutigt, starb Franz Xaver gesundheitlich verbraucht noch im gleichen Jahr. Trotzdem sollte sein Wirken für den Jesuitenorden und auch für Europa beachtliche Auswirkungen haben.

Die Societas Jesu wurde aufgrund ihrer inneren Struktur nicht nur zum Träger der Gegenreformation, sondern auch zu einem Eckpfeiler der Missionstätigkeit und darüber hinaus beinahe zu einem politischen Faktor in den Missionsgebieten, was sich gerade an China und vor allem Japan nachweisen ließe. Das Reich der aufgehenden Sonne befand sich im 16. Jahrhundert in einer Zeit der inneren Wirren und lang andauernder Machtkämpfe einzelner Fürsten und Feldherren. Oda Nobunaga (1534–1582), einer von ihnen, besetzte die Kaiserstadt[106] Kyoto und nutzte, um die Buddhisten zu schwächen, auch die christlichen Missionare für seine Zwecke. Dadurch gelang es den Jesuiten in dem intern ausgetragenen christlichen Widerstreit mit den Franziskanern, in einflussreiche Positionen aufzusteigen und teilweise auch maßgeblich an den Auslandsbeziehungen mitzuwirken. Nach Nobunagas

Ermordung erfolgte unter Toyotomi Hideyoshi (1536–1598) der Pendelausschlag in die Gegenrichtung. In der stark hierarchisch gegliederten und von extremen Klassenunterschieden geprägten japanischen Gesellschaft hatte das Christentum mit dem Grundinhalt seiner Lehre, dass alle Menschen gleich seien, schnell viele Anhänger gefunden, die zum Gefahrenherd für die feudale Samuraiordnung wurden. Erschwerend kam hinzu, dass die »christlichen« Portugiesen nicht davor zurückschreckten, Japaner in die Sklaverei zu zwingen und sogar bis nach Amerika zu verkaufen. Hideyoshi, anfangs noch um Ausgleich bemüht, schlug sogar einen Rückkauf der Verschleppten vor, scheiterte aber am Gewinnstreben der Europäer. So verbot er 1587 das Christentum generell, verwies die Missionare des Landes und leitete eine Periode zwanghafter Rückbekehrung ein, die an die Christenverfolgung der römischen Kaiserzeit erinnert.

Nach Hideyoshis Tod während eines erfolglosen Invasionsversuchs in Korea erstritt sich der adelige Ieyasu Tokugawa (1542–1616) die führende Position unter den Daimyo des Landes, verlegte seine Residenz nach Edo, das heutige Tokyo, und wurde 1603 – in England stirbt Elisabeth I. – als Shogun zum Begründer des sogenannten Tokugawa-Shogunats, das über 250 Jahre lang die Geschicke Japans bestimmen sollte. Die zunehmende Abschottung des Landes beginnt 1624 mit dem Verweis der Spanier, und damit auch Portugiesen, aus allen Häfen. Lediglich den Niederländern wurde der Unterhalt eines Stützpunktes auf der künstlichen Insel Dejima vor Nagasaki auf Kyushu gestattet. Trauriger Höhepunkt und gleichzeitig Abschluss abendländischer Präsenz in Japan war ein Massaker unter japanischen Christen, lange nach Abzug der Europäer. Im Jahr 1637 sollen der Überlieferung zufolge 40 000 nur spärlich bewaffnete christliche Aufständische, Männer, Frauen, Kinder und Alte regelrecht ermordet worden sein, als sie sich gegen ungerechtfertigte Abgabenforderungen eines Provinzfürsten aufzulehnen versuchten. Der Kriegeradel alter Prägung hatte sich wieder durchgesetzt.

POLITISCHE ZUSTÄNDE IN ÜBERSEE

> *»Welchen Reiz können jene außerordentlichen Zeiten haben,*
> *wo die Spanier unter Karls V. Regierung mehr Mut*
> *als sittliche Kraft entwickelten?«*
> Alexander v. Humboldt (1799)

Betrachtet man nach der Eroberungsgeschichte die innere Entwicklung in den überseeischen Gebieten, so kann man sich für die erste Hälfte des 16. Jahrhunderts auf die portugiesischen und spanischen Besitzungen beschränken. In dieser Zeit wurden die Herrschafts- und Verwaltungsstrukturen geschaffen, die noch lange gültig sein werden und selbst mit dem Vordringen anderer Seemächte im 17. Jahrhundert nur unwesentliche Abänderungen erfuhren. Relativ einfach stellt sich die Situation im portugiesischen Kolonialreich dar, das besser als Handelsimperium zu bezeichnen wäre. Mit dieser Wortwahl ist auch der strukturelle Unterschied zu seinem spanischen Pendant bereits definiert. Die Portugiesen legten in ihrem Vordringen nur Stützpunkte an und beschränkten ihre Aktivitäten auf die unmittelbaren Küstenregionen dieser Brückenköpfe. Ein Durchdringen des Hinterlandes und dessen flächige Okkupation hätte die personellen Kräfte des kleinen Landes bei weitem überstiegen. So beschränkte es sich überwiegend auf den Abschluss von Handelsverträgen mit lokalen Machthabern und blieb in weit auseinander liegenden Niederlassungen zurückgezogen, die mit wenigen Ausnahmen nie ihren Wagenburgcharakter ablegen konnten. Die beeindruckenden Festungsmauern von Elmina an der Goldküste, dem Fort Jesu in Mombasa oder dem Bollwerk von Galle an der Südspitze Ceylons geben heute ein verfälschtes Bild wieder. Ihre mächtigen Wälle entstanden über einen Zeitraum von Jahrzehnten und boten erst nach Fertigstellung einen hinlänglichen Schutz vor Angriffen der einheimischen Bevölkerung, deren politischen Führern, aber auch konkurrierender Seemächte aus Europa. Zu diesem Zeitpunkt war das portugiesische Überseereich jedoch bereits im Niedergang begriffen.

Während sich die geostrategischen Stützpunkte des britischen Kolonialreiches im 18. und 19. Jahrhundert auf die Dominanz der englischen Flotte stützen konnten, mussten die portugiesischen aus eigener Kraft für ihre Sicherheit sorgen. Darüber können auch die frühen und raschen Erfolge eines Almeida oder Albuquerque nicht hinwegtäuschen. Die Seeschlacht von Diu brachte nur eine vorübergehende Atempause. Bedenkt man die Entfernungen über die Küsten des Indischen Ozeans bis zu den Gewürzinseln, so wird das unmittelbar deutlich. Zeit, Raum und materielle Möglichkeiten sprachen gegen eine homogene Verwaltung der netzartig verteilten Herrschaftsgebiete. Als logische Konsequenz widmete sich der Vizekönig mehr den politischen Notwendigkeiten im direkten Umfeld seines Amtssitzes – also Goa, der Malabarküste Indiens sowie dem Zimt- und Edelsteingewinn auf Ceylon – als den Gegebenheiten an der Peripherie.

Als signifikantes Beispiel dafür kann Südarabien und der Eingang des Persischen Golfes angeführt werden. Wohl wurden Oman, Ormuz und Maskat überraschend eingenommen, die Portugiesen mussten aber von Anfang an um ihre fragile Herrschaft kämpfen. Das Arabische Meer blieb trotz aller portugiesischen Bemühungen die Domäne der islamischen Dhaus; auf die ägyptisch-mamlukischen Galeeren vor Diu folgten nach 1517 jene unter osmanischem Einfluss. Derart von einer auf Dauer gesicherten Zufuhr benötigter Hilfsmittel abgeschnitten, begannen die kleinen Stützpunkte ein Eigenleben zu entwickeln und entzogen sich immer mehr dem Zugriff der portugiesischen Krone. Im Gegensatz zur Politik Ferdinands II. und Karls V., die im Besitz der nordafrikanischen Küste von Oran bis Tripolis ein strategisches Pflichtziel sahen, schenkten Manuel I. und João III. den Niederlassungen im arabischen Raum immer weniger Aufmerksamkeit, sodass auch dort die Stützpunkte langsam zu Zufluchtsorten für Glücksritter, Verbrecher und Piraten wurden.

Anfangs noch unbemerkt und langsam, dafür aber umso beständiger begann Portugal personell auszubluten. Und der ungebrochene Zustrom von Gewürzen und Handelswaren aus den indischen Umschlaghäfen sowie Südostasiens täuschte lange über die Strukturschwächen hinweg, die das Handelsreich in sich barg. Entfernungen und geringe Personalressourcen wurden bereits erwähnt. Dazu kam aber, was nicht unwesentlich war, eine Spezialisierung auf nur wenige Produkte. Die ersten Gewürzladungen aus den Molukken verursachten wohl ein wirtschaftliches Beben in Europa, brachten aber nicht das System zum Einsturz. Das kleine Land besaß nun wohl ein Beinahe-Monopol über Pfeffer und Gewürznelken, mit denen es den Kontinent überschwemmte und über einen niedrigeren Preis Absatz sowie Gewinn in die Höhe trieb. Der europäische Konsument verlangte aber nach der ganzen Bandbreite an Gewürzen, von Zimt bis zu Muskatnüssen. Und hier sieht man die Portugiesen von einer Monopolstellung weit entfernt. Besaß der aus Südostasien importierte Pfeffer nicht unbedingt erste Qualität, so wurde diese durch die langen Anfahrtswege auf See, mit all ihren Feuchtigkeitseinwirkungen, nicht gerade verbessert. Die alten Handelswege blieben trotz der türkischen Expansion weitgehend intakt, lediglich die Rahmenbedingungen hatten sich auf Seite der Gestehungskosten verschärft. Auf begehrte Waren wie Korallen, Porzellan, Seide, Pelze und wohlriechende Essenzen hatten die Portugiesen kaum in jenem Umfang Zugriff, der ihnen eine dominierende Stellung über Handelsrivalen, etwa Venedig, eingebracht hätte. Damit soll nicht die bisherige Behauptung, Portugal wäre zur bedeutendsten Seehandelsmacht Europas im frühen 16. Jahrhundert aufgestiegen, konterkariert werden. Es sollte lediglich darauf hingewiesen werden, dass die Strukturen nicht gerade geeignet waren, Einflüsse von außen mit der gebotenen Härte und Konsequenz abzuwehren.

Während die Spanier in Westindien allzu bald gezwungen waren, wirtschaftliche Reformen vorzunehmen, beschränkte sich die Portugiesen auf eine permanente Ausweitung der Sklavenwirtschaft im Rahmen einer überwiegend agrarisch ausgerichteten Ökonomie. Diese konnte aber nur auf dem agrarischen Sektor voll wirksam werden. So errang Portugal nach einiger Zeit über großflächige Plantagen (Kapverden, São Tomé, Brasilien) auch das Zuckermonopol, da ähnliche Versuche der Spanier in der Karibik lange ohne durchschlagenden Erfolg blieben. In einem gewagten Vergleich könnte man Portugal mit einem Diskontladen vergleichen, der über eine eingeschränkte Produktpalette zu Billigpreisen seinen großen Umsatz einfährt, hochwertige Fertig- und Qualitätsprodukte aber den Konkurrenten überlässt. Mit Ausweitung des Geldumlaufes und Abdeckung der Grundbedürfnisse orientierte sich die einkommensstarke Gesellschaft an eben diesen Qualitätsprodukten, die Portugal nicht anbieten konnte. Diese kamen, nicht ausschließlich aber überwiegend, aus der gewerbe- und industriestärksten Region Europas, aus den niederländischen und flandrischen Provinzen, von denen bald auch eine direkte Bedrohung der Portugiesen in ihrem ureigensten Bereich, in Südostasien, ausging. Verschärft wurde diese Entwicklung, als Philipp II. 1580 die Kronen Portugals und Spaniens in seiner Person vereinte. Dass nun die unmittelbar spanischen Interessen über den portugiesischen standen, braucht nicht besonders hervorgehoben zu werden. Als das kleine Land am Tejo und Douro nach sechzig Jahren seine Eigenstaatlichkeit wiedererlangte, war das einstmalige Imperium weitgehend zerbrochen und die frühere Monopolstellung verloren, worauf im Abschnitt »Die Niederländer« noch eingegangen wird.

Ganz anders verlief die Entwicklung in den spanischen Besitzungen. Wie schon bekannt, wurde durch die königliche Cédula[107] vom 20. 1. 1503 mit der *Casa de la Contratación* in Sevilla nach portugiesischem Vorbild eine zentrale Schaltstelle für die Belange Westindiens geschaffen. Sie war zuständig für die Abfertigung der Amerikaflotten[108] und sollte die Einkünfte der Krone aus dem Amerikahandel überwachen und sicherstellen. Mit der »Real Provisión« von 1511 erhielt sie darüber hinaus das Recht, über alle zivilen und strafrechtlichen Angelegenheiten des Amerikahandels und der Schifffahrt zu entscheiden. Nachdem Ferdinand II. 1508 von Julius II. das »Universalpatronat« für Amerika erwirkt hatte, lagen von da an auch kirchliche Maßnahmen faktisch im Bereich staatlicher Entscheidungsbefugnis. Dies zeigte sich 1518 in der Entscheidung von Papst Leo X., die kastilische Krone zum unabsetzbaren Bevollmächtigten (Vicar) des Papstes in Amerika zu ernennen. Indem Rom bei Bischofsernennungen an die Vorschläge der Krone gebunden war und selbst einfache Kleriker nur mit ausdrücklicher Zustimmung der »Casa« nach Westindien gelangen konnten, erweist sich die Vorherrschaft des Staates als erdrückkend. Den Höhepunkt dieser Entwicklung markiert 1543 eine königliche Cédula, mit der der Vizekönig auch zum Großinquisitor ernannt wurde. Dennoch gelang es der unteren Kirchenebene immer wieder, eben diesen Staat zu (wenn auch bescheidenen) Reformschritten zu bewegen. Die berühmte Adventpredigt des Dominikaners António de Montesino, in der noch vor Las Casas die Auswüchse der Kolonialherrschaft angeprangert wurden, führte 1512 mittelbar zu den »Gesetzen von Burgos«, die dem außer Kontrolle geratenen Encomienda-System die schärfsten Spitzen nehmen sollten; zu wenig, um die Ureinwohner realiter zu entlasten. Trotzdem begann in dieser Zeit zwischen Klerikern, Rechtsgelehrten und dem Staat eine Grundsatzdiskussion über die Rechte der Ureinwohner, die sich über die nächsten vierzig, fünfzig Jahre hin erstrecken sollte.

Erstes Ergebnis war 1513 ein königlicher Erlass, der an Lächerlichkeit kaum mehr zu überbieten ist und selbst von dessen Autoren als juristisches Feigenblatt betrachtet wurde. Demzufolge hatte jeder Conquistador den Ureinwohnern einen vorbereiteten Text im Wortlaut zu verlesen, ehe er weitere »Maßnahmen« erlassen durfte. Im sogenannten »Requerimiento«, verfasst vom Kronjuristen Rubios Palacios, wurde den Indianern die für sie unverständliche Rechtskette Papst–König–Conquistador vorgetragen und daraus ihre Unterwerfung abgeleitet: »*Wenn ihr das aber nicht tut und böswillig zögert, dann werde ich, das versichern wir euch, mit Gottes Hilfe gewaltsam gegen euch vorgehen, euch überall und auf alle nur mögliche Art mit Krieg überziehen …*« Was zunächst nach einem schlichten Ultimatum klingt, wird kurz darauf zur Androhung eines »gerechten« Krieges: »*Wir bezeugen feierlich, dass das Blutvergießen und die Schäden, die daraus erwachsen, allein euch zur Last fallen, nicht Seiner Majestät, nicht mir und nicht diesen Rittern, die mit mir gekommen sind.*« Eine ähnliche Argumentationslinie hatte schon die Spanische Inquisition seit ihren Anfängen gegen Kritiker verfochten, wonach dem zur Konversion Aufgeforderten eine freie Willensentscheidung anheim gestellt worden sei. Hier bestand die »freie Wahl« zwischen Glaubensübertritt und Scheiterhaufen, dort zwischen bedingungsloser Unterwerfung und Vernichtung.

Allzu bald stellte sich heraus, dass die »Casa« strukturell nicht geeignet war, die vielfältiger werdenden Interessen der Krone und des Landes abzudecken. Sie konnte ihrer Aufgabe nur so lange gerecht werden, als sich spanische Landnahmen auf die großen Inseln der Karibik und einige Stützpunkte an der Südamerikanischen Küste beschränkten – was jedoch insofern die Situation beschönigt, als sich Eroberer und Siedler den Ureinwohnern gegenüber keinerlei Beschränkung auferlegten. Im Gegenteil, die physische Vernichtung der

Indianer durch Krankheiten und schwerste Fronarbeit ging schließlich soweit, dass die Kolonialbehörde nicht mehr darüber hinwegsehen konnte.

Den frühen Entdeckern wurden zivile oder beamtete Gouverneure als politisches Korrektiv auf Verwaltungsebene, aber auch als Verbindungsglied zur »Casa« vorgesetzt. Die Eroberung des Aztekenreiches und die Entwicklung in Mittelamerika mit all den darin enthaltenen Rivalitätskämpfen machte die Schwäche der Konstruktion offenbar. Um dem zu begegnen, wurde 1524 der »Consejo real y Supremo de las Indias«, der Indienrat, gegründet. Er fügte sich nahtlos in das Ratssystem ein, das Karl V. bei den Regierungsgeschäften zur Seite stand. Trotz aller Kopflastigkeit zugunsten des Adels und Klerus vertraten die einzelnen Räte der verschiedenen Reiche und Regionen, unter nominellem Vorsitz des Monarchen, jeweils die Interessen ihres Reichsteils. Durch ein ausgeklügeltes Filtersystem, das im unmittelbaren Kronrat gipfelte, war also jedes Territorium über ein beratendes Gremium mit Gesetzesvorschlagsrecht bei Hof vertreten. Im Indienrat wurde mit dieser altspanischen Tradition gebrochen. Ihm gehörten ausschließlich Spanier an, kein einziger Indianer, und wäre er von noch so hoher Abstammung gewesen. Dadurch wurden die Interessen der amerikanischen Urbevölkerung über die Repressionen hinaus noch zusätzlich eingeschränkt. Der Indienrat hätte ein vermittelndes Instrument zwischen den unterschiedlichen Kulturen sein können, das wohl den spanischen Herrschaftsanspruch nicht in Frage gestellt, einem Auseinanderdriften der Gesellschaften aber entgegengewirkt, es zumindest aber gemildert hätte.

Obwohl die oberste Entscheidungsgewalt beim König lag, wurde der Indienrat zum eigentlichen Verwaltungsorgan auf Staatsebene. Von ihm wurden Verordnungen erlassen, Beamte ernannt und Visitationen durchgeführt. Der Schriftverkehr erfolgte im Namen des Königs und wurde letztendlich von diesem bestätigt. Auch der Handel unterlag dem Kompetenzbereich des Rates, die praktische Durchführung der *Casa de la Contratación*. Der große reale Unterschied zwischen Anspruch und Sein wird beklemmend deutlich, wenn Leopold von Ranke in seinem Werk über die »Geschichte der spanischen Monarchie« schreibt: »*Die große Aufgabe der spanischen Regierung war es, in dem Getümmel der Gewaltsamkeiten, mit denen die Eroberungen vollzogen und die ersten Einrichtungen getroffen wurden, die Population nicht untergehen zu lassen.*« Dem stand allerdings die Grundeinstellung der frühen Eroberer entgegen, wonach »*Gott im Himmel sowie der Kaiser weit weg*« seien und sie in der Neuen Welt bestimmen würden – eine Anmaßung, die nur zum Teil Gültigkeit besaß und von der Krone entsprechend in die Schranken gewiesen wurde, wie die Behandlung aufständischer Conquistadoren, nunmehr Großgrundbesitzer, von Gonzalo Pizarro in Peru über Martín Cortés in Mexiko bis zum psychopathisch veranlagten Lope de Aguirre in Venezuela zeigt. Dass diese Reglementierungen mehr dem Erhalt des legitimen, eigenen Souveränitätsanspruches galten als der Indianerbefreiung aus Kolonistenwillkür, braucht nicht besonders erwähnt zu werden.

Von einer Selbstverwaltung oder gar Selbstregierung der einzelnen Kolonien konnte also keine Rede sein. An der Hierarchiespitze in Übersee stand der Vizekönig: der erste ab 1534 für das neu geschaffene Vizekönigreich Neu-Spanien (Mexiko und Mittelamerika), dem 1543 das für Peru (von Kolumbien bis Chile und zum La Plata) folgte. Spätere Gründungen und territoriale Umstrukturierungen wurden bereits in früheren Abschnitten erwähnt. Dem Vizekönig, meist ein Vertreter des Hochadels, standen die sogenannten *audiencias* zur Seite, juristische Verwaltungsorgane, deren Aufgabe über ein rein beratendes Gremium hinausging. Für die Rechtsprechung zuständig[109], bildeten sie auch ein politisches Korrektiv zu Entscheidungen des Vizekönigs, der nicht mit absoluten Rechten ausgestattet war. Als Ex-officio-Mitglied saß er wohl neben den Richtern in den Audiencias, besaß jedoch kein Stimmrecht. Damit versuchte Karl V. über den Indienrat eine Entwicklung zu verhindern, die bei den Conquistadoren zur versuchten Machtusurpation geführt hatte, nun aber größere, bedrohlichere Dimensionen hätte annehmen können, da sich der Herrschaftsbereich eines Vizekönigs über vergleichsweise riesige Gebiete fernab des Mutterlandes erstreckte. Während seiner Regierungszeit und der Philipps II. bekleideten ausschließlich sorgfältig ausgewählte Administratoren das Amt. Danach rückten militärische Fähigkeiten in den Vordergrund, bis nach 1650 auch charakterliche Schwächlinge, denen die Krone irgendeinen Gefallen schuldete, in diese Position aufrücken konnten.

Die Entwicklung der spanischen Herrschaft während der ersten Jahrzehnte soll beispielhaft an Südamerika beschrieben werden, da hier das demographische Missverhältnis zwischen Europäern und Urbevölkerung am deutlichsten zutage trat. Die erste Audiencia Neukastiliens, der als Drehscheibe zwischen Nord und Süd eine wesentliche Bedeutung zukam, wurde 1538 in Panamá gegründet; 1543 folgte mit Einrichtung des Vizekönigreichs Peru Lima, 1549 Bogotá und dann Quito. Da sich der Amtssitz des Vizekönigs in Ciudad de los Reyes (Lima) befand, dominierte die dort angesiedelte Audiencia bald auch die anderen. Die reichste befand sich allerdings in Chuquisaca, dem heutigen Sucre[110] in Bolivien. In ihren Wirkungsbereich fielen die reichen Silberminen bei Potosí (Villa Imperial de Potosí), die 1545 entdeckt und von da an ausgebeutet wurden. War ein höherer Beamter in einen außergewöhnlich großen Skandal verwickelt, so stellte der Indienrat über einen *visitator general* Ermittlungen an, während der die Befugnisse des Visitators jene des Vizekönigs übertrafen. Diesem und den einzelnen Audiencias nachgeordnet stand jeder Provinz ein Gouverneur oder Generalkapitän (Chile) vor, der über die *corregidores* die einzelnen Distrikte seines Amtsbereiches kontrollierte. Sie stellten die unterste Ebene zentralstaatlicher Gewalt dar und dienten als Gelenk zwischen

Bevölkerung und Verwaltung. Die Corregidores zerfielen in zwei Gruppen. Die erste, meist juristisch gebildet und als Staatsbeamte relativ gut honoriert, führte den Vorsitz über die *cabildas*, die rein spanischen Stadträte nach altiberischer Tradition.

Kann das Verwaltungssystem, wie bisher beschrieben, durchaus als konsistent angesehen werden, so zeigt es in einem wesentlichen Punkt seine Hauptschwäche. Diese findet sich in der zweiten Gruppe, in den *corregidores de indios*, den eigentlichen Gewaltträgern über die Indianer. Obwohl sie nach heutigem Verständnis die Schlüsselstelle im Zusammenleben beider Kulturen einnahmen, waren sie in der Hierarchie gering geachtet, ohne entsprechende Kenntnisse zur Erfüllung ihrer Aufgabe und überdies schlecht bezahlt. Als Regulierungsfaktor gegenüber den Auswüchsen der Encomiendas und Repartimientos gedacht, entwickelten sie sich zu den härtesten Bedrängern der Ureinwohner. Mit dem Hinweis, ihr oberster Schutzherr zu sein, konnte ein Corregidor die ihm anvertrauten Indianer zu persönlichen Dienstleistungen zwingen, Produkte unter dem Marktpreis an ihn zu verkaufen, um sie dann gewinnbringend selbst abzusetzen, oder er konnte sie zur Bezahlung überhöhter Abgaben jeder Art anhalten.[111] Da bedeutete es kaum mehr als ein Stück Papier, als die Urbevölkerung 1542 in den *Leyes nuevas* insofern ihre Freiheit erhielt, als sie *ex lege* nicht mehr zur Sklavenarbeit herangezogen werden durfte:

»21. Wir ordnen an und befehlen, dass künftig aus keinem Grunde, sei es Krieg oder welcher sonst, weder zur Strafe für Aufruhr noch im Wege des Loskaufens noch auf andere Weise irgendein Indianer zum Sklaven gemacht werde. Wir wollen, dass sie als Unsere, der Krone von Kastilien, Untertanen behandelt werden, denn das sind sie …«

Ein anderes Gesetz innerhalb des Gesamtpaketes hob zeitgleich die (de facto) Vererbbarkeit der Encomiendas auf, was zwangsläufig zu Unruhen unter den wohlhabend gewordenen Conquista-Veteranen und Großkolonisten führen musste, die das arbeitslose Einkommen ihrer Familie gefährdet sahen. Eine weitere Anordnung entzog den Beamten und Korporationen gänzlich ihre Encomiendas:

»26. Da die Übergabe von Indianern an die Vizekönige, Statthalter und deren Stellvertreter, an Unsere Beamten, an die Prälaten, Klöster … und andere Personen, die wegen ihrer Dienste auf diese Weise begünstigt wurden, zu Ordnungswidrigkeiten in der Behandlung der Indianer geführt hat, ist es Unser Wille und Befehl, dass alle Indianer, die unter irgendeinem Rechtstitel oder aus irgendeinem Grunde im Dienst und Besitz der Vizekönige und Statthalter, ihrer Stellvertreter … usw. sind, unverzüglich Unserer Königlichen Krone unterstellt werden, auch wenn ihnen die Indianer nicht als Entgelt für ihre Dienste überantwortet worden sind. Und wenn etwa die betreffenden Beamten und Statthalter den Wunsch aussprechen sollten, ihre Ämter aufzugeben und die Indianer zu behalten, soll ihnen

das doch nichts helfen und die Ausführung Unserer Anordnung deshalb nicht etwa unterbleiben …«

Darüber hinaus sollte eine für zukünftige Fälle erlassene Bestimmung einen schleichenden Rückfall in altgewohnte Zustände verhindern:

»30. Ferner verordnen und befehlen Wir, dass kein Vizekönig, Statthalter, Richter, Entdecker noch irgendeine andere Person künftig Indianer zuteilen darf, weder im Wege der Neuzuteilung, noch durch Abtretung, Schenkung, Verkauf, noch in irgendeiner anderen Form oder auf irgendeine andere Art und Weise, auch nicht durch Testament oder Vererbung; vielmehr sollen die Indianer beim Tode ihres Dienstherrn Unserer Königlichen Krone unterstellt werden …«

In Summe gesehen führten die »Neuen Gesetze« im Vizekönigreich von Peru zu einer schweren sozialpolitischen Krise, die im Aufstand des Gonzalo Pizarro gipfelte, deren Ausgang schon einige Abschnitte früher behandelt wurde. Während der erste Vizekönig (1544–1546) Blasco Núnez de Vela wegen zielstrebiger Umsetzungsversuche der Gesetze und unkluger Diplomatie sein Leben verlor, gelang es Antonio de Mendoza, dem Vizekönig von Mexiko/Neu Spanien, schwere Unruhen zu verhindern. Obwohl die Krone ihn zu einer scharfen Vorgehensweise verpflichtete, führte er die »Neuen Gesetze« nur in Etappen und mit Rücksichtnahme auf die lokalen Gegebenheiten ein.

Aufgabe der Audiencias war es, die Einhaltung dieser Gesetze zu überwachen und im Übertretungsfall entsprechende Maßnahmen zu erlassen. Nun gab es aber die alte Vereinbarung zwischen Staat und Kirche: »Das Land dem König, die Seelen der Kirche«; dies ermöglichte unter dem Deckmantel der Missionierung eine weitere Ausbeutung der Indianer. Auch die alte, schon erwähnte Redensart der Conquistadoren: *»Dios está en el cielo, el re está lejos, yo mando aqui«* (Gott ist im Himmel, der König weit, hier befehle ich) ist noch nicht vergessen. Zwischen den Corregidores de indios und Encomenderos mit ihren Repartimientos standen die Kaziken, auch *curaca* herkömmlicher Tradition, die den Druck von oben an die *hatunruna* (Tributpflichtigen) nach unten weitergaben. In Europa hatten sich die bestehenden Gesellschaftsstrukturen in einem Jahrhunderte langen Prozess herausgebildet. In der Neuen Welt wurden die alten Systeme schockartig zerschlagen und durch europide ersetzt. Europid deswegen, da wohl die Grundzüge aus dem alten Kontinent übernommen, die Einzelstellung in der Kolonialhierarchie aber erst erstritten wurde.

So machte sich schon früh eine gesellschaftliche Differenzierung zwischen den sogenannten *isleños*, den Männern der ersten Stunde, und den *recién venidos*, der zweiten und dritten Welle, bemerkbar. Die Entwicklung verlief zeitgleich auf zwei Schienen. Zum einen folgte auf die verhältnismäßig wenig gebildeten, aber kampfstarken Conquistadoren der niedere und mittlere Adel mit entsprechendem Machtanspruch, der dann in der Person des hochadeligen Vizekönigs gipfelte. Zum anderen versuchten sich in einem ungebrochenen Zustrom einfache Siedler in einem Territorium zu etablieren, dessen einträglichste Parzellen bereits vergeben waren. Wie in jeder Pioniergesellschaft stand neben dem Kampf um das eigene Überleben der gesellschaftliche Aufstieg an erster Stelle, und der war nur über Besitz und Geld zu erreichen. Der substantivische Begriff Hildalgo (*jemandes Sohn*) fand in der Verbkonstruktion »*ir a valer mas*« (frei: [hinaus]gehen, um mehr zu gelten) seine entsprechende Ergänzung. Korruption und Bestechung wurden zum Ferment auf dem Weg nach oben. Ein Aufstieg war nur über Empfehlungen möglich, und betrachtet man die vorhin erwähnten Hierarchieebenen, so kann man ermessen, welchen Aufwand an Geld und Zeit es erforderte, Klassenschwellen zu überwinden. Das System von Förderung gegen Zuwendungen trug sich von unten nach oben selbst, da erhaltene Bestechungsgelder neben der Ansammlung persönlichen Reichtums vor allem dazu dienten, über eigene Bestechung selbst weiter aufzurücken. Damit ein Begehren oder eine Beschwerde bis zum Indienrat und damit indirekt zum König vordrang, bedurfte es entweder erheblicher Geldmittel oder einflussreichster Förderer auf den zwischengeschalteten Ebenen, zumal der Instanzenweg eingehalten werden musste.

Die nach europäischen Landbegriffen ungeheure Entfernung zwischen den amerikanischen Siedlungsräumen und den Orten königlicher Präsenz stellte eine verwaltungstechnische Hürde dar, die selbst Monarchen wie Karl V. oder Philipp II., die sehr auf die Einhaltung geordneter Strukturen im Sinne einer höheren Ordnung Wert legten, kaum überwinden konnten[112]. Bei Letzterem, mehr oberster Verwalter seines Reiches als sich selbst spirituell überhöhender Monarch im Schatten seines Vaters, oder dem profaner Glorie verpflichteten Franz I. lässt sich nach der bereits erfolgten militärischen Eroberung eine besondere Hinwendung zu Fragen der Tributleistungen feststellen. Noch als spanischer Kronprinz und Regent wollte Philipp in einer Anfrage an die Audiencia von Lima sichergestellt wissen, dass die von den Indianern Perus zu leistenden Abgaben und Dienstleistungen nicht über jenen lägen, die die letzten Inkaherrscher ihren Untertanen abverlangt hatten. Die Antwort des Richters Hernando de Santillán war ernüchternd: »*Alle Tribute und Dienstleistungen, die der Inka dem Volk auferlegte, dienten zum Unterhalt der Regierung und dem Gemeinwohl aller, und was immer man einsammelte und aufbewahrte, wurde am Ende wieder unter das Volk verteilt. (...) als aber die Christen kamen und sich zu ihren Herren machten, legten sie ihnen Tribute auf, mit denen sie 20 000 oder 30 000 Spanier versorgen mussten, (...) und diese Spanier, anstatt bescheiden und nach den Geboten des Evangeliums zu leben, essen und trinken die Fülle, importieren den teuersten Wein aus Kastilien, kleiden sich mit den besten Stoffen, Seiden und Tuchen aus Holland, und führen so eine Unmenge Waren ein, die sie für ihr verschwenderisches Leben benötigen. All dies muss aus den Tributen und der Arbeit der Indianer bezahlt werden, ohne dass für sie etwas abfällt ...*«

Die *Leyes nuevas* führten nur vorübergehend zu einer Entlastung, da sich die Krone durch die latenten Unruhen unter den Encomenderos 1550 gezwungen sah, das Repartimiento-System teilweise wieder zu beleben, indem die Indianer verpflichtet wurden, einen Teil des Jahres für die Kolonialregierung zu arbeiten, was hieß, die *mita* auf europäische Strukturen zu übertragen. Formen der Encomienda lebten in der Peonage (vor allem in Mexiko) und im Hazienda-System Südamerikas bis in das 20. Jahrhundert weiter. Der Spanier war wohl bereit, für Spanien zu sterben, nicht aber für Spanien zu arbeiten.

Auf durchaus menschlicher Ebene wurde zudem eine Kluft offenbar, die die gesellschaftliche Trennung durch eine weitere Komponente verschärfte und eine neue Bevölkerungsschicht hervorbrachte, die weder der einen noch der anderen Kultur angehörte. Bis 1513 war es spanischen Soldaten ganz im Sinn der *»limpieza de sangre«* (des reinen Blutes[113]) strikt verboten, Indianerinnen zu heiraten; andererseits standen viel zu wenige spanische Frauen zur Verfügung, um eine Familie zu gründen. In jenem Ausmaß, in dem die reine Männergesellschaft der militärisch organisierten Eroberer durch die zivile der frühen Kolonisten ersetzt wurde, trat die erwähnte Diskrepanz immer deutlicher zu Tage. Die Beziehungen zwischen europäischen Männern und einheimischen Frauen blieb lange Zeit auf das Konkubinat beschränkt. Gefördert wurde das durch einige Kaziken selbst, die, in alte Kulturtraditionen eingebettet, entweder eine eigene Tochter oder junge Mädchen des Stammes den Conquistadoren zum Geschenk machten. Neben Cortés lebte auch Francisco Pizarro im Konkubinat mit zwei adeligen Inkafrauen: mit Angelina Añas Yupanqui und Inés Huayllas Yupanqui, mit denen er je zwei Kinder zeugte. Kinder, die aus ähnlichen Verbindungen hervorgingen, die *mestizos*, standen zwischen den Kulturen, auch wenn sie von ihren Vätern adoptiert wurden. Auch hier kann ein treffendes Beispiel auf hoher Ebene genannt werden. Der bedeutende Zeitzeuge der spanischen Durchdringung Perus, Garcilaso de la Vega, war Sohn eines spanischen Hauptmanns und mütterlicherseits mit der Königsfamilie der Inka verwandt. Neben diesen, durch Geburt privilegierten Mestizen ist jedoch die Vielzahl »standesloser« Mischlinge nicht zu vergessen, die trotzdem aber noch hierarchisch über den vollkommen rechtlosen Menschen schwarzer Hautfarbe eingereiht waren. Das unterste Glied der erbarmungslosen Gesellschaftsordnung findet man aber in den Kindern aus einer indianisch-schwarzafrikanischen Verbindung, die Parias gleichkamen. Jedenfalls wurde eine wahre Nomenklatur für alle denkbaren »Rassenmischungen« erdacht: Spanier und Indianerin zeugen *mestizo*, heißt es, *mestizo* und Spanierin zeugen *castizo*, Spanier und Negerin zeugen *mulato*, Spanier und *mulata* zeugen *morisco*, *morisco* und Spanier zeugen *albino*, andere Kombinationen zeugen *torna atrás, lobo, cambujo, coyote* usw. – am Ende der Kolonialzeit sind in Süd- und Mittelamerika rund 30 Prozent der Bevölkerung Mischlinge.

Blieb eine indianische Geliebte für den Encomendero auch nichts Außergewöhnliches, so war die rein spanische Ehe doch der Regelfall, und damit bestimmten die strengen Grundsätze der traditionellen, spanischen Familie auch die Sitten. Das konnte jedoch die solcherart entstandenen Kinder nicht daran hindern, mit Gleichaltrigen aus der indianischen Dienerschaft zu spielen. Von Kindern des Adels oder höherer Beamter abgesehen, trieben sie sich zumeist in den Küchen oder Höfen der Gesindehäuser herum, was letztendlich doch zu einer bescheidenen geistigen Durchmischung der Kulturkreise führte. Nicht ausschließlich, aber doch deutlich nachweisbar, übernahmen die Spanier aus dem vorurteilslosen Umgang ihrer eigenen mit den indianischen Kindern Elemente aus deren Küche und Sprache. Damit war ein neuer Typus geschaffen, der des (weißen) *criollo*, des in Amerika geborenen Spaniers. Im sprachlichen Bereich ist weniger der gegenseitige Austausch bestimmter Begriffe und Definitionen bemerkenswert als das Ineinanderfließen von Grammatik und deren Nebenaspekt, der Satzkonstruktionen. Das längere Zusammensein mit indianischen Ammen oder Spielgefährten, nicht selten Halbgeschwistern, musste zwangsläufig zur Teilübernahme logischer Strukturen der Eingeborenensprachen führen und diese mit den eigenen vermengen. Das eben skizzierte Bild ist aber trügerisch und deshalb mit Vorsicht zu betrachten, denn es vermittelt den falschen Eindruck trauter Gemeinsamkeit. Die dem bessergestellten spanischen Haushalt direkt zugeordneten Indianer hatten trotz anstrengender Tagesarbeit das günstigere Los gezogen, stellten aber eine verschwindende Minderheit dar. Beim Großteil ihrer Landsleute machte sich die wiedereingeführte Mita in aller Schärfe bemerkbar.

Auf die Bedeutung des Goldes in den Indianerkulturen wurde bereits hingewiesen. Sie erschöpfte sich meist in religiösen Aspekten, angereichert mit der Freude an Schmuck. Bei aller Wertschätzung blieb es, im wörtlichen Sinn, Ausdruck königlichen Glanzes und geriet nie über den Umweg Reichtum zum Transportmittel für direkt umsetzbare Machtfülle. Ein Geldwesen europäischen Zuschnitts war unbekannt, das naturgemäß einen anderen Zugang zu Gold oder Silber öffnet. Als einige besonders schöne Goldarbeiten aus Cuzco nicht wie üblich sofort eingeschmolzen, sondern Karl V. unversehrt übersandt wurden, ließ der Kaiser in Verfolgung der von ihm konsequent betriebenen Eigen- und Familienpropaganda eine Art Wanderausstellung durch die Reichsteile organisieren, die seinen neuen Reichtum dokumentieren sollte. Nach Abschluss der plakativen Selbstdarstellung ließ aber auch er die kulturell wertvollen Stücke einschmelzen und zu Münzen schlagen. Der entsprechende Erlass vom Februar 1535 lautete: »*Sämtliches Gold und Silber aus Peru ist der königlichen Münze von Sevilla, Toledo und Segovia … zur Einschmelzung zu übergeben.*« Was heute in Museen oder Sammlungen erhalten geblieben ist, stellt also nur einen verschwindenden Rest des ehemaligen Raubgutes dar. Und kein Mensch kann ermessen, wie viel Gold aus eingeschmolzenen Arbeiten der Azteken, Chibcha oder Inka in die Monstranzen und Messkelche europäischer Kathedralen, Abteien und Kirchen einfloss. Allein die mit Inka-Gold überzogene, haushohe Altarwand in der Kathedrale von Sevilla vermittelt einen ungefähren Eindruck, um welche Größenordnungen es sich handeln könnte.

Pizarros Eroberungszug durch Peru brachte in wenigen Jahren die bis dahin größte Goldmenge nach Europa. Was danach kam, war das Ergebnis gezielter Förderung an bekannt gewordenen Abbauorten, aber auch das der ungebrochenen Plünderung alter Gräber, wie etwa im untergegangenen Reich der Chimú oder den neueren der Inka und Muisca. Bis 1550, Spanien verfügte durch die habsburgischen Knappen aus den Alpen über die höchstentwickelte Bergbautechnik Europas, soll der Wert des geraubten und nach Europa importierten Goldes einer Schätzung nach heutigem Stand – die damals höhere Kaufkraft noch unberücksichtigt – um die drei Milliarden Euro betragen haben. In der Zeit, als einige Conquistadoren von Kolumbien bis in den Südwesten der Vereinigten Staaten dem Phantom des Eldorado nachjagten, kam die große Wende im Hochland von Bolivien, südwestlich des heutigen Sucre. So wichtig Gold für die Herstellung von Schmuck oder Ausschmückung von Palästen und Kirchen war, so wenig taugte es für den täglichen Zahlungsverkehr. Die Erfüllung dieser Aufgabe lag seit alters her beim Silber, und davon wurde in Europa im Verhältnis zur ständig ansteigenden Wirtschaft zu wenig gefördert. Ab dem Jahr 1545 sollte sich das jedoch radikal ändern.

Der Überlieferung zufolge soll ein Indianer namens Hualpa durch Zufall auf eine unbekannte, ergiebige Silberader in der Nähe Porcos, einer frühen Abbaustätte der Inka, gestoßen sein, die er zur Ableistung der *mita* heimlich ausbeutete. Damit ignorierte er unbewusst eine mystische Warnung, die Huayna Capac, der letzte unumstrittene Inka, Jahrzehnte zuvor erhalten hatte. Als der Herrscher im Berg bei Potosí nach Silber graben ließ, soll ihn eine laute Stimme (auf Aymará *potocsi*, der Lärmmacher) mit dem Hinweis darauf, das Metall wäre für andere bestimmt, davon abgehalten haben. Auf die offensichtliche Wohlhabenheit des Indianers Hualpa aufmerksam geworden, ging Señor Villarroel, ein in Porco ansässiger Encomendero, der Sache nach und fand die Quelle des Reichtums. Er steckte daraufhin ein Gebiet am »Cerro Rico«, dem »Reichen Berg«, wie er forthin genannt wurde, ab und ließ es sich über das Gericht zusprechen. Was nun folgte, blieb einmalig in der Geschichte des Bergbaues und übertraf den berühmten Goldrausch in Kalifornien um ein Vielfaches. Bereits ein Jahr nach der Entdeckung war die Ciudad Potosí gegründet worden, die 1553 den Titel einer »kaiserlichen Stadt« erhielt.

Auf einer Höhe von beinahe 4200 Metern gelegen, entwickelte sich Potosí zum Weltzentrum des Silberbergbaues. Als habe der Cerro Rico ganz aus dem Edelmetall bestanden, musste anfangs nur eine dünne Erdschicht abgetragen werden, um an das silberhaltige Erz zu gelangen, das teilweise sogar offen zutage trat. Doch bald schon trieb man Stollen voran – mehr als 5000 wurden es schließlich –, während Potosí zu einer Stadt von weit über 150 000 Einwohnern heranwuchs, die überwiegende Mehrzahl davon Indianer, die auf diese Weise ihrer *mita*-Verpflichtung nachkamen, ohne auch nur das Geringste für ihre Arbeit zu erhalten. Unter unmenschlichsten Bedingungen mussten sie sich durch den Berg wühlen, der von einem Dominikanerpater gegenüber dem Indienrat bald auch als »Schlund der Hölle« bezeichnet wurde. Tag für Tag wurden an die 8000 Schafe und Maultiere auf den Berg getrieben, während die Tributpflichtigen[114] im Schichtdienst arbeiteten, der die zum Abbau und Stollenvortrieb Eingeteilten eine ganze Woche im Berg festhielt. All dies geschah ohne Sicherungsmaßnahmen, der Vortrieb wurde kaum abgestützt und das Erz in Gängen ans Tageslicht befördert, die man größtenteils nur kriechend bewältigen konnte. Hunderttausende[115] Indianer starben unter dem Deckmantel der Mita in einem menschenverachtenden Frondienst, der auch durch die Indianergesetze des Königs nicht aufgehalten werden konnte. Wenn auch der Krone der Löwenanteil des Ertrages zustand, so verblieben privaten Minenbetreibern und Grundherren dennoch große Summen. Das königliche Silber wurde gleich an Ort und Stelle entweder in Barren gegossen oder zu Münzen geschlagen. Von hier gelangte es, von königlichen Schatzmeistern in einer lückenlos nachvollziehbaren Buchführung überwacht, auf Lamas und Maultieren zum nahen Pazifik, dann auf dem Seeweg über Callao und Guayaquil nach Panamá. Auf Maultierzüge umgeladen überwand es die Landenge, um dann in Nombre de Dios und später Portobelo auf die wartenden Galeonen der Schatzflotte verfrachtet zu werden. In den Jahrzehnten höchster Produktivität am Cerro Rico wurde jedes Jahr allein in Potosí Silber im Vergleichswert von 30 Tonnen Gold gefördert.

Dabei sollte es aber nicht bleiben. In den 40er- und 50er-Jahren des 16. Jahrhunderts entstand eine ununterbrochene Kette von Minen und Abbaustätten vom Hochland Mexikos bis in das nördliche Chile. Das seit dem Chibcha-Feldzug Benalcázars bekannte Cauca-Tal entwickelte sich zur reichsten Goldquelle des spanischen Imperiums; bei Silber war Potosí führend, ergänzt durch die Minen Mexikos. Bei Zacatecas wurde 1546 eine größere Ader, die Mine »La Bufa«, entdeckt, 1548 Gruben bei Guanajuato, 1551 bei Pachuca und bis 1570 noch fünf, sechs weitere eingerichtet. Obwohl jede einzelne weniger förderte als der Cerro Rico, überstieg der Gesamtertrag des mexikanischen Silbers später jenen Boliviens. Die Überlebensrate der Indianer begann noch dramatischer zu sinken, als man 1563 bei Huancavelica, zwischen Lima und Cuzco gelegen, auf erste Quecksilbervorkommen in den Anden stieß. Kurz zuvor war in Mexiko ein neues Verfahren zur Silbergewinnung entwickelt worden, das auf der Verwendung des Quecksilbers als Scheidemittel beruhte. Wie der Cerro Rico den Beinamen »Schlund der Hölle« erhalten hatte, so wurde die Mine bei Huancavelica bald »Mine des Todes« genannt. Als die Todesrate der Indianer immer mehr stieg, ging man dazu über, Negersklaven aus Afrika für den Abbau einzusetzen; ein Unterfangen, dem nur kurzfristig Erfolg beschieden war, da die »Neger« den physischen Anforderungen einer Arbeit auf einer Höhe weit jenseits der 3000-Metermarke nicht gewachsen waren. Vergleichsweise geringe Ausfälle gab es nur bei der Ausbeutung der reichen Edelsteinvorkommen in Kolumbien mit dem Schwerpunkt Smaragde oder bei den Perlentauchern im Golf von Darién und vor den Inseln Santa Margarita und Trinidad.

Eine genaue Einschätzung der finanziellen Möglichkeiten der spanischen Krone, sei es für Karl V. oder Philipp II., aufgrund der Reichtümer aus Übersee, ist nur bedingt möglich. Die Kriege Karls V. gegen Franz I. und die Osmanen sowie seine äußerst kostenaufwendige Reisetätigkeit[116] wurden in einem nicht unerheblichen Prozentsatz über Bankenvorschüsse auf zukünftige Einnahmen aus der Neuen Welt finanziert. So soll der Kaiser innerhalb eines Jahres den Ertrag der kommenden drei bis vier Jahre vorab verbraucht haben. Das sollte sich im Grunde auch unter Philipp II. in seinem Kampf um den Erhalt der italienischen Besitzungen, gegen die Unabhängigkeitsbestrebungen der Niederlande und den – auch politisch bedrohlichen – Protestantismus Englands, der die Glaubensbrüder in der wirtschaftlich stärksten Region Europas zunehmend unterstützte, nicht ändern. Die Schuldenlast der spanischen Krone war so hoch, dass sie – 1555 stellte Karl überhaupt jede Rückzahlung ein – das mächtige Bankhaus der Fugger um die Jahrhundertmitte beinahe in den Bankrott führte und eine europaweite Finanzkrise auslöste. Ganz anders verhielt es sich mit dem restlichen Teil des Gold- und Silberertrages aus den Minen Amerikas. Er floss zum Großteil in Handel und Wirtschaft des alten Kontinents. In den ersten fünfzig Jahren spanischer Herrschaft verdreifachte sich die Menge des in Europa umlaufendes Goldes und Silbers, um 1600 war sie auf das Achtfache angewachsen. Das bedeutete innerhalb kürzester Zeit eine schlagartige Steigerung, deren direkte, aber auch mittelbare Auswirkungen den endgültigen Umbruch vom merkantilen System des Spätmittelalters zur kapitalistischen Wirtschaft der Neuzeit mit sich brachte.

Nun bildeten nicht mehr Grundbesitz und die Produktion von agrarischen Waren und kleingewerblichen Gütern die Grundlage für Wohlstand und Macht, sondern der Besitz an Edelmetallen. Ebenso schnell wie in den Minen Amerikas gewonnen, konzentrierten sich Gold und vor allem Silber in den Händen jener, die sich dem Warenumschlag widmeten. Das bedeutete eine unverhältnismäßig starke Konzentration von Kapital in Form von Edelmetallen bei den großen Handelshäusern und Banken, das von nun an seine bekannte Eigendynamik entwickelte. Erst jetzt begann das schon seit langem in Italien entwickelte System von Pfandbriefen, Obligationen, Wechseln und sonstigen Methoden des Verrechnungswesens und Zahlungsverkehrs voll wirksam zu werden. Vermögen wurden nun in den Kontoren gewonnen und versetzten das Bürgertum in die Lage, zumindest wirtschaftlich gegen den Adel auftreten zu können; zeitgleich damit beginnt jedoch auch eine »Aristokratisierung« eben dieses wohlhabenden Bürgertums. Die im freien Umlauf befindliche Münzsumme vermehrte sich ständig und führte ab der zweiten Hälfte des 16. Jahrhunderts zu einer lang anhaltenden Periode der Preisverteuerung. Das anfangs deutliche, später dann scheinbare Überangebot an Silber, vor allem in Münzform, führte einerseits zu einer kontinuierlichen Abnahme des Metallwertes, andererseits, wegen dessen breiter Verfügbarkeit, zu einer Ausweitung des über den Alltag hinausgehenden Bedarfs, was wiederum in Preissteigerungen seinen Niederschlag fand. Nur ein Beispiel: Bei Regierungsantritt Karls V. als spanischer König 1519 besaß ein Dukaten etwa den Gegenwert von 220 Kilogramm Brot, um 1600 war er auf 55 Kilogramm gesunken.

In einer Zeit, in der die Welt täglich durch die Börsenkurse oder Inflationsraten über die wirtschaftliche Entwicklung eines Landes informiert wird, ist es kaum vorstellbar, dass die Auswirkungen des Silberbooms auf außereuropäische Staaten und Reiche so lange unerkannt blieben. So gelangte das amerikanische Silber auf den üblichen Handelswegen auch verstärkt in das Osmanische Reich, wo es zwischen 1580 und 1585 das türkische Gegenstück, die Silberakce, um die Hälfte ihres Wertes fallen ließ und als maßgebliche Bezugsgröße aus dem Welthandel ablöste – ein weiterer Grund für den damals noch unerkannt beginnenden Niedergang der islamischen Großmacht im östlichen Mittelmeer. Mit den spanischen Handelsbeziehungen von Amerika über den Pazifik nach Fernost gelangten große Silbermengen auch zu den Philippinen und von da weiter in das chinesische Kaiserreich und nach Ostindien. Motor dafür wurde der steigende europäische Bedarf nach Seide, Porzellan und Gewürzen. In China fiel innerhalb von 200 Jahren die Parität zwischen Gold und Silber von eins zu vier auf eins zu zwanzig.

Der große Silberzufluss aus Potosí und aus mexikanischen Minen kennzeichnet Europas Aufstieg zur führenden Wirtschaftsmacht – was nicht heißen soll, dass andere Länder in dieser Zeit[117] ihrem »Abgleiten in die Zweitrangigkeit« tatenlos zusahen. Deutlicher noch wird aber die Umstrukturierung globaler Machtverhältnisse zugunsten der Aufsteigernationen Europas am Beispiel Afrikas. Während des europäischen Mittelalters entstanden und vergingen große Reiche in Westafrika im normalen Pulsschlag der Geschichte. Die sogenannte Goldküste am Golf von Guinea verlor in jenem Maß an Bedeutung, in dem der Goldimport aus Amerika anwuchs. Ehemals reiche Warenumschlagplätze wie Timbuktu büßten ebenso an Bedeutung ein wie das mächtige Reich der Songhai. Der Rückgang des Handels mit Gold veranlasste deshalb viele Händler, die alten Verbindungswege nach Nordafrika aufzugeben, da der Verlust nicht mehr durch den Transfer von Elfenbein, Perlen, Stoffen und Metallen aufgefangen werden konnte. Was blieb, war das ausgeweitete Vermarkten menschlicher Ware – Negersklaven für Amerika.

In einem Übereinkommen zwischen den iberischen Kolonialbehörden wurde der Transfer schon frühzeitig geregelt. Lissabons faktischer Monopolstellung für die gewaltsame Beschaffung schwarzer Sklaven wurde insofern Rechnung getragen, als ihre Einfuhr in Las Indias einigen ausgewählten portugiesischen Händlern vorbehalten blieb, nachdem sich die spanischen zunehmend aus dem Geschäft zurückgezogen hatten. Als die *Casa de la Contratación* neben den üblichen Abgaben aber auch noch eine hohe Kopfsteuer für jeden importierten Sklaven einführte, kippte das System. Auch für die Portugiesen begann das Geschäft unrentabel zu werden, und viele Händler nutzten die erteilten Lizenzen nicht mehr aus. Andererseits stieg jenseits des Atlantiks der Bedarf nach Arbeitskräften. In die entstehende Lücke stießen um die Mitte des 16. Jahrhunderts wagemutige Einzelgänger aus Frankreich, England und später auch den Niederlanden. Sie arbeiteten doppelt riskant. Vor Afrika befanden sie sich seerechtlich gesehen in portugiesischen Gewässern und waren gezwungen, die menschliche Ware entweder durch Bestechung über ortsansässige Händler zu erwerben oder durch eigene Fangzüge dem Land abzupressen. Der wahrscheinlich bekannteste dieser »ersten« Abenteurer war der Engländer John Hawkins, auf den später noch eingegangen wird. Seine frühen Fahrten kann man durchaus als Geburtsstunde der später erfolgreich agierenden englischen Kaperkapitäne des elisabethanischen Zeitalters ansehen. Portugals Vorherrschaft in Westafrika wurde also in zweifacher Hinsicht ausgehöhlt: Das amerikanische Gold relativierte die eigene Wertschöpfung weitgehend, und auch der an sich lukrative Sklavenhandel entglitt der portugiesischen Krone. Andere Mächte waren angetreten, den iberischen Reichen die Welt streitig zu machen.

So konnten weder Frankreich noch England auf Dauer an den Möglichkeiten vorbeigehen, die eine sich öffnende Welt bot. Und den erstarkenden Niederländern ging es nicht nur um die Befreiung aus spanischer Unterdrückung. Vielmehr führten sie ihren Weg des Handelsausbaues fort, der bereits im Mittelalter eingesetzt hatte, unter Karl dem Kühnen sich ausweitete, nun aber seinem Höhepunkt zustreben sollte. Die in den folgenden Kapiteln gewählte Reihenfolge: Franzosen – Engländer – Niederländer, soll somit keine Rangordnung widerspiegeln, sondern folgt ausschließlich chronologischen Gesichtspunkten, das heißt ihrem jeweiligen Eintritt in das Geschehen. Überschneidungen in Zeit und Raum sind kaum zu vermeiden, will man eine Linie konsequent weiterverfolgen und durch zu viele Einschübe anderer Art nicht unscharf werden lassen.

TEIL 5

Neue Mächte betreten die Bühne

DIE FRANZOSEN

»Nachdem sie sich am Ufer etwas mit uns vermischt hatten,
kamen sie freiwillig mit ihren Kanus zu den Schiffen.
Wir gaben ihnen Messer, Glasperlen, Kämme
und anderen Tand von geringem Wert.«
Jacques Cartier über die Huronen (Juli 1534)

Die Bullen Alexanders VI. aus dem Jahr 1493 und der darauf folgende Vertrag von Tordesillas teilten die zu erobernde Welt klar in eine Ost- und Westhälfte. Welchen Stellenwert besaß der Vertrag von Tordesillas aber für die anderen seefahrenden Völker an den Atlantikküsten? Zunächst nicht sehr viel, denn der Außenwirksamkeit des Tordesillas-Vertrages kam von Anfang an nur ein relativ niedriger Stellenwert zu. Das rechtsphilosophische Fundament des Vertragsentwurfs, die Oberhoheit des Papstes über »den gesamten Erdkreis« als dessen Verwalter, konnte gerade in einer Zeit, die bereits begonnen hatte, sich aus den starren Fesseln des mittelalterlichen, religiös dominierten Weltbildes zu lösen, nicht von langer Dauer sein.

Frankreich und England, die einzig möglichen Konkurrenten der iberischen Völker um kolonisatorische Erfolge im zeitlichen und territorialen Umfeld des Kolumbuserfolges, widmeten aus schon erwähnten Gründen den gebotenen Möglichkeiten, wenigstens in den Anfängen, kaum Aufmerksamkeit. Aus Sicht der Betroffenen hatte das offensichtliche Desinteresse durchaus seine Berechtigung. Zu gering schienen die Ergebnisse der ersten Kolumbusfahrten, um sich deren künftiger Tragweite bewusst zu werden. Fast dreißig Jahre, bis Cortés, sollte es noch dauern, bis dessen Erfolg das Potenzial des Neuen Kontinents offenbarte – dreißig Jahre, die gemessen an der durchschnittlichen Lebenserwartung der damaligen Zeit ein Menschenalter bedeuteten. Jedenfalls viel zu lange, um den Blick Englands und Frankreichs von innenpolitischen

Problemstellungen und Fragen der jeweiligen Europapolitik wesentlich abzulenken. Zweifellos hatten der bekannte Santangel-Brief des Kolumbus und vor allem die Reiseberichte eines Amerigo Vespucci über die interessierte »Fachwelt« hinaus starke Aufmerksamkeit erregt; für eine politische Anteilnahme außerhalb der iberischen Halbinsel waren sie aber kaum von Relevanz. Erste zaghafte Initiativen gingen von Privatseite aus, die sich derselben Überlegung wie Kolumbus verschrieben hatten: auf dem Westweg an die behaupteten Reichtümer Ostasiens zu gelangen.

Für die französischen Bestrebungen, auf dem neuen Kontinent Fuß zu fassen, geriet hingegen eine Entwicklung zum Vorteil, wie sie ähnlich schon im Portugal Heinrichs des Seefahrers zu bemerken war. Die Küstenbevölkerung der Normandie und Bretagne orientierte ihre wirtschaftlichen Lebenswurzeln ebenso an der See wie vergleichbare Gemeinschaften Galiziens, im Baskenland oder an der westlichen Algarve. Im Laufe der Jahre hatte sich speziell im Raum um die Stadt Dieppe ein Zentrum für die französische Hochseeschifffahrt herausgebildet, das auf bürgerlich-gewerblicher Ebene durchaus mit dem fürstlichen Braintrust auf Sagres verglichen werden kann. Was an der Südspitze Portugals der Willenserklärung eines Infanten bedurfte, entstand hier auf natürlichem, fast evolutionärem Weg. Nach erfolgreichem Fischfang etablierte sich Dieppe auch als bedeutender Handelshafen. Mit seinem Aufstieg ist die Reederfamilie Ango untrennbar verbunden, die auch wesentliche Akzente im Griff Frankreichs nach Überseeterritorien setzte. Als logische Konsequenz zunehmenden Selbstbewusstseins entwickelte sich aus einer Handvoll Kopisten von Seekarten ein eigenständiges Zentrum für anerkannte Kartographen, das in seiner Bedeutung durchaus mit der »Katalanischen Schule« oder dem Umfeld der *»Casa de la Contratación«* vergleichbar ist. Unabhängig davon lassen sich die Bedeutung Dieppes und vor allem das Potenzial der Familie Ango an einer signifikanten Episode beschreiben. Als zwei Schiffe der Ango-Reederei von Portugiesen im Atlantik als Prise genommen wurden, kreuzte die übrige Flotte vor der Tejo-Mündung auf und erzwang vollen Schadenersatz. Aus diesem selbstbewussten Umfeld mussten fast zwangsläufig auch namhafte Kapitäne französischer Überseeaktivitäten des beginnenden 16. Jahrhunderts stammen. Für nicht wenige von ihnen galt eine einfache Formel: die, wenn auch verdeckte, Genehmigung durch den König – das Material von der Familie Jean (Jehan) Ango.

Die erste wirklich nachweisbare Aktivität der Franzosen im Bereich Südamerikas und innerhalb des zeitlichen Betrachtungsfeldes setzte Binot Paulmier de Gonneville aus der normannischen Hafenstadt Honfleur. Während eines Aufenthaltes in Lissabon waren ihm die Ladungen der ersten aus Indien zurückkehrenden Schiffe nicht entgangen. Von der Vielfalt und dem wirtschaftlichen Wert der Waren beeindruckt, beschloss er selbst in den Indienhandel einzusteigen. Er rüstete im Jahr 1503 das 120-Tonnen-Schiff ESPOIR aus und heuerte eine Besatzung von 60 Mann an. Auf der Fahrt zum Kap der Guten Hoffnung ereilte ihn ein ähnliches Schicksal wie einige Jahre zuvor Cabral. Ein Sturm brachte ihn vom Kurs ab und er landete 1504 (Kolumbus kehrt von seiner 4. Reise zurück) an der Küste Brasiliens südlich von Rio de Janeiro, wo er auch die nächsten sechs Monate blieb. Wenn es auch zu kleineren Reibereien mit den Tupinambá-Indianern kam, so entwickelte sich das Verhältnis zwischen Ureinwohnern und Franzosen entschieden spannungsfreier als jenes zu den iberischen Fremden.

Über die frühe Anwesenheit eines dritten europäischen Volkes in Südamerika hinaus ist Gonnevilles Reise aber auch aus einem anderen Grund von Interesse. Auf der Rückfahrt befand sich neben einer Ladung Färbeholz auch der Sohn eines Kaziken an Bord. Im Ärmelkanal wurde das Schiff von Piraten überfallen und verlor Teile der Ladung sowie der Mannschaft. Zu den Überlebenden zählte auch der Indianer Esommeric (Essomericq). Gonneville hatte ihn zur Mitfahrt bewegen können und gleichzeitig zugesagt, ihn innerhalb von 18 Monaten in sein Heimatland zurückzubringen. Als Gonneville das nicht möglich war, adoptierte er den Kazikensohn, verheiratete ihn wohlhabend und setzte ihn schließlich zu seinem Erben ein. Aus dieser Verbindung ging viel später ein Abbé de Gonneville hervor. Der Geistliche publizierte 1664 ein Werk über das Land seiner Ahnen und der Christengemeinde »dans le troisiéme Monde«; der Begriff »Dritte Welt« war, wenn auch in anderem Sinnzusammenhang, geboren.

In Gonnevilles Nachfolge entwickelte sich ein reger Handel zwischen den normannischen Hafenstädten und der brasilianischen Küste. Bevorzugte Ladungen bestanden in Färbeholz und Gewürzen, wie zum Beispiel getrocknete oder zu Pulver gemahlene Paprikaschoten unterschiedlichster Geschmacksrichtung und Schärfe. Maßgeblichen Anteil daran hatte die Familie Ango. Im steigenden Warenverkehr lag natürlich ein Konfliktpotenzial mit der portugiesischen Krone, das zu beidseitig reger Piratentätigkeit führte.

Jean Parmentier (1494–1562?), einer der besten Navigatoren aus der Schule von Dieppe, steuerte kleine Kapergeschwader, aber auch Handelsschiffe in die Neue Welt. Über seine Fahrten nach Brasilien ist kaum etwas bekannt, im Gegensatz zu jenen nach Madagaskar und weiter nach Indonesien. Sein 1529 begonnener Vorstoß in die portugiesischen Domänen Südostasiens hatte ihn berühmt werden lassen. Die Schiffe hierzu stellten die Ango zur Verfügung. Jean kommandierte die LA PENSÉE, sein Bruder Raoul die kleinere LE SACRE. Als Seefahrer mit einem gewissen Hang zur Poesie schrieb Parmentier seine Erfahrungen und Eindrücke in einem sprachlich blumenreich gehaltenen Werk nieder, das unter dem Titel »Merveilles de Dieu et la dignité de l'homme« (Die Wunder Gottes und die Würde des Menschen) veröffentlicht wurde.

Im brasilianischen Küstenbereich änderte sich dann mit Regierungsantritt Joãos III. (reg. 1521–1557) schlagartig alles. Ab 1526 begann die rücksichtslose Säuberung der Küste von normannischen und bretonischen Eindringlingen, während König Franz I. von Frankreich sich machtpolitisch außerstande sah, seinen Landsleuten den erforderlichen Rückhalt zu geben. Nach Stürmung des Stützpunktes Pernambuco, des heutigen Recife, durch die Portugiesen im Jahr 1531 (Pizarro landet in Tumbes) dauerte es mehr als zwanzig Jahre, bis ein weiterer Versuch des inoffiziellen Frankreich durchgeführt wurde, an der brasilianischen Küste Fuß zu fassen.

1555 führte der französische Edelmann Nicolas Durand de Villegaignon (1510–1571) drei Schiffe von Dieppe in die Bucht von Rio de Janeiro. An Bord befanden sich mehrere hundert Kolonisten unterschiedlichster Herkunft, sei es nach Religion oder Stand; selbst Sträflinge waren unter ihnen vertreten. Villegaignon, ein Studienkollege und späterer Gegner Calvins, hatte die Unterstützung des Hugenottenführers Admiral Gaspard de Coligny (1519–1572) für dieses Unternehmen gewonnen. Inwieweit Überlegungen zur Gründung einer protestantischen Emigrantenkolonie den Anstoß zur Fahrt des Villegaignon gegeben haben, lässt sich jedoch nicht eindeutig rekonstruieren. Seine Wahl des Siedlungsortes war jedenfalls aus mehreren Gründen eine Fehlentscheidung, die im Zusammenwirken mit inneren Ursachen eine Überlebensfähigkeit der Kolonie von Anfang an in Frage stellte. Er wählte, vermutlich aus übersteigertem Sicherheitsdenken, eine Insel aus, die programmatisch »L'Ile aux Français« genannt wurde. Wohl konnte man sich auf ihr vor Überfällen durch Indianer weitgehend geschützt fühlen, doch bot sie keine Möglichkeit, die Versorgung sicherzustellen. Außerdem bot die Beengtheit des Ortes nicht Platz genug, um interkonfessionelle Konflikte zwischen den jeweiligen Gruppen auszuschließen. Auch war die Persönlichkeitsstruktur des Kommandanten nicht dazu geeignet, die Fülle der Probleme angemessen zu bewältigen.

Obwohl bald Versorgungsschiffe mit neuen Siedlern und Nachschub eintrafen, gelang den Kolonisten kein geordneter Siedlungsaufbau. Als der selbstherrliche Villegaignon schließlich noch überstürzt nach Frankreich abreiste, war ein Scheitern des Versuches absehbar. Im Jahr 1560 fiel die Ile aux Français nach Kämpfen an Portugal. Man könnte die Ambitionen Villegaignons als bloße Episode in der Entdeckungsgeschichte abtun, wären da nicht zwei Reiseberichte, die einen tiefen Einblick in Zeit, Land und Leute ermöglichen. Sieht man Sprachbilder zeitgebunden und wertet Floskeln als Tribut an den zeitgenössischen Leser, so vermitteln die Aufzeichnungen eine bemerkenswerte Einfühlsamkeit in die Eigenartigkeit des Fremden. Das trifft vor allem auf die Schrift des Jean de Léry (1534–1611) zu, der 1557 mit einem Nachschubschiff auf die Insel kam und tagebuchartige Notizen als Grundlage für seinen 1578 in La Rochelle veröffentlichten Reisebericht mit dem Titel »Histoire d'un voyage fait en la terre du Brésil« nutzte. Neben der Schilderung seines Aufenthaltes beschreibt Léry vor allem das Land in seiner vielfältigen Erscheinungsform. Auffallend ist sein unvoreingenommenes Verständnis für die Welt der Ureinwohner. Am Rande sei bemerkt, dass sich einige Passagen in den »Essais« des Michel de Montaigne (1533–1592) auf den erwähnten Bericht stützen. Montaigne bezieht sich in seinen Betrachtungen über »Natur- und Kulturmensch« auf Textstellen Lérys, in denen der Brasilienfahrer die Vertrauenswürdigkeit der scheinbaren Wilden betont, die er bei manchen Bewohnern Frankreichs nicht erkenne. Unbestreitbar lässt sich die Fähigkeit der Franzosen herauslesen, mit den Indianern in einer Art partnerschaftlicher Distanz zu leben, die für beide Seiten nur von Nutzen sein konnte. Einzelne Übergriffe ließen sich zweifellos nicht vermeiden, doch sie erreichten niemals das Ausmaß der spanischen.

Nach dem Verlust der Ile aux Français unternahm Admiral Coligny einen weiteren Versuch zur Koloniegründung. Im Jahr 1562 entsandte er den aus Dieppe und dem Umfeld der Ango stammenden Jean Ribault (um 1520–1565) mit zwei Schiffen und 550 Mann an die Südostküste Nordamerikas. Ribault landete im Mai 1562 an der Mündung des Saint John River, wo auch Port Royal (heute Paris Island) errichtet wurde. Zur Deckung der etwa 30 ausgeschifften Siedler ließ Ribault auch noch eine einfache Befestigungsanlage, das Fort Charles, errichten, ehe er mit der Zusage baldiger Weiterversorgung nach Europa zurückkehrte. Da sich während Ribaults Abwesenheit der schon lang schwelende Konflikt zwischen Hugenotten und Katholiken in Frankreich zu einem offenen Glaubenskrieg entwickelt hatte, konnte er seinem Versprechen nicht wie vorgesehen nachkommen. Auch dieser neuerliche Versuch, einen Zufluchtsort für emigrationswillige Hugenotten zu schaffen, blieb nur eine Episode, da einige der Kolonisten Hungers starben, andere sich in den Wäldern verloren und weitere von einem englischen Schiff gerettet wurden.

Nach Beruhigung der innenpolitischen Lage griff Admiral Coligny seine Vorstellung einer Koloniegründung in der Neuen Welt jedoch wieder auf. So ließ er eine Flotte ausrüsten, die unter dem Kommando des jungen bretonischen Edelmannes René de Laudonnière (gestorben nach 1586) stand, der früher schon einige Fahrten mit Ribault unternommen hatte. Drei Schiffe und ungefähr 300 Mann brachen 1564 nach Florida auf, wo in Nähe der ersten Niederlassung das Fort Caroline – nach König Karl IX. von Frankreich – gebaut wurde. Es lag im Mündungsgebiet des Saint John River dreiecksförmig an der Spitze einer Flussgabelung und wurde dadurch an zwei Seiten vom Wasser geschützt; die Landseite sicherten schwere hölzerne Palisaden. Zu den Siedlern gehörte auch der Maler Jacques Le Moynes de Morgues, einer der ersten Europäer, die ihre Eindrücke von der Neuen Welt auch in Bildform wiedergaben. Sie baute der Verleger Theodore Bry 1590 in Kupferstichform in sein großes Werk »India occidentalis« (Amerika) ein, wo auch die Anlage des Forts detailreich wiedergegeben ist. Laudonnière selbst verfügte nicht über das Geschick Villegaignons im Umgang mit den Eingeborenen, was zwangsläufig zu Streitigkeiten führte. Darüber hinaus brachte mangelnde Bereitschaft zu einer umfangreicheren Selbstversorgung das Unternehmen bald in Gefahr. Die größte Bedrohung kam jedoch von außen, in Person des spanischen Admirals Pedro Menéndez de Avilés (1523–1574). Der Adelige hatte sich bereits unter Karl V. im Kampf gegen französische Freibeuter verdient gemacht und wurde später von Philipp II. mit der strategischen Absicherung der jährlichen Geleitzüge beauftragt. Sein Plan sah eine ständige Patrouillenfahrt schwer bewaffneter Galeonen im Großraum der Karibik sowie die Errichtung von massiven Befestigungsanlagen an ausgewählten Stellen vor. Seine Wahl fiel auf Cartagena zur Sicherung des Golfes von Darién und des »Silberhafens« Nombre de Dios, auf Santo Domingo als Verwaltungszentrum und auf Santiago de Cuba, Havanna und San Juan de Puerto Rico als weitest vorgeschobene Position gegen die Einfallsrouten von Freibeutern aus dem atlantischen Raum. Sein nüchternes, im Grunde aber zielführendes Konzept verstrickte sich in einem behindernden Geflecht aus administrativer Trägheit und Partikularinteressen von Vizekönigen und Gouverneuren.

Als nun nicht mehr Freibeuter allein, sondern auch Siedler in spanisches Gebiet eindrangen, ordnete Philipp II. die Umsetzung des Menéndez-Planes an. Der erste Schritt sollte die Vertreibung der Hugenotten aus Florida sein. Über die politische Ebene hinaus stellte die Anwesenheit von Protestanten vor den Toren Neu-Spaniens auch eine religiöse Herausforderung für den streng katholischen König dar, die nur mit Vernichtung der »verhassten Ketzer« enden konnte. War das die Entscheidung eines souveränen Monarchen, so muss sich Colignys Bemühen einer Hinterfragung stellen. Der Admiral stand wohl an der politisch-militärischen Spitze der französischen Protestanten, gleichzeitig war er aber Militär des katholischen Königs und für Philipp II. nicht viel mehr als ein Privatmann. Ob seine Entscheidungen in der Neuen Welt durch private Mitfinanzierung des Unternehmens wesentlich beeinflusst waren, muss offen bleiben. Unbestritten ist jedoch seine persönliche Einschätzung der Kolonisten, wonach sich diese nicht aus Ackerbauern, sondern abenteuerlustigen Soldaten und profitgierigen Händlern zusammengesetzt hätten.

Fast zur gleichen Zeit wurden zwei unterschiedliche Befehle erlassen, die aber in einem Punkt übereinstimmten: Behauptung des Territoriums. Coligny beauftragte Ribault 1565 mit einer Versorgungsfahrt für Fort Caroline. Damit war auch die Anweisung verbunden, keine Einmischung durch Menéndez de Avilés zu dulden, dessen Vorbereitungsarbeiten in Frankreich bekannt waren. Über die Vertreibung der Eindringlinge hinaus sollte Menéndez, gleichzeitig zum Militär- und Zivilgouverneur Floridas ernannt, auch noch eine wirksame Kolonisierung vorantreiben, um den Anspruch Spaniens auch durch angelegte Siedlungen nachdrücklich zu dokumentieren. Das Kräfteverhältnis der auslaufenden Flotten stand sowohl an Schiffen als auch an bewaffneten Männern mehrfach zugunsten der Spanier. Für Menéndez gestaltete sich die Atlantikquerung zu einem Verfolgungsrennen, wenn er Ribaults Schiffe noch vor Amerika abfangen wollte. Um Zeit zu sparen ließ er auch bei einem aufkommenden Sturm den Kurs nicht ändern, wodurch seine Flotte weit zerstreut wurde. Ohne auf Puerto Rico eine Wiedervereinigung abzuwarten, segelte er mit einigen Galeonen nordwestwärts zum St. John River, den Ribault sechs Tage vorher erreicht hatte. Der Spanier besaß wohl die materielle Überlegenheit, fühlte sich aber in strategischer Sicht den Kanonen des Fort Caroline vorerst nicht gewachsen. So ordnete er einen taktischen Rückzug die Küste südwärts an. Etwa 40 Seemeilen entfernt traf er auf eine kleine Bucht, die sich zur Koloniegründung anbot. Dort legte er mit dem als Provisorium gedachten Militärlager auch den Grundstein zur ersten europäischen Stadt auf nordamerikanischem Boden und nannte sie San Agustín, nach dem Tag des Heiligen, an dem die spanische Flotte zum erstenmal die Küste Floridas gesichtet hatte.

Ribault war den Spaniern mit zwei bewaffneten Schiffen gefolgt und fand sie in einer für Menéndez gefährlichen Lage vor. Nach dem Entladen lief eines ihrer Beiboote, auf dem sich der spanische Admiral befand, bei einsetzender Ebbe und abflauendem Wind auf eine Sandbank auf und saß dort für die Nacht fest. Am Morgen segelte Ribault mit aufkommendem Frühwind vom offenen Meer auf die bewegungsunfähigen Spanier zu. Fast hätte sich die Falle geschlossen; doch da hob die aufkommende Flut langsam den Wasserspiegel und der Seewind stieß in die Bucht vor; Menéndez' Boot kam frei und erreichte den rettenden Strand – Ribault drehte ab. Von nun an diktierte der spanische Admiral das Geschehen. 500 Mann kämpften sich auf dem Landweg über 70 Kilometer zum Fort Caroline durch und nahmen die nun fast wehrlose Anlage in einem Handstreich. Einige Franzosen, darunter Laudonnière[118], konnten in die Wälder entkommen – die Mehrzahl der Männer, etwa 200, wurden getötet; nur Frauen und Kinder blieben verschont. Menéndez stationierte eine starke Besatzung und kehrte nach San Agustín zurück. Dort erfuhr er, dass französische Schiffe unweit des Stützpunktes nun selbst auf Grund gelaufen waren. Die Konsequenz aus dieser Meldung wurde mit spanischer Härte und Eindeutigkeit gezogen: In einem nach heutigem Kriegsrecht unzulässigen Verfahren wurden alle Gefangenen hingerichtet. Ribault befand sich nicht darunter. Doch im Oktober 1565, keine zwei Wochen später, ereilte ihn und seine Begleiter das gleiche Schicksal. Der Stützpunkt des Menéndez de Avilés wurde später sowohl in militärischer als auch ziviler Hinsicht beträchtlich ausgebaut und diente dann den heimkehrenden Silberflotten auch als Anlaufpunkt für die letzte Proviantname vor der Atlantikquerung.

Will man die französischen Aktivitäten in Nordamerika weiter verfolgen, muss man die Ostküste nordwärts verfolgen und zeitlich zurückblenden. Magellans Entdeckung der lang postulierten Südpassage in den Pazifik und durch die Rückkehr der VICTORIA unter Delcano öffentlich gemacht, nährte den Glauben an die Existenz einer äquivalenten Nordpassage. Auch hier stand eine Wahlmöglichkeit zwischen dem Ost- und dem Westweg offen. Da aber die jahreszeitlich stark eingeschränkte Befahrbarkeit der Gewässer nördlich Skandinaviens seit langem bekannt war, lag es zu Beginn nahe, den noch unerforschten Westweg zu wählen. Frankreichs erster dokumentierter Versuch von Bedeutung ging auf eine Initiative des Italieners Giovanni da Verrazano (um 1484–1528) zurück. Er unterbreitete 1522/23 Franz I. den Vorschlag, einen Weg nach dem Land Cathay nördlich der spanischen Entdeckungen ausfindig zu machen. Der französische König reagierte interessiert, aber unter Rücksichtnahme auf spanische Interessen ähnlich zurückhaltend wie später Elisabeth I., dennoch stellte er einige Schiffe zur Verfügung. Materielle Unterstützung kam aber aus Kaufmannskreisen und, für die Zeit nicht verwunderlich, von Jean Ango aus Dieppe.

Anfang 1524 brach Verrazano über Madeira auf und stieß in der Nähe von Cape Fear auf die amerikanische Küste. Sein erstes Zusammentreffen mit den fast unbekleideten Bewohnern inmitten einer exotischen Natur musste den gebildeten Mann zweifellos sehr bewegt haben. Er befand sich in der Lage eines Menschen, der wohl schon einiges von unbekannten Dingen gelesen und gehört hatte, nun aber erstmals der Realität persönlich gegenüberstand. Obwohl kein Bordbuch erhalten geblieben ist, lässt ein nach der Rückkehr an den König verfasstes Schreiben den Schluss zu, dass Verrazanos Interesse mehr dem natürlichen Umfeld als dem Profit galt. Wenn auch sein Bruder Hieronymo (Girolamo) im Jahr 1526 eine Landkarte der Entdeckungen zeichnete, so blieb das Wissen um sie lange verschollen. Lange Zeit galt sogar der französische Abenteurer und Kaperkapitän Jean Fleury (auch Florin) als der eigentliche Entdecker[119]. Fleury war auch jener Mann, der ein Jahr vor Verrazanos Fahrt dem königlichen Anteil aus Cortés' Aztekenzug kurz vor Europa auflauerte. Mehr darüber im Abschnitt über die Bukanier, Freibeuter und Flibustier.

In einigen Etappen segelte Verrazano die Küste entlang nordwärts und suchte unentwegt nach einem Durchlass in den Pazifik. Er passierte Cape Hatteras, die Chesapeake Bay (später ein Zentrum englischer Siedlungsbemühungen) und gelangte am heutigen Atlantic City vorbei zur Mündung des Hudson River. Können die bisherigen Zwischenstationen nicht eindeutig lokalisiert werden, so ist Verrazanos Aufenthalt im Gebiet des späteren New York zweifelsfrei gesichert. Verrazano beschreibt in wenigen Sätzen den naturbelassenen Urzustand dieses Ortes. Zur Erinnerung an den Ersterkunder wurde die 1964 neu errichtete Hängebrücke an der Engstelle zwischen der äußeren und inneren Bucht des Hudson nach dem Italiener in französischen Diensten benannt – die Verrazano-Narrows Bridge.

Nördlich des Hudson lassen sich noch einige Stationen der Fahrt Verrazanos festmachen. Im Raum des heutigen Newport traf er auf ein Indianervolk, das er als »*äußerst liebenswert und mit edler Schönheit ausgestattet*« beschrieb. Nicht zuletzt auf seinen Bericht zurückgehend, gründete fast hundert Jahre später der Engländer Roger Williams in diesem Raum die Puritanersiedlung Providence und suchte, letztendlich vergebens, einen unvoreingenommenen Kontakt mit den Indianern herzustellen. Im Mai 1524 erreichte Verrazano Cape Cod, wo 1620 die Pilgrim Fathers ihre Siedlung New Plymouth gründen werden. Weiter nördlich traf man auf Indianer, die als unfreundlich beschrieben wurden und, so Verrazano, den Fremden keine Achtung entgegenbrachten. Der anschließende Reiseverlauf an der Küste lässt sich nicht mehr genau zuordnen, doch dürfte der Italiener über Nova Scotia (Neu-Schottland) zu den bekannten Küsten Neufundlands gelangt sein, von wo aus die Rückfahrt nach Frankreich angetreten wurde. Anfang Juli 1524 erreichte Verrazano wieder Dieppe. Neben seinem einfühlsamen Bericht, der an Léry erinnert, bestand die faktische Ausbeute der Fahrt in dem Nachweis, dass die erhoffte Passage nach Cathay zwischen Florida und Neufundland nicht vorhanden ist. 1528 plante Verrazano eine Reise nach Brasilien, kam jedoch über die Antillen nicht hinaus, wo er von Indianern umgebracht wurde.

Spaniens Versuche, seine Seehoheit über die Karibik nach Norden auszudehnen, blieben Stückwerk. Ähnlich wie später Admiral Menéndez Jean Ribault, sollte ein anderer bereits erwähnter Seemann Verrazano vor dessen Ziel abfangen. Es ist jener Esteban Gómez, der Magellan in der Südwestpassage schmählich im Stich gelassen hatte und mit der SAN ANTONIO nach Spanien zurückgesegelt war. Seine Abreise im September 1524 erfolgte aber zu einem Zeitpunkt, da sich Verrazano bereits wieder in Frankreich befand. Gómez' Fahrt brachte weder für die spanische Krone, noch für die Wissenserweiterung über die nordamerikanische Ostküste neuen Gewinn. Ebenso wenig wie das Unternehmen des Luis Vasquez de Ayllón, der 1526 von Santo Domingo aus mit ca. 500 Kolonisten zur Chesapeake Bay segelte, wo er nahe dem späteren Jamestown die Siedlung San Miguel de Guandape anlegte, die aber nach seinem plötzlichen Tod und zahlreichen Ausfällen durch Sumpffieber bald wieder aufgegeben wurde; kaum 150 Überlebende kehrten nach Hispaniola zurück. Damit war Spaniens maritimes Interesse nördlich von Florida erlahmt. Ungefähr fünfzig Jahre später wird hier England mit wesentlich mehr Nachdruck auftreten und seine dann erhobenen Souveränitätsansprüche entschiedener umsetzen.

Wenn auch Verrazanos Reise nicht den gewünschten Erfolg brachte, so blieb der französische Wunsch aufrecht, über eine mögliche Nordwestpassage nach Cathay zu gelangen. Mit einigen Jahren Abstand, in denen seine Europapolitik und der Kampf gegen Karl V. vollste Aufmerksamkeit von ihm forderte, nahm Franz I. die alte Idee wieder auf und betraute den Kapitän Jacques Cartier (um 1491–1557) mit dem Kommando des Unternehmens. Cartier hatte unter anderem auch an Verrazanos Amerikafahrt teilgenommen und wurde dem König von Jean le Veneur, dem Bischof von Lisieux, empfohlen, einem Mann mit ausgeprägtem Hang zur explorierenden Seefahrt, der sich speziell für ein Erkunden der postulierten Nordwestpassage interessierte. Um sich völkerrechtlich[120] abzusichern, traf Franz I. 1533 mit Papst Clemens VII. zusammen und erörterte mit diplomatischer Unterstützung le Veneurs die Bullen Alexanders VI. aus dem Jahr 1493. Bei diesen Gesprächen gelang es dem französischen König, ein wesentliches Zugeständnis zu erreichen: Der Heilige Stuhl würde die kirchliche Regelung der Besitzverhältnisse auf jene Länder einschränken, die Spanier und Portugiesen zur Zeit des Erlasses erworben hatten; auf neu entdeckte oder noch zu entdeckende Territorien könne der Spruch[121] Alexanders VI. keine Anwendung finden. Nun war auch auf kirchlicher Ebene der Vertrag von Tordesillas ausgehöhlt worden.

So kam Cartier, mittlerweile »Capitaine« und »Pilote pour le Roi«, zu seiner Order, »*nach dem Königreich von Neufundland zu reisen, um gewisse Inseln und Gebiete zu entdecken, von denen es heißt, dass sich dort große Mengen von Gold und andere kostbare Dinge befinden*«. Nach einigen Schwierigkeiten, die das Anheuern einer geeigneten Mannschaft betrafen, stach er von seiner Heimatstadt Saint-Malo aus mit zwei 60-Tonnen-Schiffen, auf denen sich auch zerlegte Boote zur Küstenerkundung befanden, im April 1534 mit dem Ziel Neufundland in See. Nach einer unerwartet kurzen Überfahrt traf er im Süden auf die Insel, die als solche noch nicht erkannt worden war. Gegen Treibeis ankämpfend, segelte Cartier nach Norden und gelangte nach Überquerung der Belle-Isle-Straße an die Festlandsküste Labradors[122], wo er einige Buchten genauer untersuchte und wieder nach Neufundland zurückkehrte. Aufgrund mehrerer Quellenvergleiche weiß man, dass Cartier bis hierher in keinen Gewässern kreuzte, die nicht schon von portugiesischen, englischen oder anderen französischen Schiffen befahren wurden.

Nach einiger Zeit kehrte er neuerlich um und segelte, ständig kartographierend, an der Westküste Neufundlands entlang nach Süden, wo er schließlich Kurs West anlegte und sich damit der Möglichkeit begab, dessen Inselcharakter zu erkennen. Nördlich die für einen Festlandteil gehaltene Prince Edward Insel passierend, traf er im Raum der heutigen kanadischen Provinz New Brunswick auf die reale Kontinentalmasse. Cartier bewegte sich damit bereits in entdeckerischem Neuland. Dem Reisebericht zufolge kam es wiederholt zu Treffen mit Eingeborenen, die durchwegs als freundlich gesinnt beschrieben werden. Ein einziger, beinahe ernsthafter Zwischenfall beruhte auf einem Missverständnis mit Angehörigen des Micmac-Stammes, der jedoch für beide Seiten ohne tödliche Konsequenzen blieb. In der Bucht von Gaspé traf Cartier vereinzelt sogar auf Angehörige jenes weitverzweigten Indianervolks, das die kommenden Jahrzehnte zu den treuesten Verbündeten und wichtigsten Handelspartnern der Franzosen zählen sollte: die Huronen. Der erste Kontakt zwischen Europäern und Indianern verlief ähnlich wie andernorts und in früherer Zeit. Die Indianer zeigten sich von den wertlosen Gegenständen, die auf allen Entdeckerschiffen als Geschenke mitgeführt wurden, hellauf begeistert und ließen ihre anfängliche Scheu fallen. Cartier beschrieb sie als ärmlich und wild. Dennoch sollte eines der wenigen Na-

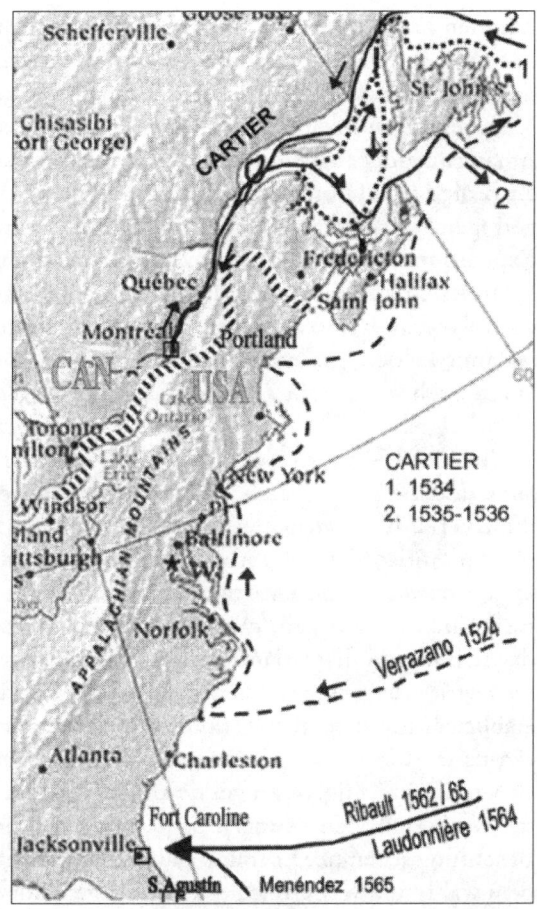

turgüter, über die diese Indianer fast unbegrenzt verfügten, später zu einem imposanten europäischen Handelsfaktor werden: Pelze. Aber auch die Huronen und andere Stämme sollten bald lernen, die Europäer für ihre eigenen Zwecke zu instrumentalisieren und sie den Wert, den ihre Produkte für die Weißen hatten, entsprechend abgelten zu lassen.

Am 24. Juli 1534 errichtete Cartier in der Bucht von Gaspé einen Wappenpfeiler in Form eines riesigen Holzkreuzes mit den königlichen Lilien und nahm das Land für Frankreich in Besitz. Darüber hinaus gelang es ihm, zwei Söhne des Häuptlings Donnacona, der die Zeremonie in ihrer Konsequenz richtig deutete, zu überreden, die weitere Fahrt des Franzosen zu begleiten. Durch einen auf Nord angelegten Kurs entging ihm der große Mündungstrichter des Sankt-Lorenz-Stromes und er stieß auf die Anticosti-Insel. Erneut an der Küste Labradors, durchsegelte er die Belle-Isle-Straße und kehrte ohne weiteren Zwischenhalt in die Normandie zurück, wo er gegen Ende September 1534 eintraf. Das Ergebnis der fünfmonatigen Fahrt entsprach keineswegs den in sie gesetzten Erwartungen, dennoch begann Cartier umgehend mit den Vorbereitungen zu einer neuerlichen Reise. Sein zweites Unternehmen war von Anfang an größer angelegt und überwiegend von Privatleuten finanziert. Wenn auch die Instruktionen von der Krone kamen, so beteiligte sich diese nur in geringem Umfang an der Ausrüstung. Ziel war es, die auf der vergangenen Expedition gewonnenen Erkenntnisse zu vertiefen und auszuweiten. Diesmal befanden sich auch einige Edelleute an Bord, aber noch immer keine Geistlichen. Unschwer lässt sich daraus ableiten, dass der oft zitierte Missionierungsgedanke keinen großen Stellenwert besaß und für den französischen König einen noch geringeren Anreiz für etwaige Ambitionen darstellte als für Spanien.

Im Mai 1535 verließen drei Schiffe – die GRANDE HERMINE, PETITE HERMINE und die EMERILLON – Saint-Malo und benötigten etwa acht Wochen für die Überfahrt, bis man auf die Küste Labradors traf, wo sich die Flotte teilte. An der Anticosti-Insel vorbei segelte Cartier diesmal an der Nordküste der Halbinsel von Gaspé entlang und erreichte eine große Bucht, der er den Namen Sankt Lorenz gab, mit dem später der gesamte Strom benannt wurde, der sich hier in den Atlantik ergießt. Einheimischen Ursprungs ist ein anderer Begriff, der sich aus einer missverstandenen Bezeichnung ähnlich Yucatán etabliert hat und heute traditionelle Definition ist. Aus dem indianischen Wort »ka-na-ta« für Siedlung wurde das heutige »Kanada«. Die Flotte stieß in die sich trichterförmig verjüngende Bucht vor und erreichte, mehrfach die Seiten wechselnd, den heutigen Saguenay-Fluss, dem man jedoch keine nähere Beachtung schenkte. Er sollte später eine wichtige Handelsroute für Pelze aus dem wald- und wasserreichen Hinterland werden. Auf einer vor der Indianersiedlung Stadacona, dem heutigen Quebec, liegenden Insel (Ile d'Orleans) traf Cartier wieder mit Donnacona zusammen. Dies bedeutete, dass der Indianer und sein Gefolge eine Reise von mehreren hundert Kilometern zurückgelegt haben musste, um seine Söhne wiederzusehen. Trotz einer ausgedehnten Wiedersehensfeier entstanden in der nächsten Zeit Spannungen zwischen den beiden Gruppen. Cartier erkundete mit einem Beiboot die Umgebung der Insel und beschloss, den Sankt-Lorenz-Strom bis Hochelaga (»Damm der Biber«), einer großen Siedlung der Huronen, aufwärts zu fahren, deren Name von den Ureinwohnern aber auch für den Strom selbst verwendet wurde. Die Bemühungen der Indianer, den Franzosen von seinem Vorhaben abzubringen, blieben vergebens. Cartier erreichte im Oktober 1535 mit seinem kleinsten Schiff Hochelaga. Die Siedlung lag am Fuße eines kleinen Hügels, dem Cartier den Namen »Mont Royal« (Montreal) gab. Eine Vielzahl fester Hütten und Langhäuser waren von Palisaden umgeben, die das Wohngebiet vom sorgsam gepflegten Ackerland trennten. Der Franzose befand sich hier in einem Zentrum des Huronengebiets und erfuhr unter anderem auch von den Feinden dieses Volkes, den Irokesen. Die Feindschaft dieser beiden Volksgruppen wird hundert Jahre später von Engländern und Franzosen in ihrem Konflikt um das Siedlungsgebiet für eigene Zwecke ausgenutzt werden. Die Ureinwohner wiederum werden ihren jeweiligen Bündnispartner im Kampf gegen den traditionellen Gegner als Rückendeckung benutzen.

Keines der Indianervölker Nordamerikas konnte den hohen Entwicklungsstand der Azteken, Maya oder Inka erreichen. Was die innere Struktur dieser Völker betrifft, standen aber gerade die nordamerikanischen Ethnien jenen des Südens kaum nach. Ihre Struktur hat aber in erheblichem Maß zu Missverständnissen und verbreiteten Irrtümern geführt, die gerade allen großen Indianervölkern Nordamerikas anhaften: Die Gruppe wurde zum Synonym für einen »virtuellen Stamm«. Wenn von »den« Huronen, Irokesen, Sioux, Creek oder ähnlichen gesprochen wird, so ist darunter meist eine Konföderation verwandter Völker zu verstehen, wobei erschwerend hinzukam, dass die sprachliche Zugehörigkeit zu einer anderen Familie die »politische« überschnitt.

Die bekannteste Gruppe im eigentlichen Sinn sind die Irokesen, ein Bund von ursprünglich fünf Indianervölkern, die sich kurz vor der Ankunft der Europäer zu einer Liga zusammengeschlossen hatten. Sprachlich verwandt, ansonsten aber erbitterter Gegner, war die Huronengruppe. Die jeweiligen Siedlungsräume der beiden Kontrahenten sind aufgrund von Wanderungsbewegungen, die sowohl auf eigene Auseinandersetzungen als auch europäische Einflüsse zurückgeführt werden müssen, hier nur schwer zu definieren. Stark vereinfacht dargestellt, siedelten die Huronen am oberen Hochelaga bis zu den Großen Seen (Huron-See!), die Irokesen südlich des Sankt-Lorenz-Stromes bis tief in das Gebiet des heutigen Bundesstaats New York zum Hudson River.

Cartier versuchte von Hochelaga aus noch weiter am Sankt-Lorenz-Strom aufwärts vorzustoßen, musste sein Vorhaben jedoch wegen der sich häufenden Katarakte abbrechen. Dazu zählten vor allem die Lachine Rapids, deren Name daran erinnert, dass die Franzosen sogar noch im 17. Jahrhundert fest überzeugt waren, hier an der Grenze zu China (franz: *la Chine*) zu stehen. Bleibt noch zu erwähnen, dass auch hier, viele tausend Kilometer von den spanischen »Goldländern« und Phantomgebilden wie den »Sieben Städten von Cibola« entfernt, die Europäer mit Erzählungen über ein Land konfrontiert wurden, in dem das begehrte Edelmetall zu finden wäre. Diesmal wurde es das »Reich von Saguenay« genannt. Der kleine Voraustrupp blieb noch einige Zeit in Hochelaga und kehrte dann in den Raum von Quebec zurück, wo Cartiers Männer in der Zwischenzeit mit der Errichtung einer wehrhaften Anlage begonnen hatten, in der man zu überwintern gedachte. In Unkenntnis der klimatischen Bedingungen überraschte die Europäer der äußerst strenge

Winter. Bedrohlich wurde es, als die Schiffe im Eis des Sankt-Lorenz-Stromes festsaßen und selbst der spärlich vorhandene Proviant gefror. Auch das Verhältnis zu den Indianern wurde immer gespannter und unberechenbarer. Offensichtlich hatten sich bei diesen zwei Lager gebildet, die für bzw. gegen die Fremden optierten. Welche Gruppierung sich schließlich durchsetzen würde, war nicht absehbar, und so vergingen bange Monate für die Franzosen.

Eine weitere Verschärfung erhielt die klaustrophobe Lage durch den Ausbruch von Epidemien. Auf indianischer Seite breiteten sich die üblichen Infektionskrankheiten der Europäer aus, denen viele zum Opfer fielen. Bei den Franzosen machten sich wieder Mangelkrankheiten wie der medizinisch noch unbekannte Skorbut bemerkbar, der ungefähr die Hälfte der Männer dahinraffte. Etwas Abhilfe brachte über Empfehlung der Indianer ein Extrakt aus Zweigen des Lebensbaumes (*Thuja occidentalis*). Im Frühjahr 1536 ließ Cartier Häuptling Donnacona und einige andere Indianer gefangen nehmen. Mit ihnen segelte er dann, mit kurzem Zwischenhalt auf Neufundland, nach Europa zurück und traf Mitte Juli wieder in Saint-Malo ein. Kein einziger der mitgenommenen Indianer sollte seine Heimat wiedersehen.

Auch Cartiers zweite Reise hatte französische Schiffe nicht näher an Cathay herangebracht, und die wenigen Goldkörner, die man den Indianern abhandeln konnte, stellten kein sensationelles Ergebnis dar. Dennoch war sie in entdeckerischer Hinsicht ungleich wertvoller als die erste. Mit der tiefen Erkundung des Sankt-Lorenz-Stromes war man auf den natürlichen Zugangsweg zu den (noch unbekannten) Großen Seen und damit in die Weiten des küstenfernen Hinterlandes gestoßen. Darüber hinaus ist in Cartiers Bericht noch eine umfangreiche Beschreibung der indigenen Bevölkerung und ihrer natürlichen Umwelt enthalten. So erfährt man nicht nur von den wichtigsten Lebensmitteln und deren Zubereitung, sondern wird auch über den Alltag und kulturelle Aktivitäten der Huronen informiert, die noch nicht von Kontakten mit Europäern beeinflusst sind. Jedenfalls gaben Cartiers Aufzeichnungen berechtigten Anlass, einem Kolonisierungsprojekt im bereisten Gebiet näher zu treten. Wie nach Verrazanos Reise stand Franz I. aber erneut im Krieg mit Karl V. und widmete sich erst nach Abschluss eines Waffenstillstandes wieder den französischen Anliegen in Nordamerika.

Im Jahr 1540 wurde ein großangelegtes Unternehmen geplant, dessen Umfang zweifelsfrei auf weitreichende kolonisatorische Absichten schließen lässt. Auf sechs Schiffen sollten über 400 Mann, vor allem Handwerker und Bauern, aber auch Vorräte für mindestens zwei Jahre zum Sankt-Lorenz-Strom gebracht werden. So sah es jedenfalls das Konzept vor, das jedoch in der Ausführungsphase beträchtlich erweitert wurde. Aus den königlichen Anweisungen zu dem Projekt kann man herauslesen, dass auch Franz I. es für notwendig zu erachten schien, dass ab einer bestimmten Entdeckungsphase der zivile

Verwaltungsaspekt neu gewonnener Territorien in den Vordergrund zu rücken sei. Cartier erhielt das Kommando über die Schiffe und fungierte gleichsam als Vorauskommando. Die Kompetenzen über die erst zu errichtende Siedlung sowie deren dauerhafte Erhaltung wurden einem Edelmann namens Jean-François de la Roque de Roberval (um 1500–1547) übertragen. Dessen umfangreiche Vollmachten wurden über Informanten auch Spanien bekannt, das seine Interessen und vor allem den grundsätzlichen Inhalt des Tordesillas-Vertrages gefährdet sah. Doch weder eine Intervention beim Papst noch beim portugiesischen König, dem Schwiegervater Karls V., gegen die Absichten Frankreichs, die nach Meinung des Kaisers eine Verletzung der Vereinbarungen von Nizza (1538) darstellten, blieben erfolgreich. In der Anweisung Franz' I. scheint als einziges Zugeständnis auf diplomatischer Ebene die Einschränkung auf, dass die geplante Kolonie nur auf einem Territorium zu gründen sei, das von keiner anderen Seemacht besetzt gehalten wird, und das war im Raum des Sankt-Lorenz-Stromes keineswegs der Fall.

Mit fünf Schiffen und über tausend Mann brach Cartier im Mai 1541 (im Süden des Doppelkontinentes wurde Pizarro ermordet und begann Orellana seine Amazonasfahrt) zu seiner dritten Reise auf, von der wenig Details überliefert sind. Nach einem längeren Aufenthalt auf Neufundland erreichte man im August den Raum Quebecs. Von hier aus unternahm Cartier verschiedene Vorstöße, die alle dem bekannten Ziel dienten: dem Aufspüren vermuteter Reichtümer. So glaubte Cartier auf eine Erzmine mit bestem Eisen gestoßen zu sein; dann »entdeckte« er wieder Mineralien, die er für Diamanten hielt; auch dickes Blattgold will er gefunden haben. Persönlich dürfte sich der nun fast 50-Jährige unter starkem Erfolgsdruck befunden haben, was manche Übertreibungen verständlich macht. Nachdem auch ein geplanter Durchbruch in das Reich von Saguenay an den topographischen Gegebenheiten scheiterte, kehrte er zum Stützpunkt bei Quebec zurück.

Das früher gute Einvernehmen mit den Indianern begann sich über den langen Winter hinweg dramatisch zu verschlechtern. Wiederholt kam es zu Kämpfen mit tödlichem Ausgang für viele Franzosen; auch der Skorbut flammte wieder auf. Im Frühjahr 1542 sah sich Cartier kaum mehr in der Lage, neue Vorstöße zu unternehmen; schließlich zweifelte er sogar, den Stützpunkt halten zu können. Im Juni verließ er mit dem Rest seiner Männer den Hochelaga. Bei einem Zwischenhalt im Hafen des heutigen Saint John's auf Neufundland traf er auf die Siedlerflotte Robervals, der ihn zum Bleiben bewegen wollte. Doch Cartier ließ sich nicht umstimmen, setzte nachts heimlich Segel und erreichte im September wieder Saint Malo. Ob dieser Akt bloß einer Insubordination entsprach oder einer schwerer wiegenden Desertion gleichkam, mag dahingestellt bleiben. Jedenfalls war es ein Akt resignativer Feigheit, der Cartiers persönliche Leistungen schmälerte. In Frankreich hoffte er indes auf positive Auswertung der mitgebrachten Mineralien, die aber zu seinen Ungunsten ausfiel.

Roque de Roberval nutzte den aufgegebenen Stützpunkt und erkundete von dort aus einige Gebiete der Umgebung. Wo diese lagen und wie weit er vordringen konnte, lässt sich nicht mehr mit Sicherheit rekonstruieren. Unbestritten ist aber, dass er die Siedlung mit harter Hand kommandierte und während des Winters 50 Kolonisten an Krankheiten oder bei Streitigkeiten mit Indianern zu Tode kamen. Im Sommer des folgenden Jahres gab auch Roberval aus ungeklärten Gründen, wahrscheinlich Nachschubmangel, den Stützpunkt auf und trat die Heimreise an. Zusammenfassend kann gesagt werden, dass diese drei ambitionierten Vorstöße Frankreichs in der Neuen Welt trotz aller entdeckerischen Erfolge nicht dazu angetan waren, das anfangs gezeigte Interesse aufrechtzuerhalten. Die nächsten Schritte nach Übersee wurden erst Jahre später gesetzt. Es sind die bereits bekannten Aktivitäten in Brasilien und später Florida. In das so entstandene europäische Vakuum im Großraum um Neufundland, sieht man vom ungebrochenen Zuzug diverser Fangflotten vor den reichen Fischgründen ab, stießen nun die Engländer 1576 unter Martin Frobisher vor, worauf im folgenden Kapitel eingegangen wird. Neben dem Fischfang lässt sich um 1570 auch eine Zunahme des Pelzhandels aus diesem Raum ausmachen, doch zu wissenserweiternden Vorstößen, gar in das Landesinnere, kam es vorerst nicht. Das darf andererseits nicht zur Annahme führen, die französische Krone hätte den Plan zur Kolonisierung völlig aufgegeben. Aber auch in der Nachfolge Franz' I. musste dieses Anliegen hinter den europäischen Interessen zurückstehen.

Trotz einiger Ansätze, die entweder schon im Planungsstadium, spätestens aber bei Beginn der Unternehmungen scheiterten, kann für Frankreich eine ernsthafte Weiterverfolgung der alten Siedlungskonzeption erst nach Ende der Hugenottenkriege festgestellt werden. Erst Heinrich IV. widmete sich wieder konkret dem Problemkreis Nordamerika und wird letztendlich zum politischen Vater von »Nouvelle France«. Aus ziviler und kolonisatorischer Sicht liegt das Verdienst jedoch bei Samuel de Champlain (um 1567–1635), der wie alle großen Entdecker vor ihm, sein einmal gefasstes Anliegen allen Widerständen zum Trotz weiter verfolgte und dann unverrückbare Grundsteine legte. Schon früh an Seefahrt interessiert, segelte er unter spanischer Flagge nach Mittelamerika, wo er neben Landvermessungen auch Überlegungen anstellte, die beiden Ozeane durch einen Kanal in der mittelamerikanischen Landenge zu verbinden und damit durchgehend schiffbar zu machen. Neben seinem scharfen Blick für Zusammenhänge besaß Champlain darüber hinaus noch die unter den frühen Entdeckern nicht sehr verbreitete Eigenschaft, diese Erkenntnisse auch entsprechend zu Papier bringen zu können.

Champlain brach 1603[123] zu seiner ersten Kanadafahrt auf. An Bord bekleidete er keinerlei Kommandofunktion; diese lag bei François Gravé du Pont, dem Sieur Pontgravé, einem erfolgreichen Kaufmann aus Saint Malo, der drei Jahre zuvor an der Mündung des Saguenay-Flusses die Siedlung Tadoussac gegründet hatte, wo die Expedition im Mai eintraf. Seinem Auftrag der Landeserkundung und Kartographierung folgend, fuhr Champlain den Saguenay aufwärts, wo er von der Existenz eines großen Meeres im Norden erfuhr – der sechs Jahre später von Henry Hudson erkundeten und nach ihm benannten großen Meeresbucht. Gleichzeitig konnte er sich einen tiefen Einblick in den weitverzweigten indianischen Handelsverkehr zwischen der Bucht und dem Sankt-Lorenz-Strom verschaffen. Diese Kenntnis sollte später für den französischen Pelzhandel sehr vorteilhaft werden, der an der Mündung des Saguenay seinen maritimen Stützpunkt fand. Den Sankt-Lorenz-Strom Strom aufwärts stieß man schließlich am noch ungegründeten Quebec vorbei bis Hochelaga vor, das mittlerweile von den Huronen aufgegeben worden war, wahrscheinlich wegen des zunehmenden Drucks der Algonkin-Indianer auf den militärisch schwächeren Stammesverband der Huronen. Dank guter Dolmetscher und seiner Unvoreingenommenheit den Indianern gegenüber konnte Champlain auch hier wertvolle Informationen sammeln. So erfuhr er von den Großen Seen im Hinterland ebenso wie vom Fluss Niagara und dessen mächtigen Fällen. Ob Champlain in diesen Hinweisen einen möglichen Zugang zum Pazifik sah, lässt sich nicht mit Sicherheit ableiten, liegt aber im Bereich des Denkbaren. Ein erster Vorstoß in leichten und wendigen Kanus endete aber, wie schon Jahre vorher bei Cartier, an den bekannten Katarakten der Lachine Rapids. Da das Unternehmen nicht auf einen längeren Zeitrahmen ausgelegt war, kehrte er schon im August 1603 nach Tadoussac zurück, von wo aus die Heimfahrt angetreten wurde. Kaum in Frankreich angekommen, begann Champlain mit den Vorbereitungsarbeiten zu einer zweiten Reise.

Diente die erste Fahrt der Erkundung, so verfolgte die nächste eindeutig kolonisatorische Ziele. Damit ist auch das »magere« Ergebnis in entdeckerischer Hinsicht bereits vorweggenommen. Neben Gravé du Pont nahm auch Pierre du Gua(st), Sieur de Monts (um 1560–1611), der Inhaber des königlichen Patents zur Siedlungsgründung, an der Expedition teil. Der unterschiedlichen Aufgabenstellung entsprechend trennte man sich auf Gaspé, und Champlain erkundete als Kartograph die Küste südwärts bis zur Penobscot Bay. Im folgenden Frühjahr stieß man, wieder vereint, auf der Suche nach einem geeigneten Ort für eine Kolonie bis nach Maine zum Cape Cod hinunter vor, wo – wie schon erwähnt – 1620 die englischen »Pilgrim Fathers« ihre Kolonie gründen werden. Mehr unter Ausnützung des Patents als aus echter Überzeugung wurde in Nova Scotia eine Niederlassung gegründet, die für die folgenden zwei Winter als Stützpunkt diente. Das Siedlungsexperiment musste jedoch aufgegeben werden, da Pierre de Guasts Konzession von der Krone

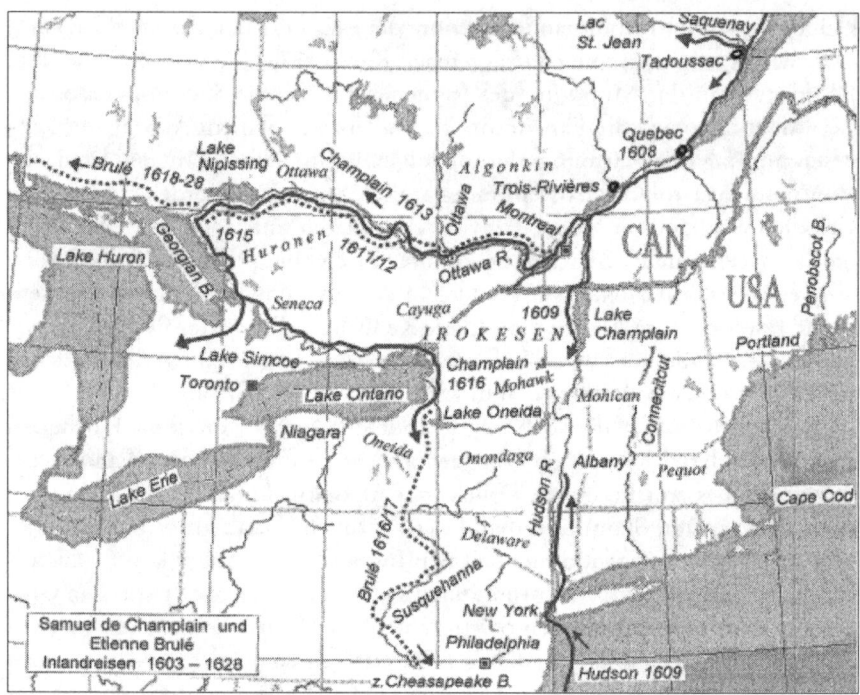

nicht mehr verlängert wurde. Champlains Küstenfahrten brachten keine wesentlichen Neuerungen, da er sich, auch »international« gesehen, in bekannten Gewässern bewegte. Übrigens verfolgten im selben Zeitraum die Engländer Bartholomew Gosnold 1602 und George Waymouth im Jahr 1605 ähnliche Ziele. Champlain kehrte schließlich nach Frankreich zurück. Indirekt ging damit die Initiative an der Nordostküste Amerikas, deren Gebiet sie »Norumbega« nannten, auf die Engländer über, während sich Frankreich dem Großraum um den Sankt-Lorenz-Strom widmete und dadurch lange Zeit einen strategischen Vorteil für die Durchdringung des tiefen Hinterlandes erlangte, während die englischen Pioniere im 17. und 18. Jahrhundert erst die Barriere der Appalachen überwinden mussten.

Durch die beiden vergangenen Reisen hatte sich Champlain über sein bisheriges Wissen hinaus noch das erforderliche Rüstzeug für erfolgreichere Siedlungsgründungen angeeignet. Bei seiner dritten Fahrt verfügt er nun auch über die zivile Kommandogewalt. Im August 1608 liefen drei Schiffe von Honfleur aus und ankerten bei Tadoussac, wo es zu einer Auseinandersetzung mit baskischen Pelzhändlern kam. Bei der aufgegebenen Indiansiedlung Stadaconé, weiter stromaufwärts, legte Champlain dann im Juli 1608 den Grundstein zur ersten dauerhaften Stadt in Kanada – Quebec. Im folgenden Jahr begann er seine Erkundungen in noch unerforschtem Gebiet. Überwiegend von Indianern begleitet, stieß der Franzose über den Sankt-Lorenz-Strom und den Richelieu River bis zu einem See vor, der noch heute den Namen seines Entdeckers trägt. An den Ufern des nach ihm benannten Lake Champlain kam es auch zu einem Scharmützel zwischen den indianischen Begleitern der Franzosen und den Irokesen, das zum letzten Auslöser einer tödlichen Feindschaft zwischen den beiden Völkern wurde, die später nach lang andauernden Kämpfen fast zur vollständigen Auslöschung der Huronen führen sollte.

Die folgenden Jahre war Champlain zu sehr mit administrativ-organisatorischen Arbeiten beschäftigt, um sich seinem eigentlichen Grundanliegen näher zu widmen. Er trieb den Aufbau Quebecs voran, wurde in der Sicherung des Pelzhandels aktiv und warb auch die dringend benötigten neuen Siedler an, wollte man die Niederlassung auf Dauer sichern und ausdehnen. Um seinem Verlangen nach Wissenserweiterung wenigstens teilweise nachzukommen, sandte Champlain einige Männer als selbstständige Erkunder aus. Der wichtigste darunter war Etienne Brûlé (1592–1633), damals ein 20-jähriger Mann, der sich am besten als »abenteuerlustiger Aussteiger« beschreiben ließe. Er verkörpert den Prototyp eines »coureur des bois«, eines Waldläufers, wie die meist einzelgängerischen Männer später genannt wurden, die aus verschiedensten Gründen in das Hinterland aufbrachen. Den brasilianischen Bandeirantes nicht unähnlich, lebten sie noch länger in weitgehender Abgeschiedenheit von der Zivilisation eines Stützpunktes. Sie beherrschten die Indianersprachen und kannten bestens die Sitten und Gebräuche der Gastvölker, bei denen sie nicht selten lange Zeit verbrachten. In der Nachfolge Brûlés entstand durch diese Lebensweise ein weitverzweigtes Netz von Bekanntschaften, das sich über Hunderte von Quadratkilometern erstreckte.

Brûlé gelangte in den Jahren 1611/12, dem Ottawa-Fluss folgend, bis zur Georgian Bay des Lake Huron und damit bis in das nunmehrige Kernland der verzweigten Huronensippen. Drei Jahre darauf begleitete er Champlain auf dessen Vorstoß zum Ontario-See, um in einem weiteren Unternehmen den Susquehanna River zu erreichen, dessen Lauf er südwärts bis zur Chesapeake Bay folgte. In den Jahren 1618–1628 führten den Abenteurer weitere Unternehmen, stets von Indianern begleitet, in das Gebiet des Lake Superior und Lake Erie. So vertraut die *coureurs des bois* mit der Natur und den Indianern auch waren, so fehlte ihnen doch jeglicher Sinn dafür, ihre Kenntnisse in Form von Aufzeichnungen oder Skizzen schriftlich niederzulegen, so dass gerade die Routendetails Brûlés kaum in voller Klarheit rekonstruiert werden können. Auch die Freiheit des Personenverkehrs, die sich diese Waldläufer selbst zubilligten, findet man schon bei ihm. Die Fronten wechselnd, führte er 1629 die Engländer unter David Kirke (1596–1655)[124] nach Quebec, was ihm von den Franzosen selbstverständlich schwerste Vorhaltungen einbrachte. Darauf zog er sich endgültig zu den Huronen zurück, die ihn schließlich 1633 aus unbekannten Gründen – vermutet wird eine unstatthafte Liebesaffäre – umbrachten.

Inzwischen mit der obersten Regierungsverantwortung für die französischen Niederlassungen in Kanada beauftragt, brach Champlain 1613 zu einem Vorstoß über den Ottawa River auf, der, so das Konzept, das große Meer im Norden zum Ziel hatte. Das Unternehmen scheiterte aber am hinhaltenden Widerstand der Algonkin, die um ihren Pelzhandel fürchteten. Wie sehr sich Nachrichten über viele hundert Kilometer hinweg ausbreiteten und wie penibel sie von Champlain aufgenommen wurden, lässt sich aus seinen Aufzeichnungen herauslesen. An dieser Stelle berichtet er zum Beispiel, dass Indianer von einem großen Schiffswrack am Ufer eben dieses Nordmeeres erzählten. (Wie man heute weiß, hatte Henry Hudson 1610 während seiner vierten Expedition dort überwintert.) Zwei Jahre darauf machte sich Champlain in Begleitung des bereits ortskundigen Brûlé zu den Großen Seen auf. Eine zusätzliche Erweiterung erfuhr dieser Vorstoß, indem Champlain dem Drängen der Huronen nachkam, sich einem Kriegszug gegen die Irokesen anzuschließen. Dass den Indianern bei ihrem Ansinnen hauptsächlich an den überlegenen Feuerwaffen der Europäer gelegen war, braucht nicht besonders betont zu werden.

Der Weg führte teils in Kanus, teils zu Fuß von der Georgian Bay des Huron-Sees über den Lake Simcoe zum Ontario-See – für die Franzosen Neuland. In Nähe des Lake Oneida traf man auf eine Irokesensiedlung, die wie üblich durch Palisaden geschützt war. Champlain befand sich im Kernland der Onondaga, des größten Volks der Irokesen-Liga, die im Raum des heutigen Syracus auch ihre »politische Hauptstadt« besaß. In diesem Gebiet scheiterte das bisher erfolgreiche Unternehmen an der Ungeduld der Huronen, die unverzüglich mehrfach gegen die Befestigung anrannten, aber immer wieder zurückgeschlagen wurden. Das vergebliche Bemühen bedeutete für die Franzosen, dass sie den Nimbus ihrer Unbesiegbarkeit verloren hatten, für den Irokesenbund jedoch eine Stärkung des Widerstandswillens. Auf Bitten der Huronen, die einen Racheakt fürchteten, verbrachte Champlains Gruppe mit ihren Feuerwaffen den Winter 1615/16 bei den Verbündeten im Raum der Georgian Bay. Aus dieser Zeit stammen wertvolle Aufzeichnungen, die der umfassend interessierte Entdecker über das Alltagsleben der Indianer in seiner gesamten Bandbreite machte. Sie sind ein ethnologischer Erst- und fast auch Schlussbericht über die Kultur verschiedenster Indianerstämme, die zum Teil schon fünfzig Jahre später nicht mehr existieren sollten oder bereits mit anderen verschmolzen waren. Es wäre jedoch verfehlt, würde man Champlains Befindlichkeit den Indianern gegenüber mit jener des Bartolomé de Las Casas vergleichen. Der Franzose präsentiert sich in seinen Notizen vielmehr als nüchterner Beobachter, der Vorurteile von sich fern hielt. So ist der Blick auch nicht auf die Schwächen »seiner« Huronen verstellt, die sich für ihn auf das Fehlen christlicher Moralwerte zurückführen lassen. In Verbindung mit der von ihm auch beschriebenen Lernfähigkeit der Indianer ergab sich daraus ein reiches Betätigungsfeld für die Missionierung, die später überwiegend vom Jesuitenorden getragen wurde. Im Mai 1616 machte sich Champlain dann auf den Rückweg nach Quebec.

Die folgenden Jahre bemühte er sich um Konsolidierung und Ausbau der französischen Niederlassung. Diese Zeit war gekennzeichnet von Erfolgen und Rückschlägen. Besonders die Beschaffung der erforderlichen Geldmittel für einen weiteren Aufbau gestaltete sich äußerst schwierig, da das Interesse seiner privaten Financiers kaum über den Pelzhandel hinausging. So bedeutete für Champlain die von Kardinal Richelieu (1585–1642) ausgehende Gründung der »Compagnie de la Nouvelle France« im Jahr 1627 eine gewisse Erleichterung für sein Streben, hatte sich doch die Gesellschaft zur Entsendung einiger Tausend Siedler verpflichtet. Der nächste Rückschlag ließ aber nicht lange auf sich warten. Während der kurzfristigen Besetzung Quebecs durch die Engländer nahmen sie 1629 auch Champlain gefangen und brachten ihn nach Europa. Doch Champlain ließ sich nicht entmutigen und begab sich nach seiner Freilassung 1632 wieder nach Kanada, um seine Aufbauarbeit fortzusetzen. Am Weihnachtstag des Jahres 1635 starb der Mann, der mit vollem Recht als Vater des französischen Kanada gilt, in seinem Quebec.

Zum Schluss ist noch von zwei Unternehmen zu berichten, die in doppelter Hinsicht von Interesse sind. Dabei richtet sich der Blick auf die große Wasserstraße des Mississippi. In ihm und seinen Zubringern sammelt sich aller Regen zwischen den Rocky Mountains und den Appalachen, von der Wasserscheide an den Großen Seen bis in den Golf von Mexiko. Geographisch gesehen stellt er innerhalb unseres Zeitrahmens im weitesten Sinn die landmäßige Verbindung zwischen den Franzosen im Norden und den Spaniern im Süden her. Den ersten weiterführenden Vorstoß aus dem französischen Siedlungsgebiet nach Süden unternahmen zwei Vertreter aus den beiden relevanten Gruppen unter den Kolonisten: Der Pelzhändler Louis Jolliet (1645–1700) und der Jesuitenpater Jacques Marquette (1637–1675). Beide nutzten die bis dahin gewonnenen Erkenntnisse um den Raum südlich der Großen Seen, als sie 1673 vom Lake Michigan aus in das Einzugsgebiet des Mississippi vorstießen.

Die mehr als vierzig Jahre zuvor gegründete Compagnie de la Nouvelle France befand sich schon lange Zeit in innerer Auflösung und gefährdete dadurch den Bestand der Kolonien im Großraum des Sankt-Lorenz-Stromes. So befanden sich um 1660 kaum mehr als 3000 Franzosen in Nouvelle France, hingegen bereits mehr als 60 000 Engländer in den Kolonien an der Ostküste. Dieser Druck entspannte sich erst, als 1663 die »Compagnie« von der

Krone direkt übernommen wurde und Jean-Baptiste Colbert (1619–1683), der spätere Minister Ludwigs XIV., das Gebiet zur französischen Provinz erklärte. Für die Indianer hatte das zur Folge, dass sie in einem den spanischen *requerimientos* nicht unähnlichen Vorgang per Dekret zu Untertanen der Krone von Frankreich erklärt wurden.

Mit dem Tod Champlains hatte Neu-Frankreich wohl eine bedeutende Führungspersönlichkeit verloren, nicht aber den Drang zu weiteren Erkundungen. Wieder waren es die Waldläufer vom Schlage eines Brûlé, die mit ihren Streifzügen das Feld aufbereiteten. Manchmal erfolgte dies auch auf ungewöhnlichem Weg, wie man am Beispiel des Pierre Esprit Radisson (um 1636–1710) erkennen kann. Der Franzose wurde in seiner Jugend von Irokesen entführt und später in den Stamm aufgenommen. Für »sein« Volk stellte er dann Handelsbeziehungen zu den Niederländern her, die sich zu Beginn des 17. Jahrhunderts am Hudson River niedergelassen hatten und 1625/26 Neu-Amsterdam, das heutige New York, gründeten. Später wechselte er in mehrfacher Hinsicht die Seiten, indem der »irokesische Franzose« für die Engländer den Raum der Hudson Bay erkundete. Sein Bericht über den Pelzreichtum führte dann 1670 indirekt zur Gründung der »Hudson's Bay Company«. Zusammen mit Médard Chouart, dem Sieur des Groseilleirs, und Daniel Greysolon zählt er zu den Pionieren im Raum des heutigen Minnesota, wo man auch erstmals mit den Sioux und Ojibwa[125] in Kontakt trat.

In diesem hier nur fragmentarisch angerissenen Umfeld verließen nun Jolliet und Marquette, der Gründer von Sault Ste.-Marie, in Begleitung einiger Waldläufer im Mai 1673 den Lake Michigan. Über den Fox River gelangten sie zum Wisconsin River, wobei man die Boote über die Landstrecke der Wasserscheide trug; der Mississippi lag offen vor ihnen. Aus dem Bericht Pater Marquettes lässt sich anhand der Landschaftsbeschreibung eindeutig zunehmende Euphorie herauslesen, als man von den eher unwirtlichen Bedingungen an den Großen Seen in die ruhige und topographische Weite des Mittleren Westens eintrat. Am 17. Juni wurde der große Strom erreicht. Wie früher und später auch, trat man hier in freundschaftlichen Kontakt zu den Indianern, die ihrerseits der Gastfreundschaft freien Lauf ließen. Die »Friedenspfeife wurde geraucht«, Geschenke ausgetauscht und Informationen für die nächste Etappe gesammelt. Stromabwärts, bei der Einmündung des Missouri, dachten die beiden Anführer kurz daran, nach Westen abzuschwenken, um vielleicht doch den gesuchten Durchlass zum Pazifik zu finden. Nach eingehendem Abwägen aller Beweggründe entschlossen sie sich aber, den Mississippi weiter abwärts zu fahren.

Die bisher gewonnene Annahme, dass sich der große Strom in den Golf von Mexiko ergießt, war noch zu ungefestigt, um dieses Ziel aus den Augen zu verlieren. Bei der Einmündung des Ohio River traf man auf Indianer, die verschiedenste Gegenstände europäischer Herkunft ihr Eigen nannten. Laut Angabe der Ureinwohner lebten die Weißen nur wenige Tagesreisen entfernt. Jolliet und Marquette folgten den Hinweisen, beschlossen aber bei der Einmündung des Arkansas River, einen weiteren Vorstoß zum Golf abzubrechen. Diese Entscheidung fiel unter Berücksichtigung ausschließlich rationaler Gründe. Eine neuerliche geographische Standortbestimmung ergab, dass sie sich kurz vor spanisch kontrolliertem Gebiet befinden mussten. Der bisher stetige Nord-Südverlauf des Mississippi ließ eine Richtungsänderung nicht vermuten, zumal sie sich bereits südlich des britischen Virginia befanden, wohin der Strom allenfalls einen Ostschwenk hätte nehmen können. Sorge um die zunehmende Unberechenbarkeit der Indianer und Furcht, dass bei einer Gefangennahme durch die Spanier all ihre Aufzeichnungen für Frankreich verloren wären, gab letztendlich den Ausschlag zur Umkehr. Das eigentliche Ziel der Expedition, die Abklärung des Mississippiverlaufes war erreicht und sollte nicht durch unbedachte Handlungen gefährdet werden. Dass die lange Rückfahrt, dauernd gegen die Fließrichtung ankämpfend, äußerst hart und anstrengend war, muss nicht extra betont werden. Nördlich des heutigen Saint Louis zweigten Jolliet und Marquette in den Illinois River ab und entdeckten dadurch die kürzere Verbindung vom Mississippi zu den Großen Seen, die schließlich Oktober 1674 in der Gegend des heutigen Chicago erreicht wurden.

Es nimmt sich wie ein ungeschriebenes Gesetz aus, wenn nach herausragenden entdeckerischen Leistungen stets eine Phase der Ruhe zu folgen schien, ehe der nächste große Schritt gesetzt wurde. So auch diesmal. Die europäischen Kriege Ludwigs XIV. sowie seine aufwendige Hofhaltung standen sowohl der nötigen Aufmerksamkeit als auch dem erforderlichen Geldfluss nach Neu-Frankreich entgegen. Die missionarische Kraft der Jesuiten im Indianergebiet erlahmte, und der Zuzug neuer Siedler geriet ins Stocken. Dennoch war bei den Kolonisten der Wille, sich zu behaupten, nicht gebrochen. Gegen Ende des Jahrhunderts wird ihre Zahl auf etwa 10 000 geschätzt – eine beachtliche Steigerung seit Champlains ersten Jahren in Kanada. Obwohl sich die geldknappe Krone für eine Konzentration der Kräfte im bisherigen Siedlungsgebiet aussprach, erhielt der aus niederem Adel stammende René-Robert Cavelier de La Salle (1640–1687) im Jahr 1677 die königliche Ermächtigung, das Mississippi-Becken und den Golf von Mexiko zu erkunden.

Ursprünglich von den Jesuiten erzogen, hatte er sich dem Orden entfremdet, war nach Kanada gegangen, konnte dort etwas Grundbesitz erwerben und einige kleinere Erkundungsreisen unternehmen. Der Freibrief ermöglichte es ihm nun, lang gehegte Ziele konkreter zu verfolgen. Dies tat er mit der vorausplanenden Umsicht eines guten Generalstabsoffiziers. Unterstützt von Louis de Buade Frontenac, Graf von Palluau (1620–1698), dem Gouverneur Kanadas, wurden schon früher strategische Stützpunkte angelegt, die als gesicherte Anlaufstellen dienen konnten. Für das spätere Unternehmen unerheblich, für uns aber von Interesse ist die Initiative La Salles, am Niagara River das erste Segelschiff für den Handelsverkehr auf den Seen zu bauen. Im Januar 1682 begann er dann mit einigen Landsleuten und etwa 30 Indianern in Kanus seine denkwürdige Fahrt auf dem Mississippi bei der Einmündung des Illinois River. Bis zum Arkansas River bewegte man sich auf bekanntem Gebiet, was es La Salle und seinen Begleitern erlaubte, sich ausschließlich der Erkundung von Möglichkeiten zur Besiedlung der Uferregionen zu widmen. Ihre Beurteilung entsprach ganz der heutigen Realität. Nach Überwindung der noch offenen Distanz von etwa 600 Kilometern erreichte La Salle am 9. April 1682 das Mündungsgebiet des Mississippi. Ihm waren die teilweise schon mehr als 150 Jahre zurückliegenden und ohne bleibende Erfolge durchgeführten Versuche der Spanier unter einem Narváez, de Soto oder Ponce de León bekannt, wie aus einem Schreiben an den französischen Marineminister hervorgeht. Des weiteren berichtet er, dass durch seine Person all das bereiste Land für Frankreich in Besitz genommen wurde und von ihm zu Ehren des Königs den Namen »Louisiana« erhalten habe. Ein Gebiet, das zwar in der Nord-Süderstreckung definiert werden konnte, in der Ost-Westausdehnung aber offen und unsicher war, wie die Entwicklung zeigen sollte.

Die Rückfahrt La Salles gestaltete sich nicht minder schwierig als die seiner Vorgänger. Das reichte von Indianerangriffen über Desertion und Krankheiten bis zu Vorratsknappheit. Wieder in Quebec eingetroffen, sah er sich mit dem Problem vieler Entdecker vor ihm konfrontiert. Ein Wechsel in der obersten Verwaltungsinstanz – Frontenac war durch Intrigen abberufen worden – und das Auftreten von missgünstigen Neidern bereiteten La Salle erhebliche Schwierigkeiten. Er wurde mit Anschuldigungen diffamiert, die er dann vor Ludwig XIV. selbst auszuräumen suchte, was ihm letztendlich auch gelang. Im Gegenteil, er konnte den König davon überzeugen, dass ein Marineunternehmen im Golf von Mexiko und die Gründung eines Stützpunktes an der Mississippi-Mündung der »Größe Frankreichs« angemessen wäre.

An dieser Stelle ist eine kurze Einfügung aus dem zwischenzeitlichen Ablauf im Raum der Karibik erforderlich, um die Sinnhaftigkeit von La Salles Ansuchen deutlich zu machen. Im Laufe des 17. Jahrhunderts hatten sich die anderen europäischen Seemächte auf den von den Spaniern unbeachteten kleinen Inseln der Karibik festgesetzt: die Engländer überwiegend auf den Bahamas, aber auch in Jamaica (1655), die Niederländer vor der südamerikanischen Küste und die Franzosen im Bogen der Kleinen Antillen und auf Hispaniola selbst, das 1665 faktisch in eine französische und spanische Einflusssphäre zerfiel. Getragen wurde diese Inbesitznahme, wenigstens in den Anfängen, nicht von der Regierung, sondern erfolgte auf Eigeninitiative von Kaper-kapitänen, desertierten Seeleuten und Abenteurern. Aus dieser Mischung entstanden langsam jene Gemeinschaften, die heute unter den Bezeichnungen Flibustier, Bukanier und Korsaren bis hin zum unpassenden Überbegriff Piraten erst die irrige Vorstellung von der freien, legendenumwobenen und abenteuerreichen Seefahrt begründeten. Dieser Entwicklung ist ein eigenes Kapitel gewidmet.

La Salles Überlegung ging nun dahin, dass eine kolonisatorische Durchdringung des lang gestreckten französischen Louisiana, mit einem festen Stützpunkt an der Mississippi-Mündung und über die Karibik versorgt, erfolgreicher vorangetrieben werden könnte als ausschließlich über den Raum der Großen Seen. Zudem sollte man nicht übersehen, dass sich von den englischen Kolonien an der Ostküste aus zu dieser Zeit bereits einzelne Gruppen daran machten, die nicht unüberwindliche Grenze der Appalachen zu überschreiten, und damit eine Bedrohung des französischen Besitzanspruches am Mississippi darstellten. La Salle nahm 1684 von La Rochelle aus mit vier Schiffen Kurs auf die Karibik. Das Scheitern des Unternehmens war aber, wie so oft bei ähnlichen Projekten, durch die Kompetenzteilung zwischen zwei sehr unterschiedlichen Charakteren von Anfang an vorgegeben. Im Mündungsgebiet des Mississippi angekommen, konnte der eigentliche Zugang zum Strom im weitverzweigten Delta nicht gefunden werden. Darauf kehrte Kapitän Beaujeu, Kommandierender zu See, um, während La Salle in den beiden folgenden Jahren einige, aber vergebliche Versuche unternahm, zum Hauptstrom durchzudringen. Seine zunehmend aufbrausende Wesensart und sich ausbreitende Resignation führten zu Spannungen zwischen dem Kommandierenden und einer starken Gruppe im verbliebenen Rest der Siedler. Sie entluden sich während eines über Land vorgetragenen Versuchs, zum Hauptbett des Mississippi vorzudringen: Im März 1687 wurde La Salle von einigen seiner Widersacher umgebracht.

Allein im Gedächtnis verankerte Namen wie New Orleans, Baton Rouge, Saint Louis und andere dokumentieren, dass mit dem Tod des René-Robert Cavelier de La Salle Frankreichs Bemühen, auch vom Süden her in die nordamerikanische Landmasse vorzudringen, nicht erloschen war. Im Kontext dieser Darstellung aber war sie, was ihr vorgegebenes Umfeld und den abgesteckten Zeitrahmen betrifft, die letzte Aktivität von Bedeutung. Die weitere Geschichte Louisianas und Kanadas[126] schrieben Menschen, die unter nicht geringeren Entbehrungen aber auf dem Landweg das fremde Gebiet erkundeten und mit ihren Berichten und Beschreibungen erst für eine Besiedlung vorbereiteten. Im Gegensatz zu den frühen spanischen Eroberern, die fast ausschließlich Gold und Reichtum nachjagten, sahen Männer wie Cartier, Champlain und La Salle im Land selbst den Reichtum, den es zu heben galt. New

Orleans, das südliche Tor zu dieser Welt, wurde erst 1718 von Jean Baptiste Le Moyne de Bienville gegründet, dessen Bruder, Pierre Le Moyne, Sieur d'Iberville, 1698 eine Flotte nach Louisiana geführt hatte und die Forts Biloxi, Mobile und Maurepas errichten ließ.

DIE ENGLÄNDER

»Die umliegende Landschaft ist so fruchtbar und angenehm,
dass auch selbst England nicht mit ihr verglichen werden kann.«
Thomas Harriot über Roanoke/Virginia
(dt. Ausgabe, Frankfurt 1590)

Im Jahr 1553 veröffentlichte der königliche Beamte Richard Eden eine Denkschrift mit dem Titel »Über das Neue Indien«, die in Kreisen Londoner Kaufleute und Handelsherren allgemeine Beachtung fand. Darin wurden die wirtschaftlichen Möglichkeiten der neuen Welt im Allgemeinen und der Karibik im Besonderen geradezu überschwänglich beschrieben. Gleichzeitig beklagte Eden aber die Untätigkeit der eigenen Regierung, nicht wenigstens Teile des Profits für England zu beanspruchen, denn »*dann läge jener reiche Schatz von Sevilla längst im Tower von London*«. Mit versteckten Worten bezichtigte er sie, und damit die Krone, durch eben diese Untätigkeit spanische Interessen vor die eigenen zu stellen und dadurch einem anderen Volk zu jener Stärke verholfen zu haben, die es nun besitze.

Edens Denkschrift kann als Aufforderung an die neue Regierung von Maria I. (reg. 1553–1558) verstanden werden, sich aus der wirtschaftspolitischen Klammer Spaniens zu befreien, indem man auch Amerika in die Überlegungen einbezog, und nicht in den Fehlern der Vergangenheit zu verharren. Tatsächlich kann man im Rückblick feststellen, dass während der langen Regierungszeit Heinrichs VIII. (1509–1547) von der Krone keinerlei Impulse ausgingen, dort anzuschließen, wo John Cabot 1497 begonnen hatte; und das bei gleichzeitig starker Ausweitung der königlichen Marine. Das Argument einer Konzentration des Königs auf innen- und außenpolitische Fragen kann mit dem Verweis auf Franz I. leicht entkräftet werden. Und es ist mehr als bezeichnend, dass die erste Hinwendung zu noch unerschlossenen Handelsmärkten erst unter Heinrichs Sohn Edward VI. erfolgte und selbst da bloß nach dem vage bekannten Nordosten ausgerichtet war. Die Regierung des noch unmündigen Edward hatte 1547 den bereits erwähnten Sohn des John Cabot,

Sebastian Cabot, bewegen können, von Spanien nach England zurückzukehren, wo er 1553 die nautische Leitung der später so genannten »Muscovy Company« übernahm. Dieses Kaufmannkonsortium hatte es sich ursprünglich zum Ziel gesetzt, über Skandinavien und Russland in den Osthandel einzusteigen. Unter dem programmatischen Sammelbegriff »Merchant Adventurers« wandte man sich aber immer mehr dem Westen und Amerika zu. Aus diesem Umfeld gingen auch die bekannten Kapitäne und Abenteurer des elisabethanischen Zeitalters hervor. Auf John Hawkins und Francis Drake, zwei Persönlichkeiten, die selbst in dieser Gruppe eine Sonderrolle einnehmen, soll in einem späteren Abschnitt näher eingegangen werden.

Mit wenigen Ausnahmen konzentrierte sich das Interesse der Kapitäne und ihrer Financiers auf die Peripherie eines Kreisbogens, der von der Karibik über die Ostküste der heutigen Vereinigten Staaten bis in den hohen Norden reicht. An dieser Einteilung lässt sich jeweils auch eine unterschiedliche Zielsetzung für die Fahrten festmachen: Im Großraum der Karibik trifft man auf die auf schnellen Profit bedachten Abenteurer, deren Aktivitäten sich kaum von durchorganisierten Raubzügen unterscheiden. In den mittleren Bereich der Ostküste zielen »Kolonisatoren«, während im Norden noch immer nach einem Weg zu den Küsten Cathays gesucht wird.

Der erste englische Kapitän auf der Suche nach dieser Passage war Martin Frobisher (um 1535–1594), nach Francis Drake und John Hawkins wohl der bekannteste unter den Abenteurern dieser Epoche. Er bezog den Grundstock seines Interesses aus einer Karte des berühmten Kartographen Gerhard Mercator, die auf Fahrten der venezianischen Brüder Nicolo und Antonio Zeno Bezug nahm; die beiden Patrizier sollen gegen Ende des 14. Jahrhunderts nach Neufundland und Labrador, das als »Estotilant«[127] aufscheint, gelangt sein, was jedoch historisch nicht belegt werden kann. Weitere Quellen Frobishers waren vermutlich verschwommene Angaben des alten Sebastian Cabot über die Fahrten seines Vaters. In seinen Überlegungen wurde Frobisher auch durch Freunde Humphrey Gilberts bestärkt, auf den weiter unten noch eingegangen wird; die wirtschaftliche Starthilfe kam überwiegend von der aktiven »Muscovy Company«.

Mit drei kleinen Schiffen brach Frobisher 1576 zu seiner ersten Fahrt auf und erreichte im Juli Grönland (»Egröneland« der Zeno-Reisen), das durch ihn nach dem Rückzug der Wikinger gleichsam wiederentdeckt wurde. Hier sprengte ein Sturm die kleine Flotte; ein Schiff ging unter, ein zweites kehrte nach England zurück. Frobisher gab nicht auf und gelangte mit der GABRIEL zum heutigen Baffin Island, das damals den Namen »Meta Incognita« erhielt, und weiter zu einer großen Bucht, von der er annahm, sie wäre der gesuchte Durchlass nach Asien. In subjektiv richtiger Auslegung der objektiv falschen Mercator-Karte deutete er das backbordseitige Land als Amerika, was stimmte; auf Steuerbord lag für ihn aber Asien, ein ungeheurer Irrtum. Der einzige Punkt, auf den diese Geographie zutreffen würde, die Bering-Straße, liegt Tausende Kilometer im Westen. Nach flüchtigen und eher unerfreulichen Kontakten mit Eskimos und Mitnahme einiger Gesteinsproben, in denen wegen des Glitzerns Gold vermutet wurde, kehrte er wieder nach England zurück. Untersuchungen durch Spezialisten bestätigten seine (irrige) Annahme. Das wiederum löste eine Art Goldfieber aus und führte zur Gründung einer eigenen Company, die sich einer Ausbeutung der zu erwartenden Goldminen verschrieb. Damit konnte die Ausrüstung einer weiteren Flotte innerhalb kurzer Zeit gesichert werden, und Frobisher brach, von Elisabeth I. mit dem Erkunden von Fördermöglichkeiten für Bodenschätze beauftragt, 1577 zur zweiten Fahrt auf – im selben Jahr begann Francis Drake seine Weltumseglung.

Geographisch unterschied sich Frobishers Unternehmen kaum vom ersten. Der Unterschied bestand lediglich darin, dass die Suche nach Cathay in den Hintergrund trat. Mit vielen Tonnen »Goldgestein« kehrte man bald wieder nach England zurück, wo mit dem neuen Material die alte Feststellung bekräftigt wurde. Dass es sich nur um pyrithaltiges Gestein handelte, fiel den Analysten nicht auf, was zu einem regelrechten Boom führte. Die »Company of Cathay« beschloss, eine Bergbaukolonie[128] anzulegen und rüstete 15 Schiffe aus, die schon 1578 Segel setzten. Ähnlich den Spaniern Jahrzehnte vorher, wurde die Suche nach dem erhofften Seeweg vom Goldrausch völlig überlagert. Diesmal geriet die Flotte trotz des Sommers in Gefahr, vom Eis eingeschlossen zu werden. Man suchte im Eingang der Hudson Straße und später in der nach Frobisher benannten Bay Schutz vor dem bedrohlichen Eis. Unbewusst hatte man mit der Hudson Straße den Zugang zur realen Nordwestpassage angesteuert, aber nicht weiterverfolgt; das vermeintliche Gold ging vor.

Unter strengen klimatischen Bedingungen wurden weit über tausend Tonnen Pyrit abgebaut; an eine Koloniegründung unter den gegebenen Voraussetzungen dachte aber niemand mehr. Wieder in England flog schließlich der »Schwindel ohne Vorsatz«[129] auf, was zu wirtschaftlichen und personellen Konsequenzen führte. Die Company of Cathay ging bankrott und viele Investoren waren ruiniert. Es kam zu heftigen Auseinandersetzungen zwischen Frobisher und seinen Geldgebern, denen er sich nach einiger Zeit mit ausgedehnten Kaperfahrten entzog. Sieben Jahre nach dem Eklat beteiligte er sich als Kommandant des Schiffes PRIMROSE an der Plünderung karibischer Küstenstädte durch Francis Drake; als Vizeadmiral nahm er schließlich 1588 am Kampf gegen die Armada teil und erhielt von Elisabeth I. den Adelsbrief. Im Jahr 1592 führte er eine von Sir Walter Raleigh ausgerüstete Flotte in die Karibik, die spanische Handelsschiffe und Goldtransporte kapern sollte, und kommandierte später auch eine Hilfsflotte für den zu diesem Zeitpunkt noch protestantischen Heinrich IV. von Frankreich in dessen Kampf gegen die Katholische Liga und die Spanier. Bei einem Angriff auf das bretonische Fort Crozon bei Brest wurde er tödlich verletzt und starb 1594 in Plymouth.

Nachdem sich die Wogen um den Pyritskandal wieder geglättet hatten, wurde 1585 ein neuerlicher Versuch zur Auffindung der Nordwest-Passage gestartet. Von einer kleinen Kaufmannsgruppe finanziert, brach John Davis (um 1550–1605) mit zwei Schiffen zu seinem ersten Unternehmen in den Norden auf. Zwischen 1585 und 1587 leitete Davis jedes Jahr eine Fahrt in den Raum zwischen Grönland, Labrador/Neufundland und Meta Incognita/Baffin Island. Wohl konnte sich Davis auf die Erfahrungen eines Martin Frobisher stützen, dennoch erarbeitete erst er den Grundstock für die Erfolge der nach ihm kommenden Seefahrer und Entdecker. Mit höchstem nautischen Können und Geschick ausgestattet, vereinigte Davis darüber hinaus noch eine unbeirrbare Zielstrebigkeit und persönlichen Einsatz in sich. So erkundete er einmal die nach ihm benannte Meeresstraße an der engsten Stelle zwischen Grönland und Baffin Island in einer 20-Tonnen-Schaluppe, als sich seine Mannschaft weigerte, weiter nach Norden vorzustoßen. Im Gegensatz zu Frobisher gelang es ihm auch, ein ungezwungenes und entspanntes Verhältnis zu den Eskimos aufzubauen. Das führte unter anderem zu eindrucksvollen ethnischen Berichten, die das wache Auge des John Davis auch abseits der Seefahrt dokumentieren. Da mit seinen Fahrten keine spektakulären Erfolge verbunden sind, wie herausragende Goldfunde oder Entdeckungen vom Gewicht einer Magellanstraße, blieb er außerhalb der Fachwelt relativ unbekannt. Damit teilt er das Schicksal so vieler höchst qualifizierter Grundlagenforscher, die nie in das Bewusstsein der Öffentlichkeit dringen, während der Ruhm den Nutznießern einer emsigen und akribischen Vorarbeit zufällt.

Auch John Davis beteiligte sich 1588 an der Armadaschlacht und schloss sich später als Kapitän dem jungen Abenteurer und Kaperer Thomas Cavendish (um 1560–1592) an. In einem geographischen und zeitlichen Vorgriff kann dieser als Beispiel für jenen Typus Mann genommen werden, den man nach heutigen Begriffen einen »Jungen Wilden« nennen würde. In früher Jugend unternahm er mit dem Raleigh-Freund und späteren Kolonisator Sir Richard Grenville seine ersten Fahrten, das unbestreitbare Idol war für ihn aber Francis Drake, der strahlende Seeheld Englands. Ihm wollte Cavendish nacheifern, wenn nicht gar ihn übertreffen. Es gelang ihm, eine Flotte von drei Schiffen auszurüsten, mit denen er gegen Ende Juni 1586 den Hafen von Plymouth verließ. Sein Ziel lautete: Spanische Reichtümer und das damit verbundene Ansehen, vom Gewinn ganz abgesehen.

Auf dem Weg zur Magellanstraße gründete er einen Stützpunkt an der argentinischen Atlantikküste, dem er nach seinem Schiff den Namen Port Desire, heute Puerto Deseado, gab. Auf der Pazifikseite Südamerikas kaperte er einige Schiffe und überfiel kleinere Siedlungen. Nach Norden vorstoßend, fiel ihm an der Südspitze von Baja California das spanische Schiff GRANDE SANTA ANA mit erheblichen Schätzen in die Hände. In Summe dürfte Cavendish wahrscheinlich mehr erbeutet haben als sein Vorbild Drake Jahre zuvor. Über die Ladronen (Marianen), Philippinen und Molukken steuerte er das Kap der Guten Hoffnung an und kehrte Anfang September 1588 nach England zurück. Nur ein Drittel der aufgebrochenen 123 Mann erreichten nach zwei Jahren und fünfzig Tagen ihre Heimat. Damit war die dritte Weltumseglung die bisher schnellste, was sich zwangsläufig auch auf die bescheidene Summe neu gewonnener Erkenntnisse um Routen und Meeresverhältnisse negativ auswirkte. Dennoch nahm Cavendish zahlreiche Standortbestimmungen und Tiefenmessungen vor, die später zweifellos hilfreich waren.

Der 28-Jährige bereitete in den folgenden Jahren eine neuerliche Fernfahrt vor, die auf eine Öffnung des Chinahandels für England abzielte. Diesmal wurden fünf Schiffe aufgeboten, von denen eines John Davis kommandierte. Die Wetterverhältnisse an der Küste Patagoniens und im Zufahrtsbereich der Magellanstraße gestalteten sich 1591 nicht außergewöhnlich abnormal, dennoch reichten sie aus, die Flotte zu zersprengen. Davis verlor die übrigen Schiffe außer Sicht, und die heftigen Strömungen vor dem noch unbekannten Kap Hoorn trieben ihn nach Osten zurück, wo er vermutlich als erster die Falkland-Inseln sichtete, ohne aber auf ihnen zu landen. Im Gegensatz zu Thomas Cavendish, der die Fahrt abbrach und auf der Rückreise starb, gelangte Davis wieder wohlbehalten nach England. Er unternahm noch einige ausgedehnte Segelreisen, nicht zuletzt durch seinen Beitritt zur 1600 neu gegründeten »East India Company«. Fünf Jahre danach wurde der herausragende Seemann, Erfinder eines Navigationsinstrumentes und Verfasser mehrerer Werke über Navigation, vor Singapur von malaiischen Piraten getötet.

Im Zusammenhang mit Berichten und Veröffentlichungen ist hier auch jener Mann anzuführen, der sich große Verdienste um die Dokumentation der englischen Entdeckungsgeschichte im elisabethanischen Zeitalter erworben hat: Richard Hakluyt (1552–1616), dessen »Sammlung« heute zu den wichtigsten Quellen über Englands Aufbruch in die Weltmeere zählt. Zur Unterscheidung von seinem gleichnamigen Vetter, der sich gleichfalls mit Kolonisierungsprojekten beschäftigte, wird er auch Hakluyt der Jüngere genannt. Der ausgebildete Jurist und Theologe begann sich während seiner Studienzeit an der Universität von Oxford auch mit Geographie zu beschäftigen, der er dann auch den überwiegenden Teil seines Lebens widmete. Im Jahr 1582 veröffentlichte er sein erstes Buch unter dem Titel »Divers Voyages Touching the Discovery of America and the Islands Adjacent«, das die englische Entdeckung der Neuen Welt beschreibt und ein großer Erfolg wurde. Sein bekanntestes Werk hingegen ist »The principall navigations, voiages, and discoveries of the

English nation« aus dem Jahr 1589, das er von 1598 bis 1600 überarbeitete und erweiterte. Diese Sammlung enthält Berichte von Kapitänen und jene anderer Entdeckungsreisender und gibt nicht nur Tatsachen, sondern auch Vermutungen über noch unbekannte Gebiete wieder. Die Methodik seiner Sammelaktivitäten und Sichtungen führte im Jahr 1842 zur Gründung der »Hakluyt Society«, die sich seitdem der gleichen Aufgabenstellung widmet.

Mit dem oben erwähnten Werk Hakluyts befinden wir uns am Beginn eines neuen Jahrhunderts, das schon in seinen Anfängen, bei aller Vorsicht der Wortwahl, das Ende einer Epoche einleitete. In Spanien war 1598 der kompromisslose Katholik und Machtmensch Philipp II. gestorben, fünf Jahre darauf seine große Gegenspielerin, Elisabeth I. von England. Symptomatisch für die künftige Entwicklung und das sich langsam verändernde Kräfteverhältnis zugunsten Englands lässt sich je eine Entscheidung der beiden Monarchen in ihren letzten Lebensjahren anführen. Philipp griff nach dem Debakel der Armada gegen das protestantische England auf Seite der Katholischen Liga in die Hugenottenkriege Frankreichs ein. Auch dieses religiös-politisch motivierte Unternehmen entwickelte sich kontraproduktiv, da es in völliger Verkennung einer sich schon länger anbahnenden Entwicklung das entstehende Nationalbewusstsein der nördlichen Nachbarn außer Acht ließ. Frankreich rückte im weitesten Sinn, über die Religionsgrenzen hinweg, zur Verhinderung einer Einflussnahme der »Ausländer in innere Fragen« gegen Spanien näher zusammen. Die Niederlande sind in dieser Zeit für Spanien, wenn noch nicht de iure, so doch de facto bereits verloren. Ebenso wie Karl V. an seiner Vision des Universalreiches scheiterte, ist Philipp II. in seinem Kampf für den Katholizismus gescheitert. Zur Zeit seines Todes waren die Protestanten europaweit nicht nur zum religiösen, sondern auch politischen Faktor geworden.

Ganz anders die englische Königin: Mit umgekehrten Vorzeichen ging Elisabeth gegen die Katholiken Englands vor und unterstützte nicht uneigennützig die Protestanten in Schottland und den Niederlanden. Zukunftsorientierter war jedoch ihre grundsätzliche Entscheidung, Entdeckungen und Kolonisation gleichsam zu privatisieren. Das erfolgte zweifellos nicht aus persönlichem Desinteresse, sondern war in ein Gesamtkonzept eingebettet, das auf eine Unterstützung der Krone durch das wohlhabende Bürgertum – und damit des Handels – sowie des niederen Landadels gegen den Hochadel abzielte. Zögernd, aber keineswegs ungewollt, wusste sie die frühen Kaperfahrten einiger Männer politisch umzusetzen. Konsequenterweise erteilte sie den Kapitänen nicht nur die bekannten Freibriefe, sondern gestand den Investorengruppen hinter diesen Fahrten auch ein gewisses Maß an Privilegien zu. Das wieder gab den Anstoß zur Bildung immer neuer »Companien«, die Waren und damit Geld nach England brachten. Das Rad begann sich an langer Leine zu drehen. Eine von vielen war die schon erwähnte East India Company als geographisches Pendant im Osten zu den »Virginian Companies« im Westen. Ihre Gründungsurkunde wurde von Elisabeth I. am 31. Dezember 1600 ausgestellt, für Zahlengläubige ein Datum mit ausdrücklicher Symbolkraft. Die englische, später britische »Ostindische Kompanie« wird neben der »Niederländischen« zur mächtigsten Handelsgesellschaft der nächsten zwei Jahrhunderte.

Etwa in diese Zeit, wir befinden uns geographisch noch immer im Norden der Neuen Welt, fielen die Fahrten des Henry Hudson (um 1550–1611), dessen Name stärker präsent ist als John Davis und Martin Frobisher. Seine ersten Entdeckungsfahrten unter eigenem Kommando unternahm Henry Hudson im Auftrag der »Muscovy Company« auf der Suche nach der angestrebten Öffnung einer Nordostpassage. Im Jahr 1607 erkundete er die Ostküste Grönlands und entdeckte die auf halbem Weg zwischen Island und Spitzbergen gelegene Insel Jan Mayen[130]. Mit Spitzbergen erreichte er den 80. Breitengrad und stieß damit weiter nach Norden vor als andere Seefahrer zuvor. Im Jahr darauf versuchte er, die gewonnenen Erkenntnisse über eine mögliche Nordostpassage zu vertiefen, gelangte jedoch, vom Eis bedrängt, nicht über Nowaja Semlja hinaus.

Diese beiden Fahrten erregten das Interesse der noch jungen, aber aufstrebenden Niederländischen Ostindien-Kompanie. Nach Erfolgen, über die Südroute um das Kap der Guten Hoffnung in den Handelsbereich der Portugiesen in Südostasien vorzudringen, suchte die Gesellschaft auch im Norden nach einem Weg zu den Märkten des fernen Ostens. Im Frühjahr 1609 brach Hudson mit einer gemischt englisch-niederländischen Mannschaft auf und erreichte der norwegischen Küste entlang auf kürzestem Weg das Nordkap. Dort wurde der Kurs abrupt nach Südwest geändert, da Hudson wegen Unstimmigkeiten innerhalb der Mannschaft eine Meuterei befürchtete. Vor Neufundland drehte er nach Süden ab, gelangte zum Cape Cod und weiter nach North Carolina und damit in einen Raum, in dem die Engländer bereits einen erfolglosen Siedlungsversuch unternommen hatten. Bei Roanoke Island drehte Hudson um und untersuchte jeden Küstenabschnitt peinlichst nach einem möglichen Durchlass Richtung Westen. Ein Unterfangen, das er sich hätte sparen können, war doch dieses Gebiet, von früheren Fahrten ganz abgesehen, kurze Zeit zuvor von seinem Freund John Smith erkundet und Jamestown an der Chesapeake Bay schon im Jahr 1607 gegründet worden. An der Mündung des Delaware vorbei gelangte er schließlich in die Bucht von New York und erreichte damit zwar nicht den gesuchten Durchlass, wohl aber den besten Zugangsweg in das Hinterland und die spätere südliche Haupteinfallsrichtung der Engländer in den Raum der Großen Seen. Er folgte dem nach ihm benannten Fluss etwa 250 Kilometer aufwärts, ungefähr bis zum heutigen Albany, ehe er wieder umkehrte[131]. Auf dem Rückweg kam es im Stadtgebiet des heutigen New York zu einer blutigen Konfrontation mit Indianern, von der sich der Ortsname über die Zeit gerettet hat. Es handelte sich um »Manna-hata«, das heutige Manhattan. Von dort aus wurde auch die Rückreise ange-treten.

In Fehleinschätzung der politischen Empfindlichkeit seiner Regierung lief Hudson Südengland an, um dort vor der Rücküberstellung der Schiffe an die Niederländer seine Berichte und Abrechnungen an die Auftraggeber fertig zu stellen. Die Behörden untersagten aber sowohl ihm als auch den englischen Besatzungsmitgliedern eine Ausreise, da die Fahrt für eine fremde Macht er-folgt war. Dieser Vorfall zeigt, wie sensibel man mittlerweile auf einen »Fron-tenwechsel« von Entdeckern reagierte, selbst wenn es sich bei den Niederlän-dern um eine in diesen Jahren befreundete Seemacht handelte. Andererseits verhielten sich auch diese nicht gerade zurückhaltend, wenn es um eigene In-teressen ging. Ebenso wie die nordflandrischen Provinzen der Spanier ihren Unabhängigkeitskampf gegen die fremden Landesherren bestritten, entwik-kelte die selbstbewusst gewordene Kaufmannschaft Aktivitäten, die über die traditionellen Märkte hinaus auf Handelsplätze anderer europäischer Seemäch-te abzielten.

Seine geographisch vielleicht wichtigste Reise unternahm Henry Hudson wieder in englischen Diensten und widmete sich erneut dem Auffinden der Nordwest-Passage. Von einigen Kaufleuten unterstützt, ließ er 1610 auf ei-nem kleinen Schiff mit dem treffenden Namen DISCOVERY Segel setzen. Über Island und Grönland erreichte man im Juli Meta Incognita südlich der Fro-bisher Bay und damit den Eingang zu der später nach dem Entdecker benann-ten Meeresstraße. Bei stürmischem Wetter und gefährlichen Strömungen regte sich Unmut unter Teilen der Besatzung, die umkehren wollten. Hudson be-harrte auf seiner Absicht und tastete sich nach Überwinden der Ungava Bay die Küste entlang bis zum Cape Wolstenholme vor. Hier öffnete sich vor dem Schiff eine riesige Wasserfläche; Hudson war überzeugt, die gesuchte Passage gefunden zu haben. Er schlug Kurs nach Süd ein und folgte der Küste über 800 Meilen, bis das Schiff in der James Bucht, dem südlichen Appendix der Hudson Bay, vom Eis umschlossen festsaß.

Dadurch wurde ein äußerst entbehrungsreicher Winteraufenthalt erzwungen. Auch von den Inuit kam nicht die erhoffte Unterstützung. So vegetierten die Männer mehr dem Frühjahr entgegen, als dessen Kommen bewusst zu erleben. Dieses Winterquartier dürfte dann auch in verfremdeter Form von Indianern an Champlain während seines Aufenthaltes am Oberlauf des Saguenay gemel-det worden sein. Als im Frühsommer das Schiff vom Eis frei kam, wollte Hud-son die Fahrt zur weiteren Abklärung des geographischen Umfeldes fortset-zen. In dem nun wieder einsetzenden Zerwürfnis zwischen Kapitän und Mannschaft behielten diesmal die Meuterer die Oberhand. Im Juni 1611 wurde Hudson und sein noch junger Sohn mit einigen Männern, die nach wie vor zu ihm standen, in einem kleinen Boot mit kaum nennenswerter Verpflegung ausgesetzt und sich selbst überlassen. War diese Vorgangsweise selbst im spanischen oder portugiesischen Besitzteil Amerikas mit seinem Klima und natürlichen Nahrungsressourcen schon lebensbedrohlich genug, so bedeutete sie hier im hohen Norden das Todesurteil. Die DISCOVERY kehrte mit wenigen Überlebenden nach England zurück, wo es zu einer Untersuchung kam, die ohne Verurteilung endete, nachdem die angeblichen Rädelsführer der Meuterei laut Zeugenaussagen noch am Rückweg von Eskimos erschlagen worden sein sollen – Selbstschutz vor Verurteilung und Hinrichtung oder Realität? Ein Sachbeweis dafür fehlt.

In unmittelbarem Zusammenhang und direkter Nachfolge des Henry Hudson suchten noch mehrere Männer vergebens nach dem pazifischen Ende der Passage. Thomas Button kommandierte 1612 eine Expedition, die mit zwei Schiffen zur Hudson Bay aufbrach, die auch eine Zeitlang nach ihm benannt wurde. Heute trifft das nur mehr auf einen kleinen Teil im Südwesten der Bucht zu. Er entdeckte westlich des Kap Wolstenholme die Mansel Insel, und machte bemerkenswerte Aufzeichnungen über den Gezeitenstand, der aus dem südwestlich von Meta Incognita/Baffin Island gelegenen Foxe Basin – benannt nach Luke Foxe, der 1631 mit einem kleinen Schiff die Bay befuhr – hereindrängenden Fluthöhe. Meta Incognita, dessen Inselcharakter noch lange unerkannt blieb, erhielt seinen heutigen Namen nach William Baffin (1584–1622), der zusammen mit Robert Bylot 1615 und 1616 die Inseln nördlich der Hudson Bay und die Küstenabschnitte jenseits der Davis-Straße erkundete. Als Thomas Button die Hudson Bay näher erforschte, war Baffin Chefnavigator einer Expedition nach Grönland, die unter dem Kommando des Engländers James Hall stand und im Auftrag des Dänenkönigs Christian IV. durchgeführt wurde; sie sollte nach Spuren der Wikinger suchen. Später diente Baffin in gleicher Funktion dem erwähnten Robert Bylot, der schon mit Hudson gesegelt war. Ihre zweite gemeinsame Fahrt führte die beiden mehr als 300 Seemeilen nördlich der Davis-Straße zum Lancaster Sound und in das Gebiet des heutigen Forschungsstützpunktes Thule der Vereinigten Staaten.

Mit Erreichen des Lancaster Sound stand Baffin kurz vor dem Durchbruch zum Pazifik, doch die gewaltigen Eismassen sollten diese letzte Passage noch bis 1905 und Roald Amundsen versperren. Wie die Verdienste der beiden von Geographen und Seeleuten gewichtet wurden, lässt sich aus der Namensgebung ableiten. Das große Meta Incognita wurde nach Baffin benannt, während das kleine nordwestlich gelegene Bylot Island dem Kommandierenden vorbehalten blieb. Bei dieser Fahrt stellte Baffin exakte geographische Lage- und Höhenberechnungen an, die für die nächsten 200 Jahre gültig blieben. Später trat auch er in den Dienst der East India Company und fiel 1622 bei Kämpfen im Raum von Ormuz. Die Bucht, in der Hudson zum Überwin-

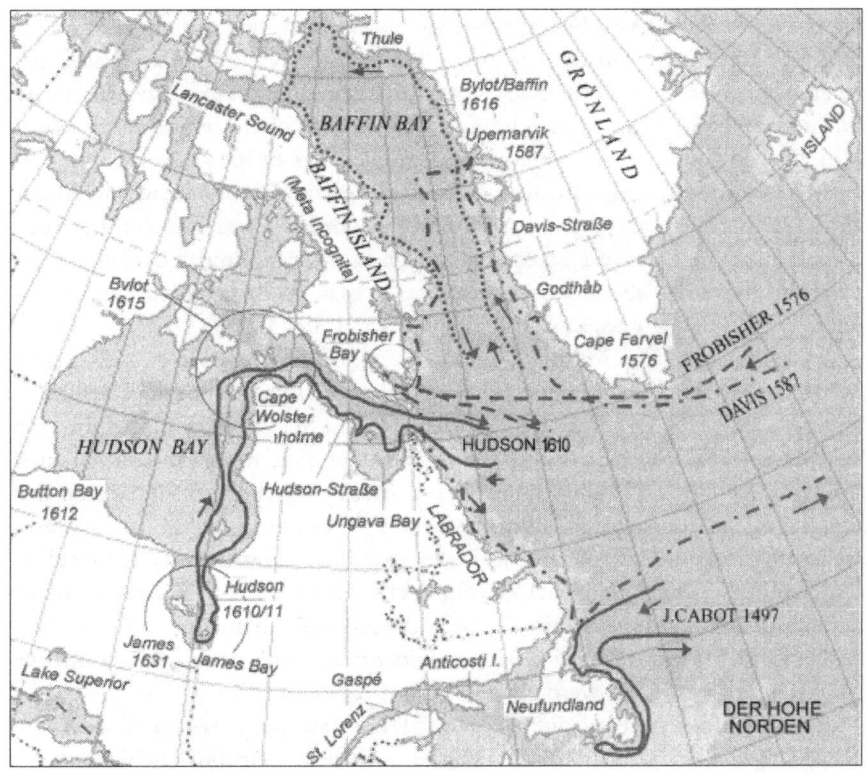

tern gezwungen wurde, erhielt ihren Namen nach Thomas James, der etwa zeitgleich mit Luke Foxe die Hudson Bay erkundet hatte.

Nach den Fahrten von Foxe und James erlahmte das kaufmännische und politische Interesse an der Nordwestpassage. Doch vierzig Jahre später gewann dieser Raum wieder wirtschaftliche Bedeutung. Im Jahr 1670 wurde die »Hudson's Bay Company« gegründet, die sich dem lukrativen Pelzhandel und, damit zwangsläufig verbunden, auch der Erkundung des Hinterlandes verschrieb. Somit war auf politisch-geographischer Ebene eine Zange angesetzt, in der schließlich, mit Hauptstoßrichtung vom Südosten her, die am Sankt-Lorenz-Strom und den Großen Seen siedelnden Franzosen im 18. Jahrhundert aufgerieben wurden. Hier sei nochmals auf das bereits im vorigen Abschnitt erwähnte demographische Missverhältnis zwischen Franzosen und Engländern um die Mitte des 17. Jahrhunderts hingewiesen.

Die von Charles II. (König 1660–1685) ausgestellte Lizenz räumte der Company ein Monopol in allen Gebieten ein, die durch die Hudson Straße erschlossen wurden. Neben Fischfang und Ausbeutung von Bodenschätzen war auch an eine großräumige Koloniegründung nach dem Vorbild Virginia geplant. Dieses Vorhaben scheiterte aber an den klimatischen Bedingungen. Erste Stützpunkte wurden an der St. James-Bucht angelegt und man dehnte das Interessengebiet nach Westen aus. Das führte zwangsläufig zu einer Kollision mit den Franzosen, die vom Süden her diese Aktivitäten misstrauisch beobachteten, und ihre eigenen gefährdet sahen. Blieb es einige Zeit beim Aussenden von Erkundungstrupps, so kam es 1683 zur ersten bewaffneten Auseinandersetzung, was sich die nächsten dreißig Jahre mit wechselnden Erfolgen fortsetzen sollte. Erst ein Detailpunkt des Friedens von Utrecht, der den spanischen Erbfolgekrieg abschloss, machte der Rivalität ein Ende, indem sich Frankreich 1713 gezwungen sah, seine Ansprüche auf die Hudson Bay aufzugeben.

Wechseln wir nun den Schauplatz und gehen vom hohen Norden in den mittleren Abschnitt, zur Ostküste der Vereinigten Staaten, und zurück in die Zeit des Martin Frobisher. Ein erstes Vorzeichen des englischen Aufbruchs dorthin hatte im Jahr 1553 die eingangs erwähnte Denkschrift des Richard Eden gesetzt. Nicht in direktem Zusammenhang, aber in grundsätzlicher Übereinstimmung brachte der später zum Ritter geschlagene Humphrey Gilbert, ein Halbbruder Walter Raleighs, 1566 eine Petition bei Königin Elisabeth ein, in der erneut auf die Möglichkeiten jenseits des Atlantik hingewiesen wurde. Aber noch sah sich Elisabeth I. politisch außerstande, in der spanischen Einflusssphäre offensiv tätig zu werden.

Dennoch bekundete England sein Interesse an den wirtschaftlichen Ressourcen der Neuen Welt. Im gleichen Jahr, in dem Humphrey Gilbert seine Petition vorlegte, richtete William Cecil (1520–1598, seit 1571 Lord Burghley), einer der wichtigsten politischen Berater Elisabeths, über den spanischen Botschafter eine Anfrage an Philipp II., an welchen Plätzen Neu-Spaniens England uneingeschränkt Handel treiben könnte. Dessen Antwort war mehr als eindeutig: Sie untersagte jegliche Störung spanischer Interessen, wo auch immer. Obwohl Cecils Anfrage von außen betrachtet einer Bitte gleichkam, so kann sie als diplomatisch umschriebene Ankündigung verstanden werden, dass England willens war, sich aus der politischen Einflussnahme Spaniens zu lösen. Zehn Jahre später erhielt Gilbert, der sich inzwischen an mehreren Fronten für England verdient gemacht hatte, einen Freibrief zur Koloniegründung nördlich des spanisch kontrollierten Florida. Die 1578 ausgestellte Urkunde ging über alles bisher Dagewesene hinaus. So gewährte Königin Elisabeth jedem Auswanderer alle Privilegien und Rechte eines freien Bürgers, die einer in England geborenen Person zustanden, auch für die zu errichtenden Kolonien. Die Verweigerung eben dieser verbrieften Rechte durch George III. sollte 200 Jahre später maßgeblich zum Ausbruch der Amerikanischen Unabhängigkeitsbewegung beitragen.

Gilberts Ermächtigung konnte von ihm jedoch nicht im erhofften Ausmaß genutzt werden. Der erste Versuch im Jahr 1578 wurde abgebrochen. Ein nächster führte ihn auf der SQUIRREL 1583 nach Neufundland, das er neuerlich für England in Besitz nahm. Ob ihm die Fahrten eines John Cabot oder Verrazano unbekannt waren oder ob er nur Englands Anspruch erneuern wollte, ist nicht von Bedeutung; etwas anderes jedoch schon: Seinem Bericht zufolge lagen beim Eintreffen in der geschützten Bucht von St. John's – die Gründung der heutigen Hauptstadt Neufundlands fällt in die Jahre 1607/08 – eine Vielzahl englischer, aber auch Schiffe anderer Nationen vor Anker. Gilberts Stärken dürften mehr in theoretischen Vorarbeiten, wie etwas seiner Schrift »*A Discourse of a Discoverie for a New Passage to Cataia*«, als in deren praktischer Umsetzung gelegen haben, da das Unternehmen scheiterte. Die Küste südwärts segelnd, erreichte man noch Nova Scotia, wo er sich bereits gezwungen sah, die Heimreise anzutreten, da Proviantmangel einer erfolgreichen Koloniegründung entgegenstand. Im Raum der Azoren geriet die kleine Flotte in einen Sturm, der das Flaggschiff untergehen ließ und Gilbert das Leben kostete.

Für Englands Bestreben, in der Neuen Welt bleibend Fuß zu fassen, bedeutete dieser Misserfolg mittlerweile nicht einmal kurzfristig das Ende. Das theoretische Fundament und rational-praktische Gegebenheiten verleiten dazu, von einem nationalen Anliegen zu sprechen, das wohl überwiegend von Kaufleuten getragen wurde, aber auch machtpolitisch vorausdenkenden Persönlichkeiten anzurechnen ist. Nachdrücklich formuliert wurde diese latent vorhandene Strömung durch Richard Hakluyt, der an Gilberts Schrift anschließend und diese ausweitend in seinem »Discourse of Western Planting« einer Kolonisierung Amerikas unter Mitwirkung Englands eindeutig das Wort sprach. Bemerkenswert ist seine Forderung, dass dem Machtanspruch Spaniens und dessen permanenter, territorialer Ausdehnung entschieden entgegenzutreten sei. Aber auch innenpolitische Überlegungen waren in das theoretische Fundament eingeflossen: Koloniegründungen in Amerika könnten dazu beitragen, soziale Spannungen in England abzubauen. Der Bogen reichte dabei von religiösen Konflikten bis zur Abschiebung von Armen und Kleinkriminellen[132]. Hakluyt, selbst Geistlicher aus innerer Überzeugung, sah in der Indianermissionierung auch eine Möglichkeit, verschiedene seiner Kollegen im Amt von »*unnötigen theologischen Experimenten*«, wie er es sah, in der Heimat abzubringen, indem das vorhandene Kräftepotenzial fern von ihr eingesetzt würde.

Gilberts auf sechs Jahre befristete Konzession besaß bei seinem Tod immer noch Gültigkeit. Für seinen Halbbruder Walter Raleigh (1554–1618), der zu den einflussreichsten Höflingen der Königin zählte und lange Zeit deren erklärter Günstling war, bedeutete es keine Schwierigkeit, die Vollmachten auf sich übertragen zu lassen. Als nüchterner und realitätsbezogener Mann sah er in dem 1584 auf ihn ausgestellten Freibrief nicht nur die Möglichkeit eines handelswirtschaftlichen Profits. Sein erstes, noch im selben Jahr gestartetes

Unternehmen diente mehr der Erkundung als dem eigentlichen Ziel. Die beiden ausgesandten Schiffe erreichten die amerikanische Küste im Grenzraum Floridas und Georgias. Unbewusst folgte man der Route Verrazanos nach Norden bis zur Insel Roanoke[133]. Arthur Barlowe, einer der beiden Kapitäne, beschreibt die Insel mit überschwänglichen Worten: Sie sei voller Wildreichtum in üppigen Wäldern, besiedelt von freundlichen und friedfertigen Indianern. Dass dieser Bericht auf die weitere Entwicklung Einfluss nahm, lässt sich nicht zwingend herleiten, doch könnten die positiven Erfahrungen einiges dazu beigetragen haben. Walter Raleigh gab diesem Raum, der unverheirateten Königin zu Ehren, später den Namen »Virginia«[134].

Nach einem Monat Aufenthalt kehrte das Expeditionskorps nach England zurück. Walter Raleigh gelang es innerhalb eines Jahres, ein neues Unternehmen zu initiieren. Die Mittel kamen teils von der königlichen Privatschatulle, teils von Geldgebern aus kaufmännischen Kreisen; aber auch der Erlös einiger Kaperfahrten trug dazu bei. Aus der Zusammensetzung der Teilnehmer lässt sich die geänderte Zielsetzung deutlich ablesen. Für sieben Schiffe wurden etwa 500 Mann angeworben, deren Hälfte sich aus Kolonisten und Soldaten zusammensetzte. Zur Vertiefung des Wissens und genauer Dokumentation fanden sich aber auch Spezialisten im Führungsteam, das unter Leitung des Raleigh-Cousins und früheren Cavendish-Begleiters Richard Grenville (1540–1591) stand. Von den begleitenden Fachleuten sind besonders der Mathematiker und Raleigh-Berater Thomas Harriot (1560–1621) und John White hervorzuheben. Der erste sollte einen noch heute beachteten Bericht über diese Fahrt veröffentlichen, während der andere, in Vorwegnahme späterer rein wissenschaftlicher Expeditionen, für eine Dokumentation in Bildform sorgte. Seine Zeichnungen von Pflanzen und Tieren, aber auch aus dem Alltagsleben der Indianer ließ dann der namhafte Buchverleger Theodor de Bry – wie schon erwähnt – in Kupfer stechen, wodurch sie über den Buchdruck bereits kurz nach den Ereignissen europaweit Beachtung fanden.

Zum Gouverneur der neu zu gründenden Siedlung wurde ein königlicher Stallmeister namens Ralph Lane (um 1530–1604) bestimmt. Im April 1585 verließ die auch im Artilleriebereich bestens ausgestattete Flotte von sieben Schiffen mit dem Flaggschiff TIGER Plymouth und traf, über die problemlose Atlantik-Südroute in die Karibik segelnd, nach Kaperung zweier spanischer Schiffe, im Juni auf die Küste des späteren North Carolina, nördlich des Cape Hatteras[135]. Trotz aller logistischer Vorbereitungen wurde auf das menschliche Moment offensichtlich zu wenig Rücksicht genommen. Kaum in Amerika angekommen, trennten sich einige Schiffe vom Verband, um auf eigenständige Kaperfahrt zu gehen, was neben anderem auch auf den mit psychologischer Mannschaftsführung nicht gerade vertrauten Grenville zurückzuführen war. In den seichten Küstengewässern mit ihren zahlreichen Sandbänken lief die

TIGER auf Grund und wurde schwer beschädigt. Obwohl es den Männern gelang, das Flaggschiff wieder frei zu bekommen, waren große Teile der Lebensmittel durch eingedrungenes Meerwasser vernichtet. Das bedeutete, dass man zunächst auf Unterstützung durch Indianer angewiesen war, letztendlich aber baldigen Nachschub aus der Heimat benötigte. Mit Duldung der Ureinwohner wurde dann am 17. August 1585 auf Roanoke Island der Grundstein zu einem Fort als Sicherheitsplatz für die geplante Kolonie errichtet. Ralph Lane blieb mit etwa 100 Siedlern auf der Insel, während Grenville mit der Zusage, bald Versorgungsschiffe zu entsenden, nach England zurückkehrte.

Der Vorfall mit der TIGER hatte deutlich gemacht, dass sich Roanoke Island entgegen Barlowes Beschreibung nur vordergründig als geeigneter Siedlungsplatz angeboten hatte; es fehlte zuallererst an einem natürlichen Hafen. Darüber hinaus stellte die Insellage keinen idealen Ausgangspunkt zur Koloniegründung dar, wie es schon bei Villegaignon in der Bucht von Rio de Janeiro mit der Ile aux Français der Fall war. Ralph Lane entsandte mehrere Erkundungstrupps, die im Umkreis von 100 Meilen nach einem geeigneteren Platz Ausschau hielten, der schließlich weiter nördlich an der Chesapeake Bay gefunden wurde. Lane beschloss, nach dem Eintreffen der Versorgungsschiffe die Kolonie dorthin zu verlegen. Doch bis dahin musste das tägliche Überleben sichergestellt werden, und das gestaltete sich gerade während des Winters als recht schwierig. Seit Jahrhunderten war die Bevorratung der Indianer naturgemäß nur auf den eigenen Bedarf ausgerichtet. Eine Versorgung von zusätzlich hundert Essern überstieg die vorhandenen Möglichkeiten und bedrohte ihre eigene Existenz. Als Lane immer mehr forderte und sich die Engländer sogar mit Gewalt Lebensmittel verschafften, kam es zum offenen Konflikt, den die schwach bewaffneten Indianer aber nicht gewinnen konnten. Nur der Stamm der Croatan bewahrte seine unterstützende Grundhaltung den Engländern gegenüber. Abseits davon schlug das anfangs freundschaftliche Verhältnis zwischen den beiden Kulturgruppen in offene Feindschaft um.

Als die Indianer im Frühjahr 1586 beschlossen, sich auf das Festland zurückzuziehen, begann die Lage für die Kolonisten endgültig bedrohlich zu werden. Wohl waren einige Maisfelder bestellt worden, doch bis zur Ernte sah man sich genötigt, von den spärlichen Ergebnissen des Küstenfischfangs zu leben. Die Situation spitzte sich dramatisch zu, und die Siedler sahen angesichts erst grünenden Getreides bereits dem sicheren Hungertod entgegen, als buchstäblich in letzter Minute Hilfe kam. Im Juni erschien Francis Drake, auf dem Rückweg von einem Raubzug in der Karibik, mit einer Flotte von 23 Schiffen vor der Küste Virginias. Was für die Siedler zur Rettung wurde, war jedoch kein Zufallsprodukt. Der draufgängerischste Kaperkapitän Englands war an Raleighs Unternehmen finanziell beteiligt und wollte sich selbst davon überzeugen, inwieweit die Kolonie als Stützpunkt für Angriffe auf spanische Schiffe dienen könnte. Drake stellte Proviant zur Verfügung und bot ein kleines Schiff zu Erkundungsfahrten nach einem geeigneteren Siedlungsplatz an; die Lage schien sich zum Besseren zu wenden. Da brach einer der großen Stürme aus, die um diese Jahreszeit zyklisch vor der Küste wüten. Um nicht auf die Sandbänke geworfen zu werden, flüchtete Drakes Verband auf die hohe See. Nach drei Tagen flaute der Sturm ab und die versprengten Schiffe konnten sich wieder sammeln. Drei aber waren verloren gegangen, darunter auch das kleine mit den Vorräten für die Kolonie. Nach kurzem Überlegen nahm Lane Drakes Angebot an und kehrte mit allen Siedlern auf den Schiffen des Freibeuters nach England zurück. Es kann als Ironie der Geschichte angesehen werden, dass zwei Tage nach dem Auslaufen der Flotte ein von Walter Raleigh entsandtes Versorgungsschiff vor Roanoke Island eintraf und die Siedlung verlassen vorfand. Keine zwei Wochen später erreichte auch Grenville wie versprochen mit drei Nachschubschiffen die Insel. Zur Sicherung des englischen Besitzanspruches ließ er 18 Mann als Besatzung zurück – und setzte Segel nach England. Der erste Versuch war gescheitert.

Walter Raleigh gab sich durch den Misserfolg nicht geschlagen, im Gegenteil. Er verfolgte seinen Plan weiter und zog aus den Erfahrungen des gescheiterten Unternehmens Konsequenzen. Die Kolonie sollte nicht mehr auf Roanoke entstehen, sondern weiter nördlich an der Chesapeake Bay, wie Ralph Lane empfahl. Darüber hinaus wurden bereits in England Landzuteilungen an die Kolonisten vorgenommen, die sich am jeweiligen Kapitaleinsatz der Interessenten orientierten. Erstmals sollten auch Frauen und Kinder mitgenommen werden, um den kolonisatorischen Aspekt zu unterstreichen. Am 8. Mai 1587 verließen drei Schiffe mit etwa 150 Siedlern den Hafen von Plymouth. Die seemännische Leitung stand unter Simon Fernandez[136], der bei der vergangenen Fahrt als Navigator fungiert hatte. Die kolonisatorische Führung wurde John White übertragen, der bei der ersten Reise für die Dokumentation in Bildform sorgte. Eine wahrscheinlich nicht gerade glückliche Wahl, denn White besaß zu wenig Durchsetzungsvermögen. Das sollte sich bereits bei der Ankunft auf Roanoke zeigen. An sich wollte White nur die von Grenville zurückgelassenen Männer an Bord nehmen, um anschließend in die Chesapeake Bay weiterzusegeln. Fernandez, dem mehr an einer Kaperfahrt gelegen war, nötigte den Siedlungskommandanten aber zur kompletten Ausschiffung. Der Sommer war bereits weit fortgeschritten und der Kapitän wollte sich die vollbeladenen spanischen Schiffe der Herbstflotte nicht entgehen lassen.

White fand die Siedlung verlassen vor und erfuhr von den Croatan-Indianern, dass kurz nach Grenvilles Abreise die zurückgelassene Besatzung überfallen worden war. Einige Männer hätten den Tod gefunden und der Rest sei auf eine Sandbank vor der Insel geflüchtet, von der sie nach wenigen Tagen plötzlich verschwunden waren. Obwohl sich die Lage alles andere als erfreu-

lich darstellte, sah sich White durch die unnachgiebige Haltung Fernandez'
gegen seine Überzeugung gezwungen, Roanoke weiterhin als Standort der Kolonie zu akzeptieren. Etwa zwei Monate nach ihrer Ankunft ereignete sich eine
jener vielen Alltäglichkeiten, die trotzdem von einer Aura der Einmaligkeit umgeben sind. Am 18. August 1587 wurde das erste englische Kind auf dem Boden der Vereinigten Staaten geboren. Das Mädchen erhielt seinen Namen nach
dem der Kolonie: Virginia.

Die Geburt sollte aber das einzige »freudige Ereignis« für die Kolonisten
auf Roanoke Island bleiben. Natur und Indianer sprachen gegen sie, und der
Ruf nach gesichertem Nachschub wurde immer lauter. Die Siedler bedrängten schließlich White, nach England zurückzukehren und persönlich die Versorgung voranzutreiben. Als er sich einschiffte, ließ er 85 Männer, 17 Frauen
und 12 Kinder, darunter die kleine Virginia und ein etwas später geborenes,
in der Wildnis zurück. Obwohl White alles daran setzte, Hilfe zu organisieren, standen die Ereignisse der Zeit gegen sein Bemühen. Der englische Konflikt mit Spanien begann sich dramatisch zu verschärfen. Drake hatte wohl
Ende April 1587 Teile einer vor Cádiz liegenden spanischen Invasionsflotte
zerstört, konnte aber damit das Auslaufen der großen Armada ein Jahr später
nicht verhindern. Nun waren alle Schiffe, alle kampferfahrenen Kapitäne
Englands gefordert. Dass es John White vor diesem Hintergrund schwer fiel,
Schiffe für den Entsatz von Virginia zu erhalten, darf nicht verwundern. Auch
Walter Raleigh war bemüht, sein Kolonieprojekt fortzuführen. Er drängte Thomas Harriot, seinen Bericht zu veröffentlichen, ebenso wie White um Publi-
zierung der Bilder. Damit sollten neue Geldgeber gewonnen werden. Im Jahr
1588 erschien Harriots »A briefe and true report of the new land of Virginia«,
der offensichtlich wohl unter Zeitdruck entstand, trotzdem aber für die nächsten hundert Jahre richtungsweisend blieb.

Die dringend erwartete Nachschubflotte unter White konnte erst im April
1590, drei Jahre nach seiner Rückreise, von England auslaufen und ankerte
am 15. August vor Roanoke; kein Anzeichen menschlichen Lebens war zu bemerken. White beschloss, die Kolonisten unverzüglich im Gebiet der Croatan
zu suchen, wurde jedoch von einem aufkommenden Sturm daran gehindert.
Als sich in den nächsten Tagen das Wetter nicht besserte und sogar einer der
gefürchteten Nordweststürme aufzog, hatte White keine andere Wahl, als sich
auf die offene See zurückzuziehen, wollte er nicht an Land geschleudert werden. Dadurch war indirekt die Entscheidung vorweggenommen. White verschob sein unsicheres Vorhaben auf später und nahm Kurs auf England, wo
die beiden Schiffe auch wohlbehalten eintrafen. Damit fanden die sechs Jahre andauernden Versuche, auf Roanoke Island eine Kolonie zu gründen, ihr
Ende. Sir Walter Raleigh gab seine Bemühungen in Virginia auf und wandte
sich später Südamerika zu. Das ungeklärte Schicksal der Siedler von Roanoke

wurde in der Geschichte der Vereinigten Staaten zu einem Mythos. Unzählige Spekulationen, Schriften und Deutungen sind mit der »Verlorenen Kolonie« verknüpft, deren reales Ende vermutlich nie erhellt werden kann. Auch eine heute mögliche Spurensuche nach genetischen Fingerabdrücken der Europäer muss ins Leere gehen, da die in Frage kommende Indianerpopulation bereits im 18. Jahrhundert verschwand.

Überlebt haben aber die Zeugnisse des Thomas Harriot und des John White. Sie unterscheiden sich, sowohl im Wort als auch Bild, von vergleichbaren Aufzeichnungen der Spanier einige Jahrzehnte zuvor. Darüber hinaus zählen sie zu den ersten, die Europa mit den Indianern Nordamerikas vertraut machten, auch wenn sie zu einigen Missverständnissen und irrigen Interpretationen führten. Die Veröffentlichung hatte einen derart großen Erfolg, dass eine Neuauflage unvermeidbar war. Sie erschien bereits 1590 in vier Sprachen (Latein, Englisch, Französisch und Deutsch) und machte den Virginia-Bericht europaweit bekannt. Maßgeblichen Einfluss darauf hatten die illustrierenden Kupferstiche des Verlegers Theodor de Bry (1528–1598), die auf den Zeichnungen John Whites beruhten. Die Drucklegung war der erste Band aus einer Reihe, die sich mit großen Reisen, vor allem in Amerika und der Neuen Welt, befasste. Der zweite, 1591 herausgebracht, gab, ebenfalls mit Stichen Brys versehen, die Zeichnungen des Jacques Le Moynes de Morgues und die Aufzeichnungen René de Laudonnières über die Floridaexpedition der Franzosen im Umfeld Jean Ribaults wieder.

Wenn bisher von den Interessen Englands gesprochen wurde, so bedeutet das keineswegs, dass die Unternehmen auf einem ausgearbeiteten Generalkonzept basierten. Sie entwickelten sich vielmehr aus einer Vielzahl von Gruppierungen, deren Zielsetzung überwiegend in der Ausnutzung wirtschaftlicher Möglichkeiten in Amerika zu suchen ist. Das lässt sich an der laufenden Gründung von »Companies« ablesen, deren Statuten fast ausschließlich gewinnorientierte Satzungen enthalten. Im Jahr 1606 hatte sich ein »Royal Council« zur Kolonisierung Nordamerikas konstituiert und im gleichen Jahr der jüngst gegründeten »Virginia Company«, der neben anderen Persönlichkeiten aus Politik und Wirtschaft auch Richard Hakluyt angehörte, ein entsprechendes Privileg erteilt. Zur besseren Ausnutzung des Gründungspatents teilte sie sich bald in zwei Gruppierungen mit getrennten Interessensgebieten. Die eine hatte ihren Sitz in London (London Company) und widmete sich South-Virginia, also dem Raum Roanoke, Chesapeake und Delaware Bay. Die andere versuchte von Plymouth und Bristol aus, eine Erschließung des North-Virginia-Abschnittes voranzutreiben. Dort scheiterten aber erste Versuche an den schon erwähnten klimatisch bedingten Härten der Wintermonate. Erst 1620 sollte mit der »Plymouth Plantation« der puritanischen Pilgrim Fathers die erste dauerhafte Niederlassung am Cape Cod und damit in Neu-England gegründet werden.

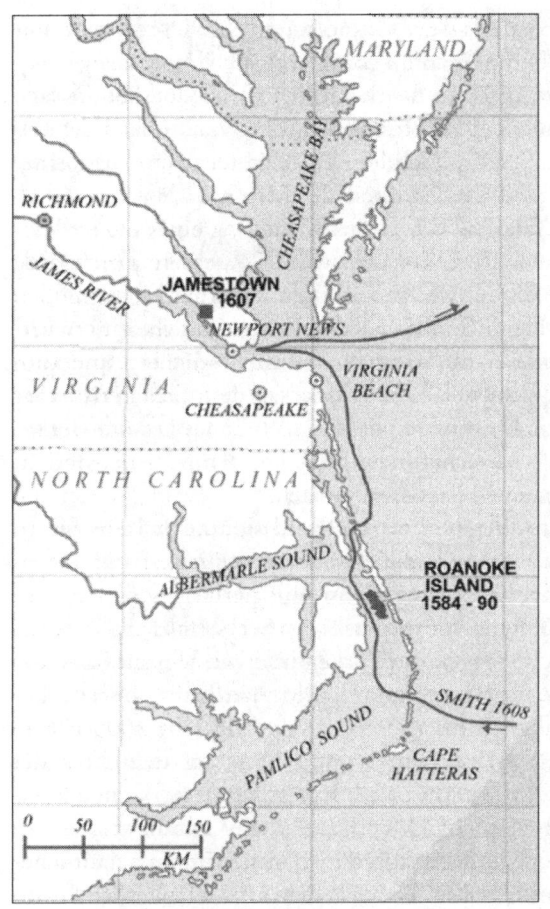

Das gescheiterte Virginia-Projekt des Walter Raleigh bedeutete nicht das Ende der Expeditionen an der amerikanischen Ostküste. So erkundete der schon im Abschnitt über Samuel de Champlain kurz erwähnte Bartholomew Gosnold, unterstützt von Kaufleuten aus Southampton, die Ostküste nördlich des 41. Breitengrades bis Portland. Im Grunde genommen wiederholte er die Fahrt des Giovanni da Verrazano für Franz I. von Frankreich, achtzig Jahre vorher. Gosnolds Unternehmen muss aber aus englischer Sicht gesehen werden und beruht auf einer angestrebten Vertiefung vorangegangener Explorationen eines Humphrey Gilbert und dessen Zeitumfeldes. Der Reisebericht wurde später für die englischen Niederlassungen an einem Küstenabschnitt von herausragender Bedeutung, der zuerst den Namen »North-Virginia« und dann den noch heute gebräuchlichen »Neu-England« erhielt. Ein anderer seit damals gebräuchlicher Ortsname stammt von Gosnold selbst. Es ist das Cape Cod, das er nach dem Reichtum an Kabeljau (engl. *cod* = Kabeljau) in diesen Gewässern benannte. So sehr seine Beschreibung der Handelsgüter, vor allem Felle, später zutraf, so sehr irrte er aus Unkenntnis in der Wiedergabe der unwirtlichen klimatischen Verhältnisse, die hier im Winter gegeben und mit jenen Englands keineswegs zu vergleichen sind. Aus seemännischer Sicht gesehen entdeckte er für England auch die Kraft des europagerichteten nördlichen Astes des Golfstromes, den natürlichen Motor für eine Atlantikquerung in West-Ostrichtung.

Auch im Süden schienen zu Beginn die Zeichen nicht besser zu stehen. Drei Schiffe mit 100 Kolonisten an Bord – die SUSAN CONSTANT unter Newport, die GOD-SPEED unter Bartholomew Gosnold und die DISCOVERY unter John Ratcliffe – unter dem Oberkommando von Christopher Newport gelangten über die Südroute Anfang 1607 an die bereits bekannte Chesapeake Bay. Wie so oft in der frühen Kolonialgeschichte überwog der Wunsch nach schnellem Reichtum den Willen zur, wenn auch hart erarbeiteten, Schaffung einer neuen Existenzbasis. So bestand der Großteil der Mitreisenden aus »*Goldschmieden und Gentlemen*«. Man ließ sich an der Mündung eines Flusses nieder, der nach dem König James River genannt wurde. Auch ein Fort wurde errichtet, die Keimzelle von Jamestown, der ältesten dauerhaften englischen Siedlung auf nordamerikanischem Boden. Es kam zu den üblichen Zerwürfnissen innerhalb der Auswanderer, zu Streitigkeiten mit Indianern und zum Mangel an Nahrung und Trinkwasser. Das Projekt lag dem Scheitern näher als dem Überleben. Doch mit Einführung des Tabakanbaues konnte wenige Jahre später eine ausreichende wirtschaftliche Basis und damit neue Motivation für den weiteren Fortbestand geschaffen werden.

In Begleitung des Christopher Newport befand sich auch John Smith (1579–1632), die vielleicht interessanteste »Erkunderpersönlichkeit« unter den Engländern seiner Zeit an der Ostküste. Allein sein bisheriges Leben böte genügend Material für viele Seiten. Auf niederländischer Seite kämpfte er gegen Spanien, auf österreichischer gegen die Türken und wurde nach Russland verschleppt; nach seiner Flucht gelangte er auf abenteuerlichen Wegen über Prag, Deutschland und Frankreich bis nach Marokko. Im Jahr 1605 kehrte er dann, erst 25-jährig, nach England zurück und schloss sich dem Kreis der Amerikafahrer an. Vermutlich hatte er dort auch Kontakt zu Hakluyt und Henry Hudson. Im Führungsstab Kapitän Newports zählte er dann auch zu den Stützen bei der Gründung von Jamestown, von wo aus er im Folgejahr auch mehrere Erkundungsfahrten unternahm. Dabei geriet er in Gefangenschaft von Indianern der Powhatan-Föderation. Sein erzwungener Aufenthalt vermittelte ihm, und über seine später abgefassten Berichte auch Europa, tiefe Einblicke in die Welt der Algonkin[137]. In ihnen wird schon früh auch eine versteckte Sorge der Indianer um ihre Zukunft sichtbar.

Fernab allen geographischen Interesses besitzt diese Episode aus dem Leben des John Smith auch einen emotionalen Reiz. In der Person von Pocahontas, der aus europäischer Sicht noch kindhaften Tochter Häuptling Powhatans[138], findet er in lebensbedrohlicher Situation eine Fürsprecherin, die ihn vor dem Tod gerettet haben soll. Pocahontas wurde 1612 von den Engländern gefangen genommen und heiratete zwei Jahre später, nach ihrer Taufe auf den Namen Rebecca, den Kolonisten John Rolfe, der dann mit ihrer Hilfe den Tabakanbau um Jamestown und damit den wirtschaftlichen Aufstieg forcieren konnte. Die Einfuhr erster Negersklaven lässt sich für Virginia in das Jahr 1619, in dem auch die General Assembly[139] erstmals tagte, zurückverfolgen.

Anfangs besaßen sie den gleichen Rechtsstatus wie weiße »Indentured Servants« – Arbeitsverpflichtete[140] auf Zeit. Mit Ausweitung des Tabakanbaues wurden die kleinen Farmen von großen Plantagen abgelöst, und im gleichen Umfang etablierte sich um 1670 die Erblichkeit des Sklavenstatus für Schwarze.

Im Jahr 1609 kehrte John Smith nach England zurück und veröffentlichte seinen Virginia-Bericht. Ein Mann wie er konnte sich aber auf Dauer mit einem sesshaft geordneten Leben nicht abfinden. Mit zwei Schiffen brach er 1614 erneut auf, diesmal nach North Virginia, an die Küste von Maine. Dort war zeitgleich mit seinem Aufenthalt an der Chesapeake Bay das Fort Saint George errichtet und im Jahr darauf wieder aufgegeben worden. Die Zielsetzung lag weniger in einer Koloniegründung als im Aufspüren von Metallen, das man über Tauschhandel mit Indianern zu erreichen trachtete. Mit einigen Begleitern widmete sich Smith in kleinen Beibooten der Küstenerkundung von der Penobscot Bay bis zum Cape Cod. Diese Fahrten verwertete Smith später in einer Karte, in der zum ersten Mal die Bezeichnung »Neu-England« für diese Region aufscheint. Der zugehörige Bericht beschreibt in allen Details jede Bucht und das nahe Hinterland, auch und gerade im Hinblick auf eine mögliche Besiedlung. So wird das spätere Siedlungsgebiet der Pilgrim Fathers von ihm richtig als Land ausgewiesen, das für »arbeitsame Siedler alles Notwendige bereithält«. Oft verwendet er für Orte oder Pflanzen auch indianische Bezeichnungen, die sich zum Teil bis heute erhalten haben. Bei einer neuerlichen Amerikafahrt im Jahr darauf wurde er von französischen Piraten gefangen genommen, konnte aber vor La Rochelle entkommen. Wieder in England setzte er seine Bemühungen um die Kolonisierung der Ostküste in propagandistischer Form fort. Im Jahr 1624 erschien seine »Generall Historie of Virginia, New-England, and the Summer Isles«. In ihr sind die Möglichkeiten des »Neuen England« für eine erfolgreiche Besiedlung in werbewirksamer Form einer interessierten Öffentlichkeit dargelegt worden. Sechs Jahre später folgen unter dem Titel »The True Travels, Adventures, and Observations of Captaine John Smith« seine autobiographischen Aufzeichnungen.

Im südamerikanischen Raum hinterließ England, durch seinen späten Eintritt in überseeische Agenden bedingt, kaum Spuren. Obwohl er seinen Lebensabend hochangesehen in England verbrachte, kann die früher bereits erwähnte La-Plata-Expedition des Sebastian Cabot von 1527 bis 1529 nicht dazugezählt werden, da sie in spanischen Diensten erfolgte. Die punktuellen Aufenthalte des Francis Drake an südamerikanischen Küsten während seiner Weltumseglung 1577 bis 1580 sind sowohl in entdeckerischer als auch kolonisatorischer Hinsicht in diesem Abschnitt nicht von Bedeutung. So bleibt hier nur noch von einem Unternehmen zu berichten, und selbst das trug nur halboffiziellen Charakter. Es ist mit einem schon bekannten Namen verknüpft, mit Sir Walter Raleigh.

Die Vorgeschichte geht auf die Spanier und den Mythos vom Eldorado zurück. Wie erwähnt, dürfte die Legende um 1540 auf der Hochebene Bogotás, in Zusammenhang mit Quesadas Zug gegen die Muisca-Indianer ihren Ausgang genommen haben. Je mehr Abenteurer dem Phantom nachjagten, umso ungreifbarer wurde es. Jede gescheiterte Suche ließ es weiter in die Regenwälder des Amazonas entschwinden. Gegen Ende des 16. Jahrhunderts schien der »Goldene Mann« wieder Gestalt anzunehmen. Diesmal im Orinoko-Gebiet und seinem wichtigsten südlichen Zubringer, dem Rio Caroní: An dessen Oberlauf soll sich der Manoa-See befinden, der als Schlüssel für den Zugang zum Eldorado diene – Erinnerungen an den Guatavita-See in Kolumbien werden wach. Nun wurde der Ort der geheimnisvollen Zeremonie um den Goldmann im Bergland von Guyana vermutet, und die Suche konzentrierte sich dorthin. Einen ersten Versuch, zu diesem See vorzudringen, unternahm der Spanier Antonio de Berrío[141] mit 700 Mann im Jahr 1590, der jedoch bereits am Oberlauf des Rio Caroní scheiterte. Drei Jahre später beauftragte er seinen Gefolgsmann Domingo de Vera mit einer weiteren Erkundung, ja Erschließung des Eldorado. Auch Vera musste unverrichteter Dinge umkehren, wurde aber von Indianern im Glauben bestärkt, das gesuchte Gold liege nicht fern. Darauf versuchte Berrío eine Streitmacht zusammenzustellen, die ihm Eldorado sichern sollte. Es blieb beim Wunsch, denn auch dieses Unternehmen zerbrach am üblichen Widerstand und den Intrigen spanischer Gouverneure. Wenn etwas reibungslos funktionierte, so war es das Berichtswesen an den König, in welcher Färbung auch immer. Diesmal durch einen überschwänglichen Rapport Domingo de Veras.

Auf Umwegen dürfte Walter Raleigh nach dem Scheitern seines Virginia-Projektes an diesen Bericht gelangt sein, oder zumindest Kenntnis seines Inhalts erhalten haben. Bei Elisabeth I. in Ungnade gefallen, sah er im Eldorado eine Möglichkeit, sich wieder um die Krone verdient zu machen. Er rüstete vier Schiffe aus und lag im Frühjahr 1595 – wenige Wochen zuvor waren Hawkins und Drake in der Karibik gestorben – vor der Insel Trinidad und ließ eine Küstengarnison angreifen. In den folgenden Gesprächen mit Berrío bemühte er sich vergebens, Näheres vom Goldland zu erfahren. So stieß er ohne Kenntnisse der örtlichen Gegebenheiten den Orinoko bis zum Rio Caroní, dem Endpunkt für die Schiffe vor. Als auch ein vorausgeschickter Fußtrupp ohne greifbares Ergebnis zurückkehrte, musste das Unternehmen als gescheitert angesehen werden. Wieder in England verfasste Raleigh 1596 seinen Reisebericht »The Discovery of Guiana«, der den eigentlichen Misserfolg des Unternehmens wohl zu verschweigen wusste. In glühenden Farben, ganz im Stil eines heutigen Boulevardblattes, beschreibt er seine Reise und trägt alles zusammen, das sich bisher an Legendenbildung um das Eldorado aufgebaut hatte und schmückt es mit eigenen Überhöhungen aus. Dieser Bericht wurde vom Verleger Levinus Hulsius 1599 auch in deutscher Übersetzung unter dem Titel »Kurtze Wunderbare Beschreibung Deß Goldreichen Königreichs Guianae in America oder newen Welt« in Nürnberg herausgegeben. Neben den Amazonen des Fray Carvajal wird der Leser auch mit den »Ewaiponama«, eigenartigen Menschen, die den Kopf auf ihrer Brust tragen[142], vertraut gemacht. Neuerlich wird auf alte Quellen wie Plinius den Jüngeren, Augustinus oder Isidorus von Sevilla Bezug genommen. In mehreren Abbildungen wird auch auf die Fauna eingegangen. So sieht man eigenartig verfremdete Gürteltiere und ein Wesen, das, halb Fuchs halb Affe, mit seinem durchaus menschlichen Antlitz ein Faultier darstellen soll. Erwähnenswert ist aber auch die älteste Spezialkarte des nordöstlichen Südamerika mit Schwerpunkt des Orinoko-Gebietes.

Doch ein Mann wie Raleigh konnte durch ein erstes Scheitern nicht von seinem Ziel abgebracht werden. Bereits 1596 beauftragte er Lawrence Keymis, der schon im vergangenen Jahr zu seinen Stützen gezählt hatte, mit einer weiteren Fahrt. Auch ihm wird der entscheidende Durchbruch nicht gelingen. Die Verdienste des Lawrence Keymis lagen vielmehr in geographisch-entdeckerischer Natur, die er sich bei einigen Aufenthalten im Laufe der Jahre erwerben konnte. Als erster erkundete er die Flüsse Araguary und Essiquibo. Wertvoller sind seine Hinweise auf die Verflechtungen zwischen den Flusssystemen des Rio Branco und des Orinoko, die dann Alexander von Humboldt 200 Jahre später genauer beschreiben wird. Zudem erkannte er richtig die Wasserscheide zwischen den Guyanaflüssen und den Amazonaszubringern.

Keymis fuhr den Orinoko bis zur Einmündung des Rio Caroní hoch und stellte fest, dass die Spanier mit San Thomé einen neuen Stützpunkt in diesem Gebiet angelegt hatten. Auf seiner Suche nach dem Eldorado wurde er von den Indianern immer wieder bestärkt; das Phantom wurde deswegen aber nicht greifbarer. Als er von einer spanischen Flotte erfuhr, die Domingo de Vera nach Trinidad überstellt hatte, kehrte er nach England zurück. Walter Raleigh wurde dann nach dem Tod Elisabeths in eine Intrige verwickelt, die ihm Einmischung in die Thronfolge (James I.) vorwarf. Unter Anklage des Hochverrats wurde er von 1603 bis 1616 im Tower inhaftiert. In dieser Zeit dürfte auch die bisher eher von gewinnorientierter Abenteuerlust geprägte Vorstellung des Eldorado zu einer fixen Idee geworden sein, deren Umsetzung sein Ansehen wiederherstellen sollte. Nach seiner Freilassung bewarb sich Raleigh erneut um ein königliches Patent, das ihm auch gewährt wurde. Neben den üblichen Auflagen von Kronabgaben und Finanzierung, enthielt der Freibrief noch eine wichtige Passage, für Raleigh vielleicht die wichtigste. Ihm wurde in deutlicher Form beschieden, sich jeglichen Konflikts mit den Spaniern zu enthalten. James I., der Protestant, hatte den latenten Kriegszustand zwischen England und Spanien beendet und war bemüht, mit Philipp III. eine politische Ehe für seinen Sohn und Thronfolger Charles mit der katholischen spanischen Infantin zu vereinbaren. Jede aktive Störung des angestrebten Verbündeten in Übersee wäre seinen Plänen zuwider gelaufen.

Obwohl Raleigh seine zweite Orinoko-Fahrt 1617 mit aller Erfahrung, die ihm seine bisherigen Unternehmungen angedeihen ließen, plante und bis ins Detail vorbereitete, konnte er nun nicht mehr über sein Alter hinwegsehen. Als 65-Jähriger war er nicht mehr der Mann, der die Erkundungsspitze führen konnte. Er blieb an der Orinoko-Mündung und schickte Kapitän Keymis zum Rio Caroní vor. Bei San Thomé kam es aus ungeklärten Gründen zu einer bewaffneten Auseinandersetzung mit den Spaniern, deren englischer Verantwortungsträger bis heute nicht feststeht. Der Stützpunkt wurde gestürmt und der spanische Gouverneur ermordet. Sollte es Ziel gewesen sein, das noch immer unbekannte Eldorado für England zu gewinnen, so wurde es eindeutig verfehlt. Die Schiffe mussten sich nach Trinidad zurückziehen, wo Keymis dem erschütterten Raleigh Bericht erstattete. Gegen innere Überzeugung kehrte der Initiator vieler englischer Aktivitäten jenseits des Atlantiks in seine Heimat zurück. Dort wurde er erneut unter Anklage gestellt, die sich auf das Patent stützte und auf Insubordination lautete, wegen der eindeutigen Bestimmungen sich aber auch auf Hochverrat erstreckte. Das Todesurteil wurde am 29. Oktober 1618 mit der Enthauptung Raleighs vollstreckt. Aber auch Lawrence Keymis sollte dieses Jahr nicht überleben. Er beging in Zusammenhang mit den unglücklichen Vorfällen um San Thomé, bei denen auch Raleighs Sohn ums Leben gekommen war, Selbstmord.

Am Orinoko gingen die Bemühungen Englands um Südamerikas Küsten, soweit sie die Seefahrt betrafen und in den abgesteckten Zeitrahmen fallen, zu Ende. Unter der Regentschaft Elisabeths I. war in mehrfacher Form eine neue Seemacht aufgetreten, die unmissverständlich ihren Anspruch auf die Weltmeere anmeldete. Bis zur Umsetzung sollte es nach Raleighs Tod noch mehr als hundert Jahre dauern, doch der Grundstein wurde in einer Zeit gelegt, in der England, verglichen mit anderen Völkern, nicht gerade zu den stärksten zählte. Ohne Ursache und Wirkung in unzulässiger Weise gegeneinander aufzurechnen, kann man doch davon ausgehen, dass während der Regierungszeit Elisabeths und durch sie selbst mehr Impulse für die zukünftige Entwicklung auf politischer Ebene ausgingen als in den Jahren des Universalreichvisionärs Karl V. oder vom pragmatischen Staatsverwalter Philipp II., dem direkten Gegenspieler der englischen Königin.

Ein Darstellung der Engländer bliebe jedoch ohne eine knappe Skizzierung des frühkolonialen Neuengland und der dort siedelnden Auswanderergruppen unvollständig. Wie vorhin erwähnt, lagen die ersten Siedlungsversuche im mittleren Bereich der Ostküste, trotzdem gilt der nördliche Abschnitt allgemein als eigentliche Wiege der Kolonisierung. Und auch hier verdecken

Klischeebilder den Blick auf die Realität. Dazu zählen vor allem die Pilgerväter auf ihrer MAYFLOWER, die damit fälschlich zu den Urvätern der »Amerikanischen Nation« mutierten. Zur Erinnerung: Als sie am 21. Dezember 1620
beim Cape Cod landeten, war die erste General Assembly Virginias bereits seit
einem Jahr Geschichte und Jamestown gar schon 13 Jahre alt. Andererseits
bauten sie die erste Siedlung von Dauer im Raum Neuenglands des John Smith
auf. Ein Versuch der Plymouth Company im heutigen Maine bei der Kenne-
bec-Mündung auf der Halbinsel Sagadahoc war 1607/1608 ebenso gescheitert wie von Samuel de Champlain ausgehende französische Bemühungen.

Mit den Pilgrim Fathers ist andererseits aber auch eine Abkehr von der
bisher verfolgten Leitlinie bei der Koloniegründung festzustellen. Ihr Antrieb
verlagerte sich vom rein wirtschaftlichen Interesse auf religiös motivierte Gründe. Die Reformation hatte auch in England tiefe Spuren hinterlassen, auch
wenn sie bis Oliver Cromwell nicht so blutig ausfielen wie in Frankreich oder
später im Deutschen Reich. Entstand die Anglikanische Kirche, vereinfacht
dargestellt, aus einem politisch dominierten Willensakt von der Staatsspitze
her, so formten sich »von unten« religiöse Bewegungen, die einer schärferen
Abkehr vom Katholizismus das Wort sprachen und unter dem ungenauen
Sammelbegriff Puritaner bekannt sind. Gemeinsamkeiten unter den Sekten
lassen sich hauptsächlich in radikaler, teilweise militanter Ablehnung eines
romhörigen Katholizismus' ausmachen, was sie aber nicht hinderte, auch gegeneinander zu argumentieren und zum Teil auch gewalttätig vorzugehen. So
zog sich die Gruppe der »Separatisten« 1609 nach Holland zurück und Teile
von ihnen segelten unter dem Namen »Pilgerväter« von Plymouth aus nach
Amerika. Anführer und erster Gouverneur der neuen Kolonie war John
Carver, ein wohlhabender Kaufmann aus London. Sein Nachfolger wurde
William Bradford, der, 30 mal (!) in seinem Amt wiedergewählt, zu den wichtigsten Chronisten (»History of Plimouth Plantation«, 1620–1647) der frühkolonialen Zeit zählt. Er handelte nicht nur einen Gebietsabtretungsvertrag
mit Massasoit (um 1580–1661), dem Häuptling der Wampanoag-Indianer[143],
aus, sondern organisierte auch 1621 den ersten *Thanksgiving Day*.

Mit den beiden letzten Namen trifft man auf zwei weitere Kolonien im
Raum der Neuengland-Staaten. Der Zuzug immer neuer Siedler führte zur
Bildung eines Rates, der die allgemeinen Fragen der wachsenden Plymouth-
Kolonie, nun schon Massachusetts genannten Region, behandelte. Im Jahr
1628 überließ der Rat von Neuengland der von John Endecott gegründeten
»Massachusetts Bay Company« ein Stück Land zwischen den Flüssen Charles
und Merrimack, das den bedrängten Puritanern der Heimat eine politische
und religiöse Zuflucht bieten sollte. Das Cambridge-Abkommen von 1629 sicherte dann auswanderungswilligen Puritanern auch die Möglichkeit dazu.
Endecott hatte zuvor ein Anrecht auf etwas Land erworben und sich der Ge-

meinde Naumkeag/Salem angeschlossen und ein streng puritanisches Regiment mit Intoleranz Andersgläubigen gegenüber begründet.

In Salem wirkte Roger Williams, ein 1631 ausgewanderter Lehrer und überzeugter Anhänger des Calvinismus. Bald geriet er in Konflikt mit der Kolonialregierung, da er die Gründungsurkunde der Massachusetts Bay Company in Frage stellte, die es den Behörden gestattete, sich entschädigungslos Indianerland[144] zur Weiterverteilung anzueignen. Schließlich wurde er aus der Kolonie verbannt und legte, von einigen Gleichgesinnten unterstützt, den Grundstein zu Providence (Vorsehung) an der Narragansett-Bucht und damit des heutigen Rhode Island. Er zeichnete sich durch Freundschaft mit den Indianern aus, gründete 1639 die erste Baptistengemeinde und verfasste während eines Zwischenaufenthaltes in England zwei bedeutende Schriften. In »A Key into the Language of America« veröffentlichte er eine Studie über Indianersprachen und mit »The Bloudy Tenent of Persecution« legte er ein Bekenntnis zu Glaubens- und Gewissensfreiheit ab. Teile seiner Überzeugung finden sich in John Miltons 1667 beendetem »Paradise Lost« wieder, dem er freundschaftlich verbunden war.

Im heutigen Maine lebte unter dem Namen »Abnaki« (»Wabanaki«, Volk des Sonnenaufgangs) eine lockere Vereinigung einiger Algonkin-Stämme, darunter die Penobscot. Nachdem König James I. das gesamte Gebiet für England beansprucht hatte, ermächtigte er 1606 die elisabethanische Plymouth Company mit der Kolonisierung. Im Jahr der Mayflower Landung ernannte er auch James John Mason und Sir Ferdinando Gorges zu Eigentümern des Landes zwischen dem Merrimac und Kennebec, die jedoch wenig zur Erschließung des Landes beitrugen, was schließlich 1677 zum Anschluss Maines an Massachusetts führte.

Im Süden, an der Mündung des Hudson River, hatten sich die Niederländer und auch Schweden festgesetzt, worauf im nächsten Kapitel noch einzugehen sein wird. Vorweggenommen sei nur der Name des heutigen US-Staates Delaware. Der englische Abenteurer Samuel Argall, der ein Jahr nach Hudson den heutigen Delaware River befuhr, benannte dieses Gebiet, wie auch den Fluss und die hier lebenden Ureinwohner, nach Lord De La Warr, dem Gouverneur des schon behandelten Virginia. Die Delawaren gehören gleichfalls zur Algonkin-Sprachfamilie und besiedelten Teile der heutigen Bundesstaaten Delaware, New Jersey, New York und Pennsylvania. Sie selbst nannten sich »Lenape« oder »Lenni-Lenape«, was so viel wie »wahre Menschen« bedeutet. Nach Übernahme des holländischen Gebietes durch die Engländer begannen sich überwiegend Quäker – später auch Mennoniten – hier anzusiedeln, und 1681 erhielt William Penn, Sohn des gleichnamigen Jamaicaeroberers, ein königliches Patent für das Land zwischen New Jersey und Maryland, das er zu Ehren seines Vaters Pennsylvania – Penns Waldland – nannte und das weitaus kleiner als der heutige Bundesstaat bemessen war. Die bekannteste der von William Penn angelegten Siedlungen ist zweifellos Philadelphia, ab 1683 Hauptstadt der Kolonie und, 1701 mit dem Stadtrecht versehen, später in führender Rolle auch am Amerikanischen Unabhängigkeitskampf beteiligt.

In weiten Regionen der bisher genannten Kolonien kam es in der zweiten Hälfte des 17. Jahrhunderts zu verschiedenen Aufständen der Indianer, die allgemein unter dem Begriff »King Philipp's War« zusammengefasst werden. Von Interesse sind hier lediglich zwei Indianerführer: Uncas, Häuptling der Mohikaner (nicht zu verwechseln mit den der Irokesenliga angehörenden Mohawk) und Vorbild für »The Last of the Mohicans« von James Fenimore Cooper, sowie der schon bekannte Häuptling Massasoit vom Stamm der Wampanoag, dem Vertragspartner der Pilgrim-Fathers. Uncas unterstützte die englischen Siedler und bekämpfte die Narragansett und Wampanoag. Als sich diese unter Metacomet – christianisiert auch Philipp, zweiter Sohn des 1661 gestorbenen Massasoit – gegen die sich stark ausbreitenden Kolonisten wandten, musste Uncas seine Söhne den Engländern als Geiseln stellen, die einen Zusammenschluss der Feinde befürchteten. Nach wechselseitigen Erfolgen und Niederlagen gelang den Siedlern im Dezember 1675 ein entscheidender Sieg, der nicht nur den Krieg beendete, sondern auch den Widerstand der Indianer im östlichen Waldland der Küstenregion brach.

Heute grenzen die beiden Carolinas und Georgia an den Süden Virginias und füllen die geographische Lücke zu den spanischen Besitzungen[145] Floridas. Die ersten Siedlungen in diesem Küstenabschnitt, von Fort Caroline und San Agustín bis Roanoke, wurden bereits beschrieben. Nach Raleighs gescheitertem Versuch übertrug Charles I. 1629 die Gebiete des heutigen North und South Carolina an Sir Robert Heath, und 1663 reichte Charles II. das Patent an eine Gruppe von acht Eigentümern weiter. Darunter befand sich Anthony Ashley Cooper, 1. Earl of Shaftesbury, der zusammen mit dem Philosophen John Locke auch die »Fundamental Constitution« der Kolonie schrieb. Im Jahr 1668 wurde dieses zusammenhängende Gebiet in die heutigen Staaten North und South Carolina geteilt, die später eigene Wege gingen. Die erste europäische Siedlung im Küstenabschnitt Georgias findet sich in der 1566 angelegten spanischen Mission Santa Catalina auf der Insel Saint Catherines, die 1680 von den Engländern eingenommen wurde. Die inneren Landesteile dienten der britischen Krone lange Zeit als Pufferzone zu den französischen Territorien (Groß)Louisianas, die schließlich 1803 von den Vereinigten Staaten käuflich erworben wurden.

Soweit die punktuelle Zusammenfassung der frühen Siedlungsgeschichte im Osten der USA. Bleibt nur noch ergänzend zu erwähnen, dass die englischen

Aktivitäten im Pazifik, die untrennbar mit dem Namen James Cook verbunden sind, erst im 18. Jahrhundert einsetzen und damit außerhalb unseres Zeitrahmens liegen; das Wirken der East India Company beschränkte sich im Wesentlichen auf den Ausbau eines Handelnetzes und dessen politisch-militärische Absicherung in bereits europabekannten Regionen und fällt daher gleichfalls aus dem Betrachtungsfeld. Auf Englands Übernahme einiger Karibikinseln hingegen wird später noch einzugehen sein.

DIE NIEDERLÄNDER

> *»Und die großen Herren, die mächtigen Städte,*
> *waren weit entfernt, sich der spanischen Idee unterordnen*
> *und ihre Kräfte an den katholischen Begriff fesseln zu wollen.«*
> Leopold von Ranke über die Niederlande

Bevor auf die letzte der großen Seenationen Europas näher eingegangen wird, soll zunächst der Begriff »Niederländer« genauer definiert werden. Die heutigen Niederlande umfassen, grob dargestellt, nur die nördlichen Provinzen und Teile eines heterogenen Gebildes mit wechselnden Grenzen, das aus den politischen Aktivitäten der Herzöge von Burgund im späten Mittelalter hervorgegangen war und ab 1477 über Jahrhunderte vom Haus Habsburg regiert wurde. Selbst um 1500 waren »die« Niederlande nur eine vereinfachende Bezeichnung für die Region der heutigen Beneluxstaaten und Teile des französischen Artois und Hennegau, deren Einzeldomänen auch unterschiedlichen Rechtsstatus besaßen. So gehörten mit fluktuierenden Westgrenzen weite Teile zum Heiligen Römischen Reich, während andere de iure der französischen Krone unterstanden. Im Mittelalter entstanden die Grafschaften von Holland, Flandern und Brabant sowie die Herzogtümer Burgund und Gelderland. Schon früh orientierten vor allem flandrische Städte wie Gent, Brügge und Antwerpen ihre Wirtschaft an Manufakturen und Handel. Sie unterhielten Kontakte zu den Hansestädten wie auch zu den englischen Woll- und Tuchproduzenten. Die Entwicklung der Niederlande zur beherrschenden Wirtschafts- und Seemacht des 17. Jahrhunderts ist aber ohne eine Kenntnis der Vorgeschichte nicht verständlich.

Da Handel und Güterproduktion im damaligen Europa in bürgerlichen Händen lagen und die Bürger Flanderns ein besonderes Geschick darin besaßen, begannen sich diese bereits im Spätmittelalter aus der Vorherrschaft des

Adels zu befreien. Zusammen mit dem wirtschaftlichen Aufstieg des städtischen Bürgertums ging aber auch ein Niedergang des (Land)Adels einher, dem zunehmend die politische Kontrolle entglitt. Selbst ein starker Souverän wie Karl der Kühne musste bei seinen Ambitionen zur Schaffung eines burgundischen Großreiches auf die Interessen der Kaufleute und Bankherren Rücksicht nehmen. Als er 1477 in der Schlacht bei Nancy fiel, stießen französische Truppen in die südlichen Provinzen an der Schelde vor und besetzten weite Teile, die die französische Krone als überkommenen Besitz betrachtete.

Karls Erbtochter, Maria von Burgund, gelang es (kurz vor ihrer Ehe mit dem Habsburger Maximilian) durch politische Zugeständnisse, die Unterstützung der reichen Handelsstädte gegen Frankreich zu erwirken. Im »Großen Privileg« garantierte sie noch im selben Jahr den Vertretern aus sechs Provinzen der Niederlande die Errichtung eines 25-köpfigen Großen Rates, der die herzogliche Regierung begleitend unterstützen sollte. Das 1464 von Herzog Philipp dem Guten erstmals einberufene Gremium, in dem die drei Stände vertreten waren, wurde in den Niederlanden *Staten-Generaal* (Generalstaaten) genannt und damit zum indirekten Namensgeber für viele politisch-geographische Territorien der Niederländer in Übersee. Gegen Zusage finanzieller und militärischer Hilfe garantierte das Große Privileg den Generalstaaten ein Mitspracherecht bei Kriegserklärungen, das einer Zustimmungsverpflichtung gleichkam, und ein Widerstandsrecht bei Vertragsverletzungen durch fürstliche Gewalt. Ähnliche Zugeständnisse erhielten später auch die Provinzen Flandern, Holland, Brabant und Namur. Die Nachfolger Marias, von Maximilian I. als Regent für den gemeinsamen Sohn Philipp den Schönen (geboren in Brügge) über Karl V. (geboren in Gent) bis zu Philipp II., erkannten diese Privilegien jedoch nicht voll an, was, verschärft durch die Repressionspolitik Philipps II. in politischen und religiösen Belangen, schließlich zum Niederländischen Unabhängigkeitskampf führte.

Obwohl dieser Freiheitskampf starke politische Züge aufweist, ist eine seiner Hauptgründe religiöser Natur. Die Reformation hatte in vielen Provinzen der Niederlande bereits früh Verbreitung gefunden und stand mit ihren individualistischen Strömungen gegen die zentralistische Ausrichtung des Katholizismus. Als Landesherren versuchten Karl V. und Philipp II. ungleich massiver gegen den Protestantismus, vor allem calvinistischer Prägung, vorzugehen, als es dem Kaiser im Reich möglich war. Als nächsten Schritt untersagte Philipp II. den Niederlanden jeglichen Handel mit außenstehenden Ländern und installierte bald darauf auch noch die Herrschaft der »Spanischen Inquisition«. Zwar band er zunächst ganz in monarchischer Tradition den einheimischen Adel, wie etwa den Grafen Egmont und Wilhelm von Oranien, in die Regierungsgeschäfte ein, besetzte aber die Schlüsselstellen mit »Landfremden«: zur Generalstatthalterin ernannte er seine Halbschwester Margarete von Parma (1522–1586), zu ihrem ersten Berater Antoine Perrenot de Granvelle (1567–1586), seit 1540 Bischof von Arras. Granvelle war einer der beiden letzten Staatssekretäre Karls V. gewesen und hatte durch seine Intoleranz auf religiöser und politischer Ebene schließlich den Widerstand derart verschärft, dass sich Margarete 1564 gezwungen sah, ihren Bruder um die Abberufung des mittlerweile zum Kardinal ernannten Granvelle zu ersuchen.

Im sogenannten »Adelskompromiß von Breda« überreichten etwa 400 Landadelige 1566 der Statthalterin eine Petition, in der um Abschaffung der Inquisition sowie Wiederherstellung der politischen, religiösen und ständischen Rechte nachgesucht wurde. Einer Überlieferung zufolge soll der Vorsitzende des Finanzrates, der Graf von Berlaymont, die Überbringer der Bittschrift bewusst dikriminierend und abfällig als *»gueux«* (franz: Bettler) bezeichnet haben, worauf der spätere Begriff »Geusen« für die aufständischen Niederländer zurückgeführt wird. Philipp II. nahm wohl die Inquisition zurück, ließ den überwiegenden Rest der Forderungen aber unbeachtet. Als die Calvinisten in einem Gewaltausbruch zum Bildersturm gegen die katholische Kirche ansetzten, war der vorläufige Höhepunkt des Protestes gegen die spanische Herrschaft erreicht. Philipp II. betraute 1567 Fernando Álvarez de Toledo (1507–1582), den dritten Herzog von Alba, mit einer Strafexpedition gegen die Rebellen. Zur Wiederherstellung der Ordnung war er als Generalkapitän mit umfassenden Vollmachten und starker (neuerlicher) Präsenz spanischer Truppen ausgestattet. Der mittlerweile 60-jährige Sieger von Mühlberg für Karl V. und spätere Vizekönig von Neapel sollte nun den Aufstand in den spanischen Niederlanden niederschlagen und zugleich einen machtpolitischen Druck vor den Küsten des protestantischen England ausüben. Tausende Niederländer flüchteten aber gerade nach Ost- und Südengland, wo die kaufmännisch und naturwissenschaftlich Gebildeten die einheimische Gentry stark beeinflussten.

Alba ging mit der Härte eines sieggewohnten Militärs vor. Seine Truppen besetzten Brüssel, das er zum Zentrum eines politischen Terrorregimes machte. Der von ihm eingesetzte »Rat der Unruhen«, oft auch »Blutrat« genannt, verurteilte allein in Flandern mehr als 6000 Menschen wegen Subversion oder Hochverrats zum Tode. Zu den prominentesten Opfern zählten Graf Egmont und Graf Hoorn. Egmont war gegen den Rat Prinz Wilhelms von Oranien (1533–1584)[146] nicht geflohen und wurde vor dem Blutrat angeklagt, verurteilt und 1568 öffentlich enthauptet. Die Hinrichtung des Grafen Egmont entfachte den Aufstand jedoch erneut und in verstärktem Maße; der frühere Schimpfname Geusen wurde nun zum Ehrentitel für die Widerstandskämpfer. Trotz aller Repressionsmaßnahmen Albas gelang es den Seegeusen 1572, die Provinzen Holland und Zeeland unter ihre Kontrolle zu bringen. Zusammen mit der Provinz Utrecht wählten sie Wilhelm, der auch gute Kontakte zum hugenottischen Adel Frankreichs besaß, zum gemeinsamen Statthalter, womit er zum unbestrittenen Führer des Widerstandes wurde. Damit war Albas Politik restriktiver Unterdrückung gescheitert; Philipp II. berief den Herzog von seinem Posten ab und ernannte zuerst Don Luis de Zuniga Requesens, kurz darauf seinen Halbbruder Don Juan de Austria (1547–1578), den Sieger von Lepanto, zu dessen Nachfolger.

Innerhalb von fünf Jahren sahen die Niederlande mit Alexander Farnese (1545–1592), dem späteren Herzog von Parma und Piacenza, ihren vierten (!) Statthalter unter Philipp II. Als Sohn Margarete von Parmas am Hof seines Onkels Philipp II. erzogen, kämpfte Alexander unter seinem annähernd gleichaltrigen anderen Onkel Don Juan d'Austria bei Lepanto und wurde dann zu dessen Nachfolger in den Niederlanden ernannt. Politisch äußerst geschickt agierend, gelang es ihm, die katholischen südlichen Provinzen wieder für Spanien zu gewinnen. Seinen glänzend geführten Rückeroberungsfeldzügen hatte Wilhelm von Oranien, um Erhalt der Einheit bemüht, kaum etwas entgegenzusetzen. Anfang des Jahres 1579 schlossen sich die wirtschaftlichen Kernlande der Herzöge von Burgund in der »Union von Arras« zu einer politischen Einheit zusammen. Ziel war die Aufrechterhaltung des aristokratischen Systems und die Bekämpfung des sich stark verbreitenden Calvinismus. Der Gegenzug des Nordens erfolgte kaum drei Wochen später. In der »Union von Utrecht« vereinigten sich die sieben nördlichen Provinzen zur Verteidigung der alten Rechte und Freiheiten. Ursprünglich von den Ständevertretern Hollands, Zeelands, Utrechts und Gronigens ausgerufen, schlossen sich später auch die Provinzen Friesland, Overijssel und Geldern an. Die politische und militärische Führung dieser Union wurde Wilhelm von Oranien übertragen.

Mit den beiden Unionen vom Januar 1579 zeichnen sich, bei aller Unschärfe der noch mehrmals abgeänderten Grenzziehung(en), die heutigen Staaten der Niederlande und Belgiens ab. Gleichzeitig wurde aus dem Aufstand gegen Spanien, der im Süden seinen Ausgang genommen hatte, ein Kampf um die Unabhängigkeit der nunmehrigen »Generalstaaten« im Norden, nachdem sich die Provinzen der Utrechter Union unter Wilhelm von Oranien am 24. Juli 1581 für selbstständig erklärt hatten. Von nun an sollte der Begriff »Niederlande« (bzw. stellvertretend »Holland«) nur noch für die Generalstaaten verwendet werden, während die südlichen Provinzen unter dem Namen »Spanische Niederlande«[147] vereint wurden. Von dort wanderten nun viele, meist kapitalkräftige Bürger der alten Handelsplätze Antwerpen, Gent und Brügge in die Nordprovinzen aus, was deutlich zur Belebung des Finanzmarktes (Amsterdamer Börse) führte.

Die Unabhängigkeit von Spanien zu proklamieren war das eine, sie auch durchzusetzen das andere. Farnese rückte Schritt um Schritt, Stadt um Stadt in den Norden vor. Da wird Wilhelm von Oranien, der protestantische Führer der Abtrünnigen, 1584 von einem Katholiken ermordet. Ihm folgt sein Sohn aus zweiter Ehe, Graf Moritz von Nassau (-Dillenburg, 1567–1625) als Statthalter von Holland und Zeeland und Generaladmiral der Niederlande, ab 1588 auch von Utrecht, Geldern und Overijssel, nach. 1590 wurde er zum Oberbefehlshaber der Generalstaaten gewählt, die sich unter ihm nun militärisch stabilisieren konnten. Die Verfassung der »Vereinigten Niederlande« sah die Bildung eines Gremiums vor, in das alle sieben souveränen Provinzen Abgeordnete entsandten. Dieser Rat (aus den Repräsentanten aller oligarchischen Gruppen des Landes) tagte unter dem Vorsitz Hollands, der stärksten der »Einzelrepubliken« in Den Haag, und ernannte über Empfehlung Hollands für eine Amtsperiode von fünf Jahren einen Vorsitzenden, den sogenannten »Ratspensionär«. Die Versammlung war für alle Belange der Verteidigung und Außenpolitik zuständig. Die jeweiligen Beschlüsse waren einstimmig zu treffen. Zum ersten Ratspensionär Hollands wurde Johan van Oldenbarnevelt (1547–1619) bestellt, der schon als politischer Vertreter Rotterdams maßgeblich zur Berufung Wilhelms von Oranien zum Statthalter beigetragen hatte und auch Moritz von Nassau als dessen Nachfolger unterstützte.

Zu dieser Zeit hatten die Niederländer bereits deutliche Spuren im Überseehandel gezogen. Dank der zentralen Lage an der Nordsee konnten Schiffe aus Holland oder Friesland im selben Jahr die Handelstour vom Baltikum bis Portugal fahren. Handelsgüter waren vorerst Massenprodukte wie Salz, Wein, Getreide und auch eingesalzene Heringe, die auf eigens dafür konzipierten Schiffen mit geringem Mannschaftsbedarf, den »Fluyten« – auch »Fleuten« oder »Vlieten« – transportiert wurden. Der dreimastige Typ eines Handelsschiffes mit zusammengesetzten Masten wurde während der 1570er Jahre in den niederländischen Werften von Hoorn entwickelt und erhielt seinen Namen nach den strömungstechnisch hervorragend »fließenden« Eigenschaften der Rumpfgestaltung. Eine breite Streuung der Besitzanteile an den Schiffen brachte einen zusätzlichen Konkurrenzvorteil. So partizipierten große Teile der Bevölkerung, auch außerhalb der Städte, mit ihren Anteilen am Schiffbau. Gingen diese oft auch nicht über 1/64 hinaus, so bewirkte doch die große Zahl der Anteilseigner eine rasante Vermehrung der Schiffe unter niederländischer Flagge. Ein zeitweiliger Einbruch des Handels erfolgte, als Portugal 1580 mit Spanien in Personalunion vereint und damit der schiffsgestützte Gewürzimport aus Fernost gleichsam monopolisiert wurde. Der Handel, besonders jener mit Pfeffer, unterlag fortan sogenannten »Kontrakten«, an die sich die Vertragshändler beim Umschlag der Waren zu festgesetzten Preisen zu halten hatten. Einer dieser »Contradores« war zum Beispiel das niederländische Handelshaus »Cunertorf & Snel«, das über seine Vertretungen in Antwerpen wiederum den nordeuropäischen Markt versorgte.

Derart eingeengt, beschlossen einige niederländische Kaufleute, den

Pfefferimport unter Umgehung Spaniens selbst zu organisieren. Zur Finanzierung entstanden unabhängig voneinander sogenannte Vorkompanien: etwa die »Brabantse Compagnie«, die »Rotterdamse Compagnie« oder 1594 die bekanntere »Compagnie van Verre« (Kompagnie der Ferne). Stellvertretend sei Simon de Cordes angeführt, der um die Jahrhundertwende fünf Schiffe über den Westweg zu den Gewürzinseln führte. Nachdem die Flotte am Ausgang der Magellanstraße von einem Sturm zersprengt wurde, gelang es Cordes, sie vor der chilenischen Küste wieder zu vereinen; um 1600 überquerte er den Pazifik, wo ein weiterer Sturm die Schiffe neuerlich auseinander trieb und Cordes vor Japan den Tod fand. Sein Bruder Balthasar erreichte wohl als erster Holländer die Molukken, wurde aber von den Portugiesen sofort interniert. Innerhalb weniger Jahre kehrten ungefähr 50 von 65 ausgesandten Schiffen vollbeladen mit Waren in die Niederlande zurück, was zu einem enormen Verfall der Gewürzpreise und einer Minderung des Profits anderer führen musste – die Antwort Spaniens war 1598 der Ausschluss der Niederlande vom Gewürzmarkt Lissabon. Bliebe noch festzuhalten, dass sich Amsterdam zu dieser Zeit als weltweit führender Stapelmarkt mit speziell lizenzierten Maklern etablieren konnte.

Alles zusammengenommen bewog die »Vorkompanien«, sich zu einer großen Einzelgesellschaft zusammenzuschließen. Am 20. März 1602 entstand unter dem Namen »Vereinigte Ostindische Compagnie« (V.O.C.) jene Gesellschaft, die, wenn auch zwei Jahre nach dem englischen Pendant gegründet, den Fernhandel des 17. Jahrhunderts klar dominieren wird. Über einen Freibrief der Generalstaaten erhielt sie weitgehende Souveränitätsrechte, die sogar »im Bedarfsfall« auch das Recht zur Kriegsführung beinhalteten. Die Verwaltung der Gesellschaft bestand aus sechs Kammern (Geschäftsstellen in bedeutenden Handelsstädten des Landes), deren Direktoren das 75-köpfige Gesamtdirektorium bildeten, aus dem wieder der eigentliche Vorstand, die »Versammlung der 17 Herren« gewählt wurde. Es braucht nicht besonders betont zu werden, dass sich die Leitung der V.O.C. aus den Oligarchien der Vorkompanien zusammensetzte, auch wenn jeder Partizipant als »Aktionär« sich nach Höhe seiner Einlage – theoretische – Einflussnahme erkaufte. Da die Anteilsscheine, besser gesagt die Eintragungen in das Einlagenbuch, frei handelbar waren, wurde das Amsterdamer Kontor der Gesellschaft zur »ersten Aktienbörse« der Welt.

Bevor wir uns jedoch der wirtschaftlich-territorialen Expansion der Niederlande im Raum Südostasiens zuwenden, verdient ein Mann Beachtung, der sich der Entdeckung eines Seehandelsweges in den Osten verschrieben hatte. Auf die Bemühungen der englischen Muscovy Company, diesen Weg an der Nordflanke Eurasiens aufzufinden, wurde schon früher eingegangen. In diesem Zusammenhang ist nochmals an die Namen Willoughby, Chancellor und Burrough zu erinnern, die um die Mitte des 16. Jahrhunderts erste Vorstöße in diesen Raum unternommen hatten. Nun versuchte der Niederländer Willem Barents (1550–1597) als Vorläufer Henry Hudsons, die vorhandenen Kenntnisse auszuweiten. In den Jahren 1594–1597 unternahm Barents drei Fahrten in den Raum der arktischen See. Auf seiner ersten gelangte eines der aus vier Schiffen bestehenden Flotte bis zum nordöstlichsten Punkt (etwa 76° nördl. Breite) der Insel Nowaja Semlja, die schon von Stephen Burrough gesichtet worden war, wo aufkommendes Packeis zur Umkehr zwang. Im Jahr darauf unternahm er mit sieben Schiffen eine zweite Expedition, die erfolglos abgebrochen wurde. Auf seiner letzten Fahrt, die im Mai 1596 begann, entdeckte Barents die Inselgruppe Spitzbergen, heute Svalbard, das schon den Wikingern bekannt war. Vor Spitzbergen trennten sich die beiden Schiffe der Expedition, um voneinander unabhängig weiterzuforschen. Barents Schiff wurde vor Nowaja Semlja eingefroren und die Besatzung musste einen entbehrungsreichen Winter[148] durchleben. Kurz nachdem man Mitte 1597 in offenen Booten aufgebrochen war, verstarb Barents, der Rest konnte dann vor Lappland von einem niederländischen (Versorgungs-)Schiff geborgen werden. Das Meeresgebiet zwischen Nordskandinavien, Spitzbergen und Nowaja Semlja wurde 1853 nach dem Niederländer Barents-See benannt und trägt seinen Namen noch heute. In diesem Zusammenhang sei nochmals an die Fahrten des Henry Hudson erinnert, deren dritte im Auftrag der V.O.C. erfolgte und zum Anstoß zur Gründung Neu-Amsterdams wurde.

Im selben Jahr, als Henry Hudson die Bucht von New York erkundete, schloss der holländische Ratspensionär Oldenbarnevelt mit Spanien einen auf zwölf Jahre befristeten Waffenstillstand. Was von Kaufleuten und vielen Republikanern begrüßt wurde, geriet der militant antispanischen Gruppe um Moritz von Nassau und den Calvinisten zum Ärgernis, da sie darin für den Gegner nur Zeitgewinn zur Aufrüstung sahen. Moritz von Nassau, der seit seiner Ernennung zum Statthalter die niederländische Armee reformiert, Gronigen, Geldern und Zeeland zurückerobert hatte, nahm sich um 1612 eines konfessionellen Richtungsstreites innerhalb der niederländischen Reformation an, der bald zur Plattform gegen Oldenbarnevelts Politik wurde. Moritz von Nassau ließ den Ratspensionär vor einem eigens geschaffenen Tribunal der Generalstaaten wegen Hochverrats anklagen, dessen Urteil 1619 auf schuldig lautete. Einen Tag nach Bekanntgabe des Urteils wurde Oldenbarnevelt in Den Haag enthauptet. Auf der Dordrechter Synode (1618–1619) behielten die Calvinisten wohl die Oberhand, doch Teile des Arminiamismus konnten sich bis in unsere Tage herüberretten. Zur Verknüpfung mit schon Bekanntem soll hier noch angemerkt werden, dass sich just um die Zeit des niederländischen Religionsstreites John Carver, einer der englischen Separatistenführer, in Leiden aufhielt und 1617 für Ausrüstung und Zustandekommen der Mayflower-Expedition sorgte.

Wie auch immer, der von Oldenbarnevelt ausgehandelte Waffenstillstand ermöglichte der Vereinigten Ostindischen Compagnie ein offensiveres Vorgehen als bisher, da nicht mehr mit dem Eingreifen regulärer Seestreitkräfte des Gegners gerechnet werden musste. Der Vertrag markiert in gleicher Weise und in konsequenter Weiterführung auch den Beginn des »Goldenen Zeitalters« der Niederlande. An dieser Stelle soll auch ein Mann erwähnt werden, dessen theoretische Arbeit unmittelbar in unseren Themenkreis hineinwirkt. Die Rede ist von Hugo Grotius (ndl. Huig de Groot, 1583–1645), dessen juristische Schriften als Grundlage des modernen Völkerrechts gelten können. Der in Delft geborene Theologe, Politiker und Jurist – 1607 wurde er Generalstaatsanwalt der Provinzen Holland und Zeeland – stellte 1609 in seiner Veröffentlichung »Mare Liberum« das (selbsterklärte) Recht jeder Nation in Frage, große Teile des Meeres als nationales Eigentum zu betrachten. Hinter dem egalitären Entwurf, eigentlich eine Auftragsarbeit der V.O.C., steckt jedoch auf juristischer Ebene im Kern ein Angriff auf den Souveränitätsanspruch Spaniens und Portugals in Übersee und die rechtlich begründete Legitimation niederländischer Handelsaggression[149]. Grotius wurde dann in die Auseinandersetzung zwischen Arminianern und Calvinisten verwickelt und 1619 zu lebenslanger Haft verurteilt. Zwei Jahre später gelang ihm die Flucht nach Frankreich. In seinem dort verfassten Hauptwerk »De iure belli et pacis« befasste er sich auf rechtstheoretischer Ebene mit der Kriegsführung, die für ihn im Widerspruch zu den Naturgesetzen stand und nur unter bestimmten, klar definierten Voraussetzungen gerechtfertigt erschien. Wie später die Menschenrechte kann auch das Völkerrecht, mangels eigener herrschaftlicher Souveränität und Gewalt nur aus einem allgemeinen Konsens der Staatengemeinschaft wirksam werden, die darin enthaltenen Normen anzuerkennen und einzuhalten. Nach kurzer Rückkehr (1631/32) in seine Heimat musste Grotius erneut fliehen und wurde schließlich zum Gesandten Schwedens in Paris.

Wie oben dargestellt, findet man die frühen Ansatzpunkte niederländischer Fernkauffahrer im Osten, wo sich das portugiesische Handelsimperium in einem bedrohlichen Auflösungsstadium befand. Gleichsam im Vorbeifahren wurde eine von Portugiesen gehaltene Insel im Indischen Ozean eingenommen und zu einem Anlaufpunkt nach Umschiffung des Kaps der Guten Hoffnung ausgebaut, wollte man die nautisch unsichere Fahrt durch die Straße von Mozambique vermeiden. Nach dem Generalstatthalter der Niederlande Moritz von Nassau erhielt sie den Namen Mauritius[150]. Holländische Schiffe stießen über Malakka nach China und selbst Japan vor. Von der Südküste Sumatras bis zu den östlichen Teilen der Gewürzinseln entstanden niederländische Stützpunkte. Beinahe hundert Jahre nach ihrer Errichtung wurde 1605 die portugiesische Festung Amboina/Ambon auf den Molukken eingenommen, ab

1607 die große Sunda-Insel Celébes/Sulawesi infiltriert. Hauptstoßrichtung blieb jedoch die Kontrolle der Sundastraße als Alternative zur portugiesisch dominierten Malakka-Straße. 1611 wurde auf Java ein erster Stützpunkt errichtet, und 1619 ließ Jan Pieterszoon Coen (1587–1629), Generalgouverneur der V.O.C. und Begründer des niederländischen Kolonialreiches in Ostindien, auf den Überresten älterer Siedlungen ein Fort und die Niederlassung Batavia, das heutige Djakarta, errichten. Zu dieser Zeit importierten die Niederländer etwa 5-6 Millionen Pfund Pfeffer nach Europa – im Vergleich dazu importierten Portugal und England jeweils etwa 1 Million Pfund.

Batavia wurde nicht nur zum Hauptsitz der Ostindischen Kompanie, sondern auch zur Hauptstadt der Kolonie Niederländisch-Indien. Diese war lange Zeit jedoch kaum mehr als die Ansammlung verschiedenster Handelsstützpunkte im südostasiatischen Inselraum. Im Gegensatz zu den Indianern Mesoamerikas und des Andenraumes konnten die lokalen Machthaber des Malaiischen Archipels ihre Eigenständigkeit über viele Jahre weitgehend bewahren. Im Norden Sumatras war das muslimische Reich Aceh schärfster Widersacher der Portugiesen gewesen. Es kontrollierte alle Häfen für Pfeffer und sein Einfluss reichte bis tief in die malaiische Halbinsel. Die Ankunft der ersten Europäer hatte in der Inselwelt neue Handelstraßen geöffnet und indirekt neue Reiche und Machtverhältnisse geschaffen. Vom Sultanat Malakka aus war der Islam über den Handel im 15. Jahrhundert nach Süden vorgedrungen. Neben Aceh, das den größten Teil Sumatras beherrschte, findet sich auf West-Java das muslimische Reich Bantam, Nachfolger des Hindukönigreiches Sunda. Da Bantam auch Süd-Sumatra kontrollierte, beherrschte es auch die Sundastraße, neben der Meerenge von Malakka der Hauptweg zum Südchinesischen Meer. In Zentral-Java entstand gegen Ende des 16. Jahrhunderts das Königreich Mataram, das auch viele Fürstentümer an der Küste eroberte. Erst 1603 trat Makassar, im Südwesten von Celébes gelegen, zum Islam über, lediglich Bali blieb hinduistisch. In dieser Vielfalt setzten sich nun die Niederländer teils mit militärischer Gewalt, teils über wechselnde Bündnisse mit den einheimischen Herrschern fest. Es lag in der wirtschaftlichen Konzeption der V.O.C., nicht bloß die portugiesischen Stützpunkte zu übernehmen und deren Handelsrouten zu benutzen, sondern den Horizont weiter hinauszuschieben, um allenfalls neue Märkte erschließen zu können. Die oberste Priorität lautete Gewinnmaximierung, und diese war nur durch eine Ausweitung des Handels, begleitet von einer expansiven Territorialpolitik, möglich.

Ein nicht zu unterschätzender Faktor des Vordringens zu neuen Märkten war die Suche nach dem schon mehrfach erwähnten Südkontinent, der »Terra Australis«. Im Jahr 1606 segelte der Niederländer Willem Janszon in die heutige Torresstraße zwischen Neuguinea und dem australischen Festland, und sichtete die australische Nordküste bei Kap York, ohne sich der Tragweite

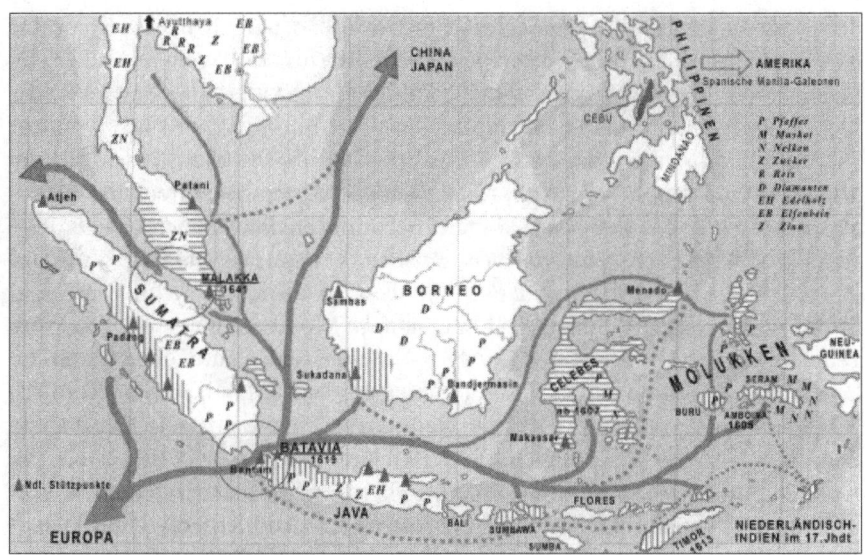

bewusst zu sein. Wenige Wochen danach passierte, wie schon bekannt, der Spanier Luis Vaez de Torres die nach ihm benannte Wasserstraße ohne Kontakt zu Australien. Janszons Fahrten veranlassten die Kompanie, gezielte Vorstöße in den südlichen Pazifik zu unternehmen. Mit dem Schiff EENDRACHT gelangte Dirk Hartóg 1616 zur Shark Bay in Westaustralien, wo er an Land ging. Auch er stellte in der vielfältigen Inselwelt noch keinen Bezug zum gesuchten Südkontinent her. Bruchstückhaft trat dieses unter anderem durch die Fahrten eines Frederik Houtman 1619 und des Peter Nuyts hervor, der in den Jahren 1626/27 über 1500 Kilometer der südaustralischen Küste erforschte.

Die Niederländische Ostindien-Kompanie hatte nicht nur gegen ihren englischen Widerpart anzukämpfen, der um 1610 bis Japan gelangt war, sondern auch gegen »freie« niederländische Kapitäne. Zu den bekanntesten dieser Gruppe zählen Willem Cornelszoon Schouten (um 1567–1625) und Jacobus Le Maire (1585–1616). Beide suchten zusammen einen neuen Seeweg zu den Malaiischen Inseln, um das Monopol der Ostindien-Kompanie für den Handel im Raum der Insulinde zu unterlaufen. Das Handelshaus Le Maire, nicht bereit, die Oberhoheit der V.O.C. anzuerkennen, rüstete 1615 in Hoorn, der damals zweitwichtigsten Hafenstadt der Niederlande, zwei Schiffe aus, die dann in Texel, dem Ausgangspunkt vieler Überseefahrten, Segel setzten. Die HET HOORN stand unter dem Kommando des jungen Le Maire, Sohn des Firmeneigners, die EENDRACHT befehligte Schouten. Vorbei an der Insel Asencion im Atlantik, erreichte man die südamerikanische Küste bei Puerto Deseado, das knapp dreißig Jahre zuvor vom Engländer Thomas Cavendish unter dem Namen Port Desire gegründet worden war. Dort ergänzte man nicht nur die Vorräte, sondern überholte auch die Schiffe für die Weiterfahrt. Dabei brach durch unvorsichtiges Kalfatern auf der HET HOORN ein Brand aus, der nicht mehr gelöscht werden konnte.

Auf einem Schiff wurde nun die Fahrt Richtung Falkland-Inseln fortgesetzt. Die Inselgruppe war vermutlich vom englischen Seefahrer John Davis, als Sucher der Nordwestpassage bereits bekannt, erstmals gesichtet worden – im Jahr 1600 landete dann der holländische Seefahrer Sebald van Weert auf den Inseln. Le Maire schwenkte nach Südwest und durchfuhr, von Sturm und Strömungen bedrängt, die nach ihm benannte Meeresstraße an der Ostspitze Feuerlands. Die Ostflanke der Le-Maire-Straße erhielt den Namen Staten Island/Staten Landt nach den Generalstaaten der Niederlande; das südwestlich gelegene Kap den Namen nach der Heimatstadt Schoutens Kap Hoorn. Ob Schouten und Le Maire tatsächlich als erste Europäer die Südspitze des Doppelkontinents umschifften, ist heute allerdings umstritten. Jedenfalls entdeckten 1618 spanische Seefahrer die noch weiter südlich gelegenen Diego-Ramirez-Inseln.

Auf der Weiterfahrt durch den Pazifik kreuzte die EENDRACHT auf einem Kurs, der anfangs etwas südlicher als jener Magellans lag. Später lief man einige Inseln an, die zum Teil wiederentdeckt, andere erstmals gesichtet wurden. Die Schiffsaufzeichnungen sind aber nicht geeignet, sie alle heutigen Namen zuzuordnen. Als gesichert können die Tuamatu-Gruppe, Tahafi in der Tonga-Gruppe und Alofi in der heutigen Republik Vanuatu, die schon der Spanier Pedro de Quiros 1606 erreicht hatte[151], angesehen werden. Vorbei an Papua-Neuguinea, wo es zu heftigen Kämpfen mit den Ureinwohnern kam, tasteten sich Schouten und Le Maire durch die auch maritim gefährlichen Gewässer nach Java vor, wo sie Ende Oktober 1616 eintrafen. Hier, im direkten Zentrum der Ostindischen Kompanie, wurden sie als Monopolbrecher von den eigenen Landsleuten mehr als unfreundlich empfangen. Der Gouverneur Jan Coen wollte an die Beteuerungen der beiden Kapitäne, einen neuen Seeweg gesucht zu haben, nicht recht glauben, ließ das Schiff beschlagnahmen und die Seefahrer in Ketten legen. Auf der Rückfahrt in die Niederlande, wo sie vor Gericht gestellt werden sollten, starb Le Maire an Erschöpfung und verzweifelter Resignation. Lange Zeit schrieb man aufgrund unübersichtlicher Quellenlage die Leistungen dieser Fahrt ausschließlich Schouten zu, ehe im 20. Jahrhundert eine Neubewertung von Le Maires Verdiensten Raum griff.

In das Zeitumfeld Le Maires passt auch eine erwähnenswerte Amerikafahrt, allerdings mit Anstrichen des Freibeutertums. Der wallonische Seefahrer in niederländischen Diensten Jacques L'Hermite führte 1623 elf Kriegsschiffe, die sogenannte »Nassauische Flotte«, zu einer Kaperfahrt an die Südatlantikküste Amerikas und weiter zur Magellanstraße und Feuerland. Um Kap Hoorn kam es an der Nassau-Bay zu Kämpfen mit Eingeborenen, die unter den Niederländern schwere Verluste forderten, ehe man in den Pazifik wechselte. Im Laufe der nun folgenden Kapergefechte lief L'Hermite auch die Chiloé-Inseln und jene der Juan-Fernández-Gruppe an, bis die Flotte nach Guam übersetzte. L'Hermite selbst starb dann 1624 auf Java, doch die während dieser Reise erstellte Karte vom Teilabschnitt »südlichstes Südamerika« zeigt ein neues, der Realität näheres Bild. Aus dem eher monolithischen Block südlich der Magellanstraße ergibt sich nun ein von Kanälen und Seen durchzogenes Bild, ein Gewirr von Inseln und Inselchen.

Um das Jahr 1632 trat der 29-jährige Abel Janszoon Tasman (1603–1659) in Dienste der V.O.C. und nahm an einigen Fahrten nördlich von Java teil. 1642 übertrug ihm Anton van Diemen, Gouverneur der Kompanie, das Kommando über die beiden Schiffe HEEMSKIRK und ZEEHAAN mit dem Auftrag, den Indischen Ozean und den südlichen Pazifik nach dem Südkontinent – wieder die »Terra Australis«! – zu erforschen und einen geeigneten Seeweg nach Chile zu finden. Als Pilot stand Tasman der erfahrene Navigator Franz Jakobszoon Visscher zur Seite.

Blickt man in einen guten Atlas, so wird die lange Suche nach dem Südkontinent in Ansätzen verständlich. Im topographischen Teil liegt Australien[152] abseits aller (damals) bekannten und üblichen Seerouten im Indischen Ozean und Südpazifik. Blättert man weiter zu den Meeresströmungen und vorherrschenden Windverhältnissen, so wird das vielfache Anrennen noch deutlicher. Westlich Australiens driften die Windsysteme Richtung Äquator ab und im Osten verwandeln sie sich in starke Gegenwinde, die ein permanentes Segeln gegen die Windrichtung erforderten.

Mitte August 1642 lief Tasman also von Batavia aus und segelte nach Mauritius, wo er einen Schwenk nach Südost machte. Auf Ostkurs traf man im November auf Land, das Tasman nach dem Gouverneur Van Diemen's Land (heute Tasmanien) nannte, dessen Inselcharakter jedoch nicht erkannt wurde. Nach Osten weitersegelnd erreichte er im Dezember als erster Europäer die südliche Insel Neuseelands, der er den Namen Staten Landt gab. Die Maori, mit denen Tasman kurz in eine bewaffnete Auseinandersetzung geriet, bezeichneten ihre Heimat als »Aotearoa«, das »Land der langen weißen Wolke«. Erst später wurden die beiden Inseln nach der holländischen Provinz Zeeland in »Nieuw Zeeland« umbenannt. Ohne nochmals an Land zu gehen, segelte Tasman die Westküste entlang und übersah dabei die nördliche Insel, die erst 1769 von James Cook entdeckt wurde. Nach Nordnordost haltend, erreichten die Schiffe die südlichen Ausläufer der Tonga-Gruppe, wo man friedlich Handel trieb und wertvolle Informationen über den maritimen Großraum erhielt. Anschließend durchquerte Tasman die Vielfalt der Fidschi-Inseln und Salomonen, ehe er an der Nordküste Neuguineas entlangsegelnd Mitte Juni 1643 wieder in Batavia einlief. Ein Jahr darauf brach er zu seiner zweiten Entdek-kungsfahrt auf. Sie führte ihn zum Eingang der Torrestraße und von dort weiter an die Nordküste Australiens. Der Küstenlinie nach Westen folgend, gelang-te er vom Cape York bis zum North West Cape, wo er wieder Richtung Java abschwenkte. Zwar wurde damit nicht der wirkliche Südkontinent in Form der Antarktis, dafür aber der lang gesuchte, jetzt »Neuholland« genannte ein-gekreist. Seine Erforschung ließ jedoch noch lange auf sich warten.

Bevor auf die Aktivitäten der Niederländer in der westlichen Hemisphäre eingegangen wird, sollen noch zwei politisch-territoriale Veränderungen im Zeitumfeld Tasmans erwähnt werden. Um 1638 starteten die Niederländer des Zimts wegen erste Angriffe auf portugiesische Niederlassungen in Sri Lanka (Ceylon), das alte Sinhala oder auch »Insel der Rubine«, wie das Land bald nach seinem Edelsteinreichtum benannt wurde. Sie machten sich auch hier die Strategie europäischer Landnahme zu eigen, ein Bündnis mit den Unter-worfenen gegen den dominierenden Machtfaktor einzugehen. Und den stell-ten im Fall Sri Lankas nun einmal die Portugiesen dar, wenn man die ethni-sche und politische Rivalität zwischen den einheimischen Wedda, zugewan-derten Singhalesen und den später eingedrungenen oder als Arbeitssklaven aus Südindien geholten Tamilen im Norden der Insel außer Acht lässt. Aber auch direkte Angriffe auf befestigte Niederlassungen der Konkurrenten zählten zum Übernahmerepertoir. So kreuzten im Jahr 1640 zwölf Schiffe mit 2000 Be-waffneten vor dem portugiesischen Fort Galle an der Südspitze Sri Lankas auf und übernahmen die Festung in einem blutigen, vier Tage dauernden Gefecht. Ein ähnliches Schicksal erlitt 1656 die Festung von Colombo, in dem die neuen Machthaber in Monopolisierungsabsicht ein großes Zimtdepot anleg-ten. Mit einigen Weddaherrschern verbündet, drängten die Niederländer ihre europäischen Konkurrenten immer weiter zurück, bis sie um 1658 die Portu-giesen besiegt hatten und weite Teile der Insel beherrschten.

Ungefähr sechs Jahre zuvor waren holländische Siedler an der Südspitze Afrikas gelandet und hatten unter Jan van Riebeeck einen Versorgungsstütz-punkt für Schiffe der Vereinigten Ostindien Kompanie errichtet. Aus der be-scheidenen Niederlassung entstand das heutige Kapstadt, das später von ei-ner Zwischenstation im Ostindienhandel zur bedeutenden Hafenstadt aufstieg. In den nächsten Jahrzehnten ließen sich immer mehr Niederländer, französi-sche Hugenotten und auch deutsche Protestanten um das Kap nieder und verdrängten die in der Region ansässigen Khoikhoin und Bantu. Aus diesem frühen europäischen Völkergemisch entwickelte sich unter Führung der Nie-derländer bald eine eigene Kultur und Sprache, jene der Buren. Ursprünglich Bauern und Viehzüchter, wurden die »Boeren« (ndl. für Bauern), die sich auch *afrikaander* nannten, im 20. Jahrhundert zum harten Kern der südafrikani-schen Apartheidpolitik.

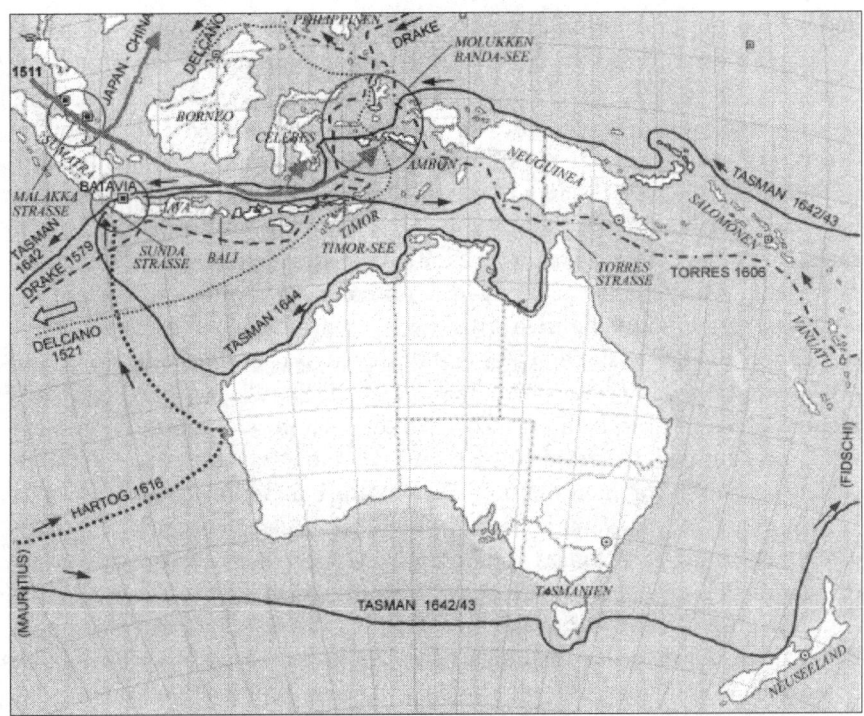

Etwa siebzig Jahre nach ihrer Gründung stand die V.O.C. im Zenit ihrer Macht. Sie unterhielt 40 reguläre, schwer bewaffnete Kriegsschiffe, ungefähr 150 Handelsschiffe mit Abertausenden Tonnen Frachtraum und besoldete mehr als 10 000 Soldaten. Die jährliche Rendite der Investoren fiel kaum unter 15 Prozent und erreichte Spitzenwerte weit jenseits der 50er-Marke. Das wurde insofern möglich, als man das Grundkapital der Gesellschaft seit Gründung nicht erhöhte und auch keine Rücklagen verbuchte. Kurzfristigen Kapitalbedarf deckten Obligationen (gesichert durch Warenvorräte) mit einer Laufdauer von bis zu zwölf Monaten, nach 1655 auch über längere Termine, ab. Hauptprofiteure dieser Konstruktion waren die Spitzen der V.O.C., die in Kenntnis der wirtschaftlichen Gegebenheiten risikolos Kapital zur Verfügung stellten und auf Kosten »gewöhnlicher« Partizipanten hochverzinst zurückerhielten. Am Erfolg der Gesellschaft war indirekt auch die niederländische Regierung beteiligt, die gegen entsprechend dotierte Zahlungen alle zwanzig Jahre die Konzession der Kompanie verlängerte. Vorgreifend sei hier angemerkt, dass sich auf dem wirtschaftlichen Höhepunkt der V.O.C. eine andere niederländische Gesellschaft mangels entsprechender Erfolge und finanzieller Schwierigkeiten auflöste: die »Niederländisch-Westindische Kompanie« (W.I.C.). Sie war 1621 als Ergänzung zur Ostindischen Kompanie im Welthandel gegründet worden. Als konzessionierte Aktiengesellschaft bündelte sie mit aggressiver Seepolitik die Interessen des niederländischen Westindien-und Afrikahandels.

Ein Blick auf die politische Gestaltung der atlantischen Küstenlinien Amerikas vor der Kompaniegründung ergibt, zur Erinnerung, folgendes Bild. Die Spanier hielten den weiten Bogen von Venezuela über Mittelamerika, den Golf von Mexiko bis zum südlichen Georgia sowie die großen Inseln der Karibik; die Portugiesen im wesentlichen die Küste des heutigen Brasilien, an die sich wieder spanische Besitzungen im Großraum der La-Plata-Mündung anschlossen. In Nordamerika sieht man neben den missglückten Siedlungsversuchen auf Roanoke-Island (1584–1590) die englischen Niederlassungen an der Chesapeake Bay (Jamestown, 1606) und um das Cape Cod (Plymouth-Plantation der Pilgrim Fathers, 1620). An das theoretisch »nationsfreie« Neufundland schlossen weiter im Norden und Osten die französischen Siedlungsgebiete am Sankt-Lorenz-Strom mit Zielrichtung der Großen Seen an. Bei aller Unschärfe der Grenzziehung erkennt man unter Ausschaltung der »Weltteilungsbulle« und des Vertrages von Tordesillas zwei relative Freiräume: Im Süden das ungefähre Gebiet zwischen den Mündungsgebieten von Orinoko und Amazonas; im Norden das (noch) freie Gebiet zwischen den beiden Virginia-Kompanien. Darüber hinaus boten sich viele kleinere Inseln der Karibik als potenzielle Kolonieplätze für Neuankömmlinge an. Schon gegen Ende des 16. Jahrhunderts waren niederländische Kapitäne in Neu-Spanien eingefallen. Sie bedrohten nicht nur spanische Schiffe, sondern auch einige Küstenstriche. Der einträglichste lag für sie bei Araya in Venezuela, wo sie an den riesigen Salzvorkommen interessiert waren. Als unentbehrliches Konservierungsmittel für den einträglichen Heringsfang war Salz für die Niederländer von größter Bedeutung. So schickten sie in regelmäßigen Abständen mehrere Schiffe in diese Region, die nicht bloß Salz bunkerten, sondern auch Handel mit Häuten und Tabak spanischer Provenienz trieben.

Um 1580 ließen sich vereinzelt niederländische Siedler als erste Europäer auf Dauer an der Nordostküste Südamerikas nieder, die in ihrer Gesamtheit als Guyana bezeichnet wird. Diese einst von Aruak, Kariben und Warrau bewohnte Region zerfällt heute in die Staaten: Britisch Guyana, Surinam/Ndl. Guyana und Französisch Guyana. Den ersten festen Stützpunkt errichtete die Westindische Kompanie 1621 am Essequibo-Delta, westlich des späteren Georgetown. In den folgenden Jahren kamen auch englische Siedler am Surinamfluss, französische im Osten ins Land, was zu unvermeidlichen Reibereien mit den Niederländern führte. Wie sehr der Handel und dessen Umschlag nicht nur politische Auswirkungen hat, sondern auch begriffsbildend wirkt, sieht man am Beispiel des Cayennepfeffers. Dieses Gewürz hat nichts mit dem echten (ob schwarzen oder weißen) Pfeffer aus der Familie der *Piperaceae* zu tun, sondern gehört zur Gruppe der Gewürzpaprika, auch Spanischer Pfeffer genannt. Ihn brachten sowohl Spanier als auch Portugiesen von der Neuen Welt nach Europa. Eine Unterart dieser Gewürzpaprika wurde später aus der Region Guyana und speziell aus dem Raum um die französische Niederlassung Cayenne nach Europa exportiert. Aus geschmacklicher Ähnlichkeit – vor allem der Schärfe – mit dem echten Pfeffer und dem Herkunftsort des neuen Naturproduktes (botanisch: *Capsicum frutescens*) entstand die Bezeichnung »Cayennepfeffer«.

Handelsplaner der Westindischen Kompanie hatten errechnet, dass mit dem Einsatz von 2,5 Millionen Gulden für die Ausrüstung von Schiffen und zugehöriger Besatzung eine ganze Kolonie erworben werden könnte, die jährlich ein Mehrfaches des eingesetzten Betrages einbringen würde. Die Wahl fiel auf São Salvador da Bahia an der Küste Brasiliens. Im Umkreis der 1549 gegründeten portugiesischen Stadt versprachen Zucker, Tabak, Baumwolle und Färbeholz reichen Ertrag. Unter dem Kommando von Jacobus Willekens und Piet Heyn lief 1624 eine niederländische Flotte von 26 Schiffen mit 450 Geschützen und über 3000 Mann nach Bahia aus. Der Überraschungsschlag gelang wie nach dem Lehrbuch. Während die Küstenbatterien von den Truppen gestürmt wurden, kaperte oder versenkte die Flotte die im Hafen liegenden Schiffe, und bei Einbruch der Nacht war die niederländische Flagge über der Stadt gehisst. Der Erfolg war zwar durchschlagend, jedoch nicht von Dauer. Die Spanier, seit der Personalunion mit Portugal nominell auch Sachwalter von dessen Besitzungen, boten innerhalb eines Jahres die größte Flotte auf, die bis dahin in der Neuen Welt zusammengezogen wurde: 52 Kriegsschiffe mit mehr als 1000 Kanonen und über 12 000 Mann Besatzung und Soldaten. Unter dem Kommando von Admiral Don Fadrique de Toledo vertrieb diese Streitmacht im Mai 1625 die Niederländer aus Bahia, denen es jedoch gelang, weiter im Norden bei Pernambuco/Recife wieder Fuß zu fassen. Diese Kolonie wurde, man ahnt es bereits, »Neu Holland« genannt und bis 1654 behauptet. Profitabler Zuckerrohranbau und Sklavenhandel brachte sie zu kurzer Blüte. Auf Betreiben des Gouverneurs, des Herzogs Mauritz von Nassau-Siegen (reg. 1636–43), wurden auch exemplarische Anstrengungen unternommen, das natürliche Umfeld der Kolonie zu erforschen und aufzuarbeiten. Jeweils von Meistern ihres Faches erarbeitet, beeindrucken nicht bloß die Genrebilder des frühkolonialen Brasilien, sondern vor allem die ethnographisch wertvollen Indianerdarstellungen. Unübertroffen blieben aber für die nächsten 150 bis 200 Jahre Werke über Fauna und Flora Brasiliens.

Richteten sich die niederländischen Aktivitäten in Bahia und Pernambuco streng genommen gegen portugiesischen Besitz, so drangen sie auch in die karibischen Domänen der Spanier ein. Holländische Siedler infiltrierten, wie

Engländer und Franzosen auch, die Vielfalt der kleineren Antilleninseln. Mit ihrer Orientierung auf das Festland von Mexiko bis Venezuela und den Andenraum schenkten die Spanier den kleinen Inseln der Karibik noch weniger Aufmerksamkeit als früher. Selbst Jamaika konnte nie den Stellenwert von Hispaniola oder Kuba einnehmen. Lediglich die Schifffahrtsrouten der Kauffahrer und vor allem Silberflotten wurden nach Möglichkeit überwacht. Und dies reichte bei weitem nicht aus, die zunehmende Schar an Freibeutern und Kolonisten fremder Nationen abzuwehren. Überfälle auf spanische Schiffe waren eher die Regel als die Ausnahme. So griff Admiral Piet Heyn, der Sieger von Bahia, im Jahr 1628 einen spanischen Konvoi vor Kuba an und konnte vier Galeonen kapern, deren Ladung einen Wert von weit über zehn Millionen Gulden darstellte. Teile der Beute wurde in der Karibik reinvestiert und verstärkten dort die niederländische Präsenz.

In der Seemannssprache der großen Seglerzeit wurde der Inselbogen der Kleinen Antillen entsprechend den jeweiligen Hauptwindrichtungen der Region auch »Inseln über dem Winde« genannt, jene vor der Küste Venezuelas »Inseln unter dem Winde«. Zu Letzteren zählen unter anderem Curaçao, Aruba und Bonaire. Auf ihnen übernahmen die Niederländer im Jahr 1634 die Kontrolle und sollten sie bis in das 20. Jahrhundert nicht mehr abtreten. Zusammen mit dem Südteil[153] von Saint Martin (Sint Maarten), Sint Eustasius und Saba in den Kleinen Antillen bildeten sie die Holländischen Westindischen Inseln, die heute unter dem Begriff »Niederländische Antillen« bekannt sind.

Ungefähr zeitgleich mit dem Angriff auf Bahia wurde die Westindische Kompanie auch an der Ostküste Nordamerikas aktiv. Hudsons Schwierigkeiten mit den eigenen Landsleuten nach seiner Rückkehr von der Fahrt des Jahres 1609 wurden bereits erwähnt. Die niederländischen Auftraggeber des Seefahrers schenkten jedoch seinen Berichten um die Gegebenheiten im Raum der Hudson-Mündung mehr Aufmerksamkeit als die Engländer. Weitere, rein holländische Schiffe wurden in die Region entsandt. Bereits aus dem Jahr 1614 datiert eine genaue Karte des Küstengebietes vom Hudson River bis Maine, die dieses Gebiet als »Neu Niederland« bezeichnet – bei Siedlungsgründungen waren die Niederländer kreativer als bei deren Namensgebung. Mehrere Handelsstützpunkte wurden gegen den Protest Englands errichtet, darunter 1614 Fort Nassau und 1617 Fort Orange[154] im Raum des heutigen Albany und 1624/25, hundert Jahre nach Verrazano, Neu Amsterdam, das heutige New York. Um die niederländischen Besitzansprüche abzusichern, erwarb Pieter Minuit (Minnewitt, 1580–1638), Kompaniebevollmächtigter und ab 1626 Gouverneur von Neu Niederlande, mit unbedeutenden Tauschartikeln im Gegenwert von 60 Gulden die Insel Manhattan von dem schon erwähnten Delawaren-Stamm der Algonkin-Indianer, wobei die Ureinwohner bei dem Abkommen lediglich an eine Übertragung der Nutzungsrechte, nicht aber an eine förmliche Aufgabe des Landes dachten. Die erste Siedlung, ein Fort, wurde im Raum des heutigen Battery Parks an der Inselsüdspitze errichtet.

Von Neu Amsterdam ist heute nichts mehr erhalten, doch die Straßenzüge an der Südspitze Manhattans tragen eindeutig europäische Züge, im Gegensatz zum nördlichen »amerikanischen« Schachbrettraster. Das Gebiet des heutigen Central Park war bis in das späte 17. Jahrhundert bereits tiefstes Hinterland. Um den frühen Handelsstützpunkt, der sich hauptsächlich dem Umschlag von Fellen und Häuten widmete, entstanden in den folgenden Jahren weitere Siedlungen. Zur personellen Aufstockung und Stabilisierung der Kolonie verfiel die Westindische Kompanie auf ein lukratives Angebot: Wem es gelang, 50 Siedler beiderlei Geschlechts im Alter von über 15 Jahren in das Territorium zu bringen, erhielt Titel und Rechte eines »Patroons«, eines Schirmherren. Im Gegenzug für die Überfahrtkosten erhielt der Betreffende entweder acht Meilen Land an beiden Seiten des Hudson oder das doppelte auf einer Seite, an der die Grenze ins Landesinnere offen blieb. Davon ausgenommen war lediglich die Insel Manhattan.

Das heutige Brooklyn war ursprünglich von den Canarsiern aus der Algonkin-Sprachfamilie bewohnt. Dort erwarben 1636 niederländische Farmer Land von den Indianern und gründeten die Gemeinde Amersfort. Ein Jahr später siedelte eine weitere Gruppe von Wallonen in der Nähe und 1646 entstand unweit der heutigen Borough Hall eine Siedlung, die nach einer holländischen Stadt Breucklen genannt wurde. Nach ihrer Zusammenlegung mit umliegenden Niederlassungen durch die Engländer anglisierten diese den Namen: Aus Breucklen entstand Brooklyn. 1639 erwarb die Westindische Kompanie weiteres Land in Nähe von Neu Amsterdam, auf dem ein gewisser Jonas Bronck eine Farm errichtete. Aus seinem Namen entstand der des heutigen Stadtteiles Bronx. Es ließen sich noch einige Beispiele aus der niederländischen Kolonialzeit anführen, darunter das unvermeidliche Staten Island, was aber keine wesentliche Erweiterung darstellen würde.

Wegen Differenzen mit der Führung der Westindischen Kompanie wurde Pieter Minuit 1631 nach Europa zurückberufen, trat in schwedische Dienste und kehrte sechs Jahre später erneut nach Amerika zurück. Unter seiner Leitung entstand in einer schwedisch-niederländischen Gemeinschaftsaktion am Delaware-River 1638 Fort Christina/Christinahamn, benannt nach der schwedischen Königin. Die zivile Siedlung wurde zur Hauptstadt der Kolonie Neu-Schweden, bis sie nach Übernahme durch die Engländer in Wilmington (nach Spencer Compton, Earl of Wilmington) umbenannt wurde.

Aus dem bisher Dargelegten lassen sich bereits erste Spannungen zwischen Niederländern und Engländern um die jeweiligen Besitzansprüche an der Ostküste Amerikas erkennen, die schließlich zum offenen Konflikt führten. Die englische Überseepolitik ist aber noch durch das offensichtliche Desin-

teresse König Charles I. (reg. 1625–1649) gelähmt, der sich stärker innerstaatlichen Auseinandersetzungen und seiner sprunghaften europäischen
Außenpolitik widmet. Diese sträfliche Vernachlässigung der Handelsinteressen Englands ermöglichte es den Niederlanden, ihre Vormachtstellung in der
Handelsschifffahrt weiter auszubauen. Eine Umkehr dieser Entwicklung
erreichte das Inselvolk erst unter Oliver Cromwell.

Der sicher bedeutendste Gouverneur der Neuen Niederlande war Pieter
Stuyvesant (1592–1672). 1625 als Soldat nach Westindien gekommen, erhielt
er 1634 die Leitung über die Niederlassung Curaçao. Nach dem Verlust eines
Beines im Kampf um eine portugiesische Festung auf der Insel St. Martín, legte
Stuyvesant nach zehn Jahren seine Funktion nieder und kehrte zunächst wieder nach Europa zurück. 1647 wurde er zum Generaldirektor der Kolonie am
Hudson River ernannt, die er zwar reformfreudig aber dennoch beinahe des-
potisch – »Wir«, so Stuyvesant, »leiten unsere Autorität von Gott und der Company ab und nicht von einer Handvoll ignoranter Subjekte« – verwaltete, was ihm
bei den Siedlern unverhohlene Ablehnung und teilweise sogar verständlichen
Widerstand einbrachte. So wurde sein Bemühen, den Handel mit Alkohol zu
regulieren und ihn mit Indianern überhaupt zu verbieten, einfach missachtet. Auch sein Versuch, den Einwohnern von Neu Amsterdam ein Monopol
über den Pelzhandel zu sichern, wurde durch verstärkten Schmuggel der anderen Siedlungen unterlaufen.

Lange Zeit bestrafte Stuyvesant Kolonisten schwer, die sich nicht zur re-
formierten Kirche der Niederlande bekannten, und verhinderte über Jahre
hinweg ein Mitspracherecht bei der Kolonieverwaltung. Stattdessen ernannte
er neun Männer zu persönlichen Beratern, doch selbst diese konnten nicht als
Kollegialorgan tätig werden. Dennoch prosperierten die Neuen Niederlande.
Es gelang ihm, mit den Engländern einen gesicherten Grenzverlauf zwischen
deren Niederlassungen in Connecticut und dem eigenen Territorium auszuhandeln, was umso erstaunlicher ist, wenn man bedenkt, dass das Gebiet um den
gleichnamigen Fluss 1614 vom Niederländer Adriaen Block »entdeckt« und um
1620 verstärkt von holländischen Kolonisten besiedelt wurde, die aber zehn
Jahre später in der größer werdenden englischen Bevölkerung aufgingen.

In den ersten Amtsjahren Stuyvesants am Hudson hatte sich die politische
Lage Europas verändert. Einige Entwicklungsfäden fanden ihren Abschluss,
andere wurden neu geknüpft. Der Westfälische Frieden hatte 1648 die zukünftige Machtlosigkeit des Gedankenkonstrukts »Heiliges Römisches Reich« bis
zu dessen Auflösung im Jahr 1806 festgeschrieben. Während Schweden zur
dominierenden Macht im Ostseeraum wurde, löste Frankreich als nun stärkste Macht des Kontinents Spanien als Hegemon ab. Die Souveränitätsrechte
der Niederlande und der Schweiz wurden allseits anerkannt. In England hatte das Parlament die Monarchie aus den Angeln gehoben, König Charles I.

hinrichten lassen und sich später mit dem Lord Protector Oliver Cromwell einen ungekrönten Monarchen gegeben. Was Charles I. während seiner Regierungszeit versäumt hatte, wurde nun mit aller Schärfe nachgeholt.

Cromwell betrieb den Ausbau der englischen Flotte und ließ 1651 vom Parlament die »Navigationsakte« (»Acts of Trade und Navigation«) verabschieden. Zum Schutz der englischen Schifffahrt und des Handels gedacht, richteten sich die darin enthaltenen Gesetze in erster Linie gegen die Niederländer. Um die Einnahmequellen aus dem Zwischenhandel zu unterbinden, sah die Navigationsakte unter anderem vor, dass aller Handelsverkehr von und zu den englischen Kolonien oder Stützpunkten in Afrika, Asien und Amerika nur über Schiffe abgewickelt werden durften, die entweder auf englischen Werften gebaut worden waren oder deren Mannschaften wenigstens zu 75 Prozent aus Engländern bestanden. Dabei bezog sich der Begriff »englisch« nicht ausschließlich auf das Mutterland, sondern auf die geographische Herkunft, was den »englischen Kolonien« zugute kam. Es ist naheliegend, dass sich die Generalstaaten diesem Diktat nicht widerspruchslos beugten: Sie erkannten die Navigationsakte nicht an. Dies führte 1652 zum ersten Seekrieg zwischen den Niederlanden und England.

Die Details dieses Krieges sind hier kaum von Interesse. Es genügt festzuhalten, dass er nach Teilerfolgen für die Niederländer mit einem Sieg Englands endete, der vor allem durch eine Blockade der niederländischen Küste besiegelt wurde. Im Friedenvertrag von 1654 erkannten die Niederlande die Navigationsakte an und erklärten sich bereit, Charles Stuart (ab 1660 Charles II.), den im Exil lebenden Sohn des hingerichteten Königs, nicht mehr zu unterstützen. In Amerika hatte Pieter Stuyvesant die Kolonie Neu Amsterdam mit diktatorischer Unduldsamkeit zur Blüte gebracht und ihr 1653 schließlich die kommunale Selbstverwaltung zugestanden. Andererseits erhob er hohe Steuern und verfolgte weiterhin religiöse Abweichler. Während die Engländer in der Karibik gegen die Spanier vorgingen und 1655 durch Sir William Penn Jamaika eroberten, besetzte Stuyvesant die schwedischen Siedlungen um Fort Christina, gliederte sie den Neuen Niederlanden an und nannte sie »Neu Amstel«.

Mit der Restauration der Stuarts 1660 änderte sich nicht nur die politische Szenerie in England, sie markiert auch das beginnende Ende für die niederländische Kolonie an der Ostküste Amerikas. Im August 1664 segelte eine englische Flotte in die Bucht von New York und besetzte Neu Amsterdam beinahe kampflos, da selbst die Siedler aus den Niederlanden die Herrschaft der Engländer jener Stuyvesants und der Westindischen Kompanie vorzogen. Neu Amsterdam wurde zu Ehren des Bruders von König Charles II., Herzogs von York und späterer James II., in New York umbenannt. Zeitgleich übernahm England auch die Herrschaft über alle Siedlungen in New Jersey und Delaware. Der Vorfall wurde mit zum Anlass für den zweiten Seekrieg (1665–1667) zwischen England und den Niederlanden.

Der Kriegsbeginn sah die Engländer eindeutig im Vorteil. Im Juni musste die niederländische Flotte vor Lowestoft eine schwere Niederlage hinnehmen, doch diesmal gelang es der englischen Flotte nicht, die holländische Küste unter Blockade zu stellen. Das Blatt wendete sich, als Frankreich unter Ludwig XIV. zugunsten der Niederländer in die Auseinandersetzung eingriff. Admiral Michiel Adriaenszoon de Ruyter (1607–1676), der sich schon im ersten Krieg unter Maarten Tromp ausgezeichnet hatte, dominierte von nun an das Geschehen. Er genießt heute bei den Niederländern das gleiche Ansehen wie später Admiral Horatio Nelson bei den Engländern. Im Mai besiegte de Ruyter deren Flotte in einer viertägigen Seeschlacht vor Dünkirchen, womit die Niederländer kurzzeitig sogar die Kontrolle über den Ärmelkanal erhielten. Mit den Folgen der Pestepidemie (68 000 Tote) und des Großen Brandes von London beschäftigt, war England auf See gleichsam paralysiert, was die Niederländer zu nutzen verstanden. In einer tollkühnen Operation drang de Ruyter in den Fluss Medway vor und griff im Juni 1667 den englischen Marinestützpunkt von Chatham an, wobei mehrere Kriegschiffe in Brand geschossen wurden. England wäre damit besiegt gewesen, doch der niederländische Ratspensionär Jan de Witt (1625–1672), der schon nach dem ersten Krieg die Friedensbedingungen ausgehandelt hatte, bot den Briten nun einen Kompromiss an. Im Vertrag von Breda wurden einzelne Bestimmungen der Navigationsakte von den Engländern modifiziert und Holland bestätigte im Austausch gegen Surinam die Abtretung Neu Amsterdams.

Sechs Monate nach Breda schlossen beide, mit Einbeziehung Schwedens, ein Bündnis gegen Frankreich, das im sogenannten Devolutionskrieg in die Spanischen Niederlande eingedrungen war. Der Sieg der Tripelallianz über Frankreich konnte jedoch nicht darüber hinwegtäuschen, dass die handels- und territorialpolitischen Gegensätze zwischen England und den Niederlanden fortlebten. In einer dynastisch begründeten Schaukelpolitik schloss Charles II. 1670 nun mit Frankreich einen gegen die Niederlande gerichteten Geheimvertrag. Erst nach innenpolitischen Zugeständnissen genehmigte das Parlament Geldmittel für den nunmehr geplanten dritten Krieg, der 1672 erklärt wurde. Vor dem Bankrott stehend, benötigte die englische Regierung einen schnellen Sieg, den aber Großadmiral de Ruyter bei Southwold Bay verhindern konnte. England versuchte erneut eine Invasionsarmee aufzustellen, brach aber das Unternehmen ab, als die eigene Flotte vor Kijkduin eine weitere Niederlage hinnehmen musste. Das Parlament verweigerte jetzt neuerliche Kriegsgelder und so sah sich Charles II. gezwungen, um Frieden nachzusuchen, der im wesentlichen den Status quo bestätigte.

In den Niederlanden wurde der Ratspensionär Jan de Witt bei Ausbruch des dritten Seekrieges gestürzt und von Anhängern des Prinzen von Oranien in Den Haag gelyncht. Wilhelm von Oranien – ein Neffe Charles II. und politischer Gegner de Witts und von diesem in der Vergangenheit als Statthalter verhindert – wurde nun in dieses Amt berufen und darüber hinaus zum Generalkapitän und Admiral der Niederlande erklärt. Wenn Wilhelm auch 1689 im Rahmen der »Glorious Revolution« zum König (Wilhelm III., 1689–1702) von England, Schottland und Irland ausgerufen wurde, so ist im Kapitelkontext dennoch der niederländische Rückzug aus Neu Amsterdam, und damit aus Nordamerika, das wesentliche Resultat der englisch-niederländischen Seekriege. Pieter Stuyvesant hatte sich nach der Okkupation der Kolonie 1664 ins Privatleben zurückgezogen und betrieb in Neu Amsterdam, nun New York, eine große Farm (ndl: *bouwerij*), die im heutigen Stadtteil Bowery lag, wo er 1672 starb. Zwei Jahre später wurde die Westindische Kompanie wegen finanzieller Schwierigkeiten aufgelöst. Der V.O.C. waren hingegen noch knapp hundert Jahre beschieden, ehe auch sie durch Missmanagement einen Schuldenberg von 110 Millionen angehäuft hatte und am 31. Dezember 1799 aufgelöst wurde, nachdem der Staat die Haftung für die Außenstände übernommen hatte.

Sind allein die politischen und militärischen Leistungen des kleinen, im Wortsinn damals kaum noch existenten (Gesamt)Volkes der Niederländer außergewöhnlich, so unterstreichen im historischen Kontext die kulturellen Leistungen (von Erasmus über Spinoza bis Huygens, Grotius und Rembrandt) jene Übereinstimmung von Anspruch und Sein, die einem Volk erst seine Bedeutung geben. Seine Bevölkerungszahl war ebenso wenig geeignet wie jene Portugals, auf Dauer expansiv zu operieren. Im Kräftedreieck England, Frankreich und den deutschen Ländern gelegen, erkämpfte es sich gegen den übermächtigen Gegner Spanien seine Unabhängigkeit und baute ein Kolonialreich auf, das dem Land bis in das 20. Jahrhundert einen beachtlichen Wohlstand bescherte. Als die zur weiteren Entfaltung erforderlichen Kräfte die vorhandenen überstiegen, zogen sich die Niederländer mit relativem Anstand aus der großen europäischen Machtpolitik zurück, während die (alt)iberischen in Agonie fielen. Die Selbstaufgabe Spaniens wird deutlich, als der kinderlose Carlos II., letzter Regent der Casa d'Austria, den Enkel Ludwigs XIV. zu seinem Alleinerben bestimmt und damit den Spanischen Erbfolgekrieg (1701–1714) provoziert. Frankreich wird für lange Zeit nun endgültig zur dominierenden Macht Kontinentaleuropas, und England setzt seinen Weg zur künftigen Beherrschung der Weltmeere unbeirrt fort.

VON PLÄNEN UND KARTEN – ZWEI

> »Offenbar ist die runde Gestalt der Erde
> die einer gar nicht großen Kugel«
> Aristoteles (384–322 v. Chr.)

Nach Darstellung der Explorationen und Siedlungsbemühungen nichtiberischer Atlantikanrainer scheint es nun geboten, in ausgewählten Beispielen aufzuzeigen, wie sich die neu gewonnenen »Erfahrungen« in der Kartographie niederschlugen. Wird seit Isaac Newton jede neue naturwissenschaftliche Theorie auf ihre Übereinstimmung mit den nachweisbaren Gegebenheiten der realen Welt geprüft, so musste das überkommene Weltbild nach Kolumbus als eine bis in die Antike reichende Theorie nun der erfahrenen Wirklichkeit angepasst werden. Bedenkt man den auch heute noch sichtbaren, latenten Widerstand jeder anerkannten Lehrmeinung gegen Neuerungen, so ist leicht zu ermessen, wie sehr der neue Kontinent die scheinbar gesicherte Tradition störte. Unverkennbar lässt sich die langsame Abkehr von einem philosophisch konzipierten Weltbild hin zu einem geographisch erkundeten erkennen. Vor allem die noch unbekannte Ost-Westerstreckung des neuen Kontinents musste zur Abkehr von den bis dahin üblichen Rad- oder Polkarten führen. In ihnen wurde die Erde nicht längs des Äquators bildlich aufgerollt, sondern von einem fiktiven Pol her betrachtet, der kaum mit dem geographischen Nordpol in Verbindung zu bringen ist.

Als Beispiel sei die herausragende Karte des Fra Mauro aus dem Jahr 1459 erwähnt. Sie gibt die reich gegliederten Kontinentalmassen Eurasiens und Afrikas samt den vorgelagerten Inseln, allseits von Meer umspült, in kreisförmiger Scheibenform wieder, womit der Autor auf dem Boden kirchlicher Lehre steht. Andererseits ist er seiner Zeit in manchen Details weit voraus. Der auf Murano bei Venedig lebende Mönch fertigte die Originalkarte, von der nur eine Kopie erhalten geblieben ist, für den portugiesischen König Afonso V. an, der sicher auch einige Informationen über die Erkundungen seiner Seefahrer zur Verfügung gestellt hatte. Abseits der graphisch prächtigen Ausgestaltung, die ohne alles Beiwerk wie Fabelwesen und Phantasiewale auskommt, ist sie aus einem anderen Grund für diesen Abschnitt bemerkenswert: Die Karte gibt sich keinerlei Spekulation über einen möglichen Südkontinent hin. Obwohl die Portugiesen zur Entstehungszeit dieser Erddarstellung kaum über die Westspitze Afrikas im Raum der heutigen Goldküste hinausgelangt waren, zeigt die Karte unter Berücksichtigung der Projektionsverzerrung eine erstaunlich stimmige Wiedergabe des südlicher gelegenen Küstenverlaufes und verbindet, über Ptolemäus hinausgehend, den Atlantischen mit dem Indischen

Ozean. Während die meisten mittelalterlichen Radkarten Jerusalem als Mittelpunkt aufwiesen, liegt dieser bei Fra Mauro ungefähr im Raum Teherans.

Von einem fiktiven Pol ging man in der zweiten Hälfte des 16. Jahrhunderts zu echten Poldarstellungen über. So zeigt der Schweizer Jost Amman (1539–1591) um 1564 auf einem Blatt die Erde in zwei getrennten Kreisen, mit Nord- bzw. Südpol als Mittelpunkt. Während andere Kartenzeichner mit mehr oder minder großem Erfolg bemüht waren, die Detailergebnisse der Entdeckungsfahrten in ebener Planform festzuhalten, so bewegen sich Poldarstellungen nach wie vor im reinen Spekulationsbereich. Bei Amman ist ein vermuteter Nordkontinent (Arktis) über 30 bis 40 Längengrade fest mit Eurasien im Raum des Ural verbunden, was indirekt die bisherigen, im Packeis festgefahrenen Expeditionen nach einer Nordostpassage widerspiegelt; auch setzt sich Nordamerika nur durch einen breiteren, nördlichen Pazifikausläufer von Asien ab. Im Süden trennt eine Insel (Feuerland?) Amerika vom unmittelbar anschließenden antarktischen Gegenstück, das zum Teil bis an den südlichen Wendekreis reicht.

Wie weit Hypothese von Theorie oder gar der Realität entfernt sein kann, dokumentiert die Vorstellung des Gerhard Mercator (eigentlich Kremer, 1512–1594) vom Nordpolgebiet. Im Jahr 1569 veröffentlichte der angesehene Geograph seine berühmte Weltkarte in einer neuen Projektionsart, der auch ein Nebenblatt über den arktischen Raum beigelegt war. Darin weist er den Nordkontinent als annähernd kreisrunde Landmasse aus, in deren Mitte sich ein großer See befindet. Dieser wird von vier zueinander beinahe rechtwinkelig verlaufenden Strömen in das »Weltmeer« entwässert. Die absolute Mitte bildet eine hohe Felseninsel, der Nordpol. Daraus ließ sich nicht nur eine Passage, sei es nach Ost oder West, ableiten, sondern es bot sich so – theoretisch – über die Ströme noch ein direkter Weg durch die Mitte an. Die Verknüpfung verschiedener Lehrmeinungen bzw. Vorstellungen lässt sich mit den vorerwähnten Beispielen an Hand eines dritten darstellen. Der Niederländer Gerard de Jode verbindet in seinem 1593 wieder veröffentlichten und von seinem Sohn Cornelis Jode herausgegebenen Atlas beide Theorien zu einer neuen. Die feste Landverbindung des Jost Amman zwischen Nordkontinent und Eurasien rückt weiter an den Ostrand Asiens, und von Mercator wird die Vierteilung der Arktis übernommen, womit die Nordostpassage in der Sackgasse einer »Mare Schiticu« (Meer der Skythen) genannten großen Meeresbucht enden würde. Allen Poldarstellungen ist jedoch die irreale Engführung des Pazifik zwischen dem nördlichen Ostasien und dem noch unbekannten Raum Amerikas nördlich Kaliforniens eigen.

Eine weitere Möglichkeit der Erddarstellung wurde durch Abrollen einer Art Kegelstumpf versucht. Aus seiner ausgebreiteten Mantelfläche ergibt sich in der Ebene der Ausschnitt eines Kreisringes. Inhaltlich geht diese Methode auf Claudius Ptolemäus zurück, besitzt aber noch kein geeignetes Instrumentarium zu einer auch nur annähernd genauen Projektion. Als frühes Beispiel, das in mehrfacher Hinsicht interessant ist, kann die Weltkarte des Polyhistors Hartmann Schedel (1452?–1514) aus dem Jahr 1493 angeführt werden. Der in einigen Fachgebieten als Verleger tätige Schedel beschäftigte sich auch mit Kartographie. Im Gegensatz zu Martin Behaim, der ein Jahr zuvor seinen »Erdapfel« veröffentlichte, steht er noch fest auf dem Boden des mittelalterlich-ptolemäischen Weltbildes. Das Nichtvorhandensein Amerikas ist noch verständlich, nicht aber die derb holzschnittartige Wiedergabe der sonst bekannten Welt. Afrika geht direkt in den Südkontinent über, der sich geschlossen bis Ostasien erstreckt und damit den Indischen Ozean zum Binnenmeer macht. Europa, am Westrand der Karte, besitzt derart grobe Konturen, dass es kaum identifiziert werden kann. Die wiedergegebenen Küstenlinien Asiens zum Indik erfüllen nicht einmal dieses bescheidene Kriterium an Erkennbarkeit. Auch die geographische Ausgestaltung der Landflächen lässt mehr an wahllos verteilte Symbole von Bergen, Flüssen oder ähnlichen Fixpunkten denken als an ernsthafte Wissensvermittlung.

Andererseits wird der Darstellung von menschenähnlichen Monsterwesen eine beinahe bis ins Detail gehende graphische Aufmerksamkeit gewidmet. Diese unterschiedliche Gewichtung der Informationsinhalte weist deutlich auf die Zielgruppe der »Weltchronik«. Es ist die in jeder Gesellschaft zu beobachtende Schicht, die plakativen Sensationsmeldungen den Vorzug gibt gegenüber nüchternem, aber realitätsbezogenem Wissenstransfer. Die Stein gewordenen Dämonen an gotischen Kathedralen finden in den Monstern der Karte auf weltlicher Ebene nahtlos ihre Fortsetzung. Aus mittelalterlicher Furcht vor den Ausgeburten der Hölle entsteht nun ein wohliger Schauer des Horrors vor dem Monströsen und Andersartigen. Ein Jahr nach der Entdeckung Amerikas illustrieren noch Menschen mit sechs Armen oder einem Kranichhals samt Schnabel den Text über ferne Länder. Sie werden später durch Abbildungen menschenfressender Indianer ersetzt, denen europäische Denkstrukturen übergestülpt sind. Als Vorlage für Schedels Weltkarte könnten Renaissancedrucke der »Cosmographie« des Ptolemäus aus der zweiten Hälfte des 15. Jahrhunderts gedient haben, worauf ihr geographischer Inhalt schließen lässt. Trotz aller Fehlerhaftigkeit und Irrtümer sind diese Drucke um wissenschaftliche Distanz bemüht, die bei Schedel nicht einmal in Ansätzen erkennbar ist.

Die Abrollung eines Kegelstumpfes, dem ohne Spitze der Pol fehlt, wird auch »Erste Ptolemäische Projektion« genannt. In ihr sind die Meridiane noch im Äquatorbereich geknickt. Die sogenannte »Zweite Projektion« bezieht auch den Pol mit ein, und die Meridiane sind ausgerundet, was in den Randbereichen zu einer erheblichen Verzerrung führt. Nach ihrem Umriss erhalten diese Karten ein zwiebelförmiges Aussehen. Die Meridiane laufen ab dem noch offenen Polarkreis mit einem Gegenschwung im Pol zusammen und bilden dort gleichsam die Spitze der Zwiebel. Diese Projektionsart wählte auch Martin Waldseemüller (um 1472–1520) für die bereits erwähnte große Weltkarte aus dem Jahr 1507. Schließt man nun den Polarkreis und gibt dem Äquator innerhalb der Projektion einen geringeren Radius, so entsteht ein weiterer Typus: die Herzkarte. Als charakteristisches Beispiel für diese Methode mag die Weltkarte des Peter Apian (1495–1552) aus dem Jahr 1530[155] gelten. Zu den vielen Mischformen zählen die Doppelherzkarten. Sie folgen den Grundzügen der Polkarten, wählen aber die Variante der Herzprojektion; das heißt, die Pole sind von der Mitte mehr zur Peripherie des Kartenbildes verschoben.

An zwei Beispielen kann wieder deutlich gemacht werden, wie sehr sich die Kartographen gegenseitig beeinflussten und Irrtümer lange Zeit unkorrigiert blieben. Der Pariser Mathematiker Orontius Finaeus gibt 1531 eine Weltkarte in Druck, auf der schon früh der Nordkontinent (Arktis) viergeteilt angenommen wird. Nordamerika ist noch fest mit Ostasien verbunden, Südamerika wird in Dreiecksform dargestellt und reicht, durch eine schmale Meeresstraße getrennt, bis zum hypothetischen Südkontinent. In Gerhard Mercators Doppelherzweltbild aus dem Jahr 1538 trennt bereits ein nördlicher Pazifikausläufer Amerika von Asien, und Südamerika besitzt eine ähnliche Dreiecksform wie bei Orontius Finaeus. Der Nordkontinent ist aber noch nicht geteilt, wie bei seiner eigenen, späteren Polkarte aus dem Jahr 1569. Die in letzterer Karte aufgezeigte Nordostpassage findet sich in der von 1538 noch nicht. Hier unterbricht eine breite Landbrücke den Zugang nach Ostasien. Erinnert man sich an die weiter oben vorgestellten Polkarten eines Jost Amman (1564, ohne Teilung des Nordkontinents, aber mit Landbrücke im Uralraum) und Gerard de Jode (mit Teilung und weit nach Osten verschobener Landbrücke), so lässt sich die Bandbreite an Unsicherheit ermessen, die trotz aller beteuerten Wissenschaftlichkeit den Kartographen eigen war.

Egal ob echte Pol-, Zwiebel- oder Herzkarten, sie alle sind für heutige Betrachter eher ungewöhnliche Erddarstellungen und stellen für den Nichtfachmann durch die im System immanente Verzerrung in den Randgebieten ein Kuriosum dar. Optisch vertraut und in ihrer graphischen Ausformung heute sehr beliebte Dekorationsstücke sind die »Planigloben«. Sie geben das Bild der Erde in zwei Kreisen wieder, die einander am geradlinig durchlaufenden Äquator berühren und traditionell (Norden oben, Osten rechts usw.) ausgerichtet sind. Im rechten Kreis scheint der Raum von Westafrika bis Ostasien auf, während der linke die Neue Welt (Amerika) und Teile des Pazifik wiedergibt. In dieser um 1520 entstandenen Darstellungsweise findet sich auch eine der Wurzeln für den heute oft verwendeten Begriff der »Hemisphären«. Mit dem Äquator als Symmetrieachse rücken die Kartenzeichner auch in graphischer Form vom Weltbild des Ptolemäus ab. Nord- und Südhalbkugel werden nun gleich behandelt, auch wenn sich die überwiegende Landmasse auf der nördlichen Hälfte der Erde befindet. Das Gitternetz aus Breitengraden und Meridianen ist in der Anfangszeit relativ einfach gestaltet: Äquator und ein auf ihm senkrecht stehender Mittelmeridian bilden eine Art Achsenkreuz, Nord-Südachse und Ost-Westachse (Äquator) werden in identisch gleiche Abschnitte unterteilt. Während die Breitengrade durch parallel zum Äquator verlaufende Gerade angezeigt werden, sind die Meridiane als Kreisbögen mit zunehmendem Radius von außen zum Kreiszentrum hin ausgewiesen, die sich vom Nord- zum Südpol spannen. Diese einfache, aber noch ungenaue Projektionsart wird um die Mitte des 16. Jahrhunderts durch die sogenannte »stereographische Projektion« erweitert, die eine größere Winkelgenauigkeit aufweist. Bei ihr werden auch die bis dahin geraden Breitengrade zu Breitenkreisen (Kreisbögen) mit unterschiedlichem Radius. Eine Variante der Planigloben, wie etwa der Planiglobus des Juan Vespucci (Neffe des Amerigo V.) aus dem Jahr 1524, stellt die sogenannte »azimutale Projektion« längs des Äquators dar. Die ihr zugrunde liegende Konstruktionstechnik ist rein verbal nur schwer zu vermitteln, deshalb wird sie der Vollständigkeit halber hier nur erwähnt.

Aus den Planigloben, sei es mit gerader oder stereographischer Projektion, wurde eine weitere, um die Mitte des 16. Jahrhunderts stark verbreitete Weltbilddarstellung entwickelt: die »ovale Projektion«. Bei ihr werden die beiden getrennten Erdhälften wieder miteinander zu einer Figur verschmolzen, deren Umriss entfernt an eine Ellipse[156] erinnert, deren Halbmesser in einem Verhältnis von eins zu zwei zueinander stehen. Die Meridiane verändern sich von Kreisbögen zu Ellipsenabschnitten, während die Breitengrade entweder geradlinig bleiben oder gleichfalls Ellipsenkonturen tragen. Wegen ihrer leichten Konstruierbarkeit setzte sich eine Projektionsart durch, die vom venezianischen Kartographen Battista Agnese um 1530/40 entwickelt wurde. Sie stellt eine Vereinfachung der konstruktiv komplexeren Methode dar, die mit den Namen Francesco Rosselli und Peter Apian verbunden ist. Bereits 1508 näherte sich Rosselli weitgehend der Ellipsenform an, konnte sich aber nicht auf Dauer durchsetzen. Agnese flachte die Meridiane im Polbereich derart ab, dass sie zu einer Geraden, der Pollinie, wurden. Die dadurch vereinfachte Konstruktion der Längenkreise, vor allem im zentralen Kartenraum, wurde mit einer entsprechend stärker werdenden Flächen- und Winkelverzerrung in den Randbereichen erkauft. Da aber Weltkarten nur in seltenen Fällen für sich allein standen, oft stellen sie gleichsam die Inhaltsangabe umfangreicher Atlanten mit zahlreichen Einzelkarten dar, überwog die leichtere Konstruierbarkeit des Bezugnetzes die bewusst in Kauf genommenen Verzerrungen.

Wie aber haben sich die Entdeckungen der Seefahrer auf den (Ausschnitts-)Karteninhalt ausgewirkt? Wie wurden sie von den Kartographen rezipiert? Drei Schwerpunkte unterschiedlicher Wiedergaben lassen sich ausmachen: erstens die Behandlung des schon oft erwähnten, vermuteten, aber noch unbekannten Südkontinents; zweitens die stark differierende Darstellung Südamerikas; und drittens die oft befremdlich anmutende Lokalisierung Neufundlands auf den Karten. Erst bei genauerer Betrachtung erkennt man einen weiteren Unterschied: das Vorherrschen zweier Denkschulen innerhalb des Kartographenkreises. Während die eine trotz aller geographischen Ungenauigkeiten nur weitgehend Gesichertes in ihre Arbeiten aufnimmt, versucht die andere neue Erkenntnisse mit einem alten Weltbild bzw. dem vorhandenen Kartenmaterial zu verschmelzen. Am eindrucksvollsten lässt sich das jeweilige Selbstverständnis an der Behandlung des Südkontinents festmachen.

Die Existenz einer südlichen Landmasse war jahrhundertelang reine Fiktion, ein Produkt philosophischer Deutung der Weltsymmetrie jenseits des Bekannten aus antiker und christlicher zentral-orientierter Interpretation der Erdgestaltung. Aus realen Erfahrungswerten entwickelte sich ein Konzept über die Einteilung der Erde in Klimazonen mit spezifischen Eigenschaften, wie man es in letzter Ausformung noch bei Pierre d'Ailly oder Sacrobosco antrifft. Den augenscheinlichsten Einfluss auf das Allgemeinbewusstsein nahm diese Einteilung für das Gebiet der Tropen. Bis zum Gegenbeweis durch die Portugiesen unter Heinrich dem Seefahrer und seinen Nachfolgern galten sie als zunehmend heiß, unpassierbar und lebensfeindlich; bleibt noch der postulierte Südkontinent. Er wird auf der bereits erwähnten Weltkarte des Fra Mauro nicht einmal angedeutet, während er in einer Neuauflage (1483) des spätrömischen Philosophen Macrobius wieder aufscheint und als »Frigida – Antipodum Nobis incognita« bezeichnet wird. Letzteres Beispiel wurde bewusst gewählt, da in der Namensgebung bereits ein weiteres Missverständnis vorgegeben ist.

Der lang behauptete Südkontinent (*Terra Australis Incognita*) wird erst gegen Mitte des 17. Jahrhunderts, ohne zunächst seine wahren Dimensionen zu kennen, bewusst angelaufen und erhält später folgerichtig den Namen Australien, Südland. Für seinen kalten (*frigida*) Zwilling, die Antarktis, trifft dies noch später zu. Ihr Festlandcharakter unter einer dicken Eisschicht wurde erst im 20. Jahrhundert eindeutig festgestellt. Mit zwei großen Einkerbungen bedeckt die uns bekannte antarktische Landmasse annähernd kreisförmig ein Gebiet bis zum südlichen Polarkreis, während sie bei manchen Karten des 16. Jahrhunderts mitunter bis zum südlichen Wendekreis verlaufen kann. Auch das findet zum Teil seine Wurzeln in der hypothetisch geforderten Symmetrie: Der großen Landmasse nördlich des Äquators musste eine annähernd gleich große im Süden gegenüberstehen, was durch die Spitzen Afrikas und Südamerikas allein nicht gegeben sein konnte.

Juan de la Cosa enthielt sich in seiner Weltkarte von 1500 jeglicher Stellungnahme zum Südkontinent, wie auch der anonyme Verfasser der so genannten »Cantino-Karte«[157] aus dem Jahr 1502. Inhaltlich, wenn auch mit erheblich größerer Genauigkeit, was die amerikanischen Küstenlinien betrifft, schließen sich die sogenannte »Salviati-Planisphäre« aus dem Jahr 1525 und die Weltkarte des Juan Vespucci, eines Neffen des Amerikafahrers, von 1526 an; auch auf ihnen wird kein Südkontinent ausgewiesen. Obwohl beide im Umfeld der *Casa de la Contratación* in Sevilla entstanden, zeigen sie, von der reinen Graphik abgesehen, doch einige Unterschiede. Auf dem Salviati-Blatt (etwa 200 x 95 cm) ist die nordamerikanische Küste von Florida durchgehend bis Neu-Schottland wiedergegeben. Selbst die Chesapeake Bucht und die Hudson-Mündung sind zu erkennen, was auf Kenntnis der Esteban Gómez-Fahrt 1524/25 oder auch der annähernd zeitgleichen des Giovanni da Verrazano schließen lässt. Yucatán wiederum wird trotz des Hondurasuges eines Hernán Cortés noch als Insel dargestellt, während der venezolanisch-brasilianische Küstenbereich relativ genau wiedergegeben wird und sich bis zur Magellanstraße erstreckt, wo mit einem kurzen Küstenstrich Feuerland – oder der Südkontinent? – angedeutet wird. Im portugiesischen Einflussraum Südostasiens merkt man wieder Unsicherheiten, die aber positiv für den Verfasser auszulegen sind. Er gibt sich keinen Spekulationen oder Eigendeutungen hin, sondern lässt Küsten einfach in das Meer auslaufen, wo es ihm über ihre wahre Gestaltung an Sicherheit fehlt. So ist Malakka (Malaysia) noch von Thailand getrennt und die indonesischen Inseln Sumatra und Java gegen den Indischen Ozean offen.

Juan Vespucci unterbricht wieder die Ostküste Nordamerikas südlich Neu-Schottlands und nimmt sie in rechtwinkeliger Form nördlich Floridas wieder auf; Yucatán ist, wenn auch mit einem flaschenhalsförmigen Landstiel, bereits Halbinsel, während die Nordostküste Südamerikas kaum differenziert und linienförmig wiedergegeben wird; der Pazifik südlich Panamá ist nicht mehr konturiert. Anders bei Diogo Ribeiro, einem Portugiesen und Nachfolger des Sebastian Cabot in Sevilla. Seine Weltkarte (1527 bis 1530) zeigt bereits grob die Erkenntnisse der Fahrten eines Andagoya (1522) oder Pizarro (1526 bis 1528) entlang der kolumbianischen Pazifikküste bis in den Raum von Tumbes. Im Osten streckt sich Malakka als dicker Finger gegen Sumatra und Java, die auch bei Ribeiro offen in den Indik auslaufen; detailreich sind die Molukken und Philippinen gestaltet.

Neben den iberischen und italienischen Kartographiezentren entstand in der ersten Hälfte des 16. Jahrhunderts auch in nordfranzösischen Hafenstädten, die bereits von den Aktivitäten der Reederfamilie Ango her bekannt sind, ein weiterer Schwerpunkt für Kartenzeichner, der auch als Diepper Schule bekannt ist. Neben einer feinen graphischen Gestaltung, die manchmal bis zur bildhaften Auflösung im Landesinnern geht, ist vor allem eine besondere Hinwendung zum Südkontinent in den Weltkarten des Kreises um Dieppe auffällig; so in der des Jean Rotz aus dem Jahr 1542. Sie ist als doppelter Planiglobus mit kreisförmigen Breitengraden gehalten und zeigt im eigentlichen Kartenteil kaum Schmuckelemente. Die Küstenlinien sind betont einfach, ja nüchtern eingetragen. Besonders bemerkenswert ist die Wiedergabe Südamerikas mit einer starken Westausbuchtung im chilenischen Küstenbereich. Während Nordamerika ziemlich genau wiedergegeben und auch die Ergebnisse der Cartier-Reisen am Sankt-Lorenz-Strom (1534 bis 1536) berücksichtigt sind, gleicht der Umriss des südlichen Teilkontinents einem auf der Schwanzflosse nach Norden stehenden Piranha. Das umso mehr, als Brasilien durch die irreale Verbindung des Amazonasdeltas und La-Plata-Trichters zur Insel wird und wie die Rückenflosse des Fisches wirkt. Die »Schwanzflosse« (Feuerland) läuft offen in das Meer aus und findet auf der östlichen Hemisphäre ihre gedankliche Fortsetzung. Hier reicht der Südkontinent bis Java hinauf und erinnert in seinen Konturen entfernt an ein disloziertes Australien, deckt aber nur die noch unklaren Küstenlinien der kleinen Sunda-Inseln und möglicherweise Neuguineas ab. Die Molukken, Philippinen, Marianen und die nordwestlichen Ausläufer Melanesiens bilden die Peripherie eines kreisförmigen Meeres, das seinem Bildcharakter nach stark an die Karibik mit den einfassenden Inseln erinnert; die Darstellung Ostasiens[158] reißt etwa im Raum der Stadt Kanton ab und zeigt auch nicht die japanischen Inseln (Zipangu).

Die wohl extremste Ausformung Südamerikas findet sich bei Guillaume Brouscon, einem Navigator und Begründer einer Schule für nautische Kartographie aus Le Conquet bei Brest. In einer prächtigen, im Portolanstil gehaltenen Karte aus dem Jahr 1543 deformiert er Südamerika fast bis zur Unkenntlichkeit: Die Ost-Westerstreckung beträgt mehr als das Eineinhalbfache der Nord-Südausdehnung von Cartagena bis Feuerland. Optisch erinnert sein Südamerika an ein lang gestrecktes Australien, dem man im Raum Melbourne-Sidney das Dreieck Patagoniens aufgepfropft hat. Andererseits gibt er die Erkundungen Cartiers am Sankt-Lorenz-Strom und Saguenay detailreich wieder. In der Frage des Südkontinents findet sich Brouscon sehr nahe der zeitgleich entstandenen Schule von Dieppe.

Im Jahr 1544 entstand eine berühmte Weltkarte, deren Verfasser bereits als Entdecker Erwähnung fand: Auf einer Wandtafel von 216 x 124 cm zeigt Sebastian Cabot sein kartographisches Wissen. In die enggeführte (Achsenverhältnis etwa 1,3 : 1 statt 2 : 1) Ovalprojektion mit parallelen Breitenkreisen hat er nicht nur die eigenen Aufnahmen am La Plata in den Jahren 1527–1529 eingearbeitet, sondern in Nordamerika auch die Erkenntnisse von Cartier in Kanada oder Francisco de Ulloa an der kalifornischen Küste (1535) sowie Francisco de Coronado (1540/42) im Raum New Mexico bis Arkansas berücksichtigt. Südamerika erscheint in der gewohnten Dreiecksform, wenn auch im Amazonasraum stark verengt. Ostasien und Hinterindien samt der Inselwelt werden viel detailreicher und differenzierter wiedergegeben als in der nur etwas jüngeren Karte des Jean Rotz. Anders verhält es sich bei Cabot mit der Darstellung der Alten Welt, der er sich zweifellos nicht besonders widmete, da sie teilweise veraltet erscheint. Interessant ist aber auch, dass sich der Kartograph und erste Direktor der »Muscovy Company« bis auf einen Zipfel Land südlich der Magellanstraße jeder Stellungnahme zu dem Südkontinent enthält, den er nicht als erwiesen betrachtet haben dürfte und deshalb in seine Weltkarte auch nicht aufnahm.

Neben den bisher genannten und wenigen Beispielen ließe sich noch eine Vielzahl anderer anführen, die letztendlich aber alle eines gemeinsam haben: das Bestreben der Kartographen, aus einem ideellen Weltbild eine reale Darstellung der geographischen Erkenntnisse von Seefahrern und Landreisenden zu schaffen und immer weiter zu verfeinern. Ein seltsam anmutender Rückschritt erfolgte aber dann in der späten zweiten Hälfte des 16. Jahrhunderts. Es ist die Zeit des großflächig ausufernden Südkontinents, der sich selbst ein Gerhard Mercator nicht entziehen konnte. Auch diesen Aspekt sollen nur wenige, exemplarische Beispiele deutlich machen. Am Beginn muss natürlich Gerhard Mercator selbst stehen, dessen neu entwickelte Projektionsart, in der sich Längen- und Breitengrade auf einer Zylinderwand rechtwinkelig schneiden, die Kartographie veränderte. Damit vollzog er graphisch nach, was Anaximander von Milet im 6. vorchristlichen Jahrhundert als reale Gegebenheit betrachtete. Der Schüler des berühmten Thales von Milet und Schöpfer einer frühen Weltkarte sah die Erde nicht als Scheibe, sondern hielt sie für einen Zylinder, dessen Mantel und damit die Land-Meer-Verteilung durch Abrollung leicht darzustellen wäre. Diese Methode wandte Mercator mit dem Wissensstand seiner Zeit in größerem Umfang erstmals auf der schon mehrfach erwähnten, 1569 entstandenen, epochalen Weltkarte an, die aus heutiger Sicht nur wegen der mathematisch-geometrischen Leistung ihre Sonderstellung verdient; in geographischer Hinsicht beschritt sie einen Irrweg, der noch etwa hundert Jahre fortwirken sollte. Fast alle Kollegen seiner Zeit und der folgenden Jahrzehnte übernahmen unreflektiert den grundsätzlichen Karteninhalt mit einer Überzeugung, die dem mittelalterlichen festen Glauben an die Richtigkeit des ptolemäischen Weltbildes durchaus ähnlich war.

Ein unmittelbarer Epigone war Abraham Ortelius, dessen kolorierte Karte aus 1570 sich noch an die beliebte Ovalprojektion (Achsenverhältnis 2:1) hält, aber im Inhalt stark von Mercator beeinflusst ist. Nordamerika zeigt eine stark übertriebene Ost-Westerstreckung, die bereits auf der geographischen Breite von Florida bis Niederkalifornien die Realität fast verdoppelt. Die Pazifikküste nördlich Kaliforniens ist äußerst detailreich gestaltet, obwohl bis dahin noch keine Berichte über diesen Abschnitt vorliegen konnten; Francis Drake gelangte erst 1579 in diesen Raum und da auch nur vermutlich bis in

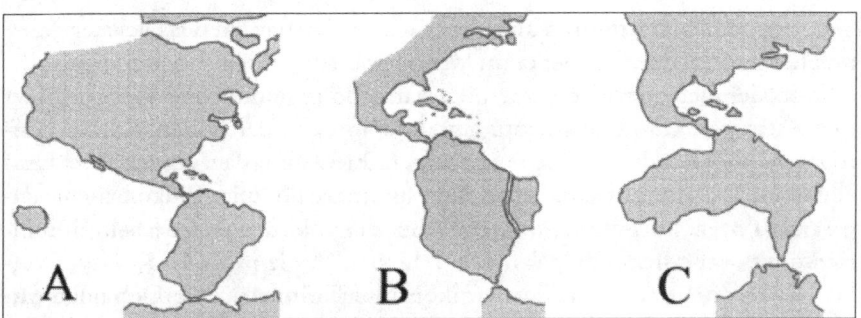

Südamerika in der Kartographie (ohne Maßstab)

A nach MERCATOR (1569)   B nach Brouscon (1543)   C nach Rotz (1542)

die Gegend Vancouvers. Bei der Wiedergabe Südamerikas wählte Ortelius einen Mittelweg zwischen der naturnahen Dreiecksform eines Sebastian Cabot und der an eine Kartoffel erinnernden Darstellung des Gerhard Mercator. Dominant und unser gewohntes Erdbild völlig verzerrend ist die Ausformung der Polkappen, was durch die langen Pollinien der Ovalprojektion noch gesteigert wird. Der Südkontinent reicht im Westen fast an ein Neuguinea heran, das einen Raum zwischen Äquator und südlichem Wendekreis ausfüllt und mehr an die Gestalt Borneos erinnert. Zwischen Südamerika und Afrika stößt eine Landspitze beinahe bis zur damals eingetragenen Höhe der La-Plata-Mündung vor und im Osten überschreitet die »Terra Australis«, hier »nondum cognita« bezeichnet, den südlichen Wendekreis und nähert sich Java. Auch der Großraum des Nordpols ist von einer Kontinentalmasse bedeckt, aus der sich zwei der bereits früher erwähnten vier Ströme in ein ringförmiges Nordmeer ergießen. Grönland, die größte Insel der Erde, erreicht hier kaum das Ausmaß Madagaskars und wird von dem im Westen vorgelagerten »Estotilant«, hier als Insel, völlig dominiert, das einer nur rudimentär wiedergegebenen Hudson Bay vorgelagert ist. Im Wesentlichen ist das der Karteninhalt, der Martin Frobisher bei seiner Suche nach einer Nordwestpassage im Jahr 1576 zur Verfügung stand. Nicht minder amorph stellt sich Skandinavien dar, das lediglich an einem langgestreckten Finnischen Meerbusen und dem Anhängsel der Kola-Halbinsel zu erkennen ist.

Ortelius überarbeitete diese Grundkarte noch mehrfach bis in das Jahr 1598, ohne allerdings die grundsätzlichen Irrtümer auszuräumen. So nähert er sich 1575 in der Gestaltung Südamerikas deutlich der »Kartoffelform« Mercators an, um sie später wieder aufzugeben. In die Zeit der Verbindung zwischen Ortelius und Mercator fällt auch die Geburtsstunde der Kartenwerke, wie wir sie heute als Atlanten kennen. Die Karten eines Gesamtwerkes erhalten eine einheitliche Graphik, gleiche Blattgröße und werden buchartig gebunden. Wie sehr Mercator und auch Ortelius das Kartenbild der nächsten Jahre prägten und in Europa anerkannt waren, soll am letzten Beispiel dieses Abschnitts deutlich gemacht werden. Der aus Padua stammende Mathematiker und Astronom Giovanni Magini gestaltete in den 90er Jahren des 16. Jahrhunderts mehrere Kupferstiche mit unterschiedlichen Projektionsarten. Auf einem im Seekartenstil gehaltenen Blatt nimmt der Südkontinent beinahe das gesamte untere Drittel ein, während über dem Norden Amerikas und Eurasiens vier große Inseln zu schweben scheinen[159], die mehr an Kumuluswolken als an einen potenziellen Nordkontinent erinnern. Die Doppelhemisphäre aus dem Jahr 1596 gibt den oben beschriebenen Karteninhalt der Ovalprojektion des Ortelius in Planiglobenform wieder und überlagert sie deutlich durch die »Südamerika-Kartoffel« und den stereotyp viergeteilten Nordkontinent; die *Terra Australis* besitzt eine Flächenausdehnung, die über der Eurasiens liegt.

Es dauerte bis in die zweite Hälfte des 17. Jahrhunderts, bis die kartographische Weltdarstellung einen deutlichen Qualitätssprung in Richtung Realität verzeichnen konnte. Maßgeblich daran beteiligt war die Entdeckung der Jupitermonde und die Aufzeichnung ihrer Umlaufbahnen durch Galileo Galilei. Wie schon im Abschnitt über das Navigieren aufgezeigt, konnte man diese Himmelsuhr zur Bestimmung des eigenen Standortes in Ost-Westrichtung nutzbar machen. Auf hoher See unbrauchbar, erwies sich die Methode in der ausgedehnten Landvermessung als Basis für immer bessere Karten. Diesen Umstand machte sich natürlich auch die Politik zunutze. So ordnete der französische König Ludwig XIV. die Vermessung seines Reiches mit Hilfe der neuen, revolutionär genauen Methoden an, um entsprechende Unterlagen zur Steuereintreibung zu erhalten. An der Spitze dieses 1671 begonnenen Unternehmens stand der Hofastronom Giovanni Domenico (Dominique) Cassini (1625–1712), der seit Galilei wohl berühmteste italienische Astronom, dem u. a. die Entdeckung der Trennung des A- und B-Ringes des Saturns gelang. Während er über die Eklipsen Paris einmaß, taten das andere Mitglieder des Projekts an den Küsten. Die solcherart neu erstellte Karte Frankreichs wies das Land mit einer Fläche aus, die um 20 Prozent unter den bisherigen Annahmen lag, was den Sonnenkönig zur Bemerkung veranlasste: »*Soeben verlor ich an die Astronomen größere Teile meines Landes als je an all meine Feinde zusammen.*«

Wurde im Vorhergehenden über die Schwierigkeiten gesprochen, die gewonnenen Erkenntnisse auf ein homogenes und stimmiges Weltbild zu übertragen, so darf dabei nicht übersehen werden, dass die Fehler bereits draußen begannen, bei den Kapitänen und Piloten auf ihren Schiffen und den Eroberern zu Land. Sie als Grundlagenforscher im heutigen Sinn zu bezeichnen wäre übertrieben, auch wenn sie es im Grunde waren. So unvollständig ihre Berichte, so ungenau ihre Einmessungen wegen der technischen Mängel des vorhandenen Instrumentariums sein mussten, so waren sie es, die das Ausgangsmaterial für die gelehrten Theoretiker lieferten. Erst ihre Angaben lüfteten langsam die Schleier des Nichtwissens über eine Welt jenseits des mittelalterlich-europäischen Dogmas über die Gestaltung der Erde.

TEIL 6

Flibustier, Bukanier, Korsaren und Piraten

VON JEAN FLEURY BIS JOHN HAWKINS

*»So wurde uns stillschweigend der Handel erlaubt,
worauf uns die Spanier zweihundert Neger abkauften.«*
John Hawkins (1568)

Seitdem die Menschheit Warentausch mit anderen Gemeinschaften trieb, versuchten Dritte daraus einen Vorteil für sich zu gewinnen. Sie überfielen Karawanen, plünderten deren Lagerplätze; und als der Handel sich der Wasserwege bediente, folgten ihm die Räuber auch dorthin – von den Flussläufen zu den Küstengewässern und schließlich aufs offene Meer. Die vielleicht sublimste Form der Piraterie findet man im 16. und 17. Jahrhundert. Aus einzelnen Transatlantikfahrten um 1500 hatte sich spätestens ab 1530 ein reger Schiffsverkehr entwickelt. Ähnlich der Seidenstraße in Innerasien kristallisierten sich zwei Hauptrouten heraus: die nördliche über die Azoren, durch die Bahamas zu den großen Inseln, und die südliche über die Kanaren. Fahrten nach Brasilien oder zum La Plata schlossen noch die Kapverdischen Inseln ein. Dass diese Wasserstraßen früher oder später Briganten anziehen mussten, ist mehr als verständlich.

Das Piratenunwesen folgte den Handelsschiffen von Mittelmeer und Nordsee auch in die Weiten des Atlantik. Dort begann sich die Motivation für Überfälle aufzuspalten und die Art ihrer Durchführung unterschiedliche Formen anzunehmen. Gemeinsam blieb nur eines: Bereicherung auf Kosten anderer. Als Beispiele für die Bandbreite seien hier nur der Überfall des Jean Fleury auf die Schiffe mit dem Aztekengold im Jahr 1523 und die Sklaven-Holzhandelsfahrt des William Hawkins sieben Jahre später erwähnt. Während der eine nach unserem Rechtsempfinden einen flagranten Raub beging, dessen kultureller Schaden nicht hoch genug angesetzt werden kann, unterlief der andere, lässt man das bedenkliche Faktum Menschenhandel außer Acht, nur das staatliche Monopol einer fremden Macht für Handel auf und mit dem beanspruchten Territorium.

Bei der streng reglementierten Einfuhr von Waren und Gütern, die entweder ganz neu waren oder, etwa bei Pflanzen, höheren Ertrag versprachen, ging es den iberischen Völkern ausschließlich um das Wohl ihrer jeweiligen Wirtschaft und damit ihrer Staatskassen. Nüchtern betrachtet ein legitimes Vorhaben, das aber auf den Widerstand der anderen seefahrenden »Nationen« stoßen musste. Der Spruch Alexanders VI. zur »divisio mundi« konnte Portugal und Spanien nur eingeschränkt schützen. Gleichfalls bekannt ist auch, warum das offizielle Frankreich oder England diesem Anspruch relativ spät entgegentraten. Folgerichtig stießen in diesen mehrere tausend Quadratseemeilen großen Freiraum Männer vor, die sich keiner Krone, nur der eigenen Gewinnmaximierung verpflichtet fühlten. Das wieder weckte die Begehrlichkeit von Regierungen, die wegen unterschiedlicher politischer Gründe selbst nicht aktiv werden konnten, trotzdem aber an den Erträgen partizipieren wollten. Vollends unübersichtlich wurde es später, als sich Regenten sogar aus ihrer Privatschatulle an einzelnen Unternehmen beteiligten. Einer krausen Logik folgend ergab sich daraus das Kuriosum, dass über die schon erwähnten Kaperbriefe ein nie erklärter Krieg geführt wurde, der Jahrzehnte, teilweise sogar bis in das frühe 19. Jahrhundert andauerte.

Suchten die Spanier in Amerika anfangs nach den behaupteten Schätzen des Landes Cathay und später nach einer Passage dorthin, so spürten die Freibeuter nach jenen Schiffen, die eben diese Reichtümer, vermeintlich oder tatsächlich, nach Europa brachten. Erfolgten diese Transport- und Versorgungsfahrten in den ersten Jahren eher zufällig und, was den Zeitpunkt des Auslaufens betraf, nach Ermessen des jeweiligen Kapitäns, so zwangen später verschiedene Umstände die Spanier zu einem rigorosen Umdenken. Das gehäufte Auftreten von Wirbelstürmen im Raum der Karibik zu bestimmten Jahreszeiten wurde ebenso zum Erfahrungswert wie die zunehmende Aktivität räuberischer Korsaren. Als diese Überfälle überhand nahmen und fast jede Atlantikfahrt zum Risiko für die Kaufleute wurde, verabredeten einige Kapitäne, mit ihren Schiffen gemeinsam auszulaufen, um die Gefahr, das eigene Schiff zu verlieren, zu mindern. Aus dieser Privatinitiative wurde nach den Goldfunden in Mexiko und Peru sowie dem beginnenden Silberabbau in Potosí später ein staatliches Reglement. Die Transporte wurden zu regelrechten Konvois zusammengefasst, die zweimal jährlich den Atlantik überquerten. Nicht selten zählte eine derartige Flotte mehr als 30, 40 Schiffe. Dabei sollten Kriegsgaleonen die Kauffahrer vor Zugriffen der Freibeuter schützen und zugleich den Gold- und Silberladungen Deckung bieten. Eine Maßnahme, die nur vorübergehend zu einigem Erfolg führte. Auch das hatte verschiedene Gründe.

Der sich rasch ausweitende Frachtraumbedarf überstieg bald das Reservoir an wirklich erfahrenem Führungspersonal für die gefährliche Fahrt im äußeren Inselriegel der Karibik. Zahlreiche Wracks spanischer Schiffe vor den Küsten Floridas und in den Untiefen der Bahamas bestätigen, dass viele Kapitäne und Piloten den Anforderungen nicht gewachsen waren, die unvermittelt auftretende Stürme in Verbindung mit den seichten Gewässern an Mannschaften und Kommandierende stellten. Ein weiterer Grund findet sich in der einfachen Tatsache, dass Verbote und auch Gebote trotz hoher Strafandrohung bei einigen deren Missachtung geradezu herausforderten. So segelte mancher Kapitän lieber allein, als durch Warten auf die Zusammenstellung des Geleitzuges Zeit zu verlieren, was die Wahrscheinlichkeit eines Überfalls nicht gerade verringerte. Mit wachsenden Erfolgen steigerte sich aber auch die Dreistigkeit der Freibeuter. Mit ihren kleinen und wendigen Schiffen kamen sie sehr schnell an die schwerfälligen Karacken und Galeonen heran und konnten sich selbst aus einem Verband noch das eine oder andere Schiff herausholen. Kurz, es gab kaum einen Konvoi, der ohne Verluste in Spanien angekommen wäre.

Die Stützpunkte der frühen Freibeuter und Kaperkapitäne des Atlantik befanden sich an den Küsten Westeuropas vom Baskenland über die Bretagne und Normandie bis Südengland. Aus naheliegenden Gründen erstreckte sich ihr Aktionsradius anfangs kaum über die Azoren oder Kanaren hinaus. Die ersten von ihnen hatten sich ihr seemännisches Wissen bereits in früher Jugend angeeignet; meist als Teilnehmer an Piratenfahrten im Mittelmeer oder an der westafrikanischen Küste. Hier lagen auch die Wurzeln für Kontakte zu Händlern und Kaufleuten, die Interesse an den erbeuteten Waren zeigten oder bereits deren langjährige Abnehmer waren. Die Aufenthalte in Häfen und deren Schänken taten ein Übriges, ihr Wissen um den Atlantik und die Vorgänge in der Neuen Welt zu erweitern. Oft sind sie von Abenteurern von der Art eines Ojeda oder Balboa kaum zu unterscheiden und ebenso oft finden sie ein gewaltsames Ende. Ihr Leben vollzieht sich in jener rechtlichen und zeitlichen Grauzone, als ihre »Heimatländer« aus politischen und technischen Gründen noch nicht bereit waren, den Spaniern auf See oder in Amerika entgegenzutreten. Das darf jedoch keineswegs darüber hinwegtäuschen, dass ihr Hauptbeweggrund in persönlicher Bereicherung lag, allerdings in anderer Ausformung, als dies ihre Nachfolger taten, die Piraten mit der unsäglich bekannten »Totenkopfflagge«.

Was später für die Erkundungsfahrten oder Siedlungsversuche galt, gilt auch für die Kaperfahrten: Auch hier wurde das Frankreich unter Franz I. vor England aktiv. Die bereits zahlreich gewordenen Fangzüge zu den fischreichen Neufundlandbänken entwickelten für den französischen König einen durchaus willkommenen Nebeneffekt. Aus der Verbindung von erfahrenen Seeleuten mit den wirtschaftlichen Interessen von Reedern und Geldgebern ergab sich fast zwangsläufig die Möglichkeit, Spanien zu schaden, ohne die eigene Regierung außenpolitisch unmittelbar zu belasten. Der erste Schlag mit Gewicht in dieser Grauzone erfolgte mit Wissen Franz I. im Jahr 1523 durch Jean Fleury. Finanziert und auf politischer Ebene vorbereitet wurde das Unternehmen durch den schon bekannten Reeder und Bankier Jean Ango aus Dieppe.

Fleury kann durchaus mit dem jungen Francis Drake verglichen werden, wenn er auch außerhalb Frankreichs nie dessen Bekanntheitsgrad erlangte. Ähnlich umtriebig wie der Engländer führten ihn seine Kaperfahrten weit in den Atlantik hinaus. Auch besaß er genügend Einblick in den spanischen Schiffsverkehr von Las Indias zu den Häfen in Cádiz oder vor Sevilla. Die vorgeschobenen Inselgruppen der Azoren oder Kanaren waren nicht nur eingeplanter Zwischenhalt jeder Atlantikquerung, sondern auch direkter Anlaufpunkt für den Handel. Es liegt nahe, dass auf solchen Plätzen Informationen, wenn auch mit unterschiedlichem Wert, ausgetauscht wurden. Dass es keinen »Fahrplan« im heutigen Sinn gab, braucht nicht besonders erwähnt zu werden. Dennoch konnte die Ausrüstung einer Flotte sowie deren Bestimmungsort und ungefähres Auslaufen zwischen den europäischen und karibischen Häfen aber nicht geheim bleiben, wie sich an Fleurys Erfolg erweist.

So lagerten in den Laderäumen dreier spanischer Karavellen nicht nur Naturalgüter aller Art, sondern auch exotische Tiere von Papageien bis hin zu Raubkatzen. Das Wertvollste, und in seinem Wert kaum abzuschätzen, bestand jedoch im Anteil der Krone aus dem Aztekenzug des Hernán Cortés. Berichte deuten dessen Dimension an: über 600 Pfund Perlen, mehr als 300 Kilogramm Gold in Form von Goldstaub oder Barren; darüber hinaus auch Silberbarren und eine Unmenge an Edelsteinen. Die nur schwach bewaffnete Flotte näherte sich bereits den Küstengewässern Spaniens, als sie von fünf Schiffen unter dem Kommando Jean Fleurys angegriffen wurde. Eine Karavelle sank, eine zweite wurde manövrierunfähig geschossen und der »Königsschatz« geraubt – ein durchschlagender Erfolg für die Auftraggeber und eine Genugtuung für Franz I.

Anhand dieses frühen Beispiels können Faktoren aufgezeigt werden, die während der kommenden Jahrzehnte unverändert bleiben werden. Die Spanier konnten sich ihres Besitzes nicht mehr sicher sein; eine Wegstrecke von mehreren tausend Seemeilen war mit den Mitteln der Zeit nicht wirkungsvoll zu kontrollieren. Andererseits sorgten die Aktivitäten der Kaperkapitäne – zynisch betrachtet – zumindest für eine gewisse Breitenstreuung der Erträge Amerikas, wenn man die geregelte Zuweisung von Beuteanteilen berücksichtigt. Über diesen Umweg gelangten schon bald Ressourcen der Neuen Welt, wenn auch nur in geringem Maße, in die Volkswirtschaft der Angreifer. Jedenfalls hat Fleurys Überfall deutlich gemacht, wie verwundbar Spanien zumindest auf den Transportwegen war. Die Problemstellung verschärfte sich nach der Eroberung des Inkareiches und wurde schließlich mit der Ausbeutung von Silberminen wie die um Potosí oder La Bufa in Mexiko zur unlösbaren Aufgabe. Was für Spanien Edelmetalle und Perlen bedeuteten, gilt in gleichem Maße für die Gewürztransporte der Portugiesen. Allerdings besaßen diese den leichten Vorteil, dass ihre Anfahrtswege deutlich weiter von den Heimathäfen der Freibeuter entfernt lagen als jene der Spanier.

In dem Maße wie die spanischen Edelmetalltransporte, ob in Barren oder schon geschlagenen Münzen, zunahmen, vermehrte sich auch die Zahl von Abenteurern, die diesen Schätzen nachjagten. Gegen Mitte des 16. Jahrhunderts drangen die Freibeuter sogar bereits in den »fremdstaatlichen« Raum der Karibik selbst vor, ohne Rücksicht auf ihren weit entfernten Ausgangshafen zu nehmen. Eine Wasserfläche von der eineinhalbfachen Größe des Mittelmeeres ließ sich mit den Mitteln und Kräften der Zeit nicht einmal in Ansätzen kontrollieren. Für Spanien bedenklich und zum Anlass, die eigenen Sicherungsmaßnahmen neu zu überdenken, wurde es, als die Korsaren sich nicht mehr damit begnügten, einzelne Schiffe zu kapern, sondern auch Küstenstädte und Siedlungen überfielen – wie etwa François le Clerc 1554 Santiago de Cuba oder Jacques de Sores 1556 Havanna. In dieser Zeit erhielt der schon erwähnte Admiral Pedro Menéndez de Avilés den Auftrag, die maritimen Interessen Spaniens zu schützen. Charakterlich unterschied er sich kaum vom Naturell der Kaperkapitäne, bekleidete aber ein hohes Staatsamt. Wie bereits erwähnt, vertrieb er 1565 die Hugenotten aus Florida, vernichtete Fort Caroline und gründete San Agustín. Sein wesentliches Verdienst lag aber in der Konsolidierung der nachlässig durchgeführten Geleitzüge und dem Ausbau befestigter Flottenstützpunkte in der Karibik. Darüber hinaus disziplinierte er Führung und Mannschaften des mittlerweile verbreiteten Schiffstyps der Galeonen derart, dass sie im Ernstfall zu einer gefürchteten Waffe wurden.

In diesem Schiffstyp, mit schwerer Bewaffnung ausgestattet, sah Admiral Menéndez das Rückgrat für seine Bemühungen, eine wirksame Kontrolle über den Raum der Karibik und der Transportwege auszuüben. Für einen regelrechten Patrouillendienst entlang der Segelrouten konnten die vorhandenen Kräfte angesichts des zu überwachenden Raumes dennoch nicht ausreichen. Durch das weitläufige Maschennetz gelangten auch Schiffe nach Westindien, deren Kapitäne bloß an Handelsgeschäften interessiert waren, wenn auch unlizensierten. Das Vergaberecht lag beim Monopol der *Casa de la Contratación* in Sevilla und wurde restriktiv gehandhabt, mit den wachsenden Gewinnchancen in Neu-Spanien aber ebenso oft unterlaufen. Zu den gefragtesten Waren der Plantagengesellschaft Amerikas zählten bereits in ihren Anfängen billige Arbeitskräfte, das heißt Sklaven.

Zum drittenmal innerhalb weniger Jahrzehnte hatte Spanien durch Ausschaltung einer großen Gruppe den gleichen Fehler zum Schaden der Gesamtgesellschaft begangen: Durch das Alhambra-Edikt mit der darin festgeschriebenen Judenausweisung hatte es sich der Drehscheiben von Handel und Kapital sowie intellektueller Potenz beraubt; mit der Vertreibung der Morisquos verlor es danach den soliden Grundstock an Gewerbebetrieben und manuellen Arbeitern im Mutterland; und mit der kurzsichtigen Ausbeutung und damit einhergehenden Vernichtung der Ureinwohner setzte es in den Kolonien diesen Prozess ökonomischer Unsinnigkeiten nahtlos fort, der schließlich eine für das Land selbstzerstörende Eigendynamik entwickelte. Die ständige Ausweitung der Wirtschaft und die körperliche Unzulänglichkeit der durch »europäische Krankheiten« zusätzlich dezimierten Indianer führten am Ende zu der schon mehrfach erwähnten Einfuhr von Negersklaven aus Afrika, die anfangs noch in iberischen Händen lag.

Aber auch nichtiberische Anbieter traten auf den Plan und sicherten sich ihren Anteil am Gewinn. Wenn auch mit Risiko verbunden, so war das zugrunde liegende Prinzip denkbar einfach. In Afrika wurden die Schwarzen von meist arabischen Sklavenjägern (Senegal, Golf von Guinea) gekauft oder als Kriegsgefangene billiger vom siegreich gebliebenen Stamm eines Nachbarschaftskonfliktes (Kongo, Angola) erworben. Dadurch entfielen die Investitionen für den Ankauf üblicher Handelswaren. Die Gefahr, von portugiesischen Schiffen vor Afrika oder von spanischen in der Karibik aufgebracht zu werden, steigerte den Wert der Fracht, deren Erlös wieder in Gütern der Neuen Welt für europäischen Markt angelegt wurde, was den Gesamtertrag zusätzlich steigerte. So konnten ein oder zwei Fahrten eines wagemutigen Kapitäns den Grundstein zum späteren Reichtum einer Handelsfamilie legen.

Dies zeigt anschaulich das Beispiel des aus Plymouth stammenden William Hawkins. Dieser segelte um 1530 nach Brasilien und nahm eine Ladung Färbeholz an Bord, das von der englischen Tuch- und Wollmanufaktur als Rohmaterial für einen Naturfarbstoff sehr geschätzt war. Sein Sohn John Hawkins (1532–1595) erbte dann mit einem Bruder das mittlerweile angewachsene Familiengeschäft. Über seine Anfänge als Seemann ist relativ wenig bekannt, doch dürften sie sich kaum von denen anderer unterschieden haben. Nach dem Tod seines Vaters schloss sich Hawkins Freibeutern an und kämpfte gegen französische Schiffe im Ärmelkanal. Kaperfahrten führten ihn aber auch zu den Kanarischen Inseln, wo er mit spanischen Kaufleuten bekannt wurde und von den Reichtümern Westindiens hörte. Sie bestanden nicht nur aus Gold und Silber, sondern auch aus scheinbar einfachen Gütern wie Tabak, Häuten oder Kakao. Seine kaufmännische Umgebung dürfte ihn dann veranlasst haben, die offensichtlichen Gewinnmöglichkeiten zu nutzen, indem man das Monopol der *Casa de la Contratación* unterlief. Die großen Hafenstädte würden ihm wohl versperrt bleiben, in kleineren und abseits gelegenen Siedlungen könnte aber mit einem Erfolg gerechnet werden. Im Jahr 1562 rüstete Hawkins drei kleine Schiffe aus und begann die erste seiner drei Fahrten in die Karibik. Die Berichte darüber sind in der schon erwähnten Sammlung des Richard Hakluyt enthalten und bieten einen umfassenden Einblick in das Umfeld solcher Fahrten.

Dem oben erwähnten Grundprinzip folgend, segelte Hawkins zuerst nach Guinea, wo er unter nicht eindeutig geklärten Umständen 300 Negersklaven an sich bringen konnte und nahm dann Kurs nach Hispaniola. Wie erhofft und leichter als erwartet, gestaltete sich der Absatz seiner menschlichen Fracht ohne Probleme; ein Kolonialbeamter erteilte ihm für seinen Amtsbereich sogar eine reguläre Handelslizenz. Nach einigen Geschäften mit Naturalprodukten und ansehnlichem Gewinn kehrte Hawkins nach England zurück. Sein Erfolg blieb natürlich kein Geheimnis und deshalb bereitete es ihm keine Mühe, eine Beteiligungsgesellschaft zu gründen, der sich neben Kaufleuten und Spekulanten auch Angehörige des hohen Adels anschlossen, darunter die Earls of Leicester und Pembroke. Über Lord Clinton, einen anderen Investor, erhielt er Zugang zur Königin. Elisabeth I. zeigte sich in ihrem ambivalenten Verhältnis zu Spanien an dem Unternehmen interessiert und stellte der Gesellschaft leihweise ein Schiff zur Verfügung. Bei der JESUS VON LÜBECK handelte es sich mit 700 Tonnen um eines der größten Schiffe Englands. Vor vielen Jahren bereits von Heinrich VIII. erworben, entsprach der Viermaster nicht mehr der neuesten Technik, zeigte auch im Materialbereich starke Abnützungserscheinungen, bestach aber durch schwere Bewaffnung. Während die JESUS in der königlichen Werft von Chatham am Medway nahe London überholt wurde, rüstete Hawkins in Plymouth weitere Schiffe aus. Dazu zählten die SALOMON von der ersten Reise sowie die SWALLOW und TIGER aus dem Besitz seiner Familie. Diese beiden wiesen mit 30 und 50 Tonnen deutlich geringere Dimensionen auf als das Flaggschiff. Auf ihnen wurden Vorräte für insgesamt 150 Mann Besatzung und die aufzunehmenden Negersklaven gebunkert, ebenso eine Vielzahl von Handelswaren, die den Erfolg des Unternehmens garantieren sollten.

Mitte Oktober 1564 liefen die vier Schiffe nach Westafrika aus. Doch diesmal wurde Hawkins mit unerwarteten Schwierigkeiten konfrontiert, die bereits in Guinea begannen. Zuerst dauerte es wesentlich länger, bis die geplante Menge von 500 Sklaven erworben oder gefangen war; dann erwiesen sich die spanischen Beamten und Kaufwilligen an der venezolanischen Küste gegenüber den Engländern zurückhaltender und im Handel mehr auf einseitigen Vorteil bedacht als ein Jahr zuvor. Hawkins sah sich andauernd, wo auch immer er anlegte, mit Hinweisen auf staatliche Verordnungen und Erlässe konfrontiert, die den Handel mit Ausländern verboten, letztendlich aber nur als Vorwand genommen wurden, den Preis der Sklaven zu drücken. Darauf wollte er sich aber mit Rücksicht auf Gewinnoptimierung nicht einlassen. Erst in

Nähe des heutigen Caracas stieß er endlich auf die ersten Käufer seiner Ware. Zuvor wurden erneut königliche Erlässe zitiert und der Provinzgouverneur ließ Hawkins eine Erklärung unterschreiben, die seine eigene Person vor einer Anklage verbotener Handelsbeziehungen schützen sollte. Als der Beamte danach auch noch eine Sonderabgabe und zusätzlich Zollgebühr forderte, kam es zur Konfrontation. Hawkins drohte, die Stadt zu verwüsten, sollten diese Forderungen nicht zurückgenommen werden. Das Einlenken des Gouverneurs bedeutete für den Engländer eine Art Schlüsselerlebnis, zeigte es doch, dass die Spanier mit selbstbewusstem Auftreten zu beeindrucken waren. Von nun an sollte der Sklavenabsatz für Hawkins kein Problem mehr darstellen. Mit einem Gesamtergebnis von 10 000 Pfund Gewinn trat er die Heimreise an. Vor der Atlantikquerung steuerte man im Auftrag der Königin noch Florida und die Hugenottensiedlung um Fort Caroline an, was bereits im Abschnitt über die französischen Bemühungen in Amerika kurz Erwähnung fand.

Nach insgesamt elf Monaten kehrte John Hawkins nach Plymouth zurück. Der Reingewinn des Unternehmens betrug gute 50 Prozent, eine Rendite, die ihn sofort an den Vorbereitungen zu einer weiteren Fahrt arbeiten ließ. Als Gerüchte nicht verstummen wollten, dass die Königin beabsichtige, ihm dafür zwei englische Kriegsschiffe zur Verfügung zu stellen, sah sich der spanische Gesandte veranlasst, bei Hof vorstellig zu werden. Elisabeth verfolgte ihre bewährte Strategie weiter und wies jede behauptete Verbindung zu den Aktivitäten des Kapitäns zurück. Der wieder versicherte, er würde nur nach Afrika segeln, um in Äquatornähe nach Gold zu suchen und hätte keine Absichten, nach Westindien aufzubrechen. Der Botschafter musste sich damit zufrieden geben. Beide Seiten blieben diplomatisch verbindlich, wohlwissend, dass die Gegenseite den eigenen Beteuerungen keinen Glauben schenken würde.

Im Herbst 1567 lichteten fünf Schiffe ihre Anker, wieder mit Erstkurs Afrika. An Bord befanden sich etwa 400 Mann. Kapitän der kleinen JUDITH war der noch junge, aber schon seeerfahrene Francis Drake, Hawkins' jüngerer Vetter. An der Sklavenküste Afrikas angekommen, musste man feststellen, dass die portugiesischen Lizenzträger für den Menschenhandel auf Druck Spaniens ernsthafter über ihr Monopol wachten und keiner bereit war, mit Hawkins in Geschäftsbeziehungen zu treten. Das zwang ihn dazu, selbst aktiv zu werden. Kein leichtes Unterfangen, denn auch Franzosen und sogar schon Niederländer wollten Profit aus dem unstillbaren Bedarf der spanischen Kolonien nach Sklaven schlagen. Trotzdem schlossen sich zwei französische Kaperkapitäne dem Engländer an. Nach mehreren Versuchen konnte Hawkins seine Schiffe dann doch mit etwa der gleichen Zahl Sklaven wie bei der vergangenen Fahrt füllen, erwarb von den Portugiesen noch eine Bark und segelte mit seiner nun auf zehn Einheiten angewachsenen Flotte in die Karibik. Der Sklavenabsatz gestaltete sich von Borburata bis Santa Marta sehr schwierig und wurde zudem durch die spanischen Käufer zusätzlich in die Länge gezogen. So nahte die Zeit der Herbststürme, denen Hawkins durch beschleunigten Absatz der verbliebenen Sklaven auf den Inseln während der Heimfahrt zu entkommen trachtete. Doch es half nichts: Im Raum Jamaicas geriet die Flotte in einen drei Tage anhaltenden Sturm.

Auf seiner Suche nach einer geeigneten Bucht oder einem gesicherten Liegeplatz zur Überholung der Schiffe erfuhr Hawkins am 11. September von einem Hafenplatz in Nähe der Stadt Veracruz. Dieser befand sich auf einer kleinen, der Festlandküste unmittelbar vorgelagerten felsigen Insel mit Namen San Juan de Ulúa, die bereits bei Grijalva und Cortés Erwähnung fand. Sie war aber auch, wie Hawkins hörte, jener Hafen, den die Nordflotte der jährlichen Geleitzüge anlief, da der Naturhafen besseren Schutz vor den Herbststürmen bot als der offene von Veracruz, dem Endpunkt der Silberladungen aus dem mexikanischen Hochland. Die Flotte befand sich bereits in der Karibik, dennoch rechnete sich Hawkins einen Zeitvorteil von ungefähr zwei Wochen aus, die er zu nützen gedachte. Er beschloss das Risiko einzugehen und lief mit der englischen Flagge an der Großstenge der JESUS VON LÜBECK am Morgen des 16. September San Juan de Ulúa an. Aufgrund der zeitlichen Übereinstimmung verkannten die Spanier im Hafen das reale Geschehen völlig. Anstelle der erwarteten Nordflotte gehörten die aus der Sonne auftauchenden Segel einem Gegner, dessen Anwesenheit in der Karibik kein Geheimnis mehr war. Ehe sie ihren Irrtum bemerkten, hatte Hawkins seine Schiffe vor dem Hafen in Stellung gebracht, bedrohte mit ausgefahrenen Kanonen unmissverständlich die Siedlung und besetzte den Hafenort in einem Handstreich. Selbst überrascht, so tief in den gegnerischen Machtbereich vorgedrungen zu sein, versuchte Hawkins mit Francisco de Bustamante, dem Statthalter und königlichen Schatzmeister von Veracruz, eine Art Waffenstillstand mit dem Ziel auszuhandeln, eine unbedrohte Reparatur seiner Schiffe durchführen zu können. Seine Hoffnung erfüllte sich nicht; die spanische Flotte unter Generalkapitän Francisco de Luxan war schon näher als gedacht. Am 17. September warf sie vor der Reede und damit außerhalb der Reichweite der Hafenbatterien Anker, an Bord des Flaggschiffes der neu ernannte Vizekönig Don Martín Enriquez de Almansa. Die nächsten Tage vergingen in einem strategischen Patt und waren vom Taktieren beider Seiten gekennzeichnet, von Beteuerungen gegenseitigen Respekts und gleichzeitigen Versuchen, den Vorteil des Handelns für die eigene Seite zu erringen.

Nach einem Geiselaustausch lief die spanische Flotte am 21. September in den Hafen ein und ankerte in unmittelbarer Nähe der englischen Schiffe. Währenddessen hatte der Führungsstab um Luxan und Almansa einen Schlachtplan entworfen, der ein kombiniertes Land-Seeunternehmen beinhaltete. Über geheime Boten hatte der Vizekönig Verstärkung aus Veracruz angefordert, die zur Rückeroberung der Hafenbatterien vorgesehen war, während die Galeonen seeseitig aktiv werden sollten. Der Überraschungsschlag erfolgte am 23. September. Hawkins gelang es zwar, mit den Männern der JESUS die spanischen Entermannschaften auf der MINION zu vertreiben, konnte aber den Verlust der Landbatterien nicht verhindern. Nun selbst im Kreuzfeuer liegend, begann sich die Abwehrfront der Engländer aufzulösen. Man kappte die Ankertaue und setzte notdürftig Segel, um dem Feuer der Landkanonen zu entkommen. Quälend langsam trieben die englischen Schiffe auf jene des Gegners zu, denen sie nun ihrerseits eine Salve nach der anderen entgegenschleuderten. Beide Seiten hatten schwere Verluste hinzunehmen, darunter die Flaggschiffe. Beim Ausbruch der Kampfhandlungen hatte sich die JUDITH unter Francis Drake etwas abseits der übrigen Schiffe befunden. So gelang ihr der Durchbruch aus dem inneren Hafenbecken, womit sie aber nicht mehr direkt in das Gefecht eingreifen konnte. Hawkins sammelte die verbliebenen Mannschaften, einen Gutteil der erworbenen Handelswaren sowie etwas Proviant auf der MINION. Mit einigem Glück, aber schweren Treffern am Schiff entging man der Vernichtung.

Als die Dämmerung einbrach, lagen MINION und JUDITH nahe beieinander außerhalb der spanischen Geschützreichweite vor dem Hafen. In der Nacht zum 24. September stahl sich Drake mit 30 Mann und der JUDITH vom Schauplatz des blutigen Geschehens und erreichte wohlbehalten England. John Hawkins war zu Recht wütend und verbittert, als er am Morgen Drakes Flucht bemerkte. Später sollte er aber, wenigstens nach außen hin, seinem Vetter keinen Vorwurf aus dieser unehrenhaften Handlung machen. Raumbeengtheit und völlig unzureichender Proviant zwangen ihn, nördlich von Veracruz wieder an Land zu gehen, wo sich etwa 100 Mann zu einem ungewissen Weg in die eigene Zukunft aufmachten[160]. Hawkins und die verbliebenen Überlebenden von San Juan schleppten sich auf der havarierten MINION über den Atlantik. Es verging kaum ein Tag, an dem nicht mindestens ein Mann an Erschöpfung und Hunger starb. Am 25. Januar 1569 erreichte der Rest am Rande des Zusammenbruchs die Küste von Cornwall, kaum mehr in der Lage, das Schiff zu manövrieren. Einem spanischen Bericht zufolge sollen lediglich 15 Mann den letzten Akt der Tragödie überlebt haben. Viel entscheidender als die wahre Zahl ist jedoch die Tatsache, dass das Unternehmen des Privatmannes John Hawkins die erste Konfrontation Englands mit Spanien in der Karibik darstellte.

San Juan de Ulúa konnte für die Spanier letztendlich kein Anlass zum Triumph sein. Ihren Sieg verdankten sie ausschließlich dem Zufall einer zeitlichen Übereinstimmung jeweiliger Anwesenheiten. Beiden Seiten war endgültig bewusst geworden, dass der karibische Raum und der Golf von Mexiko nicht wirksam kontrolliert werden konnten. Einzelne Befestigungsanlagen vermoch-

ten wohl ihrer Umgebung zweifelhaften Schutz zu bieten, aber nicht Tausenden von Seemeilen Küste. Und schließlich war da noch ein Mann, der bei Veracruz seine ersten Erfahrungen gegen die Spanier gesammelt hatte: Francis
Drake. Für die nächsten Jahre trennten sich dessen Wege von jenen des John
Hawkins. Dieser war zur Überzeugung gelangt, dass ein Krieg mit Spanien
bald unvermeidbar sein würde. Für einige Zeit widmete er sich noch seinen
Geschäften als Großkaufmann und begann schließlich als Schatzmeister der
englischen Marine, die Flotte zu reformieren und auszubauen. Zwanzig Jahre
nach San Juan sollte John Hawkins als »Konteradmiral« an der Seite Drakes
am Abwehrkampf gegen die Armada teilnehmen.

SIR FRANCIS DRAKE – POLITISCHE PIRATERIE

> *»Kapitän Drake, der König von Spanien hat Euer*
> *Haupt gefordert – Wir haben die entsprechende Waffe.«*
> Wortspiel Elisabeths I. beim Ritterschlag
> des Francis Drake 1581

Die erste größere Auseinandersetzung zwischen englischen Schiffen und den
Spaniern endete mit schwersten Verlusten an Menschen und Material, doch
inhaltlich gab sie die Richtung der kommenden Entwicklung vor. Jeder Überfall konnte für sich allein betrachtet nur ein Nadelstich sein, in Summe ergaben sie aber ein nicht zu unterschätzendes Bedrohungspotenzial. Waren die
ersten Goldlieferungen nach der Jahrhundertwende noch ein erfreulicher
Aspekt für die Staatskasse, so mutierten sie – und vor allem die Silberlieferungen – später zur Notwendigkeit für Spanien, von der Qualität einer lebenser-
haltenden Infusion. Der Ausfall einzelner Schiffe, ja sogar selbst eine verspä-
tet eintreffende Flotte führte zu Beben in der Finanzwelt. Elisabeth I. zeigte
sich zunehmend gewillt, dem katholischen Gegner in seinem verwundbarsten
Gebiet, der Neuen Welt und dem Meer, die Stirn zu bieten, wenn auch über
den Umweg von risikobereiten Männern wie Hawkins. Dieser enthielt sich
aber nach dem Desaster vor San Juan de Ulúa für viele Jahre jeder weiteren
Aktivität in der Karibik.

Wie das Verhalten des Francis Drake in der letzten Nacht vor San Juan zu
beurteilen ist, mag jeder für sich entscheiden. Doch wird Drake später aus dem
Verrat, Wortbruch und der unverhältnismäßigen Härte der Spanier die moralische Legitimation für seine Plünderungszüge ableiten. Dahinter verbirgt

sich aber mehr als ein vordergründiger Rachefeldzug. Von nun an beginnt der »Kampf um die Weltmeere« konkrete Formen anzunehmen. Mangels natürlicher Grenzziehungsmöglichkeiten wie Gebirge, Flüsse oder ähnlichem wird das Meer jenseits des eigenen Küstenhorizonts zum anarchischen Freiraum. Doch auch das bisher geachtete »Besitzrecht« des Erstentdeckers gerät nun ins Wanken. Nicht mehr die Tordesillas-Linie ist Kriterium, sondern andere virtuelle Linien, an denen der Respekt Englands, Frankreichs und auch der Niederlande endet: im Westen bei den Azoren und im Süden beim Wendekreis des Krebses und Äquator. Francis Drake bringt die geänderten Verhältnisse auf den Punkt, wenn er lapidar festhält: *»No peace beyond the line!«* – Kein Friede jenseits der Linie.

In welchem Jahr Drake in Tavistock, Grafschaft Devonshire geboren wurde, ist nicht bekannt; wahrscheinlich zwischen 1539 und 1545. Er verbrachte seine Jugend im Umfeld der königlichen Werften am Medway bei London. Seine erste eigenständige Fahrt, ein Jahr nach San Juan, dürfte Drake mehr zur Stärkung des Selbstbewusstseins denn als erste Etappe eines weiter gesteckten Planes unternommen haben. Von ihr ist kaum etwas bekannt. Sie dauerte sechs Monate und wurde von Hawkins mitfinanziert. Aus Letzterem lässt sich zumindest ableiten, dass John Hawkins zwischen kaufmännischen Interessen und persönlichen Gefühlen wohl zu unterscheiden wusste. Drakes nächstes Unternehmen im Jahr 1571 trägt schon eher den Charakter einer Erkundungsfahrt. Mit der SWAN, einem winzig anmutenden Schiff von nur 25 Tonnen, gelangte er unbemerkt in den Golf von Darién östlich der Landenge von Panamá. Dort zog er sich vorerst in eine abgeschiedene Bucht zurück, wo der Regenwald bis an das Ufer reichte und damit ein sicheres Versteck bot. Da sich viele exotische Vögel in Ufernähe aufhielten, gab er ihr den Namen »Port Pheasant« nach dem englischen Wort für Fasan. Von hier aus unternahm Drake nun Erkundungsfahrten zur Aufklärung spanischer Aktivitäten in einem strategisch wichtigen Gebiet der Karibik. Westlich von Port Pheasant lag Nombre de Dios, der europagerichtete Verschiffungshafen für die Edelmetalllieferungen aus dem Andenraum, im Osten das stark befestigte Cartagena, nicht nur Verwaltungszentrum, sondern im Bedarfsfall auch geschützter Überwinterungshafen für die südliche Silberflotte.

Solcherart sammelte Drake nicht nur Erfahrungen über den spanischen Schiffsverkehr im südwestlichen Teil der Karibik. Er konnte auch mit einer mittlerweile stark verbreiteten Außenseitergruppe in Verbindung treten, den »Cimarrones«; ihre Bezeichnung leitet sich ursprünglich von dem spanischen Ausdruck für wildes oder verwildertes Vieh her. Bei dem »menschlichen« handelte es sich um entlaufene Negersklaven, die abseits spanischer Siedlungen Gruppen bildeten und ein freies Leben in der Natur führten. Ihre Anfänge lassen sich bis in die Frühzeit der Kolonisation auf Hispaniola zurückverfolgen. Der verstärkte Import von Negersklaven ließ proportional auch die Zahl und das Verbreitungsgebiet der Cimarrones anwachsen. Im Abschnitt Panamás schätzt man ihre Stärke zur Zeit Drakes auf etwa 3000. Sie wurden von ihren ehemaligen Herren gnadenlos gejagt und entweder getötet oder erneut zu Sklaven gemacht. In Ausnahmefällen gelang es den Cimarrones aber auch, ihrerseits Plantagen erfolgreich anzugreifen oder Warentransporte zu überfallen. Durch geschickte Annäherung konnte Drake, der für sie ja auch Gegner der Spanier war, von ihnen zusätzliche Informationen über geographische Gegebenheiten im Landesinneren und die Kräfteverhältnisse des gemeinsamen Feindes gewinnen. Mit dem erworbenen Wissen kehrte Drake nach England zurück und begann umgehend mit den Vorbereitungen zum bisher waghalsigsten Unternehmen eines englischen Kaperkapitäns.

Vom Interesse wohlhabender Kaufleute aus Plymouth bedacht, stach er am 24. Mai 1572 mit zwei Schiffen und 73 Mann in See. Das 70 Tonnen Schiff PASHA wurde von ihm selbst befehligt, die kleinere SWAN der letzten Reise kommandierte sein Bruder John. Auf den Schiffen lagen drei zerlegte Pinassen bereit, die man in den seichten Buchten und Strandabschnitten des Golfes von Darién einzusetzen gedachte. Ohne Zwischenhalt auf den Kanaren segelte Drake gleich in die Karibik und weiter nach Port Pheasant. Dort fand man das im letzten Jahr angelegte Vorratslager geplündert vor. Drake ließ die Pinassen zusammenbauen und verlegte nach deren Montage den Stützpunkt auf eine kleine bewaldete Insel, die den Namen »Isle of Pines« (»Pinieninsel«) erhielt. Sie lag etwa 120 Kilometer von Nombre de Dios entfernt, das er von seiner neuen Basis aus anzugreifen gedachte. Im Verschiffungshafen Nombre de Dios musste ein Zwischenlager für die Silberlieferungen aus den Anden bestehen, dessen Plünderung Drakes vorrangiges Ziel war. Nachdem er PASHA und SWAN versteckt und eine kleine Sicherungseinheit im Versteck zurückgelassen hatte, brach er Ende Juli mit den Pinassen auf. Der nächtliche Überfall gelang und wäre zum vollen Erfolg geworden, hätte eine Musketenkugel Drake nicht am Bein verwundet. Die Mannschaft nahm gegen seinen Willen von der Plünderung des »Schatzhauses« Abstand und zog sich mit dem verletzten Kommandanten auf die Pinieninsel zurück.

Kaum genesen beschloss Drake, dem Maultiertreck von Panamá nach Nombre de Dios in der Wildnis des Gebirgszuges aufzulauern, der die beiden Küstenregionen des Isthmus voneinander trennt. Von seinen vorjährigen Kontakten mit den Cimarrones war ihm bekannt, dass die Verfrachtung des Silbers erst im Januar, nach Ende der Regenzeit, erfolgen würde. Bis dahin blieben noch ungefähr vier Monate, die man mit einigen Raubzügen auf den Pinassen überbrückte. Wenn auch kein herausragender Beutefang gelang, so sicherten diese Fahrten wenigstens einen ungebrochenen Nahrungsnachschub und stark erweiterte Kenntnisse der Gewässer. In diese Zeit fiel der Beginn von Drakes späterem Ruf. Sein überraschendes Zuschlagen und ebenso plötzliches Verschwinden barg für die einfache spanische Küstenbevölkerung etwas Bedrohliches in sich. In Ableitung seines Namens wurde aus Drake »El Draque«, der Drache. Während einer dieser Fahrten traf er auf den französischen Freibeuter Guillaume Le Testu, der sich samt seiner 70-köpfigen Besatzung den Engländern anschloss. Als von den Cimarrones die Nachricht eintraf, die Silberflotte hätte vor Nombre de Dios Anker geworfen, setzte er mit 55 Mann, darunter 20 Cimarrones, einige Kilometer südlich der Stadt auf das Festland über und zog landeinwärts. Man bezog Stellung und das Warten auf den Maultierzug begann.

Der Überfall gelang ohne jede Störung wie geplant und die Spanier leisteten nur geringen Widerstand. Nach kurzem Gefecht, bei dem Le Testu schwer verwundet wurde, floh die Bedeckung und ließ die Maultiere samt ihrer wertvollen Fracht zurück. Allein das erbeutete Gold besaß einen Gegenwert, mit dem man 30 englische Kriegsschiffe bemannen und voll hätte ausrüsten können. Das Gesamtgewicht des Silbers überstieg aber die Kräfte der Männer. Drake ließ es im Dickicht verstecken, um es in einer zweiten Aktion gleichfalls auf die Pinassen zu bringen, was die Spanier jedoch verhindern konnten und dabei auch Le Testu samt den beiden gleichfalls zurückgelassenen Wachen töteten. So beschloss Drake die Rückreise nach England, zahlte die Mannschaft des unglücklichen Le Testu anteilig aus und ging nach kurzer Überfahrt am 9. August 1573 in Plymouth vor Anker. Seine Ankunft verbreitete sich wie ein Lauffeuer. Viele Bewohner liefen zum Hafen, und als sich die Nachricht über seinen Erfolg innerhalb weniger Tage in ganz England verbreitet hatte, war ein neuer Held geboren.

Über die Aufteilung der Beute ist nichts Genaueres bekannt; feststeht jedoch, dass Francis Drake und die Überlebenden der Fahrt bis an ihr Ende reiche Männer waren. So sehr auch Drakes Husarenstück das Volk begeisterte, es brachte die Königin in diplomatische Schwierigkeiten, die jene im Zusammenhang mit John Hawkins bei weitem übertrafen, hatte der doch im wesentlichen bloß das Handelsmonopol unterlaufen. Um den spanischen Unmut nicht noch weiter zu steigern, enthielt sich Elisabeth jeder öffentlichen Stellungnahme oder Beachtung des »Volkshelden«. Aber auch Drake hielt sich einige Zeit von Schiffen und Korsarenfahrten fern. Erst 1575, es ist das Jahr des spanischen Staatsbankrottes, zeigte er sich wieder in London bei Hof, um der Königin einen noch weiter ausgreifenden Plan zum Schaden der Spanier vorzulegen. Der Grundgedanke war von bestechender Einfachheit und sah vor, die Südspitze Amerikas zu umschiffen und das Edelmetall dort zu holen, wo es ursprünglich verladen wurde, an den ungeschützten Küsten Perus. Seit fünfzig Jahren wurde die nach Magellan benannte Passage nicht mehr befahren, und die an den Pazifikküsten Amerikas segelnden spanischen Schiffe wurden in den Werften Mexikos, Panamás oder Perus gebaut. Drake wollte die Spanier also dort treffen, wo sie es nicht einmal vermuten konnten und deshalb sorgloser waren als in den Gewässern vor Cap Vicente oder Sevilla.

Im direkten Umfeld der Königin hatte sich jene Gruppierung Gehör verschafft, die in Angriffen auf spanische Schiffe und Siedlungen in der Neuen Welt eine Schwächung des katholischen Feindes in Europa sah. Innerlich neigte auch Elisabeth diesem Gedanken zu, musste aber aus staatspolitischen Gründen noch immer eine direkte Konfrontation mit dem übermächtigen Philipp von Spanien meiden. Während sie sich offiziell zurückhaltend bis ablehnend zeigte, beteiligte sie sich aus ihrer Privatschatulle an dem Unternehmen, ohne den Staatsrat darüber zu informieren. Die nun folgenden Vorbereitungen liefen im Spannungsfeld zwischen Drakes Bekanntheit und erwünschter Geheimhaltung ab. Um die Spanier auf einen Irrweg zu führen, wurde Alexandrien als Endziel einer ganz normalen Handelsfahrt durch das Mittelmeer angegeben, wo englische Kaufleute Wollwaren gegen Baumwolle und indische Gewürze eintauschten. Nur wenige wussten um den wahren Bestimmungsort, darunter auch Sir Christopher Hatton (1540–1591), der Hauptgeldgeber des Unternehmens. Am 13. Dezember 1577 stachen drei Schiffe, die PELICAN, die ELIZABETH und die MARYGOLD zu einer denkwürdigen Fahrt in See, deren Umfang keiner der Beteiligten vorausahnen konnte. Zwei begleitende Proviantschiffe wollte man unterwegs aufgeben. Insgesamt befanden sich 164 Mann an Bord, darunter auch einige höher gestellte Abenteurer, die in der Fahrt mehr ein aufregendes Turnier als harte, sogar vom Tod bedrohte Arbeit sahen. Einer von ihnen war der Höfling Thomas Doughty, den Drake vermutlich während seines Irlandaufenthaltes 1573/75 kennen gelernt hatte.

Wenn vorhin vom unbekannten Umfang der Fahrt gesprochen wurde, so ist das nur bedingt richtig. Dass aus ihr die zweite Weltumseglung werden würde, konnte tatsächlich niemand vorausahnen. Alles weitere betreffend waren jedoch nur Vermutungen über einen eventuellen Geheimauftrag der Geldgeber. Es gibt eine Vielzahl von Theorien, die keinen Bestimmungsort von Interesse übersehen. Der einen nach sollte Drake die Molukken ansteuern; eine andere sieht das Auffinden des legendären Südkontinents, der »Terra Australis« als Hauptziel an; eine dritte wieder postuliert die Entdeckung der Nordwestpassage von der Pazifikseite her (Martin Frobisher war im Oktober 1576, ein Jahr vor Drakes Abreise, erstmalig von der Ostseite der angenommenen Passage zurückgekehrt). Wenn es je einen »Geheimauftrag« gab, so lässt er sich nicht mehr zweifelsfrei rekonstruieren. Vom Verlauf weiter Teile der Reise ist man über die Aufzeichnungen des Francis Fletcher unterrichtet, dem Bordgeistlichen auf der PELICAN.

Ende 1577 verließ die Flotte englische Gewässer und machte sich auf eine Reise, die fast drei Jahre dauern sollte. Bereits in ihren Anfängen kam es zwischen Drake und Doughty zu Reibereien, die nichts Gutes ahnen ließen. Der selbstbewusst und arrogant auftretende Dandy verhielt sich nach der Prisennahme eines portugiesischen Kauffahrers insofern falsch, als er heimlich Teile der Beute an sich nahm; in Freibeuterkreisen ein unzulässiger Fehltritt, da eine offene, für jedermann nachvollziehbare Teilung ungeschriebene Regel war. Als Doughty auch noch Drakes jüngeren Bruder Thomas der Urheberschaft bezichtigte, ließ ihn dieser von der PELICAN auf ein anderes Schiff bringen. Von da an begann Doughty die Mannschaft gegen Drake aufzuwiegeln und durch Bestechung auf seine Seite zu bringen. Als er den Kapitän eines Proviantschiffes zur Meuterei anstiften wollte und vor versammelter Mannschaft und Drake selbst erklärte, dass er ebenso viel zu sagen hätte wie der Oberkommandierende, handelte Drake genauso entschlossen und hart wie Magellan sechzig Jahre zuvor. Es wirkt wie ein Zufall der Geschichte, dass Drake die Konsequenzen aus Doughtys Subversion genau am selben Ort zog wie der erste Weltumsegler. In der Bucht von San Julián ließ er im Juni 1578 dem Aufwiegler den Prozess machen; und um seine Unvoreingenommenheit zu bekunden, berief Drake auch einige Freunde Doughtys zu Geschworenen. Nach Anhörung verschiedener Zeugen wurde der Angeklagte schuldig gesprochen und am Strand enthauptet. In einer psychologisch beeindruckenden Rede wandte sich Drake danach an die Mannschaften und schwor sie erneut auf seine Person ein.

Am 17. August 1578 verließ man San Julián und befand sich drei Tage später am Cabo Vírgenes, dem Eingang zur Magellanstraße. Die beiden Proviantschiffe waren wie geplant bereits aufgegeben worden, nun ordnete Drake auch die Ausschlachtung eines zuvor gekaperten portugiesischen Kauffahrers an, um die vorhandene Mannschaft auf drei Hauptschiffe konzentrieren zu können. Als symbolische Zeichen, dass ab nun ein völlig neuer Abschnitt der Fahrt anbrechen sollte, gab er seinem Flaggschiff, der PELICAN, einen neuen Namen. Nach der goldenen Hirschkuh, die sein Förderer Sir Christopher Hatton im Wappen führte, wurde aus ihr die seitdem bekannte GOLDEN HIND. In nautisch bestechender Manier durchquerte er mit seinen drei Schiffen die Magellanstraße in kaum mehr als zwei Wochen, doppelt so schnell wie der Entdecker vor mehr als einem halben Jahrhundert. Anfang September 1578 erreichten die drei Schiffe den Pazifik, passierten das Cabo Pilar und wollten auf Nordwestkurs gehen, als ein Sturm losbrach. Die Schiffe verloren den Blickkontakt zueinander und wurden schließlich vollends zersprengt. Den Aufzeichnungen Drakes kann man entnehmen, dass zumindest das Flaggschiff weit nach Süden zurückgeworfen wurde. Dabei konnte Drake feststellen, dass die Magellanstraße nicht »der« Verbindungskanal zwischen den beiden Weltmeeren ist, sondern nur eine Abkürzung. Südamerika, so entdeckte er, lief im Meer aus, das »Feuerland« südlich der Straße ist nicht Teil des postulierten

Südkontinents, sondern nur eine Ansammlung von größeren und kleineren Inseln. Dabei fand er einen weiteren Verbindungskanal zwischen Atlantik und Pazifik, die später nach ihm benannte Drakestraße. Ob die GOLDEN HIND das Kap Hoorn erreichte, ist heute umstritten. Die erste nachweisbare Umschiffung erfolgte, wie schon aufgezeigt, vierzig Jahre später durch die Niederländer Jacobus Le Maire und Willem Cornelis Schouten im Jahr 1616.

Nachdem sich der Sturm gelegt hatte, suchte Drake vier Monate lang die zerklüftete, von vielen Fjorden eingeschnittene Südküste Chiles nach den beiden anderen Schiffen ab. Schließlich gab er alle Hoffnung auf und segelte nach Norden. Auch der Kapitän der ELIZABETH hatte versucht, wieder in Kontakt mit dem Flaggschiff zu treten – doch ebenso vergebens. Da er die Alleinfahrt in unbekannten Gewässern nicht wagen wollte, kehrte er nach England zurück. Die MARYGOLD dürfte dem Sturm zum Opfer gefallen sein, da weder vom Schiff noch der Besatzung später Überreste gefunden wurden. Da Drake nun nur noch über ein Schiff und demzufolge auch über nur geringe Mannschaft verfügte, gab er den Plan, Panamá zu überfallen, auf und begnügte sich mit einigen, für die Spanier nicht minder schmerzhaften Kaperungen und Überfällen an den lang gestreckten Küsten Chiles, darunter Valparaiso, wo auch ein Lotse durch die Küstengewässer nach Peru an Bord genommen wurde. Man hatte bereits einiges an Gold und Edelsteinen auf die GOLDEN HIND schaffen können, als Drake von einem gefangenen spanischen Matrosen erfuhr, dass sich ein vollbeladenes »Schatzschiff« von Callao de Lima mit Ziel Panamá auf See befand: die NUESTRA SEÑORA DE LA CONCEPCIÓN, von den Spaniern wegen der schweren Bewaffnung, die zur Sicherung der wertvollen Ladung diente, auch »CACAFUEGO« (zivilisiert übersetzt: Feuerspeier) genannt. Die Jagd begann.

Man kann es dem spanischen Kapitän Juan de Antón nicht unbedingt als Sorglosigkeit anlasten, wenn er sich und sein Schiff samt Ladung im Pazifik sicher wähnte. So traf er auch keine Vorsichtsmaßnahmen, als sich am Horizont Segel näherten. Da die Spanier viel zu spät ihren Irrtum bemerkt hatten, kam die GOLDEN HIND ungehindert längsseits und krallte sich mit Enterhaken an der NUESTRA SEÑORA fest. Während Drake dem spanischen Kapitän in aller Form und ausgesuchter Etikette entgegentrat, wurden die beiden Schiffe außer Sichtweite der Küste gebracht. Vier ganze Tage benötigten die Engländer, um die erbeutete Ladung von der CACAFUEGO auf die GOLDEN HIND zu verbringen: 26 Tonnen Silberbarren, etliche Kisten mit Silbermünzen, 72 Pfund Gold sowie Perlen und Edelsteine. Danach krönte Drake sein Husarenstück mit der Ausstellung einer offiziellen Übernahmequittung, die der spanische Kapitän seinen Behörden vorlegen konnte. Danach trennten sich die beiden Schiffe.

Von nun an war es völlig unerheblich, welches Ziel Drake mit der Fahrt wirklich verfolgte. Eine Rückkehr nach England auf der bisherigen Route war ab sofort nicht mehr möglich, wollte man sich nicht der Gefahr eines spanischen Gegenangriffs aussetzen. So blieb als einzige Alternative die Überquerung des Pazifik und des Indischen Ozeans. Bei nüchterner Risikoabwägung bot der Westweg bessere Möglichkeiten, die außerordentliche Prise sicher nach England zu bringen, als über eine hypothetische Nordwestpassage. Selbst wenn es sie geben sollte, so würde dort die Wahrscheinlichkeit eines Schiffbruchs und damit der Verlust reicher Beute ungleich höher sein als im Pazifik. Um sich aber ein Bild über die spanischen Siedlungen und Stützpunkte machen zu können, segelte Drake die Küste entlang nach Norden. Er umging in weitem Bogen Panamá und landete mehrmals im Abschnitt Mexikos und Südkaliforniens. Wie weit er wirklich nach Norden vorstieß ist nicht eindeutig gesichert, doch vielfach wird angenommen, dass er bis zum kanadischen Vancouver-Island bei etwa 48° nördlicher Breite gelangt sein könnte, weiter als die Spanier 1543 unter Rodriguez Cabrillo und seinem Piloten Ferello. In einer ebenfalls geographisch nicht mit Sicherheit zu lokalisierenden Bucht – die heutige Drake's Bay gilt als wahrscheinlich – ließ Drake die GOLDEN HIND gründlich überholen und Proviant bunkern; die Trinkwasservorräte wurden auf mindestens fünfzig Tage ausgelegt. Ende Juli 1579 begann die Pazifiküberquerung.

Am 30. September sichtete man mit einer Insel der Marianengruppe wieder Land. Nach flüchtigen Kontakten mit Eingeborenen sowie Verproviantierung ging es weiter zu den Molukken, wo Drake vom Sultan von Ternate überaus freundlich empfangen wurde. Obwohl dieser bereits mit den Portugiesen Handel trieb, wollte er seine Geschäftsbeziehungen ausweiten und schloss auch mit den Engländern ein Abkommen. Zur Bekräftigung gestattete der Sultan auch die Ausfuhr von sechs Tonnen Gewürzen, überwiegend Gewürznelken – auf dem englischen Markt eine Ladung von ungeheurem Wert, wie sich aus der Zehnfachkapitalisierung ableiten lässt. Mit dem Ankerlichten am 9. November begann für Drake und seine Besatzung der schwierigste Teil der Rückreise. Im Gewirr der südostasiatischen Inselwelt überwachten die Portugiesen die Schifffahrtsrouten zu ihren einträglichen Handelsstützpunkten erheblich stärker als Spanien die Karibik. Man verließ die Molukken und suchte portugiesischen Schiffen zu entgehen. Bei Celebes lief die GOLDEN HIND auf Grund und saß fest, worauf Drake allen unnötigen Ballast, darunter auch einige schwere Kanonen, über Bord werfen ließ, um dem Schiff weniger Tiefgang zu geben. Nach einigen Stunden harter Arbeit war es schließlich wieder frei. Auf Java frischte man die Vorräte auf und trat mit dem ortsansässigen Radscha in Verbindung. Auch hier konnte mit dem Radscha ein Handelsabkommen geschlossen werden, ehe Drake vor angekündigten portugiesischen Schiffen in den Indischen Ozean auslief. Die Querung erfolgte ohne Probleme und in sehr kurzer Zeit. Für die Umrundung des Kaps der Guten Hoffnung benötigte man allerdings wegen ständiger Gegenwinde und dem dadurch erforderlichen Kreuzen fast einen Monat. Der Rest war nur noch Routine. Ohne auf den Kapverden oder Kanaren Zwischenhalt zu machen, ging die GOLDEN HIND am 26. September 1580 in Plymouth, wiederum triumphal empfangen, vor Anker.

Die Begeisterung der Engländer übertraf diesmal sogar noch jene nach seiner Rückkehr aus der Karibik sieben Jahre zuvor. Dabei ging es gar nicht so sehr um die reiche Beute; an ihr konnte das Volk ohnehin nicht partizipieren. Drake hatte aber gezeigt, wie man den scheinbar übermächtigen katholischen Gegner spürbar treffen konnte. Als Vorläufer der heutigen, Sensationen verbreitenden Boulevardpresse tauchten im ganzen Land Flugblätter auf, die über seine »heroischen Taten« berichteten und damit eigentlich die antispanische Stimmung weiter Bevölkerungsteile reflektierten. Diesmal konnte und wollte die Königin nicht mehr über den Erfolg hinwegsehen. Dazu kam, dass sich ihre Privateinlage in das Unternehmen von 1000 Kronen nach kaufmännischer Aufteilung des Gewinnes auf etwa 45 000 Kronen vervielfacht hatte. Nach 22 Jahren Regierungszeit, geprägt von außenpolitischer Rücksichtnahme auf die Interessen Spaniens, erachtete Elisabeth England nun stark genug, um einen symbolischen Akt mit Signalcharakter zu setzen. Sie begab sich sieben Monate nach Drakes Rückkehr persönlich auf die bei Greenwich ankernde GOLDEN HIND, um den Volkshelden unter dem großen Jubel der Londoner in den Adelsstand zu erheben. Das Motto in seinem Wappen war ähnlich personenbezogen wie die graphische Aussage des Wappenschildes von John Hawkins[161]. Nichts charakterisiert den Geadelten besser als der lateinische Spruch »Sic Parvis Magna« (frei: Vom Kleinen ins Große).

Von seinem Vermögen erwarb Drake ein Gut in Devon, wurde 1581 Bürgermeister von Plymouth und 1584/85 Mitglied des Parlaments. In dieser Zeit bemühte er sich, die Königin und einflussreiche Hofkreise zu überzeugen, dass Spanien nur in der Neuen Welt und besonders in der Karibik spürbar getroffen werden könne: Jedes Schiff der Silberflotte, das Europa und Sevilla erreiche, stärke nur den Gegner und schwäche England. Über Jahre wurde ihm kein Gehör geschenkt, da Drakes Konzept auf einen Vorstoß in die westindischen Kerngebiete Spaniens abzielte und damit einem Angriffskrieg in Europa gleichzusetzen war. Andere, schon bekannte und weiter im Norden angesiedelte Unternehmen, wie jene eines Humphrey Gilbert oder Walter Raleigh, erhielten hingegen ohne Vorbehalte die entsprechenden Patente. Erst als sich Meldungen verdichteten, dass Spanien eine Invasion Englands plane, stimmte Elisabeth Drakes bisher kühnstem Plan zu. Er beabsichtigte, Santo Domingo und Cartagena einzunehmen und weiter zu den honduranischen Silberminen in der mittelamerikanischen Landenge vorzustoßen. Allein das Lösegeld für die beiden Verwaltungszentren sollte ein Mehrfaches des jährlichen Kronhaushaltes ausmachen, rechnete Drake vor. Nach langem Überlegen und politischem Abwägen stimmte Elisabeth I. schließlich dem ersten vom Staat autorisierten Angriff Englands auf Westindien zu. Sie stellte zwei Schiffe der königlichen Marine, die ELIZABETH BONAVENTURA mit 250 Tonnen und 30 Kanonen sowie die kleinere AID, dem Unternehmen zur Verfügung. Von privaten Investoren und Kaufleuten kam das Gros der Flotte, 19 Schiffe und mehrere Pinassen. Über die erforderlichen Seeleute hinaus wurden an die 2300 Mann Bodentruppen angeworben.

Am 14. September 1585 verließ die Flotte, in der sich auch die PRIMROSE unter Martin Frobisher befand, Plymouth. Nach einigen eher zurückhaltenden Überfällen auf spanische Schiffe zwischen dem Mutterland und den Kapverdischen Inseln nahm Drake direkten Kurs auf Santo Domingo, das am Neujahrstag in einem Überraschungsschlag eingenommen wurde. Wohlhabende Bürger konnten jedoch mit ihren Wertsachen fliehen, sodass die Durchsuchung der Häuser ohne nennenswerten Erfolg blieb. Daraufhin verhandelte Drake mit dem Gouverneur über die Freigabe der besetzten Stadt. Einer Forderung von 500 000 Dukaten stand schlussendlich nur eine Summe von 25 000 gegenüber, da nicht mehr aufzutreiben war. Enttäuscht zogen die Engländer ab und versuchten mit Cartagena ihr Glück, wo ihnen mehr Erfolg beschieden war, wegen der starken Befestigungsanlagen allerdings unter schweren Menschenverlusten. Drake befand sich nun in einem strategischen Dilemma. Er hielt wohl Cartagena und damit eine Schlüsselstellung der Karibik besetzt, hatte aber mehr als die Hälfte seiner Männer verloren. Für einen erfolgreichen Angriff auf Panamá, wie geplant, reichten seine Kräfte nicht mehr aus. Drake hatte bereits ein Alter erreicht, in dem Erfahrung und vorausschauende Planung mehr Gewicht als jugendliches Ungestüm besitzen. Hätte er früher trotz allem (wahrscheinlich) ein Kommandounternehmen gegen Panamá ausgeführt, so schreckte er jetzt davor zurück. Ohne Verstärkung aus England sah er keine Aussicht auf Erfolg. Ob aber die Königin bereit wäre, Spanien noch mehr zu brüskieren, schien ihm höchst unwahrscheinlich. So beschloss er innerlich widerstrebend, Cartagena aufzugeben und sich mit der nicht gerade berauschenden Beute zufrieden zu geben.

Auf dem Rückweg plünderte er noch das von Admiral Menéndez zwanzig Jahre zuvor gegründete San Agustín in Florida und segelte danach weiter zur Virginiakolonie des Walter Raleigh, in dessen Projekt auch Drake investiert hatte. Bei seinem Eintreffen befand sich die englische Niederlassung auf Roanoke im bereits erwähnten Stadium der Auflösung. Drake nahm Ralph Lane samt den erschöpften Siedlern an Bord und traf am 28. Juli 1586 wieder in Plymouth ein. Für die Geldgeber endete das Unternehmen mit einem wirtschaftlichen Misserfolg, der sich in einem Verlust von 25 Prozent des eingesetzten Kapitals mehr als deutlich bemerkbar machte. Außerhalb Englands gewann das Unternehmen aber vor allem in der Finanzwelt eine unerwartete

Eigendynamik. Durch nichts bestätigte Gerüchte, Drake hätte Panamá eingenommen und Hispaniola besetzt sowie die spanische Flotte in der Karibik besiegt, führten zum Zusammenbruch der Bank von Sevilla. Auch italienischen Financiers, bei denen Philipp II. hoch verschuldet war, drohte ein ähnliches Schicksal. Als dann noch die Fugger in Augsburg an Geldgeber und Partnerbanken ein kurz befristetes Moratorium bekannt gaben, schien ein Finanzkollaps unausweichlich. Obwohl sich die Unruhe schließlich legte, war das über Jahrzehnte geschaffene Bild des mächtigen und unbesiegbaren Spanien durch Francis Drake schwer erschüttert.

Dieser blieb die kommenden zehn Jahre in England und widmete sich persönlichen Geschäften sowie innerstaatlichen Angelegenheiten. In diese Zeit fällt auch die Abwehr der spanischen Armada 1588, worauf im nächsten Abschnitt eingegangen wird. Bei Hof hielt der nun hoch Angesehene an seinem Grundplan fest, spanische Stützpunkte und Handelsrouten nachhaltig zu stören. Doch Elisabeth blieb nach wie vor abwartend und zögernd. Das offizielle England legte sich Zurückhaltung auf, während französische und niederländische Freibeuter über Westindien herfielen. Die dadurch verursachten Ausfälle dringend benötigter Finanzmittel wurden zu einer eminenten wirtschaftlichen Bedrohung Spaniens. Als die Krone im Jahr 1595 einen Aufschub für alle innerstaatlichen Schuldendienste bis zum Eintreffen der Schatzflotte verkündete, konnte sich Königin Elisabeth Drakes Argumenten nicht mehr verschließen. Doch wieder ließ sie wertvolle Zeit ungenutzt verstreichen. Als Drake endlich die Zustimmung in Händen hielt, befand sich ein Großteil der silberbeladenen Schiffe bereits im Hafen von Sevilla.

1500 Seeleute und 1000 Soldaten befanden sich auf 27 Schiffen, als Drake im August mit dem Flaggschiff DEFIANCE zu seiner letzten Karibikfahrt aufbrach. Im Bestreben, das Unternehmen möglichst erfolgreich abzuschließen, hatte die Königin im Vorfeld aber zwei Fehler begangen: der eine war taktischer, der andere personeller Natur. Sie zögerte mit ihrem Einverständnis zu Drakes Plan so lange, dass dessen eigentliches Ziel bereits verfehlt war, noch ehe die englische Flotte auslief: Der spanische Königsanteil befand sich bereits in Europa. Nur ein Schiff war noch wegen Ausbesserungsarbeiten auf Puerto Rico zurückgeblieben, das zwar reich mit Goldmünzen beladen war, aber in keinem Verhältnis zur entgangenen Beute stand. Auch auf der Kommandoebene traf Elisabeth eine nicht gerade glückliche Entscheidung. In der Hoffnung, dass die beiden erfahrensten Kaperkapitäne Englands gemeinsam unwiderstehlich sein würden, teilte sie die Befehlsgewalt zwischen John Hawkins und Francis Drake. Was auch immer sie dazu veranlasst haben mag, das Ergebnis konnte nicht in ihrem Interesse gelegen sein. Der schon 70-jährige Hawkins agierte nur mehr mit der Langsamkeit und Vorsicht des Alters, während Drake seit beinahe dreißig Jahren gewohnt war, auf See allein zu befehlen; Spannungen wegen unterschiedlicher Meinungen in Strategiefragen konnten nicht ausbleiben. Das Problem löste sich aber auf natürlichem Weg: Hawkins wurde auf der Hinfahrt krank und starb, kurz bevor die Flotte Puerto Rico erreichte.

In San Juan war man durch das verspätete Auslaufen der Engländer bereits informiert und hatte entsprechende Vorsichtsmaßnahmen gegen einen Überfall getroffen. Drake resignierte kampflos und drehte Richtung Panamá ab, wo er an seine alten Erfolge anzuschließen hoffte. Aber auch ihn hatte die Zeit eingeholt. Nombre de Dios war von den Spaniern in den letzten Jahren aufgegeben worden. Der Verschiffungshafen für die Transporte über die Landbrücke lag nun 30 Kilometer und stärker gesichert weiter nördlich an der Küste: Portobelo. In einer sinnlosen Aufwallung enttäuschter Hoffnung ließ Drake die verlassene Stadt niederbrennen und schickte eine Abteilung Soldaten über die Berge nach Panamá. Als auch sie ohne Erfolg und mit erheblichen Ausfällen zurückkehrten, unternahm Drake noch einige planlose Versuche, an den Küsten von Honduras und Nicaragua doch noch Beute zu machen. Da ereilte auch ihn das Schicksal unzähliger Männer vor und nach ihm. Während eines Inselaufenthaltes zur Wasseraufnahme brach eine Ruhrepidemie aus. Diesmal wurde auch Drake, der jahrelang und über viele Reisen hinweg von ähnlichen Erkrankungen verschont geblieben war, angesteckt. Von schwerem Fieber gepackt, gab er noch Befehl, Portobelo anzusteuern. Sein vergeblicher Kampf gegen den Tod dauerte fünf Tage. Am 28. Januar 1596 starb der Mann, der Spanien in der Neuen Welt mehr als andere herausgefordert hatte, beinahe in Sichtweite seines ersten Triumphes vor 23 Jahren. Obwohl im Logbuch der DEFIANCE als Todesursache »bludie flix« (für Ruhr) angegeben wird, starb er für viele aus Enttäuschung. Die Besatzung bereitete ihm das Begräbnis eines Wikingerfürsten. Unweit von Nombre de Dios legte man seinen Leichnam in einen Bleisarg und steckte zwei Schiffe in Brand, die langsam auf das Meer hinaustrieben. Als die Nachricht seines Todes Spanien erreichte, läuteten die Kirchenglocken und Priester zelebrierten Dankgottesdienste

Mit Francis Drake, der wie kein anderer Seefahrer die politische Landkarte seiner Zeit umgezeichnet hatte, starb der angesehenste aller englischen Kaperkapitäne, die in national verbrämter Erhöhung auch »Seehelden« genannt wurden. Nach heutigem Rechtsempfinden waren sie aber nicht mehr als Piraten, daran können auch die ausgestellten Freibriefe der Krone nichts ändern, sofern es sie in der tradierten Form überhaupt gab. So sind gerade für Francis Drake keine entsprechenden Dokumente dieses Gewichts erhalten geblieben. Andererseits forderten gerade die offensichtlichen Reichtümer der von Spanien entdeckten Gebiete nicht nur die Begehrlichkeit wagemutiger Abenteurer heraus. Es hatte sich eine Symbiose aus doppelter Risikobereitschaft entwickelt: Eine, die zivile Gruppe steuerte Kapital mit Gewinnmaximierungsabsicht bei, während die andere bereit war, gegen entsprechend hohe Anteile ihr Leben einzusetzen.

Dass die zunehmenden Erfolge parallel dazu auf das Interesse der Regenten stieß, war eine logische Entwicklung. Sie umfasste den weiten Bogen von stillschweigender Duldung über aktive Beteiligung bis zu radikaler Unterbindung, sobald sich die Staatsmacht samt dem zugehörigen Verwaltungsapparat in der Neuen Welt etabliert hatte. Von politischen Implikationen abgesehen bereiteten aber vor allem die englischen Kapitäne den Boden zukünftiger Dominanz ihres Landes auf See vor. Auf ihren ausgedehnten Fahrten bildete sich ein breiter Grundstock erfahrener Seeleute heraus, deren Väter- und Großvätergeneration noch tief im Landesinneren ein kärgliches Stück Land bewirtschaftete oder zum einfachsten Stadtproletariat zählte. Damit war nur in den seltensten Fällen ein sozialer Aufstieg verbunden, schuf aber trotz aller Härte eine Möglichkeit, wenigstens dem Druck der täglichen Lebensvorsorge zu entkommen. Die Matrosen eines Drake, Frobisher oder Grenville konnten noch nicht wissen, dass ihre Nachfolger mehr als 200 Jahre lang kaum besser als Vieh behandelt werden sollten. Die Realität des abgedroschenen Wortes von der »christlichen Seefahrt« konterkarierte schon zur Zeit seiner Entstehung den spirituellen Inhalt.

MACHTVERSCHIEBUNG IN EUROPA – LEPANTO, ARMADA UND DIE FOLGEN

> »We pluck their feathers little by little.«
> (Wir rupfen ihr Gefieder Stück für Stück)
> Lord High Admiral Charles Howard über die Spanier
> (6. August 1588)

Die »Armada« ist noch heute Synonym für die Wucht militärischer Quantität und vermeintlich unschlagbarer Stärke; umso höher der Ruhm für denjenigen, dem es gelingt, sie zu vernichten. Zu viele Faktoren waren jedoch beteiligt, um den Engländern 1588 das ausschließliche Verdienst daran zuzuerkennen, wenngleich außer Diskussion steht, dass ihnen der Hauptanteil daran zufällt. Für Theoretiker des Seekrieges mag es interessantere Schlachten gegeben haben wie etwa Trafalgar 1805, Tsushima 1905 oder Midway 1942. Dennoch gab der englische Sieg vor Calais und Dünkirchen den letzten Anstoß zu einer Machtverschiebung in Europa und einer Umorientierung in der Entwicklung der Neuzeit, die vierzig oder fünfzig Jahre zuvor noch undenkbar schien.

Stellten sich seit Beginn der großen Gold- und Silbertransporte vor allem französische Kaperer den Spaniern in der Karibik und den Atlantikrouten entgegen, so verschärften sich die Spannungen nach der Thronbesteigung Elisabeths I., und hier wiederum durch die Erfolge eines John Hawkins und vor allem Francis Drakes. Spanien konnte die Überfälle und die damit verbundenen Verluste nicht mehr als Nadelstiche abtun, zu schmerzhaft waren die politischen Wunden und finanziellen Verluste. Für Philipp II. und seine Berater stellte sich zunehmend die Aufgabe, diesem Problem entgegenzutreten. Die Siedlungsversuche der Hugenotten in Florida konnten noch mit Entschiedenheit abgewehrt werden. Drakes Angriffe aber auf die ungeschützten Häfen und Schiffsrouten in der Karibik und vor der Pazifikküste Südamerikas während seiner Weltumseglung offenbarten die Verwundbarkeit des spanischen Überseereiches nachhaltig. Mit ihm als Galionsfigur entstand im England Elisabeths I. auf See ein Gegner, der immer bedrohlichere Gestalt annahm. Dazu kam die Unterstützung der aufständischen Niederländer, die in den Häfen von Rotterdam und Antwerpen große Anteile des gesamteuropäischen Handels kontrollierten und sich bald darauf anschicken sollten, das portugiesische Handelsimperium in Südostasien aufzurollen. Da Spaniens Wirtschaft mit den flandrischen Handels- und Finanzmärkten eng verflochten war, ergab sich die skurrile Situation, dass die Herren der Neuen Welt die Unabhängigkeitsbewegung dieses Reichsteiles indirekt mitfinanzierten.

Philipp II. sah sein Reich von drei Seiten gefährdet: im Mittelmeerraum durch die Osmanen, in der Neuen Welt durch die zunehmenden Aktivitäten der Freibeuter und in Europa durch die Wirtschaftsmacht der selbstbewussten flandrischen Städte, deren Steueraufkommen das Siebenfache des jährlichen Silberimportes aus Amerika ausmachte. Der politische Schachzug – damals noch als Kronprinz –, seine Verwandte, die englische Königin Maria I., zu heiraten, war nur für kurze Zeit eine Weichenstellung im Interesse Spaniens. Insofern kann man es auch als Ironie der Geschichte ansehen, wenn England auf Druck Philipps im Jahr 1555 an die 40 neue Kriegsschiffe auf Kiel legte. Marias protestantisch erzogene Halbschwester Elisabeth nahm nach ihrer Thronbesteigung 1558 die Grundzüge der Politik des gemeinsamen Vaters wieder auf und unterstützte den bürgerlich orientierten Landadel sowie die aufkommende Bourgeoisie gegen feudal-katholische Gruppierungen. Ihre Hilfe für die Hugenotten in Frankreich und die protestantischen Nordprovinzen der Niederlande geriet für Philipp zur Bedrohung, der er durch ein neuerliches Ehebündnis mit England zu entkommen suchte. Elisabeth widerstand mit diplomatischem Geschick dem politischen Druck, und gewann Zeit.

Soweit der politische Hintergrund am Vorabend der Armada. Spanische

Pläne zur Invasion Englands kann man bis 1569 zurückverfolgen, als der Herzog von Alba, zu dieser Zeit Statthalter in den Niederlanden, und Don Juan d'Austria einen entsprechenden Vorschlag unterbreiteten. Das Schwergewicht der Überlegungen lag dabei weniger in der Rekatholisierung als darin, durch die Besetzung Südenglands die aufständischen Provinzen der Niederlande von ihren wesentlichsten Nachschublinien abzuschneiden. Die Idee musste jedoch im theoretischen Ansatz stecken bleiben, da sich Spanien um diese Zeit mit Problemen konfrontiert sah, die einer dringenderen Lösung bedurften. Neben den ungeheuren Kosten, die eine derartige Expedition verschlingen würde, war da einmal die Niederschlagung der Erhebung (1568–1570) des hart unterdrückten maurischen Bevölkerungsteiles in Südspanien, der Moriscos; zum anderen das neuerliche Vordringen türkischer Schiffe in den westlichen Mittelmeerraum und die Aktivitäten der muslimischen, weitgehend unter osmanischer Kontrolle stehenden Fürstentümer und Piratennester Nordafrikas. Obwohl sich die maritimen Unternehmungen der Türken mehr gegen Venedig und Ragusa, aber auch den Malteser-Ritterorden als gegen Spanien selbst und dessen Teilreiche in Süditalien richteten, dominierte Philipp II. auf politischer Ebene den Abwehrkampf der »Katholischen Liga« gegen die Osmanen, der auch Papst Pius V. angehörte. Das Gros der Mittel stellten wieder die adriatischen Handelsrepubliken, allen voran Venedig.

Als die Osmanen im Mai 1565 Malta angriffen, hielt sich das christliche Europa noch zurück und überließ den Abwehrkampf weitgehend dem souveränen Orden der Malteser, den früheren Johannitern. Politische Uneinigkeit und mangelnder Wille zur Gemeinsamkeit hätten beinahe zu einem Durchbruch der osmanischen Türken in das westliche Mittelmeer geführt. Zwar wollte Süleiman II. in seinem letzten Lebensjahr die Kriegsflotte der Malteser und deren Stützpunkt ausschalten, doch stand aus strategischer Sicht die Einnahme der maritimen Sperrfestung zwischen Ost und West an der Engstelle des Mittelmeeres im Vordergrund. Wenn auch spät Entsatz kam, so hatte letztendlich erst der heldenhafte Widerstand des Ritterordens über elf Wochen hinweg einen vorzeitigen Fall des Bollwerks verhindert und den christlichen Mittelmeermächten, allen voran Spanien, eine vorläufige Atempause verschafft. Mehr jedoch nicht, denn die Bedrohung blieb bestehen.

Venedig, die maritime Großmacht des Mittelmeerhandels, hatte allen Grund, sich der Expansion der Osmanen auf See entgegenzustellen. War die Einnahme der Insel Rhodos durch die Türken 1522 aufgrund ihrer Nähe zum Festland mehr ein Land- als ein Seeunternehmen, so gefährdete der Aufbau einer regulären osmanischen Flotte bald die christlichen Handelsrouten durch das östliche Mittelmeer. Noch lagen die großen venezianischen Stützpunkte Kreta und Zypern[162] östlich des bereits verloren gegangenen Morea am Peloponnes. Sultan Selim II. (reg. 1566–1574), Sohn und Nachfolger Süleimans, griff nun 1570 nach Zypern und damit vitale Interessen Venedigs an. Als logische Konsequenz trug die Seerepublik die materielle Hauptlast eines Entlastungsvorstoßes. Die politische Führung übernahm – nicht uneigennützig, sieht man auf die spanischen Interessen in Nordafrika und im westlichen Mittelmeer – Philipp II., auf oberster Glaubensebene unterstützt vom Papst.

Unter Führung des 24-jährigen Don Juan d'Austria konnte die vereinigte Flotte der Liga am 7. Oktober 1571 bei Lepanto im Golf von Korinth einen glänzenden Sieg über die Türken erringen. In der letzten großen Galeerenschlacht der Geschichte standen einander auf beiden Seiten jeweils mehr als 200 Schiffe gegenüber, mit numerischem Übergewicht der türkischen Flotte. Ohne der Katholischen Liga oder den Türken religiöse Gründe absprechen zu wollen, liegt der tiefere Grund für die Auseinandersetzung doch im wirtschaftlichen Bereich der jeweiligen Handelsinteressen und kann unter der einfachen Formel subsummiert werden: Wer die Meere beherrscht, beherrscht den Handel, und wer den Handel beherrscht, beherrscht auch die Welt – ein Grundsatz, der später England zur Weltgeltung führen wird.

Die Zusammensetzung der türkischen Flotte war in ihrer Kampfkraft heterogener und ermöglichte dadurch nach schweren Gefechten den Sieg der Liga. Über 180 osmanische Schiffe wurden entweder geentert oder versenkt und etwa 10 000 Rudersklaven befreit. Ohne den Erfolg schmälern zu wollen, sollte man die persönlichen Interessen vieler Kapitäne oder einzelner Flottenteile auf türkischer Seite nicht außer Acht lassen. Diese rekrutierten sich zum Gutteil aus Einheiten, die dem Freibeutertum näher standen als einer Staatsidee und kämpften nicht mit letztem Einsatz. Schiffe und Mannschaften, auch Galeerensklaven, waren zu wertvoll, um sie durch unverhältnismäßigen Einsatz über Gebühr aufs Spiel zu setzen. Kern der immer noch gültigen Seekampfdoktrin war das Entern des gegnerischen Schiffes, der Beschuss mit Kanonen nur ein Vorgeplänkel. Die Begründung dafür ist denkbar einfach: Die Hauptantriebskraft jeder Galeere, auch wenn sie Mast und Lateinsegel besaß, lag in der Stärke ihrer Ruderer an den Längsseiten. Dadurch blieb nur mehr am Bug und manchmal Heckende Platz für die Aufstellung von Geschützen, während der Mittelgang für die Entermannschaften freigehalten wurde. Der Vorteil größerer Wendigkeit im Kampfgeschehen wurde mit dem Nachteil erkauft, die schon höher entwickelte Artillerie nur sehr eingeschränkt nutzen zu können. Wenn sie auch noch lange weitergebaut wurde, so fand die Galeere, das klassische Kriegsschiff des Mittelmeeres, bei Lepanto ihren letzten großen Einsatz in der Seekriegsführung.

Seit die Türken 200 Jahre zuvor auf europäischen Boden übergesetzt waren, stellt Lepanto den ersten großen Sieg der Christen über das Osmanische Reich dar und besaß dadurch große psychologische Bedeutung. Darüber hinaus verkannte man aber die inneren Schwächen des islamischen Großreiches, die sich bereits in den letzten Regierungsjahren Süleimans II. aufgetan hatten. Das Dewschirme-System und damit die Elitetruppe der Janitscharen traten in politischen Widerstreit zur etablierten Führungsschicht der vergangenen Expansionszeit, was teilweise zu chaotischen Verhältnissen innerhalb des Reiches führte. Andererseits glaubten die Osmanen nach wie vor an die Überlegenheit des Islam und unterschätzten die großen Veränderungen materieller und politischer Natur des christlichen Europa, die es immer mächtiger werden ließen. Als Folge der wechselseitigen Fehleinschätzungen gelang es den Osmanen, ihre bei Lepanto vernichtete Flotte innerhalb kurzer Zeit wieder neu aufzubauen, sich für weitere fünfzig Jahre die Herrschaft über das Mittelmeer zu sichern und auf dem Land südöstlich des Deutschen Reiches und im Vorfeld habsburgischer Besitzungen ungebrochen zu dominieren.

Wie auch immer, die Möglichkeiten, die Lepanto bot, wurden von Europa nicht genützt. Schaut man dabei auf Spanien, so zeitigte der Sieg sogar fatale Auswirkungen für die Zukunft, denn er verstellte den Blick auf die Weiterentwicklung von Seegefechten, wie sie bei Einzelschiffen im Atlantik und der Karibik bereits Raum gegriffen hatte. Die Besatzung der zumeist kleinen Kaperschiffe war von der Kopfanzahl zu gering, um ein gegnerisches ausschließlich im Nahkampf durch Entern einzunehmen. So gewann das vorbereitende Feuer zunehmend an Bedeutung. Je mehr Kanonen einzusetzen waren, umso wirkungsvoller konnte es ausfallen. Die logischen Folgen sind schon bekannt: Die Geschütze verlagerten sich auf die Breitseiten des Schiffes, wo wesentlich mehr angeordnet werden konnten. Spanien, nach wie vor von der Galeeren- und Entertaktik bei herkömmlichen Seeschlachten in europäischen Gewässern überzeugt, setzte die karibischen Erfahrungen zu langsam und vor allem halbherzig um. So war ein schiffstypologisches Zwitterwesen, die *Galeasse*, entstanden. Sie vereinigte die Merkmale einer Galeere und Galeone in unglücklicher Weise, indem hinter hochgezogenen Bordwänden zwar mehr Seitenkanonen aufgestellt und die Segelflächen ausgeweitet wurden, der Hauptantrieb im Kampfgeschehen aber nach wie vor bei Ruderern lag. Die Vernichtung der Armada, zu deren Verband auch Galeassen gehörten, hatte mehrere Gründe, doch ein wesentlicher bestand in veraltetem Material und einer überholten Technologie.

Der Seesieg bei Lepanto hatte wohl eine außenpolitische Front entlastet, doch keinen Einfluss auf andere spanische Problemzonen. Diese lagen vor allem in den aufständischen Niederlanden sowie in dem sie unterstützenden, protestantischen England. Mit dem ständig wachsenden Widerstand der Geusen wurde der Gedanke an eine Invasion Englands wieder aufgenommen und erhielt 1583 mit den Plänen Alexander Farneses erste konkrete Gestalt, wenn auch nicht mehr. Erst 1586 legte der Marques von Santa Cruz ein ausgearbeitetes

Konzept vor, das vor allem durch seine Gigantomanie besticht. Santa Cruz, der bei Lepanto die Reserve befehligt hatte, empfahl die Entsendung von 150 großen Kriegs- sowie 360 Transport- und Versorgungsschiffen aus Spanien und dem seit 1580 unierten Portugal. Mit zahlreichen, in den Niederlanden zu bauenden, flachgehenden Landungsbooten sollten über 90 000 Mann und schwere Artillerie in Südengland abgesetzt werden. Die Budgetierung ergab für das auf acht Monate veranschlagte Unternehmen Kosten in der Höhe von über vier Millionen Kronen, eine Summe, die sich Philipp außerstande sah aufzubringen. Der Plan wurde verworfen, diente aber als Grundstock für eine vereinfachte und billigere Variante. Santa Cruz, einziges Mitglied des spanischen Hochadels mit maritimer Erfahrungen, leitete die Vorbereitungsarbeiten und zog in den Häfen von Cádiz und Lissabon Schiffe, Waffen und Munition zusammen. Das Auslaufen wurde für den Sommer 1587 vorgesehen. England konnten diese Maßnahmen nicht verborgen bleiben und man suchte nach einem strategischen Konzept, der Bedrohung erfolgreich zu begegnen. Sehr bald stimmten die Berater Königin Elisabeths darin überein, dass die englischen Bodentruppen den kampferprobten und schwerbewaffneten spanischen »tercios« nicht gewachsen sein würden. Eine Landung musste also verhindert und ein Seegefecht gesucht werden, in dem man durchaus gute Möglichkeiten eines siegreichen Ausgangs sah. Doch die Krone verfügte nur über 34 reguläre Kriegsschiffe, zu wenig für den erwarteten Gegner; verstärkende Einheiten waren aufzubieten. Um Zeit zu gewinnen, erhielt Sir Francis Drake im April 1587 von Elisabeth I. den bereits erwähnten Auftrag, im Hafen von Cádiz möglichst viele Schiffe der Spanier zu zerstören.

Von den 30 gegen Cádiz entsandten Schiffen gehörten sechs der Königin, der Rest Kaufleuten und anderen Investoren, die ein handelstechnisches Interesse an dem Schlag hatten. Um einen größeren, europäischen Krieg zu vermeiden, wollte nun Elisabeth ihre ursprüngliche Order zurücknehmen, doch Drake war bereits aus Plymouth ausgelaufen. Vom 29. April bis zum 1. Mai 1587 versenkte er ungefähr 30 spanische Einheiten im Hafen von Cádiz. Darüber hinaus ließ er alle Fassdauben verbrennen, die für die spanische Invasionsflotte bestimmt waren. Dadurch waren die Spanier gezwungen, nicht abgelagertes Holz zu verwenden, was dann zum schnellen Verderben von Wasser und Proviant führen sollte. Damit nicht genug, griff er vor der portugiesischen Küste zudem jedes iberische Boot oder Schiff an, das zufällig seinen Kurs kreuzte. Die Invasion Englands im Sommer 1587 war damit hinfällig geworden und musste erneut verschoben werden. Als kleines Detail am Rande sei noch erwähnt: Drake versenkte auf seiner weit in den Atlantik ausholenden Rückfahrt nach England einen Namensvetter der titelgebenden Heldin. Vor den Azoren fiel ihm der zum persönlichen Besitz des spanischen Königs zählende Ostindienfahrer SAN FELIPE mit den üblich streng geheimen Segelanweisungen für diese Gewässer sowie einer Ladung im Gegenwert von etwa 110 000 Pfund Sterling in die Hände. Eine Summe, die ungefähr dem 15-fachen jenes Betrages entsprach, den die englische Marine in einem Jahr für die eigene Flotte aufwandte.

Drakes Schlag vor Cádiz traf die Spanier zwar empfindlich, aber nicht entscheidend. Philipp II. und sein Beraterstab waren nun aber fest entschlossen, das Problem England, wie sie glaubten, ein für allemal zu lösen. Die verloren gegangenen Schiffe wurden ersetzt und im Sommer des folgenden Jahres war es soweit. Die Armada, die große Kriegsflotte, lief am 28. Mai 1588 Richtung England aus. Ihre Größe kann, selbst in der dem Ursprungsplan gegenüber reduzierten Stärke, heute noch beeindrucken: 64 schwere Galeonen, teilweise mit einer Wasserverdrängung von mehr als 1000 Tonnen, 11 kleinere Kriegsschiffe, dazu etwa 80 Galeassen und Galeeren, Begleit- und Transportschiffe. Insgesamt wurden an die 2500 Bordgeschütze – dabei schon 1000 aus Eisen – mitgeführt, an Menschen 8000 Seeleute, 19 000 Soldaten sowie 2000 Ruderer eingesetzt. Allein der tägliche Unterhalt dieses Aufgebots soll die Staatskasse mit 30 000 Dukaten belastet haben. Erwähnenswert sind auch 300 Priester. Sie sollten, abgesehen von der seelischen Betreuung der eigenen Leute, vor allem die Ketzer im Land Elisabeths aus spanischer Sicht dem »wahren Glauben« der katholischen Kirche wieder zurückgewinnen und die seit Jahren offensiv vorgehenden Jesuiten dabei unterstützen.

So beeindruckend diese Streitmacht auch war, bildete sie im Gesamtkonzept dennoch nur eine Art Flankenschutz für die eigentliche Invasion, die von den Spanischen Niederlanden aus durchgeführt werden sollte. Aus heutiger Sicht war dieses Unternehmen aber von Anfang an zum Scheitern verurteilt. Der bestellte Oberkommandierende und gleichzeitig einzige erfahrene Flottenbefehlshaber von entsprechend hohem Adelsrang, der Marques von Santa Cruz, verstarb am 9. Februar 1588, wenige Monate vor dem festgesetzten Auslauftermin. Als Nachfolger wurde Alonzo Pérez de Guzmán (1550–1619), Herzog von Medina-Sidonia, ein gebildeter kultivierter Hochadeliger, der jedoch vom Seewesen keine wie auch immer geartete Ahnung hatte, bestellt. Es ist ihm hoch anzurechnen, dass er sich überfordert fühlte und das Kommando nicht annehmen wollte. Doch König Philipp beharrte auf seiner Entscheidung – der erste Fehler des Monarchen und seiner Ratgeber. Der zweite und wesentlich schwerer wiegende war die allgemeine Unerfahrenheit in einem kombinierten Zusammenwirken von Land- und Seestreitkräften, das bis dahin für die Kriegsführung Neuland bedeutete und einer ausgefeilten Logistik bedurft hätte; damit verknüpft, auch die mangelnde Kommunikationsfähigkeit sowie nicht eindeutig bestimmte Hierarchien innerhalb der obersten Befehlsebenen.

Den eigentlichen Hauptschlag sollte Alexander Farnese von den Niederlanden aus führen. Unter seinem Kommando standen an die 35-40 000 Mann in Flandern und Brabant. 20 000 davon sollten unter Besicherung durch die Armada von Flandern aus nach England übersetzen und das Land unter spanische Herrschaft zwingen. Sidonias Order vom 1. April aus dem Planungsstab um König Philipp lautete, bar jeglichem Verständnis für diese neue kriegstaktische Situation, den Kanal bis nach Margate an der Themse-Mündung hochzulaufen, dort mit dem Herzog von Parma Verbindung aufzunehmen und das Übersetzen der Invasionstruppen zu decken. Die detaillierteren Instruktionen unterbanden jede Eigeninitiative und waren für Medina-Sidonia bindend: »*Die Küsten Frankreichs und Flanderns seien wegen ihrer Untiefen zu meiden. Diejenigen Englands müssen deshalb gehalten werden und die Reise wäre trotz etwaiger Störunternehmen englischer Streitkräfte fortzusetzen. Zusammenstöße sind nicht zu suchen, um die eigenen Kräfte möglichst zu schonen, da die Flotte zur Landung 6000 Mann an Parma abzugeben habe. Gefochten solle nur werden, wenn die Überfahrt der Invasionsarmee ohne Kampf nicht gesichert werden könne.*«

So einfach und scheinbar zwingend dieser grundlegende Kriegsplan war, so scheiterte er aus nicht minder banalen Gründen. Einer davon war der von den Spaniern hoffnungslos unterschätzte Widerstandswille der Engländer bereits auf See, ein anderer, dass die Störeffizienz der niederländischen Geusen um Moritz von Nassau in den vorangegangenen Planspielen und damit auch in der Realität nicht entsprechend berücksichtigt wurde, und letztlich eine gewisse Inaktivität des Herzogs von Parma, der sich nicht zu einem effektiven Eingreifen aufraffen konnte oder wollte. Auch hinsichtlich Ausrüstung und Logistik lag manches im Argen. So fehlte es nicht nur an Kleidung und Proviant, sondern viele Schiffe waren entgegen ihrem vorgesehenen Einsatz auch noch falsch beladen.

Königin Elisabeth, für ihre Sparsamkeit bekannt, hatte nach Cádiz den Befehl zur Demobilisierung der stärksten Kampfschiffe gegeben, da sie von einer Invasion nicht mehr überzeugt war und unnötige Kosten vermeiden wollte. Die Durchführung der Order versickerte jedoch (vermutlich bewusst) im Instanzenlauf der Kommandoebenen. Horrormeldungen über eine bevorstehende Landung spanischer Schiffe machten sich in England breit und der Patriotismus war derart ausgeprägt, dass sich sogar überzeugte Katholiken dem Abwehrkampf anschlossen. Als das Auslaufen der Armada nicht mehr zu übersehen war, wurden vor allem an der englischen Südküste Truppen zusammengezogen und eine lückenlose Nachrichtenkette bis zur Themse-Mündung installiert. Man begann die Strände durch spitze Pfähle vor Landeeinheiten abzusichern, stellte Milizen in den zugehörigen Grafschaften auf und installierte ein ausgeklügeltes Verteidigungssystem an der Themse. Darüber hinaus setzten Königin und Regierung alles daran, die Flottenstärke nach Einheiten und Kampfkraft auszuweiten. Auf englischer Seite waren dann etwa 180 Schiffe und knapp 15 000 Mann, darunter 4000 bis 5000 echte Soldaten aufgeboten. Der Oberbefehl lag in Händen des Lord High Admiral Charles Howard (1537–1619), des Lord of Effingham und späteren Erstem Earl of Nottingham. Von seinem Flaggschiff aus, der ARK ROYAL[163], kommandierte er darüber hinaus 38 Schiffe direkt; 34 unterstanden Sir Francis Drake auf seinem Flaggschiff, der REVENGE. Auch Sir John Hawkins nahm im Rang eines Konteradmirals auf der VICTORY am Abwehrkampf teil. In einem Akt nationaler Kraftanstrengung stellte die Stadt London 30 Einheiten, 23 weitere kamen von selbstständigen Kapitänen und nicht zuletzt stärkten Männer wie Frobisher, Seymour und Winter die Elite der englischen Kaperkapitäne mit ihrer breiten Erfahrung in Seegefechten und den ihnen zuzurechnenden Schiffen die Kampfkraft der Engländer. Um die Größenordnung zu relativieren, sei noch angemerkt, dass lediglich 14 englische Schiffe eine Wasserverdrängung von mehr als 500 Tonnen besaßen.

Das Grundkonzept des Verteidigungsplanes Admiral Howards sah zwei Säulen vor. Ein Geschwader von 14 Schiffen sollte im Raum Dover den Kanal gegen Landungsversuche aus den Spanischen Niederlanden absichern, während der Rest sich in Plymouth mit Drakes Einheiten verbinden sollte. Gegen den Widerstand anderer konnte dann dieser seine Ansicht durchsetzen, dem Feind schon weit vor Englands Küsten gegenüberzutreten: »*Mit 50 Schiffen werden wir unter seiner* (Cornwalls) *Küste mehr erreichen als mit weit mehr hier in England.*« Der Kanal war somit an beiden Enden durch englische Schiffe nach Kräften abgedeckt. Bereits kurze Zeit nach dem Auslaufen der Armada zeigten sich die Konsequenzen von Drakes Schlag gegen die Fassdauben aus dem Vorjahr. Auf Höhe des Kap Finisterre im äußersten Nordwesten Spaniens stellte sich heraus, dass Teile des Proviants ungenießbar waren und das Trinkwasser durch undichte Fässer ausrann. Pérez de Guzmán sah sich gezwungen, am 19. Juni den Hafen von La Coruña zur Neuproviantierung anzulaufen. Für einige Zeit dachte man sogar an eine Verschiebung des Angriffes, doch König Philipp beharrte auf seiner Order. Am 22. Juli verließ die Armada dann spanische Gewässer und hielt Kurs auf den westlichen Kanaleingang. Raue See und widrige Winde sprengten an die 40 Schiffe vom Gros der Flotte ab, von denen sich aber die meisten bis zum 29. Juli wieder der Hauptflotte anschließen konnten. Am gleichen Tag wurde auch die Küste Cornwalls beim Lizard Point gesichtet. Das gilt umgekehrt auch für die Engländer. Über die schon erwähnten Signalstationen wurde die Ankunft der Armada nach Plymouth, dem Hauptquartier Admiral Howards, weiter gegeben.

Medina-Sidonia segelte seiner Order folgend mit der Armada vom 30. Juli an der Südküste Cornwalls entlang. Es war ein stürmischer Sommer und der Herzog befand sich nah der Küste in fremden und nautisch unbekannten

Gewässern, mit denen ein anderer jedoch von Kindheit auf vertraut war. Nur so ist eine der vielen Anekdoten erklärbar, die die Weltgeschichte für die Nachwelt immer bereithält. Sir Francis Drake, kommandierender Vizeadmiral über 34 Schiffe, verbrachte einen freudigen und weinseligen Abend in einer Küstenkneipe, als er von der Sichtung der bereits erwarteten Armada erfuhr. Der Bote konnte seine Aufregung kaum verbergen und steckte mit ihr Drakes Umgebung an. Der erfahrene und nüchtern denkende Drake blieb völlig ungerührt. Er wusste zu gut um die Wind- und Strömungsverhältnisse in den Küstengewässern um diese Jahreszeit und bei diesem Wetter Bescheid, um sich aus der Ruhe bringen zu lassen. So meinte er mit einer Selbstverständlichkeit, die nur Männern seines Zuschnitts eigen ist: Es wäre noch genügend Zeit, das begonnene Bocciaspiel zu beenden, die Spanier könnten warten.

Ob wahr oder doch nur gut erfunden, Drake hatte völlig recht. Sidonia mühte sich mit seinen Schiffen, teilweise gegen den Wind kreuzend, die Küste entlang. Inzwischen war Admiral Howard mit seinem Geschwader von Plymouth ausgelaufen. Am 31. Juli befand er sich endlich in der günstigeren[164] Luvposition zu den spanischen Schiffen, die in einer halbmondförmigen, mehr als sechs Seemeilen breiten Schlachtlinie vorrückten. Diese Gefechtsformation war auf die schon bekannte Kriegstaktik abgestimmt, bei der die entscheidende Phase des Kampfes im Entern der Feindschiffe und Niederringen der gegnerischen Besatzung bestand. Die vorteilhaftere Wirkung eines starken Breitseitenfeuers war den Spaniern durch schmerzhafte Erfahrungen in der Karibik wohl bekannt, aber noch nicht in eine gültige Kampfdoktrin umgesetzt worden. Die von ihnen seit langem angewandte Gefechtstheorie erforderte ein Gleichauflaufen der Schiffe in relativ engem Abstand, was eine segeltechnisch besonders disziplinierte und erfahrene Mannschaft erforderte. Lediglich die Flügel waren leicht zurückgesetzt, so dass sich das Bild eines Halbmondes ergab.

Ganz anders stellte sich die Situation bei den Engländern dar, die ein freieres Manövrieren bevorzugten und in einer leicht versetzten Kiellinie die besseren Möglichkeiten für den Kampf sahen. Vor allem die Kaperkapitäne wussten aus jahrelanger Erfahrung die Kanonen an den Breitseiten, trotz ihrer noch beschränkten Reichweite und Treffergenauigkeit bestens zu nutzen. Zudem gab es damals noch keine Schiffsproduktion »vom Fließband« mit eindeutig definierten technischen Vorgaben. Jedes Schiff war gleichsam ein Unikat, deshalb auch von unterschiedlichen Segeleigenschaften. Und dem kam die Kiellinie der Engländer besser entgegen als die starre »Dwarslinie« der Spanier. Die beiden Oberkommandierenden sahen sich jedoch vor der gleichen Aufgabenstellung: Kriegsflotten dieser Größenordnung waren einander bisher noch nie gegenübergestanden, selbst Lepanto unterlag anderen Voraussetzungen. Es fehlte an Theorien und vor allem an Praxis, eine entsprechende Taktik in die

Realität umsetzen zu können, die der großen Ansammlung von Schiffen den angestrebten Erfolg ermöglichen sollte. Ein wirkungsvoll operatives Zusammenwirken des Gesamtverbandes hätte des permanenten Übens von Geschwadern und Mannschaften einer stehenden Kriegsmarine bedurft, wovon die Seenationen zur Zeit der Armada aber noch ein ganzes Stück entfernt waren.

Die Kampfhandlungen begannen am 31. Juli. Während die beiden Flottenverbände annähernd parallel die englische Südküste entlangliefen, kam es immer wieder zu einzelnen Gefechten innerhalb der Gesamtschlacht, aber keine der beiden Seiten konnte trotz des gewaltigen Munitionsverbrauches einen vorentscheidenden Erfolg für sich buchen. Den Spaniern gelang es aufgrund der Wendigkeit des Gegners nicht, englische Schiffe zu entern, und den Engländern blieb es versagt, effektvoll in die feindlichen Linien einzubrechen und dort mit schnellen Segelmanövern und besseren Kanonieren einen Vorteil herauszuschlagen. Am 4. August, die Spanier hatten bereits einige Schiffe verloren, kreuzten die Flotten in der Nähe der Insel Wight, als die Spanier wegen des sich abzeichnenden Munitionsmangels[165] sicherheitshalber das Gefecht abbrachen. Am 5. August versuchte Medina-Sidonia angestrengt, Kontakt zum Herzog von Parma herzustellen. Er bat um Munition und forderte das sofortige Auslaufen Farneses, sobald die Armada vor Dünkirchen auftauchen würde. Doch der sah sich nicht in der Lage, mit den Transportschiffen die Blockade der Geusen in den küstennahen Kanälen zu durchbrechen. Nun ging die Initiative auf die Engländer über, die sie von da an auch nicht mehr aus der Hand geben sollten. Die befürchtete Landung in Südengland war verhindert worden und Sidonia lag mit der Armada, ohne seine eigentliche Aufgabe, die Deckung der Invasionstruppen aus Flandern, erfüllt zu haben, in Schussweite der Engländer, mit knapper Munition und Verpflegung zwischen Calais und den nahen Sandbänken vor Anker.

Admiral Howard gab den Befehl, einige seiner schlechtesten Schiffe zu Brandnern[166] umzurüsten, und ließ sie in der Nacht vom 7. zum 8. August in die Linien der ankernden spanischen Flotte steuern. Obwohl Sidonia Bereitschaft zum Ankerholen angeordnet hatte, kam es bei den Spaniern nun zum Chaos sich gegenseitig behindernder Schiffe. Von der Strömung getragen, trieb die Flotte Richtung Gravelines, wo sie am Morgen des 8. August entscheidend gestellt wurde. Die Küstenuntiefen im Rücken und die gegnerischen Schiffe vor sich, ging jegliche Ordnung verloren. Um die Wirkung der eigenen Artillerie zu verstärken, verringerten die Engländer die Schussdistanz auf weniger als 100 Meter und übten damit massiven Druck auf die spanischen Flügel aus, was wiederum zur Behinderung des Zentrums führte. Die Spanier, deren Munitionsvorräte nunmehr endgültig aufgebraucht waren, erwiderten das Feuer bereits mit Handfeuerwaffen, als ein aufkommender Sturm und gleichfalls Munitionsmangel bei den Engländern diesem Gefecht ein Ende machten. Die

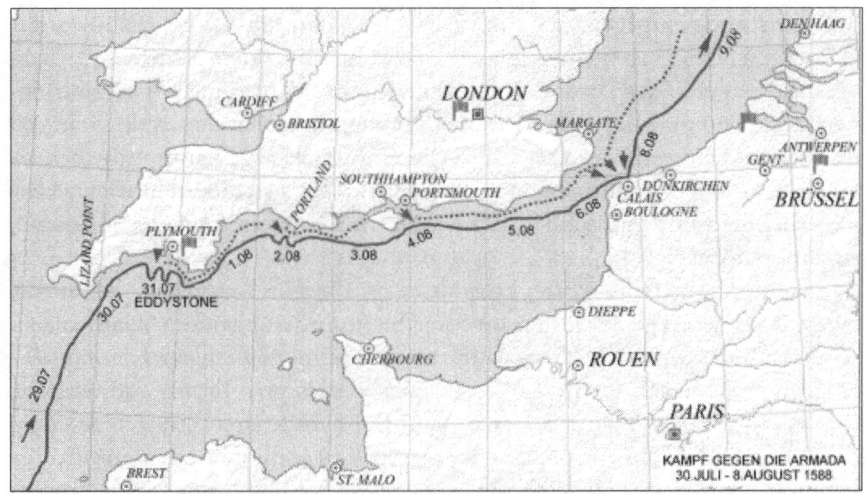

spanische Flotte entkam in die Nordsee, wo deren Führungsstab beschloss, die Heimfahrt über eine Umrundung der Britischen Inseln anzutreten – ein weiter, wegen fehlender Ressourcen zur Gegenwehr aber scheinbar besserer Weg als unter Feindfeuer durch den Ärmelkanal.

Bis zum 12. August verfolgten die Engländer ihre Feinde noch in schottische Gewässer, fast bis zum Firth of Forth, und drehten, nachdem die Invasionsgefahr endgültig gebannt war und sich Vorratsmangel abzeichnete, in Richtung Heimathäfen ab. Einige Beschatter folgten den Spaniern noch bis zu den Orkney-Inseln, kehrten aber gleichfalls um, als die gegnerische Flotte in einen aufkommenden Weststurm hineindrehte. Die aber steuerte ohne genaue Karten und Kenntnis der Strömungsverhältnisse in unbekannten Gewässern. Erschwert wurde das Unternehmen zusätzlich durch starke Stürme, die für diese Jahreszeit ungewöhnlich waren und den beschädigten Schiffen schwer zu schaffen machten. Auf dem langen Heimweg gingen allein vor den Äußeren Hebriden und der Westküste Irlands, wo die stärksten Stürme wüteten, über 50 Schiffe verloren, sei es dass sie strandeten oder sonst in Seenot gerieten. Am 23. September 1588 erreichten die ersten der übrig gebliebenen 60 spanischen Einheiten eigene Häfen. Der gescheiterte Angriff auf England bedeutete eine einschneidende Zäsur in der Geschichte der erfolgsverwöhnten spanischen Kriegsflotte und war für König Philipp verheerend. Von den Schiffen abgesehen – selbst der heimkehrende Rest musste überwiegend abgewrackt werden – verloren er und damit Spanien über 20 000 Mann, während die englischen Verluste in vergleichsweise engen Grenzen blieben.

Während der Herzog von Medina-Sidonia trotz der Niederlage bei Philipp II. weiter hohes Ansehen genoss, brachte ihm die spanische Bevölkerung nur Verachtung entgegen. Sogar der Zeitzeuge Miguel de Cervantes, Autor des »Don Quichote«, machte den glücklosen Admiral in einem Sonett lächerlich. Charles Howard, der Lord of Effingham, wurde 1597 zum Earl of Nottingham erhoben und blieb bis 1619 Oberkommandierender der englischen Marine, ehe er dieses Amt im Alter von 82 Jahren zurückgab. Die Wege des Francis Drake und John Hawkins trennten sich erneut, bis sie das bereits dargestellte Unternehmen in der Karibik 1595 wieder, durch ihren Tod nun für immer, zusammenführte.

Die unmittelbare Folge der Ereignisse von 1588 im Ärmelkanal bestand in einem beginnenden Wettrüsten zur See. Die Anforderungen der Staatskanzleien an die Bewaffnung der Kriegsschiffe wurden immer umfangreicher und stellten die Schiffsbauer vor stets neue Herausforderungen. Immer zahlreichere, immer größere Kanonen mussten es sein. Die Schiffe streckten sich zuerst in die Länge und durch Anordnung mehrerer Decks, die Kanonen aufnehmen konnten, in die Höhe. Jede Seenation sah es als Verpflichtung an, das jeweils kampfstärkere Schiff auf Stapel zu legen, und jeder Monarch wollte sich durch den Bau dieser Schiffe ein Denkmal setzen. Das erste dieser monströsen Ungeheuer war 1610 die PRINCE ROYAL, es folgte die bereits erwähnte SOVEREIGN OF THE SEAS, ein Dreidecker, 1637 im Auftrag Charles I. erbaut. Sie stand in der Tradition des gewaltigen Kriegsschiffes Heinrichs VIII. HENRY GRÂCE Á DIEU. Neu für englische Schiffe war die Anordnung von drei Batteriedecks übereinander. Neu waren auch viergeteilte Masten, sodass ein weiteres Segel aufgezogen werden konnte, ebenso der Sprietmast, ein zusätzlicher Mast, der senkrecht auf dem Bugspriet montiert wurde, um noch ein weiteres Segel setzen zu können. Doch damit nicht genug, die »Beherrscherin der Meere« sollte den König auch in seinem ganzen Glanz widerspiegeln. Einen derartigen Aufwand an Prunk, Zierrat und Dekoration hatte man bis dahin noch nicht gekannt. Doch wie so oft entschied das Schicksal gegen die Wünsche und Vorstellungen des Menschen: die SOVEREIGN schlug keine Schlachten, sondern wurde völlig unheldenhaft durch einen Brand vernichtet, der durch eine umgefallene Kerze verursacht wurde. In Frankreich ordnete Kardinal Richelieu 1636 den Bau des Zweideckers LA COURONNE an. Sie sollte mit ihren 72 Geschützen und 600 Mann Besatzung ein Gegengewicht zu dem englischen Ungeheuer bilden, dessen Planung und Bau natürlich kein Geheimnis bleiben konnte. Bereits zehn Jahre zuvor entstand in Schweden ein weiteres, heute noch bekanntes Schiff, die WASA, die für König Gustav Adolf die Vorherrschaft in der Ostsee sichern sollte, aber nicht einmal ihre Jungfernfahrt überlebte, da sie, falsch getakelt und überladen, bereits im Hafenbecken unterging. Nach ihrer Bergung und aufwendigen Restaurierung liegt sie heute im Hafen von Stockholm, und man kann an ihrem Beispiel die 300 Jahre zurückliegende Schiffsbautechnik am Original kennen lernen.

Es ließen sich noch zahlreiche schwere Kriegsschiffe aller seefahrenden Nationen aufzählen, deren Aufgabe es war, durch die Anzahl ihrer Kanonen den Gegner zu beeindrucken. Der eigentliche Fortschritt der Kriegsmarinen bestand also in der Entwicklung des breitseitenbestückten Segelschiffes als alleinigen Instruments künftiger Seekriege. Seine komplexe und aufwendigere Instandhaltung samt hierzu erforderlicher Ausbildung der Mannschaften führte zwangsläufig zum Entstehen permanenter Flotten. Sie alle besaßen vorläufig noch eine Gemeinsamkeit: Die einseitige Weiterentwicklung in Richtung Quantität der Bewaffnung ging nicht einher mit einem Fortschritt in Richtung Qualität der Manövrierfähigkeit. Streng genommen kam die Form des Rumpfes nicht über den der schwerfälligen spanischen Galeonen aus der Blütezeit der Gold- und Silbertransporte hinaus. Mitentscheidend für diesen Umstand waren aber auch das zunehmende Gewicht der Kanonenbestückung und die enormen Kräfte, die während des Abfeuerns einer Breitseite auf den Schiffskörper freigesetzt wurden. Solange diese Dreidecker mit ihresgleichen zu tun hatten, zählte wirklich Stärke der Bewaffnung und der Ausbildungsstand der Besatzung. Ein schnelles Vorstoßen, Zuschlagen und rasches Zurückziehen wie bei den Korsaren war unmöglich; zu schwerfällig waren die Kolosse. Der Seekrieg entwickelte sich vornehmlich zu reinen Artillerieduellen, bei denen die Schiffe, ähnlich den Landbatterien, in Form aufgereihter Perlen positioniert wurden und ab dem Kommando »Feuer frei« nur noch Salve um Salve in Richtung der feindlichen Linien abgaben. Die Artillerie war nun nicht mehr zur Unterstützung der Infanterie und Kavallerie gedacht oder zur Vorbereitung für den entscheidenden Sturmangriff; sie war zum allein ausschlaggebenden Faktor einer Seeschlacht geworden. Es gab keine Überraschungsangriffe, keine verborgenen Reserven, zu übersichtlich war das Schlachtfeld.

Ein Seegefecht in der ersten Hälfte des 17. Jahrhunderts war gleichsam ein Krieg in Zeitlupe, die Schlachtschiffe zu unbeweglich und die Antriebsmöglichkeit durch den Wind nicht für überraschende Manöver dieser Ungetüme geeignet, wenn auch der Erfolg maßgeblich vom nautischen Können des Kapitäns abhängig war, das Schiff vorausschauend in die wirksamste (Breitseiten-)Feuerposition zu bringen. Zudem verschlang der Bau dieser Giganten wahre Unsummen. So begann man um die prestigeträchtigen Flaggschiffe andere, in ihren Eigenschaften neue Flotteneinheiten zu entwickeln. Anfangs reduzierte man die Kanonenbestückung und ermöglichte dadurch eine Verringerung der Tonnage und damit eine bessere Manövrierbarkeit. So entstanden im Laufe der Zeit Linienschiffe mit unterschiedlichster Bewaffnungsstärke. Und weil die Bürokratie seit alters her zur Normierung neigt, wurden die Schiffe in eindeutig bestimmte und bestimmbare Kategorien eingeteilt. Man begann, um vergleichbare Schiffe gegeneinander in Position bringen zu können, diese zu standardisieren. Daraus wurden im späten 17. Jahrhundert die verschiedenen Ränge der Linienschiffe. Die stärksten besaßen über 100 Kanonen und bildeten den »Ersten Rang«. Von da ging es bei gleichzeitiger Reduktion der Geschützanzahl hinunter bis zum 6. Rang mit über 24 Kanonen. In der eigentlichen Schlachtlinie wurden jedoch nur große Schiffe der Ränge 1 bis 3 verwendet. Die kleineren vom 4. bis zum 6. Rang wurden entweder als Geleitschutz für Handelskonvois oder in den Kolonien verwendet.

Bei diesen kleineren Schiffen älterer Rumpfbauart setzte eine weitere und entscheidende Neuerung ein. Man beließ vorerst in etwa die Geschützanzahl in einer Größenordnung zwischen 30 und 40, veränderte jedoch den Rumpf und damit die Schnelligkeit erheblich. Er wurde schlanker und strömungstechnisch günstiger. Dazu kam eine im Verhältnis zum Schiffskörper stark vergrößerte Segelfläche, die dem Wind mehr Angriffsfläche und dem Schiff dadurch zwangsläufig eine höhere Geschwindigkeit verlieh. Mit diesem Schiffstyp waren im 18. Jahrhundert die Fregatten geboren. Wenn man es nüchtern und pragmatisch auslegen will, wurde diese Entwicklung bereits durch die LA COURONNE vorweggenommen, wenn auch noch wesentliche Merkmale der »alten« Schlachtschiffe auf ihr vereinigt waren. Waren die Franzosen über lange Zeit im Schiffsbau führend, was technische Innovation betraf, und hatten die meisten anderen Nationen, vor allem England, jede Neuerung für die eigenen Werften übernommen, so ging während der napoleonischen Kriege der Führung im Schiffsbau auf die Briten über.

SEEFAHRT UNTER DEM TOTENKOPF – DIE BUKANIER

»Sie leben wie die Wilden, erkennen keine Autorität an und haben keinen Führer; sie begehen tausenderlei Raubtaten.«
Bertrand d'Ogeron über die Bukanier (1665)

Seit Anbeginn ihrer Präsenz in Amerika produzierten die Spanier, zynisch ausgedrückt, auch menschliches Strandgut aus den eigenen Reihen. Die Gründe und Ursachen dafür sind ebenso vielschichtig wie die sich daraus ergebenden Weiterungen. Aus dem unmittelbaren Bereich der Seefahrt konnte es sich um Überlebende eines Schiffbruchs handeln, die sich an einsame Küsten retteten oder um Ausgesetzte, die Opfer willkürlich durchgeführter Disziplinierungsmaßnahmen wurden, aber auch zurückgelassene Verwundete nach Kämpfen mit den Ureinwohnern. Sie alle waren in den ersten Jahren der Landnahme auf sich allein gestellt oder auf die Unterstützung dieser Ureinwohner angewiesen. Mit der Siedlungsausweitung kam eine weitere Gruppe hinzu, gescheiterte Kolonisten mit unerfüllten Hoffnungen auf schnellen Reichtum, desertierte Soldaten und Seeleute. Aus ihnen wurden Außenseiter einer sich etablierenden Kolonialgesellschaft, und sie zogen das freie Leben in einer oft reich gedeckten Natur den Zwängen einer »feudalen« Hierarchieordnung vor. Gerade die Großen Antillen boten genügend Raum und ein entsprechendes Nahrungsangebot, um den Weg eines »going native« einzuschlagen. Der Begriff des Aussteigers ist keine Erfindung des späten 20. Jahrhunderts.

Auf die Cimarrones, die entflohenen Neger- und Indianersklaven, die sich ebenfalls abseits spanischer Siedlungen einen Freiraum geschaffen haben, wurde im Abschnitt über Francis Drake schon eingegangen. Zu ihnen stießen später noch Angehörige anderer Völker, Portugiesen oder Franzosen, mit ähnlichem Schicksal oder Antrieb. So bildeten sich mit der Zeit multikulturelle Gemeinschaften heraus, denen eines gemeinsam war: die Freiheit des Einzelnen. Einer bereits dichten Ausformung sind wir, beispielhaft, schon im Zusammenhang mit den Silberaktivitäten des Sebastian Cabot am La Plata in den Jahren 1526–1528 begegnet. Viele Jahre noch werden sie sich selbst genug sein und, von gelegentlichen Überfällen auf Plantagen abgesehen, den Spaniern kaum Schwierigkeiten bereiten. Bei diesen häuften sich hingegen strategische Fehler. Nach einer Aufbauphase zogen die Goldfunde eines Cortés, vor allem aber Pizarros, nicht nur neue Abenteurer aus Spanien an, auch viele Landbesitzer gaben ihre Felder auf Hispaniola, Kuba oder Puerto Rico auf, ohne für entsprechende Weiterbetreuung zu sorgen, und folgten dem Lockruf des Goldes auf das Festland. Dadurch wurde in den Jahren 1530 bis 1550 die einzige Versorgungslücke der Aussteiger geschlossen.

Auf den Antillen, selbst den Großen, gab es vor der Ankunft der Spanier kaum jagdbares Wild im europäischen Sinn. Vögel, Kleinechsen und andere Reptilien sowie Fische waren das Angebot an tierischem Eiweiß, keine größeren Säugetiere. Spätestens mit Aufgabe der Plantagen entkamen den Spaniern jedoch viele Nutztiere und konnten sich durch das Fehlen natürlicher Feinde rasch vermehren und verwilderten. Dadurch wurde nicht nur der Speisezettel der Außenseiter aufgefüllt; sie erhielten durch die gegerbten Häute der Tiere später auch eine ansehnliche Einnahmequelle bzw. einen begehrten Tauschartikel. Das anfallende Fleisch länger haltbar zu machen, hatten sie sich von den Aruak-Indianern abgeschaut. Auf einem schwach glimmenden Rost aus grünem Holz, dem »bucan«, wurde das in Streifen geschnittene Fleisch vorsichtig gegrillt. Von dieser Zubereitungsart leitet sich nicht nur ihr Name »Bukanier«, sondern auch unser von den Indianern entlehnter Begriff »barbecue« her.

Eine weitere Folge der spanischen Abwanderung auf das Festland bestand in der Freigabe weiter und küstennaher Landstriche auf den großen Inseln, in die die ersten Bukanier teilweise nachrückten. Sie lebten nach wie vor abseits der Siedlungen und hielten weitestgehend konfliktfreie Distanz zu den Spaniern. Das sollte sich aber gegen Ende des Jahrhunderts mit dem Auftreten der Engländer, Franzosen und Niederländer ändern. Sie beanspruchten die von den Spaniern unbeachtet gelassenen Inseln der Kleinen Antillen für sich und etablierten ein Siedlungssystem, das dem ihrer katholischen Gegner nicht unähnlich war. Man warb anfangs Siedler mit den Aussichten auf freies Land, Reichtum und Gewinn an, um sie später durch billige und willfährige Negersklaven zu ersetzen, und schuf damit neuerlich Betrogene, die nun ihrer Wut freien Lauf ließen. Viele setzten auf die großen Inseln über und dominierten bald die bis dahin noch verhältnismäßig friedlichen Bukanier. Erst sie gaben dem Begriff den Inhalt von Rohheit, Angriffslust und Brutalität und waren dennoch keine Piraten im heutigen Sinn. Überfälle auf spanische Schiffe ereigneten sich selten und ergaben sich eher als »Ablenkung« vom normalen, freien Alltagsleben; in diesen Augenblicken aber brach ihre ungezügelte Wildheit voll durch. In der Regel beschränkten sie sich auf den Handel mit vorbeisegelnden Schmugglern oder Freibeutern, den Flibustiern. Dabei tauschten sie Häute und Fleisch gegen Segelleinen, Äxte und Wein, vor allem aber gegen Waffen und Schießpulver.

Als reine Männergesellschaft lebten die Bukanier anfangs in fast homoerotischen Partnerschaften und von einem Tag auf den nächsten. In ihrer Einstellung und Lebensgestaltung fand sich weder intellektuelles Interesse noch Bedarf an Aufzeichnungen oder Beschreibungen des Alltags. Was von ihnen überliefert ist, muss aus anderen Quellen zu einem Bild geformt werden. Maßgeblichen Anteil daran haben die Erinnerungen des John Esquemeling, auch Oexmelin, der selbst einige Jahre bei den Bukaniern in ihrer späten Zeit verbrachte. Die im Jahr 1678 erschienene Erstausgabe trug den Titel »De Americaensche Zee-Roovers« und war so erfolgreich, dass sie in den folgenden Jahren in alle europäischen Hauptsprachen übersetzt wurde. Esquemelings Leben dürfte bis zu seinem Ausstieg in den Grundzügen dem vieler Bukanier entsprochen haben.

Mit großer Wahrscheinlichkeit wurde er um 1645 in der französischen Hafenstadt Honfleur geboren. In seiner Jugend schickte ihn, wie er selbst berichtet, die Französische Westindien-Handelskompanie als angeworbenen Arbeiter in die Karibik, wo ihn auf Tortuga ein profitgieriger und grausamer Meister gnadenlos ausbeutete. Von einem Bader gekauft, erlernte er einiges von dessen Heilkunst und wurde nach etwa einem Jahr in die Freiheit entlassen. Ohne greifbare Zukunftsaussichten schloss er sich den Bukaniern an: »*Entblößt und aller Dinge bar, deren der Mensch bedarf, beschloss ich, dem ruchlosen Stand der Piraten oder Seeräuber beizutreten*«, sollte er später niederschreiben. Er verbrachte einige Jahre bei den Aussteigern auf Hispaniola, übersiedelte dann nach Jamaica, wo er an den Aktionen englischer Bukanier in der Karibik teilnahm und für die ärztliche Betreuung der Männer sorgte. Der Überfall Henry Morgans auf Panamá im Jahr 1671 war eine seiner letzten Fahrten. Der Grausamkeiten und Ausschweifungen überdrüssig, kehrte er 1674 nach Europa zurück und wählte Amsterdam zu seinem Wohnsitz, wo er eine Arztpraxis eröffnete und auch seine Erinnerungen zu Papier brachte. Mit Esquemelings Schilderung seiner Jugendjahre in der Karibik wird die Motivation vieler Männer deutlich, die sich den Bukaniern anschlossen: Ausbeutung und Enttäuschung, ohne Aussicht auf eine bessere Zukunft innerhalb der herrschenden Gesellschaft. Einen Ausweg boten eben die Bukanier mit ihrem Leben nach dem Gesetz der Freiheit und weitgehender Gleichberechtigung der einzelnen Mitglieder.

Um 1604 berichtete der spanische Gouverneur von Kuba, Pedro de Valdés, an die Krone, dass Schmuggel und Schwarzhandel mit Fellen ein bedrohliches Ausmaß angenommen hätten. Die Spanier reagierten mit der ihnen eigenen Engstirnigkeit und Rigorosität, die nur zum Vorteil der Gegner gereichen konnte. Sie lösten ihre Randsiedlungen auf, siedelten die Bevölkerung oft gegen ihren Willen in den Nahbereich großer Niederlassungen um und gaben damit den Bukaniern noch mehr Raum, und nicht nur das. Mit dem Rückzug gelangten die Bukanier auch in den Besitz aufgegebener Hafenanlagen mit all ihren Möglichkeiten, die zunehmend genutzt wurden. Ein Teil von ihnen kehrte sich vom Waldläuferleben ihrer Kameraden ab und verlegte seine Aktivitäten auf die See und gegen spanische Schiffe.

Auf Regierungsebene traf man vielleicht noch schwerer wiegende Fehlentscheidungen, als es die Gouverneure taten. Im Jahr 1606 untersagte Philipp III. in einem folgenschweren Erlass den Tabakanbau an der Karibikküste Venezuelas und hoffte damit, fremden Händlern eine begehrte Ware zu entziehen, gleichzeitig aber durch eine Angebotsverknappung den Preis über das vermeintliche Monopol der *Casa de la Contratación* in die Höhe treiben zu können – ein fataler Irrtum. Zum einen wurde das Verbot nicht rigoros genug eingehalten, und zum anderen versorgten sich die europäischen Händler in nicht betroffenen Anbaugebieten mit der begehrten Ware. So kam es, dass im Jahr 1611 allein in England an die hunderttausend Pfund Tabak umgeschlagen wurden – die erst in den Anfängen stehenden Plantagen um Jamestown sind dabei noch nicht berücksichtigt –, während der Umsatz in Sevilla kaum ein Zehntel davon betrug. Das Anlaufen spanischer Anbaugebiete durch ausländische Kauffahrer hatte aber noch andere Folgen. So blieb es nicht aus, dass sich einige Händler da und dort niederließen, um selbst die begehrten Waren zu produzieren und zu vermarkten. Etwa von Trinidad aus wanderten sie langsam die dünn besiedelte Nordostküste Südamerikas entlang und gelangten so zum Orinoko-Delta und weiter zum mächtigen Amazonas. Meist war diesen Niederlassungen nur eine kurze Lebensdauer beschieden, doch sie reichte aus, um einen nichtiberischen Keil zwischen spanische und portugiesische Besitzungen, die späteren Guyana-Staaten, zu treiben, wie im Kapitel über »Die Niederländer« schon dargestellt wurde.

Der Anbau des belebenden Krautes war aber auch indirekt ein Auslöser für die Besiedlung der Kleinen Antillen durch die anderen Seemächte. Die folgende Episode ist ein Beispiel für die sich abzeichnende Entwicklung. Um 1622 segelte ein Engländer namens Thomas Warner, von den Repressalien spanischer Bürokratie am Festland abgeschreckt, die Kleinen Antillen entlang und traf in ihrem nördlichen Abschnitt auf eine Insel, die ihm für einen erfolgreichen Tabakanbau geeignet schien. In England bemühte er sich um Geldgeber und kehrte zwei Jahre später mit etwa 20 Männern auf die Insel St. Christopher[167] zurück, die von ihm später kurz St. Kitts genannt wird. Kurz darauf rettete sich nach einem verloren gegangenen Seegefecht ein französisches Freibeuterschiff mit erschöpfter Besatzung unter ihrem Kapitän Pierre Belain auf die Insel – eine durchaus willkommene Verstärkung gegen die feindlichen Kariben, die daraufhin innerhalb eines Jahres vollständig vertrieben werden konnten. Engländer und Franzosen teilten die Insel vorerst friedlich untereinander und errichteten in den folgenden Jahren eine einträgliche Plantagenwirtschaft.

St. Kitts, die erste nichtspanische Siedlung von Dauer in der Karibik, ist zweifellos ein Beispiel von vielen. Bis 1635 war der gesamte Inselbogen von Puerto Rico bis zur venezolanischen Küste in unterschiedlicher Ausformung besiedelt. Schätzungen beziffern den Kolonistenstand zu diesem Zeitpunkt auf den Kleinen Antillen mit knapp 20 000. Man beschränkte sich nicht mehr auf den Tabakanbau, sondern produzierte auch andere begehrte Waren wie Ingwer, Baumwolle, Zuckerrohr und Kakao. Darüber hinaus wurden die Häfen der Inselkette auch zu Umschlagplätzen für europäische Waren, die unter Umgehung des Handelsmonopols und damit aller Zölle und Steuern direkt an spanische Zwischenhändler und Schmuggler auf die Großen Antillen und Küstenstädte des Festlandes mit erheblichem Gewinn weiterverkauft wurden. Wie so oft in der Kolonisationsgeschichte folgten auch hier nach erfolgreicher Aufbauphase die Profitmacher den Pionieren. Neue Siedler wurden mit Arbeitsverträgen angelockt, die viel versprachen, aber nach Ablauf umso weniger hielten. Wenn sich auch einige nach der vereinbarten Arbeitsverpflichtung mit dem ausbezahlten Lohn als kleine Landeigner[168] selbstständig machen konnten, so wurden nicht minder wenige um ihren Lohn betrogen. Aus dieser Gruppe erhielten die Bukanier den entschlossensten und unversöhnlichsten Zulauf, dessen verständliche Wut sich auch gegen die eigenen Landsleute richtete. Andererseits gelangten auch viele zwielichtige Abenteurer und Kriminelle in die Neue Welt. Sie nutzten die Arbeitsverträge für eine kostenlose Überfahrt in die Karibik, um sich ihrer eingegangenen Verpflichtung bei der erstbesten Gelegenheit durch Flucht zu entziehen.

Für die Kolonisten kam jedoch der unvermeidliche Pendelausschlag in die andere Richtung. Die Spanier nahmen sich spät, aber mit umso größerer Härte der Probleme auf den Kleinen Antillen an; sie zerstörten viele Niederlassungen, setzten Plantagen in Brand und deportierten alle Siedler, derer sie habhaft werden konnten, wieder nach Europa. So griff der schon von der Rückeroberung Bahias in Brasilien bekannte spanische Admiral Fadrique de Toledo im Jahr 1629 St. Kitts an, verwüstete neben den Siedlungen auch die Anbauflächen und ließ 700 Siedler zurück auf den Alten Kontinent verschiffen. Für den wirtschaftlichen Erfolg der Tabakpflanzer war aber in der Zwischenzeit von ganz unvermuteter Seite eine weitere Bedrohung erwachsen: Der von John Rolfe mit Unterstützung seiner Frau Pocahontas initiierte Tabakanbau in den englischen Virginia-Kolonien um die Chesapeake Bay war um 1635 so ertragreich geworden, dass er durch seinen risikoarmen Zugang die englischen Importe aus der Karibik abzulösen begann.

Die Zahl der Bukanier war mittlerweile derart angewachsen, dass sich viele zu organisierten Gruppen zusammenschlossen und kaum mehr etwas mit ihren Vorgängern, den einsamen Aussteigern, gemein hatten. War für diese das Jagen und Verwerten der anfallenden Felle und Häute ihr Alltag, so wurden für die nächste Generation Überfälle auf spanische Siedlungen und Schiffe zum Lebensinhalt. So hatte sich allmählich eine neue, gewalttätigere Form von Außenseitern herausgebildet, die namentlich aus dem Niederländischen abgeleiteten »Flibustier«. Meist näherten sie sich in kleinen, einmastigen Pinassen den großen Galeonen, wobei es nicht zu den »pulvergeschwängerten« Artillerieduellen einschlägiger Filme kam, da auf ihren Schiffen nicht genügend Raum für schwere Bewaffnung vorhanden war; selbst Handfeuerwaffen bildeten eher die Ausnahme. Wenn mit der Zeit auch größere Schiffe in ihre Hände fielen, so besaßen die kleinen Pinassen einen wesentlichen Vorteil. Mit gestrichenem Segel waren sie erst spät erkennbar und zudem als harmlos und ungefährlich eingestuft. Der Überfall erfolgte sehr plötzlich und mit einer wilden Entschlossenheit, der die Spanier nichts entgegenzusetzen hatten. Einfache Besatzungsmitglieder wurden getötet oder, wenn sie Glück hatten, ausgesetzt; Kapitän und Offiziere als Geiseln genommen, um von ihnen Lösegeld zu erpressen.

Gegen 1640, die Anfänge liegen im Dunkeln, gaben sich die Bukanier die Bezeichnung »Brüder der Küste«[169] und dokumentierten damit ihre Zusammengehörigkeit gegen den gemeinsamen Feind, die Spanier; unter ihnen selbst existierten keine Nationalitätsschranken. Auch bei der Beuteaufteilung wurde jede Rivalität durch festgesetzte Regeln vermieden, die unter anderem eine öffentliche, für jedermann nachvollziehbare Teilung vorsahen. Eine versteckte Aneignung einzelner Stücke galt als todeswürdiges Verbrechen gegen die Gemeinschaft und wurde auch entsprechend geahndet. Darüber hinaus entwickelten sie ein System der Versorgung, das die heutige Sozialversicherung in abgewandelter Form vorwegnahm. Ein bestimmter Teil der Beute wurde in eine Art Fonds eingebracht, dessen Aufgabe die Linderung der Folgen einer Verwundung oder gar eines Todesfalles zum Ziel hatte. So erhielt zum Beispiel ein Betroffener für den Verlust beider Augen 2000 Silberpesos, 1500 für beide Beine, 600 für das rechte Bein und so weiter. Selbst der Verlust eines Fingers wurde noch mit 100 Pesos abgegolten.

Nach 1620 entwickelte sich eine kleine, etwa 40 Kilometer lange Insel vor der bevölkerungsarmen Nordküste Hispaniolas zu einem beliebten Sammelplatz für die Außenseiter. Sie wurde bereits von Kolumbus während seiner ersten Reise gesichtet und nach ihrer topographischen Form Tortuga, die »Schildkröteninsel« genannt. Sie liegt am Schnittpunkt zweier bedeutender Schifffahrtsrouten, der Windward-Passage und dem Weg von Havanna in die südlichen Bahamas. Zudem lag sie den traditionellen Jagdgebieten der Bukanier auf Hispaniola sehr nahe und bot selbst ausreichend natürliche Ressourcen für die Grundbedürfnisse des täglichen Lebens. Die erste nachweisliche Besetzung der Insel durch die Außenseiter erfolgte um 1630 durch den Engländer Anthony Hilton, der sich aber nur einige Jahre als Anführer der mitgekommenen Bukanier behaupten konnte. Zum zentralen, fast uneinnehmbaren Stützpunkt der Flibustier, Seeräuber und anderer Außenseiter wurde Tortuga durch die Baumaßnahmen des französischen Ingenieuroffiziers Jean Le Vasseur. Auf einer beim Naturhafen gelegenen Felsklippe errichtete er ein massives Fort, das vom Wasser her nur über Leitern erreichbar war, und bestückte es mit zahlreichen Kanonen, die jede unerwünschte Annäherung verhinderten. Tortuga war damit stärker befestigt als die meisten spanischen Küstenstädte.

Zwölf Jahre dominierte Vasseur als uneingeschränkter Herr die Insel. Von jedem Schiff, das den Hafen anlief, war ein gewisser Prozentsatz der Beute an ihn abzuliefern. Selbst für den Häuteschmuggel von Hispaniola verlangte er Sondersteuern. Sein Machtrausch und ungezügeltes Besitzstreben wurden ihm 1652 schließlich zum Verhängnis, als ihn einer seiner eigenen Offiziere ermordete. Sein Nachfolger, ein Chevalier de Fontenay, verhielt sich um nichts weniger autoritär und gewinnsüchtig, konnte aber die Einnahme Tortugas durch die Spanier im Jahr 1654 nicht verhindern. Aus unerklärlichen Gründen beschränkten sich die Sieger darauf, Fontenay nach Frankreich abzuschieben, und ließen die meisten Bukanier weitgehend unbehelligt nach Hispaniola entkommen. Darüber hinaus zogen sie noch ihre Truppen ab und ließen damit den einzigen Erfolg ungenutzt, den sie über den Bukanierstützpunkt Tortuga erringen sollten.

Es dauerte nicht lange, bis die Bukanier zurückkehrten, stärker als je zuvor, und Tortuga zum Inbegriff ungezügelt freien Piratenlebens machten. Die Schildkröteninsel wurde für die Flibustier zum sichersten Ankerplatz in der Karibik, aber nicht nur das. Hier wurden zwischen den einzelnen Kapitänen die nächsten Unternehmungen besprochen, geplant und alle Vorbereitungen dafür getroffen, während sich die Mannschaften dem Rausch der Stunde ergaben: *»Heute leben wir, morgen sind wir tot – warum sollten wir raffen und sparen. Für uns zählt nur der Tag, den wir leben, und nie der, den wir noch vor uns haben«*, wird sie Esquemeling später zitieren. An Land, auf Tortuga, waren nur zwei Begriffe in ihr Denken eingebrannt: Frauen und Alkohol. Gold oder Geld besaß selbst der minderste Seemann und verpraßte es innerhalb kürzester Zeit ebenso bedenkenlos, wie er es gewonnen hatte. Esquemeling: *»... ein Pirat besaß damals gut 3000 Pesos, kaum drei Monate später wurde er seiner Schulden wegen verkauft – ausgerechnet von dem Mann, in dessen Haus er das meiste Geld verpraßt hatte.«* 24 Stunden am Tag, 365 Tage im Jahr flossen auf Tortuga Alkohol und Blut. Händel unter betrunkenen Matrosen gehörten zum Alltag und endeten nicht selten tödlich. Doch in der freien Gesellschaft der Flibustier gab es keine Instanz, die derlei Privatfehden ahndete, im Gegenteil. Blutige Zweikämpfe waren für die Piraten nicht viel mehr als die gelungene Mitternachtseinlage heutiger Kabarettbars.

Es ist die große Zeit der Kapitäne unter der Totenkopfflagge, der Jolly Rogers, wie sie auch genannt wird. Ihre Grausamkeit übertraf meist noch die Gier nach Gold. Die Mitte des 17. Jahrhunderts sieht den Höhepunkt der Piraterie in ihrer extremsten Ausformung. Sie ist verbunden mit Namen wie Rock Brasiliano, Francis L'Ollonais, Bartolomeu Portugues und Black Beard, um nur einige zu nennen. Nun ging es nicht mehr bloß um den Raub von Geld und Gold, blanker Terror wurde zum Selbstzweck. Je brutaler sich die Kapitäne gaben, desto bereitwilliger wurden Schiffe übergeben und Stadttore in der Hoffnung geöffnet, dadurch wenigstens das nackte Leben zu retten. So spießte Rock Brasiliano, ein Niederländer, dessen Name sich von einem Aufenthalt in Brasilien herleitet, seine spanischen Gefangenen nicht selten auf und briet sie über dem *bucan*. Von L'Ollonais, der aus Sables d'Ollone in der Bretagne stammte, ist auf einer zeitgenössischen Radierung eine andere Grausamkeit überliefert: Er riss einem Gefangenen das Herz aus dem Leib und stopfte es einem anderen in den Mund. Die Beispiele ließen sich fast beliebig fortsetzen. Die Summen, die diese brutalen Männer den Spaniern raubten oder durch Folter abpressten, waren enorm. Darüber hinaus fielen ihnen noch Juwelen, Unmengen von Tafelsilber sowie begehrte Handelswaren in die Hände. Die Flibustier beschränkten sich nicht mehr auf die Kaperung von Schiffen, sie griffen in organisierten Raubzügen die Küstenstädte der Karibik an, plünderten, brannten und mordeten. Ihr Wüten, vor allem das der Anführer, kann nur dürftig mit dem Aufbegehren einer Randgruppe gegen die etablierte Gesellschaft begründet werden; zu ausgeprägt ist ihre menschenverachtende Grausamkeit, der auch viele von ihnen selbst zum Opfer fallen. So wird L'Ollonais während eines Raubzuges mit mehreren hundert Mann von Darién-Indianern angegriffen. Nur wenigen Piraten gelingt die Flucht. Die Überlebenden werden an Spieße gebunden und gebraten. L'Ollonais selbst wird bei lebendigem Leib zerstückelt und seine Körperteile werden ins Feuer geworfen.

Abseits der Bukanier und Flibustier vollzog sich in der Karibik eine weitere Wandlung, die in ihren Anfängen eng mit den Piraten verbunden war. Sie zeigt aber auch, wie leichtfertig die Nachfolger Philipps II. auf dem spanischen Thron ihr Erbe in der Karibik anderen Seemächten preisgaben. Willensschwach und kaum an harter Regierungsarbeit interessiert, überließen sie die Staatsgeschäfte ehrgeizigen und korrupten Männern, deren Hauptanliegen auf Selbstbereicherung ausgerichtet war. In der Neuen Welt koppelten sich Vizekönige und Gouverneure immer stärker vom Mutterland ab und verfolgten ihre eigene Politik. Die Antillen bluteten personell aus. Bereits die dritte oder gar vierte Generation der in Amerika Geborenen fühlte kaum mehr eine Bindung zum Land ihrer Vorfahren und sah überwiegend auf dem Festland ihre Zukunft. Dass die Kleinen Antillen für die Spanier von untergeordnetem Interesse waren, ist bereits mehrfach erwähnt worden. Nun zogen sie sich auch aus der eigentlich nie geliebten Insel Jamaica zurück. Gegen Mitte des 17. Jahrhunderts befanden sich auf ihr kaum mehr als 1500 Siedler und eine stark geschrumpfte Garnison von etwa 200 Mann. Sogar der Nordwesten Hispaniolas ging mehr oder minder kampflos an die Bukanier unter französischem Patronat verloren. Spaniens Kraft und vor allem sein Wille zur Erhaltung des Besitzes schien gebrochen, während sich am Rand der Karibik die anderen Seenationen anschickten, die freiwerdenden Räume für sich zu gewinnen. Verhältnismäßig früh, weil weit in den Atlantik vorgeschoben, traf das auf die Bermudas zu. Die Inselgruppe war bereits 1503 vom Spanier Juan de Bermúdez entdeckt, jedoch erst ab 1609 durch Engländer besiedelt und 1684 zur Kronkolonie ernannt worden. Auf die Landnahme der Niederländer im Antillenbogen wurde bereits eingegangen.

Konnte man früher die Jahreszahlen eines Eroberungszuges fast mit der Inbesitznahme des Landes oder der Region gleichsetzen, so ist eine ähnlich eindeutige Zuordnung nun nicht mehr möglich, wie das Beispiel St. Kitts deutlich macht. Mit der Zeit kristallisierten sich aus Siedlungsschwerpunkten der einzelnen Nationen auch die jeweiligen Besitzansprüche heraus, die oft erst viele Jahre später durch Verträge oder Friedensschlüsse auch ihre völkerrechtliche Bestätigung fanden. Nach Konsolidierung der eigenen Herrschaft über einige Inseln der Kleinen Antillen schickten die europäischen Regierungen wie im Zeitalter der Kaperkapitäne einzelne Abenteurerpersönlichkeiten tiefer in den inneren Raum der Karibik vor. Die Grauzone zwischen Einzelunternehmen und Verfolgung staatlicher Interessen wurde noch verwaschener. So erlebten einige Männer, die eher Bukanier als Soldaten waren, in der offiziellen Gesellschaftshierarchie einen steilen Aufstieg, sofern sie einer rivalisierenden Nation, vor allem aber Spanien, entsprechenden Schaden zufügen konnten.

Im Jahr 1655 wurde von den Engländern auf Barbados eine Flotte mit dem Ziel zusammengestellt, Santo Domingo einzunehmen. Auch Barbados kann als markantes Beispiel für die Inbesitznahme der Inselwelt herangezogen werden. Ein gewisser Pedro de Campos machte im Jahr 1536 während einer Fahrt von Portugal nach Brasilien an der Westküste einen Zwischenhalt und nannte die Insel »Los Barbados« nach dem bartähnlichen Aussehen der Luftwurzeln der hier wachsenden Feigenbäume. Auf ihn folgte Kapitän John Powell, der im Auftrag König James I. mit der OLIVE BLOSSOM nach Südamerika unterwegs war und die Insel für England in Besitz nahm. Der eigentliche Siedlungsbeginn kann mit Februar 1627 angegeben werden, als 80 Abenteurer und 10 Sklaven an Land gingen und blieben. Kurz darauf gründete eine andere Gruppe im Süden das heutige Bridgetown, und die Insel erlebte zunächst einen wirtschaftlichen Aufstieg wie kaum eine andere in den Kleinen Antillen. Der Aufschwung wurde jedoch, wie fast immer, durch eine Änderung der Gesellschaftsstruktur erkauft, indem der explodierende Zuckerrohranbau eine Schicht von großen Plantagenbesitzern hervorbrachte, die die Kleinbauern entweder als minder bezahlte Arbeitskräfte absorbierte oder zur Auswanderung zwang. Um die Jahrhundertmitte befanden sich bereits mehr als 30 000 Negersklaven auf Barbados, die für die schwere Arbeit auf den Plantagen aus Afrika herbeigeschafft worden waren. Ein wirtschaftlicher Rückschlag erfolgte dann während der Kriege zwischen England und Frankreich und während des amerikanischen Unabhängigkeitskampfes im 18. Jahrhundert.

Der englische Angriff 1655 auf Hispaniola scheiterte, und so wandte sich der kommandierende William Penn[170] nach Jamaica und konnte dort gegen eine schwächliche Verteidigung den gewünschten Sieg erringen. Die Flotte ging im späteren Kingston Harbour vor Anker, einem der größten bekannten Naturhäfen, blieb aber kaum einen Monat liegen. Zur Absicherung des Besitzanspruches ließ man zwölf kleinere Kriegsschiffe und eine Garnison von 6000 Mann zurück, deren Großteil sich aus Angebern, reinen Abenteurern und vor allem Kleinkriminellen zusammensetzte. Unter dieser Gruppe überwiegend gestrandeter Existenzen befand sich auch ein etwa 20-jähriger Mann namens Henry Morgan (um 1635–1688). Das Vorleben des Walisers ist kaum von Bedeutung und verlief darüber hinaus in nicht gerade geordneten Bahnen. Seine Verwandtschaft zu zwei namhaften Soldaten war jedoch das Fundament seines steilen Aufstieges. Der eine, Thomas Morgan, kämpfte auf der Seite des Parlaments unter Cromwell und wurde Stellvertreter von General George

Monck (1608–1670), der mit der Unterwerfung Schottlands beauftragt war und bereits vom ersten englisch-niederländischen Seekrieg her bekannt ist. Monck hatte später auch wesentlichen Anteil an der Restauration der Stuarts (1660) und wurde zum Duke of Albemarle ernannt, was zweifellos Thomas Morgan zum Vorteil gereichte. Aber auch Edward Morgan, der auf der Seite der Royalisten und im Dreißigjährigen Krieg gekämpft hatte, wurde wieder rehabilitiert und verwandte sich seinerseits für den Neffen Henry Morgan auf Jamaica, der in der Zwischenzeit bereits einige Stufen in der Bukanierhierarchie nach oben gestiegen war.

In dieser Zeit ist eine klare Grenze zwischen staatlichen Kriegshandlungen und organisierter Piraterie nicht mehr auszumachen. Engländer, Franzosen und Niederländer setzten wohl Gouverneure auf den besetzten Inseln ein, gewährten aber zu wenig materielle Unterstützung, um den Kampf gegen den gemeinsamen Feind Spanien von Staats wegen vorantreiben zu können. Darüber hinaus rekrutierte sich der Zuwachs an Kolonisten überwiegend aus Randgruppen, die aus den verschiedensten Gründen in den Mutterländern nicht gerade erwünscht waren. Die Gouverneure waren deshalb beinahe gezwungen, sich mit den Freibeutern zu verbünden und stellten großzügig Kaperbriefe aus. Neben der üblichen Abgabe eines bestimmten Prozentsatzes der Beute, von dem ein Gutteil auch der eigenen Bereicherung diente, sahen diese Freibriefe nur eines zwingend vor: Die Aktivitäten hatten sich ausschließlich gegen spanische Schiffe oder Städte zu richten. Und selbst das konnte durch die dauernd wechselnden Kriegs- oder Friedenszustände in Europa konterkariert werden.

Jamaica erwies sich allzu bald schon als Schlüsselstellung in der Karibik. Die Insel kontrollierte den Zugang zu der wichtigen Schifffahrtsroute durch die Windward-Passage und wirkte wie ein Keil zwischen den spanischen Hauptinseln Kuba und Hispaniola. Dazu kam noch ein annähernd gleicher Abstand zu allen namhaften Küstenstädten des Festlandes, von Yucatán über Mittelamerika bis Venezuela. Nach der Einnahme bauten die Engländer den Naturhafen auf Jamaica zu einem Bollwerk ersten Ranges aus. Als Port Royal wurde er unter den Augen meist korrupter Gouverneure zum Zentrum der karibischen Freibeuter, das sogar Tortuga noch übertreffen sollte. Eine Zeitlang versuchten die Spanier mit untauglichen Mitteln, ihre Interessen auf Jamaica zu wahren, und unterhielten eine Reihe von Guerillabanden an dessen Nordküste. Sie standen unter dem Kommando eines gewissen Don Christóbal Arnoldo Yssasi, dem Sohn eines ehemaligen Gouverneurs von Jamaica. In dem sich daraus entwickelnden Kleinkrieg lernte Henry Morgan vermutlich die Grundelemente seiner später oft angewandten Taktik auszubauen: schnelles, überraschendes Zuschlagen und ebenso eiliger Rückzug.

Die erste urkundliche Erwähnung Morgans datiert in das Jahr 1661 und weist ihn als Eigner und Kapitän eines von zehn Schiffen aus, die unter Befehl Sir Christopher Mings (gestorben 1666) gegen Santiago de Cuba ausliefen. Mings, der mit Sir William Penn in die Karibik gekommen war und an der Eroberung Jamaicas beteiligt gewesen war, hatte einige Zeit zuvor einen Raubzug an der südamerikanischen Küste von Cumaná, dem Zentrum der Perlenfischerei, bis Coro unternommen, wo er auch die größte Beute an sich reißen konnte, die seit Drakes Überfall auf die CACAFUEGO von einem Engländer genommen wurde. Ob Morgan an dieser Fahrt teilgenommen hatte, lässt sich nicht nachweisen, da er aber nun Schiffseigner war, liegt die Vermutung doch sehr nahe.

Der Überfall auf Santiago entwickelte sich zum durchschlagenden Erfolg. Die Spanier, darunter Christóbal Yssasi, wurden in die Flucht geschlagen, Kanonen zerstört und eine Unmenge Schießpulver erbeutet, außerdem Truhen voll Silber sowie Handelsware. Aus Bukaniersicht waren jedoch sechs spanische Schiffe das wertvollste Beutegut, das nach Jamaica verbracht wurde: Neue, zusätzliche Schiffe bedeuteten eine Verbreiterung der eigenen Angriffsfähigkeit, noch dazu wenn es an den erforderlichen Mannschaften nicht fehlte. Als Mings nach England zurückbeordert wurde, beteiligte sich Morgan an einem Gemeinschaftsunternehmen mit vier anderen Kapitänen, das ihn zwei Jahre von Jamaica fernhielt. Dabei wurden spanische Städte vom Rio Grijalva bis zu León in Nicaragua überfallen. Morgan kehrte darauf als Held und reicher Mann wieder auf die Insel zurück, wo er einiges verändert vorfand. Zum einen hatte der Zuckerrohranbau im fruchtbaren Schwemmland und die Rumproduktion seit 1660 einen derart großen Aufschwung genommen, dass in Port Royal ein Schiff neben dem anderen lag und viele Werften entstanden waren; um diese Zeit wurde der Zucker in London bereits billiger als in Lissabon oder Sevilla gehandelt. Zum anderen war Morgans Onkel Edward inzwischen Militärkommandant auf der Insel, was für Morgans Aufstieg an die Spitze der Freibeuterhierarchie von entscheidender Bedeutung war. Er heiratete eine Tochter Edwards, der mit Thomas Modyford, dem neuen Gouverneur von Jamaica, in bestem Einvernehmen stand. In Europa hatten sich die Konflikte zwischen England und Spanien etwas entspannt, dafür herrschte nach der Besetzung Neu Amsterdams durch die Engländer wieder Krieg mit den Niederlanden. Modyford beauftragte Edward Morgan mit einem Unternehmen gegen die niederländische Insel St. Eustatius, bei dem der schon ältere Edward an »Überanstrengung« starb, wie der Gouverneur berichtet. Henry wurde daraufhin zum Oberst und Kommandanten der Miliz ernannt; doch damit nicht genug. Als Edward Mansfield, die bisher unbestrittene Nummer eins der Küstenbruderschaft, 1666 in Gefangenschaft der Spanier geriet, die er nicht überlebte, wurde Henry Morgan nun auch zum neuen Anführer dieser losen Vereinigung auf Jamaica gewählt.

Mit den nun folgenden Unternehmen reihte sich Morgan in der Liste bedeutender Flibustier an ganz prominenter Stelle ein. Er ist wohl nicht das einzige, aber ein prägnantes Beispiel für die Zusammenarbeit zwischen Gouverneuren und gesellschaftlichen Randgruppen. Seit seinen Anfängen war Morgan peinlich darauf bedacht, stets einen offiziellen Kaperbrief vorweisen zu können, auch wenn dessen Herkunft[171] nicht immer eindeutig sein mochte. Männern wie ihm gelang das scheinbar Unmögliche, die Verschmelzung zweier unterschiedlicher Gesellschaftsformen, zumindest was die eigene Person betraf. Die Zusammenarbeit mit Modyford machte ihn bald zum zweitwichtigsten Mann des offiziellen Jamaica, während er gleichzeitig unbestrittener Herrscher der parallel dazu bestehenden Gesellschaft der Freibeuter war. In meist lächerlich anmutenden kleinen Schiffen durchkreuzte er die Karibik, immer auf der Suche nach einem geeigneten Opfer, sei es Schiff oder Stadt. Er griff Puerto Príncipe im Landesinneren Kubas ebenso an, wie er Portobelo einnahm oder Maracaibo plünderte, um nur einige Ziele zu nennen. Morgan hatte unter den Spaniern als erklärter Staatsfeind bald den Ruf eines Francis Drake. Wenn sie auch einige Male glaubten, seiner habhaft geworden zu sein, so entkam er immer wieder durch Wagemut und sein ausgeprägtes Improvisationstalent.

Dies war auch der Fall bei seinem Überfall auf Panamá-Stadt, der auf Modyfords Anregung hin erfolgte. Morgans Aufruf Ende des Jahres 1670 folgten über 2000 Bukanier auf 36 Schiffen, das größte Freibeuteraufgebot, das die Karibik je gesehen hatte. Wieder nach Jamaica zurückgekehrt, musste der ungekrönte König der Bukanier jedoch eine Veränderung der politischen Verhältnisse in Europa zur Kenntnis nehmen. Im Vertrag von Madrid hatte Spanien 1670 erstmals die englischen Besitzungen in der Karibik bestätigt. Im Gegenzug waren alle Feindseligkeiten zwischen beiden Seiten einzustellen, was auch für die mit Kaperbriefen ausgestatteten Freibeuter gelten sollte. Schenkt man einigen Berichten Glauben, so wurden die Bestimmungen des Friedensschlusses erst im Mai 1671 in der Karibik bekannt, also zu einem Zeitpunkt, an dem der Angriff auf Panamá schon abgeschlossen war. Nach Protesten des spanischen Gesandten in London wurde Modyford als Gouverneur abgesetzt, nach England gebracht und für zwei Jahre im Tower inhaftiert. Auch Morgan wurde zur Heimkehr gezwungen, aus nicht eindeutig belegten Gründen aber nicht unter Arrest gestellt. Vermutlich genoss er in der englischen Gesellschaft ähnliches Ansehen und vergleichbare Verehrung wie der Volksheld Francis Drake fast hundert Jahre vor ihm. Andererseits kann seine Abberufung auch als vorläufiges Bauernopfer einer Diplomatie betrachtet werden, die zunächst die Spanier ruhigstellen wollte, sich aber eine Option auf zukünftige Aktionen in der Karibik offen hielt. Schien die Karriere des Henry Morgan vorerst an ihrem Ende angelangt zu sein, so wurde das durch die weiteren politischen Entwicklungen widerlegt. Schon nach kurzer Zeit waren seine

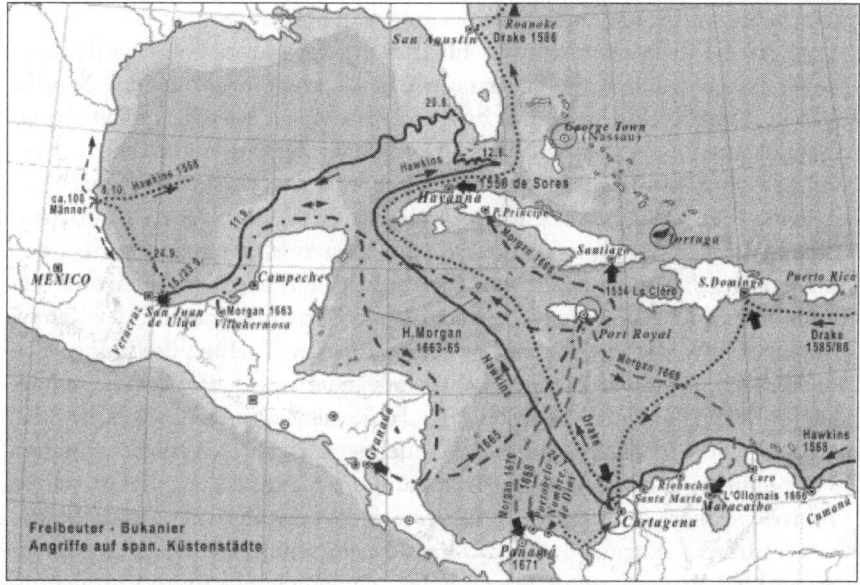

detaillierten Kenntnisse der karibischen Verhältnisse im Beraterstab Charles II. wieder gefragt, für den er ein Memorandum über die Verteidigungsfähigkeit Jamaicas auszuarbeiten hatte. Diese Arbeit beeindruckte den König offensichtlich so sehr, dass er den Bukanier Morgan Anfang 1674 in den Adelsstand erhob und ihn als Gouverneurleutnant nach Jamaica zurückschickte.

Der Rest seines Lebens ist kurz erzählt. Mit 2500 Morgen Land gehörte er zu den reichsten Plantagenbesitzern der Insel und hätte sich in Ruhe und geachtet zurückziehen können. Doch das lag nicht in Morgans Art. Immer öfter suchte er Streit und schuf sich damit neue Feinde. Außerdem wollte er dem ungezügelten Lebenswandel eines Bukaniers nicht entsagen und sprach dem Alkohol in großen Mengen zu. Was der junge Körper noch aufarbeiten konnte, war dem älter werdenden nicht mehr möglich. 1682 wurde er als Gouverneurleutnant abberufen und 1683 vom Regierungsrat Jamaicas wegen seines »unmoralischen Lebens« ausgeschlossen. Doch auch dies brachte ihn nicht von seinem Lebenswandel ab und schien auch seinen Ruhm nicht nachhaltig zu schmälern; denn als er 1688 starb, wurde die Nachricht seines Todes von den Salutschüssen zweier englischer Kriegsschiffe vor Port Royal begleitet, und die englische Regierung ordnete einen gesetzlichen Feiertag an!

Dieses Vorgehen der Krone zeigt, wie produktive Grenzgänger nach Art eines Henry Morgan je nach Verdienst zuerst geduldet, dann akzeptiert und schließlich geehrt werden, um in jenem Augenblick mit klangvollen aber wenig einflussreichen Ämtern ruhiggestellt zu werden, wenn man ihrer nicht mehr im Staatsinteresse zu bedürfen glaubt. Was aber die Salutschüsse betrifft, so sind sie ein deutlicher Hinweis für den Aufstieg der königlich britischen Kriegsmarine seit dem Kampf gegen die Armada. Die Einführung des »Schiffsgeldes« im Jahr 1635 verschaffte England jene Mittel, die ein radikales Flottenbauprogramm erst ermöglichten. Wenn dieser Zeitpunkt auch nicht zwingend als Geburtsstunde der später so gefürchteten und mächtigen Royal Navy bezeichnet werden kann, so stand er zumindest dafür Pate. Der nächste Schritt wurde mit Erlass der Navigationsakte 1651 gesetzt. Das ehrgeizige Ziel, den Warenaustausch Englands ausschließlich auf eigenen Schiffen durchzuführen, konnte nur durch den massiven Ausbau der Handelsmarine und der Kriegsflotte erreicht werden. Was unter anderem auch zum Schutz der jungen Kolonien an der nordamerikanischen Ostküste gedacht war, entwickelte sich jedoch immer mehr zu deren Ausbeutung, da die Siedler durch die Maßnahmen, die sich gegen den niederländischen Handelsgegner richteten, auch selbst dem Monopoldiktat der überwiegend inselstämmigen Reeder ausgeliefert waren. Als unvermeidbare Konsequenz etablierte sich ein schwunghafter grauer Markt, den bald die Schmuggler aus dem Umfeld der karibischen Freibeuter dominierten. Die unlizensierten Händler liefen schließlich von South Carolina bis Boston alle größeren Küstenstädte an und hatten lediglich der Navy aus dem Weg zu gehen. Für die Siedler waren sie willkommene Partner, da über die »freien Kaufleute« der Abgabendruck umgangen werden konnte. Von den Verwaltungsbehörden der an sich eigenständigen Kolonien waren sie geduldet, oft sogar gern gesehen, da auf deren Schiffen begehrte Waren schneller und vor allem preisgünstiger in die Siedlungsgebiete kamen.

Was Henry Morgan für England war, war für Frankreich Jean Baptiste du Casse (1646–1714). Charakterlich hatte er mehr Ähnlichkeit mit einem Cortés als mit dem eher derben Morgan. Er besaß höfische Umgangsformen, war redegewandt und gebildet, vereinigte aber auch Härte und beinahe kompromisslose Zielstrebigkeit in sich, alles Eigenschaften, die zu einer offiziellen Staatskarriere hätte führen müssen. Doch er stammte aus einer Hugenottenfamilie, was im katholischen Frankreich trotz des Toleranzediktes den Zugang zu höheren Staatsämtern versperrte, auch wenn du Casse selbst keinerlei religiöse Neigungen zeigte. So trat er in die Dienste der »Compagnie de Sénégal«, einer privaten Investorengesellschaft, die sich dem Rohstoff-, vor allem aber dem Sklavenhandel an der westafrikanischen Küste verschrieben hatte. Abnehmer waren die französischen Siedler in der Karibik, besonders auf Hispaniola und Martinique. Wie alle Inseln über dem Wind war auch Martinique viele Jahrzehnte ohne Bedeutung für die Spanier geblieben. So kann erst von einer echten Besiedlung gesprochen werden, als der schon von St. Kitts her bekannte französische Korsar Pierre Belain, nun Chevalier d'Esnambuc, 1635 einen

Stützpunkt in der Bucht des heutigen St. Pierre[172] anlegte. Von hier aus wurde die Insel zur wichtigsten Operationsbasis der französischen Flotte in der Karibik ausgebaut, nachdem 1674 die französische Regierung die privaten Besitzrechte abgelöst hatte. Im Jahr 1685 wurde der Sklavenhandel eingeführt und im sogenannten »Code Noir« gesetzlich geregelt.

Der durch den langsamen, aber stetigen Rückzug der Spanier aus ihren ältesten Niederlassungen freigewordene Küstenraum im Nordwesten Hispaniolas wurde anfangs von der »multinationalen« Bukaniergemeinschaft beansprucht, in der schließlich Gruppierungen mit französischer Muttersprache den stärksten Anteil stellten. Nach 1665 befand sich der gesamte Westteil der Insel unter französischer Kontrolle und entsprach in seinen ungefähren Grenzen dem heutigen Haiti. Annähernd zeitgleich mit der Übernahme der 1627 gegründeten »Compagnie de la Nouvelle France« (Kanada) durch die Krone im Jahr 1663 konstituierte sich für die Karibik zwei Jahre später die »Französisch-Westindische Kompanie«. Mit offizieller Bestätigung durch Ludwig XIV. sollte die Gesellschaft den französischen Handelsinteressen zum Durchbruch verhelfen und auch das Bukanierunwesen eindämmen, zumindest aber dessen unbestreitbare Energie für den Staat nutzbar machen. Dass man sich dabei auch ungewöhnlicher Methoden bediente, zeigt eine Randepisode mit Symbolcharakter. Um die überwiegend reine Männergesellschaft der Freibeuter von innen her aufzubrechen, ließ Bertrand d'Ogeron, Beauftragter der Kompanie, etwa 150 Pariser Dirnen und ähnliche Außenseiterinnen der Gesellschaft nach Tortuga bringen und an interessierte Bukanier versteigern. In Frankreich hatte man die Frauen vor die Wahl zwischen Gefängnis und Auswanderung gestellt, nun sollten sie über familienähnliche Beziehungen die frei umherstreifenden Männer sesshaft machen.

Mit dem verstärkten Zustrom von Einwanderern glich die Gesellschaft bald jener auf dem englischen Jamaica. Neben gutwilligen Siedlern und Pflanzern machten sich auch die dunklen Gruppen jeder Pioniergesellschaft breit. Diese noch ungeordneten Verhältnisse nutzte die »Compagnie de Sénégal«, indem sie minderwertige Sklaven nach Saint Domingue (franz. für Hispaniola) bringen ließ und teuer verkaufte, wie du Casse 1680[173] selbst feststellen konnte. Er rüstete ein eigenes Schiff aus, belud es an der afrikanischen Küste mit Sklaven bester Qualität und konnte sie derart gewinnbringend absetzen, dass der Erwerb eines Kaperschiffes für ihn möglich wurde. Auf der Rückfahrt von Saint Domingue nach Frankreich gelang es ihm, ein reich beladenes Handelsschiff der Niederländer zu kapern, und teilte die Beute derart gewissenhaft mit der Krone, dass ihn Ludwig XIV. über alle Religionsschranken hinweg zum Leutnant der Marine ernannte.

Die folgenden Jahre verbrachte er überwiegend auf See und unternahm viele Kaperfahrten gegen niederländische, englische und spanische Handelsschiffe. Sein Ansehen bei Hof stieg. Als 1691 der französische Gouverneur von Saint Domingue bei einem spanischen Überfall getötet wurde, verfasste du Casse ein Memorandum an den Marineminister, in dem er auf die dringend erforderliche Verstärkung französischer Präsenz hinwies, die auch der Staatskasse nur zum Vorteil gereichen konnte. Die Krone stellte ihm darauf eine Fregatte und zwei kleinere Schiffe zur Verfügung und ernannte ihn zum neuen Gouverneur. Mit diplomatischem Geschick gelang es du Casse, die kampferprobten Freibeuter für sich und die Staatsinteressen einzunehmen. Er stattete sie großzügig mit Kaperbriefen aus, bediente sich ihrer Hilfe aber auch für eigene Unternehmen. Zu dieser Zeit, es ist der Vorabend des spanischen Erbfolgekrieges, kämpfte in der Karibik schon jeder gegen jeden. Auch quer durch die Reihen der bisher indifferenten Bukanier begann sich ein Nationalitätenriss abzuzeichnen. Französische Freibeuter fielen über Jamaica und Port Royal her, das 1692[174] durch ein großes Erdbeben mit Hunderten Toten in Trümmer gelegt wurde und kaum Kraft zur Gegenwehr besaß. Auch du Casse selbst unternahm einen, allerdings nur halbherzig vorgetragenen Angriff und zog sich nach schweren Plünderungen wieder zurück. In Territorialfragen widmete er sich nun der Eroberung des Restteiles von Hispaniola, kam jedoch in den Vorbereitungen nicht recht voran. Als er sich 1696 in der Lage sah, das geplante Unternehmen durchzuführen, wurde ihm von Frankreich beschieden, davon Abstand zu nehmen und die Ankunft des Jean Bernard Louis Dejeans, Baron de Pointis, abzuwarten, der bald mit einer starken Flotte in die Karibik auslaufen würde – er, Jean Baptist du Casse, und die ihm folgenden Bukanier hätten sich zur Verfügung des Barons zu halten.

Will man wieder nach Parallelen suchen, so wäre Dejeans durchaus mit Pedrarias Dávila zu vergleichen; wie dieser war auch er egoistisch, arrogant und habgierig. Beim Auslaufen aus Brest verfügte er über neun schwerbewaffnete Fregatten, vier Korvetten und mehrere Transportschiffe sowie 2000 Soldaten. Da sich Frankreich wieder einmal im Krieg mit England befand, kreuzte ein britisches Geschwader unter Admiral Neville vor Brest und versuchte das Auslaufen Dejeans zu verhindern. Diesem jedoch gelang aus nicht ganz nachvollziehbaren Gründen, unter Verlust lediglich eines einzigen Schiffes, der Durchbruch in den Atlantik. Kaum auf Saint Domingue angelangt, konfrontierte Pointis sowohl du Casse als auch die aufgebotenen Bukanier mit den neuen Fakten. Er, Desjeans, sei der alleinige Kommandant des Expeditionskorps und die Bukanier müssten sich in die strenge Ordnung fügen, die auf französischen Schiffen herrsche, andernfalls ihre eigenen in Brand gesteckt würden. Die Demütigung ging sogar so weit, dass du Casse, der Gouverneur, nicht einmal gleichberechtigt, sondern nur als einfacher Kapitän eines Bukanierschiffes am geplanten Angriff teilnehmen sollte.

Das Ziel des Baron de Pointis hieß Cartagena, die am stärksten befestigte

Küstenstadt der Karibik und schon bekannter Sammelpunkt für die Goldladungen und Edelsteinlieferungen aus dem Hochland Kolumbiens, außerdem Überwinterungshafen für die Silberflotte mit den Schätzen aus den Minen von Potosí. Unter schweren Verlusten der Bukanier, die Pointis gleichsam als Kanonenfutter voranschickte, gelang der Angriff und reiche Beute wurde gemacht. Bei der folgenden Teilung hielt sich der habgierige und egomane Baron nicht an die getroffenen Vereinbarungen und verweigerte den Bukaniern große Anteile an der ihnen zustehenden Beute. Lediglich du Casse vermochte unter großer Mühe einen sofortigen Angriff der Bukanier auf ihre Landsleute zu verhindern. Man trennte sich in Unfrieden, und Pointis kehrte, wieder unter Umgehung der ihm in die Karibik gefolgten englischen Flotte, erfolgreich nach Europa zurück.

Nur einen Monat später beendete der Friede von Rijswijk eine mehrjährige Auseinandersetzung zwischen Frankreich, England und den Niederlanden auch auf dem Meer. Im Vertragstext wurden die französischen Ansprüche auf Saint Domingue von den Spaniern bestätigt, während die Besitzungen auf Martinique, Guadeloupe und anderen Inseln der Kleinen Antillen unerwähnt blieben, was als stillschweigende Duldung auszulegen war. Ähnlich verhielt es sich mit den englischen und niederländischen Siedlungsstützpunkten. Damit ging auch völkerrechtlich die schon lange auch faktisch nicht mehr existente Alleinherrschaft Spaniens über die Karibik zu Ende. Im Gegenzug verpflichteten sich die anderen Seemächte, das Piratenunwesen der Bukanier und Flibustier entschiedener zu bekämpfen. Noch im selben Jahr ließ Ludwig XIV. eine Münze prägen, die auf der Rückseite den Herkunftsort des Goldes, Cartagena, ausweist. Jean Bernard Desjeans, Baron de Pointis, starb 1707 begütert und bewundert, aber weitgehend gemieden. Auch Jean Baptist du Casse kehrte nach Frankreich zurück, wo er zum Ritter des St.-Louis-Ordens geschlagen und zum Admiral befördert wurde. Welche Kapriolen Politik zu schlagen vermag, erfährt er gegen Ende seines Lebens. Im Jahr 1708 sind Frankreich und Spanien plötzlich Verbündete, und du Casse wurde zur spanischen Flotte abkommandiert. Dank seiner Erfahrung mit den Freibeutern gelang es ihm, einige Geleitzüge sicher von der Karibik nach Sevilla zu führen, was ihm zu seinen bisherigen Ehrungen auch noch die höchste Auszeichnung einbrachte, die Spanien zu vergeben hatte: die Verleihung des Ordens vom Goldenen Vlies.

Es bedarf keiner besonderen Anmerkung, dass mit der oben erwähnten Vereinbarung die Aktivitäten der Freibeutergruppen in der Karibik noch lange nicht ihr Ende fanden. Die Staatsmacht vertrieb sie jedoch aus den bisherigen Stützpunkten und ließ sie nach neuen suchen. Auf Tortuga und Jamaica folgten Nassau und New Providence als neue Zentren. Andere wichen über den Atlantik aus und sammelten sich auf Madagaskar, um von dort aus den

Indischen Ozean unsicher zu machen. Auf dieser Insel hatten sich ein französischer Marineoffizier und ein religiöser Fanatiker aus Italien so etwas wie ein privates Piratenreich mit dem nicht ganz treffenden Namen »Libertalia« geschaffen. Der Begriff »Land der Freiheit« wurde durch eine Vielzahl von strengen Regeln und Verhaltensnormen eingeengt, die allesamt der Schaffung einer gleichberechtigten Gesellschaft dienen sollten, aber gerade wegen des Absolutheitsanspruches zur baldigen Auflösung des Gemeinwesens führten. Aber auch weltweit mussten sich die letzten Außenseiter, von den staatlichen Kriegsflotten erbarmungslos gejagt, in immer entlegenere Winkel zurückziehen, bis auch sie gegen Mitte des 18. Jahrhunderts der Vergangenheit angehörten. Die hohe Zeit des Piratenunwesens lag ungefähr zwischen 1670 und 1725, wo geschätzte 8000 bis 10 000 von ihnen die Weltmeere befuhren und alle Seerouten unsicher machten.

Geblieben sind Gerüchte und Legenden um sagenhafte Schätze, die Piraten auf einsamen Inseln vergraben haben sollen. Wenn auch die Schilderungen des Alexander Selkirk über seinen fünfjährigen Aufenthalt auf einer einsamen Insel den wahren Hintergrund für Daniel Defoes Romanerzählung »Robinson Crusoe« bildeten, so handelt es sich bei Stevensons berühmten »Treasure Island« doch um reine Fiktion. Die Vermutung großer vergrabener Schätze auf einsamen Inseln ist naheliegend, aber nicht unbedingt zwingend. Der größte Anteil geraubten Gutes fiel auf die mit Freibriefen ausgestatteten Kaperkapitäne, die mit der Krone und ihren Geldgebern abzurechnen hatten. Da blieb kaum Raum, nennenswerte Beträge zu unterschlagen und beiseite zu schaffen, wenn man an die Zahl offizieller Mitwisser denkt. Anders sieht es bei den »freien« Piraten aus, die unbestreitbar auch zu Erfolgen gelangten und das Raubgut möglichst nahe ihres Aktionsgebietes als Gelddepot zu verbergen suchten. Im Vergleich zu den Kaperern sind diese Beträge aber in Summe eher gering einzustufen. Anders verhält es sich etwa mit dem sogenannten »Limaschatz«. Als sich die Befreiungsarmee Simon Bolivars 1822 der Stadt näherte, wollten reiche Bürger sich und ihren Besitz an Gold und Juwelen auf einem Schiff in Sicherheit bringen. Dieses wurde jedoch von einem schottischen Kapitän aufgebracht, der die Menschen töten und das Gold[175] auf die kleine »Kokosinsel«, etwa 500 Kilometer vor der Pazifikküste Costa Ricas bringen ließ. Selbst mit den modernsten Methoden scheiterten bislang die heutigen Schatzsucher, es zu bergen. Erfolgversprechender, wenn auch ungemein aufwändig, ist die Suche nach gesunkenen Schatzgaleonen vor den Korallenriffen der Karibik und Floridastraße. Bedenkt man hierbei aber, dass sich das Holz im Laufe der Zeit aufgelöst hat und der Rest vom Meeresboden bedeckt wurde, so kann man leicht ermessen, wie schwierig und kostenaufwändig dieses Unterfangen selbst mit Einsatz modernster Ortungsgeräte ist.

Zum Schluss des Kapitels soll aber noch ein Aspekt der Freibeuter kurz Erwähnung finden, der bisher nur angedeutet wurde. Seit den Anfängen der frühen Bukanier galt ihnen die Freiheit des Einzelnen als oberstes Prinzip. Das sollte sich auch später nicht wesentlich ändern, als sie sich zu immer größeren Gruppen zusammenschlossen. Einige Grundregeln wie Beuteaufteilung und Absicherung nach Verwundungen oder Tod wurden schon erwähnt. Die Vollversammlung jeder Kleingemeinschaft wählte aus ihren Reihen den Kapitän für das nächste Unternehmen und stellte ihm zur Kontrolle einen Quartiermeister bei. Bis auf einen etwas höheren Anteil an der Beute waren beide ursprünglich kaum mit Privilegien ausgestattet und behielten ihr Amt nur bis auf Widerruf. Der konnte bei übertriebener Härte gegen die Mannschaft oder Betrügereien im Rahmen der Beuteaufteilung sehr schnell erfolgen. Der Rat der Kapitäne und ihrer Stellvertreter bestimmte wiederum den Oberkommandierenden, was einem demokratieähnlichen Ermächtigungsverfahren schon sehr nahe kam. Das ist umso erstaunlicher, denkt man an die Entwicklung, die die europäischen Staatswesen zeitgleich in Richtung Absolutismus nahmen. Die offensichtliche Ambivalenz zwischen überbordender Rücksichtslosigkeit, Härte und Grausamkeit stand dem weitgehenden Respekt vor dem Einzelnen innerhalb der Gemeinschaft gegenüber. Auch wurde niemand gezwungen, sein zukünftiges Leben als Pirat zu verbringen. Es stand ihm frei, der Bruderschaft beizutreten, sie aber ebenso und ungefährdet wieder zu verlassen, wie das Beispiel des John Esquemeling zeigt. Das hatte einen ganz einfachen Grund: Die Freibeuter brauchten keinen Verrat zu fürchten. Ihre wehrhaften Stützpunkte und Sammelzentren waren allgemein bekannt, sie benötigten keine Schlupflöcher oder Verstecke wie Straßenräuber. Zudem war es einem Aussteiger unmöglich anzugeben, wohin die nächste Fahrt eines Schiffes oder einer Flotte gehen würde. So war jeder, der sich an die weitgesteckten Regeln der Gemeinschaft hielt, Herr seiner selbst.

Im Gegensatz dazu verfielen die Marineverantwortlichen Europas auf immer fragwürdigere Rekrutierungsmaßnahmen, die in Streifzügen der Hafenobrigkeit oder einzelner staatlicher Kapitäne durch Hafenkneipen gipfelten, bei denen tauglich erscheinende Männer oft mit Gewalt gefangen gesetzt und auf die Schiffe verbracht wurden. Dort erwartete sie, ohne Rechtsanspruch auf ihre nun geraubte Freiheit, härtester Drill und meist menschenverachtende Behandlung seitens der Kommandierenden. So ist es kaum verwunderlich, wenn viele dieser Entführten, aber auch reguläre Seeleute, in der Totenkopfflagge eine Art Rettung vor dem unerbittlichen Alltag auf ihrem Schiff sahen und sich bei erfolgreicher Kaperung den Freibeutern anschlossen. Oder in den Worten des englischen Dichters und Essayisten Samuel Johnson (1709–1784): *»Kein Mann wird freiwillig Matrose, wenn er über genügend Erfindungsreichtum verfügt, nur ins Gefängnis zu kommen. Denn ein Schiff ist wie ein Kerker, nur* *dass er zusätzlich noch ertrinken kann. Im Gefängnis hat man mehr Platz, besseres Essen und für gewöhnlich angenehmere Gesellschaft.*«

Einen neuen, bisher noch nicht angedachten Zugang zur Gesellschaft der Außenseiter glauben zeitgenössische Historiker gefunden zu haben. Nach ihren Forschungen sollen wesentliche Grundzüge des egalitären Bruderschaftssystems nach 1640 mit den sogenannten Dissenters in die Karibik gelangt sein. Vereinfacht ausgedrückt ist die Bezeichnung »Dissenters« ein Sammelbegriff für die nonkonformistischen Randgruppen im England des 17. Jahrhunderts, die zumeist tiefgreifenden Repressalien der Staatsmacht ausgesetzt waren. In politischer Weiterverfolgung reformatorischen Gedankengutes strebten sie auch die Durchsetzung eines Gemeindewesens nach dem Vorbild freien Bibelchristentums an. Viele von ihnen, denen es möglich war, wanderten in die Neue Welt aus. Die meisten wohl in die Kolonien an der Ostküste Nordamerikas, nicht wenige dürften aber auch in die Karibik gelangt sein, wo sie von habgierigen Plantagenherren und Kaufleuten ausgebeutet und betrogen wurden. Der Schritt zu den, dem Vernehmen nach, freien Bukaniern war naheliegend. Dort trafen sie auf ein Umfeld, dessen Grundzüge den eigenen Vorstellungen eines freien Zusammenlebens entgegenkamen. Aber nicht nur Engländer, auch viele Franzosen mit überwiegend hugenottischer Herkunft zählten zu den Impulsgebern einer neuen, wenn auch vorübergehenden Gesellschaftsform, ebenso auch protestantische Niederländer. Bald verschwand der religiöse Hintergrund. Was blieb und ausgebaut wurde, war ein Gemeinschaftsleben, das dem Einzelnen jede erdenkliche Freiheit bot, solange er nicht gegen die weitgesteckten Regeln der Gruppe verstieß.

Heute ist es für Menschen kaum mehr nachvollziehbar, wie Brutalität auf der einen und Toleranz auf der anderen Seite sich über ein Jahrhundert lang gleichzeitig zusammen behaupten konnten. Einige Ansatzpunkte dafür wurden mit wenigen, ausgewählten Beispielen in diesem Kapitel dargelegt. Sie sollten deutlich machen, wie aus Freiheitsdrang, Staatsinteressen und dem unvermeidlichen Wunsch nach Reichtum eine Bewegung entstand, die dem Piratentum, aber auch der Seefahrt insgesamt einen unverwechselbaren Stempel aufgeprägt hatte. Jeder Hinweis auf den »edlen (Film)piraten« muss angesichts der bestialischen Grausamkeiten eines L'Ollonois oder Black Beard ins Leere gehen und sich ins Gegenteil verkehren. Die Bukanier waren nie die »Robin Hoods« der Meere, die den Reichen nahmen und den Armen gaben, sie waren bestenfalls ein gesellschaftliches Experiment, das unbewusst die egalitären Konzepte der französischen Revolution mit untauglichen Mitteln vorwegnehmen wollte, und an den eigenen Ansprüchen scheiterte.

SCHLUSS

AM UFER DES ZEITSTROMS – EIN KRITISCHER RÜCKBLICK

»Der Ritter vom Kreuz tötet bewusst und stirbt versöhnt.
Sterbend findet er sein Heil, tötend vollendet er das Werk des Herrn.«
Bernhard von Clairvaux, 1247

Zwischen diesem erstaunlich martialischen, heroisierenden Satz des Ordensgründers Bernhard von Clairvaux anlässlich des Zweiten Kreuzzugs und dem Beginn unseres Betrachtungszeitraumes liegen annähernd 200 Jahre, und bis zu seinem Ende beinahe 500. Dennoch hatte er zur jeweiligen Zeit nichts an Aktualität eingebüßt, und das in mehrfacher Hinsicht. Wo immer im 16. Jahrhundert das Kreuz aufgepflanzt wurde, war diese symbolische Handlung untrennbar verbunden mit Unterdrückung, Tod, Raub und erbarmungslosen Kämpfen der Eroberer untereinander. Es blieb den Verirrungen des menschlichen Geistes vorbehalten, dass gerade die dem Inhalt nach gewaltfreieste und versöhnlichste der monotheistischen Religionen den größten Furor, verbunden mit Strömen von Blut, über den Erdball brachte. Angesichts des Schreckens fällt es schwer, objektiv und sachlich zu bleiben. Dennoch kann nicht geleugnet werden, dass sich Europa und seine Nachfahren in Übersee ihre eigene Zukunft über gnadenlose Unterwerfung und grenzenlose Verelendung autochthoner Kulturen und Völker erkämpften. Man könnte nun in freier Anlehnung an Niccolo Machiavelli behaupten, die Entdeckervölker hätten sich im Grunde nicht anders verhalten als der »Vollkommene Fürst«, dessen Handeln keiner ethischen Bewertung unterworfen sei, da er im Interesse des Gemeinwesens handle – wobei hier natürlich die westeuropäischen Kolonialinteressen in Form gezielten Ressourcenraubes gemeint sind, aus dem über dichter gewordene Handelsverflechtungen auch andere Volkswirtschaften des Alten Kontinents Nutzen zogen. Insofern war Europa erfolgreich, ja äußerst erfolgreich. Aber um welchen Preis! Die antike Fragestellung des »cui bono« verdeckt übermächtig beinahe jeden anderen Zugang zu einer Antwort.

Die Vorstellung der »ecclesia militans«, der streitbaren Kirche, zieht sich wie ein roter Faden durch die Geschichte, auch wenn sich der Schwerpunkt vom rein Religiösen immer mehr zum Politischen hin verschob. Verfolgt man die Kriegshandlungen im Zeichen des Kreuzes, von der Eroberung Jerusalems bis zum Fall Granadas, so lassen sich unschwer Parallelen zum Geschehen in Übersee ausfindig machen. Pater Valverdes Aufruf in Cajamarca, den *»feind-*

lichen Hunden entgegenzutreten, welche die göttlichen Dinge zurückweisen«, kann bei aller Achtung religiöser Motive nicht darüber hinwegtäuschen, dass hier ein flagranter Überfall begangen wurde, auch wenn sich die Spanier in starker Unterzahl befunden hatten. Traten die Teilfürsten der Kreuzfahrerstaaten, einmal im eroberten Land etabliert, gegeneinander an, wobei sie auch vor Allianzen mit lokalen Machthabern der Umgebung nicht zurückschreckten, so kann man Ähnliches im Peru der Pizarristen und Almagristen ebenso feststellen, wie im Streit verschiedenster Conquistadoren im Raum Zentralamerikas, von Männern aus dem Umfeld des Pedrarias Dávila zu jenen des Cortés, zu ihm selbst und einem Pedro de Alvarado. Verknüpften die frühen Kreuzfahrer im Kampf gegen die »Ungläubigen« ihr Schicksal und Leben mit dem spirituellen Aspekt eines versprochenen Seelenheils – bereits die Teilnahme an einem Kreuzzug ins Heilige Land war mit Ablass verbunden –, so nahm die überwiegende Mehrzahl der ranglosen Eroberer ähnliche Entbehrungen und zumindest ein vergleichbares Risiko in Kauf für die profane Aussicht auf irdischen Reichtum und Landzuteilungen in den unterworfenen Gebieten.

Die Kreuzzugsbewegung hat trotz einer Dauer von etwa 200 Jahren bis auf einige beeindruckende Festungen kaum Spuren im Osten hinterlassen. Anders muss eine Bewertung ausfallen, blickt man auf das christliche Abendland. Die direkte Begegnung mit dem Islam und seiner Welt führte zu einem Kulturtransfer nach Europa, der nicht hoch genug eingeschätzt werden kann. Arabische Gelehrte besaßen einen ungebrochenen Zugang zu den Philosophen und Wissenschaftlern der klassischen und späten Antike. Sie hatten deren Wissen und Deutungen einer Weltkonzeption über Jahrhunderte hinweg gleichsam für das Abendland aufbewahrt, auch wenn sie es mit eigenen intellektuellen Auslegungen verknüpften. Zentren waren Damaskus und Kairo, überstrahlt nur noch vom maurischen Cordoba, dem geistig-intellektuellen Brennpunkt der damals bekannten Welt. Ins Arabische übersetzte Schriften der größten Denker des vor- und frühchristlichen Zeitraumes bildeten dann den Grundstock für eine Wiederentdeckung oder Neubewertung dieses Gedankengutes. Dazu kam die unbewusste Übernahme fernöstlicher Kulturleistungen vom Kompass bis zum Schwarzpulver, währenddem sich Europa langsam aus der Enge rein spiritueller Weltdeutung zu lösen begann. Humanismus und Renaissance und damit die Weichenstellung zum modernen Denken wären über den steinigen Umweg der Scholastik ohne die akribische Bewahrungsarbeit und Aufarbeitung islamischer Universitäten kaum vorstellbar.

Ganz anders verhielt es sich mit der Rezeption präkolumbischer Kulturkreise Amerikas. Sie fand einfach nicht statt, zu fremdartig waren deren Fundamente, sowohl in religiöser als auch gesellschaftlicher Hinsicht. Aber Europa war auch nicht gekommen, um seinen geistigen Horizont zu erweitern, es kam, um in Besitz zu nehmen. Der Alte Kontinent nutzte den Glücksfall technisch-materieller Unterlegenheit der indigenen Bevölkerung gnadenlos aus. Die Ureinwohner waren, nach historischen Maßstäben gemessen, besiegt, ehe sie die Anwesenheit der Fremden wirklich wahrhaben konnten oder wollten. Ein stärkerer Aufeinanderprall zweier Weltbilder ist kaum vorstellbar. Quetzalcoatl und Inti waren nicht den alten Legenden entsprechend zurückgekehrt, sie kamen mit Fabelwesen, die in keinem Weltschöpfungsmythos vorgesehen waren, mit glänzenden, undurchdringbaren Körperpanzern und feuerspeienden Waffen, die jene des Regengottes an todbringender Gewalt übertrafen.

Nahtlos trugen die Spanier ihren Kampfruf »Santiago« über die Schlachtfelder von Navas de Toloso und Granada bis in die Neue Welt. Anders als der Heilige Georg der Engländer ist der Christusapostel Jakobus der Ältere untrennbar mit Tod und Zerstörung verbunden. Daran kann auch sein legendenumranktes Grab in Santiago de Compostela, für Jahrhunderte die berühmteste Wallfahrtsstätte Europas, nichts ändern. Sein Beiname »der Maurenschlächter« kann bei harter Auslegung nach der Entdeckung Amerikas um einen zweiten, »der Indianerschlächter«, erweitert werden. Mit seinem Namen, aus rauen Kehlen ausgestoßen, gingen die Conquistadoren den zeitgenössischen Chroniken folgend in Gefechte und Schlachten gegen fremde Sozietäten, nicht nur die hochstehenden Kulturen auf dem Festland. Flackerten bei der Reconquista im Schrei »Santiago« noch Aspekte des Glaubens durch, so verkam der Ruf in Mexiko und Peru zum psychologischen Moment, das die wenigen Angreifer gegen eine erdrückende Übermacht zusammenschweißte und in einen kaum nachvollziehbaren Blutrausch versetzte. Wie anders wäre sonst das Massaker von Cajamarca zu erklären? Hätte nicht allein die Gefangennahme Atahualpas, die bereits beim Ausbruch des Kampfes erfolgte, ausgereicht? Musste nach dem Verrat der Amoklauf noch über Stunden fortgesetzt werden?

Die Ereignisse nach der Schlacht bei den Hörnern von Hattin 1187 im Vorfeld des Dritten Kreuzzuges sind kein gültiges Gegenargument. Standen hier zwei kampftechnisch etwa ebenbürtige Heere einander gegenüber, so traf das in der Neuen Welt in keinem Fall zu. Ein mit diffus religiösen Bestrebungen angereichertes Vorhaben in Palästina verkam nun zu reinem Terror, ausschließlich auf den Endzweck ausgerichtet: auf Unterwerfung, Besitz, Gold. Fragen des Glaubens wurden zum mehr als dünnen Mäntelchen für skrupellose Machtausweitung. So ist es für das Christentum mit seiner inhaltlichen Orientierung auf brüderliche Gleichheit aller Menschen mehr als beschämend, wenn die römische Kirche jahrzehntelang darüber diskutierte, ob die Indianer überhaupt eine Seele besäßen. Der Disput von Valladolid zwischen Las Casas und Sepúlveda mag als weiteres Beispiel für diese Behauptung gelten. Bei allem Verständnis für theologische Spitzfindigkeiten, gerade für jene Zeit, da sich die Christenheit in der Reformation selbst spaltete, muss es doch erlaubt sein festzustellen, dass die Religion als Hauptverantwortliche für die Entwicklung in Übersee nicht herangezogen werden kann.

In Ostasien, in China und Japan, blieb der Einfluss europäischer Mächte bis in das 19. Jahrhundert weitgehend überschaubar und auf Randsektoren beschränkt. In Indien gelang der englischen East India Company erst der Durchbruch, als die vielen Teilreiche in sich selbst kollabierten und von den Europäern gegeneinander ausgespielt werden konnten. Ja selbst in Südostasien und der zugehörigen Inselwelt konnten sich die einzelnen Kulturen, vor allem ihre Religionen, trotz vieler Repressionen in die Gegenwart herüberretten. Warum ist aber die Bevölkerung der Philippinen überwiegend katholisch, während jene Indonesiens islamisch blieb oder es erst zur Ankunftszeit der Europäer wurde? Warum werden in Amerika südlich des Rio Bravo fast ausschließlich katholische Messen gelesen, und warum sind Festtagsprozessionen von Guadalupe in Mexiko über Mérida und Quito bis Santiago de Chile von solch ehrlicher Hingabe an die Heiligen der römischen Kirche erfüllt? Die Antwort ist vielschichtig und dennoch einfach.

Seit Kolumbus ging das Schwert voran, erst dann vom Kreuz gefolgt. Rauchende Trümmer und Ströme von Blut haben die Voraussetzungen dafür geschaffen, dass die Kirche als alter Ego des Staates in der spanischen Neuen Welt auch ihre Welt errichten konnte. Den Soldaten folgten die Missionare und bedienten sich deren Waffen zur Durchsetzung der geistigen Kontrolle über die bereits Unterworfenen. Allein das Faktum, dass schon in den ersten Jahren der Landnahme mit militärischer Gewalt alle alten Rituale, Bräuche und Traditionen radikal unterdrückt und die überkommenen Gesellschaftssysteme innerhalb kürzester Zeit bewusst zerstört wurden, sicherte die weltliche Herrschaft unter Berufung auf einen fragwürdigen Missionierungsauftrag des Papstes. Andererseits wurden aus heutiger, profaner Sicht den Mönchen ihre Missionierungsbestrebungen nicht allzu schwer gemacht. Wohl nicht im Kern, in äußeren Bildern aber sehr deutlich sind viele Ähnlichkeiten, wenn nicht gar Übereinstimmungen auszumachen, die es dem einfachen Indio letztlich erleichterten, den oktroyierten neuen Glauben anzunehmen.

Wurde in Europa noch im 15. Jahrhundert der zunehmende Erwerb von Wissen und Bildung nicht nur des »gemeinen Volkes« restriktiv überwacht und argwöhnisch beobachtet, so hielt man in Übersee die autochthone Bevölkerung von Anfang an noch mehr zweck- und zielorientiert davon ab. Sie wurde gleichsam *in statu nascendi* gehalten. Die »Kinder Gottes« sind mehr als eine religiöse Metapher, wenn altüberkommenes Wissen zerstört und die entstandene Orientierungslücke bewusst nicht durch Neues aufgefüllt wird. Die nur verbal und nach ausgewählten Gesichtspunkten vorgetragene Lehre des Christentums kann kein Ersatz dafür sein, wenn zum Beispiel gleichzeitig einheimische und bewährte Ackerbaumethoden rigoros durch europäische ersetzt werden. Bereits die noch nicht voll ausgereifte Plantagenwirtschaft auf den Antillen überforderte die Urbevölkerung, und in den Anden führte sie das ausgewogene Versorgungssystem der Inka in den Zusammenbruch – womit man wieder bei der weltlichen Dimension angelangt wäre. Nein, Spanien führte in der Neuen Welt keinen Kreuzzug. Die ihm nachfolgenden Franzosen, Engländer und Niederländer noch weniger, weder in Amerika noch in anderen Überseegebieten. Konnte sich Europa im Heiligen Land teilweise noch zu gemeinschaftlichen Aktionen zusammenfinden, so waren nach der Kolumbuslandung die Frontstellungen von Anfang an für alle Seiten klar. Über den Handel mit den Produkten aus kurz zuvor in Besitz genommenen Gebieten sollte die eigene Wirtschaftskraft und damit das politische Gewicht in Europa und der Welt gestärkt werden. Die einheimischen Völker waren von Beginn an nur nebensächliche, wenn auch notwendige Randfiguren in einem großen Schachspiel, das immer globalere Dimensionen annahm. Die Seemächte Europas fochten ihre Kriege nicht zuletzt auch in den Kolonien und in letzter Konsequenz auf dem Rücken der Urbevölkerung aus. Ihre Knebelung und Ausbeutung wurde zum Enzym eigener Erfolge. Von den teilversklavten Andenbewohnern bis zum unverhohlenen Landraub an den Indianern Nordamerikas zieht sich diese Spur quer durch den Kontinent und weiter in den Raum des Indischen Ozeans bis zur Insulinde. Mit den Landungen auf Guanahari und in Calicut begann sich ein Rad mit zunehmender Eigendynamik zu drehen, deren Konsequenzen einige Jahre zuvor nicht einmal entfernt erahnt werden konnten.

Die Spaltung der Christenheit in Europa und deren Folgen hatte Auswirkungen weit über den Alten Kontinent hinaus, was zumindest an den Glaubensgrenzen in Amerika erkennbar ist. Stand der einheitliche, vom Staat bestimmte Glaube seit Isabella und Ferdinand in Spanien und seinen Eroberungen nie in Frage, so ist das für Frankreich und vor allem England anders zu sehen. In diesem Zusammenhang erhält das Eingangszitat des Bernhard von Clairvaux einen anderen Sinn. In den Kämpfen zwischen den Hugenotten und Katholiken Frankreichs oder den Auseinandersetzungen der Royalisten (überwiegend Angehörige der anglikanischen Kirche) und den Puritanern unter Cromwell ging es nicht zuletzt auch um politische Macht, trotz aller Beteuerungen, für den Glauben zu fechten und das »Werk des Herrn zu vollenden« – man denke nur an die hugenottischen Siedlungsversuche in Amerika und die katholischen im heutigen Kanada, und von den Neuenglandstaaten bis Carolina reihten sich Siedlungen wie eine Perlenkette aneinander, deren Bandbreite von Anglikanern über die toleranten Quäker bis hin zu extremen Ausformungen des Puritanismus reichen. Oder man erinnere sich an die restriktive Haltung des calvinistischen Peter Stuyvesant gegen Andersgläubige

inner- und außerhalb der Niederlassung am Hudsonriver, speziell an die Unterwerfung des lutherischen Neu-Schweden. Obwohl es sich dabei um Rand-
ereignisse eines kaum erklärten Krieges handelte, sind dennoch Reibungsver-
luste um Land und Ressourcenausbeute festzustellen, die erst ein Ende fanden,
als die Krone von England Mitte des 18. Jahrhunderts unter eklatanter Missachtung der von Elisabeth I. erteilten Privilegien allzu restriktiv gegen ihre Kolonien vorging und diese dadurch ungewollt untereinander verband.

In Nordamerika, ganz besonders auf dem Gebiet der Vereinigten Staaten
von heute, wurde das Problem des Umgangs mit den Ureinwohnern ganz
anders gelöst als in Lateinamerika. Hier gab es keine großangelegten Erobe-
rungs- und Vernichtungszüge nach dem Vorbild der Conquistadoren. Von der
Atlantikküste aus wurden die Grenzen eigenen Siedlungsgebietes langsam, aber
systematisch nach Westen vorgetrieben. Trotz zahlreicher Einzelgefechte, ja
sogar regelrechter Indianerkriege, wurden die Grundsatzfragen auf eine juristische Ebene geschoben. Hier ist nicht mehr die Religion der Deckmantel für
Landraub, sondern das eigendefinierte Recht der Europäer auf Besitz und,
damit konsequenterweise verbunden, die Entrechtung der Indianer, die bei
genauem Hinsehen bis heute anhält. Es gab kaum einen Vertrag mit hier beliebig aufzählbaren Indianerstämmen, der nicht durch die Weißen gebrochen
wurde. Und kam es zu einem Krieg, so suchte und fand man vorweg wohlkal-
kuliert das auslösende Moment, den Schuldigen, stets bei den Ureinwohnern.

Blicken wir aber auf weitere, über die Gemeinsamkeit des Landraubes hin-
ausgehende Unterschiedlichkeiten zwischen dem protestantischen Norden und
dem katholischen Süden des Doppelkontinents zurück, so gab es bis auf die
bereits erwähnten Missionstätigkeiten der Jesuiten in Nouvelle France am
Sankt-Lorenz-Strom und den Großen Seen kaum großflächige Bekehrungs-
versuche der Urbevölkerung im anglo-französischen Nordamerika. Ebenso
wenig wie später auf der anderen Seite des Globus. Von einigen Ausnahmen[176]
abgesehen werden christliche Gemeinden innerhalb der indigenen Bevölkerung erst im 19. Jahrhundert mit Schaffung der imperialen Kolonialreiche
deutlich sichtbar. Ganz anders in Lateinamerika. Hier war, trotz aller Achtung
des Missionierungsgedankens, die Bekehrung Teil eines strategischen Konzepts
zur absoluten Dienstbarmachung der Indianer. Franziskaner, Dominikaner,
Hieronymiten und Jesuiten entsandten ihre Missionare selbst in die entlegen-
sten Gebiete des noch unerforschten Landes. Zahlreiche, heute zum Teil ver-
fallene Stationen am Orinoko, dem Casiquare, Amazonas oder Marañon zeugen von dieser Zeit der frühen Durchdringung. Wenn schon Alexander von
Humboldt im Bericht über seine große Südamerikareise vor 200 Jahren festhält, dass viele von ihm und Aimé Bonpland besuchte Missionsstationen im
Regenwald oder den Llanos schon bessere Zeiten erlebt hätten, so mag das
Beleg genug für beide Aussagen sein.

Wo immer die Seemächte Europas als Händler auftraten, kamen sie als militärisch organisierte Eroberer: von den Abenteurerhaufen eines Cortés oder Pizarro bis hin zu den regulären Truppen verschiedenster Handelskompanien in Ostindien. Alle haben von Anfang an Verbündete im jeweiligen Gebiet gesucht, um erfolgreich gegen die regional vorherrschende Macht vorgehen zu können. Diese war jedoch unterschiedlicher Natur. Zum einen zeigte sie sich in Form durchstrukturierter Reiche wie jenen der Azteken und Inka oder den Hindu- bzw. Moslemfürstentümern von Indien bis zu den Molukken; zum anderen begegnete sie ihnen in Gestalt eines europäischen Konkurrenten. In Nordamerika wetteiferten Franzosen und Engländer um den Pelzreichtum im Küstenhinterland. Im Indischen Ozean und in Südostasien traten die erstarkten Niederländer im Kampf um Gewürze gegen schwach gewordene Portugiesen an und eroberten eine Niederlassung nach der anderen. Gemäß dem Sprichwort »Der Feind meines Feindes ist mein Freund« entwickelten sich aus vereinzelten Brückenköpfen die späteren Kolonialreiche. Und das immer zum Nachteil und Schaden der Urbevölkerung.

Ohne Totonaken, Tlaxcalteken und andere Völker wäre es Cortés ebenso wenig gelungen, den Militärstaat der Azteken zu zertrümmern, wie Pizarro ohne einheimische Hilfe, zum Beispiel der Chachapoya oder Cayambi, imstande gewesen wäre, die Inkas zu besiegen. Dass die Unterstützung der Europäer gegen die etablierte Zentralmacht ein verhängnisvoller Fehler war, merkten die indigenen Völker erst, als es für ein Neuüberdenken des strategischen Konzepts bereits zu spät war. Im Grunde genommen waren sie bereits in jenem Augenblick verloren und dem kulturellen, manchmal auch physischen Untergang geweiht, als sie sich den Conquistadoren angeschlossen hatten. Ähnlich, und trotzdem anders gelagert, kann die Entwicklung in Nordamerika angesehen werden. Hier gab es keine autochthone überregionale Großmacht wie in Mexiko oder den Anden. Das vielleicht stärkste politische Moment findet sich in der Irokesen-Liga, jenem losen, erst kurz vor Ankunft der Europäer geschaffenen Bündnissystem von ursprünglich fünf Indianervölkern, auf die bereits hingewiesen wurde. Welchen Einfluss ihr Gesellschaftsmodell auf die Verfassung der Vereinigten Staaten genommen haben könnte, soll weiter unten zur Diskussion gestellt werden.

Wie sehr die Weißen das Verhalten der Indianer im östlichen Waldland Nordamerikas selbst beeinflusst haben, um es ihnen darauf zum Vorwurf zu machen, lässt sich eindrucksvoll mit einem frühen Beispiel belegen, dem Skalpieren. Das Abziehen der Kopfhaut eines besiegten Gegners war ursprünglich eine symbolgeladen-rituelle Kriegshandlung und nur kleinräumig vertreten. Im 18. Jahrhundert vermutlich längst vergessen, ist es bereits bei den Skythen in Asien sowie den Westgoten und Franken in Europa nachweisbar. In Amerika war es lediglich in einigen Gebieten des Ostens und am unteren Sankt-

Lorenz-Strom anzutreffen und damit von noch geringerem Stellenwert als der zweifellos übertrieben wiedergegebene Kannibalismus der Kariben oder der Tupinamba Brasiliens. Es blieb also den Europäern vorbehalten, aus diesem archaischen und lokal begrenzten Kriegsbrauch das falsche Allgemeinbild des barbarischen, tierhaften und blutrünstigen Indianers zu formen. Anfangs unbewusst, aber durchaus eigennützig. Als Franzosen und Engländer während des Siebenjährigen Krieges auch in Nordamerika gegeneinander antraten, setzten sie Prämien auf Skalps der jeweiligen Feinde, bald auch der eigenen Rasse aus und verursachten damit eine Entwicklung, die das Ritual bis weit in den Westen, zu den Präriestämmen und teilweise darüber hinaus trug.

Überließ man den eigentlichen Akt, der lediglich zur Beweisführung eines erfolgten Tötungsvorganges diente, ursprünglich den Indianern, so griffen schließlich die Weißen selbst das Grundmotiv auf. Aus der Expansionszeit nach Westen stammt das berüchtigte Schlagwort, wonach »nur ein toter Indianer ein guter Indianer« sei. Zieht man sich auf eine pragmatische, wenn auch harte Sichtweise zurück, so stritten zwei europäische Mächte um den Raum zwischen dem Sankt-Lorenz-Strom, den Großen Seen und dem Hudsonriver und setzten dazu, alte lokale Rivalitäten ausnützend, auch indianische Hilfsverbände ein. In einem größeren Gesamtzusammenhang liefen dadurch aber zwei Kriege parallel ab: Engländer gegen Franzosen und Irokesen gegen Huronen. Mit dem Überwinden der Appalachen änderten sich die Frontstellungen immer mehr, bis es nur noch eine gab: Weiße gegen Indianer. Natürlich ist diese Aussage stark vereinfachend, da Spannungen innerhalb der indigenen Großgruppen und Verbände seit alters her bestanden. Den wesentlichen Unterschied erkennt man jedoch an dem Umstand, dass indianische Verbündete nun nicht mehr gegen einen europäischen Gegner gesucht wurden, sondern zur Unterwerfung der Urbevölkerung an sich. Erst zu diesem Zeitpunkt näherte sich die Entwicklung in Nordamerika jener Lateinamerikas, 250 Jahre zuvor, an.

Den Coureurs des Bois im Kanada eines Champlain folgten im britischen Siedlungsgebiet die Waldläufer und frühen, zivilisationsscheuenden Fallensteller. Sie lebten zum Teil mit und unter den Ureinwohnern. Jedenfalls standen sich beide Gruppierungen verhältnismäßig unvoreingenommen und tolerant gegenüber, was zum Großteil auf ein ähnlich gelagertes Verständnis der Natur zurückgeführt werden kann. Der einzelne Weiße stellte weder eine physische Bedrohung dar, noch brachte er die natürlichen Ressourcen aus dem Gleichgewicht. Das sollte sich erst ändern, als immer mehr Siedler den eigentlichen Landentdeckern nachfolgten, Indianerland für sich in Anspruch nahmen und eine seit Generationen bestehende Harmonie mit der Umwelt nachhaltig störten.

An dieser Stelle ist auch einem weitverbreiteten Irrtum entgegenzutreten.

Die weißen Siedler kämpften sich nicht durch unbekanntes Land und unwegsames Gebiet, wie heute so gerne dargestellt. Sie und die großen Trecks des frühen 19. Jahrhunderts folgten, genauso wie ihre Vorgänger an der Ostküste, uralten Wegen, die den gesamten Kontinent wie ein dichtes Netz durchzogen, angelegt und beschritten von zahllosen Indianergenerationen. Dabei ist es völlig unerheblich, ob es sich um schmale Saumpfade in gebirgigen Regionen oder breitere Verbindungswege in ebenem Gelände handelt. Stellvertretend für alle mag hier der berühmte Oregon Trail genannt werden, über den Tausende von Siedlern auf zerbrechlichen Wagen in den Westen gelangten. Sie folgten den traditionellen Verbindungswegen der Indianer, auch wenn sie nicht befestigt und als »Straßen« erkennbar waren. So kam es an den Reibungsflächen zweier unterschiedlicher Kulturen und Gesellschaftssysteme zwangsläufig zu osmotischen Prozessen, die sich in Summe nur zum Nachteil der Urbevölkerung entwickeln konnten. Mit dem langsamen, aber stetigen Zurückdrängen der politisch-militärischen Möglichkeiten verloren die Indianer zunehmend auch ihren spirituellen Rückhalt. Und besonders deutlich zeigt sich dieses Faktum gerade an dem von Weißen aus Profitgründen verfälschten Erscheinungsbild des heilkundigen Indianers, des »Medizinmannes«.

Von den sesshaften (Wald-)Gesellschaften im Osten bis zu den nomadisierenden Stämmen der Großen Plains hatte sich im 19. Jahrhundert bei weiten Bevölkerungsteilen neben dem Bild des kriegerischen, tierhaft grausamen Indianers aber auch jenes des Wissenden, Weisen herausgeformt. Diesen Umstand machten sich später findige Geschäftemacher zunutze. So gab es um die Mitte des 19. Jahrhunderts kaum eine Stadt, in der nicht wirkliche oder selbsternannte Pharmazeuten oder Doktoren »indianische« Tinkturen und Heilmittel anpriesen, die sie in Wahrheit selbst zusammenbrauten. Mit den originären Arzneien der Urbevölkerung hatten diese »Wundermittel« bald ebenso wenig zu tun wie die heutige Schokolade mit dem *chocoatl* der Azteken. Entscheidend für den Verkaufserfolg war die Behauptung, man hätte die Rezeptur direkt von einem Medizinmann bekommen. Diese reisenden Pseudo-Apotheker veranstalteten förmliche Verkaufsshows, bei denen zumindest ein, zwei Pappkartonindianer als Belege für den zweifelhaften Inhalt der Mixturen herhalten mussten; oft präsentierte man sogar leibhaftige, allerdings weitgehend assimilierte Indianer, um der aufdringlichen Werbung noch mehr Gehalt zu verleihen. Betrieben wurde letztendlich ein großangelegter Etikettenschwindel. Die zweifellos vorhandene, physiologisch anregende Wirkung vieler Säfte beruhte nicht auf den pharmakologischen Basisstoffen naturkundiger Medizinmänner, sondern auf starker Beigabe stimulierender Ingredienzien wie Alkohol, Koffein, Koka, ja sogar Opium.

Andererseits begann man auch auf wissenschaftlicher Ebene die indianische Heilkunde zu erforschen. Universitäten, Krankenhäuser und pharmazeutisch interessierte Ärzte betrieben nun eine Grundlagenforschung, die die wahren Wirkstoffe einzelner Arzneien aus der weit verbreiteten Scharlatanerie weißer Gewinnmaximierung herausfilterten und einer industriellen Produktion zuführten. Damit war auch das Ende des Medizinmannes gekommen. Der Indianer als Heilkundiger hatte ausgedient und wurde nahtlos durch den »wilden Krieger« in den aufkommenden Wildwestshows wie der eines William Cody, bekannter unter dem Namen Buffalo Bill, ersetzt; die Tür zum Unterhaltungsgenre des sattsam bekannten und ethnisch kaum nachvollziehbaren Indianer- und Cowboyfilms war weit aufgestoßen. Wenn sich die heutige Aufarbeitung zumeist an der Konsumentenerwartung orientiert, so kann dies schon für das 16. Jahrhundert durch eine Befriedigung des Interesses am Neuen und Außergewöhnlichen substituiert werden. Eine Laune der Geschichte hatte in einem vorbereitenden Akt zuerst Gutenberg den Buchdruck mit beweglichen Lettern erfinden lassen, ehe sie sich an die beiden großen Umwälzungen, die Entdeckung der Neuen Welt und die Reformation, machte.

Was vom hohen Klerus aus innerkirchlichen Systemgründen abgelehnt wurde, kam der weltlichen Macht entgegen. Erstmals wurde es möglich, Gesetzestexte wortgleich und vor allem in beliebig hoher Kopienanzahl kurzfristig anzufertigen und an die relevanten Institutionen des jeweiligen Herrschaftsgebietes zu verteilen. So begannen die Fürsten den Buchdruck zu fördern, der über den Umweg des gedruckten Wortes wieder ihre eigene Machtstellung stärkte. Andererseits war man sich auch der Gefahr bewusst, die ein unkontrolliertes Verbreiten von Büchern darstellen könnte. Auf mittlerer Ebene fand hingegen eine wechselseitige Befruchtung statt. Im 15. Jahrhundert ist ein Anwachsen des gebildeten, an wirtschaftlichen und sozialen Veränderungen interessierten Laienstandes feststellbar, der sein Entstehen nicht zuletzt den Möglichkeiten des Buchdrucks verdankte und ihn deshalb nach Kräften förderte. So ist es nicht außergewöhnlich, dass die bedeutendsten Buchdrucker und Verleger der Zeit selbst zum engeren Kreis der Humanisten zählten wie Aldus Manutius in Venedig, Frobenius in Basel und Christoph Plantin in Antwerpen.

Es liegt ein gewisser Zynismus in der Tatsache verborgen, dass in Amerika die Vernichtung der Maya-Codizes oder jener der Azteken die kulturelle Identität ganzer Völker auslöschte, während das gedruckte Schrifttum in Europa beinahe zeitgleich neue Bezugspunkte und Gemeinsamkeiten hervorbrachte. Diese blieben nicht nur auf religiöse Inhalte beschränkt. Der Buchdruck führte auch die Wissenschaften aus den Gelehrtenstuben und Universitäten in eine Welt, die begierig war, Wissen zu erwerben, das über die eigene Stadt und die Landesgrenzen hinausging. Kolumbus, Vespucci und ihre Nachfolger haben auf geographischer Ebene eine scheinbar gültig vorgegebene und unverrückbare Welt ebenso aus den Angeln gehoben wie Kopernikus das Dogma, die

Erde sei der Mittelpunkt des Universums. Der niederländische Arzt Vesalius hat mit seinem »Atlas des menschlichen Körpers« die Anatomie und damit bis zu einem gewissen Grad auch die Medizin aus den Fesseln der antiken, meist philosophischen Interpretation gelöst und sie an eine naturwissenschaftliche Betrachtungsweise herangeführt. Mit etwas zeitlichem Toleranzwillen kann man all dies in die Regierungszeit Karls V. einordnen. Der einst mächtigste Monarch Europas scheiterte mit seinen Zielen an den radikalen Veränderungen, die seine Zeit mit sich brachte. Es ist jene Resignation, einer für ihn aus den Fugen geratenen Welt nicht entsprechend gegenübertreten zu können, die ihn abdanken lässt und nach San Jeronimo de Yuste führt. Europa, seine aufkommenden Nationalstaaten haben sich zum Kern einer Zentrifuge entwickelt, die nunmehr ihre eigenen Probleme uneingeschränkt in die Welt hinausträgt. Europa hat seine Grenzen hinter sich gelassen.

Im Abschnitt über »Pläne und Karten« wurde deren struktureller Inhalt an einigen Beispielen dargelegt. Im Zusammenhang mit dem Buchdruck ist das bisher Festgehaltene durch einige Zusätze zu erweitern. Kann man die Revolution der Drucktechnik ungefähr um 1450 ansetzen, so blieb die Produktion von Karten noch ungefähr hundert Jahre dem altüberkommenen Fertigungsprozess verpflichtet. Von handgefertigten Einzelexemplaren, gleichsam Unikaten für Höfe und Fürsten abgesehen, verwendete man für höhere Auflagen die Technik des Holzschnittes; aus mehreren Gründen ein unbefriedigendes Verfahren. Je dichter und umfangreicher das Siedlungsnetz außerhalb Europas wurde, desto mehr stellte sich das angewandte Verfahren als untauglich heraus und wurde zunehmend durch die neue Technik des Kupferstichs ersetzt. Die Kartographie nun ausschließlich auf Übersee orientiert sehen zu wollen, hieße aber, sie nur einäugig zu betrachten. Im politischen Alltag Europas bot nun die Vereinigung von verbesserter Messtechnik und detailgenauerer Wiedergabe erstmals die Möglichkeit, staatliche Entwicklungen genauer zu planen und deren Auswirkungen besser abschätzen zu können. Monarchen sahen nun ihr Herrschaftsgebiet in hinlänglich genauer Proportionalität zu anderen, vor allem in den Grenzregionen. Es entstand ein neues Bewusstsein des Raumes. Feldzüge konnten an Hand der verfeinerten Karten genauer vorbereitet, Routen eindeutiger festgelegt werden. Immer detailreichere Karten wurden zum integralen Bestandteil eines jeden Friedensvertrages, indem man eindeutige und für beide Seiten verbindliche Grenzlinien festlegen konnte. Eine andere Seite der modernen Kartographie wurde offenbar, als sich Ludwig XIV. durch die aus Steuergründen angeordnete Neuvermessung Frankreichs plötzlich um 20 Prozent seines vermeintlichen Herrschaftsgebietes »beraubt« sah.

In abgewandelter, detailärmerer Form fanden Karten auch Eingang in immer neuen »Weltchroniken« wie etwa 1544 in die »Cosmographia« des bereits erwähnten Sebastian Münster. Was der Befriedigung des allgemeinen Interesses diente und zur rasanten Entwicklung des Wissenstandes beitrug, bedurfte eines immer umfangreicheren Quellenmaterials. So stützte sich jeder ernst zu nehmende Herausgeber einer »Enzyklopädie der Welt« auf ein dichtes Netz von Korrespondenten. Selbst der einfache Bürger erhielt auf diese Weise Kenntnis von Weltgegenden, die Tausende Meilen entfernt lagen, aber auch von den neuesten Entwicklungen der Naturwissenschaften. Der Buchdruck wurde zum Treibsatz einer wahren Informationsexplosion. Auf akademischer Ebene der Gelehrten und Denker ermöglichte er es dem Einzelnen, sich über die Arbeiten, Ansichten und Schlussfolgerungen seiner Kollegen stets und umfassend auf dem Laufenden zu halten. Eine Auseinandersetzung zwischen unterschiedlichen Meinungen erfolgte nun nicht mehr über den privaten Schriftverkehr miteinander bekannter Persönlichkeiten, sondern öffentlich in Form des Buches.

Wenn in der Neuen Welt, vor allem im Großraum der Karibik, von den Spaniern mächtige Festungswälle hochgezogen und deren Kronen mit schweren Kanonen bestückt wurden, so galten diese mehr der Abwehr europäischer Angreifer als dem eigenen Schutz vor aufständisch gewordenen Ureinwohnern, die als Bedrohungsmoment faktisch ohnehin kaum mehr existent waren. Anders hingegen an den Küsten des Indischen Ozeans und in Südostasien. Hier war die Gefahr eines Aufstandes durch die autochthone Bevölkerung immer gegeben, selbst bis tief in das britische Herrschaftsgebiet in Indien hinein, wie zahlreiche Forts und Garnisonslager im Landesinneren belegen. Konnten sich die Spanier im Westen bis zu den Unabhängigkeitskämpfen um die Wende des 18. zum 19. Jahrhundert, von wenigen Ausnahmen abgesehen, auf einigen Karibikinseln dauerhaft gegen ihre Konkurrenten behaupten, so war das ihren iberischen Nachbarn im Osten nicht vergönnt. Festung um Festung, Kolonie um Kolonie mussten die Portugiesen aufgeben, die großteils von den Niederländern übernommen wurden, die sich dann ihrerseits gegen die Engländer zur Wehr setzen mussten. Der »Ritter vom Kreuz« des Bernhard von Clairvaux war dem »Söldner des Geldes und Besitzes« gewichen. Europa focht keine Glaubenskriege mehr, weder nach außen noch nach innen, es kämpfte um Handelsressourcen und um deren Sicherung und Ausweitung – und damit auch um die eigene Weltgeltung, zum Schaden der Unterworfenen. Wenn sich heute Befürworter und Gegner der viel zitierten Globalisierung gegenüberstehen, so sei nur an das 16. Jahrhundert und die Anfänge der Kolonisierung erinnert.

　　Besonders deutlich ist dies gegen Ende des 17. Jahrhunderts erkennbar. Die englisch-niederländischen Seekriege waren letztendlich Handelskriege, deren Ausgang trotz der eingesetzten Mittel, in Summe gesehen, unentschieden verlief. Um das zu ändern, wurde in Großbritannien 1694 die bald schon dominierende »Bank of England« als Finanzierungsinstrument der Regierung für weiterführende Maßnahmen gegründet. Riesige Kapitalmengen flossen in den Flottenausbau, und fünfzig Jahre später besaß England 300 Kriegsschiffe unterschiedlichster Größe, was heute einem Finanzierungsaufwand von etwa zwei bis zweieinhalb Milliarden Euro entspräche, ohne die entsprechenden Lohnkosten zu berücksichtigen. Durch die Insellage begünstigt, konnte England ungleich mehr Kapital in seine Flotte investieren als jede Kontinentalmacht, deren Geldmittel zu einem hohen Prozentsatz für den Aufbau und Unterhalt großer Landheere benötigt wurden. So kam es, dass England bald mehr französische Schiffe vernichten konnte, als Frankreich in der Lage war zu ersetzen. Die Royal Navy beherrschte die Weltmeere, und Großbritannien durch seine Handelsniederlassungen und Flottenstützpunkte direkt oder mittelbar mehr als ein Viertel der Erde.

Auf die Ressourcenabschöpfung wurde bereits eingegangen. Ein anderer Aspekt ist bislang jedoch weitgehend unerwähnt geblieben oder in Einzelfällen nur punktuell eingeflochten worden. Es handelt sich um das Indianerbild in dem sich verändernden Europa und um die Frage, welchen Einfluss die gesellschaftlichen Strukturen der Neuen Welt möglicherweise auf die europäischen genommen haben könnten. Dass man sich dabei auf unsicherem Boden bewegt, soll in diesem Zusammenhang nicht verschwiegen werden. Dennoch gibt es einige Hinweise, die so interessant sind, dass sie nicht von vornherein ausgeklammert werden sollten.

Grob skizziert lassen sich drei Hauptphasen der Indianerrezeption feststellen, die neben starkem Interesse auch auf weiten Strecken von Gleichgültigkeit dem bereits Gewohnten gegenüber geprägt sind. In der ersten Phase, die etwa von Kolumbus bis Cortés, ja Pizarro anzusiedeln ist, überlagert das absolut Neue, das radikal Andersartige alle sonstigen Zugänge zur Realität des Vorgefundenen. Und selbst hier ist zu differenzieren. Da gibt es zum einen die kaum bis gar nicht bekleideten Einwohner der Antilleninseln mit ihrem der Natur zugewandten Leben; zum anderen die zentralistisch durchorganisierten Reiche in Mexiko und den Anden. Fügt sich Sebastian Brants Erwähnung von »*nackten Menschen und Goldinseln*« in seiner 1494 erschienenen Schrift »Das Narrenschiff« noch ohne Bruchstellen in die satirische Gesamtkonzeption des Werkes ein, so wird bereits 1516 in »Utopia« des Humanisten Thomas More die organisierte Egalität der »Ungebundenen« zum integrierenden Bestandteil einer angedachten neuen Gesellschaftsordnung. In ihr finden sich deutliche Parallelen zu jener der Tupi-Indianer aus den Berichten eines Amerigo Vespucci.

Das Leben im England seiner Zeit kontrastierend, beschreibt More die Fiktion einer Insel ohne Klassenunterschiede, auf der die Interessen des Ein-

zelnen jenen der Gemeinschaft untergeordnet sind. So sind auch Grund und
Boden gemeinsamer Besitz, und wenn auch jeder arbeiten muss, so kommt
er im Gegenzug dazu in den Genuss von Bildung und religiöser Toleranz.
Dieses Gesellschaftskonzept weist eine starke Affinität zu jenem der mehrheit-
lich nicht zentralistisch organisierten Indianervölker Lateinamerikas auf und
nimmt bis zu einem gewissen Grad auch jenes der noch unbekannten Stam-
mesverbände Nordamerikas vorweg. Für die aristokratisch geprägte Alte Welt,
inbesondere für Europa mit seinem ausgeprägten und scheinbar gottgewollten hierarchischen Standesdenken musste die Existenz einer Gesellschaft mit
einem ganz anders gelagerten Wertesystem zumindest Neugier, wenn nicht
Befremden auslösen. Andererseits fiel es gerade im Zeitalter des Humanismus,
der sich anschickte, das Individuum aus den monolithischen Hierarchiestruk-
turen und vorgegebenen Denkweisen des Mittelalters herauszubrechen, innerhalb der Gelehrtenwelt auf überaus fruchtbaren Boden. In den breiteren
Schichten dagegen haftete dem »unbekannten Wesen Indianer« fast ausnahms-
los etwas Exotisches an, dem man mit wohligem Schauer begegnete.

Dass sich die frühen Entdecker und mitreisende Chronisten hierbei nicht
nur geographisch auf fremdem Terrain befanden, lässt sich an Inhalt und
Umfang ihrer Berichte nachvollziehen. Im gedanklichen Unvermögen, die
wahre Natur des indianischen Gemeinwesens zu erkennen, wurde jedem Kaziken von Hispaniola über Venezuela bis zum La Plata die unzutreffende Autorität und Machtbefugnis eines europäischen Monarchen oder Fürsten übergestülpt; das nicht offen agierende, aber entscheidungsbefugtere und den
abendländischen Kron- und Staatsräten nicht vergleichbare Rätesystem der
Ureinwohner blieb ihnen weitgehend verborgen. Dies konnte, ganz abgesehen vom noch nicht existenten Wissenschaftsbereich der Ethnologie, auch gar
nicht wahrgenommen werden, sahen diese Seefahrer in den nackten Ureinwohnern der Karibik doch bestenfalls Menschen im Dämmerbereich eines
zivilisatorischen Daseins. Um wieviel vertrauter mussten ihnen die politischen
Gegebenheiten in Mexiko oder Peru erschienen sein, wo sie auf Reiche trafen, die offensichtlich von einem mächtigen und allseits gefürchteten Herrscher dominiert wurden.

Berichte über menschenfressende Kariben wurden von Meldungen über
menschenopfernde Azteken abgelöst. Der unbedarft und wissensfrei in der
Natur dahinlebende Insulaner oder Urwaldbewohner wird auf der Mesa Central zum Bestandteil eines Gemeinwesens, das gewisse Ähnlichkeiten mit einem Ameisenstaat nicht leugnen kann. Sieht man von den Blutopfern ab, so
schwingt unverhohlene Achtung vor der Bevölkerungsdichte in den großen
und »prachtvollen Städten« mit. Allein die Beschreibung des Großen Mark-
tes in Tenochtitlán setzt das Gesehene in Relationen zur eigenen Herkunft,
die nicht immer zugunsten Spaniens ausfallen. Noch erstaunlicher zeigen sich

diese Mechanismen im Inkareich, doch nicht schon während der Eroberung, sondern Jahre später bei der historischen Aufarbeitung der Ereignisse und der Beschreibung der ausgelöschten Gesellschaftsstrukturen. In diesem Zusammenhang kann man es den Spaniern nicht als ignorante Überheblichkeit anrechnen, die Differenziertheit des andinen Gesellschaftssystems so gut wie nicht erkannt zu haben.

Ungefähr die ersten fünfzig Jahre sah Europa die Ureinwohner Amerikas beinahe ausschließlich durch spanische Augen und deshalb auch keinen Grund, die eigene Ordnung auch nur in Ansätzen in Frage zu stellen. Die vergleichsweise wenigen Werke ernsthafter Autoren besaßen überwiegend satirischen Charakter. Damit sollte dem zeitgenössischen Leser deutlich gemacht werden, dass »sogar die Wilden jenseits des Atlantiks« ein ansprechenderes Leben führten und eine bessere Gesellschaftsordnung besäßen, als sie Europa vorzuweisen habe. Zu einer Änderung war aber die Zeit noch nicht reif und sollte es auch lange nicht sein. Einen Qualitätssprung wird die Indianerrezeption erst verzeichnen, als Franzosen und Engländer in die Neue Welt, nach Nordamerika, vordrangen.

Die kurze, früher anzusiedelnde Episode französischer Präsenz in Brasilien kann dabei außer Acht gelassen werden. Jean de Léry bewegte sich in seiner einfühlsamen, 1558 veröffentlichten Schilderung der Tupinambá auf der vorhin zitierten Ebene, wenn er schreibt, dass er sich »diesem Volk, das wir als die ›Wilden‹ bezeichnen, eher anvertrauen und bei ihm sicherer fühlen (würde) als unter den unverlässlichen und entarteten Bewohnern mancher Gegenden Frankreichs«. Zwanzig Jahre vorher bemitleidete Jacques Cartier noch die Indianer am Mündungstrichter des Sankt-Lorenz-Stromes: »Dieses Volk verdient sehr wohl ein wildes genannt zu werden, denn sie sind die beklagenswertesten Leute, die es in der Welt geben kann, besitzen sie doch alle nichts, was mehr als fünf Sous wert wäre, ihre Kanus und Fischernetze ausgenommen.« Diese besitzlosen und dem Anschein nach dennoch glücklichen Menschen zählten zum weitverzweigten Volk der Huronen, das einen neuen Meilenstein im Indianerbild Europas setzen wird. Bis dahin sollten aber noch mehr als hundert Jahre vergehen.

Ungefähr in die Mitte dieser Zeitspanne fällt der Roanoke- bzw. Virginiabericht des Thomas Harriot, illustriert von John White, der im Kapitel über die Engländer schon erwähnt wurde und als Bindeglied zweier Betrachtungsweisen anzusehen ist. In ihm finden sich noch Elemente, die zur Befriedigung reiner Sensationslust dienen, andererseits enthält er auch starke Momente sachlich nüchterner Tatsachenbeschreibungen. Bei voller Würdigung seiner unbestreitbaren Qualitäten erweist er sich aus heutiger Sicht und im Sinn einer wertfreien Ethnologie in jenen Punkten als problematisch, in denen er Dinge aus einem christozentrischen Blickwinkel wiedergibt und beleuchtet. Dennoch

wirkt er in seiner protestantischen Unaufgeregtheit, was religiöse Themen
betrifft, beinahe wohltuend gegenüber den rigid fundamentalen Katholizis-
men in Berichten spanischer Herkunft. Diese starre, unversöhnliche Haltung
einer obsessiven Glaubensvermittlung wird nur durch die Schilderung faszi-
nierender Kulturwelten gemildert, die gerade aufgrund ihrer Faszination dem
Untergang geweiht sind oder bereits ausgelöscht wurden.

Mit dem gescheiterten Virginiaabenteuer Walter Raleighs und den erfolgreichen Kolonisierungsbemühungen Samuel de Champlains in Kanada rückten die Indianer neuerlich in das Blickfeld einer breiteren Öffentlichkeit.
Nachdem die indigene Bevölkerung des spanischen Amerika seit zwei Men-
schenaltern das Leben von in Knechtschaft gezwungene Arbeitskräften führte und deshalb höchstens für ihre unmittelbaren Herren von Interesse sein
konnte, weckten die noch ungebunden lebenden Indianer Nordamerikas rege
Neugier in einem gleichfalls veränderten Europa. An die 150 Jahre Buchdruck
hatten immer breitere Leserschichten geschaffen, deren Interesse nach neuen
und aufregenden Meldungen bedient werden wollte und auch wurde, wie hohe
Auflagen und vielfältige Nachdrucke in anderen Sprachen belegen. Wenngleich
die Aufzeichnungen des Vaters von »Nouvelle France« an keiner Stelle als Sen-
sationsliteratur einzustufen sind, so waren Champlains Berichte dennoch Teil
einer Informationsflut über die Ureinwohner Nordamerikas.

Man schrieb jetzt die Zeit, als die Franzosen bereits Forts am Lake Superi-
or errichteten, die Pilgrim Fathers um den Aufbau ihrer Foundation bemüht
waren und die Virginiakolonie Jamestown bereits fest etabliert war. Azteken
und Inka gehörten längst der Vergangenheit an. Nun wurde über die Massasoit und Powhatan berichtet, vor allem aber über die Huronen Kanadas. Obwohl sich Champlains Aufzeichnungen durch Sensibilität und Vielfalt an
Details auszeichnen, gelang der große Durchbruch beim breiten Publikum
Frankreichs erst Jahre später, dann jedoch mit unvorhersehbarem Erfolg.
Zweifellos nicht alleinigen, aber kaum zu unterschätzenden Anteil daran besaß Louis Armand de Lahontan (La Hontan). Mehr Abenteurer als Ethno-
graph, hatte er geraume Zeit seines Lebens bei den Huronen verbracht. Mehr
als hundert Jahre nach Michel de Montaignes Essay »Von den Menschenfressern«, das den Indianern bei weitem gerechter wird, als es der satirische Titel
vermuten lässt, beschreibt auch Lahontan im frühen 18. Jahrhundert die Huronen als ein Volk, das ohne Herrscher in Freiheit und Gleichheit lebt. Ein
bemerkenswerter Unterschied besteht jedoch in der Tatsache, dass in einer Art
Wechselrede auch die Huronen zu Wort kommen, die mittlerweile selbst genügend Erfahrung über Händler und Jesuitenmissionare mit den Europäern
sammeln konnten.

Lahontans Bücher regten wiederum einen Bühnenautor dazu an, einen
Indianer in den Mittelpunkt seines neuen Stückes zu stellen. Der Erfolg im

unterhaltungssüchtigen und theaterbegeisterten Rokoko-Paris Ludwigs XV. war so überwältigend, dass der »Arlequin Sauvage« eine Vielzahl von genregleichen Nachahmungen nach sich zog, die von der Burleske bis zur großen Oper reichten. Dass ausgerechnet Indianer, im Fall Frankreichs die Huronen, unmittelbare Auslöser für das Aufkommen revolutionärer Gedanken gewesen sein könnten, darf entschieden in Frage gestellt werden. Der oben erwähnte »Arlequin Sauvage« hatte jedoch einen jungen Mann derart beeindruckt, dass er sich Zeit seines Lebens mit dem Gegensatz zwischen der Freiheit der Indianer und der »gesellschaftlichen Verknechtung« der Europäer auseinander setzte: Jean Jacques Rousseau (1712–1778). Dieser fasste nach jahrelangem Reifungsprozess eben diese Widersprüchlichkeit in seinem berühmten, 1754 veröffentlichten Diskurs »Über den Ursprung und die Grundlagen der Ungleichheit unter den Menschen« zusammen. In ihm postuliert Rousseau, dass der Mensch von Natur aus gut sei und erst durch die Zivilisation verdorben werde. Sein oft zitiertes »Zurück zur Natur« ist eine komprimierte und noch dazu verfälschte Wiedergabe dieses Denkansatzes. Im Diskurs wird lediglich die Entwicklung einer glücklichen Urgesellschaft zu einer Zivilisation dargestellt, die von Rechtsungleichheit durch Spezialisierung in Klassen geprägt ist.

Noch mehr Sprengstoff enthält seine politische Abhandlung »Du contract social ou principes du droit politique« (Der Gesellschaftsvertrag oder die Grundregeln des allgemeinen Staatsrechts, 1762). Darin legt der Philosoph seine Theorie dar, wonach der Staat auf einem »freiwilligen Gesellschaftsvertrag« seiner Bürger beruhe. Demzufolge könne auch eine Verteidigung des Gemeinwillens gegen absolutistische Alleinvertretungsansprüche durchaus zulässig, ja erforderlich sein. Die Indianer als Initialzündung zu einem Umbruch, der Europa erschütterte? Wohl kaum. Und doch kann man sie schemenhaft in den Kulissen eines Theaters erkennen, auf dessen Bühne das Drama »Französische Revolution« gespielt wird.

Aber es gab auch nicht wenige Denker, die sich weigerten, das Bild vom »edlen Wilden« für sich selbst zu entwerfen oder sich ihm anzuschließen. So finden sich in den politischen Schriften des englischen Philosophen und Staatstheoretikers Thomas Hobbes (1588–1679) Denkansätze, die den gegenteiligen Standpunkt vertraten. Zudem setzte er Rousseaus »Gesellschaftsvertrag« einen Kontrapunkt entgegen – hundert Jahre bevor dieser konzipiert war. Im 1651 veröffentlichten »Leviathan«, seinem berühmtesten Werk, das auf Sein und Form eines kirchlichen und bürgerlichen Gemeinwesens eingeht, behauptet er, der Naturzustand des Menschen bedeute Krieg aller gegen alle. Ohne jemals in der Neuen Welt gewesen zu sein, merkt er an, dass die »Wilden« dort ein kümmerlich abstoßendes, kurzes und vor allem grausames Leben führten. In Anbetracht des erwähnten Vergleichs zwischen indianischer Freiheit und europäischer »Versklavung« in Klassen ist die Schlussfolgerung aus seinem

Indianerbild auf die abendländische Gesellschaft naheliegend und Rousseaus
Meinung diametral entgegengesetzt: Nur wenn sich jeder einem Souverän
unterwerfe, könne sich der Einzelne vor der Barbarei des anderen schützen.
Hobbes war es auch, der die Metapher vom *Homo homini lupus*, vom Mensch,
der des Menschen Wolf sei, schuf. Auch der berühmte und vorgeblich welt-
offene Voltaire (1694–1778) setzte die Indianer herab. Selbst Immanuel Kant
(1724–1804) charakterisiert die Indianer in seinen anthropologisch-philoso-
phischen Vorlesungen als unfähig zur Zivilisation und leidenschaftslos; zudem
seien sie sorglos und faul. Seine Zusammenfassung, wonach die Indianer nicht
in der Lage seien, *»sich selbst zu regieren und zur Vernichtung bestimmt«* seien,
weist sowohl in eine grausame Vergangenheit als auch in eine noch schreck-
lichere Zukunft.

Die Wahrheit liegt natürlich bei keinem der Extreme. Weder der Begriff
vom Edlen Wilden noch jener vom Kulturbarbaren vermittelt ausgewogene
Verhältnismäßigkeit. In Kenntnis der Menschheitsgeschichte ist man allerdings
versucht, dem Hobbeszitat vom wolfartigen Menschen zuzuneigen, begleitet
von der diffusen Vorstellung eines mechanistischen Kulturdarwinismus. Mit
der Zufallsentdeckung des Kolumbus und den nachfolgenden Landnahmen
begann sich Europa einen materiellen Vorsprung gegenüber anderen Kulturen herauszuarbeiten, der exponentiell anstieg und schließlich im synkretisti-
schen und seine Schöpfer entlarvenden Begriff »Erste Welt« mündete. Die Erde
ist nicht mehr Geographie, sie ist Wirtschaft, militärische Stärke, Machtpolitik. Und es kann den Indianern Nordamerikas keinerlei Genugtuung bedeu-
ten, wenn sie heute täglich verfolgen können, dass auf ihrem ureigensten Land
jene drei Definitionen ihren bislang ultimativen Höhepunkt erreicht haben.
Mögen sich die Vereinigten Staaten und Frankreich um die Urheberrechte für
Deklarationen wie Freiheit, Demokratie oder Menschenrechte balgen wie
Kinder auf dem Schulhof, so ist nicht zu übersehen, dass deren Grundelemente
bereits in den Indianergesellschaften des Ostens zu erkennen sind. Und die
Verfassungsgrundsätze der USA, soweit sie die Legislative betreffen, basieren
vielleicht mehr auf indianischen denn europäischen Konzepten, als man an-
nehmen würde.

Der vermutlich radikalste Verfechter indianischer Tugenden in Hinblick
auf Gesellschaft und Politik war der gebürtige Engländer Thomas Paine (1737–
1809). Nach Amerika ausgewandert, begann er sich für die politische Organisation der Irokesen zu interessieren und nahm deren gesellschaftsrelevante
Grundelemente als Teil eines weiterführenden Konzeptes in sein publizistisches
Leben auf. Als Herausgeber des *Pennsylvania Magazine* wandte er sich gegen
die Engländer, da sie die Indianer missbrauchten, und trat scharf für die Abschaffung der Sklaverei ein. Den ersten Höhepunkt bildete jedoch eine scheinbar unbedeutende Flugschrift mit dem schlichten Titel »Common Sense«,

deren Inhalt ein halbes Jahr später nicht unwesentlich zur Unabhängigkeits-
erklärung der amerikanischen Kolonien beitrug. Er war es auch, der erstmals
den Namen »Vereinigte Staaten von Amerika« für die neue Nation vorschlug.
Paines Leben verlief danach in wechselhaften Bahnen und ist hier kaum von
Belang. Nur so viel: Bei einem kurzen Aufenthalt in England veröffentlichte
er mit »The Rights of Man« eine Schrift, in der er zur Lösung gesellschafts-
politischer Probleme eine republikanische Staatsform anregte. Daraufhin
musste er fliehen, wurde französischer Staatsbürger und für die Girondisten
in die Nationalversammlung gewählt. In diese Zeit fällt auch sein mehrteili-
ges Werk »The Age of Reason«, das maßgeblich an der Begriffsbildung vom
»Zeitalter der Aufklärung« mitwirkte.

Wie konnte sich aber ein loser Verband voneinander unabhängiger Kolonien zu einer Einheit zusammenschließen, die in überhöhter Selbsteinschät-
zung heute für sich in Anspruch nimmt, der Hort aller demokratischen Pro-
zesse zu sein? Zur möglichen Klärung dieser Frage muss man wieder in die
Vergangenheit zurückgehen. Man erinnere sich an das Rätesystem der Azteken, an deren Spitze der *huey tlatoani*, der Oberste Sprecher (für die Spanier
der »Kaiser«) stand. Die Durchlässigkeit des Elektoratprinzips war ähnlich
transparent und »demokratisch« wie im römischen Senat zur Zeitenwende, also
kaum vorhanden. Im Grunde bestand die Wahlmöglichkeit der Führungselite nur im abgegrenzten Bereich einer dominanten Familie. Dass der repräsen-
tative Herrscher trotzdem nicht in allen Belangen allein entscheidungsbefugt
war, ist früher schon angemerkt worden. Etwa um die Ankunftszeit der Spanier in Mexiko lebte ein paar tausend Meilen nördlich ein legendärer Häuptling der Onondaga-Indianer im heutigen Bundesstaat New York. Er hieß Hiawatha und soll die später so genannte Irokesen-Liga, die *League of Five Nations*,
gegründet haben, die zur größten politischen Einheit nördlich des Aztekenreiches wurde.

Der Konföderation gehörten ursprünglich fünf verwandte Stämme an: die
Onondaga, Cayuga, Oneida, Seneca und Mohawk. Um 1720 schlossen sich
noch die aus North Carolina vertriebenen Tuscarora an, wodurch sich der
politische Zusammenschluss auf sechs Nationen erhöhte. Aus geographischen
Gründen wurden die Huronen zum Edlen Wilden französischer Philosophen,
die Irokesen hingegen zum Studienobjekt britisch-amerikanischer Verfassungs-
theoretiker vom Rang eines Thomas Paine, Benjamin Franklin oder Thomas
Jefferson. Die Präferenzen der beiden indianischen Gruppen für die eine oder
andere europäische Nation und ihre Teilnahme an deren Kampf um die territoriale Vorherrschaft sind hier nicht relevant. Erwähnenswert ist jedoch, dass
sich die Irokesen-Liga zu Beginn des Amerikanischen Unabhängigkeitskrieges für neutral erklärte, es jeder »Mitgliedsnation« aber freistellte, sich aus
gegebenem Anlass und eigener Interessenlage für eine der beiden Seiten zu

entscheiden. Diese scheinbare Unentschlossenheit lässt glaubhaft an einen Kompromiss denken, ist aber hier der entscheidende Ansatzpunkt weiterführender Überlegungen.

Der politische Zusammenschluss benachbarter und ethnisch verwandter Stämme diente vor allem der physischen Absicherung des einzelnen Volkes durch seine Einbettung in ein größeres und deshalb stärkeres Ganzes. Die Grundsatzvereinbarung dazu wurde das »Große Friedensgesetz« genannt und sollte seinem Namen folgend in erster Linie Kriegshändel untereinander verhindern. Aus dem anfänglichen modus vivendi entwickelte sich mit der Zeit ein Verband, der trotz vergleichsweise geringer Kopfzahl seinen Einflussbereich von Neuengland bis zum Mississippi ausdehnen konnte. Dieser umfassende Erfolg war nur aufgrund eines zukunftsfähigen Konzepts möglich, das die Schöpfer der »Irokesenverfassung« entworfen hatten. Hierbei ist es völlig unerheblich, ob diese auf einen einzelnen Häuptling, wie etwa den legendenumrankten Hiawatha, oder mehrere Gleichgesinnte zurückzuführen ist. Auslösendes Moment der Unionsbildung dürfte die dadurch effizientere Möglichkeit der Irokesengruppe gewesen sein, gegen die feindlichen Algonkinstämme des Ostens zu agieren. Zur Zeit der Ankunft der Europäer begann sich dann dieser Schwerpunkt bereits in Richtung der gleichfalls föderal organisierten Huronen zu verlagern. Am Ende der Entwicklung wird die weitgehende Auslöschung der Letzteren durch die Irokesen stehen.

Politisches Fundament der Irokesen-Liga waren die einzelnen Stammesräte. In sie wählte jeder Clan seinen Vertreter, den *sachem*, der bis zu einem gewissen Grad funktionale Ähnlichkeiten mit dem aztekischen *tlatoani* aufwies. Die Anzahl der Ratsmitglieder war von Volk zu Volk unterschiedlich. So kooptierten die Seneca 8, die Onondaga hingegen 14 Mitglieder in ihren Rat. Er war das entscheidende Gremium, das die Geschicke des jeweiligen Stammes bestimmte, und nicht ein singulärer Häuptling, wie heute gerne dargestellt. Jedes Volk hatte sein klar umrissenes Territorium, und für dieses Gebiet war ausschließlich der eigene Stammesrat zuständig. Er traf souverän alle Entscheidungen, die für das jeweilige Siedlungsgebiet anstanden; seine Rechtsprechung blieb aber auf innere Angelegenheiten beschränkt. Zur Wahrung übergeordneter Gesamtinteressen wurde der »Große Liga-Rat« geschaffen. Er trat mindest alle fünf Jahre auf dem Onondaga-Gebiet, meist in Nähe des heutigen Syracus im Bundesstaat New York, zusammen und erörterte alle anstehenden Fragen. Das Gremium setzte sich aus allen *sachem* der Einzelstämme zusammen, die solcherart nicht nur ihr eigenes Volk vertraten, sondern auch zu Repräsentanten der Konföderation an sich wurden. Jeder Einzelne von ihnen besaß im großen Liga-Rat gleiche Autorität und Befugnisse, unabhängig von der Größe seines Volkes. Die Macht eines *sachem* hing, sofern die Wortwahl überhaupt zulässig ist, von seiner rhetorischen Überzeugungskraft ab, zumal alle Entscheidungen einstimmig zu treffen waren. Allein dem Liga-Rat oblag es, Krieg zu erklären oder Friedensverhandlungen zu führen. Er empfing Abgesandte anderer »Nationen«, regelte die Angelegenheiten unterworfener Stämme und entschied über die Aufnahme neuer Mitglieder in die Konföderation.

Noch ein paar Besonderheiten dieser Institution sollen hier erwähnt werden, da sie heute zum Teil selbstverständlich erscheinen, aus dem Blickwinkel der Zeit für europäische Augen aber ungewohntes Neuland darstellten. Da ist zum einen die Abwählbarkeit[177] eines *sachem* zu nennen, sobald er sich in den Augen seiner Wähler unpassend benahm – ein undenkbarer Vorgang für das monarchisch verfasste Europa. Auch die Diskussionskultur im Liga-Rat ist bemerkenswert. Dort war es ungeschriebenes Gesetz, dass immer nur eine Person sprechen durfte, Zwischenrufe und Unterbrechungen waren strikt untersagt. Das stand zum Beispiel ganz im Gegensatz zum britischen Parlament, in dem sich die Mitglieder bei ihren Reden gegenseitig unterbrachen, lautstark ihre Meinungen einwarfen und es nicht selten zu Handgreiflichkeiten kam. Bei den Irokesen war es hingegen sogar Brauch, nach einer Rede noch einige Zeit zu schweigen, falls der Redner seinen Ausführungen noch etwas hinzufügen wollte. Nicht Konfrontation beherrschte die Debatten, sondern Überzeugungsarbeit – zur Erzielung eines allseits akzeptierten Konsenses.

Und noch etwas ist anzuführen, zumal es bereits im Unabhängigkeitskampf der Kolonien deutlich sichtbar wird: die absolute Trennung der zivilen von der militärischen Eigenschaft einer Person. Wollte ein *sachem* an einem Krieg teilnehmen, so war er gezwungen, zuvor seine Funktion im Rat aufzugeben. Erst dann konnte er sich als einfacher Krieger der kämpfenden Truppe anschließen oder zu einem der Kriegshäuptlinge gewählt werden. Dieses Prinzip wurde bereits verhältnismäßig früh in den Kolonien angewandt, wodurch man bewusst mit der britischen Tradition brach. Hier war es durchaus üblich, ja in der Aristokratie sogar verbreitet, dass ein militärischer Führer auch gleichzeitig Mitglied des Parlaments sein konnte. Dass diese Funktionsüberschneidung auch in umgekehrter Richtung erfolgen konnte, braucht nicht besonders erwähnt werden. Die Folge des neuen Systems war das langsame Verdrängen der Aristokratie aus militärischen[178] Schaltstellen, Aufhebung offensichtlicher Unvereinbarkeiten und damit auch die Trennung zwischen militärischen und zivilen, politischen Entscheidungsprozessen. Das Militär wird dadurch auf ein »ausführendes« Organ der Politik reduziert und kann in ihr nicht länger eigene Interessen maßgeblich mitbestimmen oder die Politik gar selbst gestalten.

Man braucht die bisherige Auflistung politischer Grundsätze der Irokesen-Liga nicht breiter aufzufächern, um in ihren Basiselementen bereits wesentliche Konturen der Verfassung der Vereinigten Staaten zu erkennen. Die USA reklamieren gern die geistige Urheberschaft des umfassenden Föderalismus für

sich, übersehen dabei aber, bewusst oder unbewusst, dessen wahre Gründerväter: die Indianer. Gerade für die Irokesen musste es unverständlich sein, wenn
sie über gleichgelagerte Fragen unabhängig voneinander mit Delegationen der
einzelnen Kolonien verhandeln mussten, da sich jede von ihnen den anderen
gegenüber als autonome, selbstständige Einheit verstand. Vor diesem Hintergrund soll angeblich der Irokesenchief Canassatego 1744 anlässlich einer bri-
tisch-indianischen Versammlung in Pennsylvania einen Zusammenschluss der
Kolonien nach eigenem Vorbild angeregt haben.

Unbestritten ist jedoch, dass ähnliche Versammlungen den noch jungen
Benjamin Franklin (1706–1790) als Verleger der *Pennsylvania Gazette* aus
Berufsgründen veranlassten, sich mit den politischen Strukturen der Indianer
auseinander zu setzen. Jahre später, und im öffentlichen Leben bereits fest
verankert, schlägt er 1754 als Abgeordneter Pennsylvanias während einer Rede
auf dem »Albany Congress« den Zusammenschluss der Kolonien nach dem
föderativen Prinzip der Irokesen-Liga vor – eine zukunftsweisende Anregung,
die aber dreißig Jahre zu früh kam. Der Entwurf enthielt, ohne das Faktum
direkt zu erwähnen, tatsächlich viele Verfassungselemente der *League of Five
Nations*. Franklin befürwortete nachdrücklich das irokesische Einkammersy-
stem im Rat, das dann noch zur Zeit des Kontinentalkongresses kolonieseitig
eingeführt wird. Des weiteren versuchte er zwei andere Elemente in die noch
ungeschriebene Verfassung aufnehmen zu lassen. Die Bevollmächtigten der
»Vereinigten Staaten« sollten für ihre Tätigkeit keine finanzielle Entschädigung
erhalten, sondern ihre Arbeit als ehrenvolle Pflicht am Gemeinwohl ansehen.
Vorbild hierzu waren wieder die unbesoldeten *sachem*, die darüber hinaus auch
kein eigenes Land besitzen durften. In der Verfassung der USA ist dieser Punkt
weitgehend entschärft, doch sind Sicherungen eingebaut, die verhindern, dass
ausschließlich persönlicher Reichtum Zugang zu einem Staatsamt[179] ermöglicht.

Ähnliches lässt sich auch bei den Führungspositionen der Armee feststellen. So schlug Franklin noch vor, die Offiziere von den betreffenden Mannschaften[180] wählen zu lassen, die sie dann kommandieren sollten – wieder eine
Parallele zu den Indianern und ihren gewählten Kriegshäuptlingen. Die Anregung konnte sich nicht durchsetzen, doch die festgeschriebene Mobilität
innerhalb der Armeehierarchie schloss bald aus, dass sich Begüterte ein Offi-
zierspatent einfach kaufen konnten, wie es in Europa üblich war. Solcherart
wurde innerhalb der Gesamtarmee auch die Bildung einer Schicht mit aristokratischen Zügen verhindert. Dieses Moment ist aber ein Teil jener Ingredienzien, die es den Oligarchien Lateinamerikas ermöglichte, das jeweilige Land
im festen Würgegriff eigener Interessensdurchsetzung zu halten. Blickt man
auf die verschiedenen *caudillos* und *juntas*, oder wie sie sonst heißen mögen,
so scheinen die Konturen eines Pizarro, Dávila und Alvarado aus dem Däm-

merlicht der Vergangenheit zu treten; Männer, die das Land als ihr Eigentum betrachteten und dessen Ressourcen unter sich und ihren »getreuen Helfern« aufteilten. Der Encomendero von damals ist der Großgrundbesitzer oder Industrielle von heute, und Familienclans dominieren das Land wie einst ihre Vorgänger in Zeiten der Conquista.

Noch deutlicher, vor allem nachvollziehbarer als bei Benjamin Franklin wird die Übernahme politischer Elemente der Indianer bei Charles Thomson (1729–1824), der sich als ständiger Mitarbeiter des Kontinentalkongresses gleichfalls mit der inneren Organisation der Irokesen auseinandersetzte. Auf Bitte von Thomas Jefferson (1743–1826) schrieb er einen Bericht über deren gesellschaftspolitische Strukturen, der als Anhang zu Jeffersons berühmt gewordener Schrift »Notes on the State of Virginia« veröffentlicht wurde. Thomsons Darlegungen lesen sich wie ein Rohentwurf zur später ausgearbeiteten Verfassung. Basis seines Berichtes war, dass jedes indianische Dorf eine Art Rathaus errichtete, in dem lokale Angelegenheiten erörtert, aber auch die Delegierten für den Liga-Rat gewählt wurden, das Amt also nicht erblich war. In diesem Zusammenhang verwundert es nicht mehr, wenn man vorsah, die Senatoren der USA nicht durch die Bevölkerung direkt, sondern von der Legislative, sozusagen dem »Stammesrat«, wählen zu lassen.

Im Bestreben, die Vereinigten Staaten so demokratisch wie möglich zu konzipieren, für die Union als Gesamtheit aber notwendige Entscheidungen sichtbarer zu machen, schuf man das Amt eines Regierungsvorsitzenden, dem unverkennbar noch monarchische Elemente eigen sind. Um möglichen Missbrauch der übertragenen Machtfülle aber weitgehend zu verhindern, stellte man dem Präsidenten einen starken Kongress als Korrektiv gegenüber. Eine derartige Ausbalancierung war bei den Irokesen nicht erforderlich, da sie keinen obersten Führer anerkannten. Dennoch imitierten die Verfassungsväter den Großen Rat, indem der Präsident nicht von der Gemeinschaft direkt, sondern über die sogenannten Wahlmänner – wenn man will, den *sachem* der Einzelstaaten – gewählt wird. Dieses Verfahren ausschließlich auf die viel zitierten »berittenen Boten« zurückzuführen, die das Wahlergebnis mangels schnellerer Kommunikationsmöglichkeiten von weit entfernten Gegenden nach Washington brachten, hieße nur einen Teil der Wahrheit zu erkennen. Die nach Bevölkerungsgröße jedes Bundesstaates festgelegte Zahl von Wahlmännern spiegelt die Anzahl der *sachem* wider, die jede Einzelnation der Irokesen aufgrund ihrer Kopfstärke in den Großen Rat einbrachte.

Es gibt jedoch noch eine Verwandtschaft zwischen den beiden Verfassungen. Wie die Irokesen-Liga offen war, neue Mitglieder gleichberechtigt in die Konföderation aufzunehmen, standen die jungen Vereinigten Staaten ähnlichen Projekten von Anfang an ebenfalls aufgeschlossen gegenüber, wie die entsprechende Kongressresolution von 1780 und die ihr folgenden Verordnungen beweisen. Ähnliche Bestimmungen in der Verfassung erhoben die Erweiterungsmöglichkeit später sogar in Gesetzesrang. Damit brach man, nicht zuletzt aufgrund eigener Erfahrungen, bewusst mit der Koloniebildung europäischer Prägung, die gerade um diese Zeit ihrem absoluten Höhepunkt zustrebte. Die 13 alten Kolonien und die Gründerväter der Vereinigten Staaten sahen in den westlich gelegenen Siedlungsgebieten und Territorien, deren Grenzen sich immer weiter hinausschoben, zukünftige Partner in einer Konföderation, die aus sich selbst heraus weiterwachsen konnte und von Beitritt zu Beitritt immer stärker wurde. Daran ändert auch das Faktum nichts, dass einige Territorien auch käuflich erworben wurden, wie zum Beispiel das riesige Gebiet[181] des französischen Louisiana, dessen Kauf 1803 die Fläche der jungen Vereinigten Staaten schlagartig mehr als verdoppelte und diese bis an die Ostflanken der Rocky Mountains heranschob. Dass es auch kriegsbedingte Gebietserweiterungen gab, wie die Beispiele Florida oder Texas belegen, bedarf keiner besonderen Erwähnung.

Wurden in diesem Kapitel die vorangegangenen aus anderem Blickwinkel noch einmal zusammengefasst, so diente dies auch einer Vorschau auf Entwicklungen, die jenseits unseres Betrachtungszeitraumes liegen. Dabei sollte es nicht um die Kolonialreiche des 18. und 19. Jahrhunderts und deren Folgen für die Welt von heute gehen, sondern darum, den Faden aufzugreifen und zu verfolgen, den Europa durch seine Entdeckungen fand, aufnahm und für eigene Zwecke zu nutzen wusste. Nicht um Kriege ging es in unserer Darstellung, auch wenn sie oft um überseeische Domänen ausgefochten wurden, sondern um den Nutzen, den einzelne Nationen aus ihren Entdeckungen zogen und damit auch das Antlitz des Alten Kontinents veränderten. Dass sich Europa auch ohne diese Entdeckungen weiterentwickelt hätte, steht außer Frage und wurde bereits mehrfach betont. Wie die Welt von heute ohne Amerika aussehen würde, gehört in das Reich der Spekulation und entzieht sich einer vertretbaren Interpretation. Andererseits konnte auch nicht auf die Vielzahl von Denkern, Naturwissenschaftlern und Politiker eingegangen werden, die Europa aus sich heraus prägten und umgestalteten. Für sie blieb kein Raum im Zentrum eines Bildes, das sich stets vergrößerte und dessen Randzonen unsere Aufmerksamkeit zu gelten hatte.

Auch darf behauptet werden, dass um 1500 die Karten am europäischen Spieltisch der Macht neu verteilt wurden. Es ist faszinierend zuzusehen, wie unterschiedlich die einzelnen Spieler – Fürsten und Nationen – ihr Blatt zu nutzen wussten. Einige sahen zu Beginn wie Start-Ziel-Sieger aus und mussten sich dennoch geschlagen geben. Sie hatten überreizt, ihre Trümpfe zu früh und vor allem unbedacht ausgespielt. Anderen gelang es durch Beharrlichkeit, ihren anfänglichen Rückstand wettzumachen und in die große Finalrunde aufzusteigen. Wieder andere traten, als Spieler gering geachtet, aber mit genügend Kapital ausgestattet an den Tisch, wo sie sich bald und auf beeindruckende Weise fest etablierten. Genau diese prall bunte Dramatik im Geschehen ist es, die – und dies vermutlich nicht nur für den Verfasser – das 16. und 17. Jahrhundert zu einer der herausragendsten Epochen der europäischen Geschichte macht. Und sieht man auf die mittelbaren Auswirkungen, so veränderte sich in ihr auch die gesamte Welt, deren Antlitz auch heute noch von jenen Wunden gezeichnet ist, die ihr damals geschlagen wurden.

Als ein weitgehend namenloser, manischer Phantast am 3. August 1492 im Hafen der kleinen andalusischen Hafenstadt Palos die Anker lichtete und Segel setzte, ahnte keiner der Spieler, dass dieser Mann dadurch ungewollt eine *carte blanche* zum *Atout* erklärte und damit, wenn schon nicht die Regeln, so doch deren Bedingungen grundlegend ändern sollte.

ANHANG

ANMERKUNGEN

1 Als Ergänzung ist anzumerken, dass Pierre d'Ailly auf dem Konzil von Konstanz (1414–1418) zu den führenden Köpfen bei der Beendigung des »Abendländischen Schismas« zählte.

2 Der Erdumfang am Äquator wird heute mit 40 076,5 km angegeben; der Meridianumfang mit 40 008,6 km.

3 Die an und für sich schon problematische Sammelbezeichnung für die indigenen Gruppen, Stämme und Reiche in Süd-, Insel- und Mittelamerika als »Indianer« oder »Indios« wird hier – wie auch in der übrigen Literatur oft anzutreffen – nicht konsequent angewandt.

4 Ein gedanklicher Konnex des Erstanwenders zu den »Inseln im Indischen Meer« der Kapitulationen ist ebenso denkbar wie die irrige Annahme, es handle sich um das Indien links und rechts des Ganges; also zumindest zwei – die Mehrzahl.

5 Sie geht davon aus, dass bezugnehmende Dokumente beim Brand des Königspalastes am Tejo-Ufer als Folge des großen Erdbebens des Jahres 1755 vernichtet wurden.

6 *Das Narren Schyff:* Die Verssatire ist eigentlich eine scharfe Anklage gegen verschiedene Auswüchse der mittelalterlichen Stände, lässt jedoch in der Rahmenhandlung – ein Schiff voller Menschen (Narren) auf der Suche nach dem Paradies – einen vorsichtigen Rückschluss auf die kurz zuvor erfolgte Entdeckung der »Neuen Welt« zu.

7 Onkel Ferdinands II., 1416–1458 König von Aragón, als Alfons I. 1443–1458 auch König von Neapel und Sizilien.

8 Der zwischen dem 25. und 35. Breitengrad gelegene Abschnitt des Atlantiks erhielt später den Namen »Roßbreiten«, da viele Pferde auf der Passage Europa-Südamerika aufgrund der langanhaltenden Flauten durch Wasser- und Futtermangel den Tod fanden. Entweder wurden sie bei Proviantmangel verzehrt oder die Kadaver gleich über Bord geworfen.

9 Die rasante Ausweitung des Schiffsbaues führte zu Engpässen bei abgelagertem und durchgetrocknetem Holz, was auf See wiederholt vorzeitigen Mastbruch und Plankenverschleiß zur Folge hatte.

10 Zu dieser Zeit befand sich John Cabot auf seiner ersten Neufundlandfahrt und Kolumbus beschäftigte sich mit den schwierigen Vorbereitungen für seine dritte Reise.

11 *Khoi* bedeutet »Mensch« und Khoikhoi eigentlich »Menschen der Menschen«, während die Jäger und Sammler der Region »San« genannt wurden. Die Holländer am Kap blieben bei dieser Einteilung, nannten die Khoikhoi aber »Hottentotten« und die San »Buschmänner«.

12 So war der Ingwer weit über das übliche Maß hinaus mit rotem Lehm versetzt, der an sich die Stärke des Würzmittels bewahrte.

13 Als äußeres Zeichen seiner Dankbarkeit an Gott ließ Manuel I. an dem überlieferten Landepunkt das prachtvolle Jeronimokloster von Belém errichten.

14 Am 11. Mai 1502 brach Kolumbus zu seiner vierten und letzten Reise auf.

15 Altindische Siedlung, 1534 von den Portugiesen eingenommen und »Bom Bahia«, schöne Bucht, genannt. Wurde gemeinsam mit der Stadt Tanger zur Mitgift für Charles II. Stuart bei seiner Heirat mit Katharina von Braganza (1622) bestimmt. Mitte der 1990er Jahre erfolgte die Umbenennung durch die indische Republik in Mumbai, ebenso wie auch das ehemals frz. Madras zu Chenai »indisiert« wurde.

16 In Westindien waren bei den Spaniern Mischehen über zwanzig Jahre lang untersagt und mit drakonischen Strafen belegt.

17 Der Vizekönig wurde von fünf Gouverneuren (Ormuz, Maskat, Moçambique, Malakka und Colombo) unterstützt.

18 So umfasste allein die erste (1405) 62 Schiffe und an die 30 000 Mann Besatzung und Soldaten.

19 Aus der Samurai-Kaste stammende Territorialfürsten, entfernt mit den europäischen Lehnsherrn des Mittelalters vergleichbar.

20 Orientiert sich am noch nicht eindeutig definierten Erdumfang und der unsicheren Längengradbestimmung mit den technischen Mitteln der Zeit.

21 Bevor sie ihre Herrschaft an das Reich von Monomotapa verloren, beherrschte dieses Volk das Hochland des heutigen Simbabwe (Zimbabwe/früher Rhodesien). Eindrucksvollstes Zeugnis ist die gleichnamige Ruinenstätte, zur Blütezeit das Zentrum eines komplexen Handelsnetzes.

22 Manchmal auch *Fosca* genannt. Mit den Vorarbeiten zur zweiten Reise des Kolumbus betrauter Archidiakon von Sevilla, dann Bischof von Burgos. Einflussreicher Höfling und als erster Vorsitzender der »*Casa de la Contratación*« auch wesentlicher Gestalter der frühen Jahre Westindiens. Unterstützte auch die Position der Franziskaner in Fragen der Missionierung gegen die toleranteren Dominikaner.

23 Michel de Montaigne (1533–1592) war einer der bedeutendsten Moraltheoretiker seiner Zeit, dessen »Essais« gerade heute wieder eine Renaissance erleben.

24 Diese und ähnliche Aktivitäten besaßen überwiegend exploratorischen Charakter. Der eigentliche Profit dieser Zeit resultierte aus den Transporten benötigter Güter aus dem Mutterland nach Westindien.

25 Paläomediziner gehen davon aus, dass die meisten Krankheitserreger während der eiszeitlichen Wanderung über die Beringstraße aufgrund der großen Kälte für immer abgetötet wurden, was Hand in Hand mit einer selektiven Abschwächung des Immunsystems (Ausfall relevanter Antikörper) ging.

26 von span. *hijo* = Sohn und *algo* = etwas, auch »Söhne von etwas« im Sinne von »im Besitz von kleineren Landgütern zu sein, gerade reich genug, um sich eine militärische Ausrüstung leisten zu können«.

27 Christengemeinde an der Malabar-Küste mit nichtlateinischer Liturgie, die ihre Gründung auf den Apostel Thomas zurückführt.

28 Im Jahre 1324 unternahm auch Kankan Musa, Herrscher über das westafrikanische (Kaiser)Reich von Mali, eine viel beachtete Pilgerreise nach Mekka und brachte eine Vielzahl muslimischer Gelehrter und Kunsthandwerker in sein Reich. Außerdem führte er islamische Gesetze ein, und unter seiner Regentschaft wurde Timbuktu zum religiösen und wirtschaftlichen Zentrum Westafrikas.

29 Erste (christliche) Explorationen der Kanaren erfolgten durch den Normannen Jean de Béthencourt um 1403 im Dienst König Heinrichs III. von Kastilien. Die Madeiragruppe und die Azoren wurden unter Heinrich dem Seefahrer angelaufen: João Gonçalves Zarco gründete 1421 Funchal und Gonçalo Velho Cabral erkundete um 1430 die bis dahin unbewohnten Azoren.

30 So z.B. unmittelbar vor Kolumbus: 1455 bei Bartolomeo Pareto oder 1474 bei Paolo Toscanelli.

31 Wenig wahrscheinlich sind die Annahmen, dass Newport in Rhode Island oder Dighton Rock in Massachusetts die Siedlungsorte gewesen sein könnten. Gesichert ist die Anwesenheit von Nordländern hingegen auf Ellesmere Island und in L'Anse-aux-Meadows im nördlichen Neufundland.

32 Als Beispiel wird die berühmte Weltkarte des Juan de la Cosa aus dem Jahr 1500 angeführt. Sie ist eine Kompilation der Neuen und Alten Welt unterschiedlichen Maßstabs auf Portolanbasis.

33 In den »Ephemeriden« berechnete Regiomontanus die Bewegungen von Sonne, Mond und Planeten für den Zeitraum von 1475 bis 1506 und gab sie tabellarisch wieder.

34 Die an sich zur Bestimmung eines allgemeinen Dreiecks erforderliche dritte Größe kann in der Navigation durch die (bekannte) Nordrichtung ersetzt werden.

35 In Wirklichkeit bewegen auch sie sich, jedoch in einem derart geringen Ausmaß, dass dies für den Kern der Aussage zu vernachlässigen ist.

36 Das früheste und bedeutendste Werk des Ptolemäus. In ihm beschrieb er in einem mathematischen Modell seine Theorie des »geozentrischen Weltbildes«. Das in Griechisch gehaltene Werk wurde von den Arabern unter dem Titel »al-majisti« in die eigene Sprache übertragen. Bei dessen mittelalterlicher Transkription ins Lateinische erhielt es den Titel »Almagesti«, woraus »Almagest« wurde.

37 Hauptstern des Sternbilds »Kleiner Bär (Wagen)«. Mit derzeit 0,9° Abstand ist er von den mit freiem Auge sichtbaren Sternen dem nördlichen Himmelspol (jener Punkt, an dem die verlängert gedachte Erdachse die Himmelskugel durchsticht) am nächsten.

38 Baut das Maß »Meter« (und damit Kilometer etc.) auf dem Dezimalsystem auf und wurde im Urmeter eine physikalisch determinierte Größe, so leitet sich die Seemeile von der Gradeinteilung des Kreises her. Ein Grad am Äquator (Meridianabstand) wurde in 60 Seemeilen unterteilt. Der Erdumfang beträgt demzufolge 2 mal 180 (Ost-West) mal 60 = 21 600 Seemeilen. Eine vereinfachte (nicht genaue) Umrechnung in Kilometer kann wie folgt vorgenommen werden: 40 000 km (ungefährer Erdumfang) durch 360 (Grad) ergibt 111,11 km je Grad. Diese Strecke teilt man durch die vorhin genannten 60 sm und erhält: 1 sm (naut. Meile) entspricht gerundet 1,852 km.

39 Die Einteilung eines Tages in 24 Stunden ist rein willkürlich (Tradition) und steht in keinem Zusammenhang mit der Problemstellung. Sie könnte nach dem Dezimalsystem auch 10, 20 oder 100 Stunden betragen, ohne das eigentliche Problem zu lösen.

40 Die Vorgabe lautete, die Position eines Schiffes mit einer Abweichung von höchstens 30 Seemeilen nach sechswöchiger Fahrt zu bestimmen.

41 So verwendete er bei seinen Holzmodellen für Zahnradachsen das südamerikanische Guajak-Holz wegen seines natürlichen Harzgehaltes zur selbsttätigen Schmierung oder entwickelte später für Metallgeräte das Kugellager mit Käfig.

42 Übergangsbereich zwischen einem Hoch und Tief. Dabei schieben sich die kalten Luftmassen unter die wärmeren, was zu teils sehr heftigen Winden führt.

43 Englisch-nautisch: *fathom*, im Unterschied zu *thread*. Eine Seemeile ist unterteilt in 10 Kabel zu je 100 Faden. Ein Faden entspricht also 1,852 Meter.

44 Die in modernen Passagierflugzeugen angegebene Geschwindigkeit ist eine »über Grund« (Erdrotation, Kurs nach Ost oder West) bezogene und nicht zur (theoretisch ruhenden) Umgebung wie zum Beispiel beim Tachometer des Autos.

45 Der massive Bevölkerungseinbruch im 13. und 14. Jh. wurde erst gegen Mitte des

16. Jh.s wieder ausgeglichen. Agrarflächen standen also ausreichend zur Verfügung, auch wenn man die nun explodierende Schafzucht berücksichtigt.

46 Jüngste Funde eines Schiffwracks in der Bucht von Nombre de Dios (Panama) und deren Auswertung 2003 lassen auf eine Sensation hoffen: Die Forscher glauben, nicht nur erstmals das einigermaßen gut erhaltene Wrack einer Karavelle entdeckt zu haben, sondern mit einiger Wahrscheinlichkeit auch eines der Schiffe von Kolumbus' 4. Reise, die VIZCAÍNA. (Anm. d. Vlgs.)

47 Zur Erinnerung: ein etwaiger Vorstoß des Vespucci und Gonçalo Coelho in diesen Raum 1501 gilt heute als nicht gesichert.

48 Hier konnte man sich nach entbehrungsreichster Fahrt und den Scharmützeln auf Guam wieder ausreichend mit Nahrung versorgen; der Gedanke an den »wiederauferstandenen Lazarus« ist naheliegend.

49 Hier sollte man beachten, dass die Segelorder auf »Anlaufen der Molukken« und nicht auf »Weltumseglung« lautete.

50 Nach Bernal Diaz hatte Aguilar (auch Aquilar) vor Jahren während einer Fahrt von Darién nach Hispaniola Schiffbruch erlitten und wurde mit einigen Überlebenden durch Meeresströmungen nach Yucatán abgetrieben, wo er in Gefangenschaft eines Maya-Stammes geriet und fortan als Sklave gehalten wurde.

51 Heute gibt es etwa 30 verschiedene Maya-Sprachen.

52 Seine legitime Frau war Doña Catalina Suárez, aus adeliger Familie Granadas stammend, die er auf Kuba geheiratet hatte.

53 Eigentlich handelt es sich um detaillierte Rapporte: Der zweite (30. Okt. 1520), der dritte (14. Mai 1522) und der vierte (15. Okt. 1524) wurden umgehend in Spanien veröffentlicht und erfuhren innerhalb kurzer Zeit verschiedene Nachdrucke in europäischen Ländern.

54 Eine erste Überarbeitung erfolgte nach der Gómara-Veröffentlichung. Im Alter von 84 Jahren (um 1574) fügte er noch ein Vorwort hinzu; im Druck erschien der fertige Bericht 1632.

55 Der korrekte Titel wäre »tlatoani«, was etwa »Sprecher« des Ratsverbandes bedeutet.

56 In der Literatur findet man Angaben, die zwischen 12 und 18 schwanken. Ähnliche Differenzen gibt es auch bei anderen Zahlenangaben.

57 Die Forschung bezweifelt die von span. Chronisten überlieferte hohe Opferzahl.

58 Cortés sandte zehn Mann unter Führung des Diego de Ordás aus, den fast 5500 m hohen Gipfel zu besteigen, was scheiterte. Zwei Jahre später schickte er Francisco Montaño hinauf, dem es sogar gelang, sich in einem Korb in den Krater abzuseilen.

59 Die Argumentationslinie, wonach Montezuma die Spanier als Verbündete gegen aufständische und unbotmäßige Stämme oder Völker zu gewinnen trachtete, soll hier nicht näher behandelt werden.

60 Besonders schwerwiegend war die mangelnde Trinkwasserversorgung, die der salzhaltige See nicht ersetzen konnte. Trotzdem tranken viele daraus und starben.

61 Das Volk der Itzá konnte sich noch bis 1697 weitgehend behaupten; die letzten »unabhängigen« Gemeinden der Yucatán-Maya wurden erst 1901 von Mexiko erobert.

62 Diaz vermerkt dessen Aufstieg vom Galeerensträfling zum Obristen vor Tenochtitlán.

63 Nicht zu verwechseln mit dem Dominikanerpater und späteren Bischof von Chiapas, Bartolomé de Las Casas.

64 Oberstes Rechts- und Verwaltungsgremium einer Großregion.

65 Dies fiel in eine Zeit großer politischer Anspannungen des Kaisers in Europa: Friede von Cambrai mit Frankreich, Aussöhnung mit Clemens VII., Vordringen der

Osmanen bis Wien, die Kaiserkrönung 1530 sowie die versuchte Beilegung des Streits mit den reformatorischen Reichsfürsten.

66 Seine Amtszeit dauerte bis 1550. Das ihm unterstehende Gebiet reichte von Panamá bis etwa zum Rio Grande.

67 Auch hier ist – wie bei Montezuma – die Überlegung, der Herrscher wollte die Spanier als Verbündete gewinnen, ein gewichtiges, jedoch schwer beweisbares Argument.

68 In San Antonio, etwa 22 km nördlich von Quito, steht das Denkmal „Mitad del Mundo« (Mitte der Welt) direkt auf dem Äquator, dessen Linie deutlich markiert ist. Auf Condamines Expedition (1735–1743) geht die heutige Staatsbezeichnung zurück. Die Nachkommen der Ureinwohner bevorzugen jedoch nach wie vor den alten Begriff „Quitû« für das ganze Land.

69 Nur ein Jahr zuvor hatte ein Ausbruch die Bevölkerung in Angst und Schrecken versetzt. Dieser Ausbruch ist der erste, historisch genau datierte des Vulkans. Ein Ausbruch 1698 zerstörte die Stadt Tacunga und jener von 1744 war sogar noch in Kolumbien zu hören.

70 Einen Monat später und Tausende Meilen von diesen Geschehnissen entfernt wird im Norden der beiden Amerikas der Franzose Jacques Cartier auf der Halbinsel Gaspé am Mündungstrichter des Sankt-Lorenz-Stromes in Kanada ein Holzkreuz aufrichten und das umliegende Gebiet für Frankreich in Besitz nehmen, womit auch die Erschließung Nordamerikas ihren Anfang nimmt.

71 Die Editionsdaten wären mit 1569 und 1578 bis 1589 anzugeben. Auf Ercillas Werk folgten noch weitere ähnlichen Inhalts anderer Autoren.

72 Die Kultivierung des Zuckerrohrs beginnt erst ab 1510 exportwirksam zu werden.

73 Der Eigenname Quiché bedeutet treffend etwa »viele Bäume«, also Waldland.

74 Nur vier Codizes entgingen der Vernichtung, wobei zwei dieTeile eines zusammengehörenden Originaldokumentes sind. Sie fanden im Allgemeinen zur Vorhersage der Zukunft Verwendung sowie als Nachschlagewerke für landwirtschaftliche Zwecke, die in engem Zusammenhang mit astronomischen Konstellationen standen.

75 Einige Historiker vertreten die Meinung, dass die auf olmekischer Tradition beruhenden Schachbrettstädte des präkolumbischen Mexiko auf die Stadtkonzeption der Conquistadoren mehr Einfluss hatten als das angenommene Vorbild des Militärlagers von Santa Fé bei Granada.

76 Mit seiner zwölfbändigen »Historia Generale de las Cosas de Nueva España« liegt die umfassendste Beschreibung der aztekischen Kultur und Sprache vor.

77 Früher gleichfalls eine Insel; ihr Name deutet auf ihre Entstehung hin, leitet er sich doch von *tlatelli* = Erdaufschüttung her.

78 Die Azteken kannten auch »Sklaven auf Zeit«. Dabei verdingten sich reinblütige Azteken aus verschiedensten Gründen unter festgeschriebenen Rechten und Pflichten auf bestimmte Zeit freiwillig als »Leibeigene«.

79 In diesem Zusammenhang wird auf das Pfeilopfer der Chibcha-Völker (s. »Eldorado und Amazonas«) hingewiesen. Dort durchlief das Opferblut allerdings einen Wandlungsprozess zum »Schweiß der Götter«, der sich im irdischen Gold realisierte.

80 So soll der Überlieferung zufolge die Einweihung des großen Doppeltempels von Tenochtitlán 1486, also vor Ankunft der Spanier, tausende Sakralopfer auf diese Art das Leben gekostet haben.

81 Im Gegensatz zu unserem Zahlensystem, das eine Zäsur bei 10 (zehn Finger) kennt, erfolgte diese bei den meisten mesoamerikanischen Völkern bei 20 (zehn Finger und zehn Zehen).

82 Einer anderen Legende zufolge soll Manco Cápac einer von vier Brüdern gewesen sein, die zusammen mit ihren vier Schwestern, darunter Mama Occlo, eine Sintflut überlebt haben. Später soll sich Manco Cápac seiner Brüder auf verschiedenste Weise entledigt und mit den vier Schwestern Cuzco gegründet haben.

83 An ihnen wurden meist auch königliche Bäder errichtet, wo die Herrscher rituelle Waschungen vollzogen. Als Beispiel wird Cajamarca, jener Ort der Gefangennahme Atahualpas angeführt.

84 Die bekannteste war jene Brücke, die den Apurimac (Großer Sprecher) mit einer freien Länge von 65 Metern überspannte. Nach ihrer Zerstörung errichteten die Spanier eine neue zu Ehren des Königs. Sie wurde vor allem durch den Roman »Die Brücke von San Luis Rey« von Thornton Wilder bekannt.

85 Die Läufer verrichteten ihren Dienst jeweils zum benachbarten Posten, dem schon von weitem die Botschaft zugerufen und mehrfach wiederholt wurde. Darauf kehrte der Läufer wieder zu seinem Ausgangspunkt zurück.

86 Die an einer »Hauptschnur« befestigten »Hängenden Schnüre« waren verschieden eingefärbt und ihrer Länge nach in Zonen eingeteilt, die den Recheneinheiten zugeordnet waren. Sie entsprachen ungefähr dem Dezimalsystem und besaßen Fixwerte von 1 bis 10 000. Sie wurden von oben nach unten »gelesen«, und die freien Abschnitte zwischen den einzelnen Zonen besaßen den Gegenwert von Null. Die Zahl 123 wurde also mit einem Knoten/Abstand/zwei Knoten/Abstand/ drei Knoten dargestellt.

87 Das heutige Caracas wurde 1576 als Santiago de León de Caracas gegründet.

88 Fürstentitel, soviel wie »König« – ebenso der Begriff »Zaque«.

89 Überwiegenden Anteil daran hatten jedoch Grabräuber der Nach-Quesada-Zeit.

90 Beide (Groß)völker gehören zur Tupi-Sprachfamilie, deren Hauptvertreter wieder Tupi und Guaraní sind. Beide Sprachen waren lange unter den Kolonialmächten auch Verkehrssprachen. Guaraní ist in Paraguay heute noch zweite Landessprache.

91 Dabei sind insbesondere Gonzalo Oviedo und Cieza de León angesprochen.

92 Man war nicht auf Gold gestoßen, und auch die erwarteten Zimtbäume erwiesen sich als versprengte Einzelexemplare.

93 Der einstige Gefolgsmann Fr. Pizarros hatte 1537 das heutige Guayaquil gegründet.

94 Die Farbe resultiert aus der Vielzahl mitgeführter dunkler Sedimente und dem hohen Anteil der aus organischem Material entstandenen Huminsäuren. Alexander von Humboldt beschreibt 1800 fasziniert das Phänomen, dass das »schwarze« Wasser, fährt man auf einem Boot darüber, durchaus klar und nicht trüb sei.

95 Im Gegensatz zu den meist organ- und blutschädigenden »Altweltgiften«, deren Wirkung oft von Koliken und sonstigen schweren Krämpfen begleitet ist.

96 Heute wird nur noch ein Oberlauf des Amazonas Marañón genannt. Ab dessen Vereinigung mit dem Ucayali bei Nauta im Raum Iquitos trägt er den Namen Amazonas.

97 Manchmal wird auch vermutet, das Unternehmen sei über einen unbekannten Wasserverbindungsweg vom Rio Negro in das System des Orinoko gelangt und diesen abwärts zum Atlantik gefahren. Damit hätte Aguirre die Fahrt des Alexander von Humboldt über den Casiquiare um 250 Jahre vorweggenommen.

98 Im Laufe der Zeit sollten sich aber ernsthafte Differenzen zwischen Spanien und Portugal ergeben, die letztendlich 1750 zur Obsoleterklärung des Vertrages von Tordesillas und zu dessen Ersatz durch neue Vereinbarungen führten.

99 Im dem Sinne, dass sie wenigstens ihr Überleben als Volk an sich erreichen konnten, wenn auch die Reinblütigkeit der Stämme in den einzelnen Staaten prozentual unterschiedlich ist.

100 Dieser Name leitet sich vom spanischen Begriff »cimarrones« für »Wilde« her, der auch für entlaufene Sklaven (Indianer oder Schwarzafrikaner) verwendet wurde. Die heute in Florida lebenden Seminolen sind kaum mit jenen des 16. Jh.s verwandt.

101 In Spanien schrieb er seine Erinnerungen unter dem Titel »Naufragios« nieder, die rasch Verbreitung erlangten. 1541 ging er ins La-Plata-Gebiet, wo er 1542 als erster Europäer die Iguaçu-Fälle sah. 1542 zum Regionalgouverneur bestellt, rebellierten ein Jahr später die Siedler gegen ihn und brachten ihn in Spanien zur Anklage. Nach einigen Jahren in Verbannung wurde er amnestiert und übte von 1552 bis zu seinem Tod 1556 oder 1557 in Sevilla ein Richteramt aus.

102 Die heutige Stadt wurde 1706 gegründet und nach dem Herzog von Alburquerque, Vizekönig von Neu–Spanien, benannt. Im Namen entfiel später das erste »r«.

103 Zu ihnen zählen u. a. die Acoma, Laguna, Zuñi und Hopi.

104 Im Jahr 1581 fanden missionierende Franziskanermönche noch einige zurückgelassene Spanier bei den Zuñi-Indianern.

105 Der Name des Schiffes wird manchmal auch mit Santiago angegeben.

106 Der Kaiser selbst unterhielt zwar einen prächtigen Hofstaat, war politisch aber unbedeutend und fungierte eher als spiritueller Deckmantel für die Shogune, die die eigentliche Macht ausübten.

107 Innerspanisch gehörten die Kolonien in Amerika zum Königreich Kastilien – als wichtigstes »eigenständiges Kronland« Iberiens –, das alleinige Verfügungsgewalt und Rechtskompetenz über diese besaß.

108 U. a. durfte ohne ihre Zustimmung niemand nach Amerika auswandern oder eine Passage belegen. Darüber hatte sie mit Passagierlisten genau Buch zu führen. Ab 1508 war ihr das neu geschaffene Amt des »piloto mayor« unterstellt, das nach fachlicher Prüfung die seitdem erforderlichen Lizenzen für Navigatoren auszustellen hatte.

109 So waren sie auch oberste Appellationsgerichte in den Kolonien und entschieden in Fragen der Zuständigkeit zwischen Staats- und Kirchenbeamten. Das war insofern von Bedeutung, als der Vizekönig auch in Angelegenheiten der Kirche (Bischofsernennungen, Diözeseneinteilung etc.) als Vertreter des Königs handelte und sich daraus Interessenskollisionen entwickeln konnten.

110 Den heutigen Namen erhielt die Stadt 1840 zu Ehren des ersten bolivianischen Staatspräsidenten Antonio José Sucre (1795–1830), der zusammen mit Simon Bolivar maßgeblich an der Befreiung Südamerikas von der spanischen Herrschaft beteiligt war.

111 Dieselbe Entwicklung lässt sich später auch bei den Indianerinspektoren der Vereinigten Staaten feststellen.

112 Im übertragenen Sinn zu verstehen. Persönliche Visitationen oder Ratssitzungen in unterschiedlichen Städten, wie sie Karl V. in seinen europäischen Ländern durchführte, waren für Amerika unmöglich. Und Philipp II. lehnte mit Baubeginn des Escorial selbst Reisen im Mutterland ab.

113 Ein um 1500 entstandener (moralethnischer) Begriff, wonach nur der ein »wirklicher Spanier« sei, der ausschließlich Altchristen zu seinen Vorfahren zählte. Ursprünglich gegen lebende Conversos konzipiert, wird die Überprüfung der »Reinblütigkeit« bis in die achte, neunte Generation zum Ausschließungsgrund, ein öffentliches Amt bekleiden zu dürfen.

114 Von den etwa 100 000 Indianern, die dem Bezirk um Potosí zugeordnet waren, mussten stets 13 000 der Tributpflicht am Berg nachkommen. Obwohl die *mita* an sich nur alle sieben Jahre je ein Jahr lang zu erfüllen war, griffen die Minenbesitzer oft schon nach vier Jahren darauf zurück, um die zahlreichen Todesfälle auszugleichen.

115 Berechnungen, die auf den verbrieften Zahlenangaben der Mita beruhen, geben für das Andengebiet eine Zahl von ungefähr acht Millionen Toten an. Selbst für die Härten in der Zeit des großen Silberabbaus – während ca. 250 Jahren – sind das Extremwerte. Hohe Todesraten sind aber gewiss. Die Silbervorräte waren in Potosí zu Beginn des 19. Jh.s erschöpft, die Einwohnerzahl fiel auf unter 10 000 und stieg im 20. Jh. durch den Zinnbergbau wieder auf geschätzte 100 000.

116 Seiner Begleitung bei Reichstagen gehörten kaum weniger als 1500, nicht selten sogar bis zu 3000 Menschen an: persönliche Diener, Beamte und Diplomaten sowie militärisches Personal, außerdem Marketender und Köche zur Verpflegung.

117 Das China der Ming-Zeit mit seiner höheren Wirtschaftskraft wäre zwar objektiv in die Wertung einzubeziehen, kann aber aufgrund der fast vollständigen Abgeschlossenheit seines Systems unberücksichtigt bleiben, ebenso wie das Mogulreich.

118 Laudonnière gelang es, sich mit einigen Männern an die Küste durchzuschlagen, wo er auf ein Schiff unter Ribaults Sohn traf, das kurz darauf von einem Sturm weit in den Atlantik verschlagen wurde. Über England kehrte er dann 1566 nach Frankreich zurück, wo er in der Abgeschiedenheit unter dem Titel »L'histoire notable de la Floride, contenant les trois voyages faits en icelles par des capitaines et pilotes français« (Paris, 1586) die Geschichte Floridas aus französischer Sicht schrieb.

119 Die Identitätstrennung entspricht der heute vorherrschenden Meinung unter Historikern, nachdem es im 19. Jahrhundert zu unterschiedlichen Bewertungen gekommen war. Teile bezogen sich auf Peter Martyr und Bernal Diaz, die den »Ostküstenfahrer« mit Juan Florin angaben. Andere identifizieren ihn wieder mit dem schon im Magellankapitel erwähnten Esteban Gómez. Auf einer in der Strozzi-Bibliothek aufgefundenen Planisphäre des Jahres 1529 vermerkt Geronimo Verrazano den Küstenabschnitt mit »*Nuova Gallia, quale discopri, e annos fa, Giovanni de Verazzano, Fiorentino*«. Auch Forschungsarbeiten in französischen Archiven für die »*Documents inedits sur Jacques Cartier et le Canada*« scheinen die Ersterkundung durch Giovanni da Verazano zu bestätigen.

120 Ein Völkerrecht im heutigen Sinn wird erst siebzig Jahre später von Hugo Grotius angedacht. Hier handelt es sich vielmehr um ein letztes Aufflackern des Papstanspruches, Verwalter des »christlichen Erdkreises« und Lehenserteiler zu sein. Realpolitisch war es jedoch ein Schachzug Franz I., um Karl V. als span. König zu unterlaufen.

121 Die entscheidende Passage zur Erinnerung: »*.. soweit sie nicht zu Beginn des Jahres 1493 von einem anderen christlichen König in Besitz genommen sind ...*«

122 Indirekt benannt nach dem Portugiesen João Fernandes, einem kleinen Gutsbesitzer (*lavrador*) auf den Azoren. Der hatte 1499 von Manuel I. einen Freibrief als Gouverneur neu zu entdeckender Länder im Norden erhalten. Vermutlich gelangte er nach Grönland, das darauf den Namen »Tierra del Lavrador« erhielt, der dann auf die Küste Kanadas übertragen wurde.

123 In England stirbt Elisabeth I. – 1600 wurde die »Englische« Ostindienkompanie, 1602 die »Niederländische« gegründet.

124 In Dieppe als Sohn eines schottischen Kaufmanns geboren, flüchtete Kirke vor den Hugenottenunruhen nach England, wo er mit seinen Brüdern einen Freibrief für Neufundland erhielt. Während sein Bruder Louis nach der Einnahme Quebecs als englischer Militärkommandant die Stadt kontrollierte, wurde David von Charles I. zum Gouverneur Neufundlands ernannt. Ein Amt, das er annähernd zwanzig Jahre innehatte, ehe er von Oliver Cromwell 1653 abgelöst wurde.

125 Auch hier wird der Oberbegriff für eine Sprachfamilie und nicht für einzelne Stäm-

me angeführt. Der heute verbreitete Begriff Sioux ist eine Verkürzung von »Na-douessioux«, was die Franzosen, einen Ojibwa-Ausdruck verballhornend, gebrauch-ten.

126 Die heute an der Golfküste lebenden Cajuns sind Nachkommen französischer Sied-ler aus Akadien (etwa die heutigen kanadischen Provinzen New Brunswick, Nova Scotia und Quebec), die nach Übernahme dieses Gebietes durch die Engländer aus-gewiesen wurden. Ihr Name ist eine Verballhornung des Begriffes Acadian(s), Leute aus Akadien. Ihre zweite Sprache ist heute noch ein altes, von spanischen, indiani-schen, aber auch afrikanischen Elementen durchsetztes Französisch.

127 Wahrscheinlich eine veraltete Bezeichnung für Friesland. Diese Bezeichnung findet man auf Seekarten noch am Ende des 16. Jahrhunderts und darüber hinaus.

128 Der US-amerikanische Arktisforscher Charles Francis Hall entdeckte 1860/62 in einer Bucht Kohlenvorräte und die aufgegebenen Minengruben Frobishers, worauf er dieser Bucht den Namen des englischen Pioniers gab.

129 Laut einem Bericht in »Spiegel-Online« vom 7. 7. 2004 vermuten die Forscher Ge-orges Beaudoin und Réginald Auger von der Université Laval in Quebec, dass das Edelmetall in Wirklichkeit erst in London in die untersuchten Gesteinsproben ge-mischt worden war. Mit seinem Forscherkollegen Georges Beaudoin hat der Archäo-loge die Analyseverfahren untersucht, mit der damals das Gestein auf einen mögli-chen Goldgehalt geprüft wurde. Bisher vermuteten Wissenschaftler, bei der ersten Prüfung des Gesteins durch Frobisher an der kanadischen Küste seien versehentlich Spuren von Gold in die Proben gelangt, so dass die Gerüchte um den vermeintlich enormen Wert des Erzes glaubhaft schienen. Bei diesen Prüfverfahren wird Blei ver-wendet, das häufig mit Spuren von Gold und Silber verunreinigt ist. Fünf solcher Bleiklumpen hatten Auger und seine Kollegen bei Ausgrabungen an Frobishers ver-meintlicher Goldmine auf der Insel Kodlunarn gefunden. Sie enthielten jedoch nicht einmal Spuren von Gold. »Es muss sich also um einen Betrug handeln«, folgert Au-ger. Wahrscheinlich hätten die Prüfer das Gold bei der Analyse der Gesteinsproben in London beigefügt – im Auftrag Frobishers oder aus anderen Gründen. (Anm. d. Vlgs.)

130 Nach dem niederländischen Walfänger Jan J. May benannt, der diese Insel 1614 »wieder« sichtete. Da sie vermutlich auch anderen Walfängern bekannt gewesen sein dürfte, ist der »wahre« Entdecker kaum zu ermitteln.

131 Zur Erinnerung: Nur fünf Wochen vor diesem Zeitpunkt hielt sich der Franzose Champlain, kaum mehr als 100 Kilometer entfernt, während eines seiner Erkun-dungszüge nördlich des Hudson am Lake Champlain auf.

132 Letztere werden im späten 18. Jh. zum Eckpfeiler der engl. Besiedlung Australiens.

133 Später so nach der Hauptsiedlung der dort lebenden Indianer benannt, die laut Th. Harriot Roanoac hieß.

134 Dieses Virginia ist nur teilweise identisch mit dem heutigen Bundesstaat. Mit offe-nen Grenzen umfasste es, wie das »Louisiana« des Chevalier de la Salle, ein wesent-lich größeres Gebiet.

135 Kurz vorher war man infolge eines Sturms nur knapp einem Schiffbruch entgangen. Diese Stelle wurde dann folgerichtig auch »Cape Fear« genannt.

136 Eigentlich Simão Fernandes, ein Portugiese mit nicht gerade herausragendem nau-tischem Können.

137 Hier ist die große Sprachfamilie und nicht der gleichnamige Stamm, der Namens-geber für die Gruppe, nördlich des Sankt-Lorenz-Stromes gemeint.

138 Eigentlicher Name: Wahunsonacook, um 1550–1618. Vom *sachem* (Häuptling) seines

eigenen Stammes stieg er noch vor Ankunft der Engländer zum einflussreichen und mächtigen Führer einer Föderation von etwa 30 Stämmen zwischen dem James und York River auf.

139 Entwickelte sich aus einem informellen Rat führender Familien und Landbesitzer. Die Wahl der Abgeordneten in dieses »Unterhaus« erfolgte bezirksweise.

140 Als Gegenleistung für die Kosten für Überfahrt, Verpflegung und Werkzeuge verpflichteten sich nicht wenige weiße Auswanderer, diese innerhalb einer vertraglich vereinbarten Zeit abzuarbeiten, um anschließend ihr eigentliches Leben als freie Kolonisten zu beginnen.

141 Auch: Don Antonio Berreo y Oruna. Er war mit einer Nichte von G. J. Quesada verheiratet.

142 Ähnliche Darstellungen finden sich schon in der Weltchronik des Hartmann Schedel (1493). Die »Ewaiponama« werden auch von William Shakespeare in seinem um 1604 entstandenen »Othello« erwähnt. Darüber hinaus persifliert der geniale Dramatiker in »Verlorene Liebesmüh« (*Love's Labour's Lost*, um 1594) u. a. auch den behäbigen Sprachduktus Raleighs bei dessen wissenschaftlichen Erörterungen.

143 Die Wampanoag besiedelten damals große Teile des heutigen Massachusetts und Rhode Island.

144 Der faktische Landraub wird also auch hier bereits früh auf die fragwürdige Ebene eines einseitig erklärten Rechts(anspruches) übergeführt.

145 Sie entsprachen nicht der heutigen Grenzziehung, sondern umfassten ein größeres, bis zum Mississippi reichendes Gebiet.

146 Als Sohn des Grafen Wilhelm von Nassau-Dillenburg geboren, erbte er in jungen Jahren von seinem Vetter René von Châlon große Besitzungen in den Niederlanden und das (französische) Fürstentum Oranien. Wie Graf Egmont war auch er für einige Zeit Mitglied des spanischen Staatsrates.

147 Mit dem Frieden von Rastatt (Spanischer Erbfolgekrieg) 1714 gingen sie in österreichischen Besitz über und wurden folgerichtig »Österreichische Niederlande« genannt. 1795 wurden sie von Frankreich annektiert und sollten später den Kern des heutigen Belgien bilden.

148 1871 wurde das Blockhaus entdeckt, in dem Barents und seine Leute überwinterten; 1875 sogar sein Bericht über die letzte Fahrt.

149 In seiner Gegenschrift »Mare Clausum« unterstrich der Engländer John Selden den Anspruch seines Landes auf die Seeherrschaft, womit er zwar indirekt die iberische Position übernahm, aber ausklammerte, dass England die Korridore zu seinen Kolonien erst gewaltsam erstritt, um sie umgehend für andere zu sperren.

150 Die Niederländer konnten sich bis 1710 behaupten. 1715 nahm Frankreich die Insel(gruppe) in Besitz, die nun *Ile de France* genannt wurde. Sie wurde 1810 von England erobert und heißt seitdem wieder Mauritius.

151 Eine reguläre Erforschung fand erst 1768 durch den Franzosen Louis Antoine de Bougainville statt.

152 Dass das heutige Australien nicht der »Südkontinent« antiker Kosmographen sein konnte, stellte sich erst nach James Cook heraus, womit die Suche von Neuem begann und erst mit Umschiffung der Antarktis durch Cook ihr Ende fand.

153 Der Nordteil ist französisch. Die Insel wird seit 1648 von Frankreich und den Niederlanden gemeinsam verwaltet.

154 Nach den Prinzen von Oranien benannt. Von Wallonen, Nachkommen protestantischer Flüchtlinge aus den spanischen Niederlanden, gegründet. 1629 wurde es in Be-

verwyck umbenannt und erhielt 1664, nach der Übergabe an die Briten, zu Ehren des Herzogs von York und Albany (später James II.) den heutigen Namen Albany.

155 Im Jahr 1520 veröffentlichte Apian bereits eine zwiebelförmige Weltkarte, deren Inhalt sich weitgehend auf Waldseemüllers Karte von 1507 stützt.

156 Eine mathematisch genau definierte Ellipse wurde nie erreicht. Eine optische Annäherung ist, je nach Kartenzeichner verschieden, mehr oder minder gegeben.

157 Kopie einer portugiesischen Karte, die der Gesandte Alberto Cantino seinem Herrn Ercole d'Este von Ferrara übersandte.

158 Franz Xaver wird zwischen 1545 und 1552 in diesem Gebiet missionarisch tätig werden. In die Entstehungszeit der Karte lassen sich die ersten niederländischen Handelskontakte einordnen.

159 Hier wird der von vier Strömen durchzogene »Nordkontinent« Mercators beinahe ins Allegorische und »graphisch ansprechend« zum nördlichen Kartenabschluss hin aufgelöst.

160 Der Großteil geriet kurz darauf in spanische Gefangenschaft und wurde als »Ketzer« der Inquisition überstellt. Eine Handvoll Männer gelangte entlang der Küste in den Norden, von wo sie auf französischen Schiffen wieder nach Europa zurückkehrten.

161 Auf dem Wappenschild finden sich münzähnliche Scheiben als Zeichen für Reichtum und Gewinn; darunter schreitet ein Löwe auf symbolhaften Meereswellen. Als absoluter Blickfang kann aber ein halber, gefesselter Neger gelten, der über dem eigentlichen Schild dem Betrachter entgegenblickt.

162 Kreta gelangte 1204 durch Kauf an Venedig, Zypern fiel 1489 an die Seerepublik.

163 Das heutige Flaggschiff der englischen Kriegsmarine, ein moderner Flugzeugträger, trägt denselben Namen.

164 Vereinfacht ausgedrückt: Der Wind im Rücken erleichtert das Manövrieren, während der Gegner im Gefechtsfall seine Schiffe gegen den Wind zu steuern hätte.

165 Die Spanier waren mit etwas mehr als 120 000 Kanonenkugeln unterschiedlicher Größe sowie fast 6000 Zentner Pulver ausgelaufen. Damit konnte jedes einzelne der 2500 Geschütze – über alle Kaliber gerechnet – ungefähr 50 Schuss abgeben.

166 Meist kleinere oder beschädigte Schiffe, die mit Holz, Pech oder anderem leicht brennbaren Material beladen und, in Brand gesetzt, ohne Besatzung in Richtung der feindlichen Linien gelenkt wurden.

167 Wurde bereits 1493 von Kolumbus angelaufen und nach seinem Schutzpatron benannt. St. Christopher wurde 1605 von den Briten in Besitz genommen und als »Mother Colony of the British West Indies« bezeichnet.

168 So konnte man um 1640 auf Barbados noch für vier Pfund zehn Morgen Land kaufen. Das entsprach ungefähr der Hälfte des Lohnes nach jahrelanger Arbeit.

169 Bereits Juan de Solis und Aleixo Garcia waren um 1515–1520 an der Küste Brasiliens auf Vorformen ähnlicher Gemeinschaften gestoßen, die sich gleichfalls als »Bruderschaft« bezeichneten.

170 Später Sir William Penn (1621–1670), Vater des bekannten Quäkerführers und Gründers von Pennsylvania und Philadelphia William Penn (1644–1718). Sir William Penn verfasste auch eine Sammlung von Aufsätzen über marinetaktisches Verhalten, die zur Grundlage der »Duke of York's Sailing and Fighting Instructions«, des Standardwerks über britische Kampftaktik auf See, wurde.

171 Er besaß z. B. im Jahr 1663 Freibriefe, die die Unterschrift von Gouverneur Windsor trugen, der sich aber zu diesem Zeitpunkt bereits seit zwei Jahren in England aufhielt.

172 Bis 1902 blieb St. Pierre auch die größte Stadt der Insel, als ein Ausbruch des Mont Peleé die Stadt zerstörte. Martinique war auch der Geburtsort von Joséphine de Beauharnais, der ersten Frau Napoleons. Zeitgleich mit Martinique begann auch die dauerhafte Besiedlung der nördlich gelegenen Insel Guadeloupe.

173 Im Jahr 1682 erreicht La Salle die Mississippi-Mündung und öffnet mit der Proklamation der Kolonie Louisiana indirekt auch den Golf von Mexiko für Frankreich. Der Plan, die Karibik mit dem Festland zu verbinden, nahm Form an.

174 Das englische Port Royal besaß um diese Zeit weit mehr Einwohner, vorwiegend Bukanier, als New York in den folgenden Jahrzehnten.

175 Den hochgerechneten Quellen zufolge soll es sich dabei um einen heutigen Gegenwert von 50 bis 60 Millionen Euro gehandelt haben.

176 Erinnert sei an die kurzlebigen Gemeinden in Japan, etwas ausgedehnter in China, das durch die Nestorianer aber bereits auf eine lange, wenn auch gesellschaftlich unbedeutende christliche Tradition zurückblicken konnte.

177 Das Verfahren wurde von den Frauen der matrilinear organisierten Clans in Gang gesetzt, indem sie bei entsprechendem Anlass den betreffenden *sachem* formell eines unehrenhaften Verhaltens anklagten.

178 So rekrutierte sich im vornapoleonischen Frankreich das Offizierskorps noch zu 85 Prozent aus dem Adel. Bis zur Kaiserkrönung schrumpfte sein Anteil auf etwa drei Prozent. Diesen gewaltigen Unterschied ausschließlich auf Landflucht und/oder Hinrichtungen während der Revolution zurückzuführen, wäre dem Faktum unangemessen.

179 Die außerordentlich teuren Wahlkämpfe von heute übersteigen die Finanzkraft eines Einzelnen, und deren Finanzierung wird gerade bei Senatoren- oder gar Präsidentenanwärtern durch rigorose Gesetze akribisch überwacht. Eine politische Elitenbildung können aber auch diese Maßnahmen nicht ganz verhindern.

180 Zu Beginn des Unabhängigkeitskrieges bestand die »Armee« der Kolonien überwiegend aus zivilen Freiwilligen ohne Kenntnis militärischen Waffengebrauchs oder von Militärführung und -taktik. Erst George Washington wird aus lose agierenden Aufständischen die erfolgreiche »Kontinentalarmee« formen.

181 Es betrug ungefähr 2,1 Mill. Quadratkilometer und umfasste das Territorium der heutigen Bundesstaaten Arkansas, Missouri, Iowa, Minnesota und Teile Louisianas westlich des Mississippi, North und South Dakota, Nebraska, Oklahoma und beinahe ganz Kansas sowie die diesseits der Rocky Mountains gelegenen Gebiete von Montana, Wyoming und Colorado.

VERTIEFENDE UND WEITERFÜHRENDE LITERATUR

Allgemein

Bartlett, R., Die Geburt Europas aus dem Geist der Gewalt, dt. München 1998.

Davidson, B., Vom Sklavenhandel zur Kolonialisierung, Hamburg 1966.

Humboldt, A. v., Die Reise nach Südamerika. dt. Neuauflage Göttingen 1990.

Romano, R./Tenenti, A., Die Grundlegung der modernen Welt – Spätmittelalter, Renaissance, Reformation, dt. Frankfurt am Main 1967.

Schmidt-Liebich, J., Daten der Englischen Geschichte, München 1977.

Sollbach, G., Amerika 1590, Europas erste Bilder von der Neuen Welt, Kettwig 1992

Steilberg, H. A./Flemming T., Chronik Handbuch Amerika, Gütersloh/München 1998.

Toynbee, A., Mankind and Mother Earth, dt. Berisch. K. Düsseldorf 1986.

Weatherford, J. (dt. Curths, M.), Das Erbe der Indianer. Wie die Neue Welt Europa verändert hat, München 1995.

Winkle, S., Kulturgeschichte der Seuchen, Düsseldorf 1997.

Wolff, H. (Hg.), America, das frühe Bild der Neuen Welt. Katalogbuch, München 1992.

Entdecker – Entdeckungen – Conquistadoren

Bitterli, U., Die Entdeckung Amerikas – Von Kolumbus bis Alexander von Humboldt, München 1992.

Cook, R., The voyages of Jacques Cartier, Toronto 1993.

Cortez, H., Die Eroberung Mexikos, 1519–1547, Tübingen 1974.

Diaz, B. (engl. J. M. Cohen), The Conquest of New Spain, GB, 1963.

Dyson, J./Christopher, P., Columbus – Die Entdeckung seiner geheimen Route in die Neue Welt, München 1991.

Felden, D., Über die Kordilleren bis Bogotá. Die Reisen der Welser in Venezuela, Gotha 1997.

Hartau, C., Hernando Cortés, Reinbek bei Hamburg 1994.

Jacob, Y., Jacques Cartier, Rennes 1992.

Kalthammer, W., Die Portugiesenkreuze in Afrika und Indien, Basel 1984.

Loth, H., Heinrich der Seefahrer, Magdeburg 1991.

Marks, R. L., Der Tod der gefiederten Schlange – Hernán Cortés und die Eroberung des Aztekenreiches, München 1993.

Meissner, H.-O., Kundschafter am St-Lorenz-Strom – die Abenteuer des Samuel de Champlain, Stuttgart 1966.

Pögl, G., Heinrich der Seefahrer oder Die Suche nach Indien, Stuttgart 1989.

Prause, G., Niemand hat Kolumbus ausgelacht, Düsseldorf 1995.

Ravenstein, E. G., The voyages of Diogo Cão and Bartholomeu Dias, Pretoria 1986.

Velho, A., Vasco da Gama, die Entdeckung des Seewegs nach Indien, Stuttgart 1990.

Venzke, A., Christoph Kolumbus – mit Selbstzeugnissen und Bilddokumenten, Reinbek bei Hamburg 1992.

Wappaus, J. E., Untersuchungen über die geographischen Entdeckungen der Portugiesen unter Heinrich dem Seefahrer, Frankfurt am Main 1993.

Indigene Kulturen

Arnold, P., Das Totenbuch der Mayas. Das geheime Wissen der indianischen Hochkultur, Freiburg 1994.

Baquendo, E. (Hg.), Azteken, Inka, Maya – Alltag, Religion, Kunst, Hildesheim 1994.

Bujok, E./Bankmann, U. (Hg.), Inka – Peru – 3000 Jahre indianische Hochkulturen, Tübingen 1992.

Campbell, L., The languages of Native America, Austin 1979.

Cordan, W. (Hg.), Popol Vuh. Das Buch des Rates, Düsseldorf/Köln 1962.

Greenberg, J. H., Language in the Americas, Stanford 1987.

Hagen, V. v., Sonnenkönigreiche, München/Zürich 1962.

Helfritz, H., Amerika – Inka, Maya und Azteken, Wien 1965 und 1996.

Léry, J. d., Unter Menschenfressern am Amazonas. Brasilianisches Tagebuch 1556–58, Tübingen 1977.

Prem, H. J., Die Azteken. Geschichte, Kultur, Religion, München 1996.

Riese, B., Die Maya. Geschichte, Kultur, Religion, München 1995.

Lanczkowski, G., Die Religion der Azteken, Maya und Inka, Darmstadt 1989.

Rohark, J., Daten der Maya-Geschichte, Riesa 1995.

Schele, L./Freidel, D., Die unbekannte Welt der Maya. Das Geheimnis ihrer Kultur entschlüsselt, Augsburg, 1994.

Sichtin, Z./Wiese, U. v., Versunkene Reiche – der Ursprung der Zivilisation im Reich der Maya und Inka, München 1992.

Soustelle, J., Das Leben der Azteken, Zürich 1987.

Stein, G. (Hg.), Die edlen Wilden, Frankfurt am Main 1984.

Vega, Inca Garcilaso de la, Wahrhaftige Kommentare zum Reich der Inka, dt. Berlin 1986.

Yupanki, Titu Kusi, »Die Erschütterung der Welt. Ein Inka-König berichtet über den Kampf gegen die Spanier«. Lienhard, M. (Hg., Übers.), Augsburg 1995.

Politik – Monarchen

Bedürftig, F., Taschenlexikon Karl V, München 1999.

Benassar, B./Vincent, B., Spanien: 16. und 17. Jahrhundert, Stuttgart 1999.

Brandi, K., Kaiser Karl V. Werden und Schicksal einer Persönlichkeit und eines Weltreiches, Frankfurt am Main 1986.

Braudel, F., Karl V. – die Notwendigkeit des Zufalls, Frankfurt am Main 1992.

Braudel. F.: Das Mittelmeer und die mediterrane Welt in der Epoche Philipps II., Frankfurt am Main 1990.

Feldbauer, P./Morrissey, J., Venedig 800–1600, Wasservögel als Weltmacht, Wien 2002.

Feldbauer, P., Estado da India. Portugal in Asien 1468–1610, Wien 2003.

Fernandez Alvarez, M., Karl V. Herrscher eines Weltreichs, München 1999.

Ferdinandy, M. de, Philipp II. – Größe und Niedergang der spanischen Weltmacht, Wiesbaden 1977.

Kohler, A., Karl V. 1500–1558. Eine Biographie, München 1999.

Kreiser, Kl., Der Osmanische Staat 1300–1922, München 2001.

Liedl, G./Pittioni, M./Kolnberger, T., Im Zeichen der Kanone – Islamisch-christlicher Kulturtransfer am Beginn der Neuzeit, Wien 2002.

Matuz, Josef, Das Osmanische Reich. Grundlinien seiner Geschichte, Darmstadt 1985.

Meyn, M. (Hg.), Der Aufbau der Kolonialreiche, München 1987.

Miller Bailey, H./Nasatir, A. P., Latin America: the development of its civilization, dt. Essen 1975.

Perez, J., Ferdinand und Isabella. Spanien zur Zeit der Katholischen Könige, München 1996.

Ranke, L.v.: Spanische Geschichte: Die Osmanen und die spanische Monarchie im 16. und 17. Jhdt., Essen 1996.

Schulin, E., Kaiser Karl V. Geschichte eines übergroßen Wirkungsbereiches, Stuttgart 1999.
Seibt, F., Karl V. Der Kaiser und die Reformation, Berlin 1998.

Religion – Kirche

Clemen, O. (Hg.), Geschichte der Reformation, Gotha 1990.
Delgado, M. (Hg.), Gott in Lateinamerika: Texte aus fünf Jahrhunderten, Düsseldorf 1991.
Friedenthal, R., Luther. Sein Leben und seine Zeit, München 1996.
Gloger, B./Zöllner, W., Teufelsglaube und Hexenwahn, Leipzig 1983.
Gründer, H., Welteroberung und Christentum, Gütersloh 1992.
Joestel, V., Martin Luther. Rebell und Reformator, Wittenberg 1994.
Kamen, H., Die Spanische Inquisition, dt. München 1969.
Rotzetter, A., Von der Conquista zur Theologie der Befreiung: der franziskanische Traum einer indianischen Kirche, Zürich 1993.
Stockhausen, A. von (Hg.), Luthers Theologie – eine Autobiographie, Ellwangen 1995.

Schiffe – Freibeuter

Andrews, K. R., Admiral and pirate Francis Drake, London 1967.
Bartholmes, B., Segeln in der Karibik, Hamburg 1994.
Bass, G. F., Ships and shipwrecks of the Americas: a history based on underwater archaeology, New York 1996.
Beike, M., Kaleidoskop der Seeschlachten. Band I. Armada, Trafalgar, Tshushima, Berlin 1990.
Browne, G. L., Leben des englischen Helden und Ritters F. Drake, Leipzig 1720.
Diwald, H., Der Kampf um die Weltmeere, München 1980.
Dudszus, A., Das große Buch der Schiffstypen, Augsburg 1995.
Hampden, J. (Hg.), Pirat im Dienst der Queen. Berichte, Dokumente und Zeugnisse des Seehelden und seiner Zeitgenossen 1567–1596, Stuttgart 1977.
Lusci, V., Der Schiffsmodellbau nach historischen Vorbildern, dt. Knittlingen 1972.
Mondfeld, W., Schiffsmodelle, München 1998.
Pastor, X., Die Kolumbus-Schiffe, dt. Bielefeld 1993.
Wood, P., Abenteurer der Karibik, (dt. Lizenzausgabe) Eltville am Rhein 1992.

Wirtschaft

Barbour, V., Capitalism in Amsterdam in the 17th century, Baltimore 1950.
Driesch, W., Die ausländischen Kaufleute während des 18. [achtzehnten] Jahrhunderts in Spanien und ihre Beteiligung am Kolonialhandel, Köln/Wien 1972.
Emmer, P. C. (Hg.), Wirtschaft und Handel der Kolonialreiche (Dokumente zur Geschichte der europäischen Expansion; Bd. 4), München 1988.
Israel, J. I., Dutch primacy in world trade, 1587–1740, Oxford 1989.
Steensgaard, N., The Asian trade revolution of the seventeenth century: The East India companies, Chicago 1974.
Vries, J., The Dutch rural economy in the Golden Age, 1500–1700, New Haven 1974.

PERSONEN- UND ORTSNAMENREGISTER